Brasch, Dosch, Dahlem, Horn, Lückge, Meinecke
Methodenseiten: Kaiser, Otto, Rohlfing, Weinbrenner, Brasch

Betrifft Wirtschaft/Politik

Schleswig-Holstein

Lehr- und Arbeitsbuch für Wirtschaft/Politik
an der Berufsschule

Kieser Verlag, Neusäß

Betrifft Wirtschaft/Politik

Schleswig-Holstein

Ein Lehr- und Arbeitsbuch für Wirtschaft und Politik an der Berufsschule

Erarbeitet von
Claus H. Brasch
Rainer Dahlem
Roland Dosch
Karl-Heinz Horn
Hans Peter Lückge
Barbara Meinecke

Methodendoppelseiten:
Heinz Kaiser
Karl A. Otto
Gerd Rohlfing
Peter Weinbrenner
Claus H. Brasch

http://www.kieser-verlag.de

Im **Aktualitätendienst des Kieser-Verlages** können Sie sich über aktuelle Entwicklungen in Ihrem Fachgebiet informieren. **Die Informationen sind abgestimmt auf die Bedürfnisse des Unterrichts.** Sie umfassen vor allem die Fortschreibung wichtiger Statistiken, Änderungen gesetzlicher Bestimmungen bei Gesetzestexten, Normänderungen, technische Innovationen, Wahlergebnisse sowie aktuelle öffentliche Diskussionen zu bestimmten Ereignissen.

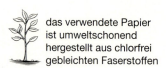
das verwendete Papier ist umweltschonend hergestellt aus chlorfrei gebleichten Faserstoffen

ISBN 3-8242-**0035**-X
1. Auflage ⁴³²¹ 2001 00 99 98
Die letzte Zahl bedeutet das Jahr dieses Druckes.
Alle Drucke dieser Auflage können im Unterricht nebeneinander verwendet werden.

© 1998 Kieser Verlag GmbH, 86356 Neusäß

Dieses Werk, sowie einzelne Teile desselben sind urheberrechtlich geschützt. Jede Verwertung in anderen als den gesetzlich zugelassenen Fällen ist ohne vorherige schriftliche Einwilligung des Verlages nicht zulässig.

Satzherstellung: Jesse Konzept & Text GmbH
Druck: aprinta Druck-KG
01199001

Inhaltsverzeichnis

Vorwort 7

Methodenvorschläge I
    Hinweise zu den Methodenvorschlägen XXI

Berufsschule und Schülervertretung

1 Berufsschule im dualen System 10

2 Über die Berufsschule zur Weiterbildung 12

3 Schülervertretung – Schülerzeitung – Schülergruppen 14

Gesellschaft im Wandel

1 Das Leben in der vorindustriellen Gesellschaft 18
  1.1 Ständische Gesellschaftsordnung 19
  1.2 Bäuerlich-handwerkliches Erwerbsleben 20
  1.3 Staatliche Zersplitterung 21

2 Die Wurzeln der Industriegesellschaft 23
  2.1 Wissenschaftlich-technischer Fortschritt 23
  2.2 Bevölkerungswachstum 24
  2.3 Politisch-gesellschaftliche Reformen 25

3 Die Entstehung der Industriegesellschaft 28
  3.1 Technologische Veränderungen 29
  3.2 Veränderungen in der Arbeitswelt 32
  3.3 Gesellschaftliche Veränderungen 33
  3.4 Die soziale Frage 35

4 Leben in der heutigen Gesellschaft 38
  4.1 Wohlstandsgesellschaft – Wohlstand für alle? 39
  4.2 Die neue Armut – Zeichen der Zeit? 41

5 Die Industriegesellschaft verändert sich 44
  5.1 Mikroelektronik – eine neue Technik 45
  5.2 Mikroelektronik in der Arbeitswelt 48
  5.3 Risiken der Mikroelektronik 51

6 Umweltgefährdung und Umweltschutz 54
  6.1 Besondere Gefährdungen der Umwelt 55
  6.2 Ökologie kontra Ökonomie 57
  6.3 Umweltschutz geht alle an 58

Arbeit und Beruf

1 Berufliche Arbeit 62
  1.1 Warum arbeiten wir? 62
  1.2 Berufliche Arbeit – Wünsche und Erwartungen 63

2 Berufe im Wandel 64
  2.1 Neue Berufsbilder entstehen 65
  2.2 Neue Techniken – neue Anforderungen 66
  2.3 Berufliche Mobilität durch Weiterbildung 68

3 Arbeitslosigkeit 71
  3.1 Arbeitslos trotz Berufsausbildung? 72
  3.2 Arbeitslosigkeit als gesellschaftliches Problem 73

4 Tarifverträge regeln Arbeitsbedingungen 74
  4.1 Die Aufgaben der Tarifpartner 75
  4.2 Die Wirkung von Tarifverträgen 77

Lebensbereich Betrieb

1 Zusammenarbeit im Betrieb 80
  1.1 Spannungen und Konflikte im Betrieb 81
  1.2 Soziale Beziehungen am Arbeitsplatz 83

2 Rechte am Arbeitsplatz 86
  2.1 Wie wichtig ist das Betriebsverfassungsgesetz? 86
  2.2 Ist ein Betriebsrat notwendig? 90

Die Durchsetzung der Menschenrechte

1 Menschenrechte für alle 94
  1.1 Die Geschichte der Menschenrechte 95
  1.2 Sind Menschenrechte teilbar? 97
  1.3 Missachtungen der Menschenrechte 99

2 Menschenrechte in der Bundesrepublik Deutschland 104
  2.1 Menschenrechte im Grundgesetz 104
  2.2 Das Bundesverfassungsgericht – höchste Instanz bei Grundrechtsverletzungen 107

Der Nationalsozialismus

1 Die Weimarer Republik 113
  1.1 Von der Monarchie zur Republik 113
  1.2 Die Schwächen der Reichsverfassung 115
  1.3 Wirtschaftskrisen 116
  1.4 Demokratie ohne Demokraten 118

2 Der totalitäre Staat Hitlers 121
  2.1 Der Weg in die Diktatur 122

2.2 Der Aufbau der Diktatur	123

3 Propaganda und Erziehung ... 127
   3.1 Methoden und Ziele der Propaganda ... 127
   3.2 Nationalsozialistische Erziehung ... 129

4 Das menschenverachtende System der NS-Diktatur ... 132
   4.1 Terror und Überwachung ... 132
   4.2 Antisemitismus und Rassenwahn ... 133
   4.3 Der Leidensweg des jüdischen Volkes ... 135

5 Widerstand im Nationalsozialismus ... 139
   5.1 War Hitler zu verhindern? ... 139
   5.2 Widerstandsgruppen ... 140
   5.3 Widerstand im Alltag ... 141

6 Rechtsradikalismus heute ... 143

Das geteilte Deutschland

1 Die Teilung Deutschlands ... 148
   1.1 Deutschland am Ende des 2. Weltkrieges ... 149
   1.2 Die Aufteilung Deutschlands ... 151
   1.3 Die Konferenz von Potsdam ... 153
   1.4 Flucht und Vertreibung ... 154

2 Die Besatzungspolitik der Siegermächte ... 156
   2.1 Entnazifizierung ... 156
   2.2 Reparationen und Demontage ... 157
   2.3 Zulassung von Parteien und ersten Wahlen ... 158
   2.4 Wirtschaftlicher Neubeginn ... 159

3 Die Teilung wird vollzogen ... 160
   3.1 Wirtschaftliche Vereinigung der Westzonen ... 160
   3.2 Die Gründung der Bundesrepublik Deutschland ... 161
   3.3 Die Gründung der Deutschen Demokratischen Republik ... 162

4 Stationen des Kalten Krieges ... 165
   4.1 Blockade und Luftbrücke ... 166
   4.2 Arbeiteraufstand in der DDR – der 17. Juni 1953 ... 168
   4.3 Berlin-Ultimatum und Mauerbau ... 170

5 Entspannungsansätze ... 172
   5.1 Ostverträge und Berlin-Abkommen ... 173
   5.2 Die Beziehungen zwischen der Bundesrepublik Deutschland und der Deutschen Demokratischen Republik ... 174

6 Politik und Wirtschaft in der DDR (1949 – 1989) ... 178
   6.1 Ideologische Grundlagen ... 178
   6.2 Die führende Rolle der SED ... 180
   6.3 Gewaltenverbindung in der DDR ... 182
   6.4 Die zentrale Planwirtschaft in der DDR bis 1989 ... 183

7 Die gewaltlose Revolution in der DDR ... 186
   7.1 Wie es dazu kam ... 187
   7.2 Das Jahr 1989 – die Ereignisse überschlagen sich ... 188

Die Vereinigung Deutschlands

1 Der Demokratisierungsprozess in der DDR ... 192
   1.1 Die Volkskammerwahl vom 18. März 1990 – Entscheidung für eine schnelle Vereinigung? ... 194
   1.2 Die Schatten der Vergangenheit ... 195

2 Schritt für Schritt zur staatlichen Einheit ... 198
   2.1 Die Wirtschafts-, Währungs- und Sozialunion – der erste Staatsvertrag ... 199
   2.2 Die staatliche Vereinigung – der 3. Oktober 1990 ... 201

3 Probleme der Vereinigung ... 203
   3.1 Umweltprobleme ... 204
   3.2 Der Übergang zur Marktwirtschaft ... 204
   3.3 Die Kosten der Einheit ... 206

4 Deutschland ist keine Insel ... 209

Frieden und Sicherheit

1 Frieden ist mehr als die Abwesenheit von Krieg ... 214
   1.1 Positiver und negativer Frieden ... 215
   1.2 Frieden – was kann ich dafür tun? ... 216

2 Von der Konfrontation zur Kooperation ... 217
   2.1 Der Ost-West-Konflikt nach 1945 ... 217
   2.2 Sicherheits- und Verteidigungspolitik der NATO bis 1991 ... 219
   2.3 Die Zukunft der NATO ... 222
   2.4 Weltweite Friedenssicherung ... 223
   2.5 Die Rolle der internationalen Organisation im Krieg auf dem Balkan ... 225

3 Die Bundeswehr ... 227
   3.1 Gründung und Auftrag der Bundeswehr ... 227
   3.2 Bundeswehr und Demokratie ... 228
   3.3 Die Zukunft der Bundeswehr ... 229

4 Wehrpflicht und Kriegsdienstverweigerung 231
    4.1 Die allgemeine Wehrpflicht 231
    4.2 Allgemeine Wehrpflicht oder Berufsarmee? .. 233
    4.3 Das Grundrecht auf
        Kriegsdienstverweigerung 234
    4.3 Allgemeine Dienstpflicht? 237

Das Regierungssystem der Bundesrepublik Deutschland

1 Grundlagen des demokratischen Staates 240
    1.1 Verfassungsgrundsätze des Grundgesetzes . 241
    1.2 Die Bundesrepublik – ein Sozialstaat 243

2 Politische Meinungs- und Willensbildung 245

3 Die Bedeutung der Massenmedien 247
    3.1 Die Aufgaben der Medien 248
    3.2 Werden wir manipuliert? 249
    3.3 Die Veränderung der Medienlandschaft 250

4 Die Parteien in der Demokratie 256
    4.1 Ohne Parteien geht es nicht 256
    4.2 Der Verfassungsauftrag der Parteien 257
    4.3 Der Aufbau der Parteien 258
    4.4 Die Finanzierung der Parteien 259
    4.5 Das Parteienverbot oder: Wie kann sich die
        Demokratie gegen ihre Feinde schützen? 260
    4.6 Die Parteien in der Krise? 261
    4.7 Die Programme der Bundestagsparteien
        im Überblick 262

5 Wahlen in der Demokratie 265
    5.1 Die Bedeutung der Wahlen
        in der Demokratie 265
    5.2 Rechtliche Grundlagen 266
    5.3 Wählen, aber wie? Mehrheits- und
        Verhältniswahl 267
    5.4 Die Wahlen zum Deutschen Bundestag 268
    5.5 Landtagswahlen in Rheinland-Pfalz 271
    5.6 Wählerverhalten im Wandel 272
    5.7 Wahlkampf – ein notwendiges Übel 273

**6 Möglichkeiten der Interessenvertretung
in der Demokratie** 275
    6.1 Mitwirkung in Parteien und Verbänden 276
    6.2 Die Verbände im politischen Leben 277
    6.3 Bürgerinitiativen 279
    6.4 Meinungsäußerung in Massenmedien 282
    6.5 Petitionen und Verfassungsbeschwerden 282

**7 Gewaltenteilung und -kontrolle
im parlamentarischen System** 285
    7.1 Der Deutsche Bundestag 286
    7.2 Der Bundesrat 290
    7.3 Die Bundesregierung 293
    7.4 Das Bundesverfassungsgericht 296

8 Der Bundespräsident 298

Die Europäische Union

1 Die Entstehung der Europäischen Union 303
    1.1 Aus Feinden werden Freunde 303
    1.2 Von der Montanunion zur
        Europäischen Union 304
    1.3 Die Politik der kleinen Schritte 305

**2 Der innere Aufbau der
Europäischen Union** 308

**3 Stand und Perspektiven der
Europäischen Union** 311
    3.1 Der europäische Binnenmarkt 311
    3.2 Der Vertrag von Maastricht 314

4 Die internationale Bedeutung der EU 316

**5 Europa der Bürokraten –
Europa der Bürger?** 317

Der Nord-Süd-Konflikt

1 Worum geht es überhaupt? 321
    1.1 Ruanda –
        Beispiel eines Entwicklungslandes 323

2 Die Situation der Entwicklungsländer 325
    2.1 Armut durch Bevölkerungswachstum und
        fehlende Bildung 325
    2.2 Armut durch eine ungerechte
        Gesellschaftsordnung 327
    2.3 Armut durch Waffen 328
    2.4 Armut und Flucht 330

**3 Die Schuldenbombe tickt –
innere und äußere Ursachen der Armut** 332
    3.1 Schulden durch eine ungerechte
        Weltwirtschaftsordnung 333
    3.2 Schulden durch eine falsche Entwicklung 335
    3.3 Schulden und kein Ende? 336

4 Der Weg aus der Krise 339
    4.1 Notwendigkeit entwicklungs
        politischer Zusammenarbeit 339
    4.2 Ziele entwicklungspolitischer
        Zusammenarbeit.. 340

4.3 Staatliche und private Hilfen 343
4.4 Und was kann ich tun? 347
4.5 Internationale Entwicklungshilfe 348
4.6 Grenzen der Entwicklungshilfe 350

Schleswig-Holstein – Geschichte und Politik

1 Haithabu und Lübeck 354
   1.1 Handelswege bis zum 12. Jahrhundert 354
   1.2 Handel und Technik 355
   1.3 Hanse – Aufstieg und Niedergang 355

2 Ein Wirtschaftsstandort verändert sich 356
   2.1 Schwerpunkt der Wirtschaft 356
   2.2 Ursachen für Veränderungen 356
   2.3 Marcus Hartwig Holler (1796 – 1857) ein Pionier der Industrialisierung 357
   2.4 Auf dem Weg zur Dienstleistungsgesellschaft 357

3 Deutsche und Dänen als Nachbarn 358
   3.1 Schleswig-Holstein wird preußische Provinz 358
   3.2 Volksabstimmungen 1920 – Schleswig wird geteilt 358
   3.3 Die Besetzung Dänemarks im Zweiten Weltkrieg 359
   3.4 Signal für eine bessere Zukunft – die Bonn-Kopenhagener-Erklärung vom 29.3.1955 359

4 Schleswig-Holstein und der Nationalsozialismus 360
   4.1 Aufstieg der NSDAP 360
   4.2 NS-Landwirtschaftspolitik nach 1933 361
   4.3 „Bewältigung" der Vergangenheit nach 1945 361

5 Schleswig-Holstein nach dem Zweiten Weltkrieg 362
   5.1 Schleswig-Holstein – „Flüchtlingsland Nr. 1" 362
   5.2 Die britische Besatzungsmacht 363

6 Schleswig-Holstein – mehr Demokratie wagen 364
   6.1 Krisen und Reformen 364
   6.2 Mehr Rechte für den Landtag 364
   6.3 Mehr Rechte für den Bürger 364
   6.4 Bürger gestalten Politik unmittelbar 365

7 Schleswig-Holstein – Zukunft in Deutschland und Europa 366
   7.1 Der Norden unter einem Hut 366
   7.2 Chancen und Probleme im Ostseeraum 367

Wirtschaft

1 Geht den Deutschen bald die Arbeit aus? 370
   1.1 Arbeitslosigkeit 371
   1.2 Sind die Deutschen selbst Schuld, daß es hier zu wenige Arbeitsplätze gibt? 372

2 Welche Beziehung besteht zwischen Arbeitslosigkeit und Konjunktur? 373
   2.1 Was unternimmt der Staat zur Belebung bzw. zum Dämpfen der Konjunktur? 374
   2.2 Stabilitätsgesetz – stabil und zauberhaft? ... 375

3 Markt und Macht – wie reagieren Anbieter und Nachfrager? 376

4 Wie kommt ein Preis auf einem Markt zustande? 377
   4.1 Wie bildet sich ein Preis bei vollständiger Konkurrenz? 378
   4.2 Soziale Marktwirtschaft 378

5 Was „verträgt" die soziale Marktwirtschaft? – Vertragsarten 379

6 Welches Unternehmen ist mein Vertragspartner? – Unternehmensformen 380

7 Arbeit bzw. Arbeitslosigkeit – nur ein nationales Problem? – Globalisierung 381

Stichwortverzeichnis 386
Bildquellenverzeichnis 392

Vorwort

Die Demokratie mitgestalten

Zugegeben – das Fach Wirtschaft/Politik zählt für viele junge Menschen nicht gerade zu den Lieblingsfächern in der Berufsschule. Die fachliche, berufsbezogene Ausbildung scheint im Vordergrund zu stehen. Und trotzdem – Wirtschaft und Politik betreffen uns alle. Neue Ausbildungsordnungen zum Beispiel sind das Ergebnis politischer Entscheidungsprozesse, der europäische Binnenmarkt verändert die Arbeits- und Berufswelt, Umweltprobleme wie die drohende Klimakatastrophe gehen alle an, sozialpolitische Maßnahmen bei der Finanzierung der Pflegeversicherung wirken sich direkt auf unser Leben und vor allem auch auf unseren Lebensstandard aus.

Politik betrifft uns alle.

Es gibt also genug Gründe, sich mit gesellschaftlichen und politischen Themen auseinander zu setzen und sich als mündige Bürgerinnen und Bürger in die Politik einzumischen und den eigenen Standpunkt zu vertreten. Denn die Bundesrepublik Deutschland als demokratischer Staat funktioniert nicht von selbst. Sie braucht das aktive Mitdenken, Mitwirken und Mitgestalten ihrer Bürgerinnen und Bürger.

Die Demokratie braucht aktive Bürgerinnen und Bürger, die mitdenken, mitwirken und mitgestalten.

Das neue **„Betrifft Wirtschaft/Politik"** will dazu einen Beitrag leisten. Autoren und Verlag haben ein Schulbuch entwickelt, das einerseits den notwendigen Stoff für die Vorbereitung auf die Abschlussprüfung enthält, andererseits aber auch genügend Möglichkeiten zur Diskussion und Auseinandersetzung mit geschichtlichen und politischen Sachverhalten gibt.

Den Sachkapiteln vorangestellt sind zehn Methodenvorschläge, die exemplarisch zeigen, wie Themen methodisch interessant im Unterricht umgesetzt werden können.

Methodenvorschläge

Die einzelnen Kapitel beginnen mit einem interessanten und lebendigen Einstieg. Informationstexte vermitteln die notwendigen Kenntnisse und stellen die Verbindung zwischen den vielfältigen Materialien her. Grafische Darstellungen, Statistiken, Fotos, Karikaturen und Quellentexte bilden die Grundlage für eine flexible und differenzierte Gestaltung des Unterrichts.

„Betrifft Wirtschaft/Politik" will mit seinen vielfältigen Materialien einen lebendigen Sozialkunde-Unterricht ermöglichen.

Jedes Kapitel endet mit einer besonders gestalteten Seite **„Auf einen Blick"**. Diese Seite enthält eine Zusammenfassung des Kernwissens, Fragen zur Wiederholung sowie weiterführende Aufgaben. Diese weiterführenden Aufgaben dienen insbesondere der inhaltlichen Abrundung eines Themas, sollen Ihnen aber auch helfen, eine eigene Meinung zu bilden und selbst aktiv zu werden.

„Betrifft Wirtschaft/Politik" will Sie ermutigen, sich in unserer Gesellschaft zu engagieren.

Bei der Gestaltung des Buches wurde auf Klarheit und Großzügigkeit besonderen Wert gelegt. Die Marginalspalte gibt ergänzende Informationen wie Definitionen von Fachausdrücken, biografische Angaben zu wichtigen Persönlichkeiten, prägnante Aussagen zu bestimmten Sachverhalten oder Ereignissen, kurze Tabellen bzw. Schaubilder.

Autoren und Verlag hoffen, dass die Arbeit mit **„Betrifft Wirtschaft/Politik"** nicht nur als notwendige Pflicht angesehen wird, sondern Ihnen auch Spaß macht. Kritik und Anregungen nehmen wir gerne entgegen.

Die Verfasser
und die Verlagsredaktion Allgemeinbildung

Wir machen eine Erkundung

Über Armut wird bei uns neuerdings viel gesprochen und geschrieben. Aber wo sind die Armen in unserer Stadt? Wie sind diese Menschen in Armut und Not geraten? Wer hilft ihnen? Darüber wissen wir oft sehr wenig, weil Armut sich selten offen zeigt und weil es neben der offenen auch „verdeckte Armut" gibt, die nicht mal bei den Behörden registriert wird.

Um mehr über Armut in unserer Stadt zu erfahren, müssen wir selber hingehen, beobachten, fragen, aufschreiben und berichten. Wie man das macht – dazu möchte ich Ihnen hier einige Anregungen geben.

Armut in unserer Stadt

Die Methode, mit der wir mehr über Armut „vor unserer eigenen Tür" erfahren können, als in der Lokalzeitung steht, heißt „Erkundung". Bei der Erkundung handelt es sich um die Kombination einer Vielfalt von Methoden, mit denen wir Informationen über einen sozialen Sachverhalt gewinnen können. Solche Methoden können sein: Beobachten, Fragen, Interviewen, Auswerten von Statistiken, Vergleichen usw. Deshalb muss eine Erkundung gut vorbereitet werden. Vor allem müssen vorweg einige Fragen geklärt werden.

1. Worum geht es?

Bei einer Erkundung muss zunächst einmal klar sein, worum es eigentlich geht. Frage: Was ist unser Problem? Schauen Sie sich die vorangegangenen Seiten noch einmal gut an. Welche Probleme werden dort sichtbar? Am besten machen Sie einen „Problemkatlog", d.h. Sie schreiben die Beobachtungen und Fragen auf lose Blätter, die Sie dann an die Tafel heften.

Beispiel:
- *In der Stadt sieht man immer mehr Bettler.*
- *Dürfen die sich einfach hinstellen und betteln?*
- *Bekommen Bettler kein Geld vom Sozialamt?*

2. Was können wir machen?

Bei der Erkundung gibt es grundsätzlich drei Möglichkeiten:
(1) Man kann etwas sehen und beobachten (z. B. die Bettler auf der Straße).
(2) Man kann jemanden fragen (z. B. wo bleiben die Bettler über Nacht?).
(3) Man kann an etwas teilnehmen (z. B. an einer Sitzung des Gemeinderats über Bettler und Obdachlose).

3. Wo können wir hingehen?

Als Thema wurde vorgeschlagen „Armut in unserer Stadt". Das heißt, Sie sollten sich auf die Stadt, in der Sie wohnen und wo Ihre Schule bzw. Ihr Betrieb ist, konzentrieren. Doch es gibt „offene Armut", die kann man sehen, und „verdeckte Armut", die kann man nicht so ohne weiteres sehen. Da muss man fragen. Aber wen? Erkundigen Sie sich zunächst in Ihrer Gemeinde auf dem Rathaus bzw. der Gemeindeverwaltung nach dem Sozialamt. Oft gibt es auch ein „Amt für Soziale Dienste". Wenn es eine „Bürgerberatung" gibt, dann können Sie auch dort Auskunft über die verschiedenen Ämter erhalten. Wer z.B. etwas über die Bettler in der Stadt erfahren will, kann auch das Ordnungsamt fragen. Für die Wohnungssuchenden ist das „Amt für Wohnungswesen" zuständig.

Neben den staatlichen Stellen gibt es noch viele weitere Einrichtungen der Wohlfahrtspflege, die sich um Menschen kümmern, die alt, krank oder behindert sind und häufig in Armut leben. Die wichtigsten sind
– die Arbeiterwohlfahrt,
– die Caritas,
– der Deutsche Paritätische Wohlfahrtsverband,
– das Deutsche Rote Kreuz,
– das Diakonische Werk und
– die Zentralwohlfahrtsstelle der Juden in Deutschland.

Auch dort kann man ggf. hingehen und fragen.

Wir machen eine Erkundung

4. Wen sollen wir fragen?

Sie können auf gar keinen Fall alle Formen von Armut in Ihrer Stadt erfassen. Das wäre viel zu umfangreich. Deshalb sollten Sie sich darüber einigen, welche gesellschaftlichen Gruppen, die als arm und sozial schwach gelten, Sie erkunden wollen. Dann müssten Sie überlegen, wo und wie Sie mit diesen Menschen ins Gespräch kommen können. Dazu müssten Sie herausfinden:

– Wo kann man diese Menschen treffen? Wer kennt jemand, der zu dieser Gruppe gehört?
– Gibt es Orte, wo diese Menschen zusammenkommen (z. B. ein Obdachlosenasyl, ein Seniorenclub usw.)?
– Kann man Menschen dieser Gruppe evtl. in die Schule einladen (z. B. einen Rentner/eine Rentnerin).
– Kann man diese Menschen auf bestimmten Ämtern oder Einrichtungen treffen (z. B. Arbeitslose auf dem Arbeitsamt oder Obdachlose, die eine Unterkunft suchen, beim Sozialamt)?

5. Wie sollen wir unsere Untersuchung durchführen?

Das hängt davon ab, ob Sie etwas beobachten wollen oder ob Sie jemanden befragen wollen. Für die Beobachtung brauchen Sie einen Beobachtungsbogen, für die Befragung einen Fragebogen oder einen kleinen Interviewleitfaden. Dazu finden Sie in den Kästen auf dieser Seite einige Anregungen.

6. Was wollen wir erkunden?

Eigentlich sollten Sie das selbst herausfinden. Aber einige Anregungen sollen nachstehend gegeben werden. Sie müssen grundsätzlich zwei Gruppen von Fragen unterscheiden:

(1) Es gibt Fragen, die treffen auf alle Menschen zu, die in Not und Armut geraten sind, z. B.
– Seit wann sind sie in dieser Situation?
– Wie sind sie in diese Situation geraten?
– Haben sie eine Wohnung? Wenn ja, wie groß ist sie und wie ist sie ausgestattet?
– Mit wie viel Geld müssen sie auskommen (am Tag, in der Woche, im Monat)?
usw.

(2) Es gibt Fragen, die sind für jede Gruppe verschieden.
Wenn man zum Beispiel erkunden will, wie die Situation armer allein stehender alter Frauen in der Stadt ist, dann könnte man untersuchen,
– warum ihre Rente so niedrig ist,
– ob sie sich noch alleine versorgen können (Kochen, Waschen, Einkaufen usw.),
– ob ihre Wohnung „altengerecht" eingerichtet ist (z. B. ohne Treppen zu erreichen, Notklingel im Bad, Telefonanschluss für Notfälle) usw.

Beispiel für einen Beobachtungsbogen zur Beobachtung von Bettlern

1. Nach welchen Gesichtspunkten wird ein Standort ausgesucht?
2. Wodurch wird versucht, Aufmerksamkeit zu erregen?
3. Wie verhalten sich die Passanten?
   – gehen achtlos vorüber?
   – bleiben stehen und geben ein Almosen?
   – reden mit dem Bettler?
   – beschimpfen ihn?
   usw.

7. Mit welchen Erhebungsinstrumenten wollen wir arbeiten?

Erhebungsinstrumente sind alle Hilfsmittel und Geräte, mit denen Informationen aufgenommen und weiterverarbeitet werden können, also z. B.
Protokolle, Fragebögen für schriftliche Erhebungen, Interviewleitfaden für mündliche Erhebungen, Cassettenrecorder, tragbares Tonband oder Radio mit Aufnahmemöglichkeit, Videokamera, Fotoapparat.
Stellen Sie fest, welche Geräte in der Schule oder von Ihnen selbst zur Verfügung stehen und welche anderen Hilfsmittel (z. B. Fragebogen) Sie für Ihre Erkundung brauchen. Dann planen Sie bitte genau, wer welche Erkundungsaufgaben durchführen soll und welche Erhebungsinstrumente dabei eingesetzt werden können.

Beispiel für einen Fragebogen oder einen Interviewleitfaden zur Befragung von Obdachlosen

1. Wie lange sind Sie schon in unserer Stadt?
2. Seit wann sind Sie obdachlos?
3. Wo schlafen Sie?
4. Wovon leben Sie?
5. Welche Gründe waren Ihrer Meinung nach ausschlaggebend dafür, dass Sie obdachlos geworden sind?
6. Welche Hilfen bekommen Sie von der Stadt oder anderen Behörden
   – bei der Suche nach einem Arbeitsplatz?
   – bei der Vermittlung einer Schlafstelle?
   – bei der Verpflegung?
7. Haben Sie einen Beruf gelernt?

8. Wie wollen wir unsere Ergebnisse präsentieren?

Z. B. durch Protokolle, mündliche Berichte, Fotos, Wandzeitung oder Collage, kleine Dokumentation als Broschüre usw.

Hinweise auf besondere Probleme bei der Erkundung

- Wenn Sie versuchen, mit Bettlern und Nichtsesshaften – das ist die offizielle Bezeichnung für Personen ohne Unterkunft – ins Gespräch zu kommen, beachten Sie bitte: Diese Menschen sind manchmal scheu und verschlossen, vielleicht auch betrunken und können aggressiv werden, wenn sie den Eindruck gewinnen, dass man sich über ihre Situation lustig macht.
- Wenn Sie eine Behörde oder ein Amt (z. B. das Sozialamt) erkunden wollen, lassen Sie sich nicht abschrecken, wenn Behörden oft unübersichtlich und verwirrend wirken. Fragen Sie an der Information nach, wer Ihre Fragen am besten beantworten könnte.
- Eine gute Vorbereitung für Ihre Erkundung sind Rollenspiele, in denen Sie verschiedene Befragungssituationen mit verteilten Rollen durchspielen können.

III Planspiel zu Tarifverhandlungen, Streik und Aussperrung

Erwäge gut und bedenke das Ende ...

Das Planspiel ist – im Unterschied zum Rollenspiel – ein Entscheidungsspiel. Ziel des Spiels ist, in einem Konfliktfall (Ausgangslage) zu entscheiden, welche Problemlösung angestrebt werden soll (Handlungsziel) und wie dabei vorgegangen werden soll (Handlungsstrategie). Zur Erarbeitung einer Handlungsstrategie gehört vor allem, herauszufinden, wo die Problemursachen liegen, welche Widerstände überwunden werden müssen, welche Handlungsalternativen es gibt und was die jeweiligen Vor- und Nachteile der verschiedenen Handlungsmöglichkeiten sind (Fallanalyse). Im vorliegenden Fall geht es um einen besonders schwerwiegenden Tarifkonflikt, der bis an die Wurzeln des Tarifsystems reicht. Dieser Konflikt soll als Tarifverhandlung durchgespielt werden. Ihre Aufgabe ist es, nach einer Lösung zu suchen, die ggf. auch gegen Widerstände und bei hohen sozialen Kosten durchzusetzen wäre, aber letztlich einen Kompromiss ermöglichen muss.

Methodenvorschlag zum Kapitel „Arbeit und Beruf"

Sie haben sich im Kapitel „Arbeit und Beruf" u.a. mit Fragen des Tarif- und Streikrechts auseinandergesetzt. Auf Kenntnisse, die Sie dabei erworben haben, können Sie jetzt bei der Vorbereitung des Planspiels zurückgreifen, indem Sie die entsprechenden Themenseiten nachschlagen.

Arbeitsvorschläge

Das Planspiel kann in dieser Schrittfolge durchgeführt werden:

1. Vorüberlegungen zur Sache. Gespielt wird eine Tarifverhandlung mit dem Ziel, einen neuen Tarifvertrag auszuhandeln. Informieren Sie sich über den Tarifkonflikt und die Ausgangslage für das Planspiel (**M 1**). Analysieren Sie gemeinsam das Problem, seine Ursachen und die Interessenlagen (**M 2**).

2. Aufteilung in Gruppen. An der Tarifverhandlung unter dem Vorsitz eines unparteiischen Schlichters (Spielleiter) sind zwei Gruppen beteiligt: Die Vertreter des Arbeitgeberverbands „Gesamtmetall" und der IG Metall. Entsprechend werden zwei gleich große Gruppen gebildet, die die Rollen „Arbeitgebervertreter" und „Gewerkschaftsvertreter" in der Tarifverhandlung spielen.

3. Erarbeitung der Rollen und Handlungsstrategie. Jede Gruppe überlegt und entscheidet für sich, welche Forderungen sie vorrangig durchsetzen will, und wie (Rollenkarte **M 3** oder **M 4**). Klären Sie auch die rechtlichen Grundlagen für Ihre Strategie. Nutzen Sie als Informationsmaterial auch die Seiten 74–77.

4. Durchführung des Rollenspiels. Die Verhandlungsgruppen sitzen sich „am grünen Tisch" gegenüber. Der „Schlichter" (Spielleiter)

M 1 Konfliktfall und Ausgangslage

Die neue „Tarifrunde" hat mit einem Paukenschlag begonnen. Während üblicherweise die Gewerkschaften in die Offensive gehen, hat diesmal „Gesamtmetall", der Arbeitgeberverband der Metallindustrie, die Tarifverträge gekündigt. Weil der Konkurrenzdruck aus „Billiglohnländern" zu drastischen Kostensenkungen zwingt, wollen die Arbeitgeber eine Senkung der Kostenlast der bestehenden Tarifverträge um mindestens 10 % durchsetzen. Deshalb fordern sie: (1) Das Arbeitnehmereinkommen wird auf dem gegenwärtigen Stand eingefroren. (2) Das zusätzliche Urlaubsgeld wird komplett gestrichen, die Urlaubsvergütung wird gekürzt; bei längeren Krankheiten oder bei Kuren werden Urlaubstage abgezogen; Freistellungen am Heiligabend und zu Sylvester werden auf den Urlaub angerechnet. (3) Anstelle der täglichen und wöchentlichen Normalarbeitszeit wird eine „Jahressollarbeitszeit" vereinbart; als zuschlagpflichtige „Mehrarbeit" gelten dann nur noch Überstunden über die Jahressollarbeitszeit hinaus. (4) In die Tarifverträge werden Öffnungs- und Revisionsklauseln eingefügt, die einzelbetriebliche Sonderregelungen ermöglichen und während der Laufzeit eine Anpassung der Tarifverträge an die wirtschaftliche Lage erlauben. Um ihre Forderungen durchzusetzen, ist „Gesamtmetall" notfalls auch zu Aussperrungen bereit. Die Gewerkschaft (IG Metall) sieht in den Arbeitgeberforderungen eine Ausnutzung der Krisenerscheinungen zu Lasten der Arbeitnehmer. Ihre Zielvorstellung lautet: Reallohnsicherung. Deshalb fordert sie eine Erhöhung der Löhne, Gehälter und Ausbildungsvergütungen um 5,5 % (= 4 % Teuerungsausgleich und 1,5 % für beschäftigungswirksame Maßnahmen, nämlich: Vorziehen der vereinbarten Arbeitszeitverkürzung, Verzicht auf betriebsbedingte Kündigungen während der nächsten 12 Monate und für Auszubildende eine befristete Übernahme für 6 Monate, falls eine unbefristete Übernahme nicht möglich ist). Um ihre Ziele zu erreichen, will die IG Metall notfalls auch streiken.

Dies ist die Ausgangslage für die nun notwendig gewordenen Tarifverhandlungen. Zu diesen Verhandlungen treffen sich zwei gleichgroße Gruppen von Vertretern der IG Metall und von „Gesamtmetall" des Tarifgebiets Schleswig-Holstein im „Zentralhotel" in Kiel. Sie müssen eine Lösung ihrer Probleme im Kompromiss suchen. Aber wie weit kann/soll die Kompromissbereitschaft gehen?

M 2 Fallanalyse

- Was ist das Problem?
- Was sind die Ursachen?
- Welche Interessen stehen sich gegenüber?
- Was soll erreicht werden?
- Auf welche Rechte kann man sich stützen?
- Handlungsmöglichkeiten
- Vorteile
- Nachteile

Planspiel zu Tarifverhandlungen, Streik und Aussperrung

IV

M 3 Rollenkarte: Vertreter des Arbeitgeberverbandes

Sie begründen Ihre Verhandlungsposition mit Argumenten wie …

- Zu hohe Kosten und zu kurze Arbeitszeiten gefährden die Wettbewerbsfähigkeit und den Industriestandort Deutschland. Insbesondere die Lohnnebenkosten sind nicht mehr zu verkraften.
- Die wirtschaftliche Lage war noch nie so schlecht (Kosten- und Ertragskrise, Auftragsverlagerung ins Ausland, Verlust von Arbeitsplätzen, erstmals in der Geschichte der BRD ein Jahr ohne Gewinne bei gesunkener Produktivität).
- Jeder muss Opfer bringen; Kürzungen sind zumutbar; Reallohnsicherung ist ein unrealistisches Ziel.
- Die Arbeitskosten liegen in Japan bei 71 %, in den USA bei 59 % des deutschen Niveaus. Kostensenkung ist deshalb eine Politik der Beschäftigungssicherung.
- Vor allem die Urlaubsregelung muss revidiert werden. Der Urlaub muss der tatsächlichen Arbeitsleistung entsprechen. Zusätzliches Urlaubsgeld ist bei der Höhe der Löhne und Gehälter überflüssig geworden.
- Aufgabe von Tarifverträgen ist es, Mindestbedingungen und nicht Höchstbedingungen zu regeln; den Metallunternehmen aus 13 unterschiedlichen Branchen kann kein einheitlicher Tarif-vertrag mehr vorgegeben werden. Deshalb muss für den neuen Tarifvertrag eine Öffnungs- und Revisionsklausel vereinbart werden.
- Sollten die Gewerkschaften nicht Vernunft annehmen, dann ist ein Arbeitskampf unvermeidbar; in diesem Fall werden die Unternehmer auch nicht vor Aussperrungen zurückschrecken.

eröffnet die Tarifverhandlung. Er legt kurz dar, was zu verhandeln ist (M 1) und leitet die Sitzung. Zum Schluss der Verhandlung fasst er das Ergebnis zusammen und macht bei Bedarf einen Schlichtungsvorschlag.

5. Zwischenberatung.
Die beiden Tarifparteien ziehen sich zur Beratung zurück. Sie nehmen entweder den Schlichtungsvorschlag an oder entscheiden über eine neue Kompromisslinie für eine zweite Verhandlungsrunde und eventuelle Kampfmaßnahmen – notfalls Streik und Aussperrung.

6. Neue Verhandlungsrunde und Entscheidung.
Entweder wird ein Kompromiss angenommen oder die Verhandlungen werden abgebrochen, um Kampfmaßnahmen einzuleiten.

7. Nachbesprechung.
Diskutieren Sie die Plausibilität der Argumente sowie die Zweck- und Rechtmäßigkeit der Entscheidungen.

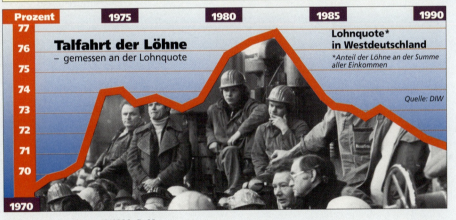

Nach: Der Spiegel, Nr. 40/1993, S. 19

M 4 Rollenkarte: Vertreter der Gewerkschaft

Sie begründen Ihre Verhandlungsposition mit Argumenten wie …

- Tarifverträge haben eine Schutzfunktion, die sich gerade in Krisenzeiten bewähren muss. Ist das Tarifvertragssystem durch Öffnungs- und Revisionsklauseln erstmal aufgebrochen, wird es keine Mindestlohnsicherung und keinen Mindestarbeitsschutz für alle Beschäftigten mehr geben; dann wird nach Regionen, Branchen und Betriebsgrößen differenziert und eine Abwärtsspirale ohne Ende eingeleitet.
- Die derzeitige Tarifpolitik der Arbeitgeber beinhaltet keinerlei Beschäftigungssicherheit; sie schwächt die Massenkaufkraft und reduziert die Nachfrage. Beides ist aber eine Voraussetzung für einen konjunkturellen Aufschwung.
- Alle Erfahrungen zeigen: Lohnsenkungen sind keine Garantie für weniger Arbeitslosigkeit. Auch in Industriestaaten mit niedrigerem Lohnniveau (z. B. Frankreich, England, Italien und Spanien) gibt es Arbeitslose – sogar mehr als bei uns.
- Entscheidend für die Wettbewerbsfähigkeit sind nicht die Lohn- und Gehaltshöhe, sondern die Lohnstückkosten (der Lohnanteil, der auf das einzelne Produkt entfällt); die aber liegen bei uns günstiger als in anderen Ländern. Das erklärt auch, wieso wir 1992 bei einem Anteil an der Weltproduktion von 6,2 % einen Welthandelsanteil von 11,6 % hatten (Japan dagegen bei einem Produktionsanteil von 14,6 % nur 9,2 % und die USA bei 26,1 % Produktionsanteil 12,1 %).
- Sollten die Arbeitgeber auf ihren Forderungen bestehen, ist Streik unvermeidbar.

Ein Blick in die Zukunft mit der Szenariotechnik

Methodenvorschlag zum Kapitel „Umwelt"

Haben Sie sich nicht schon öfter gewünscht, in die Zukunft zu schauen. Mit diesem Wunsch sind Sie nicht allein, denn eigentlich ist unser ganzes Planen und Handeln auf die Zukunft ausgerichtet. Jeder von uns hat Lebensziele und -pläne.

Die Frage ist nur, ob wir bei unseren Überlegungen und Planungen auch wirklich von realistischen und wahrscheinlichen Vorstellungen über die Zukunft ausgehen. Das gilt für alle, die so etwas wie strategische Zukunftsplanungen betreiben, z. B.
– Militärs, die die zukünftige Sicherheits- und Bedrohungssituation eines Landes einschätzen müssen,
– Unternehmer, die für die Märkte von morgen planen und heute schon Produkte und Strategien für die nächsten 10 - 20 Jahre entwickeln,
– Politiker, die Entscheidungen treffen müssen, deren Konsequenzen die gesellschaftliche Entwicklung für viele Jahrzehnte bestimmen.

Alle genannten Personen und Gruppen machen solche Planungen mit Hilfe der „Szenario-Technik". Ich lade Sie ein, am Beispiel unseres Themas „Auto und Verkehr" einmal ein solches Szenario in der Klasse durchzuspielen, weil man hierbei viel über die Zukunft, auch die eigene Zukunftsplanung, lernen kann.

Ich wünsche Ihnen viel Spaß dabei !

Auto 2020

Szenario-Technik ist eine Methode, mit deren Hilfe Vorstellungen über positive und negative Entwicklungen in der Zukunft zu umfassenden Bildern und Modellen, d.h. möglichen und wahrscheinlichen „Zukünften", zusammengefasst werden. Szenarien sind also weder Prognosen, bei denen auf exakte Informationen aus Gegenwart und Vergangenheit zurückgegriffen wird, um sie einfach in die Zukunft fortzuschreiben, noch realitätsferne Utopien und Fantasien, wie sie beispielsweise im Rahmen von „Zukunftswerkstätten" (vgl. S. XIII) entwickelt werden.

Mit der Szenario-Technik werden vielmehr Daten und Informationen mit Einschätzungen und Meinungen verknüpft, sodass als Ergebnis detaillierte Beschreibungen einer bzw. mehrerer möglichen Zukunftssituationen unter ganzheitlichem Aspekt entstehen. Sie sind insofern ein Denkmodell für Wissenschaft, Politik und nicht zuletzt für die einzelnen Menschen, um unsere komplizierte Welt überhaupt noch begreifen zu können und entscheidungsfähig zu bleiben.

Der Szenario-Trichter und die drei Grundtypen des Szenarios

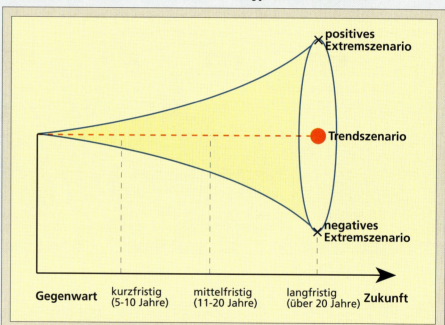

Die Schnittfläche des Trichters bezeichnet die Summe aller denkbaren und theoretisch möglichen Zukunftssituationen für den angepeilten Zeitraum.
Der Vorteil der Szenario-Methode liegt darin, dass nur drei Grundtypen von Szenarien entwickelt werden müssen, um damit alle prinzipiell möglichen und wahrscheinlichen Szenarien charakterisieren zu können:
– ein **positives Extremszenario**: es bezeichnet die günstigstmögliche Zukunftsentwicklung,
– ein **negatives Extremszenario**: es bezeichnet den schlechtestmöglichen Entwicklungsverlauf,
– ein **Trend-Szenario**: es beinhaltet die Fortschreibung der heutigen Situation in die Zukunft

Bei der Szenario-Technik geht man in 4 Schritten vor, die auf der nächsten Seite beschrieben werden.

Ein Blick in die Zukunft mit der Szenariotechnik

1. Problemanalyse

Ausgangspunkt jedes Szenarios ist ein gesellschaftliches Problem, d. h. ein von einer größeren Anzahl von Menschen als unbefriedigend angesehener Sachverhalt, der als dringend lösungsbedürftig angesehen wird. Das Thema „Auto und Verkehr" ist nach allem, was bisher gesagt wurde, ein großes und dringend lösungsbedürftiges Problem. Man kann eine Problemanalyse sehr schön anhand eines Problembaums (auch Mindmap genannt) machen, an den viele Kärtchen gehängt werden, auf die von den Schülerinnen u. Schülern jeweils ein Problem geschrieben wird.

Aufgabe:
Erstellen Sie einen Problembaum (mindmap) zum Thema „Auto" und benennen Sie stichwortartig auf Karten die einzelnen Schwierigkeiten, Risiken und Probleme, die der zunehmende Autoverkehr verursacht hat.

2. Bestimmung von Einflussbereichen

In diesem zweiten Schritt geht es darum, die wichtigsten Einflussbereiche bzw. Faktoren zu bestimmen, die auf das zu untersuchende Problem unmittelbar Einfluss haben. Anhand der Leitfrage „Von welchen Faktoren ist die Entwicklung des Automobilverkehrs in der Bundesrepublik abhängig?" werden von allen Beteiligten die wichtigsten Bestimmungsfaktoren zusammengestellt. Als Arbeitshilfe finden Sie auf dieser Seite ein sogen. „Systembild", in dem die wichtigsten Faktoren bildhaft enthalten sind.

Aufgaben:
1. *Beschreiben Sie genau, um welche Faktoren es sich handelt.*
2. *Suchen Sie nach weiteren Bestimmungsfaktoren und stellen Sie alle Faktoren in einer Liste zusammen.*
3. *Bilden Sie Arbeitsgruppen und überlegen Sie, wie sich die einzelnen Faktoren in der Zukunft entwickeln.*
4. *Halten Sie Ihre Arbeitsergebnisse schriftlich fest und diskutieren Sie anschließend zusammen die Ergebnisse.*

3. Entwicklung zweier Extrem-Szenarien

Diese Phase kann als Höhepunkt der Szenario-Technik bezeichnet werden, da nunmehr aus den gewonnenen Faktoren und ihrer wahrscheinlichen Entwicklung ausführliche Szenarien, d.h. ganzheitliche „Zukunftsbilder" erstellt werden sollen, die in anschaulicher und eindrucksvoller Weise mögliche Zukunftsentwicklungen und ihre Konsequenzen sichtbar und diskutierbar machen. Nachfolgend finden Sie ein Beispiel für ein negatives Extremszenario.

Beispiel:
Negatives Extrem-Szenario:
Canzerland anno 2020

Canzerland hat für die Fortbewegung außer Haus die Benützung eines Autos zur Pflicht gemacht. Die Belastung der Luft durch krebserregende Stoffe und die Wirkung der ultravioletten Strahlen sind im Freien so stark, dass für die Fortbewegung nur die Autos mit ihren Klimaanlagen und ihrem wohltuenden Schatten in Frage kommen. Die Gesetzgebung ist konsequent: Das erste Auto ist für die Bürgerinnen und Bürger steuerfrei. Mobilitäts-Steuern gibt es nur vom zweiten Wagen an. In den Zusammenballungen von Canzerland scheint fast immer die Sonne. Die von früher bekannte Mischung von „Smoke & Fog" (Rauch und Nebel) ist seit einigen Jahren durch den Einsatz von großräumig versprühten chemischen Bindemitteln fast völlig zum Verschwinden gebracht. Das absehbare Versiegen der Ölquellen in einigen Jahren erzeugt einen Run auf den fossilen Energieträger, um den sich nun die Meistbietenden in den Haaren liegen. Der öffentliche Verkehr hat resigniert. Es war einfach viel zu teuer. Die superschnellen Züge sind Schauplätze von Bandenkriegen – ausgenommen die „Senior-Trains", die nur für Personen ab 55 Jahren zugelassen sind. Das Leben ist allgemein härter geworden. Neuerdings werden in Unfälle verwickelte Fahrzeuge und Insassen, die nicht in der Elektronikzentrale der „Safelife"-Versicherung gespeichert sind, von den Rettungsmannschaften nicht mehr angeflogen. Die Prämien sind so hoch, dass nur noch ein Teil der Leute sich die umfassende Unfallversicherung leisten kann.

Aus: Schmalstieg, Dieter O: Aussteigen und sich selbst bewegen. Genf: Servet 1990, S. 7 f.

Aufgaben:
1. *Entwickeln Sie in Gruppenarbeit ein positives Extremszenario und stellen Sie diese Szenarien in der Klasse vor.*
2. *Diskutieren Sie anschließend, wie ein „Trendszenario" aussehen könnte, also ein realistischer Mittelweg zwischen den beiden Extremszenarien.*

4. Strategien und Maßnahmen zur Problemlösung

In der abschließenden Phase wird an die Problemanalyse der Ausgangssituation angeknüpft mit der Aufgabenstellung, nunmehr die Konsequenzen aus den entwickelten Szenarien zu ziehen und Handlungs- bzw. Gestaltungsstrategien zu entwickeln, die dazu dienen, unerwünschten Entwicklungen entgegenzuwirken und erwünschte Entwicklungen zu fördern.

Aufgabe:
Stellen Sie einen Katalog von Maßnahmen auf, durch die möglichst nahe an das Positivszenario herangekommen wird, und überlegen Sie, wie und von wem sie verwirklicht werden können.

VII

Der Krieg in Bildern und Karikaturen

Zwischen Objektivität und Parteilichkeit

M 1 Bilder sind gemacht

Bilder sind gemacht, sind nie objektive Abbilder, sind stets subjektiv. Entsprechend sind sie parteilich, bemüht, Wirklichkeit getreu wiederzugeben oder Wirklichkeit zu beschönigen, zu verfälschen, eben das Bild zu vermitteln, das der Initiator zu erwecken sucht. Das Wissen um die Manipulationsmöglichkeiten der Fotografie (von der Montage, dem Retuschieren bis zu entsprechenden Einstellungen, Licht-Schatten-Wirkungen...) verdeutlicht uns das bei diesem vordergründig am wenigsten „gemachten" Bild besonders.

Aus: Dietrich Grünewald, in: MickelL/Zitzlaff: Politische Bildung, Düsseldorf 1988

M 2 Der 1. Sept. 1939: Beginn des Zweiten Weltkriegs

Foto vom Überschreiten der polnischen Grenze durch die deutsche Wehrmacht

M 3 Das Ende des Krieges: Die Rote Armee in Berlin (1945)

Methodenvorschlag zum Kapitel „Der Nationalsozialismus"

Als Angehöriger des Jahrgangs 1937 habe ich meine prägenden Kindheitserlebnisse während des Zweiten Weltkrieges erfahren. In nachhaltiger Erinnerung ist mir vor allem das Jahr 1945 geblieben, die Zeit der militärischen Niederlage und des Zusammenbruchs des NS-Staates. Damals brach für mich auch eine Vorstellungswelt zusammen, die von der staatlichen „Propaganda" – andere Informationsquellen standen mir nicht offen – geformt worden war und die ganz im Gegensatz zu dem stand, was ich nun aus eigener Anschauung wahrnahm:

Ich erlebte unmittelbar den Rückzug einer geschlagenen Armee von erschöpften und zerlumpten Soldaten, die ich zuvor in den Filmen der Wochenschau und den Fotos der Zeitungen nur heldenhaft und kämpferisch gesehen hatte. Und zugleich löste sich auch das bisherige Feindbild von den Soldaten der anderen Seite auf.

Ich habe aus dieser Erfahrung die Einsicht gewonnen, dass selbst Filme und Fotos, die ja einen hohen Wahrheits- bzw. Objektivitätsanspruch vermitteln, die historische Realität nur ausschnittsweise oder gar verzerrt wiedergeben können oder wollen. Dennoch sind Bilder wichtige Medien der Vergegenwärtigung von Vergangenheit und Gegenwart. Sie müssen aber wie andere Quellen analysiert und interpretiert werden.

Das ist ein Anliegen dieser Doppelseite.

Der Krieg in Bildern und Karikaturen

VIII

Im Gegensatz zum Bild versteht sich die politische Karikatur von vornherein als eine Form engagierter Grafik, die zur Kritik und Parteinahme auffordert. Sie setzt sich aus Zeichen, Symbolen oder Figuren zusammen, die bestimmte Ereignisse, Ideen oder Sachverhalte repräsentieren und zugleich vereinfachen. Zu den Stilmitteln der Karikatur gehören vor allem
- die Übertreibung und Verzerrung; sie verdichten die Aussage und erhöhen die Durchschaubarkeit der Karikatur;
- der Vergleich z. B. mit Tieren (und den ihnen zugeschriebenen Eigenheiten) wie der (listige) Fuchs, der (Angst)Hase...;
- Methapher, d.h. die bildhafte Übertragung eines Begriffes auf einen anderen Bedeutungszusammenhang, z. B. die Darstellung des Staates als „Schiff", von Bedrohungen als „Flut", vom Politiker als „Lotse", von gesellschaftlichen Entwicklungen als „Zug"...

M 4 Auftakt

Karikatur von A. Paul Weber, 1932 (!)

M 5 Gebranntes Kind scheut das Feuer

Karikatur von E.A. Lang aus Anlaß der Wiederbewaffnung der Bundesrepublik, 1955

Analyse und Deutung von Bildern und Karikaturen können mit Hilfe der nachstehenden Leitfragen systematisiert werden; sie sollen am Beispiel von **M 2** erprobt und veranschaulicht werden:
- WAS wird veranschaulicht? Soldaten der Wehrmacht beim Überschreiten der polnischen Grenze am 01.09.1939
- WIE, d. h. mit welchen Stilmitteln bzw. aus welcher Perspektive, wird dargestellt? Inszeniertes Foto mit Symbol-Charakter: Die Beseitigung des Schlagbaums als Ausweitung Deutschlands auf den „Lebensraum im Osten"; Siegerperspektive
- WER ist der „Produzent" bzw. ggf. der Auftraggeber? Propagandafoto des NS-Staates
- WANN bzw. vor welchem politischen bzw. historischen Hintergrund ist die Karikatur bzw. das Bild entstanden? Beginn des 2. Weltkrieges 1939
- WELCHE Absichten verfolgt die Darstellung? Verharmlosung des Krieges als „Polenfeldzug" ohne erkennbare Gegenwehr und Opfer

Arbeitsvorschläge
1. Analysieren und deuten Sie **M 3**, **M 4** und **M 5** mit Hilfe der vorstehenden Leitfragen.
2. Vergleichen Sie den Informationsgehalt der Bilder (**M 2**, **M 3**) mit dem der Karikaturen **M 4**, **M 5**) und die Wirkung auf den Betrachtenden.

Methodenvorschlag zum Kapitel „Der Nationalsozialismus"

Moderation von Streitgesprächen

Frieden ist unteilbar

„Frieden" bezeichnet zunächst eine Situation zwischen Staaten und Völkern; im weitesten Sinne bezieht sich „Frieden" aber auch auf innergesellschaftliche Beziehungen, auf gewaltfreie Konfliktlösungen, auf Toleranz und Gesprächsbereitschaft gegenüber Minderheiten und politischen Gegnern. Mit anderen Worten: Frieden beginnt im Alltag und setzt einen notwendigen Konsens über die „Spielregeln" der demokratischen Auseinandersetzung und die Grundwerte unserer Gesellschaft voraus. Hierzu gehören Achtung der Menschenwürde, Gewaltfreiheit und soziale Gerechtigkeit. Insofern ist Frieden unteilbar und nicht auf Außenpolitik und Völkerrecht begrenzbar.

M 1 Ist Erziehung zum Frieden möglich?

Erziehung zum Frieden erscheint auch heute noch als problematisch; aber wir wissen: Erziehung zur Gewalt, zur Aggression, zum Hass und schließlich auch zum Krieg ist möglich. Ich habe zwölf Jahre meiner Jugend in einem Staat verbracht, der seine riesige Propagandamaschine, sein Erziehungswesen und die gesamte Arbeit der Parteiorganisation in den Dienst des Rassenhasses, der Völkerverhetzung und des nationalistischen Fanatismus gestellt hat. Diese Erziehung hatte Erfolg. Sie stürzte die Welt in einen der furchtbarsten Vernichtungskriege der bisherigen Geschichte. Und auch das Ergebnis des Krieges war noch ihr Erfolg, denn es ist das Grundprinzip der Erziehung zur Gewalt, dass die Vernichtung der Feinde erst in der Selbstvernichtung ihre Grenze findet.

Erziehung gegen den Frieden ist also möglich. Ist auch Erziehung zum Frieden möglich? (...) Jede Form von Erziehung, auch die, die sich unpolitisch gibt, spiegelt jene politischen Tendenzen, die den Erziehungsraum gestalten. Im Humus einer Politik der Gewalt gedeiht Erziehung zum Krieg und zur Aggression. Erziehung zum Frieden wird nur möglich sein, wenn die Maximen (Grundsätze) der Friedenspolitik nicht nur die internationalen Beziehungen unseres Staates, sondern auch die Gestaltung seiner inneren Verhältnisse und speziell die Bildungspolitik bestimmen.

Überall, wo erfahren wird, dass es möglich ist, Konfliktsituationen durch vernünftiges Denken und Handeln zu überwinden oder im Hinblick auf übergeordnete Ziele auszuhalten, hat die Erziehung zum Frieden einen Sieg errungen. Entartet hingegen der Konflikt zur blinden Konfrontation, so hat die Vernunft kapituliert, und das Vertrauen zum Frieden wird alsbald auch in ganz anderen Bereichen erschüttert. Der Frieden ist in unserer Welt unteilbar. Wenn wir in den Hörsälen und am Arbeitsplatz nicht gesprächsbereit sind, werden wir auch die internationalen Konflikte nicht mehr am Verhandlungstisch überwinden können.

Aus: Georg Picht: Ist Erziehung zum Frieden möglich, in: Die Zeit 46/1973

... sie beginnt im Alltag

Gewalttätige Demonstration

Methodenvorschlag zum Kapitel „Frieden und Sicherheit"

„Stell dir vor, es ist Krieg – und keiner geht hin!" lautete einer der Slogans der Friedensbewegung in den achtziger Jahren, um dadurch die Mitverantwortung des Einzelnen für die Führung von Kriegen bewusst zu machen. Uns erinnert dieses Zitat daran, dass die (über-)lebenswichtige Frage von Krieg und Frieden nicht allein der „großen Politik" überlassen bleiben kann.

Mit anderen Worten: Was kann der Einzelne tun, welchen Beitrag kann z. B. die Schule leisten, damit nicht der Krieg, sondern der Friede zum Ernstfall wird?

Hiermit beschäftigt sich ein noch junger Teilbereich der Friedensforschung, die Friedenspädagogik, deren Ergebnisse und Erkenntnisse zunehmend auch in Lehrpläne und Richtlinien für den Unterricht aufgenommen werden – nicht zuletzt aber auch Inhalt eines Lehrbuches sein sollten. Damit verbindet sich die Erwartung, dass auch und gerade der Politikunterricht seinen Beitrag zur Friedenserziehung leisten muss. Hierfür bieten sich methodisch insbesondere das Unterrichtsgespräch, die Diskussion und die Debatte an, die einerseits eine kontroverse Sachauseinandersetzung ermöglichen, andererseits aber auch von der Disziplin der Teilnehmer leben, die sich – wie in der Politik – an bestimmte Spielregeln halten müssen. Ganz besonders gilt das für die Leitung bzw. Moderation derartiger Kommunikationsformen, die Sie nicht ausschließlich Ihrer Lehrerin bzw. Ihrem Lehrer überlassen soll-

Moderation von Streitgesprächen

M 2   10 Regeln für die Behandlung des Gegners

1. Höre den Gegner an und bringe nicht durch die Art des Zuhörens zum Ausdruck, dass dich nicht interessiert, was er sagt, und dass du nichts von ihm hältst.

2. Vermeide den Ton der Unwiderruflichkeit; bedenke, dass es in politischen Fragen fast niemals ein Richtig oder Falsch, sondern in der Regel nur ein Besser oder Schlechter gibt.

3. Überzeuge durch sachliche Kritik, vermeide persönliche Ausfälle.

4. Schone nicht allein die Person deines unmittelbaren Gegners, sondern unterlasse auch persönliche Angriffe gegen Dritte, zumal dann, wenn ihre Erwähnung nur einen Lacherfolg bewirken oder der Selbstbespiegelung dienen soll.

5. Stelle den Gegner nicht als den Dummen hin. Billige ihm zu, dass auch er rechtschaffen bemüht ist, eine gute und kluge Lösung zu finden.

6. Stelle nicht das Trennende in den Vordergrund, sondern das Verbindende; das bewahrt dich am sichersten vor der Gefahr, überreden zu wollen, statt zu überzeugen.

7. Fürchte den Gegner nicht, aber führe den Kampf gegen ihn auch nicht, als gehe es um Leben und Tod. Wichtiger ist der gute Stil.

8. Vertrage auch selbst einen Gegenstoß, ohne gekränkt zu sein.

9. Unterstelle stets, dass auch der Gegner bereit ist, mit dir nach sportlichen Regeln zu verfahren. Tut er das nicht, dann ist überlegener Humor die beste Entgegnung.

10. Rechne stets mit der Möglichkeit eigenen Irrtums und scheue dich nicht zuzugeben, du habest deine Ansicht geändert. „Weise Menschen ändern ihre Meinung, Narren niemals".

Nach: F. Oetinger: Partnerschaft – Stuttgart 1953

M 3   Killerphrasen, die Kommunikation töten

- Das kann ja gar nicht funktionieren!
- Darüber brauchen wir ja gar nicht erst zu reden!
- Wir haben keine Zeit!
- Wozu denn ändern? Es funktioniert doch!
- Das wird überall so gemacht!
- Wer soll denn das bezahlen?
- Das können Sie nicht so beurteilen!
- Was verstehen Sie denn davon?
- Haben Sie denn da Erfahrungen?
- Das kann doch nicht Ihr Ernst sein!
- Was glauben Sie, wozu ich studiert habe?
- Darum geht es doch gar nicht!
- Glauben Sie mir das ruhig!
- Wie lange sind Sie denn schon bei uns?
- Ich weiß, was es heißt, ...!
- Wie kommen Sie denn darauf?
- Darüber sind wir uns ja wohl einig!
- Nein!

Aus: Franz Decker, Aus- und Weiterbildung am Arbeitsplatz, München

---

...ten. Für diese anspruchsvolle und für Sie sicherlich neue Rolle möchte ich Ihnen einige Hilfen und Anregungen geben.

Moderation bedeutet im ursprünglichen Wortsinn „Mäßigung". Im Rahmen von Kommunikation meint Moderation die Leitung von Gesprächen, Diskussionen und Debatten, die ausgleichend auf die Teilnehmer einwirkt.

Als Moderator
- *stellen Sie das Thema vor und führen kurz in die Thematik ein,*
- *achten Sie auf die Einhaltung der „Spielregeln" (M 2) und erteilen den Teilnehmern in der Reihenfolge der Meldungen das Wort,*
- *vermeiden Sie Killerphrasen. (M 3)*
- *fassen Sie Beiträge zusammen und weisen auf offene Fragen hin,*
- *stellen Sie unterschiedliche Positionen gegenüber, greifen Lösungsvorschläge auf und formulieren weiterführende Fragen.*

Viel Erfolg!

„Runder Tisch" in der Wendezeit der DDR (1989)

XI Wie man Meinungen und Einstellungen erforschen kann

Sie werden schon manches Mal überlegt haben: Wie ist es möglich, im Voraus zu sagen, wie das Ergebnis der nächsten Wahl ausfallen wird, oder zu wissen, wie „die Jugendlichen" über Parteien denken, obwohl doch gar nicht alle Jugendlichen gefragt wurden.
Im Mittelalter wären solche „Hellseher" vielleicht als „Hexer" auf dem Scheiterhaufen verbrannt worden. Aber mit Hexerei hat diese Art „Geheimwissen" gar nichts zu tun – es ist das Ergebnis von Meinungsforschung oder genauer: von repräsentativen Meinungsumfragen. Und solche Umfragen können Sie – natürlich weniger genau als die Profis von den Meinungsforschungsinstituten – auch selber machen. Wie das geht, können Sie hier nachlesen. Und wenn Sie es ausprobieren, werden Sie wahrscheinlich feststellen: Das macht sogar Spaß!

„Politbarometer" – selbstgemacht

Es gibt verschiedene Arten von Meinungsumfragen. Geläufig ist die Totalerhebung der Meinung einer überschaubaren Gruppe von Personen (z. B. alle Eltern der Schüler und Schülerinnen einer Klasse), oder die repräsentative Umfrage. Damit ist die Befragung einer Auswahl (Stichprobe) aus einer nicht mehr überschaubaren Gesamtheit von Personen gemeint. Entscheidend für die Zuverlässigkeit einer repräsentativen Umfrage ist allerdings, dass die Stichprobe, die eine Gesamtheit vertreten soll, auch wirklich repräsentativ ist. Das ist dann gewährleistet, wenn sie nach dem Zufallsprinzip (s. M 3) ausgesucht wurde.
Eine Befragung kann in verschiedenen Formen durchgeführt werden, z. B. als Interview mit oder ohne vorgegebene Fragestellungen. Das hier ausgewählte Beispiel ist eine Befragung auf der Grundlage eines standardisierten Fragebogens. Bei dieser Form werden die Fragen, die Fragenfolge und ganz oder teilweise auch die Antwortmöglichkeiten im Voraus festgelegt.

M 1

Schüler werden Wahlforscher Umfrage im Wahlkreis Aurich

BBS I und IGS wandeln auf den Spuren von ZDF und ARD

jef AURICH. Schülerinnen und Schüler der Berufsbildenden Schulen I Aurich und der Integrierten Gesamtschule Aurich-West werden sich in der kommenden Woche als Wahlforscher betätigen.
Die Vorgehensweise ist gleich – nach den Ergebnissen von Telefonumfragen werden computergestützt Prognosen über den Ausgang der Landtagswahl am 13. März gestellt. (...)
Grundlage ihrer Befragung ist ein Computerprogramm, das im Auftrag der Bundeszentrale für politische Bildung entwickelt worden ist.

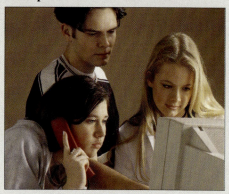

Politikunterricht zum Anfassen: Mit Hard- und Software spüren Schüler und Schülerinnen dem Wählerverhalten nach.

Aus: Ostfriesische Nachrichten vom 16.2.1994 und Ostfriesen-Zeitung vom 5.3.1994

Tipp

Das im Auricher Umfrage-Projekt ( ) benutzte Computerprogramm hat den Titel:
GrafStat: Wahlen. Programmpaket für Befragung und Wahlprognosen.
Hrsg. Bundeszentrale für politische Bildung. Bonn 1994.
Anschrift:
Berliner Freiheit 7
53111 Bonn

M 2 Stichprobenfehler nach der Zahl der Befragten

Das Schaubild zeigt, dass bei einer Stichprobe von 2 000 Personen die Treffsicherheit fast ebenso groß ist wie bei 10 000 oder auch einer Million.
So reicht z.B. die Befragung von 2 500 Wahlberechtigten, um mit einer Fehlerschwankung von plus/minus 2 % herauszufinden, wie die Wahl „am nächsten Sonntag" ausgehen würde; eine Stichprobe von 400 Wahlberechtigten würde noch eine Treffsicherheit von plus/minus 5 % erreichen.

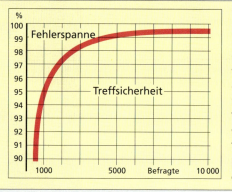

Aus: Kort-Krieger/Mundt: Praxis der Wahlforschung, Frankfurt a.M. 1986, S. 25

Wie man Meinungen und Einstellungen erforschen kann   XII

M 3 Regeln für eine Meinungsumfrage mit Fragebogen

1. Zunächst muss die Befragungsgesamtheit genau festgelegt werden, z. B.
   - alle Schülerinnen und Schüler unserer Schule
   - alle Wahlberechtigten unseres Wohnorts
   - alle Auszubildenden eines Berufes in unserer Stadt

   Also keine Befragung mal eben auf dem Pausenhof!

2. Bei einer großen Befragungsgesamtheit ziehen Sie eine Stichprobe: bei einer Gesamtheit von 300 Personen etwa 30 zu Befragende, bei 1 000 etwa 70, bei 10 000 und mehr etwa 350 (s. dazu auch M 2).

3. Die Stichprobe wird nach dem Zufallsprinzip gezogen. Damit ist gemeint: Alle Angehörigen der Gesamtheit, deren Meinung erforscht werden soll, müssen die gleiche Chance haben, in die Stichprobe einbezogen zu werden.
   Dafür gibt es verschiedene Möglichkeiten: das Los, jede x-te Adresse oder Telefonnummer, verdecktes Herausziehen einer Karte aus einer Kartei der Gesamtheit.

4. Bei ausgesuchten Befragten (etwa die Meister aller Ausbildungsbetriebe) vorher nach der Bereitschaft erkundigen und einen Termin vereinbaren. Strikte Anonymität zusichern!

5. Die Befragung soll persönlich erfolgen und muss anonym sein. Keine Namen auf dem Fragebogen! Bei der Auswertung der Fragebogen darf nicht erkennbar sein, von wem die Angaben stammen.

6. Damit die Fragen von allen im gleichen Sinne verstanden werden, müssen sie kurz, eindeutig, präzise und leicht verständlich sein; sie dürfen keine unbekannten Begriffe enthalten.

7. Bei der Beantwortung der Fragen nur technisch helfen, ohne den Befragten in seiner Meinung zu beeinflussen. Alle Fragen oder erläuternden Beispiele vermeiden, die eine bestimmte Antwort herausfordern (z. B.: „Parteien werden heute allgemein kritisiert – was haben Sie an den Parteien auszusetzen?")

8. Für das Gelingen besonders wichtig: Die Befragung in der Klasse mehrmals miteinander üben!

M 4 Beispiele für einen Fragebogen für eine telefonische Umfrage

Interviewer:............
Guten Tag, mein Name ist ... Ich bin Schüler/in der ... [Schule]. Wie Sie vielleicht in der Zeitung gelesen haben, führen wir im Rahmen des Politik-Unterrichts eine Wähler-Umfrage in ... durch. Wir haben Ihre Nummer zufällig aus dem Telefonbuch ausgewählt. Ich möchte Sie fragen, ob Sie bereit sind, an dieser Umfrage teilzunehmen. Ihre Angaben bleiben selbstverständlich anonym.

Wenn ja: Sind Sie oder jemand anders in Ihrem Haushalt in ... wahlberechtigt?

Wenn nein: ... dann kann ich Sie leider nicht weiter befragen. Vielen Dank! (Interview beenden.)

Wenn ja: ... Kann ich die wahlberechtigte Person aus Ihrem Haushalt sprechen, die als letzte Geburtstag hatte? Um eine Zufalls-Auswahl zu gewährleisten, ist diese Vorgehensweise für uns wichtig. (Evtl. neuen Tel.-Termin vereinbaren.)
(Bei Nachfragen: „Das Interview wird nur wenige Minuten dauern". Rückfragen sind möglich beim ... [Schule, Tel.: ...] oder eigene Telefon-Nr. angeben.)

1 Wenn am nächsten Sonntag Landtagswahl wäre, würden Sie zur Wahl gehen?
  a) ganz bestimmt ○
  b) wahrscheinlich ○
  c) wahrscheinlich nicht ○
  d) bestimmt nicht ○
  (falls d, weiter mit Nr. 3!)

Bei den folgenden Aussagen geht es um das Verhältnis der Bürgerinnen und Bürger zu den Politikern und Parteien. Ich lese Ihnen einige Aussagen vor. Bitte sagen Sie mir anhand eines Zahlenwertes von 1 bis 5, was Sie davon halten.
1 = stimmt überhaupt nicht, 2 = stimmt weniger, 3 = teils/teils, 4 = stimmt im Großen und Ganzen, 5 = stimmt absolut.

9 Politiker kümmern sich nicht darum, was einfache Leute denken.
  1 ○   2 ○   3 ○   4 ○   5 ○
  (stimmt überhaupt nicht   stimmt absolut)

12 Wie beurteilen Sie ganz allgemein die heutige wirtschaftliche Lage in Deutschland?
  1) sehr gut ○   2) gut ○   3) teils-teils ○
  4) schlecht ○   5) sehr schlecht ○

16 Wir möchten Sie bitten, uns noch einige Angaben zu Ihrer Person zu machen. Wir benötigen diese zu statistischen Zwecken.
  Geschlecht:
  a) weiblich ○   b) männlich ○

Auszug aus dem Fragebogen der Auricher Schülerumfrage vom März 1994

Arbeitsvorschlag

1. Legen Sie fest, zu welchem Thema Sie eine Meinungsumfrage machen wollen (z. B. M 1).

2. Grenzen Sie die Gruppe, deren Meinung Sie erheben wollen, anhand von Unterscheidungsmerkmalen von anderen Gruppen ab. (M 3).

3. Entscheiden Sie, ob Sie eine Totalerhebung oder eine repräsentative Umfrage machen wollen. Wenn Sie eine repräsentative Umfrage machen: Wählen Sie nach dem Zufallsprinzip eine Stichprobe der zu Befragenden aus (z. B. nach dem Losverfahren jede/r 5. Schüler/in der Berufsschule X. in Y.). Die Größe der Stichprobe richtet sich nach der Zahl der Gesamtheit (Beispiel: bei der telefonischen Wählerumfrage in Aurich wurden 600 Wahlberechtigte befragt.) (M 2 – M 3).

4. Holen Sie, sofern erforderlich, die notwendige Zustimmung ein (z. B. von Schul-, Betriebs- und Behördenleitungen).

5. Erstellen Sie einen Fragebogen (M 3 – M 4).

6. Bereiten Sie Ihre Befragung vor, indem Sie die Öffentlichkeit über Ihr Vorhaben informieren (z. B. Informationsgespräch mit der örtlichen Presse, Presseerklärung).

7. Durchführung und Auswertung der Befragung. Für eine Auswertung mittels Computern gibt es spezielle Programme (M 1 und TIPP).

8. Eventuell Veröffentlichung der Ergebnisse.

Europa 2020

Die Methode der „Zukunftswerkstatt" hat vor über 20 Jahren der bekannte Zukunftsforscher und Friedenskämpfer Robert Jungk (1913 – 1994) erfunden. Überall dort, wo Menschen zusammenkamen und Sorge um die Zukunft hatten (z. B. Angst vor Atomtod, Umweltzerstörung, Kriegsgefahr, usw.) hat er Zukunftswerkstätten veranstaltet. Damit wollte er den Menschen Mut machen, ihre Zukunft in die eigene Hand zu nehmen und sie nicht allein den Politikern und Experten zu überlassen. Zukunft war in der Vergangenheit immer mehr oder weniger einfach die Fortsetzung bzw. Verlängerung der Gegenwart. Da aber jetzt schon deutlich wird, dass die einfache Verlängerung der Gegenwart viele Probleme, die wir heute in Europa schon haben, eher noch verschärft als löst, müssen andere Zukünfte für das Schicksal Europas und die Menschen, die dort leben, gesucht werden. Jeder ist aufgerufen, an dieser besseren Zukunft mitzuwirken. Die Zukunftswerkstatt ist eine Methode, um herauszufinden, was wir eigentlich wollen, und was wir tun müssen, damit in der Zukunft Europas nicht die Sünden der Vergangenheit wiederholt werden.

Wie könnte ein Europa aussehen,
– in dem die Menschen glücklich und zufrieden sind,
– in dem es keine Kriege und Konflikte mehr gibt,
– in dem es sinnvolle und befriedigende Arbeit für alle gibt,
– in dem so gelebt, gearbeitet und produziert wird, dass die natürlichen Lebensgrundlagen nicht gefährdet werden und
– in dem Gerechtigkeit und solidarisches Verhalten praktiziert wird?

Das sind Fragen, die Sie in einer Zukunftswerkstatt (ZW) bearbeiten können.

Die Phasen der Zukunftswerkstatt

In einer Zukunftswerkstatt gibt es **drei Hauptphasen,**
(1) Kritikphase,
(2) Fantasiephase,
(3) Verwirklichungsphase
sowie eine Vorbereitungs- und Nachbereitungsphase.

Die Vorbereitungsphase:

Als Minimum sollte man einen Vormittag mit insgesamt fünf bis sechs Stunden zur Verfügung haben. Die Zeiteinteilung der drei Hauptphasen sollte im Verhältnis 1:2:2 erfolgen. Bei vier Stunden also eine Stunde Kritikphase und je zwei Stunden für die Fantasie- und Verwirklichungsphase. An Material braucht man große Papierbögen, die etwa 1,00 m breit und 1,50 m - 2,00 m lang sein sollten. Außerdem braucht man ein bis zwei große Scheren, kleine bunte Klebepunkte (für jeden Schüler vier), bunte Papierreste in verschiedenen Größen, z. B. 8x20 cm, 12x30 cm etc. (bekommt man meist kostenlos als Papierabfälle in Druckereien), vier bis fünf kleine Papierklebestifte (Uhu, Prittstifte). Man braucht ferner einen großen Raum für alle (Plenum), wo man im Kreis sitzt (alle Tische raus!) und wo an den Wänden Platz ist, um die Papierbögen aufzuhängen. Daneben braucht man noch weitere drei bis vier Kleingruppenräume für die Fantasie- und Verwirklichungsphase.

(1) Die Kritikphase

In der Kritikphase sitzt die gesamte Gruppe im großen Stuhlkreis zusammen. Jeder/jede Schüler/in bekommt einen breiten schwarzen Filzschreiber. In der Mitte des Kreises liegt auf dem Boden ein Packen einfarbiger Papierstreifen (ca. 8x20 cm). Jeder nimmt sich von dort zwei bis drei Streifen.

Der/die Lehrer/in formuliert jetzt die Schlüsselfrage:

„Wenn Ihr an die Zukunft Europas und damit an Eure eigene Zukunft denkt – welche Befürchtungen habt Ihr dann, was macht Euch Angst, worüber werdet Ihr vielleicht sogar wütend?"

Danach sollten Sie etwa drei Minuten schweigen und über diese Frage nachdenken.

Strukturierung:

Die Zettel werden nach Schwerpunkten geordnet (ca. 4 – 6 Schwerpunkte), mit Kreppband aneinandergeklebt und an der Wand aufgehängt.

Gewichtung und Bewertung:

Jetzt erhält jede(r) Schüler/in vier bunte Klebepunkte, die er/sie ganz nach Belieben auf die einzelnen Zettel mit den Kritikpunkten aufkleben darf. Diese Klebepunkte sollen zum Ausdruck brin-

> **Spielregeln (Kritikphase)**
> 1. *Die Kritik in kurzen Worten auf Papierstreifen aufschreiben (z. B. „Angst vor Arbeitslosigkeit). Auf jeden Streifen nur einen Kritikpunkt.*
> 2. *Den beschrifteten Zettel laut ansagen und gut sichtbar in die Mitte des Kreises legen.*
> 3. *Keine Diskussion!*

gen, welche der vielen genannten Probleme die einzelnen Teilnehmer und Teilnehmerinnen als ganz besonders wichtig im Hinblick auf die Zukunft Europas betrachten. Jetzt muss entschieden werden, wie viel Arbeitsgruppen gebildet werden können. Das hängt insbesondere von den verfügbaren Kleingruppenräumen ab. Es sollten mindestens drei, höchstens sechs Kleingruppen gebildet werden. Die Schülerinnen und Schüler ordnen sich den Gruppen mit den meisten Punkten zu, sodass in einer Arbeitsgruppe mindestens drei und höchstens zehn Teilnehmer/innen sind. Danach ist die Kritikphase zu Ende.

(2) Die Fantasiephase
In der Fantasiephase geht es darum, die in der Kritikphase geäußerte Kritik ins Positive zu wenden. Man muss hier versuchen, sich von allen Zwängen, Einschränkungen und Zweifeln zu befreien und eine schöne Utopie von Europa zu entwickeln, in der es keine Not, kein Elend, keine Unterdrückung und keine Verfolgung mehr gibt.

Vorgehensweise:
Jede Gruppe nimmt sich ihren Strang mit den schriftlich fixierten Kritikpunkten und bearbeitet ihn wie folgt in drei Schritten:
1. Schritt: Man nimmt jetzt andersfarbige bunte Zettel und versucht, zu jedem Kritikpunkt des Strangs einen oder mehrere positive Gegenbegriffe zu formulieren.
2. Schritt: Jetzt nimmt man die Kritikpunkte weg und schaut nur noch die positiven Begriffe an. Die Gruppe beschreibt jetzt, wie dieses Europa des Jahres 2020 aussieht, in dem all die positiven Ideen und Wertvorstellungen verwirklicht sind. Am besten erzählt man gemeinsam eine Geschichte, in der möglichst alle positiven Begriffe vorkommen.
3. Schritt: Die Gruppe überlegt jetzt, wie sie ihre Utopie den anderen Teilnehmer und Teilnehmerinnen präsentiert. Die Utopie muss also jetzt „verlebendigt" werden, sodass alle Zuschauer das Gefühl haben: Ja – das wäre schön! In diesem Europa würde ich gerne leben (Dauer: ca. 5-10 Minuten). Die Gruppen treffen sich am Ende der Fantasiephase und stellen sich gegenseitig ihre Utopien vor.

(3) Die Verwirklichungsphase
In dieser letzten Phase geht es darum, die Zukunftsentwürfe, Utopien und sozialen Fantasien wieder mit den realen Verhältnissen der Gegenwart zusammenzubringen und herauszufinden, ob es nicht doch Möglichkeiten gibt, wenigstens Elemente der schönen Utopien zu verwirklichen.

Robert Jungk war der Meinung, eine gelungene ZW erkennt man daran, dass diese Projekte in eine „permanente Werkstatt" übergehen, d.h. die Teilnehmer und Teilnehmerinnen sind so von der Notwendigkeit und Machbarkeit ihres Projektes überzeugt, dass sie jetzt auch den Wunsch haben es umzusetzen. Das ist natürlich eine sehr idealistische und ehrgeizige Vorstellung. Aber manchmal gelingt so etwas. Vielleicht auch bei Ihnen.

Spielregeln (Fantasiephase)
1. *Kritikverbot!* Es ist streng verboten, Äußerungen von Gruppenmitgliedern zu kritisieren und abzuwerten. Man achte besonders auf sog. „Killerphrasen" („Das geht doch nicht!"; „Das ist doch Unsinn!"; „Das kann doch nicht funktionieren!" etc.).
2. *Alles ist möglich.* Es gibt keinerlei Einschränkungen. Man hat alles Geld, alle Macht und jedwede Technik, um seine Utopie zu verwirklichen.
3. *Die Utopie soll so konkret und lebendig entwickelt werden,* dass sie den anderen Teilnehmer und Teilnehmerinnen als „szenische Darstellung" vorgestellt werden kann (z. B. durch Erzählen einer Geschichte, Pantomime, kleine Theaterszene, Bildkollage, Gedicht, Gesang usw.).

Spielregeln (Verwirklichungsphase)
1. *Aus der Fantasiephase eine konkrete Zielvorstellung entwickeln.*
2. *Ein kleines, aber möglichst konkretes Projekt entwickeln,* das der Zielverwirklichung dient. Das Projekt möglichst dort ansiedeln, wo man die Verhältnisse kennt und evtl. selbst etwas tun kann (z. B. am eigenen Ort oder in der Region, der Schule, mit Hilfe der örtlichen Presse etc.).
3. *Strategische Überlegungen anstellen,* z. B.:
   – Stufenplan entwickeln (kurz-, mittel- und langfristig)
   – Finanzierungsmöglichkeiten diskutieren
   – prüfen, wer das Objekt unterstützt und gegen wen es ggfs. durchgesetzt werden muss.

Übrigens:
Nicht nur für unseren Planeten gibt es Grenzen des Wachstums, auch die Zahl der Seiten eines Lehrbuches und eines Kapitels sind aus natürlichen und ökonomischen Gründen begrenzt.

Das Problem:
Wie kann die Vielzahl und Vielschichtigkeit der Entwicklungsproblematik angemessen vermittelt werden, ohne dabei den Rahmen des Lehrbuches zu sprengen?

Mein Vorschlag:
Wir lösen diese Aufgabe gemeinsam, indem Referate erarbeitet und in der Klasse vorgetragen werden. Dabei können Sie Ihre bisherigen Erfahrungen in anderen Schulformen oder Fächern verwerten, vertiefen und vervollständigen.

Als (Teil)Themen kommen insbesondere in Betracht:
– Bevölkerungswachstum und -politik
– Ernährung und Landwirtschaft in der „Dritten Welt"
– Rohstoffe und Außenhandel
– Die Verschuldungskrise in der „Dritten Welt"
– Der Konflikt zwischen Ökologie und Ökonomie
– Kriege und Rüstung

Die (Teil)Themen können arbeitsteilig auch von mehreren Referenten erarbeitet und vorgetragen werden, wobei die Aufteilung den Beteiligten überlassen bleibt.

Viel Erfolg!

Hinweis:
Das Bevölkerungsproblem wird in dem Kapitel „Werden wir überleben?" (S. 408/409) dargestellt.

Aber: Was hat der/die Zuhörer/in von Referaten?

Probleme, Probleme, Probleme...
– dargestellt durch Referate

Das Referat ist eine Aktionsform für Schüler/innen, die eine eigenständige Mitgestaltung des Unterrichts ermöglicht; es kann als Einzel- oder Gruppenreferat vergeben werden. Das Referat ist entweder ein Sachreferat, das sich auf die Darstellung von Fakten und Hintergründen beschränkt, oder ein Problemreferat, das auch eine wertende Stellungnahme des/der Referenten erlaubt. Ein Sachthema kann durch eine eingrenzende Leitfrage zum Problemreferat gemacht werden. Beispiele:
• Die BEVÖLKERUNGSEXPLOSION –
  Hemmnis oder Motor der ökonomischen Entwicklung?
• ENTWICKLUNGSHILFE –
  Förderung der Abhängigkeit mit anderen Mitteln?
• BROT STATT BÖLLER!
  Kriege und Rüstung in der „Dritten Welt"

Bei der Erstellung eines Referates lassen sich folgende Phasen unterscheiden:

1. Informationsphase
Beschaffung und Auswahl der themenbezogenen Informationen und Materialien

2. Erarbeitungsphase
– Gliederung bzw. Strukturierung der ausgewählten Inhalte
  Beispiel für ein Problemreferat:
  1. Problembeschreibung
  2. Problemanalyse (Ursachen, Erklärungsansätze, Auswirkungen)
  3. Problemlösung
– Erstellung einer Langfassung des Referats und/oder eines Stichwortzettels für den Vortrag
– Zusammenfassung – max. 1 Seite – für die Mitschüler/innen

3. Vortragsphase
– Höchstens 15-20 Minuten Vortragsdauer
– Freier Vortrag auf Grund der markierten Langfassung oder eines Stichwortzettels
– Möglichkeiten der Veranschaulichung durch Medien nutzen (OHP, Tafelbild..)

4. Auswertungsphase
– Verständnisfragen der Zuhörer und Zuhörerinnen
– Kritik zur Art des Vortrags
– Inhaltskritik
– Weiterführende Auseinandersetzung mit der Thematik im Unterricht

Aber: Was hat der/die Zuhörer/in von Referaten?

Aktives Zuhören

Mündliche Informationen, die in Form eines Gesprächs, einer Unterrichtsstunde, Unterweisung, Vorlesung etc. dargeboten werden, werden i.d.R. zwar wahrgenommen, aber selten richtig und vollständig erinnert. Aktives Zuhören verfolgt den Zweck, das Gehörte zu behalten. Aktives Zuhören bedeutet im Unterschied zum passiven Aufnehmen von Informationen, dass
– Fragen gestellt werden,
– um Wiederholung gebeten wird,
– Beispiele gewünscht werden und
– Notizen und Mitschriften gemacht werden.

Eine Technik, die das aktive Zuhören erleichtert, besteht aus 5 Schritten, die das aktive Zuhören strukturieren und durch Handlungsanweisungen unterstützen.

Die einzelnen Schritte lauten:

1. Einstimmen; d.h. sich vornehmen, zuhören zu wollen. Inneres Sprechen kann diesen Vorgang unterstützen.
2. Fragen; d. h. Zwischenfragen stellen, zusätzliche Erläuterungen erbitten, um Begriffserklärungen ersuchen, offene Fragen diskutieren etc.
3. Auf den Referenten schauen; d.h. auf Gestik, Mimik und Körperhaltung des Vortragenden achten, um so zusätzliche Hinweise zu erhalten, was von diesem als wichtig erachtet wird.
4. Hinhören; d.h. auf Hinweiswörter (z.B. „Hervorzuheben ist"), auf Literaturhinweise und schriftlich präsentierte Informationen, auf Betonungen, Wiederholungen und Hervorhebungen achten sowie unbekannte Begriffe und Gedankengänge notieren.
5. Überblick gewinnen; d.h. von Zeit zu Zeit überprüfen, ob der gedankliche Zusammenhang noch deutlich ist.

Untersuchungen und auch eigene Erfahrungen belegen, dass die Referenten durch die vorausgehende Informationsbeschaffung, die damit verbundene Auseinandersetzung mit der Thematik und den anschließenden Vortrag am meisten von der Referatsmethode profitieren. Demgegenüber ist der/die Zuhörende weitgehend auf das passive Aufnehmen der Inhalte beschränkt – ein Anspruch, der uns allen eine hohe Konzentrationsbereitschaft und -fähigkeit abverlangt.

Die nebenstehend erläuterte Methode des „Aktiven Zuhörens" will diese Situation verbessern, indem Verhaltenshinweise für die Überwindung der passiven Rolle des Zuhörens gegeben werden. Dieses Anliegen kann vom Referenten zusätzlich unterstützt werden, indem als Arbeitsauftrag für die Zuhörer die Leitfrage des jeweiligen Referats vorgegeben wird, die in der Anschlussdiskussion aufgenommen und von den Zuhörern mit Hilfe der vermittelten Informationen beantwortet werden soll. Als übergreifende Leitfrage für alle Referate eignet sich z. B. die Frage nach den Ursachen der Unterentwicklung (s. auch die folgende Themendoppelseite).

Crash-Kurs im Rathaus:
Leistungskürzungen oder Gebühren- und Steuererhöhungen

Immer wieder erleben wir im Alltag, dass unterschiedliche Interessen aufeinander stoßen. Diese können im Unterricht durch ein Rollenspiel veranschaulicht werden. Grundlage des Rollenspiels sind solche unterschiedlichen Interessen und Interessenkonflikte. Jeder Mitspieler versucht dabei, sich entsprechend seiner Rolle mit seinen Interessen und Zielen gegenüber den anderen Personen so gut wie möglich durchzusetzen. Nach Abschluss des Rollenspiels beteiligen sich Spieler und Zuschauer an der Auswertung. Sie beurteilen dabei, ob die Rolleninhaber ihre Interessen angemessen vertreten haben und ob sie eine realistische Konfliktlösung gefunden haben.

Drei Hilfestellungen werden für das Rollenspiel gegeben:
In einer Fallbeschreibung wird geschildert, um welchen Konflikt es in dem Spiel überhaupt gehen soll.
Um mit dem Spiel beginnen zu können, wird die Ausgangssituation beschrieben, in der die jeweiligen Personen aufeinander treffen.
Damit sich alle in ihre Rolle hineinversetzen können, erhalten sie für die Person, die sie im Spiel darstellen, eine Rollenbeschreibung. Aus dieser Beschreibung können Sie entnehmen, welche Stellung und welches Interesse die Person in dem geschilderten Konflikt hat.

Fallbeschreibung:
Der Konjunktureinbruch zusammen mit einer Strukturkrise in einigen Wirtschaftssektoren hat zu einem erheblichen Rückgang der Gewerbesteuereinnahmen der Kommunen geführt. Aber auch die Tatsache, dass den Gemeinden neue Aufgaben und die damit verbundenen Kosten vom Bund übertragen werden, haben den Handlungsspielraum der Städte erheblich eingeschränkt. Landauf, landab reagieren die Städte und Gemeinden ähnlich auf die desolate Finanzlage: Ausgaben werden gekürzt und zwar dort, wo es am einfachsten ist, bei den freiwilligen Leistungen; die Gewerbe- und Grundsteuer wie auch die Gebühren und Beiträge werden erhöht. Um die Frage, ob Leistungen gekürzt oder Steuern erhöht werden sollen, wird heftig in den Stadt- und Gemeinderäten gestritten.

Ausgangssituation:
Als Mitglied des Finanzausschusses sollen Sie für das kommende Jahr Vorschläge erarbeiten, mit denen Einsparungen von 10% im Verwaltungs- und Vermögenshaushalt möglich werden. Es darf keine weitere Verschuldung erfolgen, da von der kommunalen Aufsichtsbehörde festgestellt wurde, dass der Kreditrahmen der Stadt bereits ausgeschöpft ist. Grundlage der Überlegungen ist der Haushaltsplan des vergangenen Jahres. Gehen Sie folgendermaßen vor:

1. Stellen Sie in einer Liste die Ausgaben (Aufgaben) zusammen, die von einer Einnahmenkürzung nicht berührt werden sollen. Begründen Sie diese Auswahl und Festlegung.
2. Stellen Sie in einer zweiten Liste die Vorhaben zusammen, die bei den erforderlichen Sparaktionen berücksichtigt werden sollen.
3. Überlegen Sie ebenfalls, welche Steuern und Gebühren erhöht werden können.

Bedenken Sie bei den Maßnahmen, wer von der Sparpolitik bzw. der Erhöhung der Steuern und Beiträge betroffen sein wird und welche Folgen sich für die Betroffenen hieraus ergeben! Bei der Diskussion über die Einsparungsmöglichkeiten ist zu bedenken, dass von den Mitgliedern ganz unterschiedliche Interessen vertreten werden. Einigen Sie sich auf einen Maßnahmenkatalog, mit dem die geforderten Einsparungen von 10% realisiert werden können!

Rollenspiel

Der Finanzausschuss setzt sich aus den nachfolgend aufgeführten Damen und Herren zusammen. Bilden Sie in entsprechender Anzahl Gruppen, wobei jede Gruppe aus ihrer Mitte eine Ratsfrau bzw. einen Ratsherrn bestimmt.
Sie müssen unbedingt die Sitzung vorbereiten: Dazu müssen Sie Argumente sammeln, die Vorgehensweise besprechen und auch nach möglichen Verbündeten Ausschau halten.

Tipps für die Auswertung:

Gegenstand der Auswertungsphase ist die Prüfung und Bewertung der Diskussion und des Spielverlaufs. Typische Fragestellungen sind beispielsweise:
- wie haben sich die Spieler/innen in ihren Rollen dargestellt?
- warum hat Spieler X so gehandelt?
- welche Absicht hat Spieler Y mit seinem Handeln bezweckt?
- welche Erfahrungen lassen sich aus der Sicht der Teilnehmer/innen aus dem Spiel gewinnen?
- sind die Spieler aufeinander eingegangen, wurden Argumente kritisch bedacht?
- welche Ergebnisse lassen sich festhalten?
- welche Unterschiede bestehen zwischen Spiel und Wirklichkeit?

Rollenbeschreibungen:

■ **Ratsfrau Maria Krause** (verheiratet, 2 Kinder) ist Leiterin eines städtischen Kindergartens. Sie versteht sich als Interessenvertreterin der Beschäftigten der städtischen Kindergärten und der Elternschaft. Sie fordert eine deutliche Senkung der Kindergartenbeiträge. Außerdem gehört sie dem ADFC (Allgemeiner Deutscher Fahrradclub) an und fordert seit langem den Ausbau öffentlicher Fahrradwege.

■ **Ratsherr Michael Goldbaum** ist selbständiger Kaufmann. Ihm gehören 2 größere Einzelhandelsgeschäfte in der Fußgängerzone. Außerdem ist er Vorsitzender des Kaufmännischen Vereins, einer Interessenvertretung der Kaufleute. Er möchte die Parkmöglichkeiten in der Innenstadt durch den Bau einer städtischen Tiefgarage erheblich erweitern.

■ **Ratsherr Jan Janssen** ist Vorsitzender des größten Sportvereins der Stadt. Er ist besonders engagiert im Bereich der Kinder- und Jugendabteilung, die er gerade um viele weitere Sparten (Tennis, Judo usw.) dank städtischer Zuschüsse erweitert hat. Aus seiner Sicht ist der Bau einer neuen Turnhalle seit Jahren überfällig.

■ **Ratsfrau Anke Bartels** ist Lehrerin am Schulzentrum der Stadt. Seit langem beklagt Sie sich über die noch immer nicht vorgenommenen Renovierungsarbeiten sowie die unzureichende Ausstattung der Schule.

■ **Ratsherr Helmut Knopf** ist als Vertreter der Bürgerinitiative „Autofreie Stadt" ein harter Verfechter einer drastischen Erhöhung der Parkplatzgebühren in der Innenstadt. Mit den hieraus erzielten Einnahmen möchte er den raschen Ausbau des öffentlichen Nahverkehrs fördern.
Er legt sehr viel Wert auf seine Gesundheit, ist überzeugter Radfahrer und schwimmt regelmäßig jeden Tag mindestens 2000 m im städtischen Freibad.

■ **Ratsfrau Marion Klein** ist ehrenamtliche Vorsitzende des Kulturvereins. Das kulturelle Angebot der Stadt ist seit einiger Zeit immer spärlicher geworden. Sie möchte insbesondere für Jugendliche zukünftig ein attraktiveres Angebot bieten. Sie fordert ein Jugend- und Kommunikationszentrum für die Jugendlichen.

■ **Ratsherr Onno Onken** ist Geschäftsführer des größten Autohauses der Stadt. Er organisiert regelmäßig Autorallyes, gehört dem ADAC an und liebt schnelle und PS-starke Autos. Er hat keinerlei Verständnis für ökologische Fragestellungen.

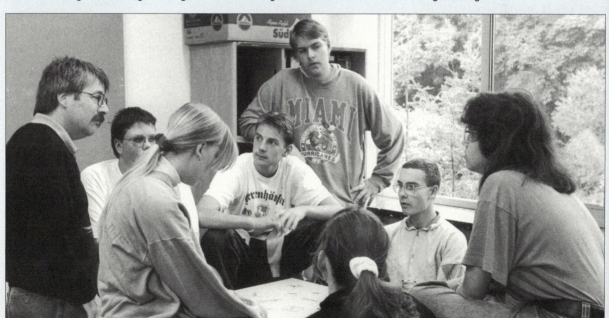

XIX Pro- und Kontra-Diskussion

Brauchen wir internationale und steuerliche

JA — Oskar Lafontaine, Vorsitzender der SPD und Ministerpräsident des Saarlandes

Wenn die großen Chancen der Globalisierung genutzt werden sollen, dann brauchen wir ein neues Denken in der Wirtschaftspolitik.

Die konservative Politik hat einen verhängnisvollen realwirtschaftlichen Abwertungswettlauf der Nationalstaaten in Gang gesetzt: Dabei werden Reallöhne, Unternehmensteuern, Sozial- und Umweltstandards immer weiter nach unten getrieben. Bei dieser Abwärtsspirale wird es am Ende keine Gewinner geben, sondern nur Verlierer.

Richtig wäre es, sich um die international effizienteste Staatsverwaltung zu bemühen, das beste Bildungssystem oder die leistungsfähigste Infrastruktur. Die Stand- ortpolitik der Konservativen dagegen führt zu einem Dumpingwettlauf, der den Wettbewerb der Unternehmen stört und eine optimale Allokation *(Verteilung)* der Ressourcen verhindert. Die EU-Kommission hat jetzt die Fehlentwicklungen analysiert, zu denen der internationale Unternehmensteuer-Absenkungswettlauf führt: zunehmende Steuer- und Abgaben- belastung des Faktors Arbeit, Schwächung der Binnenkonjunktur, Anstieg der Arbeitslosig-keit, größere Staatsverschuldung, höhere Zinsen, weniger Investitionen.

Die Antwort auf die Internationalisierung der Wirtschaft kann nicht die Renationalisierung der Politik sein. Die Antwort kann nur heißen: bessere internationale Zusammenarbeit. Wir müssen der globalisierten Weltwirtschaft einen politischen Ordnungsrahmen geben, der sich an den Grundsätzen der sozialen Marktwirtschaft orientiert. Dazu gehören auch soziale und steuerliche Mindeststandards:

Die EU-Kommission fordert für Europa und die OECD effektive Mindeststeuersätze bei Unternehmensteuern und Kapitalertragsteuern.

Deutschland als größter Netto-Zahler der EU muss die bevorstehenden Verhandlungen über die künftige EU-Finanzierung für diese Steuerharmonisierung nutzen.

Wir unterstützen auch die Initiative der US-Regierung für weltweit verbindliche soziale Mindeststandards: Tarifautonomie, Verbot von Zwangsarbeit und „ausbeuterische Formen der Kinderarbeit". Wer will diesen Forderungen widersprechen? Die Bundesregierung darf die Verabschiedung dieser Sozialcharta auf der WTO-Konferenz im Dezember nicht blockieren.

Internationale Zusammenarbeit ist kein Alibi dafür, sich vor den eigenen Hausaufgaben zu drücken. Seit Jahren fordern wir grundlegende Reformen im Steuersystem, im öffentlichen Dienst und beim Sozialstaat. Im Zeitalter der Globalisierung reicht nationales Handeln allein aber nicht aus. Nur mit internationaler Zusammenarbeit können die Chancen der neuen Weltwirtschaft genutzt werden.

WIRTSCHAFTSWOCHE NR. 42 / 10.10.1996

Methodenvorschlag zum Kapitel „Wirtschaft"

Wenn Sie heute noch von einer 2/3 Gesellschaft hören, wird bereits von einer 20:80 Gesellschaft gesprochen. D.h. 20 % der Weltbevölkerung reichen aus, um sämtliche Güter und Dienstleistungen zu erstellen, die wir benötigen. Was passiert mit dem großen Rest, den 80 % der Bevölkerung? Wird dieser Teil die Welt aus den Angeln heben? Zu welchem Teil werden Sie gehören?

Die weltweite Vernetzung von Wirtschaft, Politik und Medien scheint die nationale Macht zu beschränken. Der einzelne Staat, z. B. die Bundesrepublik Deutschland, könnte in einen Ohnmachtszustand aufgrund der übermächtigen Konzerne geraten.

Bei uns scheint kein Job mehr sicher! Bis zum Jahre 2005 sollen jährlich 200.000 - 300.000 Arbeitsplätze „netto" abgebaut werden.

Können wir der Globalisierung entkommen? Wenn ja, dann wie? Zu diesem Thema (vgl. Kapitel Wirtschaft) bietet sich eine Pro- und Kontra-Diskussion unter Einbeziehung der rechts aufgeführten Standpunkte an. Wichtig ist bei dieser Thematik, dass es keine eindeutige Meinung (politisch oder wissenschaftlich) gibt. Lassen Sie sich durch die bessere Argumentation überzeugen.

Methodenvorschlag „Pro- Kontra-Diskussion"
Eine „Pro- und Kontra-Diskussion" eignet sich immer dann besonders, wenn sich die Positionen des Für und Wider einer Sache mög-

---

Pro- und Kontra-Diskussion zum Thema „Globalisierung"

Ergänzende methodische Hinweise: Die Pro- und die Kontra-Gruppe bearbeiten jeweils ihren Text und schreiben sich ihre Argumente heraus. Notieren Sie jeweils einen Aspekt auf einer Karte (ein Drittel eines DIN-A4-Blattes). Schreiben Sie mit Groß- und Kleinbuchstaben Schlüsselbegriffe (nicht mehr als sieben Worte) auf die Karte. Nutzen Sie diese später in der Diskussion, um Ihre Beiträge visuell zu unterstützen.

PRO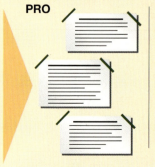

KONTRA

Pro- und Kontra-Diskussion

Vereinbarungen über soziale Mindeststandards?

NEIN — Hans-Olaf Henkel, Präsident des Bundesverbandes der Deutschen Industrie (BDI)

Mit der Globalisierung der Märkte hat sich der Wettbewerb der Standorte intensiviert. Eine wachsende Zahl international tätiger Unternehmen produziert aufgrund der Mobilität des Kapitals dort, wo die Rahmenbedingungen am günstigsten sind. Versuche, die erfolgreichen Schwellenländer auf internationale Mindeststandards zu verpflichten, wären keine Lösung für die Standortprobleme einiger Industrieländer.

Fast alle Entwicklungs- und Schwellenländer sind derzeit nicht in der Lage, ähnliche Sozialstandards wie die Industrieländer zu erwirtschaften. Eine Verpflichtung auf solche Standards würde einen Verlust der komparativen Vorteile und der Wettbewerbsfähigkeit dieser Länder bedeuten. Ihre weitere Integration in die Weltwirtschaft, die ihnen bessere soziale Standards erst ermöglichen kann, wäre gefährdet.

Unbestritten ist, dass wir verlässliche internationale Rahmenbedingungen brauchen. Im Steuerbereich sehen internationale Übereinkommen die Vermeidung von Doppelbesteuerung und das Gebot der Nichtdiskriminierung vor. Für Handel und Investitionen sind insbesondere WTO und OECD geeignete Gremien, um internationale Rahmenbedingungen festzulegen. Würden sie es sich zur Aufgabe machen, ihre Mitgliedstaaten auf konkrete Mindeststandards zu verpflichten, wäre dies ein radikaler Bruch mit den Prinzipien ihrer bisherigen Tätigkeit. Sie wurde davon bestimmt, in internationalen Abkommen soweit wie möglich auf marktwirtschaftliche Grundsätze zurückzugreifen und nationale Handels- und Investitionsbarrieren abzubauen. Internationale Organisationen, wie zum Beispiel der Internationale Währungsfonds, die Weltbank und verschiedene UN-Organisationen, spielen eine wichtige Rolle bei der Bewältigung weltweiter Wirtschafts- und Finanzprobleme. Ihre Möglichkeiten hierzu dürfen jedoch nicht überschätzt werden. Mit diesen Institutionen eine „neue Weltwirtschaftsordnung" zu schaffen, wäre nicht nur unrealistisch, sondern würde zweifellos zu ineffizienter Bürokratie führen.

Es gibt keine Begründung dafür, den Entwicklungs- und Schwellenländern die Möglichkeiten vorzuenthalten, die sich für sie aus dem internationalen Wettbewerb der Standorte ergeben. Auch wir werden von der Integration der Entwicklungs- und Schwellenländer in die Weltwirtschaft profitieren, wenn wir uns auf unsere Stärken besinnen und uns nicht hinter protektionistischen Mauern vor dem Wettbewerb verschanzen. Deutschland hat gute Voraussetzungen dafür, auch im globalen Markt mit einer leistungsfähigen Wirtschaft einen angemessenen Wohlstand zu erwirtschaften.

Methodenvorschlag zum Kapitel „Wirtschaft"

lichst genau bestimmen und pointiert gegenüberstellen lassen. Die beiden Sichtweisen sollten zunächst unter Verzicht auf eine mögliche Annäherung gegenübergestellt werden, damit ein in seiner Meinungsbildung noch nicht abgeschlossenes Publikum Argumente und Gegenargumente prüfen und die eigene Position überdenken kann. Erst in einem zweiten Schritt sollte über die Möglichkeit eines Kompromisses nachgedacht werden. Das Verfahren entspricht im Kern der parlamentarischen Debatte und dem Zwang zur politischen Entscheidungsfindung.

Arbeitsvorschlag

Bilden Sie in Ihrer Klasse drei Gruppen nach dem Vorbild der Fernsehsendung Pro und Kontra. Eine Gruppe sollte sich mit den Argumenten, die gegen eine internationale Vereinbarung sprechen, vertraut machen. Die zweite Gruppe mit denen, die eine internationale Vereinbarung des Staates für vertretbar halten. Die dritte Gruppe, die „Zuschauer", sollte zunächst in Unkenntnis der jeweiligen Argumente ihr Votum für oder gegen eine internationale Vereinbarung abgeben und notieren. Während die beiden ersten Gruppen sich auf die Diskussion inhaltlich vorbereiten fällt ihr die Aufgabe zu, sich Prüfkriterien für die Argumente zu überlegen. Wann überzeugt ein Argument, wann ist es stichhaltig? Führen Sie eine Diskussion durch, bei der die jeweiligen Argumente ausgetauscht werden. Stimmen Sie in der Zuschauergruppe erneut ab und stellen Sie die Abweichungen im Ergebnis fest. Begründen Sie den Meinungsumschwung im Einzelfall.

Zu Zuschauergruppe hat neben einer Kriterienbearbeitung auch noch die Aufgabe, einen Beobachtungsbogen zu erstellen. Darin soll festgehalten werden, wie sich einzelne Diskussionsteilnehmer/innen verhalten haben. Der Beobachtungsbogen könnte wie folgt beginnen:

Fragen/Person

Sind die Argumente überzeugend erläutert worden?

Wie wurden die Argumente nonverbal unterstützt?

Als letzte Phase der Pro- und Kontra-Diskussion schlage ich Ihnen ein Gespräch über diese Methode vor. Wie habe ich mich in der Rolle von ... gefühlt? Oder Für welche Themen ist diese Methode geeignet? Was müsste bei der Vorgehensweise geändert werden? usw.

Hinweise zu den Methodenseiten

Wir haben den einzelnen Sachkapiteln zehn methodische Vorschläge vorangestellt. Dies aus einem guten Grund!

Wir möchten exemplarisch zeigen wie Themen methodisch umgesetzt werden können. Dieser „methodische Werkzeugkasten" gibt Schülerinnen und Schülern sowie Lehrerinnen und Lehrern eine kleine Auswahl an einsetzbaren Instrumenten, um die Sachkapitel des Buches noch interessanter im Unterricht umzusetzen.

Die angebotenen Methodendarstellungen können – wie aus der Übersicht zu erkennen ist – den Sachkapiteln des Buches zugeordnet werden:

Methode	Zuordnung Buchkapitel (1. Priorität)
Erkundung	Gesellschaft im Wandel
Planspiel	Arbeit und Beruf
Szenariotechnik	Umwelt
Analyse von Bildern und Karikaturen	Der Nationalsozialismus
Moderation	Frieden und Sicherheit
Wahlanalyse	Das Regierungssystem der Bundesrepublik Deutschland
Zukunftswerkstatt	Die Europäische Union
Referat und aktives Zuhören	Der Nord-Süd-Konflikt
Rollenspiel	Geschichte Schleswig-Holstein
Pro- und Kontra-Diskussion	Wirtschaftspolitik

Aber genauso können andere Sachthemen mit diesen Methoden bearbeitet werden. Kreativität und Sachverstand sind gefordert, um dem Fach „Wirtschaft/Politik" noch mehr Würze zu geben.

Berufsschule und Schülervertretung

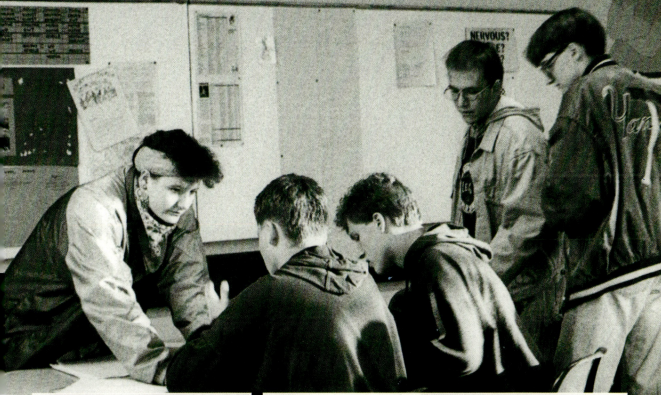

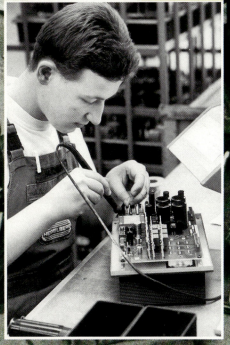

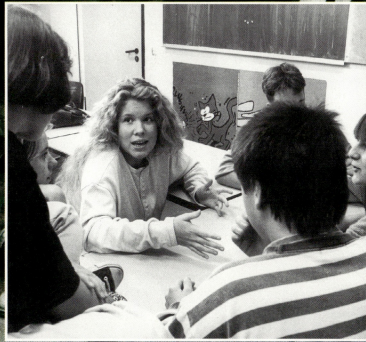

Berufsschule und Schülervertretung

1 Berufsschule im dualen System

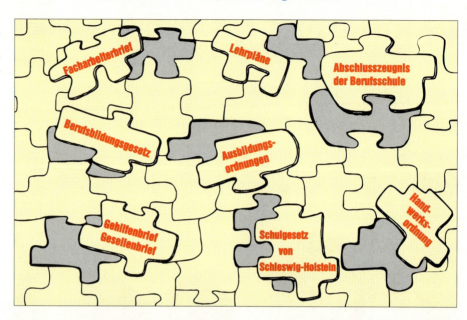

Aus einer Meinungsumfrage

Wie beurteilen Sie Ihre Ausbildung?	
Auszubildende	%
Macht richtig Spaß	33
Ist ganz gut	47
Es geht, notwendiges Übel	13
Fällt recht schwer	3
Aufhören, lieber heute als morgen	4

Quelle: Bundesinstitut für Berufsbildung 1994

Anerkannte Ausbildungsberufe

Derzeit sind 364 Ausbildungsberufe staatlich anerkannt. Ziel der Anerkennung ist es, die Ausbildungsberufe auf dem Laufenden zu halten, d. h. sie an die technische, wirtschaftliche und soziale Entwicklung anzupassen.

Was würde das für ein Chaos geben, wenn jeder, der ausbildet, die Berufsausbildung so organisieren würde, wie es ihm gerade in den Kram passt. So gibt es für die anerkannten Ausbildungsberufe Ausbildungsordnungen, in denen genau drin steht, was man in welchem Zeitraum bis zur Prüfung alles lernen muss. …

… Die Ausbildungsordnungen werden von Praktikern und Wissenschaftlern gemeinsam erarbeitet und mit den Lehrplänen der Berufsschule abgestimmt: Apropos Berufsschule: Der Unterrichtsbesuch ist Pflicht für alle Auszubildenden, die eine Lehre in einem anerkannten Ausbildungsberuf machen. Auch dann, wenn sie schon älter als 18 Jahre sind.

Nach: Wie geht's, Bonn 1993, S. 26f.

Altersstruktur der Auszubildenden

Von 1970 – 1993 steigt das durchschnittliche Alter der Auszubildenden von 16,6 auf 19,0 Jahre. Während 1970 nur etwa jeder fünfte 18 Jahre und älter war, sind es derzeit beinahe drei von vier Auszubildenden.

Quelle: Berufsbildungsbericht 1995

In der Bundesrepublik Deutschland arbeiten zwei unterschiedliche und voneinander unabhängige Ausbildungsträger – Ausbildungsbetriebe und Berufsschulen – mit dem gemeinsamen Ziel der beruflichen Ausbildung zusammen. Dieses Ausbildungssystem wird als **„duales System"** bezeichnet.

Berufsschule im dualen System

Die gesetzlichen Grundlagen für die Berufsausbildung sind das **Berufsbildungsgesetz** (BBiG) und die **Handwerksordnung** (für handwerkliche Berufe).

> **§ 1 Berufsbildungsgesetz**
>
> (5) Berufsausbildung wird durchgeführt in Betrieben der Wirtschaft, in vergleichbaren Einrichtungen außerhalb der Wirtschaft, insbesondere des öffentlichen Dienstes, der Angehörigen freier Berufe und in Haushalten (betriebliche Berufsausbildung) sowie in berufsbildenden Schulen …

1. Die Berufsschule

Die Berufsschule vermittelt zusammen mit ausbildenden Betrieben die für staatlich anerkannte Ausbildungsberufe erforderlichen Qualifikationen. Im Rahmen dieser beruflichen Erstausbildung wird auch die Allgemeinbildung der Schülerinnen und Schüler erweitert.

Auszubildende des gleichen Berufes werden in Fachklassen zusammengefasst. Für bestimmte Ausbildungsberufe, in denen es nur wenige Auszubildende gibt, sind Bezirksfachklassen oder Landesfachklassen (als Landesberufsschule mit Internatsbetrieb) eingerichtet.

Während der Berufsausbildung kann man an der Berufsschule – bei entsprechenden Voraussetzungen und Leistungen – den Hauptschulabschluss oder den mittleren Bildungsabschluss erwerben, falls das vorher noch nicht erreicht wurde.

Jugendliche sind bis zum Erreichen der Volljährigkeit schulpflichtig. Wer nicht eine weiterführende allgemeinbildendes Schule besucht, ist berufsschulpflichtig. Für Jugendliche, die nicht in einem berufsschulpflichtigen Ausbildungsverhältnis stehen, werden besondere Klassen errichtet.

2. Das Berufsgrundbildungsjahr

Im Berufsgrundbildungsjahr (BGJ) erhalten Jugendliche eine berufsfeldbezogene berufliche Grundbildung. Wer in das Berufsgrundbildungsjahr eintritt, muss sich vorher für eines der 13 Berufsfelder entscheiden.

Das Berufsgrundbildungsjahr kann vom Ausbildungsbetrieb und von der Berufsschule gemeinsam (kooperatives BGJ) oder allein von der Berufsschule (schulisches BGJ) durchgeführt werden.

Der erfolgreiche Abschluss des schulischen Berufsgrundbildungsjahres wird als erstes Ausbildungsjahr der Berufsausbildung in einem dem Berufsfeld entsprechenden, anerkannten Ausbildungsberuf angerechnet. Jugendliche im Kooperativen BGJ haben bereits einen Ausbildungsvertrag.

3. Das Ausbildungsvorbereitende Jahr

Für Jugendliche, die kein Ausbildungverhältnis abgeschlossen haben, ist das Ausbildungsvorbereitende Jahr (AvJ) eingerichtet worden. In diesem Bildungsgang sollen sie für die Aufnahme einer Berufsausbildung vorbereitet und ihre allgemeine Bildung erweitert werden. Bei bestimmten Voraussetzungen und besonderen Leistungen kann der Hauptschulabschluss erworben werden.

Mit gleicher Zielsetzung werden Berufsvorbereitende Maßnahmen von der Bundesanstalt für Arbeit, dem Jugendaufbauwerk und von anderen Trägern durchgeführt.

nach: Bildungswege in Schleswig-Holstein, Kiel 1992

Berufsbildungsgesetz

Das BBiG vom 14. 08. 1969 enthält u. a.
- die wichtigsten Verpflichtungen von Ausbildendem und Auszubildendem
- Voraussetzungen, die ein Ausbildungsbetrieb erfüllen muss
- Bestimmungen zur Ausbildung nach einem Ausbildungsplan, der sachlich und zeitlich gegliedert ist
- Ausbildungsordnungen mit Ausbildungsplänen

Berufsfelder

Zur Zeit gibt es folgende Berufsfelder:
- Wirtschaft und Verwaltung
- Metalltechnik
- Elektrotechnik
- Bautechnik
- Holztechnik
- Textiltechnik und Bekleidung
- Chemie, Physik und Biologie
- Drucktechnik
- Farbtechnik und Raumgestaltung
- Körperpflege
- Gesundheit
- Ernährung und Hauswirtschaft
- Agrarwirtschaft

2 Über die Berufsschule zur Weiterbildung

Schülerzahlen in Schleswig-Holstein 1996/97

Berufsschule	**60.599**
davon in den Bildungsgängen	
– mit Ausbildungsverhältnis	56.230
– Berufsgrundbildungsjahr – schulisch	570
– Ausbildungsvorbereitendes Jahr	797
– Berufsvorbereitende Maßnahmen	2.515
– ohne Ausbildung/ Berufsvorbereitung	487
Berufsfachschule	**10.121**
Fachoberschule (Vollzeitform)	942
Fachoberschule (Teilzeitform)	117
Fachgymnasium	5.803
Fachschule	4.399
Schule des Gesundheitswesens	4.002

Fachschulen in Schleswig-Holstein

FS für Betriebswirtschaft
FS für Technik
FS für Seefahrt
FS für Handwerkliches Gestalten
FS für Hauswirtschaft
FS für Sozialpädagogik
FS für Heilpädagogik
FS für Sonderpädagogik
FS für Heimerziehung
FS für Hotel- und Gaststättengewerbe
FS für Landwirtschaft

Berufsoberschule in Schleswig-Holstein

Die Berufsoberschule wird in einer Reihe von Bundesländern, z.B. Bayern, Baden-Württemberg und Niedersachsen, ab 1998 auch in Schleswig-Holstein angeboten. Die Berufsaufbauschule wird es dann nicht mehr geben.

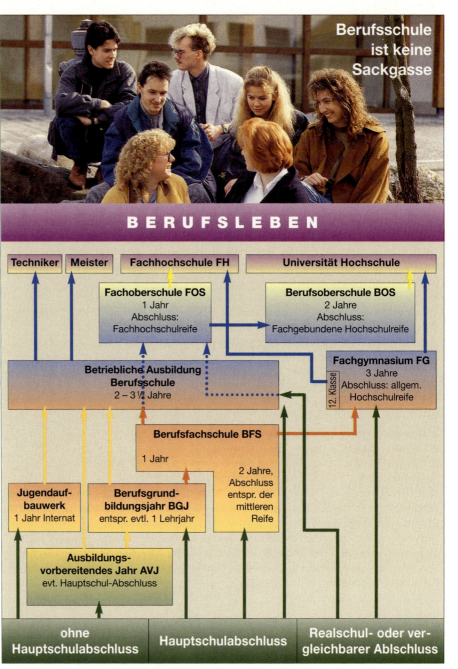

Nach: Ministerium für Bildung und Kultur (Hrsg.), a. a. O., S. 22

Nach einer erfolgreichen Berufsausbildung kann, bei entsprechenden Voraussetzungen, die Fachoberschule, die Berufsoberschule oder das Fachgymnasium besucht werden. Nach einer zweijährigen Berufserfahrung besteht die Möglichkeit, eine Fachschule (z. B. Technikerschule) zu besuchen.

Über die Berufsschule zur Weiterbildung

Ich will den Ingenieur an einer Fachhochschule machen. Deshalb gehe ich nach abgeschlossener Lehre zur Fachoberschule.

Mein Ziel: Betriebswirtschaftslehre an der Uni. Zunächst wollte ich deshalb nach der „mittleren Reife" direkt zum Fachgymnasium. Dann bekam ich jedoch einen prima Ausbildungsplatz im Groß- und Außenhandel. Nach dem Lehrabschluss möchte ich nun zur Berufsoberschule, um anschließend zu studieren.

Ich möchte noch ein Stückchen weiterkommen. Studium? Liegt mir nicht. Aber zur Fachschule, da gehe ich hin.

Wer seine allgemeine und fachtheoretische Bildung über das Ziel der Berufsschule hinaus erweitern will, kann die **Fachoberschule, Berufsoberschule** oder das **Fachgymnasium** besuchen

Das Abschlusszeugnis der einjährigen Fachoberschule berechtigt zum Studium an der Fachhochschule **(Fachhochschulreife)**. Der erfolgreiche Abschluss der Berufsoberschule oder des Fachgymnasiums bildet die Eingangsvoraussetzung für ein Studium an der Universität. Die Berufsoberschule baut auf der vorherigen beruflichen Ausbildung auf und vermittelt in zwei Schuljahren (Vollzeitform) die **fachgebundene Hochschulreife.** Eine Berufstätigkeit bleibt möglich – Teilzeit- (vier Schuljahre) und Abendform der BOS. SchülerInnen mit Fachhochschulreife können in das zweite Schuljahr der BOS aufgenommen werden. Das Fachgymnasium schließt nach drei Schuljahren mit der Abiturprüfung ab. Die **allgemeine Hochschulreife** berechtigt zum Studium an der Universität. Die allgemeine Hochschulreife kann durch zusätzlichen Unterricht und durch eine Prüfung in einer zweiten Fremdsprache auch an der Berufsoberschule erobern werden.

Fachschulen gibt es für viele Fachrichtungen. Das Weiterbildungsangebot richtet sich an Praktiker, die eine Berufsausbildung abgeschlossen haben und über mehrjährigen Berufserfahrung verfügen. Ein einjähriges Praktikum kann an die Stelle der Berufserfahrung treten.

Wer informiert?

Informationen über Aufnahmemöglichkeiten, Lernanforderungen, Abschlüsse und Lernorte der einzelnen Schulformen sind über das Ministerium für Bildung, Wissenschaft, Forschung und Kultur, Gartenstr. 6, 24103 Kiel.

Berufsweg der Kerstin B. 1984 -1986

1984 – 1986
Berufsfachschule Wirtschaft
1986 – 1988
Kaufm. Ausbildung als Industriekauffrau
1988 – 1989
Fachoberschule Wirtschaft
1989 – 1992
Verschiedene Tätigkeiten im Ausbildungsbetrieb

daneben:
1990 – 1992
Fachhochschule Wirtschaft (Datenverarbeitung) Abschluss: Staatl. geprüfte Betriebswirtin
1992 – 1994
Verkaufsbeauftragte in einem Unternehmen der Kommunikationstechnik
1994 – …
Teamleiterin in der Abteilung Revision/Vertriebscontrolling dieses Unternehmens

---

Für weiterführende Schulformen gilt in der Regel der Sekundarabschluss I („Mittlere Reife") als Eingangsvoraussetzung. Die sogenannte „Mittlere Reife" wird durch den erfolgreichen Besuch der Realschule oder der zweijährigen Berufsfachschule erworben. Seit Februar 1996 kann in Schleswig-Holstein dieser Abschluss auch durch das Abschlusszeugnis der Berufsschule erworben werden, wenn drei Bedingungen erfüllt sind:
- Gesamtnotendurchschnitt im Abschlusszeugnis der Berufsschule von mindestens 3,0
- erfolgreicher Abschluss einer mindestens zweijährigen Berufsausbildung
- ausreichende Fremdsprachenkenntnisse, die einem mindestens fünfjährigen Fremdsprachenunterricht entsprechen.

3 Schülervertretung – Schülerzeitung – Schülergruppen

Szenen aus dem Schulalltag – Aufgaben für die Schülervertretung?

Sven Schneider hat eine Schülerzeitung seiner Schule gekauft. Sein Eindruck: Prima – einiges ärgert ihn aber auch. Er möchte wissen, wer für den Inhalt verantwortlich ist. Er fragt seine Klassenkameraden.

Im Auftrag der Klasse schlägt die Klassensprecherin Kerstin Bertes dem Sozialkundelehrer vor, für den Unterricht Diskussionen einzuplanen.

Heike Franz gehört zur Jugendorganisation einer im Landtag vertretenen Partei. Zwecks Mitgliederwerbung verteilt sie auf dem Schulhof Handzettel. Der aufsichtsführende Lehrer verbietet ihr das.

Alexandra Müller interessiert sich sehr für das Thema Umwelt. Sie möchte wissen, ob es an der Schule Umweltgruppen, z. B. Greenpeace, BUND, oder politische Gruppen, z. B. Jusos oder Junge Union, gibt. Könnte man sie gründen?

Martin Heibel soll im Jahreszeugnis im Fach Wirtschaft/Politik die Note „ausreichend" bekommen. Er wehrt sich dagegen. Seiner Meinung nach müsste die Note „befriedigend" lauten, weil er aufgrund seiner schriftlichen Leistungen auf 3,33 steht.

§ 109 Schulgesetz Wesen und Aufgaben

(1) Die Schülervertretung ist die gewählte Vertretung der Schülerinnen und Schüler in der Klasse und in der Schule. Sie ist Teil der Schule und gibt den Schülerinnen und Schülern die Möglichkeit gemeinsamer Mitwirkung an den die Schule betreffenden Angelegenheiten. Die Arbeit der Schülervertretungen dient auch der politischen Bildung.

(2) Die Schülervertretung hat folgende Aufgaben:
1. die Wahrnehmung gemeinsamer Anliegen der Schülerinnen und Schüler gegenüber der Schulleiterin oder dem Schulleiter, den Lehrkräften, den Elternvertreterinnen und Elternvertretern und Schulaufsichtsbehörden,
2. die Wahrnehmung selbstgestellter kultureller, fachlicher, sozialer und sportlicher Aufgaben innerhalb des Schulbereichs und
3. die Mitwirkung an der Gestaltung des Schullebens.

(3) Schülervertreterinnen und Schülervertreter können eine Schülerin oder einen Schüler ihrer oder seiner Schule auf deren oder dessen Wunsch bei der Wahrnehmung von Rechten gegenüber der Schulleiterin oder dem Schulleiter und den Lehrkräften, insbesondere bei Ordnungsmaßnahmen und Beschwerdefällen, unterstützen.

§ 117 Schulgesetz Schülergruppen

(1) Schülerinnen und Schüler einer Schule, die sich zu Gruppen mit fachlichen, sportlichen, kulturellen, konfessionellen oder politischen Zielen zusammenschließen, können im Rahmen des Absatzes 2 an ihrer Schule tätig sein, wenn sie der Schulleiterin oder dem Schulleiter schriftlich ihre Zielsetzung und eine Mitschülerin oder einen Mitschüler als Verantwortliche oder Verantwortlichen benannt haben und solange sie durch ihre Zielsetzung oder ihre Tätigkeit an der Schule nicht gegen die Rechtsordnung verstoßen. Die oder der Verantwortliche muß das 14. Lebensjahr vollendet haben.

(2) Den Schülergruppen sollen außerhalb der Unterrichtszeiten unter Beachtung des § 36 Abs. 2 und 3 Räume in der Schule kostenlos zur Verfügung gestellt werden. Sie können durch Anschlag an den schulischen Bekanntmachungstafeln auf ihre Veranstaltungen hinweisen und Schülerzeitungen herausgeben. Für die Einladung von Personen, die nicht zur Schule gehören, zu Veranstaltungen der Schülergruppen gilt § 49 Abs. 4 entsprechend.

Schülerzeitungen

Schülerzeitungen sind Zeitungen, die von Schülerinnen und Schülern geschrieben und für Schülerinnen und Schüler einer oder mehrerer Schulen herausgegeben werden. Sie werden in der Schule verteilt, stehen außerhalb der Verantwortung der Schule und unterliegen dem Presserecht sowie den übrigen gesetzlichen Bestimmungen.

Schülervertretung

Berufsschülerinnen und Berufsschüler vertreten ihre Interessen gemeinsam mit anderen Schülerinnen und Schülern der berufsbildenden Schule in gewählten Schülervertretungen (SV).

In einer Berufsbildenden Schule mit mehreren Schulformen und Bildungsgängen bieten sich der SV reizvolle Aufgaben. Dabei sind aber auch Schwierigkeiten zu überwinden. Lassen wir Melanie Weitz, Schülersprecherin an einer Berufsbildenden Schule mit 1 500 Schülerinnen und Schülern, zu Wort kommen.

Wie wird gewählt?

Interviewer: Frau Weitz, Sie sind seit September letzten Jahres Schülersprecherin unserer Schule. Wie sind Sie in dieses Amt gekommen?

Weitz: Seit zwei Jahren bin ich Klassensprecherin in der Berufsschulklasse der Industriekaufleute. Letztes Jahr wurde ich zur Tagessprecherin gewählt. Mitte September fanden dann die Wahlen zur Schülervertretung statt. Auf dieser Versammlung wurde ich dann Schülersprecherin.

Interviewer: Welche Erfahrung haben Sie bisher als Schülersprecherin gemacht?

Weitz: In erster Linie nur Gutes!

Allerdings musste ich mich erst mit den Strukturen der SV-Arbeit bekannt machen. Danach konnte ich voll auf die Interessen und Probleme der Schülerinnen und Schüler eingehen. Eine der größten Herausforderungen für die SV bestand darin, mit dem Müllproblem umzugehen. Um etwas gegen dieses Problem zu unternehmen, führte die SV, mit Unterstützung der Schulleitung, das „Öko-Team" ein. Jede Klasse war einmal für die Sauberkeit des Schulgeländes verantwortlich, in Zusammenarbeit mit der Lehreraufsicht.

Was mir ebenfalls positiv auffiel, war die aktive Teilnahme der Klassensprecher bei den entsprechenden Versammlungen.
Leider gab es auch Negatives. Zum einen das fehlende Verständnis der Schülerschaft für eine Schulgemeinschaft. Dies resultierte auch daraus, dass ein großer Teil der Schüler maximal an zwei Tagen in der Woche die Schule besucht und die restlichen Tage im Betrieb verbringt. Die betrieblichen Probleme stehen somit im Vordergrund. Der ständige Jahreswechsel der Schülersprecher erschwert außerdem die Arbeit der SV.

Interviewer: Was müsste Ihrer Meinung nach getan werden, damit die Arbeit der SV noch mehr Schülerinnen und Schüler erreicht?

Weitz: Der Informationsaustausch zwischen Schülerschaft und Schülervertretung muss effektiver werden. Im Vorfeld sollten die Schülerinnen und Schüler über die SV-Arbeit an der eigenen Schule informiert und aufgeklärt werden. Das sollte zu mehr Verständnis für die SV und zur aktiven Teilnahme der Schülerinnen und Schüler am Schulgeschehen führen.

Interviewer: Frau Weitz, ich danke Ihnen für das Gespräch.

Berufsschule und Schülervertretung

Duales System
Die Berufsausbildung erfolgt nach dem Berufsbildungsgesetz in Partnerschaft zwischen Betrieb und Berufsschule.

Berufsschule
Die Berufsschule führt zu berufsqualifizierenden Abschlüssen, vermittelt die für den Beruf erforderlichen Kenntnisse und vertieft die Allgemeinbildung.

Weiterführende Schulformen
Das berufsbildende Schulwesen in Schleswig-Holstein bietet mehrere Übergangsmöglichkeiten von der Berufsschule zu weiterführenden Schulformen, wie z. B. von der Berufsschule, zur Fachoberschule und zur Berufsoberschule.
Berufsschülerinnen und Berufsschüler ohne „Mittlere Reife" erwerben diese mit dem Abschlusszeugnis der Berufsschule, sofern der Durchschnitt mindestens 3,0 beträgt, eine Berufsausbildung erfolgreich abgeschlossen worden ist und mindestens fünfjährige Fremdsprachenkenntnisse vorliegen.

Schülervertretung
Die Schüler machen ihre Interessen über Schülervertretungen geltend.
Dazu werden in der Berufsschule Tagessprecher gewählt, die ihrerseits an der Wahl des Schülersprechers für die ganze Schule mitwirken.

Zur Wiederholung
1. Beschreiben Sie das duale System der Berufsausbildung.
2. Nennen Sie die einzelnen Teile, aus denen sich das Lernangebot in der Berufsschule zusammensetzt.
3. Erklären Sie, was man unter einem Berufsfeld versteht.
4. Nennen Sie weiterführende Schulformen, die nach der Berufsschule besucht werden können.
5. Unter welcher Voraussetzung können nach dem Schulgesetz Schülergruppen an einer Schule tätig sein?
6. Erläutern Sie das Wahlverfahren für das Amt der Schülersprecherin/ des Schulsprechers.

Weiterführende Aufgaben
1. Nehmen Sie zu folgender Aussage Stellung:
   „Dieser ganze Quatsch, den man in der Berufsschule lernt, interessiert mich doch gar nicht. Was ich in meinem Beruf lernen muss, das lerne ich am besten im Betrieb."
2. Stellen Sie folgende schulische Weiterbildungsmöglichkeiten für einen Berufsschüler dar:
   – Von der Hauptschule zur Fachhochschulreife
   – Von der Berufsschule zum Abitur an einem Fachgymnasium
   – Von der Hauptschule zur Fachschule
3. Stellen Sie fest, wer der Schülersprecher Ihrer Schule ist und welche Schulform der berufsbildenden Schule er besucht.
4. Nennen Sie am Beispiel Ihrer Klasse Möglichkeiten und Schwierigkeiten einer aktiven Schülervertretung.
5. Politische Schülergruppen an der Berufsschule (Methodenvorschlag: Pro- und Kontra-Diskussion)

1 Das Leben in der vorindustriellen Gesellschaft

Das Rheintor in Mannheim 1782 (Reiß Museum Mannheim)

Hungerperioden in Deutschland

1755 – 1757
1760 – 1762
1770 – 1772
1780 – 1784
1787 – 1790
1793 – 1795
1799 – 1800

Lebensmittelpreise in Mainz 1786

1 kg Schweinefleisch	16 Kreuzer
1 kg Brot	4 Kreuzer
1 l Bier	4 Kreuzer
1 l Milch	4 Kreuzer

Der Tagesverdienst eines Tagelöhners beträgt 30 Kreuzer.

Leben vor zweihundert Jahren

In den achtziger Jahren zogen in eine größere Stadt des inneren Deutschlands allerdings jeden Tag Neuigkeiten aus der Fremde; denn das Posthorn blies bereits täglich durch die Straßen, aber nicht jeden Tag durch dasselbe Tor. Indessen erhielt man doch seine Post heute von München, morgen von Dresden, den nächsten Tag vielleicht von Hamburg. Auch hatte fast jede größere Stadt ihre Zeitung, aber auch diese kleinen Blätter wurden in der Regel nur dreimal wöchentlich ausgegeben.

Gustav Freytag: Bilder aus der deutschen Vergangenheit, Leipzig 1871, S. 294

Nach den zahlreichen Kriegen bis 1763, die bereits Entbehrung und Armut genug mit sich gebracht hatten, brach zu Beginn der 1770er Jahre eine Hungersnot aus, die ganz Europa heimsuchte und auf schlechte Witterungsverhältnisse, dadurch verursachte Missernten und ungenügende Vorratshaltung zurückzuführen war. In ihrem Gefolge stiegen die Preise, während die Löhne gleichgeblieben bzw. Arbeitsplätze und -möglichkeiten knapper wurden. Deshalb drifteten immer mehr Menschen in die armen Unterschichten ab, die am Existenzminimum lebten. Für Mainz, das mit rund 30 000 Einwohnern zu den größten Städten des Alten Reiches zählte, schätzt man, dass 38 % der Bevölkerung zu den Handlangern und Dienstboten zu rechnen waren.

Susanne Schlütter: Mainzer Geschichtsblätter, 3/86, S. 19

Das Leben in der vorindustriellen Gesellschaft

Absolutismus

Vorherrschende Staatsform in Europa vom 15. – 18. Jahrhundert. Der Fürst verfügt über die unbeschränkte Staatsgewalt und verwehrt den Untertanen jede Möglichkeit der Mitsprache.

Das Leben in der heutigen Industriegesellschaft unterscheidet sich grundlegend von dem Leben in der vorindustriellen Gesellschaft vor 200 Jahren. Die Gesellschaft, wie wir sie kennen, hat sich erst mit der Industrialisierung im 19. Jahrhundert entwickelt.

Die vorindustrielle Gesellschaft ist von der Industrialisierung noch unberührt. Sie ist geprägt durch
- ständische Gesellschaftsordnung
- bäuerlich-handwerkliches Erwerbsleben
- staatliche Zersplitterung

1.1 Ständische Gesellschaftsordnung

Leibeigenschaft

Der Leibeigene war persönlich völlig abhängig von dem landbesitzenden Grundherrn und wurde wie eine Sache zum Besitz gerechnet.

Wie in den anderen Teilen Deutschlands war auch die Gesellschaft des rheinisch-pfälzischen Raums im Wesentlichen noch ständisch organisiert. Die Führungsrolle fiel dem Adel, in den katholischen Gebieten der hohen Geistlichkeit zu, die Steuerprivilegien genossen und Herrschaftsrechte ausübten. In den zumeist kleinen Städten hatten die Vertreter der einflussreichen Zünfte das Sagen. Die überwiegende Mehrzahl der Landbevölkerung bewirtschaftete Felder, die sie von adligen bzw. geistlichen Grundherren „zu Lehen" („geliehen") hatte. Dafür mussten sie jährlich Abgaben leisten und unbezahlte Arbeitsleistungen, sogenannte Frondienste, erbringen. Besonders in der Kurpfalz und im Hochstift Speyer schränkte die Leibeigenschaft die Freizügigkeit der Untertanen noch weiter ein und belastete sie durch zusätzliche Abgaben.

W. Kreutz: Einen Freiheitsbaum, den pflanzen wir am Rhein, Landeszentrale für politische Bildung Rheinland-Pfalz, Mainz 1989 (leicht gekürzt)

Aufbau der Ständegesellschaft

Die Gliederung der Gesellschaft nach Ständen – Bauern, Bürger, weltlicher und geistlicher Adel – bezeichnet man als **ständische Gesellschaftsordnung.** In ihr ist die Geburt das bestimmende Merkmal. Die einzelnen Stände der Bevölkerung sind weitgehend gegeneinander abgeschottet. Ein Standes- und Berufswechsel ist nicht ohne weiteres möglich. Bauern-, Handwerker- und Kaufmannssöhne bleiben im Beruf des Vaters. Töchter bereiten sich ausschließlich auf die Tätigkeit als Hausfrau vor und heiraten „standesgemäß". Das Leben des Einzelnen ist fest eingebettet in den Familienverband. Nicht selten leben mehrere Generationen unter einem Dach (große Haushaltsfamilie).

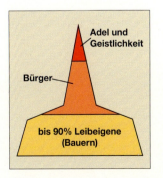

Gesellschaft im Wandel

Verbot des Ortswechsels

Im 18. Jahrhundert dürfen im kurfürstlichen Mainz weder Bürger noch Bauern ohne Erlaubnis der Landesregierung von ihrem Wohnort wegziehen. Das Verbot soll verhindern, dass sich Landeskinder ihrer Abgabenverpflichtung entziehen.

Zu dem Mangel an gesellschaftlicher Durchlässigkeit (Mobilität) kommen noch die von der Obrigkeit verordneten Stadt- und Niederlassungsrechte, wodurch die räumliche Bewegungsfreiheit erheblich eingeschränkt wird.

Die Unbeweglichkeit der vorindustriellen, ständischen Gesellschaft wird noch verstärkt durch das Gewicht, welches die Tradition im Denken der Menschen hat: Arbeits- und Herstellungsweise, Erziehung, Rechte des Einzelnen haben sich seit Jahrhunderten nur geringfügig gewandelt, ja sie werden vielfach als gottgewollt angesehen.

1.2 Bäuerlich-handwerkliches Erwerbsleben

In der vorindustriellen Gesellschaft ist die **Landwirtschaft** die Grundlage des Erwerbslebens. In der zweiten Hälfte des 18. Jahrhunderts sind etwa 80 % der Menschen dort beschäftigt. Trotz der vielen Arbeitskräfte bleiben die Erträge gering. Die Ackerflächen sind oftmals so zerstückelt, dass sich neue Anbaumethoden gar nicht lohnen.

20 % der Bevölkerung arbeiten im Gewerbe. Dazu gehören das Handwerk, das Verlagswesen und die Manufaktur.

Das **Handwerk** ist im ausgehenden 18. Jahrhundert immer noch in **Zünften** organisiert, die zäh alte Vorrechte verteidigen und Neuerungen gegenüber zurückhaltend sind. Neue Betriebe werden kaum zugelassen, um die Absatzchancen für die bereits bestehenden nicht zu gefährden. Lehrlinge und Gesellen arbeiten und wohnen im Haushalt eines Meisters und sind zumeist einer strengen Ordnung unterworfen.

Zünfte

Zusammenschlüsse von Meistern desselben Handwerks. Die Zünfte bestimmen Arbeitszeit und Warenqualität. Außerdem regeln sie die Höchstzahl von Lehrlingen und Gesellen je Betrieb und deren Rechte und Pflichten gegenüber den Meistern.

Ein Goldschmiedelehrling berichtet ...

Gearbeitet wurde im Sommer von des Morgens 6 Uhr bis abends 7 Uhr, im Winter von des Morgens um 7 Uhr bis abends 8 Uhr, also 13 Stunden ohne Unterbrechung. Des Morgens erhielt ich zwei Tassen Kaffee, mittags um 12 Uhr wurde ein Gericht, meistens mit etwas Fleisch genossen; doch öfters musste ich mir, um satt zu werden, noch ein Stück Brot erbitten, das mir sehr unwillig und meist mit spitzen Bemerkungen über meinen guten Appetit gereicht wurde. Um 4 Uhr durfte ich mir zur Vesper ein Stück Brot abschneiden und Salz darauf streuen. Um 8 Uhr wurde zu Abend gegessen, zwei „Stullen" (Schwarzbrot) mit wenig Butter oder „Pellkartoffeln" mit einer Probe von Butter und Salz. Nur beim Mittags- und Abendbrot saß ich am Tisch, doch nicht früher, als bis das Essen daraufstand, und sobald der letzte Bissen genommen war, ging es wieder an den Werktisch. Frühstück und Vesper wurde an dem Werktische verzehrt, ohne die Arbeit zu unterbrechen. War viel zu tun, so wurde in die Nacht hinein, nicht selten auch des Sonntags gearbeitet.

Aus einer Zunftordnung

...
3. Niemand soll ein Stück Ware verkaufen, es sei denn zuerst im Tuchhaus geprüft.
4. Wer sein Tuch zu kurz oder zu schmal macht, muss sechs Schilling Buße zahlen ...

P. Lahnstein (Hrsg.): Report einer ‚guten alten Zeit', Stuttgart 1970, S. 253

Im **Verlagswesen** arbeiten zunftunabhängige Handwerker und verarmte Bauern mit ihren Familienangehörigen als Heimarbeiter. Sie erhalten für die herzustellenden Waren (vor allem Textilerzeugnisse) von einem Unternehmer, der sich als Verleger bezeichnet, Rohstoffe, teilweise auch Werkzeuge und werden nach der gefertigten Stückzahl entlohnt. Die Abhängigkeit vom Verleger ist dementsprechend groß.

Bauern, Handwerker und Heimarbeiter arbeiten dort, wo sie auch wohnen. Das gilt nicht mehr für die in den **Manufakturen** Beschäftigten. Sie arbeiten außerhalb der Wohnung; „Arbeit" wird aus der Familie ausgegliedert. Hinsichtlich der Arbeitsorganisation ähneln

Das Leben in der vorindustriellen Gesellschaft

Herstellung von Spielkarten – Gemälde um 1860

Manufakturen
Großwerkstätten auf der Grundlage von Handarbeit, dabei weitestgehende Aufteilung der Produktionsvorgänge.

Manufakturen bereits den späteren Fabriken. Der Arbeitsprozess wird in eine Reihe spezialisierter Einzelarbeiten zerlegt (z. B. Weben, Walken, Einfärben usw. in einer Tuchmacherei). Der wesentliche Unterschied zur Fabrik besteht jedoch darin, dass nicht mit Hilfe von Maschinen, sondern noch mit der Hand gearbeitet wird.

1.3 Staatliche Zersplitterung

Deutschland ist vor 200 Jahren kein geschlossenes politisches Gebilde. Vielmehr gleicht die politische Landkarte einem Flickenteppich. Im Jahre 1750 ist das deutsche Reich in 8 Kurfürstentümer, 94 Fürstentümer, 103 Grafschaften, 40 kirchliche Besitztümer und 51 Reichsstädte aufgeteilt. Allein auf dem Gebiet der heutigen Pfalz gibt es am Ende des 18. Jahrhunderts mehr als vierzig voneinander unabhängige politische Gebilde.

Unter dieser staatlichen Zersplitterung leidet die Wirtschaft. Dem **Fernhandel** fehlen ausgebaute Verkehrswege. Mit Kutschen und Fuhrwerken geht es nur langsam voran. Eine Fahrt von Frankfurt nach Stuttgart dauert 40 Stunden und wird vierzehnmal unterbrochen. Selbst da, wo die natürlichen Gegebenheiten die Binnenschifffahrt ermöglichen, verteuern und verlangsamen die vielen Zollschranken den Warentransport.

In Deutschland gibt es um 1790 noch 1800 Zollgrenzen. Allein auf der Strecke von Dresden bis Magdeburg hat der Reisende 16 Zollstätten zu durchqueren. Schwierigkeiten wegen uneinheitlicher Münzen, Maße und Gewichte kommen hinzu. An Exporte in andere Länder ist gar nicht zu denken. Bis die Waren in den Seehäfen Hamburg oder Bremen ankommen, sind sie aufgrund der Zollbelastung nicht mehr konkurrenzfähig. Ein Franzose sagt damals: „Die Deutschen treiben Handel wie die Gefangenen durch die Gitter des Gefängnisses."

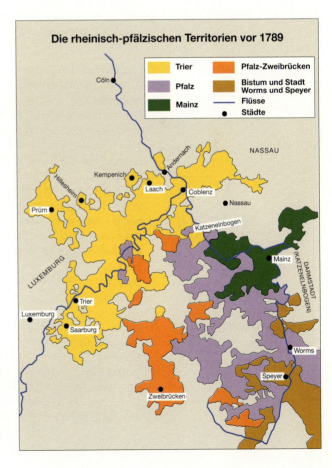

Gesellschaft vor der Industrialisierung

Ständegesellschaft

Die Gesellschaft vor der im 19. Jahrhundert einsetzenden Industrialisierung wird als vorindustrielle Gesellschaft bezeichnet. Die gesellschaftliche Gliederung in Bauern, Bürger und Adlige bestimmt im Wesentlichen das Leben. Die Menschen sind sesshaft und bleiben bei der Berufsausübung in den von Großeltern und Eltern vorgezeichneten Bahnen. Die Angehörigen der einzelnen Stände bleiben unter sich. Ein Standeswechsel ist so gut wie ausgeschlossen.

Erwerbsleben

Die meisten Menschen arbeiten in der Landwirtschaft. Das Gewerbe teilt sich auf in Handwerk, Verlagswesen und Manufakturen. Das Handwerk ist in Zünften organisiert. Die Lehrlinge wohnen im Hause des Meisters und sind einer strengen Ordnung unterworfen. Im Verlagswesen sind Heimarbeiter beschäftigt, deren Fertigprodukte von einem Unternehmer (Verleger) abgekauft werden. Die Manufakturen ähneln hinsichtlich der Arbeitsorganisation bereits den späteren Fabriken, jedoch mit dem wesentlichen Unterschied, dass hier noch keine Maschinenkraft eingesetzt wird.

Politische und wirtschaftliche Situation

Die Wirtschaft leidet unter der politischen Zersplitterung Deutschlands. Im Jahre 1750 gibt es 296 weltliche und geistliche Herrschaftsgebiete. Zollschranken, mangelhafte Verkehrswege, unterschiedliche Maße und Gewichte erschweren und verteuern den Warenaustausch.

Zur Wiederholung

1. Erklären Sie den Aufbau der Ständegesellschaft.
2. Begründen Sie, weshalb die ständische Gesellschaftsordnung als starr bezeichnet wird.
3. Nehmen Sie Stellung zu folgender Behauptung: „In der ständischen Gesellschaftsordnung bestimmt mehr die Geburt als die berufliche Leistung des Einzelnen seinen Platz in der Gesellschaft."
4. Nennen Sie die Erwerbsmöglichkeiten für die Menschen in der Ständegesellschaft.
5. Zeichnen Sie einen Balken von 10 cm Länge, der die gesamte Erwerbstätigkeit in der Ständegesellschaft veranschaulichen soll. Tragen Sie dann in diesen Balken die Anteile der jeweiligen Erwerbstätigkeiten ein.
6. Kennzeichnen Sie die Organisation des Handwerks in der Ständegesellschaft.
7. Arbeiten Sie den Unterschied zwischen dem Verlagswesen und der Manufaktur heraus.
8. Begründen Sie, weshalb der Fernhandel in der Ständegesellschaft keine Bedeutung hatte.

Weiterführende Aufgaben

1. Als ein aktuelles Beispiel für eine strenge gesellschaftliche Gliederung wird oftmals die Kastengesellschaft in Indien genannt. Informieren Sie sich und nehmen Sie einen Vergleich vor mit der vorindustriellen Ständegesellschaft.
2. Vergleichen Sie den Tagesablauf eines Lehrlings in der Ständegesellschaft mit dem einer Auszubildenden/eines Auszubildenden in unserer Gesellschaft.
3. Versuchen Sie an einem aktuellen Beispiel aufzuzeigen, wie sich die politischen Rahmenbedingungen lähmend auf die wirtschaftlichen Aktivitäten auswirken.

2 Die Wurzeln der Industriegesellschaft

2.1 Wissenschaftlich-technischer Fortschritt

1765	J. Hargreaves entwickelt seine Spinnmaschine „Spinning Jenny".
1769	R. Arkwright stellt eine durch Wasserkraft angetriebene Spinnmaschine zur Verarbeitung von Baumwollgarnen vor.
1769	J. Watt erhält Patentschutz auf seine Dampfmaschine.
1785	E. Cartwright bringt den ersten brauchbaren mechanischen Webstuhl heraus. Der Dampfbetrieb zieht in die englische Spinnerei ein.

Funkkolleg Sozialer Wandel, Heft 4, S. 39

James Watt (1736 -1819)

Mechaniker an der Universität Glasgow.
Watt entwickelt nach jahrelangen systematischen Experimenten einige entscheidende Verbesserungen an der bereits vorher bekannten Dampfmaschine. Seine 1769 patentierte Erfindung verwertet er als selbständiger Unternehmer.

Ausgangspunkt des Industrialisierungsprozesses ist England, das im Gegensatz zu Deutschland ein politisch und wirtschaftlich einheitliches Gebiet darstellt. Besonders die wohlhabenden Bürger treten selbstbewusst auf. Unter ihnen befinden sich viele Anhänger des **wissenschaftlich-technischen Fortschritts**.

Die bahnbrechenden Konstruktionen englischer Technikpioniere sind manchmal auch das Resultat von Zufällen. So kommt James Hargreaves die zündende Idee für seine Spinnmaschine „Spinning Jenny", als seine Tochter Jenny versehentlich ein Spinnrad umwirft und dadurch die Spindel auf dem Boden entlang rollt. Aber mehr und mehr fließen systematisch **naturwissenschaftliche Erkenntnisse** in die Erfindungen ein. So beruhen die Experimente von James Watt bei der Verbesserung der Dampfmaschine auf den Ergebnissen seiner wissenschaftlichen Arbeit.

Die Dampfmaschine als Schlüsselerfindung

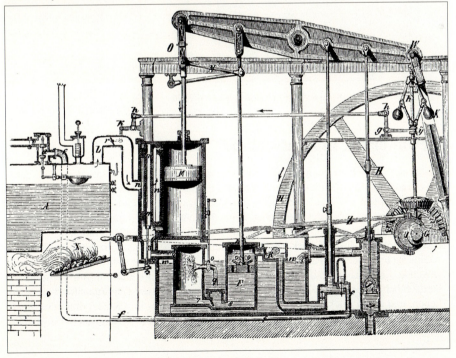

Erfinder und Wissenschaftler, Verlag Kaiser, Klagenfurt 1980, S. 66

Die Bedeutung der wattschen Dampfmaschine

- Die Dampfmaschine eignet sich zum Antrieb auch großer Arbeitsmaschinen.
- Die Standortbindung der Fabriken an Flüssen als Antrieb größerer Arbeitsmaschinen entfällt.
- Die Produktionsstätten können in der Nähe von Rohstoffvorkommen, Verkehrsmöglichkeiten und Arbeitskräften errichtet werden.
- Das Vorhandensein fast unerschöpflicher Antriebsenergie erlaubt die Zentralisierung der Produktion an einem Ort.

Gesellschaft im Wandel

Die Errungenschaften des wissenschaftlich-technischen Fortschritts hängen mit der **Aufklärung** zusammen, einer geistigen Bewegung des 17. Jahrhunderts, die den Menschen aufgefordert hat, gemäß seiner eigenen Vernunft zu denken und zu handeln. Das gibt den Anstoß für die Beobachtung und Entdeckung von Umwelt und Natur, woraus naturwissenschaftliche Erkenntnisse folgen. Erwähnenswert ist insbesondere die Veröffentlichung des Engländers Isaac Newton (1643 – 1727) mit dem Titel „Die mathematischen Grundzüge der Naturwissenschaft".

2.2 Bevölkerungswachstum

Von 1750 – 1800 erlebt England nach überstandener Pockenepidemie einen starken Bevölkerungsanstieg von 6 auf 9 Millionen Einwohner. Um alle diese Menschen kleiden zu können, wird in größerem Umfang die Textilfaser Baumwolle verarbeitet. Zunächst treiben Pferde und Wasserkraft die Maschinen in den Baumwollspinnereien an; dann setzt sich die Dampfmaschine als Antriebsquelle durch: Die **maschinelle Massenproduktion** ist möglich geworden. Der Industrialisierungsprozess beginnt!

Ab 1780 nimmt die Bevölkerungszahl auch in Deutschland stark zu. Aber die Industrialisierung setzt wegen der schlechteren wirtschaftlichen, politischen und gesellschaftlichen Rahmenbedingungen (siehe S. 21f.) wesentlich später ein als in England.

Aufklärung

Der in Königsberg lebende Philosoph Immanuel Kant (1724 – 1804) formuliert den Wahlspruch der Aufklärung: „Habe Mut, dich deines Verstandes zu bedienen."

Verbrauch von Baumwolle

Jahresdurchschnitt in t

Großbritannien

1780	8 000
1801	25 000
1815	50 000
1825	100 000
1849	346 000

Deutschland

1836	8 900
1846	15 800
1856	46 500

Gustav Stolper: Deutsche Wirtschaft seit 1879, Tübingen 1966, S. 26

Bevölkerung in Deutschland

Nach dem entscheidenden Bevölkerungsrückgang des späten Mittelalters und den gravierenden Menschenverlusten während des 30-jährigen Krieges deutete sich in Deutschland seit 1770 ein erhebliches Bevölkerungswachstum an, zunächst östlich der Elbe. Dort ist es Folge der staatlichen Binnenkolonisation (= Landerweiterung, Anm. nicht im Originaltext) und des Landausbaus, durch den in Preußen Familiengründung und Nahrungsproduktion stark gestiegen waren ... Auch in alten Gewerbelandschaften wie in Sachsen oder im Rheinland wuchs nun die Bevölkerung stark an. Hier waren es sinkende Sterblichkeit infolge besserer hygienischer Einrichtungen, fortschrittliche Krankenbehandlung und eine vielseitigere Ernährung, die die Geburtenziffern steigen ließen, und einen Rückgang der Sterblichkeit im Säuglings- und Kindesalter zur Folge hatten. Hinzu kam bei der vorindustriellen ländlichen Bevölkerung noch eine hohe Kinderzahl.

B. Wiese/N. Zils: Deutsche Kultur-Geographie, Herford 1987, S. 103

2.3 Politisch-gesellschaftliche Reformen

Bauernbefreiung in Preußen

> **Edikt, den erleichterten Besitz und den freien Gebrauch des Grundeigentums sowie die persönlichen Verhältnisse der Landbewohner betreffend:**
>
> **§ 1**
> Jeder Einwohner Unserer Staaten ist ohne alle Einschränkungen in Beziehung auf den Staat zum eigentümlichen und Pfandbesitz unbeweglicher Grundstücke aller Art berechtigt; der Edelmann also zum Besitz nicht bloß adeliger, sondern auch unadeliger, bürgerlicher und bäuerlicher und anderer unadeliger Grundstücke …
>
> **§ 2**
> Jeder Edelmann ist ohne allen Nachteil seines Standes befugt, bürgerliche Gewerbe zu treiben und jeder Bürger oder Bauer ist berechtigt, aus dem Bauer- in den Bürger- und aus dem Bürger- in den Bauerstand zu treten. …
>
> **§ 12**
> Mit dem Martinitage 1810 hört alle Gutsuntertänigkeit in Unsern sämtlichen Staaten auf. Nach dem Martinitage 1810 gibt es nur freie Leute, … bei denen aber, wie es sich von selbst versteht, alle Verbindlichkeiten, die ihnen als freien Leuten vermöge des Besitzes eines Gundstücks oder vermöge eines besonderen Vertrages obliegen, in Kraft bleiben.

E. R. Huber (Hrsg.), Dokumente zur deutschen Verfassungsgeschichte, Bd. 1, Stuttgart 1961, S. 38 ff.

Im Zuge der „Bauernbefreiung", veranlasst durch den Freiherrn vom Stein, können sich z. B. die preußischen Bauern ab 1807 von den Frondiensten freikaufen. Wegen Geldmangels geben sie als Kaufpreis einen Teil ihres Landes an die Grundbesitzer ab. Da der Ertrag des verbliebenen Bodens für die Ernährung der Familie nicht ausreicht, müssen sich die Bauern entweder als Knechte bei Grundherren bzw. bei Großbauern verdingen oder das Restland veräußern und in die wachsenden Städte ziehen, wo sie sich mehr Verdienst erhoffen.

Zusammen mit der Bauernbefreiung wird in Preußen die **Gewerbefreiheit** ausgesprochen (in der Pfalz bereits ab 1791). Dadurch fallen die Zunftschranken und die ständischen Herkunftsbeschränkungen. Jedermann, ob Adliger oder Bauer, kann ohne Vorbildungsnachweis in jedem Umfang jeden Produktionszweig mit jeder Produktionstechnik eröffnen und bestreiten. Diese liberale Maßnahme wirkt sich nicht nur positiv aus. Schnell zunehmende Konkurrenz sichert vielen Handwerkern kein ausreichendes Einkommen mehr und zwingt sie, ebenso wie verarmte Landbewohner, sich nach Erwerbsmöglichkeiten in den neugegründeten Fabriken umzusehen.

Eine Reformmaßnahme von weitreichender Bedeutung für den industriellen Aufbau ist die Bildung des **Deutschen Zollvereins** (1834). Durch den Wegfall von Zöllen schaffen die damaligen deutschen Länder die Voraussetzung für die Entstehung eines gemeinsamen Marktes.

Um den Güteraustausch innerhalb Deutschlands und den Handelsverkehr mit dem Ausland zu ermöglichen, muss jedoch auch die wirtschaftliche **Infrastruktur** auf- und ausgebaut werden. Im Zeitalter der Industrialisierung bedeutet dies die Verbesserung des Straßennetzes, den Bau von Eisenbahnen, den Ausbau der Häfen und die Förderung der Schifffahrt.

Reformen in Preußen

Die Reformen sind notwendig geworden, weil die Niederlage gegen Napoleon die Rückständigkeit Preußens verdeutlicht hat.
Die wichtigsten Reformen sind:
- Bauernbefreiung (1807)
- Städteordnung (1808) und
- Zunftaufhebung (1810)

Reichsfreiherr vom und zum Stein,

geboren 1757 in Nassau treibt als preußischer Minister die Reformen voran. Später setzt er sich für die Befreiung der deutschen Staaten von der französischen Herrschaft ein.

Infrastruktur

Mit Infrastruktur werden alle Einrichtungen bezeichnet, die für ausreichende Lebensmöglichkeiten und wirtschaftliche Entwicklungen notwendig sind.

Der Deutsche Zollverein 1834

Der Deutsche Zollverein ist ein Zusammenschluss von Preußen, Sachsen, Bayern, Württemberg und einer Reihe kleinerer deutscher Staaten mit dem Ziel einer wirtschaftlichen Einheit.

> Die tatsächlichen Auswirkungen des Zollvereins waren:
> - Aufschwung der westlichen Industriegebiete an Rhein und Ruhr, die bald das entsprechende oberschlesische Gebiet an Bedeutung überrunden.
> - Erhöhung der Einfuhr ausländischer Waren durch eine wachsende, aus der eigenen Produktion nicht mehr allein zu befriedigende Binnennachfrage.
> - Erhöhung der Ausfuhr einheimischer Waren durch die auf Grund der Industrialisierung zunehmend international konkurrenzfähig werdende gewerbliche Produktion.
> - Insgesamt dadurch eine Zunahme:
>   - der inländischen Produktion und damit
>   - der Palette der im Inland angebotenen Güter.

F. W. Henning, Die Industrialisierung in Deutschland 1800 bis 1914, Paderborn 1984, S. 91

Zahlen zum deutschen Zollverein

beteiligte Länder:	18
Fläche:	425 023 qkm
Einwohner:	23 Millionen

Der Deutsche Bund

Der Deutsche Bund wird 1815 auf dem Wiener Kongress gegründet. Es ist ein loses politisches Bündnis deutscher Staaten unter dem Vorsitz von Österreich.

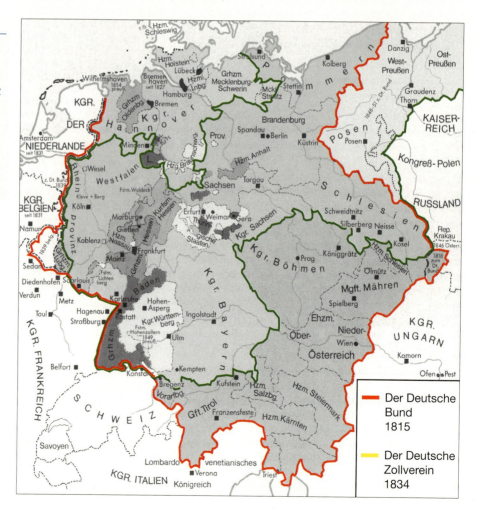

Der Deutsche Bund 1815

Der Deutsche Zollverein 1834

Die Wurzeln der Industriegesellschaft

Industrialisierung in England

Die Industrialisierung setzt zunächst in England ein. Dort sind die wirtschaftlichen und politischen Rahmenbedingungen günstiger und die Aufgeschlossenheit dem technisch-wissenschaftlichen Fortschritt gegenüber größer als in Deutschland. Die Grundlage für die Industrialisierung ist die Aufklärung, eine geistige Bewegung im 17. Jahrhundert.

Als in England die Bevölkerung rasch zunimmt und mehr Kleidung gebraucht wird, ermöglichen die Erfindungen der Spinnmaschine, des mechanischen Webstuhls und der Dampfmaschine als Antriebsaggregat die industrielle Massenproduktion von Textilwaren.

Politisch-gesellschaftliche Reformen

In Deutschland zeigen sich erst nach 1800 Ansätze zur industriellen Entwicklung. Ausgangspunkt ist auch hier der deutliche Bevölkerungsanstieg. Durch politisch-gesellschaftliche Reformen (Bauernbefreiung und Gewerbefreiheit) gerät die Gesellschaft in Bewegung. Den Bauern wird erlaubt, sich aus der bis dahin gültigen Erbuntertänigkeit zu lösen. Die Ausübung eines Gewerbes ist nicht mehr an den Zunftzwang gebunden. Die bisherigen Erwerbstätigkeiten in Landwirtschaft und Gewerbe reichen nicht mehr aus, um allen Menschen Arbeit zu geben. Als neue Einkommensquelle bietet sich die Fabrikarbeit an.

Deutscher Zollverein

18 deutsche Staaten schließen sich 1834 zum Deutschen Zollverein zusammen. Durch den Wegfall der Zollschranken werden die Voraussetzungen geschaffen für einen regen Warenaustausch und die Verbesserung der wirtschaftlichen Infrastruktur.

Zur Wiederholung

1. Begründen Sie die Tatsache, dass die Industrialisierung in England begonnen hat.
2. Ordnen Sie die Namen der Technikpioniere Watt, Arkwright und Cartwright den Erfindungen zu, mit deren Hilfe die Massenproduktion von Textilwaren möglich wurde.
3. Zählen Sie Gründe für den Bevölkerungsanstieg in Deutschland seit 1770 auf.
4. Erklären Sie, was unter den beiden Reformen Bauernbefreiung und Gewerbefreiheit zu verstehen ist.
5. Unterscheiden Sie: Deutscher Bund - Deutscher Zollverein.
6. Erläutern Sie die Auswirkungen des deutschen Zollvereins auf den Warenhandel.

Weiterführende Aufgaben

1. Fertigen Sie ein Poster zum Thema: „Die Wurzeln der Industriegesellschaft" an.
2. Nehmen Sie Stellung zu folgender Behauptung: „Die Veränderung der politischen Verhältnisse führt über den Handel."
3. In einem Vortrag über den Warenaustausch innerhalb des Europäischen Binnenmarktes erwähnt der Redner auch den Deutschen Zollverein von 1834. Was könnte Ihrer Meinung nach die Absicht des Redners sein?

Gesellschaft im Wandel

3 Die Entstehung der Industriegesellschaft

Seit der Mitte des 19. Jahrhunderts befinden sich Arbeits- und Lebensformen, Kultur und Gesellschaft in einem tiefgreifenden Wandel, der sich in den letzten Jahrzehnten noch beschleunigt hat. Fabriken sind überall entstanden, Wirtschaftsstrukturen, Technik und Alltagskultur verändern sich kontinuierlich. Dies ist in unserer eigenen Umgebung sichtbar.

Ausgelöst wurde dieser selbstverständlich gewordene dynamische Prozess des ständigen Wandels nahezu aller gesellschaftlichen, kulturellen und politischen Lebensumstände durch die Industrialisierung. Die Fabrik ist dabei die wichtigste räumliche und soziale Institution.

Wolfgang Ruppert: Die Fabrik, Verlag C. H. Beck, München 1983, S. 21

Musterfabrik

Der Unternehmer Friedrich Harkort errichtet 1827 eine Fabrik, die anderen Fabrikgründungen als Vorbild dienen soll.
Harkorts Programm für die soziale Absicherung der Arbeiter bei Krankheit und im Alter wird jedoch von den meisten Unternehmern abgelehnt.

Aus Altem entsteht Neues. Die Harkortsche Musterfabrik auf Burg Wetter a. d. Ruhr, 1834

Fabrikbetriebe in den Kreisen Koblenz und Trier 1836

Koblenz:
In 13 Fabriken sind 644 Arbeiter tätig. Hergestellt werden Eisen-, Guss-, Blech- und Kupferwaren sowie Wolltuche und Papier.

Trier:
In 6 Hüttenwerken, die Roheisen und Bleche erzeugen, werden 302 Arbeiter beschäftigt.

Der Übergang von der vorindustriellen Gesellschaft zur Industriegesellschaft ist nicht schlagartig vor sich gegangen. Noch bis zur Mitte des 19. Jahrhunderts ist Deutschland von der Landwirtschaft geprägt. Dennoch beginnt mit der nur zögerlich einsetzenden Industrialisierung ein umfassender Veränderungsprozess, der bis in die Gegenwart und darüber hinaus wirkt.

Dieser Veränderungsprozess ist gekennzeichnet durch
- technologische Veränderungen
- Veränderungen in der Arbeitswelt
- gesellschaftliche Veränderungen
- die soziale Frage.

3.1 Technologische Veränderungen

Technologie

Ist im Wortsinne die Wissenschaft von der Technik. Erweitert steht der Begriff für alle Verfahren, Einrichtungen oder Maßnahmen, mit deren Hilfe naturwissenschaftliche Erkenntnisse praktisch nutzbar gemacht werden.

Die **Basisinnovation Dampfmaschine** ist die treibende Kraft der Industrialisierung. Die Veränderungen zeigen sich zunächst in den Bereichen Textilherstellung, Bergbau und Hüttenwesen. Dampfmaschinen treten an die Stelle menschlicher und tierischer Arbeitskraft, Wasser- und Windantrieb. Neue und ergiebigere Rohstoffe, z. B. Baumwolle statt Flachs oder Kohle statt Holz, verdrängen die bisher verwendeten Grundstoffe.

Der vielfältige Maschineneinsatz eröffnet neue technische Möglichkeiten, die sich wiederum gegenseitig beeinflussen.

Basisinnovation

Innovation (lat. = Neuerung). Basisinnovation kennzeichnet die Einführung einer kostensenkenden technischen Neuerung von grundlegender und weitreichender Bedeutung.

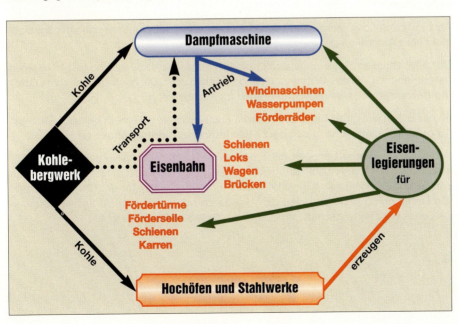

Gesellschaft im Wandel

Dampfschifffahrt

Ab 1850 werden auf dem Rhein Raddampfer eingesetzt. Bei einer Leistung bis zu 1800 PS schleppen sie bis zu 7200 t in 5 – 6 Kähnen stromaufwärts.

Mit Hilfe von **Eisenbahnen** und Dampfschiffen vollzieht sich der Ausbau des Verkehrswesens. Für die erste deutsche Eisenbahnlinie von Nürnberg nach Fürth (1835) liefert ein Walzwerk in Neuwied die Schienen. Die neuen Verkehrsmittel erweitern die Absatzmöglichkeiten für maschinell hergestellte Güter und steigern gleichzeitig selbst den Bedarf an Kohle, Eisen und Stahl.

Die Lokomotive Kopernikus, gebaut von der Maschinenfabrik Esslingen 1864

Linke Ovale: Kohlebergbau / Stahlproduktion / Metallverarbeitende Industrie / Maschinenbau / Brückenbau

Rechte Ovale: Natur- und Ingenieurwissenschaften / Beschleunigung und Verbilligung des Güterverkehrs / überregionaler Absatz von Gütern / verschärfter Wettbewerb

Eisenbahnnetz in Deutschland

1835	6 km
1840	549 km
1845	2 131 km
1850	5 822 km
1860	11 023 km
1880	33 865 km
1900	49 878 km
1910	59 031 km

Nikolaus August Otto (1832 – 1891)

gründet die erste Motorenfabrik in der Welt (heute Klöckner-Humboldt-Deutz-AG). Bis 1889 stellt diese Fabrik 30 000 Motoren her.

Der Eisenbahnbau verschlingt riesige Summen, die von einzelnen Unternehmern nicht mehr aufgebracht werden können. Darum werden private **Aktiengesellschaften** gegründet, deren Mitglieder Aktien kaufen und je nach der Höhe des Aktienbesitzes am Gewinn beteiligt werden.

Neben den Eisenbahngesellschaften entstehen andere Aktiengesellschaften wie z. B. die Badische Anilin- und Sodafabrik (BASF, 1865). Um den steigenden Geldbedarf zu decken, werden **Banken** gegründet, meistens wieder in Form von Aktiengesellschaften.

Ab 1850 nimmt das Tempo der Industrialisierung zu. Die Dampfmaschine genügt nicht mehr allen Anforderungen.

Der in Holzhausen (Regierungsbezirk Koblenz) geborene Nikolaus Otto läßt 1876 einen gasbetriebenen Viertakt-Verbrennungsmotor patentieren. Der nach ihm benannte **Ottomotor** erweist sich als preiswerter Antrieb für Kleinbetriebe.

An der Entwicklung des **Elektromotors** ist u.a. Werner von Siemens beteiligt. Verbrennungs- und Elektromotor läuten die **zweite Industrialisierungsphase** ein.

In der **Landwirtschaft** steigen die Ernteerträge durch Mechanisierung (z.B. Dreschmaschinen), bessere Anbaumethoden (Übergang zur Fruchtwechselwirtschaft) und den Einsatz von Düngemitteln (Stickstoff, Kali u.a.). Hierfür erarbeitet der Chemiker Justus von Liebig durch seine Analysen die Voraussetzungen. Trotz der Ertragssteigerungen werden in der Landwirtschaft immer weniger Arbeitskräfte gebraucht.

Entstehung der Industriegesellschaft

Von grundlegender Bedeutung für die Entstehung der Industriegesellschaft sind technologische Neuerungen.

Dampfmaschine

Im Mittelpunkt steht die Erfindung der Dampfmaschine als vielseitig verwendbare Antriebsmaschine. Kohle ist der grundlegende Energieträger für die Industrialisierung.

Eisenbahnbau

Der Eisenbahnbau verbessert das Verkehrswesen durch die Beschleunigung und Verbilligung des Güterverkehrs. Darüber hinaus ergeben sich durch den Eisenbahnbau positive wirtschaftliche Auswirkungen, z.B. im Bereich der Stahlproduktion und des Maschinenbaus.

Aktiengesellschaften

Eisenbahngesellschaften und Fabriken werden in Form von Aktiengesellschaften gegründet. Banken, ebenfalls zumeist in Form von Aktiengesellschaften, stellen die für die Investitionen erforderlichen Geldmittel (Kredite) bereit.

Neue Antriebsmaschinen

Die Erfindungen des Verbrennungs- und Elektromotors bewirken weitere Industrialisierungsschübe, weil damit wirtschaftlich günstige Antriebsmaschinen zur Verfügung stehen. Die beiden Erfindungen kennzeichnen den Beginn der zweiten Industrialisierungsphase.

Steigende Ernteerträge

Auf dem Land sorgen Fruchtwechselwirtschaft, Kunstdünger und neue landwirtschaftliche Maschinen für eine Steigerung der Ernteerträge. Trotzdem werden in der Landwirtschaft immer weniger Menschen beschäftigt.

Zur Wiederholung

1. Erklären Sie den Begriff Basisinnovation am Beispiel der Dampfmaschine.
2. Veranschaulichen Sie in einer Zeichnung den Zusammenhang zwischen Dampfmaschine, Stahlerzeugung und Kohlebergwerk.
3. Beschreiben Sie die Auswirkungen des Eisenbahnbaus auf die Industrialisierung.
4. Übertragen Sie die Zahlen zur Entwicklung des Eisenbahnbaus in Deutschland in ein Stabdiagramm. Interpretieren Sie das Stabdiagramm.
5. Welche Bedeutung haben Banken und Aktiengesellschaften an der Entstehung der Industriegesellschaft?
6. Wodurch wird die zweite Industrialisierungsphase eingeleitet?
7. Nennen Sie Gründe für die landwirtschaftliche Ertragssteigerung in der zweiten Hälfte des vorigen Jahrhunderts.
8. Begründen Sie mit Blick auf die Grafik S. 24 die Notwendigkeit von Ertragssteigerungen in der Landwirtschaft.

Weiterführende Aufgaben

1. Stellen Sie Vergleiche mit der heutigen Wirtschaft an: Welche Bedeutung haben Stahlerzeugung und Kohlebergbau in der heutigen Wirtschaft?
2. Vergleichen Sie die Bedeutung der Eisenbahnen im 19. Jahrhundert mit der heutigen Bedeutung der Eisenbahnen.
3. Versuchen Sie am Beispiel einer Aktiengesellschaft in Ihrer Wohngegend herauszufinden, wann die Gründung dieses Unternehmens erfolgt ist und was dort ursprünglich produziert wurde.

Gesellschaft im Wandel

Wöchentliche Arbeitszeit in Deutschland

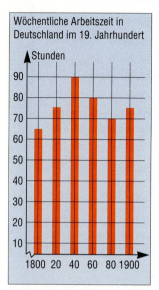

F. W. Henning:
Die Industrialisierung in Deutschland 1800 bis 1914, 6. Auflg. 1984, S. 195

3.2 Veränderungen in der Arbeitswelt

Ein ehemaliger Handwerksgeselle berichtet …

Ist überhaupt in einer Fabrik, wie der hiesigen, anders, als in einem meisterischen Hause und kein Zusammenhalt nit unter den Gesellen. Läuft jeder seinen Weg und dreht sich nit viel nach dem anderen. Eine zunftmäßige Ausführung ist überall unter den Kollegen nit zu finden und kein Umgang, wie unter ordentlichen Gesellen. Zudem gefällt mir das Arbeiten nit, dieweil jeder den langen Tag die gleiche Arbeit verrichten muss und dabei das Ganze aus den Augen verliert. Muss wohl in einer Fabrik solcherweis geschehen, kann mich aber nit darein schicken und mein immer, ich triebe mein Gewerb nur halb.

Dewald, Biedermeier auf Walze, zitiert nach: W. Pöls, Deutsche Sozialgeschichte 1815 – 1870, 3. Auflage, München 1979, S. 226 f.

Charakteristisch für den Industrialisierungsprozess ist die neue Betriebsform **Fabrik** mit der strikten Trennung zwischen Wohnung und Arbeitsplatz. Manchmal müssen die Arbeiter bis zu 10 km lange Fußmärsche zurücklegen, um in die Fabrik zu gelangen.

Dort gelten dann andere Arbeitsbedingungen als in der häuslichen Arbeitsgemeinschaft.

- Technische Umsetzung naturwissenschaftlicher Erkenntnisse
- Zusammenfassung einer größeren Zahl von Arbeitskräften
- Arbeitsteilige Organisation
- Regelmäßiger Arbeitsablauf
- Anwendung von Maschinen oder chemischen Prozessen
- Wirtschaftliche Nutzung des investierten Kapitals

Entwicklung einer Fabrik

Beispiel Pfaff, Kaiserslautern: Zunächst als Produzent von Blechblasinstrumenten baut Pfaff 1862 mit handwerklichen Mitteln die erste Nähmaschine und gründet eine Fabrik zur maschinellen Fertigung von Nähmaschinen. Das Unternehmen erlangt bald Weltruhm.

Bei den meisten Tätigkeiten in den ersten Fabriken verlieren die vorher erlernten Fähigkeiten an Bedeutung. Die klare Trennung des Handwerks in Meister, Geselle und Lehrling hat keine Gültigkeit mehr. In dem Maße, in dem Handarbeit durch **maschinelle Massenproduktion** verdrängt wird, finden sich Handwerksmeister, Gesellen und Lehrlinge bei gleicher Tätigkeit und gleichem Lohn nebeneinander in der Fabrik. Ebenso verhält es sich bei Bauern und Landarbeitern, denen die Landwirtschaft keine Existenzgrundlage mehr bietet. Es entsteht eine schnell wachsende Gruppe wenig ausgebildeter Lohnarbeiter.

3.3 Gesellschaftliche Veränderungen

Noch vor hundert Jahren gab es unvorstellbare soziale Not

Ein Mittagessen für 4 Erwachsene in dürftigen Verhältnissen (1882)

1 Pfund weiße Bohnen
4 Pfund Kartoffeln
2 Pfund Schweineknochen

Erinnerungen von Josef Vogel, Hagenbach

Geboren 1862 in Hagenbach, einer armen Gemeinde, nicht weit von der Elsässer Grenze, hauste mein Vater mit seiner Frau und zwei Kindern in einem armseligen Raume von kaum 16 Quadratmeter. Er betrieb die Handweberei in derselben Stube, wo wir wohnten, aßen und schliefen. Der große Webstuhl beanspruchte nahezu die Hälfte des Platzes. Der Vater arbeitete von morgens in der Frühe bis in die späte Nacht. War dann ein Stück Tuch fertig, lieferten wir es an die Besteller ab, welche selbst arme und bäuerliche Bewohner waren. Diese ließen sich daraus ihre Hemden, ihre Bettwäsche und sonstige Kleidungsstücke anfertigen. Als Bezahlung erhielten wir neben etwas Bargeld einige Laib Brot, Kartoffeln und andere Lebensmittel. ...
Trotz diesem Hungerleben, das wir führten, war unsere Existenz auch noch gefährdet, indem in den Städten die mechanischen Webereien entstanden, gegen die kein Handwerker mehr konkurrieren konnte. Das wieder hatte zur Folge, dass nach und nach auch der Hanfbau auf dem Lande einging.
Mein Vater war durch seine langjährige Webstuhlarbeit ein kranker Mann geworden und jetzt noch gezwungen, einen anderen Beruf zu ergreifen. Er fand Zuflucht auf einer Ziegelhütte, wo er in kurzer Zeit das Ziegelmachen erlernte. Obwohl auch diese Arbeit ihren Mann schlecht ernährte, so waren wir doch den größten Teil des Jahres vor großer Not geschützt. Unsere ganze Familie stellte sich in den Dienst. ...
Neben der Schule wurde ich schon mit 8 bis 9 Jahren, wenn die Schulzeit beendigt war, zur Arbeit in der Ziegelei meines Vaters herangezogen und den ganzen Sommer, wo nachmittags kein Schulunterricht war, musste ich die Zeit bis abends 9 Uhr mit Ziegelabtragen zubringen. Auch Mutter und Schwester halfen mit und wenn der Vater mit dem Wetter Glück hatte, so brachte diese Familienarbeit wöchentlich 15 bis 20 Mark ein. ...
Im Alter von 18 Jahren entschloss ich mich endlich auszuwandern nach Ludwigshafen a. Rh. Die Badische Anilin- und Sodafabrik war das Ziel von Hunderten von armen Teufeln aus der Pfalz, Baden und Hessen. Wenn sie auch dort das Paradies nicht fanden, so doch Arbeit, die man daheim nicht erhalten konnte. Durch einen Verwandten gelang es mir, in diesem Riesenbetrieb bald Unterkunft zu finden gegen eine Bezahlung von 1,90 Mark bei einer 12 stündigen Arbeitszeit. Ich war glücklich und nahm gerne mit Kartoffeln, Brot und schwarzem Kaffee vorlieb, um meine armen Eltern zu Hause unterstützen zu können. ...

A. Lernhart (Hrsg.): Quellentexte aus der pfälzischen Geschichte, Otterbach o. J., S. 148 f.

Gesellschaft im Wandel

Karl Marx

geb. 1818 in Trier, gest. 1883 in London, veröffentlicht zusammen mit Friedrich Engels 1848 das „kommunistische Manifest". Losung: „Proletarier aller Länder, vereinigt Euch!"

Siehe auch Seite 178

Im Zuge der Industrialisierung verändert sich die Gesellschaft. Äußere Zeichen dieses Wandlungsprozesses sind die stetig anwachsende Arbeiterschaft, die Auflösung der großen Haushaltsfamilie (vgl. S. 19) und die Verstädterung.

Mit den Fabrikarbeitern entsteht eine neue gesellschaftliche Gruppe, die nicht mehr in die herkömmliche Ständegesellschaft passt. Fabrikarbeiter sind wegen andersartiger Arbeitsbedingungen weder mit den Tagelöhnern auf dem Lande noch mit den Gesellen in den Handwerksbetrieben zu vergleichen. Mitunter wird die Gesellschaft des 19. Jahrhunderts als **Klassengesellschaft** bezeichnet. Dieser Begriff geht auf **Karl Marx** zurück. Seiner Sichtweise nach entwickelt sich die Industriegesellschaft zur Zweiklassengesellschaft, in der letztlich die Klasse der bürgerlichen Unternehmer (Kapitalisten) der Klasse der lohnabhängigen Arbeiter (Proletarier) gegenübersteht. Selbständige Handwerker oder Gewerbetreibende verlieren zunehmend an Bedeutung.

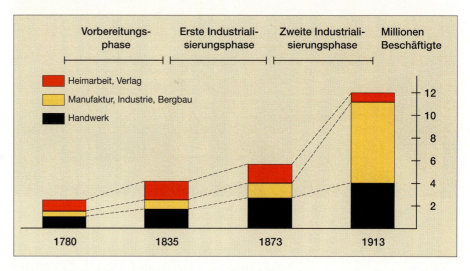

Entwicklung der Produktionsformen im Verlauf der Industrialisierung. Nach: Friedrich Wilhelm Henning. Die Industrialisierung in Deutschland 1800 bis 1914. Wirtschafts- und Sozialgeschichte, Band 2. Paderborn 1973, S. 23

Wo wohnen die Menschen im 19. Jahrhundert in Deutschland?

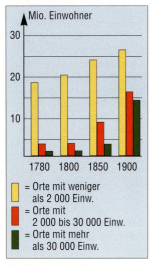

Bevölkerungszuwachs in den Städten
F. W. Henning, a. a. O., S. 31

Doch nur ein Teil des Handwerks und der Kleingewerbetreibenden geht durch die Industrialisierung zugrunde, ein anderer Teil übernimmt neue Funktionen (z. B. Zulieferungen und Reparaturen). Andererseits gliedert sich die Arbeiterschaft bald auf und erscheint deshalb nicht mehr als geschlossene „Klasse". Die Ausweitung und Verfeinerung der maschinellen Produkte stellt unterschiedlich hohe Anforderungen an die Arbeitskräfte. Spezielle Tätigkeiten, die theoretisches Vorwissen und technisches Verständnis verlangen, bilden sich heraus; dazu kommen Aufgaben kaufmännischer und verwaltender Art.

Einschneidend wirkt sich die industrielle Entwicklung auf die **Familie** aus. Die vorindustrielle große Haushaltsfamilie stellt die Verbindung von Hausgemeinschaft und Arbeitsstätte her. Angesichts der industriellen Produktionsweise müssen die erwerbstätigen Personen die Hausgemeinschaft verlassen, um den Lebensunterhalt zu verdienen. Das Zusammenleben von mehreren Generationen unter einem Dach verliert seinen Sinn. In der Folgezeit bildet sich die **Kleinfamilie** (Eltern und Kinder) heraus.

Die Fabrikarbeit bringt es mit sich, dass die Menschen in der Nähe ihrer Arbeitsplätze wohnen müssen. An den Fabrikstandorten dehnen sich die Arbeiterbehausungen aus. Besonders in der 2. Hälfte des 19. Jahrhunderts ziehen immer mehr Menschen in die **Industriestädte.** Gibt es um 1800 in Deutschland nur die beiden Großstädte Berlin und Hamburg, so sind es 1900 bereits 33.

3.4 Die Soziale Frage

Die gesellschaftlichen Veränderungen im 19. Jahrhundert bringen schwerwiegende Probleme mit sich.

Elendsquartiere vor den Toren Berlins, Holzstich um 1872

Wohnungsnot in den Großstädten

Da die Zahl der Einwohner schneller steigt als die Zahl der Wohnungen, werden die Häuser immer dichter belegt.
Beispiel Berlin:
1815 je Haus 30 Bewohner
1830 je Haus 36 Bewohner
1860 je Haus 49 Bewohner

> Vor allem die Wohnverhältnisse der neu in die Städte geströmten Proletarier sind menschenunwürdig. Am Rande Berlins entstehen ausgedehnte Barackensiedlungen; zugleich wachsen die Mietskasernen, in denen im Schnitt auf ein Zimmer 6–7 Personen kommen. 18-Stunden-Tag, Löhne am Rande des Existenzminimums und Kinderarbeit vervollständigen das Elend der Industriearbeiterschaft.

Ausstellungskatalog: Fragen an die deutsche Geschichte, S. 195

Meinung des badischen Abgeordneten F. J. Buß:

„Von allen Seiten zurückgedrängt, genießt der Fabrikarbeiter nicht einmal eine rechtliche und politische Sicherstellung. Wegen seiner Abhängigkeit kann er politische Rechte nicht genießen und würden sie ihm auch gewährt, so würde er, als Werkzeug seines Brotherrn, sie nach dessen Laune ausüben müssen."

Diese Zustände drängen zu der Frage, wie das Elend gelindert oder beseitigt werden kann. Man nennt diese Frage Arbeiterfrage oder **Soziale Frage**.

Karl Marx, der lange in England gelebt und dort das Elend der Arbeiterschaft kennen gelernt hat, will die soziale Frage mit radikalen Mitteln lösen. Nach seiner Theorie müssen Kapital und Boden vergesellschaftet werden, um die Ursache der Verelendung zu beseitigen. Der bürgerliche Staat, welcher die „Ausbeutung" erlaubt und die Produktionsmitteleigentümer schützt, soll nach einer **Revolution** durch die „Diktatur des Proletariats" abgelöst werden, die die klassenlose Gesellschaft schaffen soll.

Neben revolutionären Gruppen entstehen **Arbeiterbildungsvereine.** Aktive Arbeiter beginnen, sich nach Feierabend weiterzubilden. 1863 gründen Mitglieder des Leipziger Arbeiterbildungsvereins den „Allgemeinen Deutschen Arbeiterverein".

Die verschiedenen Gruppierungen finden sich in der 1875 gegründeten **Sozialistischen Arbeiterpartei Deutschlands** (ab 1890 Sozialdemokratische Partei Deutschlands) zusammen. In dem Parteiprogramm von 1875 werden allgemeines und gleiches Wahlrecht,

Gesellschaft im Wandel

Sozialistengesetz

„Gesetz gegen die gemeingefährlichen Bestrebungen der Sozialdemokratie" von 1878, mit dem Reichskanzler Bismarck die sozialdemokratische Arbeiterbewegung unterdrücken wollte.

§ 1. Vereine, welche durch sozialdemokratische, sozialistische oder kommunistische Bestrebungen den Umsturz der bestehenden Staats- oder Gesellschaftsordnung bezwecken, sind zu verbieten …

§ 2. … Gegen diejenigen, welche sich an dem Vereine oder an der Versammlung … beteiligen … ist auf Gefängnis von einem Monat bis zu einem Jahr zu erkennen.

Sozialversicherungsgesetze

Gesetze, mit denen auf Betreiben von Reichskanzler Bismarck die Sozialversicherung in Deutschland eingeführt wurde:
1883 Krankenversicherung
1884 Unfallversicherung
1889 Altersversicherung

allgemeine Schulpflicht, Verbot der Sonntags- und Kinderarbeit sowie Schutzgesetze für Leben und Gesundheit der Arbeiter gefordert. Die revolutionären Strömungen bleiben gegenüber den gemäßigten Kräften in der Minderheit.

Als weitere Selbsthilfemaßnahme der Arbeiterschaft entwickelt sich die **Gewerkschaftsbewegung.** Das Verbot der Arbeiterpartei und der Gewerkschaften durch das Sozialistengesetz (1878–1890) behindert zwar die politischen Aktivitäten der Arbeiterschaft, kann aber das weitere Anwachsen der Arbeiterbewegung nicht unterbinden. Angesichts dieser Entwicklung schließen sich die Unternehmer zu **Arbeitgeberverbänden** zusammen.

Andere Bestrebungen zur Verbesserung der Lebens- und Arbeitssituation der Arbeiter gehen von kirchlicher Seite aus. Der Mainzer **Bischof Freiherr von Ketteler** schlägt zunächst Arbeiter-Produktionsgenossenschaften vor, in denen die bisherigen Lohnarbeiter als freie Unternehmer tätig sein sollen. Später fordert er die Arbeiter auf, sich an Zusammenschlüssen zu ihrer Interessenvertretung zu beteiligen und bejaht auch staatliche Eingriffe.

Einzelne Industrielle wie **Alfred Krupp** und **Ernst Abbé** erkennen ihre Verantwortung gegenüber den Arbeitern und richten Fabrikkrankenkassen und Pensionskassen ein. Sie bauen für ihre Arbeiter Wohnsiedlungen und schaffen erste Formen der Gewinnbeteiligung der Arbeitnehmer. Doch diese Unternehmer bleiben eine Minderheit.

Im letzten Drittel des 19. Jahrhunderts verbessert sich die Situation der Arbeiterschaft durch Lohnanstieg und **staatliche Schutzmaßnahmen** (Arbeitsschutz- und Sozialgesetze). Die zumeist bedrückenden Wohnverhältnisse bleiben aber bestehen. Die dicht bebauten Arbeiterviertel in vielen deutschen Städten bieten kaum Lebensqualität.

Der Streik (Gemälde von R. Köhler, um 1866)

Die Entstehung der Industriegesellschaft

Veränderte Arbeitswelt – Die Soziale Frage

Arbeit in Fabriken

Die Güterproduktion erfolgt in der neuen Betriebsform Fabrik nach eigenen Regeln der Arbeitsorganisation, so z.B. Arbeitsteilung und gleichmäßiger Arbeitsablauf. Es werden Massenprodukte hergestellt. Die Fabrikarbeiterschaft setzt sich aus ehemaligen Bauern und Handwerkern zusammen.

Gesellschaftliche Veränderungen

Die Industrialisierung bewirkt gesellschaftliche Veränderungen, die sich am Gesellschaftsaufbau, in der Umgestaltung der Familie und in der Verstädterung zeigen. Die Ordnung der Ständegesellschaft zerbricht.

Klassengesellschaft

Mit den Fabrikarbeitern entsteht eine neue gesellschaftliche Gruppe, die ihren Platz in der Gesellschaft beansprucht. Karl Marx bezeichnet die Arbeiterschaft als eine neue Klasse, die er im scharfen Gegensatz zur Klasse der Unternehmer sieht (Klassengesellschaft). Bei zunehmender Industrialisierung gliedert sich jedoch die „Klasse" der Arbeiter mehr und mehr auf.

Kleinfamilie

Die Trennung von Wohn- und Arbeitsstätte verändert das Zusammenleben in der Familie und fördert die Tendenz zur Kleinfamilie.

Großstädte

In den Städten, wo neue Fabriken entstehen, steigen die Einwohnerzahlen rasch an. 1900 gibt es bereits 33 Großstädte.

Lösungsansätze zur Sozialen Frage

Schlechte Arbeits- und Wohnbedingungen bestimmen das Leben der Arbeiterfamilien (Soziale Frage). Neben der revolutionär-marxistischen Bewegung zur Lösung der Sozialen Frage entsteht eine gemäßigte Richtung innerhalb der Arbeiterbewegung. Aus diesen Bewegungen entwickeln sich die Sozialdemokratische Partei und die Gewerkschaften. Bestrebungen zur Beseitigung der bedrückenden Lebenssituation der Arbeiter kommen zudem von kirchlicher Seite und von vorausschauenden Unternehmern. Erst gegen Ende des 19. Jahrhunderts greift der Staat ein (Arbeitsschutz- und Sozialgesetze).

Zur Wiederholung

1. Stellen Sie dar, welchen Schwierigkeiten sich ein ehemaliger Bauer oder Handwerker als Fabrikarbeiter in den neuen Fabriken gegenübersieht.
2. Erläutern Sie, weshalb in den Fabriken der ersten Industrialisierungsphase erlernte handwerkliche Fähigkeiten nicht mehr wichtig sind.
3. Vergleichen Sie die vorindustrielle handwerkliche Produktionsweise mit der Güterproduktion in Fabriken.
4. Beschreiben Sie mit eigenen Worten die Aussage der Grafik auf S. 34.
5. Versuchen Sie mit eigenen Worten den Begriff Klassengesellschaft zu definieren.
6. Zählen Sie die gesellschaftlichen Veränderungen auf, die sich aus der Industrialisierung ergeben haben.

Weiterführende Aufgaben

1. Diskutieren Sie folgende Aussage: „Die sogenannte soziale Frage im 19. Jahrhundert wird durch mangelnde Anpassungsfähigkeit der arbeitenden Menschen an zwangsläufige wirtschaftliche Entwicklungen hervorgerufen."
2. Stellen Sie fest, welche der heute gültigen Sozialversicherungsgesetze noch nicht im 19. Jahrhundert eingeführt worden sind.

4 Leben in der heutigen Gesellschaft

Wohlstandsgesellschaft? Konsumgesellschaft? Dienstleistungsgesellschaft? Wegwerfgesellschaft? Freizeitgesellschaft? Leistungsgesellschaft? Offene Gesellschaft? ......gesellschaft?

Sozialstruktur

Soziologen (Gesellschaftswissenschaftler) verstehen darunter den Aufbau der modernen Gesellschaft in Schichten (Unter-, Mittel- und Oberschicht). Menschen fühlen sich aufgrund gemeinsamer Merkmale wie Bildung, Beruf und Einkommen einer bestimmten Schicht zugehörig. Schichten sind nicht festgefügt; gesellschaftlicher Auf- und Abstieg (soziale Mobilität) ist grundsätzlich möglich (offene Gesellschaft).

Das Leben in unserer modernen Gesellschaft ist das Ergebnis der Industrialisierung. Dieser Vorgang hat in rund 150 Jahren die Güterherstellung, die Wirtschaftsbereiche, die Umwelt (siehe S. 54 ff.) und die Sozialstruktur (Aufbau der Gesellschaft) tief greifend verändert.

Schlagwortartige Kennzeichnungen wie z. B. **Wohlstandsgesellschaft** weisen auf bestimmte Erscheinungen und Entwicklungen der heutigen Gesellschaft hin. Schlagworte sind Behauptungen, die richtig oder falsch sein können. Um der Gefahr von unzulässiger Vereinfachung oder Fehleinschätzung zu entgehen, muss untersucht werden, was sich hinter dem Schlagwort verbirgt.

Leben in der heutigen Gesellschaft

4.1 Wohlstandsgesellschaft – Wohlstand für alle?

Lebensstandard,
die Gesamtheit aller Güter, Rechte und Nutzungen, die der privaten Lebensführung zugute kommen. Hauptbestandteil des Lebensstandards ist die Lebenshaltung. Darunter versteht man alle Güter und Dienstleistungen, die für die private Lebensführung in Anspruch genommen und aus den Einnahmen der privaten Haushalte finanziert werden.

Freizeitausgaben

Eine vierköpfige Arbeitnehmerfamilie mit mittleren Einkommen hat ausgegeben:
1969	1 378 DM
1979	4 434 DM
1989	7 275 DM
1995	9 496 DM
	(Westdeutschland)
	7 590 DM
	(Ostdeutschland)

Materieller Wohlstand drückt sich in einem hohen **Lebensstandard** aus. Er stellt einen wichtigen Teil der Lebensqualität dar. Unsere moderne Industriegesellschaft kann die Bevölkerung der Bundesrepublik Deutschland reichlich mit allen notwendigen Gütern und Dienstleistungen versorgen. Neben der Grundversorgung besteht beispielsweise ein riesiges Freizeitangebot: Erlebnisbäder, Campingplätze, Erlebnisreisen, Berg- und Radwandern, Holiday-Parks, Reiter- und Sportferien, Open-Air- und Rock-Konzerte, Festivals, Theater- und Museumsbesuche und vieles mehr.

Wir können uns diesen Wohlstand leisten, weil sich das **Bruttosozialprodukt,** bewertet in D-Mark von heutiger Kaufkraft, gewaltig erhöht hat.

Bruttosozialprodukt
bezeichnet den Geldwert aller erzeugten Sachgüter und Dienstleistungen, die nicht wieder im Produktionsprozess verbraucht werden.

Jahr	1969	1989	1995 (Gesamtdeutschland)
Berufstätige	26,4 Millionen	26,2 Millionen	35 Millionen
Bruttosozialprodukt	1379 Milliarden DM	ca. 2200 Milliarden DM	ca. 3460 Milliarden DM

Die enorme Steigerung der Wirtschaftsleistung ist vor allem auf die Erhöhung der **Arbeitsproduktivität** zurückzuführen.

Mit steigendem Lebensstandard sind die Möglichkeiten der Bundesbürger gewachsen, für den privaten Bereich, der nicht der Sicherung von Grundbedürfnissen dient, Geld auszugeben. Der neue Bedarf hat sich jeweils wie eine Welle ausgebreitet, deshalb die Bezeichnungen „Esswelle, Bekleidungswelle, Wohnungswelle, Motorisierungswelle, Freizeitwelle". Immer mehr Familien haben sich kostspielige und langlebige Gebrauchsgüter angeschafft. Ein riesiges Geldvermögen von ca. 4,6 Billionen DM (1995) zeugt ebenfalls vom Wohlstand der Gesellschaft.

Arbeitsproduktivität
Man vergleicht den Einsatz an Arbeitszeit mit dem Produktionsergebnis. Beispiel: A fertigt ein Werkstück in 8 Stunden. B und C benötigen dafür nur 2 Stunden Arbeitszeit. Beide sind zusammen 4 Stunden tätig gewesen, d. h. ihre Arbeitsproduktivität ist im Vergleich zu A 100% höher.

Gesellschaft im Wandel

„Luxusartikel"

Der Wohlstandskonsum in der Bundesrepublik Deutschland treibt immer neue Blüten. Journalisten sprechen von einer deutschen Luxusbewegung, die durch das Streben nach Besonderheit gekennzeichnet ist. Gleichzeitig wächst die Zahl der kaufsüchtigen und überschuldeten Haushalte, wie wissenschaftliche Untersuchungen zeigen. Schon Jugendliche neigen dazu, mehr auszugeben, als sie einnehmen.

Schon die Jugend lebt „auf Pump" – Schuldnerberater haben jede Menge zu tun

Koblenz/Mainz. Immer mehr Jugendlichen steht das Wasser finanziell bis zum Hals. In Nordrhein-Westfalen ergab eine Studie, dass fast jeder zehnte Problemschuldner jünger als 20 Jahre alt sein soll.

Gerichtsvollzieher Werner May aus Mülheim-Kärlich muss häufiger denn je zu „Kunden" – „etwa die Hälfte ist zwischen 18 und 30." Das ist ein Drittel mehr als noch vor fünf Jahren. Der Schuldnerberater der Stadt Koblenz, Jörg Lambers, nennt überzogene Kundenwünsche als den Hauptgrund. Und weil zur ersehnten Stereo-Anlage oder zum ersten gebrauchten Auto mit 18 Jahren meist das nötige Geld fehle und Sparen nicht mehr angesagt sei, würden Kredit-Angebote der Banken, Auto- und Warenhäuser häufig überstrapaziert.

Der Teufelskreis beginnt aber nicht erst mit der Volljährigkeit, die „Karriere" der meisten startet mittlerweile schon zwischen 16 und 17 Jahren, weiß Lambers. Er beobachtet immer wieder dieselbe Kette: Eltern und Freunde werden angepumpt. Zurückgezahlt wird spät oder gar nicht – „Was soll's?" Irgendwann kommt das erste Lehr-Geld und die Ansprüche steigen.

Lambers findet, dass es den Jugendlichen zu leicht gemacht wird, ziemlich viel Geld zu bekommen. Der Schuldnerberater kritisiert unter anderem das Werben der Banken um junge Kunden. „Nehmen wir mal an, Sie sind gerade im letzten Lehrjahr. Plötzlich haben Sie die Möglichkeit, den Wagen Ihrer Träume gebraucht und günstig zu erwerben …", heißt es in der Werbebroschüre einer großen Bank für ein spezielles Jugendkonto. Ein anderes Kreditinstitut beteuert: „Sie sind nicht der Typ, der mehr ausgibt als er hat. Falls es trotzdem mal sein muss, machen wir das möglich."

Rhein-Zeitung, 1. 2. 94 (gekürzt)

Konsumverzicht

Til Mette/Südd. Zeitung, 1. 9. 1990

Verbraucherberatung

Verbraucherzentrale
Rheinland-Pfalz e. V.
Große Langgasse 16
55116 Mainz
Tel: 06131/28480

Verbraucherberatungsstellen gibt es in Kaiserslautern, Koblenz, Ludwigshafen, Mainz und Trier.

4.2 Die neue Armut – Zeichen der Zeit?

Das Bild der deutschen Wohlstandsgesellschaft weist große Risse auf. Zwar gibt es viele, die gut verdienen, gleichzeitig sind aber nicht unerhebliche Teile der Bevölkerung von Armut bedroht, wenn ihr Leben zum Beispiel durch Arbeitslosigkeit, Scheidung oder Krankheit aus der normalen Bahn geworfen wird.

Als arm gelten Haushalte, die weniger als 50 % des durchschnittlichen Haushaltseinkommens zur Verfügung haben. In Deutschland gibt es eine hohe Dunkelziffer von verdeckt Armen. Das sind Menschen, die einen Anspruch auf Sozialhilfe haben, diesen aber aus unterschiedlichsten Gründen nicht geltend machen.

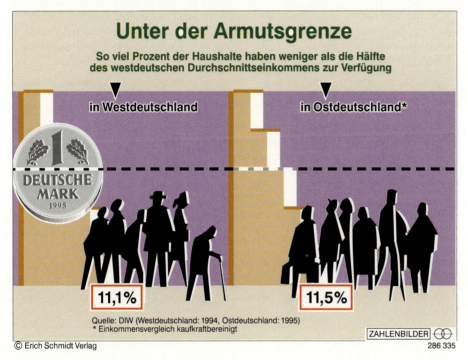

Nach den Ergebnissen des Sozio-oekonomischen Panels, einer jährlich wiederholten Stichprobenbefragung, ist in Westdeutschland etwa jeder neunte Haushalt (1994: 11,1 %) als arm zu bezeichnen.

Für Ostdeutschland ergeben sich unterschiedlichste Armutsraten, je nachdem, ob das ostdeutsche oder das westdeutsche Durchschnittseinkommen herangezogen wird. So leben nach Ost-Maßstäben 1995 etwa 7,5 % der Haushalte in Armut, nach West-Maßstäben (unter Berücksichtigung der Kaufkraftunterschiede) sind 11,5 % der ostdeutschen Haushalte als arm einzustufen.

Persönliche Armut hat zumeist viele Gründe, die aufeinander einwirken und einander bedingen. Das wird oft übersehen, wenn die Verantwortung für ein Leben am Rande der Gesellschaft einseitig dem Einzelnen oder den gesellschaftlichen Umständen angelastet wird. Im Bereich des Wohnens zeigt sich das besonders deutlich.

Wenn Menschen in materielle Not geraten sind und ihren Lebensunterhalt nicht mehr selbst bestreiten können, haben sie Anspruch auf **Sozialhilfe**. Damit soll ihnen ein menschenwürdiges Leben in der Gesellschaft ermöglicht werden. Im Einzelnen umfasst die Sozialhilfe Ausgaben für Essen und Kleidung, Wohnung, Heizung und Hausrat, Körperpflege und persönliche Dinge des täglichen Bedarfs.

Steigende Sozialhilfeausgaben

Ausgaben für Sozialhilfeleistungen in Mrd. DM
(nach dem Bundessozialhilfegesetz)

Jahr	Mrd. DM
1980	13,3
1986	23,2
1990	31,8
1992	42,6
1994	49,6
1995	52,1

(bis 1990 nur Zahlen für Westdeutschland)

Quelle: Statistisches Bundesamt

Armut im Westerwaldkreis

Von 5596 Sozialhilfeempfängern sind 2750 Personen unter 25 Jahren alt. Unter den Sozialhilfeempfänger sind 51 % allein erziehende Frauen.

Westerwald Post 7.11.94

Warum Sozialhilfe

Von je 100 Haushalten, die laufende Hilfe zum Lebensunterhalt empfangen, erhalten diese aus folgenden Gründen:

	West	Ost
Arbeitslosigkeit	30	54
zu geringe Rente	10	3
Tod oder Ausfall des Ernährers	10	1
zu geringes Einkommen	7	6
Krankheit	5	2
sonstige Gründe	38	36

Stern 45/95

Gesellschaft im Wandel

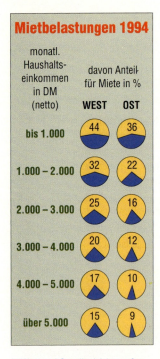

Mietbelastungen 1994

monatl. Haushaltseinkommen in DM (netto) — davon Anteil für Miete in %

Einkommen	WEST	OST
bis 1.000	44	36
1.000 – 2.000	32	22
2.000 – 3.000	25	16
3.000 – 4.000	20	12
4.000 – 5.000	17	10
über 5.000	15	9

In West und Ost gilt gleichermaßen, dass Haushalte mit geringen Einkommen weitaus stärker durch Mietzahlungen belastet sind als Haushalte mit hohen Einkommen.

nach: IMU Nr. 9503105

Roland Hornitschek, 37, ist Kfz-Mechaniker von Beruf, verdient knapp 2500 Mark netto. Er war geschieden, als er seine Frau Roswitha kennen lernte. Auch sie hatte schon eine Ehe hinter sich. Er zog zu ihr und den beiden Söhnen. Als noch ein drittes Kind auf die Welt kam, brauchten sie mehr Platz.

Drei Jahre Wartezeit hieß es, als sich Roland Hornitschek um eine Sozialwohnung bemühte. Schließlich fand er eine Mietwohnung auf dem freien Markt: schön, licht, geräumig – und teuer. Er hatte gedacht, sie würden es irgendwie schaffen, eine Miete von 2130 Mark aufzubringen. Doch sie hatten sich verkalkuliert. Schlüpften kurzfristig bei Verwandten unter. Doch das ging nicht lange gut. Nach einem heftigen Streit standen sie auf der Straße. Eine Nacht campierten sie zu fünft im Auto, dann machten sie sich auf den Weg zum Sozialamt.

Roswitha Hornitscheks erster Impuls war: weglaufen. Die Leute mit den müden, grauen Gesichtern, der Geruch nach feuchten, schmutzigen Klamotten, die überquellenden Aschenbecher. Vier Stunden mussten sie warten, denn an den Sprechtagen werden in den Sozialämtern zuerst die berücksichtigt, die im Terminkalender des Sachbearbeiters vorgemerkt sind.

Am Abend zogen die Hornitscheks in ihre neue Unterkunft: zwei Zimmer in einem billigen Hotel – 22 Quadratmeter für zwei Erwachsene, den damals 14-jährigen Andreas, den zwölfjährigen Stefan und den zweijährigen Michael. ... Die Kommune zahlt für die Hotelunterbringung pro Tag und Person zwischen 35 und 40 Mark. Wenn ein Familienmitglied Einkommen hat, muss ein Eigenanteil geleistet werden. Die Hornitscheks zahlen pro Monat 720 Mark für die Enge. ... „Ich weiß jetzt, wie das ist, wenn man verrückt wird", sagt Roswitha Hornitschek. ... Acht Monate lebten sie im Hotel. Wie leicht hätte damals noch mehr aus den Fugen geraten können. Wenn ihr Mann seine Arbeit verloren hätte. Wenn er – wie so viele in dieser Situation – angefangen hätte zu trinken. Wenn sie krank geworden wäre. Warum wir? fragte sie sich. Wir haben doch nichts Schlimmes getan...

Heute leben die Hornitscheks in einer 107-Quadratmeter-Wohnung, die von der Evangelischen Wohnraumhilfe gemietet wurde. Jeden Monat legt die Familie dem Sozialamt die Verdienstbescheinigung von Roland Hornitschek vor. Dann wird ausgerechnet, wie viel sie selber zahlen können und wie viel die Behörde drauflegt. Meist sind es etwa 1000 Mark. Den Lebensunterhalt bestreitet die Familie selbst. „Wir liegen an der Grenze", sagt Roswitha Hornitschek.

Stern 51/94 (gekürzt)

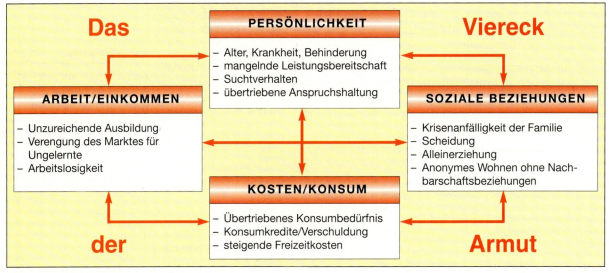

Grafik nach: Blätter der Wohlfahrtspflege, Heft 11-12, 1989 (stark vereinfacht)

Leben in der heutigen Gesellschaft

Leben in der heutigen Gesellschaft

Wohlstandsgesellschaft

Der Industrialisierungprozess hat Veränderungen der Produktion, der Wirtschaftsbereiche und der Sozialstruktur bewirkt, die maßgeblich das Leben in der heutigen Gesellschaft bestimmen. Der Begriff Wohlstandsgesellschaft ist einer unter vielen schlagwortartigen Kennzeichnungen der heutigen Gesellschaft. Schlagworte können falsch sein. Deshalb müssen sie genauer untersucht werden.

Armutsproblem

Reichhaltiges Warenangebot und hoher Lebensstandard deuten auf gesellschaftlichen Wohlstand hin, der dadurch möglich geworden ist, dass sich das Bruttosozialprodukt ständig erhöht hat. Bei näherer Betrachtung zeigt sich jedoch, dass nicht alle Bundesbürger an diesem Wohlstand teilhaben. Untersuchungen zufolge müssen sich mehr als 4,7 Millionen Bundesbürger mit Sozialhilfe begnügen. Für das Armutsproblem sind zumeist sowohl persönliche als auch gesellschaftliche Gründe verantwortlich. Besonders belastend ist der Mangel an preisgünstigem Wohnraum.

Zur Wiederholung

1. Vergleichen Sie anhand der Berichte über die Anfänge der Industriegesellschaft (vgl. S. 28 ff.) das Leben damals mit dem Leben in der heutigen Gesellschaft. Welche Unterschiede lassen sich herausstellen? Wo gibt es ähnliche Probleme?
2. Erklären Sie den Begriff „Lebensstandard". Was erscheint Ihnen für Ihren persönlichen Lebensstandard besonders wichtig?
3. Nennen Sie Anzeichen für ein neues Armutsproblem in der heutigen Gesellschaft.
4. Nehmen Sie zu folgender Aussage Stellung: „Wer arm ist, hat selbst Schuld!"

Weiterführende Aufgaben

1. Immer mehr Menschen werden abhängig vom Konsum, werden kaufsüchtig. Verfassen Sie einen kurzen Artikel zum Thema „Der Wohlstandsbürger - König Kunde oder Sklave der Konsumwelt?".
2. Erläutern Sie an einem realen oder einem erdachten Beispiel, was mit dem „Viereck der Armut" ausgedrückt werden soll.
3. Diskutieren Sie in Ihrer Klasse unten stehende Karikatur. Nehmen Sie dabei Rückgriff auf die Materialien dieses Kapitels.

Neue Informations- und Kommunikationstechniken

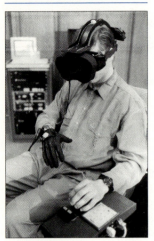

Per Video in die „virtuelle Wirklichkeit"

5 Die Industriegesellschaft verändert sich

Spaziergang mit der Maus durch die Straßen Berlin

BRÜSSEL. Sie war zwar noch im Entstehen, doch in Brüssel waren am Wochenende die ersten Umrisse bereits zu sehen. Über drei Etagen und mit 140 Einzelprojekten präsentierte sie sich bei einem Treffen der sieben führenden Industrieländer (G 7), die schöne, neue digitale Welt. Globalvernetzt, multimedial und interaktiv. Beispielsweise konnte der staunende Besucher via Bildschirm und Sichtgerät den Petersdom in Rom in eigener Regie besichtigen. Oder noch beeindruckender: Anhand eines einfachen Tastendrucks am Computer konnte sich der Benutzer von der Gesamtansicht der Erdkugel über eine Reliefkarte der Bundesrepublik bis nach Berlin durchklicken. Durch weiteres Betätigen der Maus-Taste erschien auf dem Bildschirm die Gedächtniskirche, dann das Zifferblatt und anschließend die aktuelle Uhrzeit. Dem folgte ein Spaziergang durch die Stadt. Virtueller Globus heißt dieses Computerprogramm.

Doch damit nicht genug: Der elektronische Zugriff auf berühmte Universitäts-Bibliotheken wurde genauso vorgeführt wie ein computergesteuertes Informationssystem für staugeplagte Autofahrer. Die ganze Palette der künftigen Telekommunikations-Möglichkeiten durfte erlebt werden. So sollen künftig nicht nur Einkäufe über den Fernsehbildschirm getätigt werden können, auch Banküberweisungen und Behördenformulare werden via Computer übermittelt. „Sie müssen sich nicht mehr über verstopfte Straßen quälen, mühsam einen Parkplatz suchen und anschließend in einer Schlange von 50 Leuten vor einer Behördenstube warten", erläutert ein US-Anbieter die Vorzüge des neuen Systems.

Und in der Tat: Durch die technische Verbindung zwischen PC, Fernseher, Fax, Telefon und Videorecorder entsteht ein Multimedia-Terminal, mit dessen Hilfe das gesamte menschliche Leben gesteuert werden kann. Der Multi-Media-Markt, so erwartet es der Chef der italienischen Olivetti-Gesellschaft, werde zu weltweiten Umwälzungen führen, wie sie in der Vergangenheit nur die Eisenbahn, das Radio oder das Telefon mit sich gebracht haben.

Rhein-Zeitung, 27.02.1995

Multimedia

Schlagwort, das die Integration von Textinformationen mit Standbildern, Videofilmen und Tönen beschreiben soll. Multimedia-Anwendungen erfordern leistungsfähige Hardware und geeignete Ein- und Ausgabegeräte.

Hinter dem Stichwort **Multimedia** verbirgt sich die Zusammenführung von Datenverarbeitung, Kommunikationssystemen, Unterhaltungselektronik und Videotechnik zu einer neuartigen und leistungsstarken Systemtechnik. Grundlage hierfür ist die **Mikroelektronik** mit all ihren Einsatzmöglichkeiten.

Der „Rohstoff" Information wird zum bestimmenden Merkmal. Die Industriegesellschaft wandelt sich zur Informationsgesellschaft. Das bleibt nicht ohne Einfluss auf unsere Lebens- und Arbeitsbedingungen, auf Art und Umfang der Güterproduktion und der Dienstleistungen.

Schon heute ist zu bedenken, dass die Informationsgesellschaft nicht nur Chancen bietet, sondern auch Risiken mit sich bringt. So ist u.a. zu fragen: Wird es in der Informationsgesellschaft genügend Arbeit geben, werden die Bildschirm-Arbeitsplätze gesundheitsverträglich sein, werden die Rechte der Bürgerinnen und Bürger auf Schutz ihrer Privatsphäre wirkungsvoll geschützt?

5.1 Mikroelektronik – eine neue Technik

Der technologische Wandel erhält immer wieder maßgebliche Impulse von sogenannten **Basisinnovationen.** Dies sind bahnbrechende technische Neuerungen, die die Herstellung vollkommen neuer Produkte ermöglichen und einen Schub von Folgeinnovationen auslösen.

Die Mikroelektronik: eine Basisinnovation und ihre Einsatzmöglichkeiten

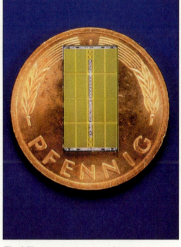

Der amerikanische Großcomputer ENIAC (1945)   *Ein Mikroprozessor von heute*

Basisinnovationen

Mit Basisinnovationen werden Erfindungen bezeichnet, die zu entscheidenden technischen Änderungen geführt haben.
1. 1769 Wattsche Dampfmaschine
2. 1832 Elektromotor
   1860 Verbrennungsmotor
   1869 Fließband
   1885 Auto
3. 1958 Integrierte Schaltungen
   1970 Mikrocomputer

Wunder werden immer kleiner...

Die sieben Weltwunder im Altertum waren Riesen-Oschies: Bau- und Kunstwerke wie der „Koloss von Rhodos", die „ägyptischen Pyramiden", der „Leuchtturm vor Alexandria", der „Artemis-Tempel zu Ephesos". Wer dieser Welt imponieren wollte, blieb dabei: das größte Kraftwerk, der längste Staudamm, der höchste Fernsehturm. Bis da plötzlich vor wenigen Jahren der Wunder kleinstes von sich reden und Dollars machte: der Chip. Und seit dieser Zeit wird alles Kleine noch kleiner und noch bedeutender.

Um das zu begreifen, muss das Elektronenmikroskop her: Auf einer winzigen Fläche von wenigen Quadratmillimetern konzentriert sich eine Kapazität elektronischer Schaltungen, für die vor 40 Jahren ein Gebäude von der Größe eines Tennisplatzes erforderlich gewesen wäre. So bestand das Gehirn des ersten vollelektronischen Großcomputers ENIAC 1946 aus 18 000 Röhren. Die amerikanische Entwicklung wog 30 Tonnen und verbrauchte 150 Kilowatt Strom. Ein eigenes Kühlsystem war das besondere Problem dieses Giganten.

PZ Nr. 48/1987, S. 16

Auf der Grundlage der Basisinnovation Mikroelektronik werden Geräte und Systeme entwickelt, die unterschiedliche **Informationen** in Form von Daten, Texten, Sprache und Bildern erfassen, verarbeiten, speichern, ausgeben und übertragen (Informationssysteme). Das überall erkennbare Merkmal der auf Mikroelektronik aufbauenden Technologie ist ein elektronischer Rechner: der **Computer**.

Entwicklung der Computertechnik

MARC I (USA, 1944):
elektromechanisch (Relais)
3 000 Kugellager
17 m lang, 2,5 m hoch
10 – 15 Rechenoperationen/ Sek.

ENIAC (USA, 1946)
elektronisch
18 000 Röhren (alle 8 Minuten ein Defekt)
Gewicht: 30 Tonnen
Stromverbrauch: 150 kw
Preis: 15 Millionen $
ca. 10 000 Rechenoperationen/Sek

PENTIUM 90 (USA, 1995)
elektronischer Mikroprozessor
ca. 4 Millionen Transistoren pro Chip
(1,6 x 1,6 cm)
Stromverbrauch: 1 Watt
Preis: 600 $
ca. 50 Millionen Rechenoperationen/Sek.

Die Welt der Mikroelektronik

Der Wert von eingebauter Mikroelektronik in elektronischen Geräten und Produkten beträgt 1994 weltweit 102 Milliarden Dollar. Davon entfallen auf

Datentechnik	50%
Konsumelektronik	20%
Telekommunikation	15%
Industrieelektronik	10%
Autoelektronik	5%

Globus Ic-2711

Abkürzungen

CTV	=	computergesteuerte Textverarbeitung
CSB	=	computergesteuerte Sachbearbeitung
CAD	=	computergesteuertes Konstruieren und Zeichnen
CAM	=	computergesteuerte Fertigung
NC	=	numerisch gesteuerte Werkzeugmaschinen
CNC	=	computergesteuerte Werkzeugmaschinen
IDN	=	integriertes Fernschreib- u. Datennetz
BTX	=	Bildschirmtext

Was bedeutet die Abkürzung ISDN?

I	=	Integrated (Zusammengefasste)
S	=	Services (Dienste)
D	=	Digital (in einheitlicher Computersprache)
N	=	Network (Netzwerk)

Gefahren der Vernetzung

Der technische Fortschritt der Datenvernetzung (ISDN) birgt auch die Gefahr des Missbrauchs in sich (siehe S. 52).

Auswirkungen der Mikroelektronik

Die Auswirkungen der Mikroelektronik sind vielgestaltig und erstrecken sich heute auf fast alle Lebens- und Arbeitsbereiche. Ob im Haushalt, im Freizeitbereich, in Büros, Handels- und Gewerbebetrieben, überall hat die Mikroelektronik Einzug gehalten und wirkt sich auf die Verhaltens- und Arbeitsweisen aus. Werden die einzelnen Elemente der angewandten Mikroelektronik zusammengeführt, so bilden sich umfangreiche und leistungsfähige Informations- und Kommunikationsnetze. Datenverarbeitung und Arbeitsausführung werden dadurch noch beschleunigt: Allerdings tauchen dann auch zusätzliche Risiken auf (vgl. S. 51 f.).

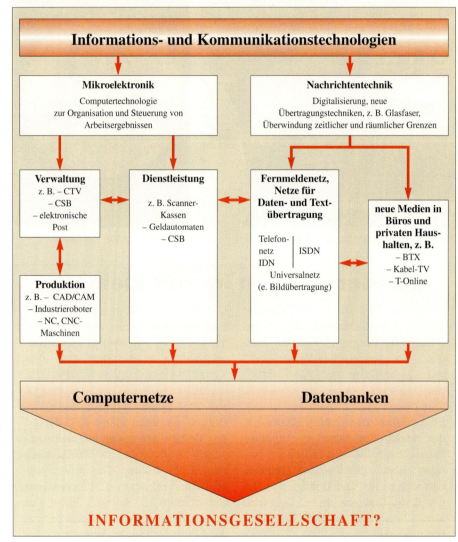

Moleküle und Computer statt Mäuse und Kaninchen, Bundesverband der Pharmazeutischen Industrie e.V., 2. Auflage, Frankfurt/Main 1993, S. 21

Der elektronische Datenaustausch wird ständig verbessert. Die Telekommunikation der Zukunft wird über das sogenannte ISDN-Netz laufen, das alle bisherigen Formen der Fernübertragung vereinigt. Hohe Übertragungsraten sollen aufwändige technische Kommunikationsformen wie Video auf Bestellung, interaktives TV, Teleshopping oder Telearbeit ermöglichen.

Die Industriegesellschaft verändert sich

Der Weg zur Informationsgesellschaft führt über die sogenannte **Datenautobahn**.

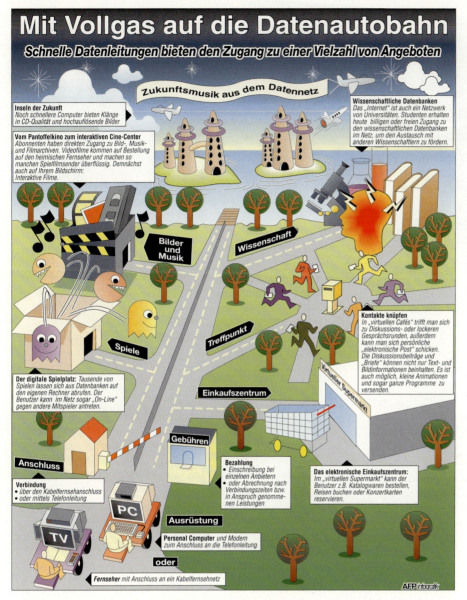

Datenautobahn, Infobahn, Information-Highway

gleichbedeutende Schlagworte für ein Datennetz, das die Verbindung von Telekommunikation, Fernsehen und Computertechnik herstellt und so die Übertragung von Bild, Ton und Schrift ermöglicht. Voraussetzung für den schnellen Transport der großen Datenmengen ist eine neue Netzwerktechnik (Glasfaserkabel) mit enormen Übertragungskapazitäten.

Modem

Kunstwort aus den Begriffen Modulator-Demodulator. Verbindet einen Computer mit dem Telefonnetz und wandelt digitale Daten in Tonsignale um (und umgekehrt).

Internet

Globales Computernetzwerk. Wurde in den 70er Jahren in den USA zu militärischen Zwecken entwickelt. Verbindet heute schätzungsweise 4 000 lokale Computernetzwerke mit rund drei Millionen Rechnern, über die rund 15 Millionen Benutzer erreicht werden können.

Elektronische Netzwerke werden schon bald fester Bestandteil des öffentlichen Lebens in der Informationsgesellschaft sein. Zudem können Informationen mit Lichtgeschwindigkeit rund um den Globus geschickt werden. Die Zahl der Anschlüsse im **Internet** wächst ständig. In Deutschland werden jede Woche mehr als 30 000 Modems verkauft, um damit Computer mit Telefonleitungen zu verbinden.

Aber bei diesen vielfältigen Informationsmöglichkeiten sind die Gefahren nicht zu übersehen. Wer nicht die notwendigen Kenntnisse hat, um mit der neuen Technologie umzugehen, und wem das Geld fehlt, um die entsprechenden Geräte und Dienste zu bezahlen, wird von der Information ausgegrenzt. Ein Kritiker fasst es so zusammen: „Wenn Kommunikationswege immer mehr zu einem Wirtschaftsgut werden und Information immer mehr zur Ware wird, kann sich nur noch derjenige umfassend informieren, der entsprechend dafür zahlen kann."

Internet-Benutzer

der jeweiligen Altersgruppe in Prozent aller Nutzer

	Europa	Deutschl.
bis 25 Jahre	39	30
26-30 Jahre	22	32
31-40 Jahre	25	28
über 40 Jahre	13	11

5.2 Mikroelektronik in der Arbeitswelt

Computereinsatz im Beruf

Von je 100 Erwerbstätigen
... haben mit Computern nichts zu tun
   1980 82 %
   2000 36 %

... haben mit Computern zu tun
   1980 18 %
   2000 64 %

Veränderungen in der Produktion

Ein Beispiel: Die Siemens AG hat 1 000 Wellen für große Elektromotoren bestellt. Bernd Siegert, ausgerüstet mit einem Auftragszettel und einer exakten technischen Zeichnung der Teile, ruft an der CNC-Drehmaschine das entsprechende Programm aus dem Computernetz ab.

Bernd Siegert sucht als Werkzeug einen Drehmeißel aus und montiert ihn in der Maschine. Jetzt noch die Daten für das Werkzeug, für das zu bearbeitende Material und zur Arbeitsgeschwindigkeit der Maschine eingeben.

Dann lässt der Dreher das Computerprogramm Schritt für Schritt an der CNC-Maschine ablaufen.

Bis 13 Uhr ist die Drehmaschine für den Siemens-Auftrag optimal eingestellt. Die 1 000 Wellen können jetzt in einem Durchlauf gedreht werden. „1976 bekamen wir hier die erste CNC-Maschine. Schon vier Jahre später wickelten wir rund 90 Prozent der Produktion über computergesteuerte Dreh- und Fräsmaschinen ab – mit immer wieder neuen Programmen und Maschinen", so Bernd Siegert.

iz 4/Juni 1993, S. 6

CNC-Maschinen sind nur ein kleiner Ausschnitt aus den vielfältigen Anwendungsmöglichkeiten computergesteuerter Planungs- und Herstellungsverfahren.

Dazu gehört auch der Einsatz von **Industrierobotern.**

> Industrieroboter sind sensorgeführte Bewegungsautomaten mit mehreren Achsen, deren Bewegung hinsichtlich Bewegungsfolge, -weg und -winkel frei programmierbar sind. Der Industrieroboter kann durch Progammänderung schnell anderen Bearbeitungsabläufen angepasst werden. Industrieroboter werden vor allem im Fahrzeug- und Maschinenbau, aber auch in der Elektro-, Metall- und Kunststoffindustrie eingesetzt. Dort übernehmen sie Montage-, Lager- und Transportarbeiten, schweißen, lackieren, beschichten, entgraten, pressen, schmieden und kleben.
>
> In Bearbeitungszentren werden Industrieroboter und CNC-Maschinen miteinander verzahnt. Mit Hilfe eines Werkstückprogrammes werden Herstellungsverfahren, Werkzeugwahl und -wechsel sowie der Fertigungsablauf gesteuert. Dabei können unterschiedliche Tätigkeiten wie Bohren und Fräsen vom selben Bearbeitungszentrum durchgeführt werden.

iwd 7/1994

Am weitesten fortgeschritten ist der Computereinsatz im Rahmen der **computerintegrierten Produktion (CIM).**

> Das „I" in CIM steht für Information, Integration und Intelligenz. Dies bedeutet, dass alle am Produktionsprozess beteiligten Stellen gemeinsamen Zugriff auf die gleichen Informationen haben müssen. CIM führt somit zu einer Straffung von Aufbau- und Ablauforganisation in allen Unternehmensbereichen, vor allem in Entwicklung, Konstruktion und Fertigung.
>
> Notwendige technische Komponenten sind ein Großrechner mit integrierter Datenbank, leistungsstarke Arbeitsplatzrechner, ein Netzwerk, das den schnellen Datenaustausch zwischen den unterschiedlichen Geräten ermöglicht und schließlich die für die einzelnen CIM-Anwendungen benötigte Software. Es ist festzulegen, wie die verschiedenen Datenelemente miteinander verknüpft sind. Dabei ist nicht allein die Größe der installierten Rechnerleistung und die Anzahl von Industrierobotern für das Funktionieren von CIM entscheidend, sondern die Abstimmung auf die unternehmensindividuellen Bedürfnisse.
>
> CIM beginnt beim ersten Kundengespräch vor der Auftragserteilung mit dessen qualifizierter Dokumentation und schließt sämtliche Aktivitäten bis zum Service nach dem Verkauf ein.
>
> Im Sinne des CIM-Gedankens ist die Bildung überschaubarer, eigenständiger Teams notwendig, die Gruppenmitglieder verbessern den Arbeitsprozess in eigener Verantwortung. Zum entscheidenden Faktor werden Motivation und Qualifikation der Mitarbeiter. Vom CIM-fähigen Mitarbeiter werden Teamfähigkeit und Teamverhalten, Engagement und Verantwortungsbewusstsein sowie ganzheitliches Denken erwartet.

PC-Profi, Mai 1993, Sparkassen-Schul-Service (gekürzt)

Industrie-Roboter in Deutschland

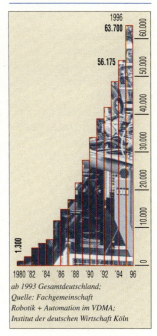

ab 1993 Gesamtdeutschland;
Quelle: Fachgemeinschaft
Robotik + Automation im VDMA;
Institut der deutschen Wirtschaft Köln

nach: Deutscher Institut-Verlag, 22/1996

Computer-Sympathie

Umfrageergebnis
Arbeit lieber ohne Computer
1986   53 %
1992   32 %

Arbeit lieber mit Computer
1986   27 %
1992   49 %

Restpunkte:
keine Angaben oder keine
Computererfahrung am Arbeitsplatz

imu 93 04 64

Gesellschaft im Wandel

Bildschirmarbeitsplätze
- **Datenerfassung**
  (Bsp. Belegerfassung in einer Bank)
- **Computergestützte Sachbearbeitung**
  (Bsp. Schadensabwicklung bei einer Versicherung)
- **Dialogarbeit**
  (Bsp. computergestütztes Konstruieren im Maschinenbau)
- **Textverarbeitung**
  (Bsp. Sekretariatsarbeit)
- **Prozesssteuerung**
  (Bsp. Überwachung von Kraftwerken)
- **Bildbearbeitung**
  (Bsp. Bildmontage bei der Zeitschriftenherstellung)

Veränderungen im Bürobereich

Das Büro entwickelt sich zum wichtigsten Arbeitsplatz. Experten schätzen, dass in der Europäischen Union bald mehr als die Hälfte der Beschäftigten Bürotätigkeiten ausüben werden: Informationen produzieren, sammeln, für Entscheidungen aufbereiten, verteilen, sortieren und lagern. Dabei nimmt die Menge der zu be- und verarbeitenden Informationen ständig zu. Ob es sich um die computergestützte Erfassung von Überweisungsbelegen bei einer Bank, die Schadensabwicklung bei einer Versicherung oder die Textverarbeitung in einem Sekretariat handelt, immer ist der Computer das unerlässliche Arbeitsgerät. Jedoch hat der Computereinsatz die Büros noch nicht so grundlegend verändert, wie das zunächst erwartet worden ist.

Vision und Wirklichkeit – Immer mehr Papier

Zur Schau in die Zukunft der elektronischen Datenverarbeitung gehörte einst die Vision vom papierlosen Büro. Das Gegenteil ist der Fall. Heute werden über 80 Prozent aller Vorgänge noch über Papier abgewickelt, nur ein Prozent allein über elektronische Systeme. Statistiken weisen aus, dass die Menge des bedruckten Geschäftspapiers für interne und externe Zwecke seit 1970 gar um 200 Prozent gestiegen ist.

Kopiergeräte, Telefax und PC-Drucker haben das ihre dazu getan. Mit weniger Papierverbrauch wird erst ab dem Jahre 2002 gerechnet, vorausgesetzt, die Einführung von PC und der Bau von „Datenautobahnen" und Zufahrten erfolgen in dem heute angenommenen Ausmaß und Tempo.
Bis dahin wird die Papiermenge jedoch erst einmal noch weiter steigen.

Beilage der Frankfurter Rundschau, 09.05.95

EU-Bildschirm-Richtlinie

1990 vom Rat der Europäischen Gemeinschaften erlassen. Die Richtlinie regelt u.a. die Pflichten des Arbeitgebers bei Bildschirmarbeitsplätzen zwecks Gesunderhaltung der Arbeitnehmerinnen und Arbeitnehmer.

Da immer mehr Büroarbeiten mit Hilfe von Computern erledigt werden, steigt die Zahl der **Bildschirmarbeitsplätze.** Bei der Arbeit am Bildschirm ist eine Richtlinie der Europäischen Union zu beachten, wonach bestimmte Mindestanforderungen eingehalten werden müssen, damit die Arbeitnehmerinnen und Arbeitnehmer in ihrer Sicherheit und Gesundheit nicht beeinträchtigt werden. An vielen Büroarbeitsplätzen werden die Vorgaben dieser Richtlinie noch nicht erfüllt.

5.3 Risiken der Mikroelektronik

Das Beschäftigungsproblem

Zweifelsohne bewirken die neuen Technologien gewaltige Veränderungen hinsichtlich des Arbeitsplatzangebots. Einerseits gehen durch **Rationalisierungsmaßnahmen** Arbeitsplätze verloren. Arbeitskräfte werden entlassen („freigesetzt"). Andererseits entstehen durch Bereitstellung und Anwendung moderner Technologie neue Arbeitsplätze. Leider läuft dieser Umstrukturierungsprozess nicht automatisch ab, so dass Arbeitnehmerinnen und Arbeitnehmer oftmals ihren Arbeitsplatz ersatzlos verlieren.

> Neues Wachstum hängt in erster Linie vom Wissen und der Information und darüber hinaus von der Fähigkeit ab, dieses Wissen und diese Informationen in neue Güter und Dienstleistungen umzuwandeln. Infolgedessen werden bei der Entwicklung zur Informationsgesellschaft im 21. Jahrhundert die meisten Arbeitsplätze im sogenannten Informationsbereich zu finden sein. Immer weniger Arbeitskräfte sind deshalb im hocheffektiv produzierenden Sektor beschäftigt.
>
> Gegenwärtig durchlaufen die Gesellschaften eine Phase, in der es um die Frage geht, ob und wie schnell neue Bedürfnisse und Märkte gefunden und bedient werden können, um wegfallende Arbeitsplätze durch den technischen Fortschritt im Zeitverlauf auszugleichen. Die Unternehmensberatung Arthur D. Little schätzt beispielsweise, dass durch die Multimedia-Anwendungen in Europa bis zum Jahr 2000 über drei Millionen Arbeitsplätze in der Medienindustrie und über zwei Millionen neue Arbeitsplätze im Multimedia-Dienstleistungssektor geschaffen werden; über fünf Millionen Arbeitsplätze können durch die Telearbeit eine Neugestaltung erfahren.

iwd 4/95: Informationsgesellschaft (gekürzt)

Das Gesundheitsproblem

In den Medien gibt es immer wieder Berichte über Untersuchungen, die auf negative Auswirkungen der Bildschirmarbeit aufmerksam machen. Viele der Befragten klagen über vermehrte körperliche Beschwerden und erhöhte psychische Beanspruchung. Offenbar sind bei der Bildschirmarbeit mehrere Belastungsfaktoren zu berücksichtigen.

> Bei der Bildschirmarbeit können unter schlechten Arbeitsbedingungen dauernde gesundheitliche Schäden nicht ausgeschlossen werden. Es kommt auf jeden Fall zu teilweise erheblichen Beschwerden z.B. für die Augen sowie den Stütz- und Bewegungsapparat. Auch Kopfschmerzen können die Folge sein. Die auftretenden psychischen Belastungen sind beispielsweise vorzeitige Ermüdung, Monotonie, Stress etc.
>
> Neue Krankheitsbilder werden unter dem Begriff RSI diskutiert, einem Sammelbegriff für Beschwerden im Hand-Arm-Schulter-Bereich.
>
> Wegen all dieser Gefährdungen ist es notwendig, gut gestaltete Bildschirmarbeitspätze einzurichten.

Gesundheitliche Gefährdungen am Bildschirmarbeitsplatz ▶

G. Richenhagen, Bildschirmarbeitsplätze, Neuwied 1995, S. 27/30

Rationalisierung

umfasst alle Maßnahmen, die eine zweckmäßige und reibungslose Durchführung aller Tätigkeiten bei der Arbeitsführung zum Ziel haben. Dabei wird eine Steigerung der Wirtschaftlichkeit angestrebt.

Telearbeit

Arbeitnehmer erledigen die Arbeitsaufträge zu Hause mit dem PC und sind mittels Modem mit ihrer Firma verbunden.

Gesellschaft im Wandel

Bundesbeauftragter für den Datenschutz

Er wird vom Bundestag gewählt. Er unterliegt zwar der Dienstaufsicht des Bundesinnenministers, aber der darf ihm keine Weisungen erteilen. Der Bundesbeauftragte berichtet unmittelbar dem Parlament und kann auch auf dessen Ersuchen hin tätig werden.

Datenschutzbeauftragter des Landes Rheinland-Pfalz

Prof. Walter Rudolf
Datenschutzbeauftragter
Hintere Bleiche 34-38
55116 Mainz

EU-Richtlinie für Datenschutz

Vom EU-Ministerrat im Februar 1995 verabschiedet. Die Richtlinie soll den Datenschutz in den Mitgliedstaaten vereinheitlichen. Innerhalb von drei Jahren müssen die EU-Staaten diese Vorschriften in nationales Recht umwandeln.

Datenschutz und Datenmissbrauch

Damit der einzelne Bürger nicht zum gläsernen Menschen wird, ist 1977 das **Bundesdatenschutzgesetz (BDSG)** in Kraft getreten. Es gilt für personenbezogene Daten aller Art und richtet sich an alle Stellen, wo Datenverarbeitung stattfindet. Nach dem BDSG hat jede betroffene Person das Recht auf Auskunft über die gespeicherten Daten. Kontrollstellen müssen über die Einhaltung des BDSG wachen. Das ist zuallererst eine Aufgabe des Datenschutzbeauftragten des Bundes.

Noch Mängel beim Datenschutz

Bundesbeauftragter legt Tätigkeitsbericht vor – 3 000 Anfragen

BONN. DPA/RTR. Der Datenschutz in Deutschland weist auch 17 Jahre nach seiner gesetzlichen Einführung Mängel und Lücken auf und muss in Teilbereichen zum Schutz des Bürgers verbessert werden. Der Datenschutzbeauftragte des Bundes, Joachim Jacob, warnte bei der Vorlage seines Tätigkeitsberichts für 1993 und 1994 eindringlich vor einer Aushöhlung des Persönlichkeitsrechts durch die Zunahme von elektronisch gesteuerten Kontroll- und Überwachungsverfahren. Jährlich gehen ihm 3 000 Anfragen oder Beschwerden von Menschen zu, die Missbrauch bei der Verwendung privater Daten durch öffentliche Verwaltungen vermuten.

Vor allem im sozialen und gesundheitlichen Bereich sowie bei der Kriminalitätsbekämpfung oder der geplanten automatischen Erhebung von Straßennutzungsgebühren bestehe die Gefahr missbräuchlicher Nutzung, erklärte Jacob. Die vom Gesetzgeber entwickelte Konzeption des Datenschutzes steht in einer Informationsgesellschaft mit Datenautobahnen und der ständig perfekter werdenden Kommunikationstechnik auf dem Prüfstand. Jacob fordert eine europäische Harmonisierung des Datenschutzes und zeigt die Grenzen auf, innerhalb derer öffentliche Verwaltungen die Daten von Bürgern verwenden und weitergeben können.

Rhein-Zeitung, 27.04.95

Das Bundesverfassungsgericht hat im sogenannten Volkszählungsurteil von 1983 ausdrücklich festgestellt, dass der Bürger das Recht auf **informationelle Selbstbestimmung** hat. Damit wird jedem Einzelnen das Recht eingeräumt, über die Verwendung seiner persönlichen Daten zu bestimmen. Einschränkungen dieses Rechts sind nur bei überwiegendem Allgemeininteresse durch gesetzliche Regelungen möglich.

In Rheinland-Pfalz wird das BDSG durch ein **Landesdatenschutzgesetz** ergänzt. Es soll den Bürger vor missbräuchlicher Verwendung seiner Daten bei öffentlichen Ämtern und Verwaltungen des Landes schützen. Über die Einhaltung des Gesetzes wacht der **Datenschutzbeauftragte**.

Die deutschen Datenschutzgesetze in Bund und Ländern gelten bislang nur für den öffentlichen Dienst. Für die Kontrolle über den ordnungsgemäßen Umgang mit personenbezogenen Daten in der Privatwirtschaft sind Behörden (in Rheinland-Pfalz die Bezirksregierungen) zuständig. Nach Ansicht von Datenschutzbeauftragten ist das kein wirkungsvoller Schutz. Sie fordern darum, dass die Maßstäbe des staatlichen Datenschutzes z.B. auch für Banken, Versicherungen und Versandhäuser gelten sollen. Die Möglichkeit dazu bietet die von der Europäischen Union (EU) erlassene **Datenschutzrichtlinie**.

Veränderungen in der Industriegesellschaft

Basisinnovation Mikroelektronik

Die Mikroelektronik ist eine Basisinnovation, vergleichbar der Dampfmaschine zum Beginn der Industrialisierung. Auf der Grundlage der Mikroelektronik entstehen Geräte, die Informationen unterschiedlichster Art erfassen, verarbeiten, speichern, ausgeben und übertragen.

Multimedia in der Informationsgesellschaft

Das Stichwort Multimedia weist auf die zukünftige Informationsgesellschaft. Bei Multimedia integriert der Computer Text, Grafik, Bild und Musik unter eine gemeinsame Oberfläche. Datenautobahnen übertragen die Informationen.

Mikroelektronik im Produktions- und Bürobereich

Die Mikroelektronik hat zunächst die Produktionsvorgänge verändert. Handgesteuerte Maschinen werden durch computergesteuerte Maschinen ersetzt. Bei der computerintegrierten Produktion (CIM) wird der Computereinsatz optimiert. Auch im Bürobereich verändert die Anwendung der Mikroelektronik die Arbeitsabläufe.

Veränderung des Arbeitsplatzangebots

Die zusätzlichen Informations- und Kommunikationsmöglichkeiten bringen Risiken mit sich. Die Mikroelektronik wirkt sich auf das Angebot an Arbeitsplätzen aus. Dem Wegfall von Arbeitsplätzen aufgrund von Rationalisierungsmaßnahmen steht möglicherweise der Gewinn von neuen Arbeitsplätzen im Informations- und Kommunikationsbereich gegenüber.

Gesundheitliche Gefahren

Bildschirmarbeitsplätze haben neue gesundheitliche Gefahren mit sich gebracht. Aufgrund einer EU-Richtlinie sollen die einzelnen Belastungsfaktoren in gesundheitsverträglichen Grenzen gehalten werden.

Datenschutzprobleme

Die vielfältigen Möglichkeiten moderner Informationsverarbeitung bergen die Gefahr missbräuchlicher Verwendung personenbezogener Daten in sich. Datenschutzgesetze und Datenschutzbeauftragte sollen die Bürgerinnen und Bürger schützen.

Zur Wiederholung

1. Erläutern Sie, weshalb die Mikroelektronik als Basisinnovation bezeichnet wird.
2. Stellen Sie zwischen den Begriffen Multimedia, Datenautobahn und Informationsgesellschaft einen Zusammenhang her.
3. Erklären Sie, was mit computerintegrierter Produktion (CIM) gemeint ist.
4. Wie wirkt sich der Trend zur Informationsgesellschaft im Bürobereich aus?
5. Die Mikroelektronik: Jobkiller oder Jobknüller? Erörtern Sie!
6. Stellen Sie dar, welche Gesundheitsrisiken sich aus der Bildschirmarbeit ergeben können.
7. Beschreiben Sie den Verantwortungsbereich des Datenschutzbeauftragten des Bundes.

Weiterführende Aufgaben

1. Stellen Sie in Ihrem Ausbildungsbetrieb die verschiedenen Anwendungen der Mikroelektronik fest.
2. Sammeln Sie eine Woche (einen Monat) lang alle Meldungen und Berichte in Zeitungen und Nachrichtenmagazinen, die sich auf Multimedia beziehen.
3. Stellen Sie in einer Liste zusammen, welche Stellen über welche Daten von Ihnen verfügen.

6 Umweltgefährdung und Umweltschutz

Chief Seattle Häuptling der Duwamish-Indianer, antwortet in einer Rede dem „großen Häuptling der Weißen" (Präsident der USA) 1855 auf dessen Angebot, das Land der Indianer an weiße Siedler zu verkaufen (Auszug):

Aus dem „Ökologischen Marschallplan"

Jeden Tag
- verhungern 100 000 Menschen
- sterben 100 Tier- und Pflanzenarten aus
- werden 86 Millionen Tonnen Erdreich abgeschwemmt
- werden 55 000 Hektar Tropenwald abgeholzt
- dehnen sich die Wüsten um 20 000 Hektar aus
- werden 100 Millionen Tonnen Treibhausgase in die Luft geblasen
- geht mehr Ackerboden verloren als in 1 000 Tagen entstehen kann.

Frankfurter Rundschau 30.08.93

Der große Häuptling in Washington sendet Nachricht, dass er unser Land zu kaufen wünscht ... Wie kann man den Himmel kaufen oder verkaufen oder die Wärme der Erde? Diese Vorstellung ist uns fremd. Wenn wir die Frische der Luft und das Glitzern des Wassers nicht besitzen – wie könnt ihr sie von uns kaufen? ... Wir sind ein Teil der Erde und sie ist ein Teil von uns ... Lehrt eure Kinder, was wir unsere Kinder lehren: Die Erde ist eure Mutter. Wenn Menschen auf die Erde spucken, bespeien sie sich selbst. Denn das wissen wir – die Erde gehört nicht den Menschen – der Mensch gehört der Erde. Der Mensch schuf nicht das Gewebe des Lebens, er ist darin nur eine Faser. Was immer ihr dem Gewebe antut, das tut ihr euch selber an ... Auch die Weißen werden vergehen, eher vielleicht als alle anderen Stämme. Fahrt fort, euer Bett zu verseuchen und eines Nachts werdet ihr im eigenen Abfall ersticken ... Wenn die Büffel alle geschlachtet sind, die wilden Pferde gezähmt, die heimlichen Winkel des Waldes schwer vom Geruch vieler Menschen und der Anblick reifer Hügel geschändet von redenden Drähten ...– was bedeutet es, Lebewohl zu sagen dem schnellen Pony und der Jagd: Das Ende des Lebens und der Beginn des Überlebens ...

Aus dem Begleitmaterial zum Film „Söhne der Erde" (FWU Nr. 322629)
Der historische Ursprung dieser Rede ist umstritten.

Umweltgefährdung und Umweltschutz

Die Mehrheit der Menschen hat lange Zeit nicht erkannt, dass durch die fortschreitende Zivilisation Eingriffe in die Natur vorgenommen werden, die nicht ohne Folgen bleiben. Insbesondere seit Beginn der Industrialisierung und der damit verbundenen Steigerung des Lebensstandards ist die Umwelt mehr und mehr belastet. Erst allmählich begreifen die Menschen, dass die Natur ein kompliziertes und empfindliches **Ökosystem** darstellt, das bei zu großer Belastung aus dem Gleichgewicht gerät. Schwerwiegende Schäden für Menschen, Tiere und Pflanzen sind die Folge. Dabei handelt es sich heute nicht mehr um einzelne, örtlich begrenzte Gefährdungen, sondern vielmehr um eine weltweite Bedrohung des Ökosystems.

6.1 Besondere Gefährdungen der Umwelt

Drei entscheidende Bereiche der Umwelt sind gefährdet: Boden, Luft und Wasser. Ob es sich um giftige Chemikalien, Abgase, Müll, radioaktive Strahlen, Schwermetalle in der Nahrung, Lärm, Dünge- oder Schädlingsbekämpfungsmittel in der Landwirtschaft und im Gartenbau handelt – alle diese Umwelteinflüsse gelangen über den Boden, die Luft oder das Wasser in den Kreislauf der Natur und zerstören das **ökologische Gleichgewicht**. Der Mensch verursacht Schäden und wird von ihnen betroffen.

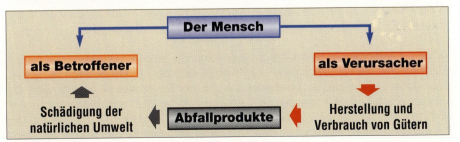

Nach M. Böller: Geoökologie und Umwelt, Darmstadt o. J., S. 2

Ökologie

ist die Wissenschaft von den Beziehungen der Lebewesen untereinander und zu ihrer Umwelt.

Ökosystem

bezeichnet den gemeinsamen Lebensraum und die Lebensgemeinschaft von Pflanzen und Tieren. Die Menschen beeinflussen dieses natürliche Zusammenspiel.

Meinungsumfrage zum Umweltschutz

62% der Bevölkerung aus den alten Bundesländern und 50% der Bevölkerung aus den neuen Bundesländern halten einen wirksamen Umweltschutz für besonders wichtig. Damit nimmt der Umweltschutz die 4. Stelle (West) bzw. die 13. Stelle (Ost) in der Reihenfolge der dringlichsten Themen ein.

Ökologisches Gleichgewicht

liegt dann vor, wenn die Vielfalt der Arten (Pflanzen und Tiere) ungestört zusammenlebt. Gestört wird dieses Gleichgewicht z. B. durch eine zu starke Vermehrung einer Art, durch Katastrophen wie Brände, Sturm oder den Eingriff der Menschen.

Gesellschaft im Wandel

Wovor die Ozonschicht schützt
- Sonnenbrand
- Hautkrebs
- Augenschäden
- Schwächung des Immunsystems
- Schädigung des Meeresplanktons (Artensterben, weniger Fisch)
- Schädigung von Nutzpflanzen (geringere Ernten)

Globale Probleme

Viele Umweltbelastungen betreffen nicht nur einzelne Landschaften oder einzelne Staaten, sondern bedeuten eine weltweite Bedrohung von Mensch und Natur. Beispiele wie die Abholzung der tropischen Regenwälder, der Treibhauseffekt, die Zerstörung der Ozonschicht, die Verschmutzung der Nordsee und anderer Gewässer zeigen, dass die Probleme alle Menschen betreffen. Lösungen müssen deshalb auf internationaler Ebene erfolgen.

> ## Ozonloch
>
> Von einem Ozonloch sprechen die Wissenschaftler, wenn mehr als 50 % der Ozonschicht zerstört sind. Ozon ist die natürliche Form des Sauerstoffs mit drei Atomen, die unter Einwirkung von Sonnenstrahlen aus Stickstoffoxiden und Kohlenwasserstoffen entsteht. Die Ozonschicht ist der Bereich der irdischen Lufthülle in einer Höhe von 15 bis 50 km. Sie schützt die Erde vor der energiereichen ultravioletten Strahlung der Sonne, die Krebs auslösen, das Immunsystem schwächen sowie zu Ertragseinbußen in der Landwirtschaft führen kann. Die Luftverschmutzung trägt zur Abschwächung des Effekts bei. Durch den Abbau der Ozonschicht wird eine Erwärmung der Erde erwartet.
>
> Mitte der 90er Jahre gab es ein etwa 32 Mio km^2 großes Ozonloch über dem Südpol (dreimal die Fläche der USA). Über der nördlichen Erdhalbkugel waren etwa 20 % der Ozonschicht zerstört.
>
> Fluorchlorkohlenwasserstoffe (FCKW) aus Spraydosen und Kühlschränken steigen in die Ozonsicht auf, wo die UV-Strahlung das in den FCKW enthaltende Chlor freisetzt. Die Chloratome wandeln Ozonmoleküle in Sauerstoffmoleküle um, die im Gegensatz zum Ozon die UV-Strahlung bis zur Erde durchlassen.
>
> Das 1987 beschlossene weltweite FCKW-Verbot wurde 1992 vom Jahr 2000 auf 1996 vorgezogen. Die Anwendung von teilhalogenierten FCKW, die FCKW ersetzen sollen, soll bis 2030 eingestellt werden.

Harenberg 96, S. 313 f.

Treibhauseffekt

Kohlendioxid und andere Spurengase wirken in der Atmosphäre wie die Scheiben eines Treibhauses. Sie lassen Sonnenlicht herein, bilden aber eine Barriere für die von der Erde reflektierten Wärmestrahlen.

Ein weiteres Problem ist die zu beobachtende **Klimaerwärmung,** die offenbar mit den hohen Emissionen von Kohlendioxid infolge des weltweit steigenden Energieverbrauchs zusammenhängt. Im Juni 1992 haben 150 Staaten der Erde erstmals auf einer **Konferenz über Umwelt und Entwicklung in Rio de Janeiro** eine Deklaration zum weltweiten Umweltschutz verabschiedet. In dieser Erklärung wird eine Senkung der Kohlendioxidemissionen gefordert, um dem **Treibhauseffekt** entgegenzusteuern. Bis zum Jahr 2000 soll der Ausstoß von Kohlendioxid auf dem Stand von 1990 stabilisiert werden. Klimaforscher halten diese Begrenzung für unerlässlich. Sie befürchten, dass bei einer weiteren Klimaerwärmung Gletscher schmelzen und der Meeresspiegel um 15 Zentimeter bis zu einem Meter ansteigt. Dadurch würden viele Küstenländer überschwemmt.

Emission

(lat.) = Ausstoß

Auf dem **Klimagipfel in Berlin** (März 1995) kommt es jedoch zu keiner verbindlichen Erklärung über die Reduktion des Kohlendioxids nach der Jahrtausendwende. Zweifel sind zudem angebracht, ob überhaupt das Ziel der Rio-Konferenz erreicht wird. Zu unterschiedlich sind die Interessen der beteiligten Länder. Die ölproduzierenden Länder sind zurückhaltend, weil sie einen Rückgang des Ölverbrauchs befürchten. Die Entwicklungsländer sehen in dem Beschluss eine Bevormundung durch die Industrieländer.

6.2 Ökologie kontra Ökonomie?

Hobeln ohne Späne

Dass Späne fallen, wo gehobelt wird, ist eine Regel mit Ausnahme: Die Möbelwerkstatt „Kambium" produziert Küchen mit Windenergie und ohne Giftmüll. Damit beweist Unternehmer Christoph Gehrt, dass „nachhaltiges Wirtschaften" funktioniert: Er verdient Geld, ohne die Natur zu ruinieren.

Vor eineinhalb Jahren hat der Küchenhersteller in Lindlar, 30 Kilometer südlich von Köln, mit der Produktion begonnen. Längst ist der Windgenerator der Schreinerei zum weithin sichtbaren Wahrzeichen der kleinen Gemeinde geworden. Für Schreinermeister Christoph Gehrt und Betriebswirtin Angelika von Proff-Kesseler bedeutet das 30 Meter hohe Aggregat jedoch viel mehr: Es ist das Kernstück und Symbol eines Produktionskonzepts, an dem die Eheleute drei Jahre getüftelt haben.

Nach elf Jahren als Schreiner in einer konventionellen Tischlerei hatte Gehrt die Nase voll vom Gestank der Leime und Lösungsmittel, von Energie- und Wasserverschwendung, vom Zusammenkleben Formaldehyd ausdünstender, kurzlebiger Spanholzplatten. Er war überzeugt, dass es auch anders geht und gründete Kambium, eine Schreinerei für Vollholzküchen ohne Giftzusätze. Gehrt aber wollte nicht bloß vom Umweltbewusstsein seiner Kunden profitieren. Er wollte einen Betrieb aufbauen, der vom Kauf der Rohstoffe bis zur Auslieferung der Möbel mit der Philosophie arbeitet, die Ökonomen „nachhaltiges Wirtschaften" nennen: so viel Produktion wie nötig, so wenig Naturverbrauch wie möglich. „Wir wollen beweisen, dass wirtschaftlicher Erfolg mit Umweltbewusstsein vereinbar ist", sagt er.

Staunend steht ein junges Paar aus Köln bei seinem Rundgang durch den Betrieb zwischen all den riesigen, zum Teil computergesteuerten Maschinen. So hochtechnisiert haben sie sich den Ökobetrieb mit dem Werbeslogan „Küchen aus Wind, Holz und Lindlar" nicht vorgestellt.

High-Tech ist das Fundament des Betriebes. Kambium schöpft die Möglichkeiten moderner Technik voll aus. Die Werkstatt ist in der Lage, 90 Prozent ihrer Energie aus der Luft zu holen. Hier, im Bergischen Land, bringt der Wind den Rotor des Generators so häufig und kräftig in Schwung, dass die Werkstatt beinahe unabhängig von anderen Energiequellen ist.

Die kreischenden Sägen müssen auch bei Flaute nicht still stehen. Bei schwachem Wind produzieren zwei kleine Blockheizkraftwerke Energie für die nötigsten Arbeiten. Obwohl sie den fossilen Brennstoff Gas nutzen, passen auch sie ins Spar-Konzept. Ihre Abwärme speist die Furnier- und Holztrocknungs-Anlage und heizt im Winter das Gebäude – was selten nötig ist.

Greenpeace-Magazin, 3/93 (gekürzt)

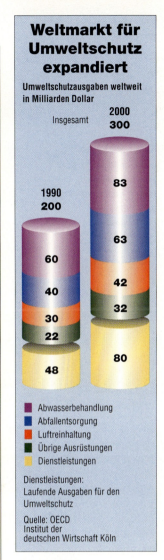

nach: /wd 42/95

Arbeitsplätze im Umweltschutz

(Westdeutschland)

1984	428 000
1990	546 000
2000	785 000

Spiegel 20/1994

Ökonomie

heißt Wirtschaftlichkeit. Unternehmen arbeiten nach dem ökonomischen Prinzip. Das heißt, dass ein bestimmtes Ergebnis mit dem geringstmöglichen Aufwand erzielt werden soll.

Lange Jahre schließen sich Ökonomie und Ökologie gegenseitig nahezu aus. Bei der Suche nach kostengünstiger Produktion spielen die Probleme der Umweltbelastung und der Verschwendung von Energie und Rohstoffen nur eine untergeordnete Rolle. Erst als die Verschmutzung der Umwelt immer bedrohlicher wird, setzt sich die Erkenntnis durch, dass Herstellung und Verbrauch von Gütern umweltverträglich erfolgen müssen. Trotzdem kommt es immer noch zu Konflikten zwischen Unternehmen und Umweltschützern bzw. Politikern, wenn es darum geht, gesetzliche Regelungen zum Schutz der Umwelt durchzusetzen.

58 Gesellschaft im Wandel

Umweltschutz und Unternehmensziele

Von je 100 Unternehmern meinen, dass Umweltschutz u.a. folgende Unternehmensziele fördert:

87 %	Ansehen in der Öffentlichkeit
72 %	Mitarbeitermotivation
63 %	Kunden- und Marktorientierung
60 %	Existenz
52 %	Wettbewerbsfähigkeit
44 %	Umsatz
28 %	Gewinn

(Mehrfachnennungen)

Sparkassen Schul Service 10/94

Jedes Unternehmen, das Waren herstellt oder damit Handel treibt, greift durch seine ökonomischen Aktivitäten tagtäglich in die Umwelt ein und verändert sie. Allerdings kann es diese vielfältigen Aktivitäten immer wieder daraufhin überprüfen,
- ob sie zur Erfüllung der ökonomischen Ziele überhaupt notwendig sind,
- ob es Möglichkeiten der Material- und Rohstoffeinsparung gibt,
- ob durch Änderungen der Produkte und Produktionsverfahren neue, d.h. ökologisch bessere Ergebnisse erzielt werden können.

Hierbei muss ein Unternehmen immer zwischen mehreren, oft im Konflikt zueinander stehenden Zielvorstellungen entscheiden.

Umweltverträglichkeitsprüfungen und Öko-Bilanzen spielen bei der Bewertung von Produktionsverfahren eine immer größere Rolle.

Umweltmanagement – Freiwillige Öko-Disziplin

Die am 14. April 1995 in Kraft getretene Öko-Audit-Verordnung der Europäischen Kommission soll als umweltpolitisches Kontrollsystem zum Angelpunkt des betrieblichen Umweltmanagements werden. Das Ziel: Die Verbesserung des innerbetrieblichen Umweltschutzes mit Hilfe eines umfassenden Öko-Controllings. Ebenso wichtig: Die Behörden und die Öffentlichkeit sollen durch das Audit besser über den Umweltschutz an einzelnen Betriebsstandorten informiert werden.

iwd, 11/95 (gekürzt)

Der neue Artikel 20a im Grundgesetz

Der Staat schützt auch in Verantwortung für die künftigen Generationen die natürlichen Lebensgrundlagen im Rahmen der verfassungsmäßigen Ordnung durch die Gesetzgebung und nach Maßgabe von Gesetz und Recht durch die vollziehende Gewalt und die Rechtsprechung.

6.3 Umweltschutz geht alle an

Mit der Aufnahme des Staatsziels Umweltschutz in das Grundgesetz ist die Bundesrepublik Deutschland verpflichtet, in allen Bereichen staatlichen Handelns den Umweltschutz unmittelbar zur Geltung kommen zu lassen. Gesetzgebung, Verwaltung und Rechtsprechung sind in ihrem Handeln diesem Staatsziel verpflichtet. Bei jedem Gesetz muss also der Umweltschutz berücksichtigt werden.

Wer die Bedrohung unserer Umwelt ernst nimmt, muss selbst auch bereit sein, einen Beitrag zur Lösung des Problems zu leisten. Dies gilt für alle Bürgerinnen und Bürger, selbstverständlich auch für die Unternehmen und die staatlichen Organe.

BEISPIELE FÜR MAßNAHMEN ZUM UMWELTSCHUTZ

Der Einzelne	Gemeinde	Land/Bund	Unternehmen/Betriebe	Internationale Organisationen
■ Kauf umweltfreundlicher Produkte ■ Getrenntes Sammeln von Müll ■ Vermeidung überflüssiger Verpackung ■ Verwendung von Recycling-Produkten	■ Sammlungen von Sonder- und Problemmüll ■ Information der Bevölkerung ■ Durchführung einer Umweltverträglichkeitsprüfung bei Bauvorhaben	■ Verabschiedung von Umweltgesetzen ■ Strengere Bestrafung von Umweltsündern nach dem Verursacherprinzip ■ Förderung von Forschungsvorhaben z.B. alternative Energiegewinnung	■ Bau von Filter- und Entschwefelungsanlagen ■ Wiederverwendung von Rohstoffen, z.B. Glasflaschen ■ Verringerung des Verpackungsaufwands ■ Investitionen in umweltfreundliche Technologien	■ Einführung des Katalysators ab 1992 in der EU ■ Internationale Abkommen zur Rettung der Nordsee und des Rheins ■ Schaffung internationaler Kontrolleinrichtungen zur Ermittlung von Umweltsündern

Umweltgefährdung und Umweltschutz

Umweltschutz beginnt im täglichen Erfahrungsbereich jedes Einzelnen, beispielsweise im privaten Haushalt. Er stellt – ökologisch betrachtet – ein Input-Output-System dar. Auf mehreren Wegen gelangt „Umwelt" in den Haushalt, wird dort gebraucht und verlässt den Haushalt in veränderter Form. Dabei ergeben sich vielfältige Sparmöglichkeiten, die mit einfachen Mitteln erreicht werden können. Beispiel Wasser: Private Haushalte verbrauchen immer mehr Wasser, mit der Folge, dass der Grundwasserspiegel sinkt. Das Ersetzen von spröden Dichtungen spart z. B. bei der Toilettenspülung bis zu 6 000 Liter pro Jahr; der Verzicht auf die Vorwäsche spart 10 bis 30 Liter pro Waschgang.

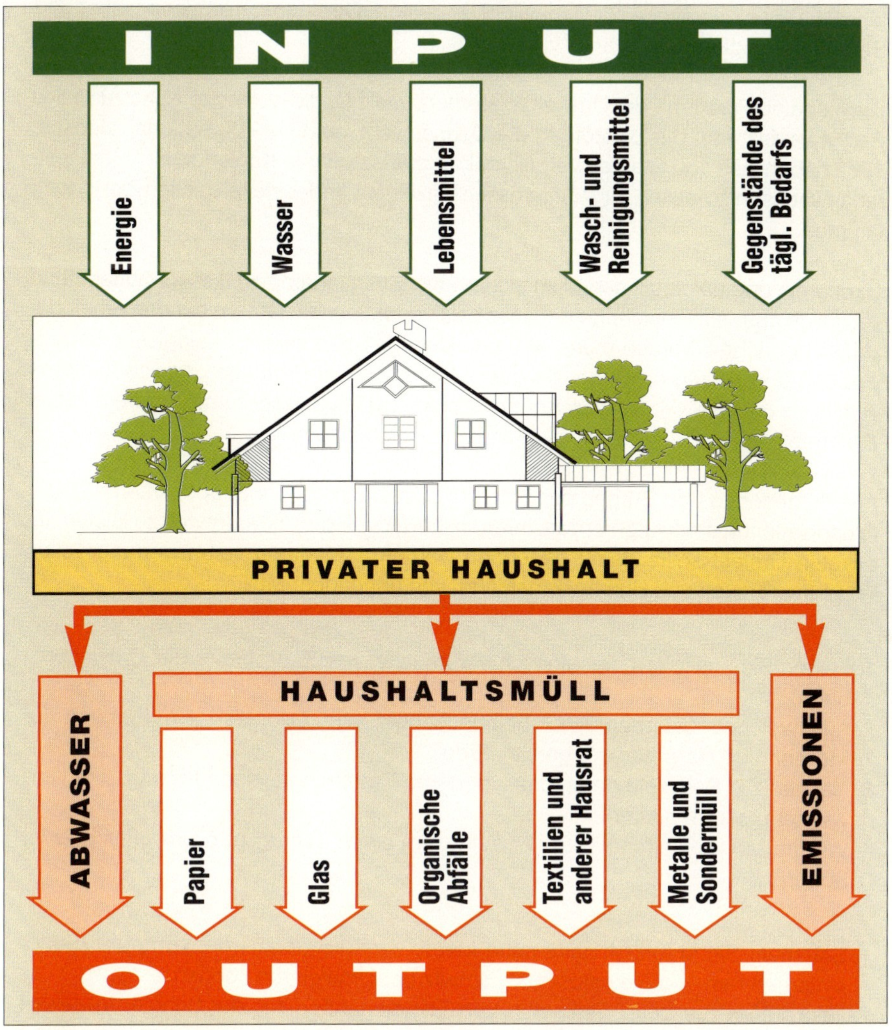

Der Trinkwasserverbrauch

Je Einwohner und Tag in der Bundesrepublik 136 Liter
Davon für (in Prozent)

Toilettenspülung	45
Baden, Duschen	40
Wäsche waschen	14
Geschirr spülen	9
Kochen und trinken	3

Stand 1995 nach imu 9604118

Verwendeter Brennstoff

bei der Haushalts-Zentralheizung in %

	Deutschland West	Deutschland Ost
Heizöl	75	32
Gas	39	37
Kohle	1	31
Strom	2	–
Holz	1	–

Müllberg von Privat-Haushalten in Rheinland-Pfalz

1994 werden 1,69 Millionen Tonnen abgefahren. Rund 922 500 Tonnen (54 %) landen auf Deponien, der Rest wird weiterverwertet.

Rhein-Zeitung, 16.06.95

INPUT: Energie, Wasser, Lebensmittel, Wasch- und Reinigungsmittel, Gegenstände des tägl. Bedarfs

PRIVATER HAUSHALT

HAUSHALTSMÜLL

OUTPUT: Abwasser, Papier, Glas, Organische Abfälle, Textilien und anderer Hausrat, Metalle und Sondermüll, Emissionen

Die **Verpackungsverordnung** von 1991 soll den Verpackungsmüll in Deutschland verringern. Sie verpflichtet Handel und Hersteller zur Rücknahme und Wiederverwertung von Verpackungen. Um diese Aufgabe des **Recyclings** zu erfüllen, hat die Industrie noch im gleichen Jahr „Das Duale System Deutschland" (DSD) gegründet. Finanziert wird der „Grüne Punkt" von den Kunden; der Handel hat längst seine Kosten auf die Preise aufgeschlagen.
1994 hat das DSD 68 % der Verpackungen eingesammelt. Dennoch kritisieren Umweltschutzorganisationen dieses Verfahren, weil sie hierin keinen Anreiz zur **Müllvermeidung** sehen.

Umweltgefährdung und Umweltschutz

Umweltgefährdung

Die Natur stellt ein kompliziertes und empfindliches Ökosystem dar, das mit fortschreitender Zivilisation der Menschen immer stärkeren Belastungen ausgesetzt wird. Boden, Luft und Wasser sind durch die Eingriffe des Menschen zunehmend gefährdet. Das ökologische Gleichgewicht ist gestört. Der Mensch ist Verursacher und Betroffener zugleich.

Umweltschutz

Die globalen Probleme der Umweltzerstörung, wie z.B. die weltweite Abholzung des Regenwaldes oder die Zerstörung der Ozonschicht, sind nur international zu lösen. 1992 haben sich 150 Staaten verpflichtet, den Ausstoß von Kohlendioxyd nicht weiter anwachsen zu lassen. Eigeninteressen einzelner Länder stellen dieses Ziel jedoch in Frage.

Ökologie kontra Ökonomie

Ökonomie und Ökologie scheinen sich oft nicht vereinbaren zu lassen. Zunehmend setzt sich aber die Einsicht durch, dass bei Produktion von Gütern auf den Erhalt der Umwelt geachtet werden muss. Manche Unternehmen zeigen ökologische Verantwortung und setzen diese bereits durch Änderung der Produkte und Produktionsverfahren um. Freiwillige Öko-Kontrollsysteme spielen eine immer größere Rolle. Zudem bietet die Umweltschutzindustrie neue Arbeitsplätze.

Umweltbewusstes Handeln

Alle Bürgerinnen und Bürger, der Staat, die Unternehmen, aber auch internationale Organisationen sind aufgefordert, ihren Beitrag für eine intakte Umwelt zu leisten. Im privaten Umfeld sollte damit begonnen werden, z.B. durch verantwortungsvollen Wasserverbrauch und durch Vermeidung von unnötigem Müll.

Zur Wiederholung

1. Zeigen Sie, inwiefern der Mensch Verursacher und Betroffener der Umweltprobleme ist.
2. Aus welchen Gründen sind Treibhauseffekt und Ozonloch ein Problem für Mensch und Natur auf der ganzen Erde?
3. Nennen Sie Beispiele dafür, dass moderne Technologie einen Beitrag zum Umweltschutz leisten kann.
4. Welche Möglichkeiten hat der Einzelne, um einen Beitrag zum Umweltschutz zu leisten?

Weiterführende Aufgaben

1. Sammeln Sie in Ihrer Klasse neue Ideen, was die Gemeinde, Land und Bund, Unternehmen und Sie selbst zum Schutz der Umwelt tun können.
2. Überprüfen Sie beim Einkaufen von Gegenständen für die Schule, inwieweit z. B. bei Papier, Stiften oder Klebstoffen Angaben über umweltverträgliche Herstellung vermerkt sind und vergleichen Sie Ihre Ergebnisse.
3. Erstellen Sie ein eigenes Abfallvermeidungskonzept für Ihre Schule, Ihre Firma, für Sie selbst.

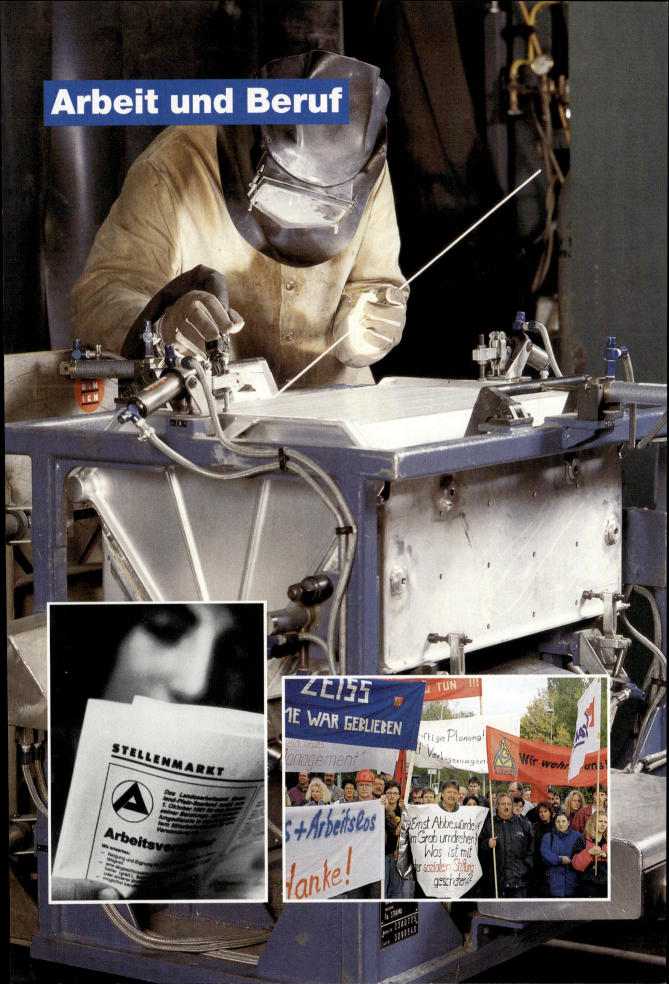
Arbeit und Beruf

1 Berufliche Arbeit

1.1 Warum arbeiten wir?

Ohne Arbeit wäre das Leben schön!
Arbeiten = jobben!
Leben, um zu arbeiten!
Freizeit ja, Arbeit nein danke!
Eigenarbeit ist prima, arbeiten für andere ist blöd!
Arbeiten, um zu leben!
Ohne Arbeit kein Geld!
Mir ist egal was ich arbeite
Meine Arbeit – mein Beruf

Formen der Arbeit

Arbeit ist eine Grundbedingung menschlichen Daseins. Sie schafft die Mittel zum Leben, bildet den Menschen als Gattung und als Einzelnen. Sie bietet die Chance individueller und gemeinschaftlicher Selbstverwirklichung. Zusammen mit der Natur ist sie Quelle des Reichtums.

Dies gilt für Erwerbsarbeit, Hausarbeit, Eigenarbeit und ehrenamtliche Tätigkeit. Jede dieser Formen von Arbeit kann dazu beitragen, Werte zu schaffen, Menschen auszufüllen und zu bereichern, Kräfte freizusetzen und zu entwickeln, aber auch Entfremdung und Leid zuzufügen. Jede dieser Formen ist auf die andern angewiesen. Alle zusammen bestimmen unsere Lebensqualität.

Erhard Eppler und Thomas Meyer, in: Vorwärts Nr. 50 v. 10. 12. 1988, S. 12

Die **Erwerbsarbeit** dient dem Einzelnen zur materiellen Absicherung seines Lebens und gegebenenfalls des Lebens seiner Familie. Das Einkommen entscheidet auch darüber, wie hoch der **Lebensstandard** liegt.

In einer arbeitsteiligen Gesellschaft werden Arbeitskräfte benötigt, die innerhalb der Volkswirtschaft die unterschiedlichsten Tätigkeiten verrichten. Wenn zur Ausübung dieser Tätigkeiten bestimmte Kenntnisse und Fähigkeiten (Qualifikationen) erforderlich sind, handelt es sich um spezialisierte Erwerbsarbeit oder **berufliche Arbeit.**

Lebensstandard

die Gesamtheit aller Güter, Rechte und Nutzungen, die der privaten Lebensführung zugute kommen.

1.2 Berufliche Arbeit – Wünsche und Erwartungen

Mit der beruflichen Arbeit verbinden sich unterschiedliche Wünsche und Erwartungen, die sich allerdings im Laufe der Zeit verändern können.

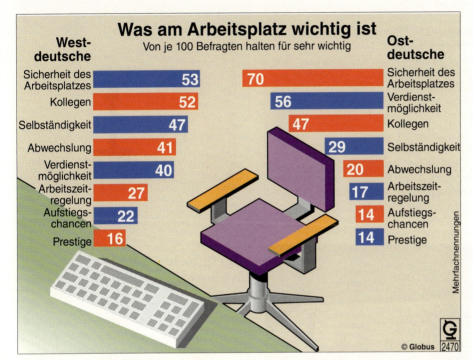

Abwechslungsreiche und selbständig auszuführende Arbeitsaufgaben wirken sich positiv auf die Arbeitsmotivation aus und fördern die **persönliche Zufriedenheit,** die auch den privaten Lebensbereich beeinflusst. Viele Berufstätige sehen ihre Arbeit jedoch eher negativ.

Aus einer Befragung von 4000 Erwerbstätigen im norddeutschen Raum ...

Zwischen Arbeit und Zufriedenheit, Beruf und persönlicher Lebenserfüllung klafft bei vielen Beschäftigten ein tiefer Graben. Entbehrung, Mühe, Unterordnung liegen als Assoziationen zum Begriff „Arbeit" wohl näher als Glück, Erfüllung, Zufriedenheit.

Diese Distanz zum Arbeitsleben geht zumindest teilweise auf schlechte Erfahrungen mit der Modernisierung ihres Betriebes zurück. Rationalisierung wurde von vielen als massive körperliche und seelische Verausgabung erlebt: Stress, Konkurrenz und Arbeitsplatzrisiko verschärften sich. 67 Prozent der abhängig Beschäftigten haben in den letzten Jahren eine Zunahme des Arbeitstempos verspürt, 58 Prozent mehr Leistungsdruck und Erfolgszwang, 56 Prozent gestiegene Belastungen durch den Einsatz von EDV und neuen Techniken, 50 % höhere Weiterbildungsanforderungen, 39 Prozent erhöhte Arbeitsplatzrisiken.

Psychologie heute, 7/94, S. 334 (gekürzt)

Arbeitszufriedenheit

So viel Prozent der Arbeitnehmerinnen und Arbeitnehmer sind zufrieden mit

dem Beruf	74
den Arbeitsbedingungen	59
der Bezahlung	43

iwd 7/95

Bedeutung der Arbeit bei Jugendlichen

Von 2034 repräsentativ ausgesuchten Jugendlichen zwischen 14 und 29 Jahren antworteten auf die Frage: „Was bedeutet für Sie Arbeit?" (Angaben in Prozent)

Geld	49
Erfüllung	22
Karriere	10
Spaß	7
Ansehen	6
Zeitverschwendung	3
Zeitvertreib	2

Spiegel-Umfrage
Der Spiegel, 38/94

2 Berufe im Wandel

Sozialversicherungsfachangestellte: Am Bildschirm sofort im Bild

Die 19-jährige Katrin Jaensch arbeitet als Sozialversicherungsfachangestellte bei der AOK. Katrin gibt den Namen des Patienten und seine Versicherungsnummer in ihren Computer ein und ruft am Bildschirm die gewünschten Daten auf. Der Computer auf ihrem Schreibtisch ist direkt an das benachbarte Rechenzentrum angeschlossen. Durch ein spezielles Programm, das für die Krankenkasse entwickelt wurde, kann Katrin dann auch gleich alle weiteren Schritte veranlassen.

„Ohne Computer wären wir hier so ziemlich aufgeschmissen", bemerkt Katrin, „es wäre nicht zu schaffen." Früher mussten zum Beispiel alle Daten der Mitglieder in einer Kartei nachgesehen werden. Alles wurde handschriftlich eingetragen. Dann wurde anhand einer Tabelle die Höhe des Krankengeldes berechnet, ein Überweisungsauftrag mit der Schreibmaschine ausgefüllt, der Arbeitgeber des Versicherten benachrichtigt.

Quelle: Institut für Arbeitsmarkt- und Berufsforschung/Nürnberg, Globus 9538
* Bedarfsschätzung für die alten Bundesländer

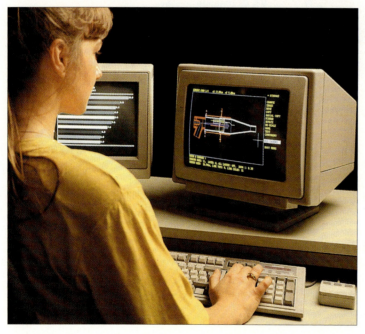

Technische Zeichnerin: Änderungen nach Programm

„Eine wesentliche Erleichterung bietet der Computer bei Korrekturen", so Heidemarie Gätke. Die Technische Zeichnerin arbeitet bei einem Betrieb, der elektronische Steuerungen für Heizungs- und Klimaanlagen produziert. Die Schaltungen für diese Steuerungen werden im Konstruktionsbüro des Betriebs entwickelt – Heidemarie Gätke erstellt dann die exakten Konstruktionszeichnungen für die Produktion.

Früher – bei der Arbeit am Zeichenbrett – musste die Zeichnung für jede größere Änderung komplett neu erstellt werden. Am Computer geschieht das durch mehrfaches Klicken mit der Maus. Der ursprüngliche Entwurf ist gespeichert, er kann aufgerufen und weiterbearbeitet werden.

Auf Computer trifft man heute in fast allen Berufen – ob im Zeichenbüro oder in der Bank, im Hotel, in der Arztpraxis oder im Reisebüro, im Handwerksbetrieb oder in der Produktionshalle.
Das heißt jedoch nicht, dass alle zu Computer-Spezialisten werden müssen. Nur etwa jeder Vierte wird umfassende Computerkenntnisse brauchen. Das gilt zum Beispiel für Programmiererinnen und Programmierer, für Datenverarbeiter, Software-Entwickler oder Spezialisten für Steuerungstechnik in der Produktion.
Für die meisten ist der Computer ein Werkzeug, das viele Arbeiten erleichtert. Der Computer wird die herkömmlichen Werkzeuge nicht ersetzen – Papier und Bleistift, Schraubenschlüssel und Metermaß werden auch in Zukunft gebraucht. Der Computer verändert jedoch die beruflichen Anforderungen. Einfache Routinetätigkeiten gehen zurück. Planen, Organisieren und Beraten – das ist zunehmend gefragt.

iz 5/93

Berufe im Wandel 65

2.1 Neue Berufsbilder entstehen

Die Beschäftigtenstruktur unterliegt einem Wandel, der gekennzeichnet ist durch die Abnahme der Beschäftigtenzahlen im sogenannten Primärsektor, d.h. in der Land- und Forstwirtschaft und dem Bergbau, über rückläufige Beschäftigtentendenzen im produzierenden Gewerbe, begleitet durch eine Zunahme der Beschäftigtenverhältnisse im Dienstleistungssektor.
Dieser Wandel hat Folgen für die Berufsstruktur.
Zwar ist die Mehrzahl der anerkannten Ausbildungsberufe „historisch" gewachsen, d.h. die Berufe bestanden bereits vor Inkrafttreten des Berufsbildungsgesetzes oder haben als Handwerk eine teilweise Jahrhunderte alte Tradition. Völlig neue Berufsbilder wurden in der Zeit nach dem Inkrafttreten des Berufsbildungsgesetzes nur in wenigen Fällen geschaffen: so z. B. im Bereich des Umweltschutzes der Beruf Ver- und Entsorger/Ver- und Entsorgerin. Die Überarbeitung oder Neuschneidung vorhandener Berufe bildet also den Regelfall.

Berufsbildungsbericht 1995, S. 69

Neuordnung der Ausbildungsberufe

Seit 1970 sind 256 Berufe neu geordnet worden. Zur Zeit wird die Überarbeitung und Weiterentwicklung von 90 Ausbildungsberufen vorbereitet.

Berufsbildungsbericht 95, S. 67

Aufgrund des gesellschaftlichen Wandels stellt sich immer wieder die Frage, inwieweit vorhandene Berufe ausreichen, um den besonderen Qualifikationsanforderungen neuer Wirtschaftszweige gerecht werden zu können. Ein typisches Beispiel hierfür ist der Bereich der audio-visuellen Medien (AV-Medien). Im Zusammenhang mit der zunehmenden Bedeutung der Unterhaltungsindustrie sind hier neue Tätigkeitsfelder entstanden, für die es aber heute noch keine geordneten Ausbildungsmöglichkeiten gibt.

Audio-visuelle Berufe in der Medien- und Kulturwirtschaft

Audio (Musikproduktion; Hörfunk)
AUDIO: Regisseur, Dramaturg, Drehbuchautor, Studiomeister, Produktionsleiter, Produktionsassistent, Aufnahmeleiter, Redakteur

Bühne; Theater
BÜHNE: Garderobier, Kostümbildner, Maskenbildner, Requisite, Bühnenbildner, Bühnenhandwerker, Prospektmaler, Beleuchter

AV (Zentrum): Producer, Continuity-Script, Bildingenieur, Bildtechniker, Bildmischer, Bildregisseur, Kamera, Trick-Kamera, Cutter, EB-Techniker, MAZ-Techniker, Videoingenieur, DVE-Operator, Computeranimations-Designer

PRINT: Grafiker, Computer-Grafiker
Printmedien (Verlag; Redaktion)

WERBUNG: Stylist
Werbung (Agentur; Gestaltung)

MESSE: Messe- und Veranstaltungswesen

Berufsbildungsbericht 1995, S. 70

Faszination Freizeitwirtschaft

Rund 38 % der Deutschen würden gerne in der Freizeit-Branche arbeiten – aus folgenden Gründen:

Umgang mit Menschen	76
Hobby als Beruf	71
Gute Zukunftsaussichten	69
Soziale Kontakte	66
Flexible Arbeitszeiten	65
Mitsprache bei Arbeitsplatzgestaltung	59
Gute Bezahlung	57

(Mehrfachnennungen)

Quelle: Forsa-Umfrage im Auftrag des Arbeitskreises Freizeitwirtschaft im Institut der deutschen Wirtschaft Köln, Oktober 1995

2.2 Neue Techniken – neue Anforderungen

Qualifikationsprofil Industriekaufmann/-frau

Auf die Frage:
„Worauf kommt es bei Ihrer Arbeit an?"
antworteten so viel Prozent der Industriekaufleute
(Mehrfachnennungen)

Selbständigkeit	93
Flexibilität	91
Gute Fachkenntnisse	79
Mündliche Ausdrucksweise	68
Kreativität	42

iwd 10/95

Das Bild weist auf fachübergreifende Fähigkeiten hin, die heute als notwendig gelten, um den Anforderungen der Arbeitswelt jetzt und in Zukunft gewachsen zu sein. Nicht mehr allein Einzelfertigkeiten und Kenntnisse sind gefragt, sondern Grundfähigkeiten, die es den arbeitenden Menschen gestatten, die schnellen beruflichen und betrieblichen Veränderungen erfolgreich zu bewältigen. Man spricht deshalb auch von **Schlüsselqualifikationen.** Sie „erschließen" dem arbeitenden Menschen die beruflich-betrieblichen Probleme. Die Fähigkeiten zu selbständigem und flexiblem (beweglichem) Denken und Arbeiten in Kooperation mit anderen steht dabei obenan.

Schlüsselqualifikationen gewinnen nur dann einen Sinn, wenn die **Bereitschaft zu lebenslangem Lernen** vorhanden ist. Wer davon ausgeht, dass das Lernen mit dem Ende der Ausbildung abgeschlossen sei, übersieht die Wandlungsprozesse. Die einmal in der Ausbildung erworbenen Fachkenntnisse reichen nicht mehr für ein ganzes Berufsleben aus. In immer kürzeren Zeiträumen ist neues Wissen aufzunehmen und zu verarbeiten. Schlüsselqualifikationen sind dabei dann eine unerlässliche Hilfe.

Anforderungen anderer Art ergeben sich aus neuen **Formen der Arbeitsorganisation.**

Mit dem Schlagwort **lean production** setzt in den Unternehmen eine Tendenz ein, die zur Überwindung von Arbeitsteilung und -zergliederung (sog. Taylorismus) führt. An deren Stelle werden Kleingruppen mit eigenverantwortlicher Arbeit in größerem Rahmen betraut. Damit verbunden ist eine Umstrukturierung der Hierarchien und eine Einbeziehung aller Beschäftigten in die Entscheidungsprozesse innerhalb des Betriebes. Diese Entwicklung setzt in Japan bereits in den 50er Jahren ein und wird seit den 80er Jahren zunehmend vom Management in den USA, aber auch in Europa aufgegriffen.

Fertigungsinseln

sind eine besondere Form der Gruppenarbeit, in der möglichst komplette Produktteile oder sogar Endprodukte hergestellt werden. Die räumliche und organisatorische Trennung, wie sie bei der konventionellen Fertigung entsteht, gibt es hier nicht.

> Die Philosophie der schlanken Produktion beruht auf dem Einsatz kleiner, eigenverantwortlicher Gruppen, die in einer Mischung aus handwerklicher und handwerksähnlicher Tätigkeit und Fließbandtransport die Null-Fehler-Produktion anstreben. Die Delegation der Verantwortung an Teams verringert die Hierarchie-Ebenen und stärkt die Problemlösungsfähigkeit der Gruppe. Die Teams sind hochmotiviert, weil sie sich mit ihrer Arbeit identifizieren.(...) Die schlanke Produktion braucht gegenüber der herkömmlichen Fertigung nur die Hälfte an menschlicher Arbeit und sogar weniger als die Hälfte der Lagerkapazitäten für Vorprodukte und Zulieferteile. Die Kostenersparnis ist beträchtlich.(...) Aus Mitarbeitern werden Mitgestalter und im übertragenen Sinne Kleinunternehmer mit anspruchsvollen Arbeitsaufgaben und autonomen Handlungs- und Gestaltungsspielräumen.

aus: Die Zukunft der Arbeitswelt, Hrsg. Institut der deutschen Wirtschaft Köln, 1993, S. 16f.

Diese neue Arbeitsorganisation bedarf einer differenzierten Betrachtung. Einerseits liegen in ihr Chancen für mehr Selbstbestimmung der Arbeitnehmerinnen und Arbeitnehmer im betrieblichen Ablauf und damit zu befriedigenderer Tätigkeit und zu höherer Qualifikation, andererseits besteht aber auch die Gefahr, dass diese Arbeitsformen zu neuem Leistungsstress führen, insbesondere dann, wenn Teile der alten Arbeitsteilung mit der neuen Arbeitsform kombiniert werden.

Von 152 auf 110 Sekunden

Die Fertigung in Teams soll das Opel-Werk in Eisenach zur Modellfabrik machen: hochproduktiv und human zugleich. Die Wirklichkeit ist vom Ideal noch weit entfernt.

(...) „Die Menschen am Band gleichen einer Ballettgruppe, die immer im Takt und nach unsichtbarer Regie ihre Bewegungen ausführt", beobachtete die „Frankfurter Allgemeine Zeitung". Das Ganze sei ein „ästhetisches Gesamtkunstwerk".

Der sympathische Eindruck trügt. Die „Fertigungsstätte mit Modellcharakter für ganz Europa" (Opel-Selbstlob) mag wegweisend für die Fabrikarbeit der Zukunft sein. Ein Beispiel für humanere Arbeitsbedingungen ist sie nicht, zumindest jetzt noch nicht. Gerade in diesen edlen Werkhallen herrscht Stress und mittlerweile haben die Folgen der neuen Arbeitsbedingungen auch einen Namen: Flexibilitätssyndrom, Just-in-time-Syndrom, Qualitätssyndrom. (...)

Das Arbeitstempo zieht weiter an, das weiß und spürt jeder. In der Anlaufphase betrug die Taktzeit, während der am Fließband eine bestimmte Anzahl von Operationen ausgeführt werden muss, 152 Sekunden. Vor den Werkferien im August waren es 135 Sekunden, danach 127 Sekunden, und derzeit sind es – bei wachsenden Arbeitsinhalten – 110 Sekunden. (...)

Tatsächlich steht im Mittelpunkt der neuen Fabrik nicht der Mensch, sondern die Arbeitsproduktivität."

Dietmar Gottschall in: manager magazin 12/1994, S. 239ff.

Null-Fehler-Prinzip

Jeder Mitarbeiter soll Lieferant und Kunde zugleich sein. Abweichungen vom Qualitätsstandard darf er in beiden Rollen nicht akzeptieren. An jeder Montagestation gibt es zwei Zugschnüre. Zieht einer die gelbe Schnur, dann fordern ein optisches und akustisches Signal die Kollegen auf, ihm zu Hilfe zu eilen. Zieht er die rote Schnur, stoppt das Fließband, bis alle gemeinsam das Problem gelöst haben.
Dennoch bleiben Qualitätsmängel, die in täglichen Besprechungen analysiert werden und deren Behebung bereits kurze Zeit später von den Teamsprechern gemeldet werden müssen.

Das Beispiel „Opel"

Arbeit und Beruf

Anschriften

Ministerium für Bildung, Wissenschaft und Weiterbildung
Mittlere Bleiche 61
55116 Mainz
Tel.: 06131/162857

Arbeitsgemeinschaft der Industrie- und Handelskammern in Rheinland-Pfalz
Ludwigsplatz 2-3
67059 Ludwigshafen
Tel.: 0621/5904229

Bildungswerk der rheinland-pfälzischen Wirtschaft e.V.
Hölderlinstraße 1
55131 Mainz
Tel.: 06131/557575

2.3 Berufliche Mobilität durch Weiterbildung

Innerbetriebliche Weiterbildung

Bei Klaus, dem Einzelhandelskaufmann, hat der Chef den Stein ins Rollen gebracht. Klaus hat in der Filiale eines Warenhauses gelernt und bereits überlegt, sich umschulen zu lassen. Der Verdienst war ihm zu spärlich und er wollte mehr tun als Kunden beraten und bedienen. „Ich wollte mitentscheiden dürfen, welche Kleidung eingekauft wird. Schließlich kannte ich die Wünsche meiner Kunden und Kundinnen am besten." Sein Chef bot ihm eine innerbetriebliche Weiterbildung zum Substituten an. Drei Jahre mit Prüfungen und Versetzungen in andere Filialen folgten. Dann war es für Klaus soweit: „Ich bin zwar öfter zum Einkauf und auf Modeschauen mitgefahren. Aber jetzt bin ich für den Einkauf einer Kollektion verantwortlich."

was werden, 6/95

Staatlich anerkannte Weiterbildung

Roberta wusste schon in der Schule, dass es nicht bei der Ausbildung zur Gas- und Wasserinstallateurin bleiben sollte. Sie wollte einen praktischen, krisensicheren Beruf – sanitäre Anlagen werden immer gebraucht – und sich darüber hinaus später selbständig machen. „Ich kann mich einfach schlecht unterordnen. Als Selbständige habe ich zwar die Verantwortung zu tragen, aber ich kann arbeiten, wie ich es für richtig halte." Dreieinhalb Jahre dauerte die Ausbildung und drei Jahre blieb Roberta auch in dem Betrieb, um die erforderliche Berufspraxis zu bekommen. Die Meisterprüfung hat sie mit Bravour bestanden. Damit hat sie die ersten Voraussetzungen für ihre Selbständigkeit geschaffen.

was werden, 6/95

Die Abschlussprüfung in einem Ausbildungsberuf ist der Start für die persönliche **Weiterbildung.** Mit Weiterbildung wird das Lernen nach der Ausbildung bezeichnet. Technische Neuerungen erfordern neue berufliche Kenntnisse und Fertigkeiten, mitunter machen sie sogar den erlernten Beruf überflüssig.

Arbeitsförderungsgesetz § 1

Die Maßnahmen nach diesem Gesetz sind im Rahmen der Sozial- und Wirtschaftspolitik der Bundesregierung darauf auszurichten, dass ein hoher Beschäftigungsstand erzielt und aufrecht erhalten, die Beschäftigtenstruktur ständig verbessert und damit das Wachstum der Wirtschaft gefördert wird.

Die Teilnahme an schulischen, betrieblichen oder überbetrieblichen Lehrgängen verbessert die Chancen für den **beruflichen Aufstieg** (vertikale Berufsmobilität) und erleichtert nötigenfalls den Berufswechsel (horizontale Mobilität). Für die berufliche Weiterbildung gibt es in der berufsbildenden Schule (s. S. 12) und außerhalb der Schule bei privaten Trägerorganisationen ein breites Angebot. Die Arbeitsberater des örtlichen **Arbeitsamtes** informierten über passende Bildungsangebote und zeigten finanzielle Förderungsmöglichkeiten über das **Arbeitsförderungsgesetz** auf.

Neben beruflichen Weiterbildungsangeboten gibt es auch Veranstaltungen, die der **gesellschaftspolitischen Weiterbildung** dienen. Das sind z. B. Seminare zum Umweltschutz oder über die Europäische Union.

Berufe im Wandel

Seit 1993 haben die Beschäftigten in Rheinland-Pfalz nach dem **Bildungsfreistellungsgesetz** einen Rechtsanspruch auf Freistellung von der Arbeit zum Zwecke der beruflichen und gesellschaftspolitischen Weiterbildung. Während der Bildungsmaßnahme wird das Arbeitsentgelt vom Arbeitgeber weitergezahlt. Ausgenommen sind allerdings Veranstaltungen, die der Erholung, Unterhaltung oder allgemeinen Freizeitgestaltung dienen. Für Beschäftigte bei Arbeitgebern mit weniger als 6 Arbeitskräften besteht kein Rechtsanspruch.

Der Freistellungsanspruch beträgt normalerweise zehn Tage innerhalb von 2 Jahren. Für Auszubildende beträgt der Anspruch jedoch nur 3 Tage innerhalb der Ausbildung und gilt nur für gesellschaftspolitische Weiterbildungsveranstaltungen.

Wer trägt die Kosten der beruflichen Weiterbildung?
Angaben für 1992 in Prozent

Arbeitgeber	43
Bundesanstalt für Arbeit	18
Öffentliche Hand	13
Weiterbildungsteilnehmer	10

imu Nr. 9507111

Anschriften

Deutsche-Angestellten-Gewerkschaft (DAG) Landesverband Rh-Pf.
Rheinstraße 105 - 107
55116 Mainz
Tel.: 0 61 31 / 2 81 90

Verband der Volkshochschulen von Rheinland-Pfalz e.V.
Kaiserstraße 58
55116 Mainz
Tel.: 0 51 31 / 23 45 67

Arbeitsgemeinschaft der Handwerkskammern in Rheinland-Pfalz
Göttelmannstraße 1
55130 Mainz
Tel.: 0 60 31 / 83 02 38

DGB-Landesbezirk Rheinland-Pfalz e.V.
Kaiserstraße 26 - 30
55160 Mainz
Tel.: 0 61 31 / 28 16 13

Der Weg zur Bildungsfreistellung:

- Angebote anerkannter Veranstalter der Bildungsfreistellung
- Information und Auswahl bei den Weiterbildungseinrichtungen
- Anmeldung bei der durchführenden Einrichtung
- Schriftliche Geltendmachung der Bildungsfreistellung gegenüber dem Arbeitgeber sechs Wochen vor Beginn der Veranstaltung
- Bei Ablehnung zum vorgesehenen Zeitraum aus betrieblichen oder dienstlichen Gründen
  - Aufschub der Bildungsfreistellung, Inanspruchnahme zu einem anderen Zeitpunkt
- Bildungsfreistellung durch den Arbeitgeber bis zur gesetzlichen Obergrenze der Inanspruchnahme
- Teilnahme an der Veranstaltung
- Teilnahmebescheinigung an den Arbeitgeber

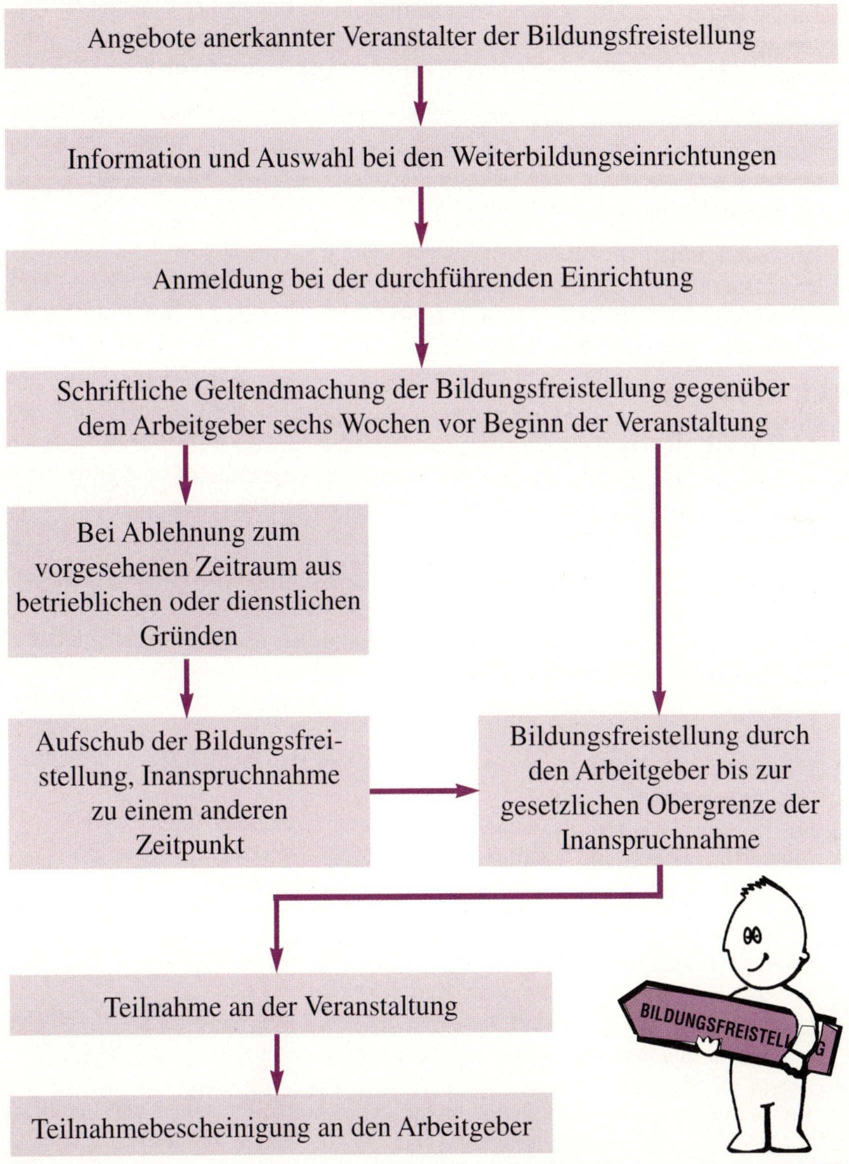

Faltblatt des Ministeriums für Wissenschaft und Weiterbildung Rheinland Pfalz

Arbeit und Beruf

Arbeit, Beruf und Weiterbildung

Sinn der Arbeit

Arbeit ist ein Mittel zur Selbstverwirklichung, dient der Existenzsicherung und ermöglicht einen bestimmten Lebensstandard.

Wünsche und Erwartungen

An die berufliche Arbeit werden unterschiedliche Wünsche und Erwartungen herangetragen. Arbeitszufriedenheit und -motivation sind wesentlich von der Erfüllung dieser Erwartungen abhängig. Es gibt Anzeichen dafür, dass in vielen Fällen die berufliche Arbeit eher negativ eingeschätzt wird.

Wandel der Ausbildungsberufe

Durch die technische Entwicklung verändern sich die beruflichen Inhalte und Anforderungen. Ausbildungsordnungen müssen dieser Entwicklung angepasst werden. Neue Tätigkeitsfelder machen neue Ausbildungsberufe erforderlich.

Schlüsselqualifikationen

Bei der Berufsausbildung gewinnen fachübergreifende Fähigkeiten, sogenannte Schlüsselqualifikationen, wie z.B. die Fähigkeit zu selbständigem Arbeiten im Team, zunehmend an Bedeutung. Mit Hilfe der Schlüsselqualifikationen wird es dem arbeitenden Menschen möglich, beruflich-betriebliche Probleme zu „erschließen".

Neue Arbeitsorganisation

Durch neue Formen der Arbeitsorganisation versuchen die Unternehmen die Produktivität zu erhöhen. Lean production bedeutet in diesem Zusammenhang, dass der Produktionsprozess nicht mehr in einzelne Arbeitsgänge aufgeteilt, sondern von Arbeitsgruppen gemeinsam geplant und erstellt wird.

Weiterbildung

Nach der Berufsausbildung fördert die Teilnahme an beruflichen Weiterbildungsmaßnahmen die berufliche Mobilität (Beweglichkeit). Dazu gibt es ein breites Angebot von schulischen und privaten Trägern. Seit 1993 gibt es in Rheinland-Pfalz ein Bildungsfreistellungsgesetz. Danach haben fast alle Beschäftigten einen Anspruch auf einen bezahlten Bildungsurlaub für berufliche Weiterbildungsseminare.

Zur Wiederholung

1. Ermitteln Sie die von Ihnen ausgeübten Formen der Arbeit und stellen Sie die einzelnen Zeitanteile in einem Kreisdiagramm dar.
2. Stellen Sie Ihre eigenen Wünsche und Erwartungen an einen Arbeitsplatz zusammen und vergleichen Sie diese mit den Angaben auf Seite 63.
3. Begründen Sie, weshalb gegenwärtig viele Ausbildungsordnungen geändert werden müssen.
4. Erläutern Sie, welche Bedeutung Schlüsselqualifikationen für das berufliche Weiterkommen haben.
5. Erörtern Sie die Frage: „Ist lebenslanges Lernen heutzutage unerlässlich?"
6. Stellen Sie die Vor- und Nachteile von lean production einander gegenüber.
7. Worin sehen Sie den Sinn des Bildungsfreistellungsgesetzes?

Weiterführende Aufgaben

1. Befragen Sie 20 Personen aus Ihrem Bekanntenkreis, was sie für wichtig am Arbeitsplatz halten. Werten Sie das Befragungsergebnis aus.
2. Besorgen Sie sich von Ihrem Ausbildungsbetrieb den Ausbildungsrahmenplan und stellen Sie fest, was dort über computerbezogene Ausbildungsinhalte festgelegt ist.
3. Stellen Sie fest, welche Veranstaltungsträger in Ihrem Schulbezirk Lehrgänge zur beruflichen und gesellschaftspolitischen Weiterbildung anbieten. Sind auch Lehrgänge dabei, die für Ihren Beruf zutreffen?

3 Arbeitslosigkeit

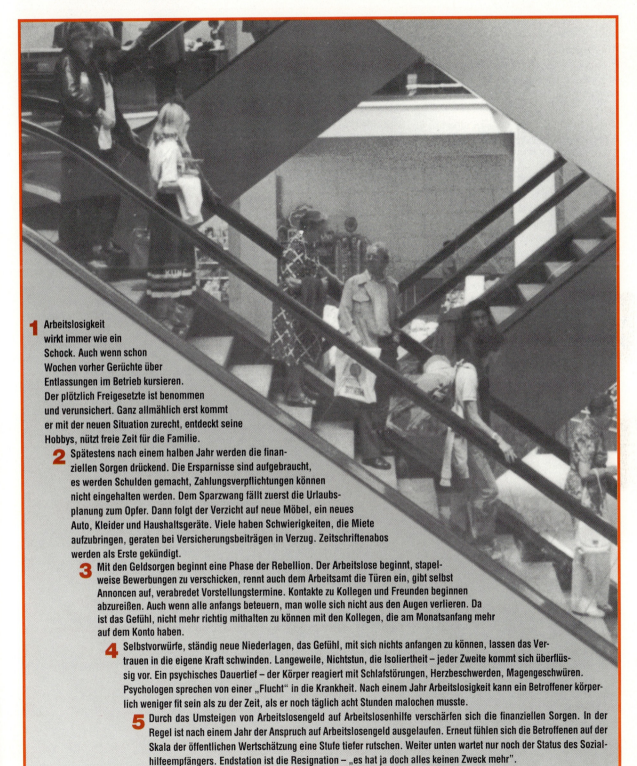

1 Arbeitslosigkeit wirkt immer wie ein Schock. Auch wenn schon Wochen vorher Gerüchte über Entlassungen im Betrieb kursieren. Der plötzlich Freigesetzte ist benommen und verunsichert. Ganz allmählich erst kommt er mit der neuen Situation zurecht, entdeckt seine Hobbys, nützt freie Zeit für die Familie.

2 Spätestens nach einem halben Jahr werden die finanziellen Sorgen drückend. Die Ersparnisse sind aufgebraucht, es werden Schulden gemacht, Zahlungsverpflichtungen können nicht eingehalten werden. Dem Sparzwang fällt zuerst die Urlaubsplanung zum Opfer. Dann folgt der Verzicht auf neue Möbel, ein neues Auto, Kleider und Haushaltsgeräte. Viele haben Schwierigkeiten, die Miete aufzubringen, geraten bei Versicherungsbeiträgen in Verzug. Zeitschriftenabos werden als Erste gekündigt.

3 Mit den Geldsorgen beginnt eine Phase der Rebellion. Der Arbeitslose beginnt, stapelweise Bewerbungen zu verschicken, rennt auch dem Arbeitsamt die Türen ein, gibt selbst Annoncen auf, verabredet Vorstellungstermine. Kontakte zu Kollegen und Freunden beginnen abzureißen. Auch wenn alle anfangs beteuern, man wolle sich nicht aus den Augen verlieren. Da ist das Gefühl, nicht mehr richtig mithalten zu können mit den Kollegen, die am Monatsanfang mehr auf dem Konto haben.

4 Selbstvorwürfe, ständig neue Niederlagen, das Gefühl, mit sich nichts anfangen zu können, lassen das Vertrauen in die eigene Kraft schwinden. Langeweile, Nichtstun, die Isoliertheit – jeder Zweite kommt sich überflüssig vor. Ein psychisches Dauertief – der Körper reagiert mit Schlafstörungen, Herzbeschwerden, Magengeschwüren. Psychologen sprechen von einer „Flucht" in die Krankheit. Nach einem Jahr Arbeitslosigkeit kann ein Betroffener körperlich weniger fit sein als zu der Zeit, als er noch täglich acht Stunden malochen musste.

5 Durch das Umsteigen von Arbeitslosengeld auf Arbeitslosenhilfe verschärfen sich die finanziellen Sorgen. In der Regel ist nach einem Jahr der Anspruch auf Arbeitslosengeld ausgelaufen. Erneut fühlen sich die Betroffenen auf der Skala der öffentlichen Wertschätzung eine Stufe tiefer rutschen. Weiter unten wartet nur noch der Status des Sozialhilfeempfängers. Endstation ist die Resignation – „es hat ja doch alles keinen Zweck mehr".

PZ Nr. 41

Wer ist arbeitslos?

Arbeitslos sind Arbeitnehmerinnen und Arbeitnehmer, die unselbständig gearbeitet haben, ihren Arbeitsplatz verloren haben und nun der Arbeitsvermittlung zur Verfügung stehen, also arbeitsfähig und arbeitswillig sind.

Arbeitslosigkeit, nah besehen

(alte Bundesländer)
Von je 100 Arbeitslosen Ende September 1995 waren:
- 46 ohne abgeschlossene Berufsausbildung
- 37 Berufstätigkeit unterbrochen
- 33 ein Jahr und länger arbeitslos
- 26 gesundheitlich beeinträchtigt
- 8 ohne Berufserfahrung
- 23 älter als 55 Jahre
- 3 Jugendliche unter 20 Jahre

(Mehrfachnennung)
nach: Globus 3467

3.1 Arbeitslos trotz Berufsausbildung?

Auf die berufliche Lehre folgt nicht selten die berufliche Leere. Personalabbau, Kostendruck und „Schlankheitskuren" in vielen Unternehmen führten dazu, dass junge Fachkräfte nach bestandener Lehrabschlussprüfung von ihren Ausbildungsbetrieben nicht übernommen wurden und auch in anderen Unternehmen keine Anstellung fanden. Im Jahr 1994 begann für 80 000 – 19 Prozent aller Absolventen – das Berufsleben mit Arbeitslosigkeit.

Nach Globus, Ib-2676

Zeitweise Arbeitslosigkeit ist also auch bei einer Berufsausbildung nicht immer vermeidbar. Dennoch wäre es falsch, eine Berufsausbildung deshalb als überflüssig anzusehen.

Wie wichtig eine ordentliche Ausbildung ist, zeigt ein Blick in die **Arbeitslosenstatistik:** 1994 haben von den jugendlichen Arbeitslosen 78 % keine abgeschlossene Ausbildung und von den registrierten Arbeitslosen können rund die Hälfte keine Berufsausbildung vorweisen.

Ohne Berufsausbildung gestaltet sich die Arbeitssuche schwierig; die Arbeitsplatzangebote für nichtqualifizierte Arbeitnehmerinnen und Arbeitnehmer nehmen ständig ab. Wer hingegen gut ausgebildet ist, hat die relativ besseren Chancen, einen angemessenen Arbeitsplatz zu finden.

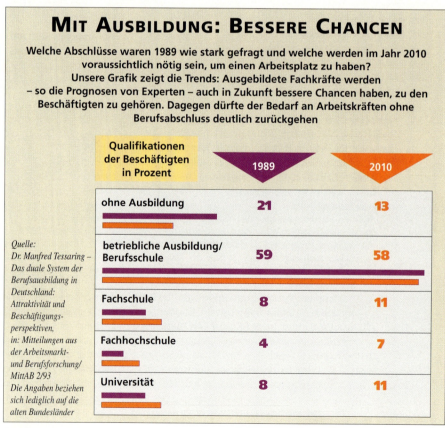

IZ 1/94

3.2 Arbeitslosigkeit als gesellschaftliches Problem

Stellenabbau bedeutet für Speyer eine Katastrophe

Speyer. Kommunalpolitik, Gewerkschafter, Kirchenleute und Einzelhändler in Speyer sind sich dieser Tage einmal einig. Der bevorstehende drastische Stellenabbau in den ortsansässigen Werken des Luftfahrtunternehmens DASA und des Elektrokonzerns Siemens wird von allen als Katastrophe für die rund 50 000 Einwohner zählende Stadt empfunden. Im schlimmsten Fall verlieren bei den größten Industriearbeitgebern Speyers in den kommenden zwei Jahren zusammen 900 Menschen ihren Job. „Ein Arbeitsplatzabbau in diesem Umfang ist für die Domstadt kaum zu verkraften und eigentlich nicht hinnehmbar", sagt der Oberbürgermeister.

„Ich halte das für eine katastrophale Entwicklung. Da bleiben viele Menschen und ihre Familien auf der Strecke", meint etwa der katholische Pfarrer, der sich in der Speyerer Bürgerinitiative gegen den Abbau bei DASA engagiert.

Die Vertreter der Stadtverwaltung weisen auf die negativen Auswirkungen für den Einzelhandel der Stadt hin. Zwar kämen von den 700 DASA-Beschäftigten nur etwa 200 aus Speyer. „Aber die anderen, die in der Region wohnen, kommen zum Einkaufen in die Stadt. Da geht viel Kaufkraft verloren."

Rhein-Zeitung, 06.11.1995 (gekürzt)

So wie in Speyer müssen viele Menschen den Verlust ihres Arbeitsplatzes befürchten. Die anhaltend hohe Arbeitslosigkeit ist zur Zeit das gesellschaftlich größte Problem in der Bundesrepublik Deutschland. Hauptursache ist eine konjunkturelle und **strukturelle Krise.** Seitens der Unternehmer wird auf die hohen Lohn- und Lohnnebenkosten am Wirtschaftsstandort Deutschland hingewiesen. Dadurch sei die deutsche Wirtschaft international nicht mehr wettbewerbsfähig. Infolgedessen rationalisieren Unternehmen Produktionsabläufe oder verlagern die Produktion ins Ausland. In beiden Fällen gehen Arbeitsplätze für immer verloren.

Da es sich bei der Arbeitslosigkeit um ein langfristiges Problem handelt mit tief greifenden wirtschaftlichen und sozialen Folgen, müssen Staat, Arbeitgeber und Gewerkschaften gemeinsam nach Lösungsmöglichkeiten suchen. In diesem Zusammenhang schlägt Ende 1995 die Industriegewerkschaft Metall (IG-Metall) ein **„Bündnis für Arbeit"** vor, das letzlich aber nicht zustande kommt.

Forderungen zur Bekämpfung der Arbeitslosigkeit

Arbeitgeber
- Senkung der Lohn- und Lohnnebenkosten
- Steuersenkungen für Unternehmen
- Arbeitszeitverlängerung
- Flexiblere Arbeitszeiten

Gewerkschaften
- Arbeitszeitverkürzungen
- Lohnerhöhungen zur Stützung der Nachfrage
- Staatliche Beschäftigungspolitik
- Ausweitung der Möglichkeiten zur Teilzeitbeschäftigung

Arbeitslosenzahl

Auf das Jahr gerechnet sind 1996 im Schnitt knapp 3,97 Mio. Menschen arbeitslos – das sind 353 000 mehr als 1995.

Strukturelle Krise

Dabei sind Probleme gemeint, die unabhängig von der jeweiligen Wirtschaftslage (Konjunktur) bestehen. Die Unternehmen sehen in den hohen Produktionskosten in Deutschland das Hauptproblem der strukturellen Krise.

Bündnis für Arbeit

Die Grundidee ist es, die Lohnforderungen gering zu halten, um dafür von den Arbeitgebern eine Arbeitsplatzgarantie zu erhalten. Zusätzlich schlägt die IG-Metall den Arbeitgebern vor, anstelle von Überstunden neue Arbeitskräfte einzustellen.
In Rheinland-Pfalz wird im Frühjahr 1996 ein „Bündnis für die Arbeit" im Bereich der Chemie-Industrie abgeschlossen.

4 Tarifverträge regeln Arbeitsbedingungen

Erster Tarifvertrag

1873 wird als erster, einheitlich für das Deutsche Reich geltender Tarifvertrag der Buchdruckertarif abgeschlossen. In ihm werden Vereinbarungen über Mindestlöhne, Arbeitszeit, Überstunden und Kündigungsfristen getroffen.

Beispiele für Einzelgewerkschaften

HBV
Gewerkschaft Handel, Banken und Versicherungen

IG Metall
Industriegewerkschaft Metall

IG Chemie
Industriegewerkschaft Chemie, Papier, Keramik

ÖTV
Öffentlicher Dienst, Transport und Verkehr

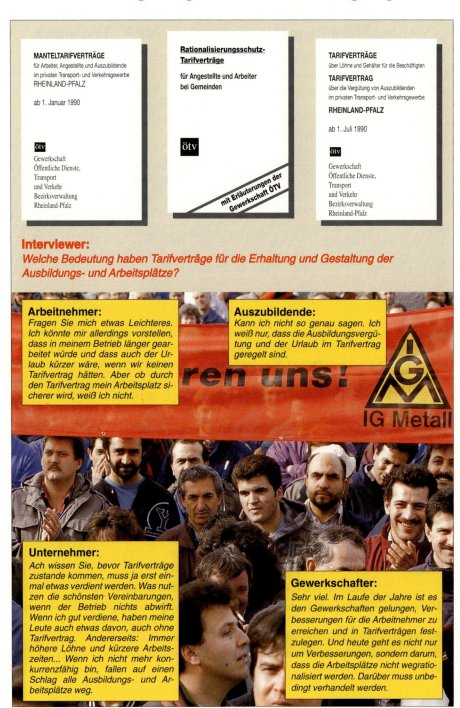

Interviewer:
Welche Bedeutung haben Tarifverträge für die Erhaltung und Gestaltung der Ausbildungs- und Arbeitsplätze?

Arbeitnehmer:
Fragen Sie mich etwas Leichteres. Ich könnte mir allerdings vorstellen, dass in meinem Betrieb länger gearbeitet würde und dass auch der Urlaub kürzer wäre, wenn wir keinen Tarifvertrag hätten. Aber ob durch den Tarifvertrag mein Arbeitsplatz sicherer wird, weiß ich nicht.

Auszubildende:
Kann ich nicht so genau sagen. Ich weiß nur, dass die Ausbildungsvergütung und der Urlaub im Tarifvertrag geregelt sind.

Unternehmer:
Ach wissen Sie, bevor Tarifverträge zustande kommen, muss ja erst einmal etwas verdient werden. Was nutzen die schönsten Vereinbarungen, wenn der Betrieb nichts abwirft. Wenn ich gut verdiene, haben meine Leute auch etwas davon, auch ohne Tarifvertrag. Andererseits: Immer höhere Löhne und kürzere Arbeitszeiten... Wenn ich nicht mehr konkurrenzfähig bin, fallen auf einen Schlag alle Ausbildungs- und Arbeitsplätze weg.

Gewerkschafter:
Sehr viel. Im Laufe der Jahre ist es den Gewerkschaften gelungen, Verbesserungen für die Arbeitnehmer zu erreichen und in Tarifverträgen festzulegen. Und heute geht es nicht nur um Verbesserungen, sondern darum, dass die Arbeitsplätze nicht wegrationalisiert werden. Darüber muss unbedingt verhandelt werden.

Tarifverträge

Zwischen Arbeitgeberverbänden und Gewerkschaften geschlossene befristete Vereinbarungen über Arbeitsbedingungen. Arbeitgeber schließen Tarifverträge, um den Betriebsfrieden zu erhalten. Die Gewerkschaften wollen mehr Rechte für Arbeitnehmer durchsetzen. Wichtigstes Ziel der westdeutschen Tarifverhandlungen war 1994/95 die Beschäftigungssicherung durch Arbeitszeitverkürzung.

Harenberg aktuell 96, S. 404

Tarifverträge gehören neben den gesetzlichen Regelungen, wie z. B. Arbeitsschutzgesetze, zu den wichtigen Grundlagen des Arbeitslebens. Sie stellen den Versuch dar, zwischen der unterschiedlichen Arbeitgeber- und Arbeitnehmerposition einen Ausgleich herzustellen.

4.1 Die Aufgaben der Tarifpartner

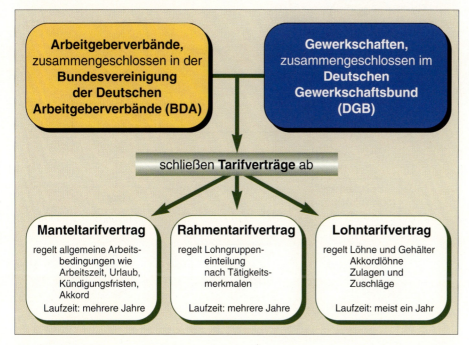

Inhaltsverzeichnis des gemeinsamen Manteltarifvertrags für Arbeiter und Angestellte in der Metallindustrie Rheinland-Pfalz

- § 1 Geltungsbereich
- § 2 Regelmäßige Arbeitszeit
- § 3 Arbeitsbereitschaft und Rufbereitschaft
- § 4 Kurzarbeit
- § 5 Mehrarbeit, Nachtarbeit, Wechselschichtarbeit, Sonn- und Feiertagsarbeit
- § 6 Zuschläge
- § 7 Dienstreisen
- § 8 Entgeltzahlungsgrundsatz
- § 9 Arbeitsausfall durch Betriebsstörung
- § 10 Arbeitsversäumnis – Arbeitsverhinderung
- § 11 Arbeitsunfähigkeit infolge Krankheit
- § 12 Unterstützung im Sterbefall
- § 13 Verdienstsicherung bei Abgruppierung
- § 14 Urlaubsanspruch
- § 15 Urlaubsdauer
- § 16 Urlaubsvergütung
- § 17 Entgeltberechnungsmethode
- § 18 Entgeltabrechnung
- § 19 Betriebliches Vorschlagswesen
- § 20 Einstellung
- § 21 Probezeit, befristetes Arbeitsverhältnis und Aushilfe
- § 22 Kündigung
- § 23 Zeugnis
- § 24 Wettbewerbsverbot
- § 25 Regelung von Streitigkeiten
- § 26 Erlöschen von Ansprüchen
- § 27 Besitzstand
- § 28 Inkrafttreten und Kündigung

Tarifverträge regeln einheitliche Arbeitsbedingungen für ganze Wirtschaftszweige in bestimmten Regionen oder auch im gesamten Gebiet der Bundesrepublik Deutschland. In Ausnahmefällen gibt es auch Firmentarifverträge. Alle Tarifverträge werden von den Tarifpartnern ohne staatlichen Zwang ausgehandelt. Dieses Recht wird **Tarifautonomie** genannt und beruht auf dem Grundrecht der Vereinigungsfreiheit (Koalitionsfreiheit) des Grundgesetzes.

> **Artikel 9 Absatz 3 Grundgesetz (Vereinigungsfreiheit)**
>
> Das Recht, zur Wahrung und Förderung der Arbeits- und Wirtschaftsbedingungen Vereinigungen zu bilden, ist für jedermann und für alle Berufe gewährleistet. Abreden, die dieses Recht einschränken oder zu behindern suchen, sind nichtig, hierauf gerichtete Maßnahmen sind rechtswidrig ....

Tarifverträge sind im heutigen Arbeitsleben eine Selbstverständlichkeit. Im 19. Jahrhundert wird es der stetig zunehmenden Arbeiterschaft vom Staat und von Arbeitgeberseite noch verwehrt, geschlossen aufzutreten und ihre Rechte vertraglich zu sichern. Erst die Verfassung der Weimarer Republik gesteht den Gewerkschaften das Recht auf Abschluss von Tarifverträgen zu.

Wenn sich die Tarifpartner nicht auf einen neuen Tarifvertrag einigen können, kommt es unter festgelegten Bedingungen zum Arbeitskampf. Das stärkste und letzte Kampfmittel der Gewerkschaften ist der **Streik,** dem aber zuvor drei Viertel aller Mitarbeiter bei der **Urabstimmung** zustimmen müssen. Auf den Streik können die Arbeitgeber mit **Aussperrung** reagieren. Der Streik endet, wenn in neuen Verhandlungen ein Kompromiss gefunden wird und in einer zweiten Urabstimmung mindestens ein Viertel der Gewerkschaftsmitglieder zustimmt.

Arbeit und Beruf

Schlichtungsverfahren

Wird von einem unparteiischen Vorsitzenden geleitet, soll eine Gesamtvereinbarung ermöglichen und den Arbeitskampf vermeiden helfen.

Chronik der Streikziele

1951:	Mehr Lohn
1955:	5-Tage-Woche
1957:	Lohnfortzahlung im Krankheitsfalle
1978:	Sozialschutz bei Rationalisierungsmaßnahmen
1979:	Arbeitszeitverkürzungen
1984:	Einstieg in die 35-Stunden-Woche
1993:	Sicherung der Arbeitsplätze

Arbeitskämpfe international

Durch Streiks und Aussperrungen verlorene Arbeitstage im Jahresdurchschnitt 1970 – 1991 (je 1000 Arbeitnehmer)

Italien	928
Griechenland	734
Spanien	673
Kanada	640
Irland	502
Finnland	456
Australien	440
Großbritannien	382
Neuseeland	315
USA	270
Dänemark	189
Belgien	172
Portugal	124
Frankreich	124
Schweden	106
Norwegen	73
Japan	56
Westdeutschland	37
Niederlande	26
Österreich	7
Schweiz	1

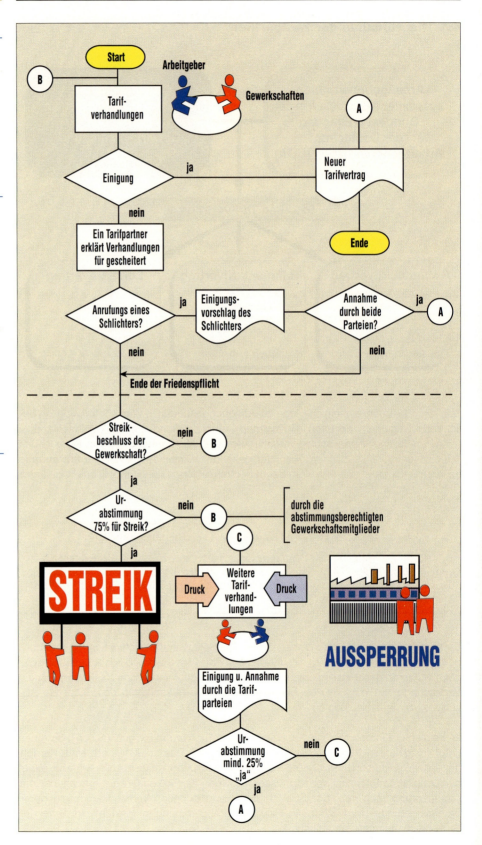

4.2 Die Wirkung von Tarifverträgen

> **Die Funktionen des Tarifvertrags:**
> - **Schutzfunktion:** Durch Tarifverträge soll die Unterlegenheit, mit der der einzelne Arbeitnehmer dem Arbeitgeber gegenübersteht, aufgehoben werden; Arbeitsbedingungen können damit nicht mehr einseitig diktiert werden.
> - **Ordnungsfunktion:** Durch Tarifverträge werden die Millionen von Arbeitsverhältnissen typisiert und vereinheitlicht; das Arbeitsleben wird geordnet und bleibt damit einigermaßen überschaubar.
> - **Friedensfunktion:** Während der Laufzeit von Tarifverträgen sind Arbeitskämpfe um bereits im Tarifvertrag geregelte Gegenstände ausgeschlossen.

Wilhelm Adamy/Johannes Steffen: Handbuch der Arbeitsbeziehungen, Schriftenreihe der Bundeszentrale für politische Bildung, Band 215, Bonn 1985, S. 245

Die Tarifverhandlungen spiegeln die Probleme der Arbeitswelt wider. Angesichts der Anzeichen einer Wirtschaftskrise (fehlende Aufträge, steigende Arbeitslosenzahlen und Betriebsstilllegungen), die ab 1992 immer deutlicher werden, kommt es zwischen Arbeitgeberverbänden und Gewerkschaften zu einer heftigen Diskussion über die Wirkung und Verbindlichkeit von Tarifverträgen.

Die Arbeitgeberverbände wollen die Allgemeingültigkeit von Tarifverträgen nicht mehr gelten lassen. Sie fordern u. a., dass Betriebe, die mit Absatzproblemen zu kämpfen haben, von den tarifvertraglichen Regelungen abweichen dürfen. Nach Meinung einiger Arbeitgeber soll ein Tarifvertrag nur noch Richtlinien für die jeweiligen Vereinbarungen in den einzelnen Betrieben aufzeigen.

Tarifverträge sollen nur noch „flexible Preisempfehlung" sein
Mittelständische Unternehmer fordern freie Lohnvereinbarungen

Die Arbeitsgemeinschaft Selbständiger Unternehmer (ASU) fordert, dass Tarifverträge in Zukunft nur noch den Charakter einer „flexiblen Preisempfehlung" haben sollen. Der Verband, dessen 7 000 Mitglieder 1,7 Millionen Arbeitnehmer beschäftigen, will, dass die Einkommen zwischen Betriebsrat und Management in den Betrieben frei vereinbart werden können. Kollektive Regelungen für alle dürften nicht Vorrang haben, „wenn sie für die besondere Lage der einzelnen Unternehmen nicht passen", sagte der ASU-Vorsitzende. Nach Ansicht der ASU sollen Abweichungen von Tarifverträgen zulässig sein, wenn dies „einvernehmlich zwischen Arbeitgeber und Betriebsrat" vereinbart wird. Gebe es keinen Betriebsrat, reiche eine Abstimmung der Beschäftigten. Kommt kein Konsens zustande, bleibe es beim Tarifvertrag. „Im Betrieb gilt weiterhin die Friedenspflicht", sagte der Vorsitzende. Ferner sei die Möglichkeit, Tarifverträge für allgemein verbindlich zu erklären, „ersatzlos zu streichen".

Frankfurter Rundschau, 6. 11. 92 (gekürzt)

Die Gewerkschaften sehen die Krisenzeichen in der Wirtschaft und versuchen ihrerseits darauf zu reagieren. Zum obersten Ziel ihrer Forderungen erklären sie die Sicherung der Arbeitsplätze und lassen Bereitschaft erkennen, über kosteneinsparende **Arbeitszeitverkürzungen** mit den Arbeitgebern zu verhandeln. Hierzu soll den einzelnen Betriebsräten auch mehr Freiheit als bisher zugestanden werden. Die geringeren Lohnkosten könnten nach der Meinung der Gewerkschaften den Unternehmern helfen, über die Krisensituation hinwegzukommen, ohne dass Arbeitnehmer entlassen werden müssten. An der Verbindlichkeit der Tarifverträge wollen die Gewerkschaften jedoch unbedingt festhalten.

Arbeitszeitverkürzungen

1900: Gewerkschaften erreichen 10-Stunden-Tag
1918: 8-Stunden-Tag gesetzlich eingeführt
1956: Von 48 auf 45 Stunden in der Metallindustrie
1967: 40-Stunden-Woche in der Metallindustrie
1975: 40-Stunden-Woche wird Normalarbeitszeit
1984: Einstieg in die 35-Stunden-Woche in der Metallindustrie

Worterklärungen

Flexibel
 = beweglich, nicht starr
Kollektive Regelung
 = eine für alle gültige Regelung
Konsens
 = Übereinstimmung

Arbeitzeitverkürzung ohne Lohnausgleich

Ende 1993 vereinbaren die IG-Metall und das VW-Werk, dass die Viertagewoche eingeführt wird.
Der VW-Konzern spart 20 % des monatlichen Bruttolohnes.
Damit soll die Entlassung von 30 000 Mitarbeitern verhindert werden.

Betriebsrat

Die Aufgaben des Betriebsrates werden auf S. 86 ff. beschrieben.

Arbeitslosigkeit und Tarifverträge

Subjektive Auswirkungen der Arbeitslosigkeit

Arbeitslosigkeit ist für die Betroffenen mehr als der Verlust einer Arbeitsstelle. Insbesondere die Langzeitarbeitslosen leiden unter finanziellen, psychischen und sozialen Belastungen.

Arbeitslosigkeit nach der Berufsausbildung

Nach Abschluss der Berufsausbildung kann vorübergehend Arbeitslosigkeit eintreten. Grundsätzlich sind die Beschäftigungschancen aufgrund einer Berufsausbildung jedoch besser als ohne Berufsausbildung. Untersuchungen hinsichtlich zukünftiger Arbeitsanforderungen zeigen einen hohen Bedarf an qualifiziert Ausgebildeten.

Arbeitslosigkeit als gesellschaftliches Problem

Gesellschaftspolitisch ist die Bekämpfung der Arbeitslosigkeit zum größten Problem geworden, an dessen Lösung sich sowohl die Arbeitgeber als auch die Gewerkschaften und der Staat beteiligen müssen. Seitens der Arbeitgeber werden hohe Lohnkosten als Grund für die Einsparung von Arbeitsplätzen genannt. Die Gewerkschaft IG-Metall schlägt ein „Bündnis für Arbeit" vor.

Tarifpartner

Arbeitgeberverbände und Gewerkschaften sind Tarifpartner (Tarifparteien), die Tarifverträge in eigener Verantwortung (Tarifautonomie) abschließen. Tarifverträge regeln die Arbeitsbedingungen. Man unterscheidet Lohn- und Manteltarifverträge. Sofern sich die Tarifpartner nicht einigen können, kommt es unter festgelegten Bedingungen zum Arbeitskampf mit Streik und Aussperrung.

Wirkung von Tarifverträgen

Tarifverträge haben eine Schutz-, Ordnungs- und Friedensfunktion. Welche Arbeitsbedingungen jeweils durch Tarifverträge geregelt werden können, hängt von der wirtschaftlichen und gesellschaftlichen Gesamtsituation ab. Derzeit wird von den Arbeitgebern die Allgemeinverbindlichkeit der Tarifverträge in Frage gestellt. Die Gewerkschaften bemühen sich um die tarifvertragliche Absicherung von Arbeitsplätzen. In diesem Zusammenhang hat der Tarifvertrag zwischen dem VW-Werk und der IG-Metall Aufsehen erregt.

Zur Wiederholung

1. Beschreiben Sie die finanziellen, psychischen und sozialen Auswirkungen auf die Betroffenen und deren Angehörige bei längerfristiger Arbeitslosigkeit.
2. Auf einem Plakat steht: „Der beste Schutz gegen Arbeitslosigkeit: eine Berufsausbildung". Nehmen Sie Stellung zu dieser Aussage.
3. Nennen Sie Gründe dafür, dass die Arbeitslosigkeit gemeinsam von Arbeitgebern, Gewerkschaften und dem Staat bekämpft werden muss.
4. Erklären Sie die Begriffe Tarifpartner, Tarifvertrag und Tarifautonomie mit eigenen Worten.
5. Worin liegt Ihrer Meinung nach der Sinn von „Spielregeln" im Arbeitskampf?
6. Wägen Sie ab! Was spricht für und gegen die Allgemeinverbindlichkeit von Tarifverträgen?

Weiterführende Aufgaben

1. Sammeln Sie innerhalb eines Monats alle Beiträge in Ihrer Tageszeitung, die sich auf das Problem Arbeitslosigkeit beziehen, und werten Sie das Material aus.
2. Besorgen Sie sich in Ihrem Ausbildungsbetrieb den derzeit gültigen Manteltarifvertrag. Stellen Sie fest, welche Arbeitsbedingungen dort geregelt sind.

Lebensbereich Betrieb

1 Zusammenarbeit im Betrieb

Betrieb
Produktions- oder Arbeitsstätte, wo durch die Kombination von Arbeit, Boden und Kapital Güter hergestellt oder Dienstleistungen bereitgestellt werden.

Im Betrieb arbeiten Menschen zusammen, um eine Leistung zu erbringen. Dabei sind sie voneinander abhängig, gleichgültig, ob es sich dabei um die Herstellung von Haushaltsgeräten oder die Beratungstätigkeit in einer Werbeagentur handelt. Jeder erfüllt eine Aufgabe und übernimmt damit – wie bei einem Schauspiel – eine bestimmte **Rolle.** Die Betriebsleiterin „spielt" eine andere Rolle als der Abteilungsleiter, die Sachbearbeiterin oder der Auszubildende.

Der Betrieb ist deshalb nicht nur ein wirtschaftlich-technisches System, sondern auch ein **soziales System,** das davon abhängig ist, wie jeder Einzelne **Rollenträger** seine Aufgabe (Rolle) erfüllt.

1.1 Spannungen und Konflikte im Betrieb

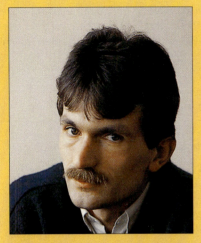

Zur Situation:

Der Facharbeiter Keller geht mit einem besonderen Anliegen zu seinem Abteilungsleiter Lehmann. Er braucht aus dringenden familiären Gründen Sonderurlaub. Aufgrund eines Lieferverzuges bei einem wichtigen Kunden kann der Betrieb auf einen Spezialisten wie Herrn Keller nicht verzichten, zumal auch gerade allgemeine Urlaubszeit ist.

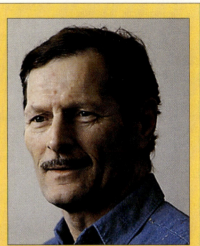

Keller: *Kann ich Sie einen Moment stören?*

Lehmann: *Ja, was ist denn los?*

Keller: *Sie müssen mir unbedingt eine Woche Urlaub geben. Ich habe zu Hause mit meinem Sohn und meiner Frau solche Schwierigkeiten, dass ich keine andere Möglichkeit sehe.*
(Lehmann denkt bei sich: Weiß denn dieser Keller nicht, wie viel Arbeit wir haben? Typisch – ihre eigenen kleinen Probleme stellen sie über alles. Was interessiert sie da die Firma oder gar meine eigene Lage!)

Lehmann: *Das ist absolut unmöglich! Durch die Urlaubszeit sind einige andere Männer, die ich dringend brauche, schon nicht da und der Kunde sitzt mir im Nacken, weil die Geräte immer noch nicht geliefert sind.*
(Keller denkt bei sich: Hört der mir denn nicht zu? Das geht dem gar nicht in den Kopf hinein, dass es hier um meine Familie geht und nicht um einen Urlaub zur Erholung.)

Keller: *Ich muss aber eine Woche frei haben, dies ist für meine Familie äußerst wichtig!*
(Lehmann denkt bei sich: Was ist hier wichtig? Dieser Kerl denkt wohl, er ist wichtiger als andere hier. Extra-Touren gibt es bei mir nicht. Das soll er gleich sehen!)

Lehmann: *Wir sind mit der Anlage im Verzug und müssten eigentlich Überstunden machen. So sieht es aus, von Sonderurlaub kann hier keine Rede sein!*

Keller: *(Kunde! Verzug! Auslieferung! Dieser Schwachkopf denkt nur an seine Produktion und glaubt, mich hier herumkommandieren zu können. Geht er nicht auf mich ein, werde ich es ihm zeigen.)*
Sie tun so, als ob Sie mich nicht verstehen.

Lehmann: *Mein Urlaubsplan ist für jeden genau geplant und mit jedem vorher abgestimmt und ausgearbeitet worden und den wirft mir keiner um! Sie sind erst in einigen Wochen dran und vorher geht es nicht.*

Keller: *Begreifen Sie denn nicht, dass ich nicht zum Vergnügen Urlaub mache. Wegen meiner persönlichen Notlage müssen Sie mir früher Urlaub gewähren!*

Lehmann: *Das kommt überhaupt nicht in Frage. Sie haben mir anscheinend überhaupt nicht zugehört.*

Keller: *Das glaube ich auch von Ihnen. Anscheinend haben Sie etwas gegen mich. Das können Sie mit anderen machen, aber mit mir nicht .....*

Nach Clemens Heidack, Betriebspsychologie, Betriebssoziologie, Wiesbaden 1983, S. 261

Worterklärung

Konflikt (lat.)
 = Zusammenstoß, Widerstreit
inter (lat.)
 = zwischen
intra (lat.)
 = innerhalb

Verwandte Begriffe zu Rolle

Status
 = Wertschätzung des Rollenträgers durch andere
Position
 = Stellung, die der Rollenträger im Betrieb einnimmt.

Jeder Mensch übt mehrere Rollen aus. Herr Keller hat zumindest zwei Rollen wahrzunehmen. Er ist Facharbeiter in der Haushaltsgerätefabrik und Familienvater. Der Betrieb erwartet von ihm besonderen Einsatz bei der Abwicklung des eiligen Kundenauftrages. Die Familie erwartet von ihm, dass er sich der häuslichen Probleme annimmt. Zwei **Rollenerwartungen** stoßen aufeinander und können nicht miteinander vereinbart werden: Der Konflikt nimmt seinen Lauf. In diesem Fall entsteht aus unvereinbaren Rollenerwartungen ein **Interrollenkonflikt.**

Abteilungsleiter Lehmann gerät in einen inneren Konflikt.

Nachdem Keller gegangen ist, denkt Lehmann über den Vorfall nach:

„Was hätte ich machen sollen? Schließlich bin ich der Betriebsleitung gegenüber verantwortlich, dass die Aufträge pünktlich ausgeführt werden. Wenn ich dem Keller Urlaub zugestanden hätte, dann wären womöglich die anderen gekommen und hätten auch Urlaub gewollt. Nein, nein, da muss ich mir nichts vorwerfen. Als Abteilungsleiter habe ich schon richtig gehandelt."

Damit gibt sich Lehmann zunächst zufrieden. Nach einiger Zeit stellen sich aber doch Zweifel ein:

*„Als Vorgesetzter von Keller habe ich auch die Pflicht, mich um ihn zu kümmern. Vielleicht hat er ja wirklich dringende Probleme zu Hause. Wie wäre mir selbst zumute, wenn ich den Kopf voller familiärer Sorgen hätte? Dann könnte ich mich auch nur schwer auf meine Arbeit hier konzentrieren. Und wenn die Betriebsleitung wegen des gewährten Urlaubs sauer gewesen wäre, dann hätte ich mich eben auf meine Fürsorgepflicht berufen.
Ach egal, jetzt ist es sowieso zu spät. Es ist aber auch eine vertrackte Sache, dass Betriebsleitung und Mitarbeiter unterschiedliche Verhaltensweisen von mir als Abteilungsleiter erwarten. Der eine dies, der andere das.*

Und wenn es nur dabei bliebe! Dann wollen die Lehrlinge gut ausgebildet werden, die Kunden verlangen eine zuvorkommende Behandlung, die Berufsgenossenschaft erwartet die genaue Einhaltung aller Arbeitsschutzmaßnahmen und so weiter und so weiter. Ich glaube: Es allen auf einmal recht zu machen, geht sowieso nicht.

Aber die Sache mit Keller ist dennoch unangenehm. Wenn sich das erst im Betrieb rumspricht, bin ich bei den Leuten wieder der Buhmann. Da scheinen mir ohnehin schon ein paar aus meiner Abteilung unzufrieden zu sein. Für die ist die Keller-Sache Wasser auf ihre Mühle. Da soll mir einer sagen, wie man sich richtig verhält...?"

Kommt es innerhalb einer Rolle zum Rollenkonflikt, dann handelt es sich um einen **Intrarollenkonflikt.** Die Erwartungen, die Mitarbeiter Keller an Herrn Lehmann in dessen Rolle als Abteilungsleiter heranträgt, lassen sich offensichtlich nicht mit den Erwartungen der Betriebsleitung von der Abteilungsleiterrolle vereinbaren.

Rollenkonflikte entstehen nicht automatisch. Je besser es gelingt, bei den eigenen Erwartungen und Ansprüchen die Belange des anderen mitzubedenken, desto einfacher ist es, einen sich anbahnenden Konflikt einvernehmlich zu lösen.

Zusammenarbeit im Betrieb

1.2 Soziale Beziehungen am Arbeitsplatz

Wenn ein Betrieb etwas herstellen will, dann muss der Arbeitsablauf organisiert werden. Die Mitarbeiter sind in verschiedenen Abteilungen und Arbeitsgruppen tätig und es besteht ein Gefüge von Über- und Unterordnung. Die betriebliche Organisation führt zu den **formellen Beziehungen**.

Interviewer:
Wie gefällt Ihnen die Zusammenarbeit mit Ihren Kolleginnen und Kollegen?
Sachbearbeiterin:
Jetzt läuft es prima in meiner *Arbeitsgruppe.*
Wir **helfen uns gegenseitig** und reden auch mal über private Dinge, wenn uns dazu Zeit bleibt. Manchmal treffen wir uns sogar nach der Arbeit. Doch, ich muss sagen: ich fühle mich richtig wohl in der Gruppe.
Das Betriebsklima stimmt. So macht die Arbeit Spaß.

Im Zusammenhang mit der gemeinsamen Arbeit entwickeln die Gruppenmitglieder Gefühle der Zu- und Abneigung füreinander. Es kommt zu gegenseitigen Hilfeleistungen, aber möglicherweise auch zu Streitigkeiten. Aus den formellen Beziehungen entstehen **informelle Beziehungen**. Starke informelle Beziehungen positiver Art in der Arbeitsgruppe befriedigen individuelle Bedürfnisse nach Anerkennung, Wertschätzung und Geborgenheit.

Von den informellen Beziehungen gehen wesentliche Einflüsse auf das **Betriebsklima** und das betriebliche Geschehen aus. **Positive Einflussfaktoren** des Betriebsklimas sind:
– gute Zusammenarbeit
– gegenseitige Hilfe
– Wohlfühlen im Kollegenkreis
– privates Zusammentreffen
Dagegen stehen die **negativen Einflussfaktoren**:
– gegenseitige Konkurrenz
– hohe Arbeitsbelastung
– geringe Kontaktmöglichkeiten
– mangelhafte gegenseitige Information
– fehlende kollegiale Ratschläge

Interviewer:
War das schon immer so?
Sachbearbeiterin:
Wenn ich da noch an vorletztes Jahr denke! Nichts hat geklappt. Streitereien am laufenden Band. Da war richtig Sand im Getriebe. Ich war nervös und gereizt. Wenn ich nicht wenigstens in der Mittagspause mit ein paar *Bekannten außerhalb meiner Arbeitsgruppe* hätte sprechen können, wäre ich durchgedreht.
Interviewer:
Konnten Sie nichts dagegen tun?
Sachbearbeiterin:
Das hatte so angefangen, dass der Abteilungsleiter einer *Arbeitskollegin, die hier von allen gemocht wird,* Ärger machte. Überhaupt: Der ließ sich nichts von uns sagen. Der wusste von vornherein immer alles besser. Erst als er eine Außenstelle übernommen hat und deshalb die Abteilung nicht mehr führen konnte, war das Problem vom Tisch.

Die informellen Beziehungen reichen über die formellen Arbeitsgruppen hinaus und führen zur Bildung **informeller Gruppen** im Betrieb. Grundlagen dafür sind u. a. die gleiche Stellung im Betrieb (z. B. alle Auszubildenden) und gleiche Freizeitinteressen (z. B. aktive Mitarbeit in einem Verein oder in einer politischen Partei).

In den Abteilungen oder Arbeitsgruppen bilden sich wie von selbst (informell) Gruppenführer heraus. Sie beeinflussen die Mitarbeiter in ihrem Verhalten und in ihren Meinungen. Die Betriebsleitung sollte solche Wort- und Meinungsführer ernst nehmen.

Mobbing

Der Begriff kommt vom englischen Wort „to mob" = anpöbeln und „mob" = Pöbel.
„Mobber" ist, wer mobbt.

In jüngster Zeit wird viel über **Mobbing am Arbeitsplatz** gesprochen. Worum geht es?

> Die Situation ist bekannt: Irgend etwas am Arbeitsplatz „klappt nicht so recht". Es gibt Streit. Keiner will nachgeben. Niemand will der Schuldige gewesen sein. Einer schiebt die Schuld auf den andern. Doch man braucht einen „Sündenbock", einen „Prügelknaben".
> Diese Mitarbeiterin (oder auch Mitarbeiter) muss dann auch bei späteren Vorkommnissen als Sündenbock herhalten. Noch mehr: Sie wird nun in die Rolle eines Außenseiters gedrängt. Gegen sie wird (laufend) gestichelt; hinter ihrem Rücken wird gelächelt; das „Opfer" kann keinem etwas recht machen; alle hacken auf ihm rum. Die Kolleginnen und Kollegen meiden das Opfer. Die betreffende Mitarbeiterin ist für die andern „Luft", wird zum Außenseiter, fühlt sich als Versager. Ergebnis: Das Opfer fühlt sich in die Enge getrieben, schlägt vielleicht um sich, ist gekränkt und wird oft sogar wirklich krank.

G. Springer, in: ZAH 10/95, S. 21

„Dicke Luft" am Arbeitsplatz?

Von je 100 Beschäftigten empfinden das Betriebsklima am Arbeitsplatz
76 gut bis sehr gut
20 erträglich bis schlecht
4 keine Angaben

Schlechtes Betriebsklima führt bei den Betroffenen zu
(Rangfolge nach der Häufigkeit der Nennungen)
- Stressgefühl
- Nervosität
- schlechtem Schlaf
- Kopfschmerzen
- Erschöpfungsgefühl
- Magenschmerzen
- Appetitlosigkeit

nach Globus Md-2582

Wer Mobbingverhalten anderer ertragen muss, leidet unter der mangelnden **Kommunikation** am Arbeitsplatz. Keiner hört mehr hin, wenn das Mobbing-Opfer etwas sagt. Andererseits wird die gemobbte Person auch von Informationen abgeschnitten. Mit der Folge, dass sich Fehler einstellen und die Arbeitsleistung sinkt.

Mit der mangelnden Kommunikation geht der Verlust des **Selbstwertgefühls** einher. Dem Opfer wird bewusst, dass es keine wichtige Rolle mehr am Arbeitsplatz spielt. Besonders schlimm wird die Situation, wenn gezielte Angriffe auf das soziale Ansehen erfolgen, indem z. B. hinter dem Rücken des Opfers Gerüchte ausgestreut werden oder man sich über seine Andersartigkeit (Nationalität, Rasse, Sprache, Religion) lustig macht.

Die Folgen von Mobbing sind vielfältig. Für den Arbeitgeber entstehen **Produktionsausfälle,** weil unter dem Stress von Mobbing stehende Mitarbeiterinnen und Mitarbeiter nicht mehr ihre volle Leistungsfähigkeit entfalten können. Die Mobbing-Opfer selbst leiden unter einer ständigen **psychischen Belastung** mit nachhaltigen gesundheitlichen Beeinträchtigen wie Magenschmerzen, Übelkeit, Erbrechen, Nacken- und Rückenschmerzen und vor allem aber Schlafstörungen.

Mobbing deutet immer auf tiefer liegende Ursachen. Zumeist verbergen sich dahinter organisatorische Probleme am Arbeitsplatz oder Unzufriedenheiten mit der Arbeitsaufgabe. **Mitarbeitergespräche** zwischen Vorgesetzten und Mitarbeiterinnen und Mitarbeitern, aber auch **Gespräche in der Arbeitsgruppe** können solche Mängel offenlegen.

> Wenn Mitarbeiterinnen und Mitarbeiter gelernt haben, ihre Probleme gemeinsam zu lösen, hat Mobbing keine Chance! Wichtig ist zu wissen: Wenn die Umgebung des Mobbingopfers, Täter oder Beobachter, sich der schädlichen Folgen des Mobbing nicht bewusst sind, kann der Betroffene selbst kaum etwas dagegen tun.
> Am wirkungsvollsten ist ein frühestmögliches Eingreifen. Jeder Vorgesetzte, aber auch jede Mitarbeiterin, muss über so viel soziale Kompetenz verfügen, dass er rechtzeitig eingreifen kann. Man muss sich jedoch klar machen, dass sich nicht alle Konflikte auf Anhieb lösen lassen. Bewährt hat sich das Dazuziehen eines Beraters.

G. Springer, a.a.O., S. 27f.

Zusammenarbeit im Betrieb

Der Betrieb

Der Betrieb ist ein wirtschaftlich-technisches und soziales System, in dem Menschen gemeinsam eine Leistung erbringen. Aus den verschiedenen Aufgaben, die dabei durchzuführen sind, ergeben sich bestimmte Rollen.

Rollen und Rollenkonflikte

Rollen sind durch Rollenerwartungen geprägt. Da jeder Mensch mehrere Rollen einnimmt (z. B. Mitarbeiter- und Familienrolle) kann es zu Konflikten zwischen den jeweiligen Rollen kommen (Interrollenkonflikt). Unterschiedliche Erwartungen an einen Rollenträger (z. B. Abteilungsleiter), die nicht alle gleichzeitig erfüllt werden können (Intrarollenkonflikt), lassen möglicherweise Unzufriedenheit und im weiteren Verlauf Spannungen aufkommen.

Soziale Beziehungen im Betrieb

Das betriebliche Gefüge von Über- und Unterordnung zur Erfüllung des Betriebszwecks kennzeichnet die formellen Beziehungen im Betrieb. Daneben bestehen auf persönlich-privater Grundlage informelle Beziehungen, die das Betriebsklima und das Betriebsgeschehen nachhaltig positiv oder negativ beeinflussen.

Mobbing am Arbeitsplatz

Mobbing am Arbeitsplatz ist ein weit verbreitetes Problem. Man versteht darunter negative Verhaltensweisen, die sich innerhalb der Arbeitsgruppe gegen ein Gruppenmitglied richten. Das Opfer von Mobbinghandlungen wird von der Kommunikation und Information ausgeschlossen und gerät in die Rolle des Sündenbocks für alle möglichen betrieblichen Probleme. Das Mobbingopfer unterliegt deshalb einem dauernden Stress und nimmt gesundheitlichen Schaden. Mobbingsituationen lassen sich allenfalls durch offene Mitarbeitergespräche klären.

Zur Wiederholung

1. Beschreiben Sie Ihre Rolle im Ausbildungsbetrieb.
2. Nennen Sie Ihre eigenen Rollenerwartungen an einen beliebigen Mitarbeiter Ihres Ausbildungsbetriebes, mit dem Sie regelmäßig zusammenarbeiten.
3. Stellen Sie an je einem Beispiel dar, welche Intra- und Interrollenkonflikte sich in Ihrer Rolle als Auszubildende/Auszubildender ergeben können.
4. Schildern Sie anhand eines erlebten oder ausgedachten Rollenkonflikts im Ausbildungsbetrieb, wie die Beteiligten den Konflikt gelöst haben oder hätten lösen können.
5. Zeichnen Sie die Struktur der formellen Beziehungen in Ihrem Ausbildungsbetrieb auf.
6. In einem Handbuch für Vorgesetzte heißt es: „Innerhalb rein formeller Gruppen bilden sich in den meisten Fällen sogenannte informelle Gruppenführer heraus. Der Vorgesetzte sollte nicht versuchen, sie zu bekämpfen. Besser ist es, die informellen Führer bei Problemen mit einzuschalten."
Erläutern Sie den Sinn dieser Empfehlung.

Weiterführende Aufgaben

1. Skizzieren Sie ähnliche Konfliktsituationen wie zwischen Abteilungsleiter Lehmann und Facharbeiter Keller und gestalten Sie daraus ein Rollenspiel.
2. Gestalten Sie ein Plakat, auf dem Sie das Problem Mobbing hinsichtlich Entstehung, Auswirkungen und Lösungsmöglichkeiten darstellen.

2 Rechte am Arbeitsplatz

> Der Arbeitnehmer – egal ob Arbeiter oder Angestellter – ist an die Weisungen des Arbeitgebers gebunden. Er arbeitet für fremde Rechnung, nicht für die eigene. Damit ist er abhängig vom Arbeitgeber. ... Regelmäßig ist der Arbeitnehmer der wirtschaftlich Schwächere. Er bedarf daher der staatlichen Fürsorge und des staatlichen Schutzes durch besondere Gesetze. Insofern ist das Arbeitsrecht Sonderrecht des abhängig Beschäftigten und in erster Linie Arbeitnehmerschutzrecht.

Heinz Golas, Der Mitarbeiter, Cornelsen Verlag Schwann-Girardet, 6. Auflage, Düsseldorf 1988 S. 175

2.1 Wie wichtig ist das Betriebsverfassungsgesetz?

Herr Klein bekommt zu wenig Geld

Franz Klein, 23 Jahre, ist drei Jahre als Programmierer beschäftigt und erhält gegenwärtig ein Tarifgehalt. Nebenher besucht er verschiedene Weiterbildungslehrgänge. Er versteht nicht, wieso ihm das vom Betrieb nicht honoriert wird.
Er beschließt deshalb, mit seinem Abteilungsleiter, Herrn Lehmann, zu reden:

Klein: *Guten Tag Herr Lehmann.*

Lehmann: *Was ist Herr Klein, ich muss in 10 Minuten zu einer wichtigen Besprechung.*

Klein: *Ich bin nun schon drei Jahre hier und mache meine Arbeit immer redlich und fehlerlos. Ich meine, es ist an der Zeit, dass ich mehr Geld bekommen muss. Auch Herr Ehrhardt, der mit mir damals anfing, verdient jetzt schon 600,– DM mehr im Monat.*

Lehmann: *Aber Herr Klein, das ist doch ganz was anderes. Sie sind eben jünger. Herr Ehrhardt hat doch Familie.*

Klein: *Ich leiste das Gleiche.*

Lehmann: *Natürlich haben wir uns schon Gedanken über die Ihnen zustehende Vergütung gemacht. Wie Sie jedoch wissen, gab Ihre Beurteilung Anlass zu Bedenken.*

Klein: *Ich weiß nicht, wovon Sie sprechen. Sie haben doch immer gesagt, dass ich mich voll für die Arbeit einsetze und ich mich bemühe, die mir aufgetragenen Tätigkeiten zu verrichten.*

Lehmann: *Aber nur bemühen, Herr Klein. Wem nützt Ihr Bemühen denn schon? Bitte entschuldigen Sie, ich muss jetzt in die Besprechung. Guten Tag.*

Bestimmungen aus dem Betriebsverfassungsgesetz

§ 80 Allgemeine Aufgaben des Betriebsrates
Der Betriebsrat hat folgende Aufgaben:
– darüber zu wachen, daß die zugunsten der Arbeitnehmer geltenden Gesetze, Verordnungen, Unfallverhütungsvorschriften, Tarifverträge und Betriebsvereinbarungen durchgeführt werden;

– Maßnahmen, die dem Betrieb und der Belegschaft dienen, beim Arbeitgeber zu beantragen;

– Anregungen von Arbeitnehmern und der Jugend- und Auszubildendenvertretung entgegenzunehmen und, falls sie berechtigt erscheinen, durch Verhandlungen mit dem Arbeitgeber auf eine Erledigung hinzuwirken; er hat die betreffenden Arbeitnehmer über den Stand und das Ergebnis der Verhandlungen zu unterrichten; …

Rechte am Arbeitsplatz

Herr Klein ist verärgert. Er fühlt sich ungerecht behandelt und will sich daraufhin von der Betriebsratsvorsitzenden, Frau Weiß, beraten lassen.

Klein: Guten Tag Frau Weiß. Ich habe von meinem Chef eine Gehaltserhöhung abgelehnt bekommen. Er hält mir entgegen, dass ich noch zu jung bin und dass meine Beurteilungen immer schlecht ausfallen. Was kann ich machen?

Weiß: Ich würde Ihnen einen Einblick in die Personalakte empfehlen. Außerdem eine Frage: Wer hat Sie bisher beurteilt?

Klein: Mein Chef – Herr Lehmann – nehme ich an.

Weiß: Sie nehmen an? Sie müssten es eigentlich genauer wissen, zumal Sie doch bei uns nach unserer Betriebsvereinbarung Beurteilungen über Sie abzeichnen müssen, bevor sie an die Personalabteilung weitergegeben werden dürfen.

Klein: Ach so ist das.

Weiß: Ich habe gegenwärtig Zeit. Wir könnten doch gemeinsam Einblick in Ihre Personalakte nehmen.

Klein: Dürfen wir das?

Weiß: Aber Herr Klein, das ist Ihr gutes Recht. Kennen Sie denn nicht das Betriebsverfassungsgesetz?

Klein: Ich habe mal davon gehört.

Herr Klein und Frau Weiß gehen zum Personalchef, Herrn Richter.

Richter: Herr Klein, Sie wollen doch wohl nicht sagen, dass Sie sich ungerecht beurteilt fühlen?

Klein: Doch. Wie Sie schon selber sagen, ich werde beurteilt. Abgewertet. Die Guten ins Töpfchen; die Schlechten ins Kröpfchen.

Weiß: Einen Moment mal... Ich sehe gerade, dass die vorliegenden Beurteilungsbögen dem Betriebsrat nicht bekannt sind. So gesehen sind alle über Herrn Klein gemachten Angaben nicht rechtmäßig.

§ 81 Unterrichtungs- und Erörterungspflicht des Arbeitsgebers
Der Arbeitgeber hat den Arbeitnehmer über dessen Aufgabe und Verantwortung sowie über die Art seiner Tätigkeit und ihre Einordnung in den Arbeitsablauf des Betriebs zu unterrichten. Er hat den Arbeitnehmer vor Beginn der Beschäftigung über die Unfall- und Gesundheitsgefahren, denen dieser bei der Beschäftigung ausgesetzt ist, sowie über die Maßnahmen und Einrichtungen zur Abwendung dieser Gefahren zu belehren.

§ 82 Anhörungs- und Erörterungsrecht des Arbeitnehmers
Der Arbeitnehmer hat das Recht, in betrieblichen Angelegenheiten, die seine Person betreffen, von den ... zuständigen Personen gehört zu werden ... Der Arbeitnehmer kann verlangen, dass ihm die Berechnung und Zusammensetzung seines Arbeitsentgelts erläutert und dass mit ihm die Beurteilung seiner Leistungen sowie Möglichkeiten seiner beruflichen Entwicklung im Betrieb erörtert werden ...

§ 83 Einsicht in die Personalakten
Der Arbeitnehmer hat das Recht, in die über ihn geführten Personalakten Einsicht zu nehmen. Er kann hierzu ein Mitglied des Betriebsrats heranziehen ...

§ 84 Beschwerderecht
Jeder Arbeitnehmer hat das Recht, sich bei den zuständigen Stellen des Betriebes zu beschweren, wenn er sich vom Arbeitgeber oder von Arbeitnehmern des Betriebs benachteiligt oder ungerecht behandelt oder in sonstiger Weise beeinträchtigt fühlt ...

Nach Josef Broich: Arbeitsrecht: Rollenspiele für Lehrlinge und Schüler, Bensheim 1979, S. 45 ff.; gekürzt und leicht verändert.

Herr Klein nimmt für sich Rechte des Betriebsverfassungsgesetzes in Anspruch. Nach dieser gesetzlichen Grundlage ist auch die Mitwirkung der Betriebsrätin Weiß bei der Klärung seiner Angelegenheit gesichert. Der Betriebsrat ist die wichtigste Interessenvertretung der Arbeitnehmer und Arbeitnehmerinnen innerhalb der privaten Unternehmen.

Der Betriebsrat ist aber nicht nur ein Ansprechpartner für den einzelnen Arbeitnehmer. Gemäß Betriebsverfassungsgesetz hat er in seiner Eigenschaft als gewählte Vertretung der Arbeitnehmer grundsätzliche **Mitwirkungs-** und **Mitbestimmungsrechte** in sozialen und personellen Angelegenheiten des Betriebes.

Öffentlicher Dienst

Den Betriebsräten in privaten Unternehmen entsprechen im öffentlichen Dienst die Personalräte. Gesetzliche Grundlage sind die Personalvertretungsgesetze des Bundes und der Länder.

Anzahl der Betriebsratsmitglieder

§ 9 BetrVerfG
Der Betriebsrat besteht in Betrieben mit in der Regel 5 bis 20 wahlberechtigten Arbeitnehmern aus einer Person, bei 21 bis 50 Arbeitnehmern aus 3 Mitgliedern, bei 51 bis 150 Arbeitnehmern aus 5.
Bei 9 000 Arbeitnehmern liegt die Zahl schließlich bei 31 Arbeitnehmern und wird je angefangene weitere 3 000 um jeweils 2 Mitglieder erhöht.

Mitwirkung und Mitbestimmung der Arbeitnehmerinnen und Arbeitnehmer nach dem Betriebsverfassungsgesetz

Mitbestimmungsrechte	Mitwirkungsrechte	Beratungsrechte
Soziale Angelegenheiten (§ 87) – Betriebsordnung – Länge der Arbeitszeit und der Pausen – Urlaubsplan – Unfallverhütung – betriebliche Berufsbildung – betriebliche Sozialeinrichtungen Personalfragebogen Beurteilungsgrundsätze (§ 94)	Personelle Einzelmaßnahmen (§ 99) – Einstellungen – Ein- und Umgruppierungen – Versetzungen Durchführung betrieblicher Bildungsmaßnahmen (§ 98) Kündigungen (§ 102)	Wirtschaftliche Angelegenheiten (§ 106) z. B. wirtschaftliche und finanzielle Lage, Produktion, Absatz, Investitionen, Rationalisierung durch den vom Betriebsrat bestimmten Wirtschaftsausschuss Gestaltung des Arbeitsplatzes (§ 90) – Neu-, Um-, Erweiterungsbauten – technische Anlagen – Arbeitsverfahren
↓	↓	↓
unbedingtes (zwingendes) Mitbestimmungsrecht	eingeschränktes Mitbestimmungsrecht	Recht auf Information und Beratung

Betriebsvereinbarung

Aufgrund der Mitbestimmungsrechte des Betriebsrates kann zwischen ihm und dem Arbeitgeber eine Betriebsvereinbarung in Form eines schriftlichen Vertrags abgeschlossen werden. Beispiele: Beginn und Ende der täglichen Arbeitszeit, Pausen, Urlaubsplanung, Lohnauszahlung, Ordnung und Verhalten im Betrieb.

Mitbestimmung nach dem Mitbestimmungsgesetz

gilt für alle Unternehmen mit mehr als 20 000 Arbeitnehmern. Danach müssen z. B. im Aufsichtsrat der Aktiengesellschaft 10 Arbeitnehmer (davon 3 Gewerkschaftsvertreter) vertreten sein.
Eine erweiterte Mitbestimmung gilt für die Unternehmen der Montan-Industrie, also des Bergbaus und der Eisen- und Stahlerzeugung.

In Betrieben mit mindestens fünf wahlberechtigten Jugendlichen und/oder Auszubildenden wird eine **Jugend-** und **Auszubildendenvertretung** gewählt. Ihre Aufgabe ist es, über die Einhaltung von Gesetzen und Vereinbarungen zugunsten jugendlicher Arbeitnehmer und Auszubildender zu wachen. Die Vertretung ist dem Betriebsrat zugeordnet und erhält auch von ihm die erforderlichen Informationen. An den Sitzungen des Betriebsrates ist ein Jugendvertreter teilnahmeberechtigt. Stehen Jugend- und Ausbildungsfragen auf dem Programm, so haben alle Jugend- und Auszubildendenvertreter ein Teilnahme- und Stimmrecht.

Die Wahlen zur Jugend- und Auszubildendenvertretung finden alle zwei Jahre statt (Betriebsrat alle 4 Jahre). Wahlberechtigt sind Arbeitnehmer unter 18 und Auszubildende unter 25 Jahren.

```
Tagesordnung zur Betriebsratssitzung am 23.01. ....

1.   Ergänzung und Genehmigung der Tagesordnung
2.   Genehmigung des Protokolls der letzten Sitzung
3.   Geplante Einführung mobiler Datenerfassungsgeräte für den
     Außendienst
4.   Krankheitsbedingte Kündigung Horst Lehm, Lagerarbeiter
5.   Entwurf Betriebsvereinbarung "Bereitschaftsdienst"
6.   Beschwerden über die Qualität des Kantinenessens
7.   Berichte aus den Abteilungen

Wenn Ergänzungen zu dieser Tagesordnung gewünscht werden, bitte
ich um umgehende Benachrichtigung.
```

Betriebsratsvorsitzende

Wolfgang Fricke et. al. (Hrsg.), Die Betriebsratssitzung: Jetzt geht's ran! 2. Auflage, Bund Verlag, Köln 1988, S. 29

Das Betriebsverfassungsgesetz ist nur ein Teil des Arbeitsrechts. Dazu gehören viele Gesetze, Verträge, Vorschriften und Vereinbarungen, die das Arbeitsleben betreffen. Wünschenswert wäre es, alle diese Regelungen in einem Arbeitsgesetzbuch zusammenzufassen (ähnlich wie bei der Sozialgesetzgebung im Sozialgesetzbuch), aber dieser Plan ist bisher noch nicht verwirklicht worden. Wenn Fragen am Arbeitsplatz auftauchen, dann müssen verschiedene Rechtsquellen herangezogen werden. Das macht den Überblick über das Arbeitsrecht schwierig. Der Betriebsrat ist deshalb eine wichtige Hilfe, wenn es um die Wahrnehmung der eigenen Rechte geht.

FRAGEN UND RECHTSQUELLEN – Ordnen Sie zu!

Frau Keller arbeitet als Verkäuferin. Häufig muss sie länger dableiben. Sie ist sich nicht sicher, ob sie dazu verpflichtet ist und wie dies bezahlt wird.

Die 17-jährige Susi Klein wird als Anlagenelektronikerin ausgebildet. Der Ausbildungsleiter verlangt von ihr eine ärztliche Bescheinigung über ihren Gesundheitszustand. Susi fühlt sich kerngesund und möchte wissen, ob sie zum Arzt gehen muss.

Herr Müller ist verheiratet und hat zwei schulpflichtige Kinder. Im Betrieb ist die Rede davon, dass wegen der schlechten Geschäftslage Mitarbeiter entlassen werden sollen. Thomas Müller hat Angst, dass er dazugehört.

Markus Jäger arbeitet als Gas- und Wasserinstallateur manchmal auch sonntags. Sein Chef meint, das sei normal und verweigert die Zahlung des tarifvertraglichen Zuschlags. Markus Jäger will sich damit nicht abfinden.

Dirk Neuner soll am Berufsschultag im Ausbildungsbetrieb arbeiten. Er hat nichts dagegen, aber er fragt sich, ob das in Ordnung geht.

§ 4 Tarifvertragsgesetz
Die Rechtsnormen des Tarifvertrages, die den Inhalt ... des Arbeitsverhältnisses ordnen, gelten unmittelbar und zwingend zwischen den beiderseits Tarifgebundenen, die unter den Geltungsbereich des Tarifvertrages fallen.

§ 7 Berufsbildungsgesetz
Der Ausbildende hat den Auszubildenden für die Teilnahme am Berufsschulunterricht und an Prüfungen freizustellen ...

§ 1, Abs. 3 Kündigungsschutzgesetz
Ist einem Arbeitnehmer aus dringenden betrieblichen Erfordernissen gekündigt worden, so ist die Kündigung trotzdem sozial ungerechtfertigt, wenn der Arbeitgeber bei der Auswahl des Arbeitnehmers soziale Gesichtspunkte nicht oder nicht ausreichend berücksichtigt hat ...

§ 33 Jugendarbeitsschutzgesetz
Ein Jahr nach Aufnahme der ersten Beschäftigung hat sich der Arbeitgeber die Bescheinigung eines Arztes darüber vorlegen zu lassen, dass der Jugendliche nachuntersucht worden ist (erste Nachuntersuchung) ...

§ 3 Arbeitszeitgesetz
Die werktägliche Arbeitszeit der Arbeitnehmer darf acht Stunden nicht überschreiten. Sie kann auf bis zu zehn Stunden nur verlängert werden, wenn innerhalb von sechs Kalendermonaten oder innerhalb von 24 Wochen im Durchschnitt acht Stunden werktäglich nicht überschritten werden.

2.2 Ist ein Betriebsrat notwendig?

Nach dem Urlaub kam die Kündigung

Wie ein Blitz aus heiterem Himmel traf die Mitarbeiter der Lauffener Firma Besser GmbH die Kündigung zum 30. September des Jahres. Der Grund: Die Maschinenbaufirma, die Plattenpressen und Blockmaschinen, etwa für die Produktion von Pflastersteinen herstellt, soll verkauft werden.

Als die Belegschaft von Besser nach den Betriebsferien am Montag, 13. August, die Arbeit wieder aufnehmen wollte, wurde sie von der Einladung zu einer Betriebsversammlung für den folgenden Tag überrascht. ... Wer bei der Betriebsversammlung anwesend war, konnte sich im Anschluss daran gleich die Kündigung abholen, die Übrigen haben sie in den folgenden Tagen erhalten.

„Ich hab es nicht glauben können", erinnerte sich ein 52-jähriger Mitarbeiter an den Moment, als er das Kündigungsschreiben öffnete. Seit zehn Jahren war er in dem Betrieb beschäftigt gewesen. Jetzt hat er erst einmal Urlaub genommen. Danach will er sich eine neue Stelle suchen. Aber: „Es sieht schlecht aus", meint er zu seinen Chancen.

So sieht den Fall auch die zuständige Gewerkschaftssekretärin von der Verwaltungsstelle der IG Metall. „Es besteht kein Anspruch auf eine Abfindung oder einen Sozialplan, da es bei der Firma Besser keinen Betriebsrat gibt."

Rainer Karrais, Heilbronner Stimme vom 24. August 1990 (gekürzt)

Mitarbeiter einer Drogeriekette packen aus

Als Beate Müller (Name von der Red. geändert) ihren Arbeitsvertrag bei der Drogeriekette unterschrieb, gab sie ihrem Arbeitgeber gleichzeitig einen Freibrief für die Kündigung. „Bei Krankheit innerhalb eines halben Jahres endet das Arbeitsverhältnis", heißt es in einem Zusatz ihres Arbeitsvertrages. Heute steht die Frau auf der Straße. Zusammen mit einer Filialleiterin aus Heidelberg, die unter psychischem Druck ihre eigene Kündigung unterschrieb. „Ich zitterte immer schon, wenn die Revisoren zur Tür hereinkamen", sagt eine andere ehemalige Verkäuferin.

Vor allem die 45 Frauen, für die die Gewerkschaft Handel Banken und Versicherungen (HBV) Nachzahlungen für je drei Monate wegen Verletzung des Tarifvertrages geltend gemacht hat, stehen in der Schusslinie ihres Arbeitgebers. Bisher verweigerte der Chef der Drogeriekette jedes Gespräch. Sollte keine Reaktion bei der HBV eingehen, wird die Gewerkschaft ein Verfahren wegen Behinderung der Betriebsratswahl anstrengen.

Zusammengestellt nach einem Bericht der Rhein-Neckar-Zeitung vom 11.11.94

Kleinkrieg im Sandalen-Imperium

Für den 58-jährigen Patriarchen des auf fast eine Milliarde Mark Umsatz geschätzten Familienkonzerns mit fast 2 000 Beschäftigten sind Betriebsräte ein rotes Tuch. Mehr als 20 Jahre konnte er deren Bildung vermeiden. In seiner Fabrik seien diese bei übertariflicher Bezahlung nicht notwendig. Doch dann ereilte ihn das Ungemach, das aus seiner Sicht zur Schließung der Fabrik führt. Lapidar teilte der Betriebsinhaber mit, dass ihm „gesundheitliche Gründe, nicht zuletzt durch die vielen Querelen mit dem Betriebsrat, zu diesem Schritt zwingen". Was wollte der Betriebsrat? Vor der Kantine sollten Pausenbänke aufgestellt, Jalousien vor Bäumen angebracht werden, das Prämiensystem gerechter und die gleiche Bezahlung von Frauen und Männern bei gleicher Arbeit gewährleistet sein.

Im gleichen Maße wie er die Stammfirma abbaute, entstanden im Werkskomplex neue, betriebsratsfreie Firmen mit seinen Söhnen als Geschäftsführer. Für den Andernacher Geschäftsführer der Gewerkschaft Holz und Kunststoff ist die Stoßrichtung klar: „Die Firma soll geschlossen werden, neue Gesellschaften übernehmen die Produktion", nach dem Motto: „Betriebsrat und Gewerkschaft, nein danke!"

Zusammengestellt nach einem Bericht der Rhein-Zeitung vom 09.02.95

Das Betriebsverfassungsgesetz schreibt die Bildung eines Betriebsrates nicht zwingend vor. Arbeitnehmer ohne Betriebsrat verzichten jedoch auf ein wichtiges Instrument zur Verdeutlichung ihrer Interessen im Rahmen gewählter Vertretungen.

Kein Unternehmer ist verpflichtet, von sich aus zur Wahl eines Betriebsrates aufzurufen. Die Initiative muss von den Arbeitnehmern und ihrer Gewerkschaft ausgehen. Finden sich allerdings im Betrieb genügend Beschäftigte, die einen Betriebsrat wählen wollen, dann darf der Arbeitgeber diesen Wunsch auch nicht unterbinden.

§ 2 BetrVerfG

(1) Arbeitgeber und Betriebsrat arbeiten unter Beachtung der geltenden Tarifverträge vertrauensvoll und im Zusammenwirken mit den im Betrieb vertretenen Gewerkschaften und Arbeitgebervereinigungen zum Wohl der Arbeitnehmer und des Betriebs zusammen.

Mit einem Aushang am Schwarzen Brett fängt die Gründung an

Was müssen Arbeitnehmer tun, die eine Vertretung gründen wollen? Laut Betriebsverfassungsgesetz ist zunächst eine Versammlung einzuberufen, die dann einen Wahlvorstand wählt. Einladen können entweder drei volljährige Arbeitnehmer oder eine in der Firma vertretene Gewerkschaft. Eine besondere Form ist für die Einladung nicht vorgeschrieben; meist reicht ein Aushang am Schwarzen Brett. Der Arbeitgeber muss die Zusammenkunft während der Arbeitszeit ermöglichen und zusätzliche Wegezeiten erstatten. Teilnehmen kann die ganze Belegschaft. ... Im Wahlvorstand müssen sowohl Arbeiter wie Angestellte vertreten sein, wenn beide Gruppen im Betrieb beschäftigt sind. ... Der Unternehmer macht sich im Übrigen strafbar, wenn er eine Wahl oder einen Betriebsrat bei seiner Arbeit behindert.

Frankfurter Rundschau vom 28.02.1990 (gekürzt)

Für den Betriebsrat können nur Arbeitnehmer und Arbeitnehmerinnen des Betriebes kandidieren, sofern sie das 18. Lebensjahr vollendet haben und dem Betrieb mindestens sechs Monate angehören. Oftmals fällt es schwer, geeignete Kandidaten und Kandidatinnen für die Betriebsratsarbeit zu finden.

Aussage eines Betriebsratsmitgliedes nach Gründung des Betriebsrates:

„Auch unser Arbeitgeber sieht jetzt die Vorteile einer Betriebsvertretung: weniger Kündigungen und besser motivierte Mitarbeiter."

NGG Einigkeit, 12/89

Fest steht eins: Von nichts kommt nichts. Geeignete Kandidaten für die Betriebsratsarbeit fallen nicht vom Himmel. Und oft drängeln sie sich auch nicht danach. Aber: Es gibt sie. Leider „blühen" sie oft im Verborgenen. Meistens sind es gar nicht die mit dem großen Mundwerk, sondern die Stillen, Hartnäckigen. Auch die, die so hervorragend politisieren können, müssen es nicht sein, sondern die, die einfach anpacken, wenn es was zu tun gibt. ...
Mögliche Betriebsratskandidatinnen oder -kandidaten sind diejenigen
- die eine Ungerechtigkeit oder einen Missstand erkennen und einfach was unternehmen, z. B. mit dem Abteilungsleiter reden;
- die schlichtend eingreifen, wenn es mal Streit unter Kollegen gibt;
- die bei einer Beschwerde in der Lage sind, genau zu erklären, was sie ärgert.

Nach Wolfgang Fricke et. al. (Hrsg.): die Betriebsratswahl – perfekt vorbereitet und erfolgreich durchgeführt, 2. Auflage, Bund Verlag, Köln 1989, S. 8

Rechte am Arbeitsplatz

Betriebsverfassungsgesetz

Das Betriebsverfassungsgesetz ist ein wichtiger Teil des Arbeitsrechts. Es regelt die Rechte des Arbeitnehmers im Betrieb (z. B. Anhörungs- und Beschwerderecht) und bestimmt die Aufgaben und Rechte des Betriebsrates.

Aufgaben und Rechte des Betriebsrates

Der Betriebsrat ist die Interessenvertretung der Arbeitnehmer in der privaten Wirtschaft. Er wacht über die Einhaltung und Durchführung aller zugunsten der Arbeitnehmer geltenden gesetzlichen Regelungen (z. B. Arbeitszeitordnung, Jugendarbeitsschutz- und Kündigungsschutzgesetz). Bei der Klärung rechtlicher Fragen am Arbeitsplatz kann für den einzelnen Arbeitnehmer die Einschaltung des Betriebsrates eine bedeutende Hilfe sein. Grundsätzlich verfügt der Betriebsrat über Mitwirkungs- und Mitbestimmungsrechte bei sozialen und personellen Angelegenheiten.

Jugend- und Auszubildendenvertretung

In Betrieben mit mindestens fünf wahlberechtigten Jugendlichen und/oder Auszubildenden wird eine Jugend- und Auszubildendenvertretung gewählt. Ihre Aufgabe ist es, über die Einhaltung von Vorschriften zugunsten jugendlicher Arbeitnehmer und Auszubildender zu wachen.

Wahl des Betriebsrates

Nach dem Betriebsverfassungsgesetz ist die Wahl eines Betriebsrates nicht zwingend vorgeschrieben. Wollen die Beschäftigten jedoch einen Betriebsrat wählen, so darf sie der Arbeitgeber daran nicht hindern. Gewählt werden kann, wer mindestens 18 Jahre alt ist und mindestens 6 Monate im Betrieb ist.

Zur Wiederholung

1. Welche Handlungsmöglichkeiten ergeben sich jeweils nach dem Betriebsverfassungsgesetz?
   - Tanja F. arbeitet seit einer Woche am Computer bei der Auftragserfassung. Ihre Augenbeschwerden führt sie auf den zu geringen Abstand zum Bildschirm zurück.
   - Oliver K. wurde ein neuer Arbeitsplatz im Lager zugewiesen. Ihm unterlaufen einige Fehler, die seiner Meinung nach mit der unzureichenden Einarbeitung zusammenhängen.
2. Erklären Sie den Zusammenhang zwischen den folgenden drei Begriffen: Betriebsverfassungsgesetz, Betriebsrat, Arbeitsrecht.
3. Klären Sie folgenden Sachverhalt:
   Die Betriebsleitung möchte den Arbeitsbeginn während der Sommermonate um eine Stunde vorverlegen, damit in den kühlen Morgenstunden mehr gearbeitet wird. Der Betriebsrat spricht sich nach einer Betriebsversammlung dagegen aus, weil sich dadurch für die Kollegen, die auf öffentliche Verkehrsmittel angewiesen sind, schlechtere Verkehrsverbindungen ergeben.
4. Skizzieren Sie je eine Situation, in der es um Mitbestimmungs-, Mitwirkungs- und Beratungsrechte im Betrieb geht.

Weiterführende Aufgaben

1. Debattieren Sie Ursachen und Gründe, dass viele Arbeitnehmer die durch das Betriebsverfassungsgesetz gegebenen Mitbestimmungsmöglichkeiten nicht ausschöpfen wollen.
2. Führen Sie ein Rollenspiel vor - ähnlich wie auf S. 86f. - in dem Bestimmungen des Betriebsverfassungsgesetzes angesprochen werden. Die übrigen Klassenmitglieder sollen herausfinden, um welche Bestimmungen es sich handelt.

Die Durchsetzung der Menschenrechte

Die Durchsetzung der Menschenrechte

1 Menschenrechte für alle

Am 18. Dezember 1948 beschließt die Generalversammlung der Vereinten Nationen die Allgemeine Erklärung der Menschenrechte. Damit wird erstmals von einer Versammlung, der fast alle Staaten der Welt angehören, ein umfassender Katalog von Individualrechten (persönliche Rechte) proklamiert. Das ist ein wichtiger Schritt auf dem mühsamen Weg zur Durchsetzung der Menschenrechte.

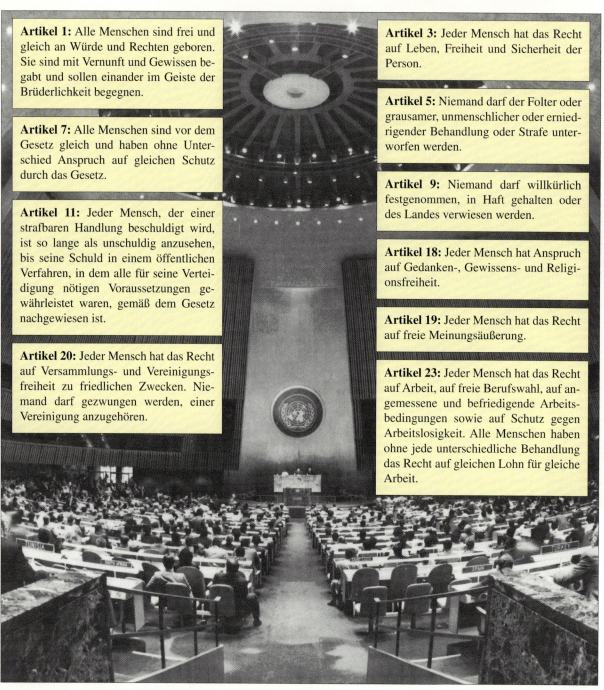

Artikel 1: Alle Menschen sind frei und gleich an Würde und Rechten geboren. Sie sind mit Vernunft und Gewissen begabt und sollen einander im Geiste der Brüderlichkeit begegnen.

Artikel 7: Alle Menschen sind vor dem Gesetz gleich und haben ohne Unterschied Anspruch auf gleichen Schutz durch das Gesetz.

Artikel 11: Jeder Mensch, der einer strafbaren Handlung beschuldigt wird, ist so lange als unschuldig anzusehen, bis seine Schuld in einem öffentlichen Verfahren, in dem alle für seine Verteidigung nötigen Voraussetzungen gewährleistet waren, gemäß dem Gesetz nachgewiesen ist.

Artikel 20: Jeder Mensch hat das Recht auf Versammlungs- und Vereinigungsfreiheit zu friedlichen Zwecken. Niemand darf gezwungen werden, einer Vereinigung anzugehören.

Artikel 3: Jeder Mensch hat das Recht auf Leben, Freiheit und Sicherheit der Person.

Artikel 5: Niemand darf der Folter oder grausamer, unmenschlicher oder erniedrigender Behandlung oder Strafe unterworfen werden.

Artikel 9: Niemand darf willkürlich festgenommen, in Haft gehalten oder des Landes verwiesen werden.

Artikel 18: Jeder Mensch hat Anspruch auf Gedanken-, Gewissens- und Religionsfreiheit.

Artikel 19: Jeder Mensch hat das Recht auf freie Meinungsäußerung.

Artikel 23: Jeder Mensch hat das Recht auf Arbeit, auf freie Berufswahl, auf angemessene und befriedigende Arbeitsbedingungen sowie auf Schutz gegen Arbeitslosigkeit. Alle Menschen haben ohne jede unterschiedliche Behandlung das Recht auf gleichen Lohn für gleiche Arbeit.

1.1 Die Geschichte der Menschenrechte

ca. 300 v. Chr.	Bereits im antiken Griechenland taucht die Idee des selbständigen (autonomen) Staatsbürgers auf, dessen Würde geachtet werden müsse. Dieses Recht gilt jedoch nicht für Frauen, Kinder und Sklaven.
nach dem Jahre 0	Die Verbreitung des Christentums stärkt die Menschenrechtsidee durch den Glauben an die Gleichheit aller Menschen vor Gott.
16./17. Jahrhundert	Aus diesem religiösen Gleichheitsideal leiten dann die Philosophen der Aufklärung ihre Überzeugung von der natürlichen Gleichheit und Freiheit aller Menschen ab. Der Mensch, so heißt es, ist von Natur aus frei und gleich. Erst im Laufe der geschichtlichen Entwicklung seien Unfreiheit, Abhängigkeit und Ungleichheit entstanden.
1628 Petition of Rights 1679 Habeas-Corpus-Akte 1689 Bill of Rights 1776 Unabhängigkeitserklärung der Vereinigten Staaten von Amerika	Erste Erfolge auf dem Weg zu einem umfassenden Menschenrechtsverständnis zeigen sich in England. Die Petition of Rights schützt den Bürger vor willkürlicher Verhaftung, die Habeas-Corpus-Akte, ergänzt durch die Bill of Rights, zählt Freiheiten der Untertanen auf, die vom Herrscher ohne Einwilligung des Parlaments nicht angetastet werden dürfen. Diese Entwicklung setzt sich in Nordamerika fort. Die Siedler der Neuenglandstaaten empfinden die Steuer- und Handelspolitik der englischen Regierung als ungerecht und erklären ihre Unabhängigkeit vom Mutterland. Dieses Ereignis kennzeichnet den Beginn der Vereinigten Staaten von Amerika (USA). Die wenig später verkündete „Virginia Bill of Rights" (Verfassung des Staates Virginia) ist die erste geschriebene Verfassung, in der die Menschenrechte enthalten sind.
1789 Erklärung der Rechte der Menschen und Bürger in Frankreich	Die Vorgänge in Nordamerika wirken auf Europa zurück. In der Französischen Revolution kommt es aufgrund unhaltbarer sozialer und wirtschaftlicher Verhältnisse zur Auflösung der alten Ständeordnung und der damit verbundenen Königsherrschaft. Die Vertretung des Bürgertums, der sogenannte Dritte Stand, erklärt sich zur alleinigen Vertretung des Volkes und bezeichnet sich als Nationalversammlung. Die dabei beschlossene Menschenrechtserklärung umfasst alle bedeutenden Freiheits- und Gleichheitsrechte (klassische Menschenrechte), die von da an in fast alle nachfolgenden Verfassungen anderer Länder übernommen werden.
1948 Allgemeine Erklärung der Menschenrechte, UN	Leider ist die Deklaration für die in der UNO vertretenen Staaten letztlich noch kein bindendes Recht. Sie ist jedoch eine moralische Aufforderung an jeden Einzelnen und an alle politischen Organe, die Achtung der formulierten Rechte zu fördern und zu gewährleisten.

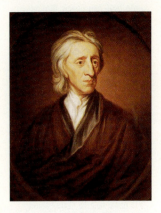

John Locke (1632–1704)

vertritt die Lehre vom Gesellschaftsvertrag. Danach beruht die staatliche Gemeinschaft auf einem freiwilligen Zusammenschluss der Menschen zu einem Volk.

Immanuel Kant (1724–1804)

sieht die Menschen in „selbstverschuldeter Unmündigkeit". Mit Hilfe der eigenen Vernunft sollen sie sich aus religiöser und staatlicher Bevormundung lösen.
(Porträt s. S. 24)

Europarat

wurde 1949 gegründet. Ihm gehören 39 Staaten an. Der Sitz ist in Straßburg. Seine Aufgabe ist u. a. die Förderung von Zusammenarbeit auf politischem, wirtschaftlichem und kulturellem Gebiet.

Auf der Grundlage der UN-Menschenrechtserklärung gelingt es den im Europarat vertretenen Staaten zur Sicherung der Menschenrechte die Europäische Menschenrechtskonvention (EMRK) zu beschließen. Zur Kontrolle der Menschenrechtskonvention nimmt der Europäische Gerichtshof für Menschenrechte beim Europarat seine Arbeit auf. Ehe eine Klage beim Gerichtshof eingereicht werden kann, tritt die Europäische Menschenrechtskommission in Aktion. Die Kommission prüft die Beschwerden auf ihre Zulässigkeit, indem sie u.a. feststellt, ob im Heimatland des Klägers alle Rechtswege ausgeschöpft worden sind. Danach bemüht sich die Kommission um eine gütliche Einigung zwischen Kläger und dem beklagten Staat. Falls dies nicht gelingt, kann sie den Fall vor den Gerichtshof bringen.

Behandelte Klagen der Europäischen Menschenrechtskommission

1994 behandelt die Kommission 2927 Klagen.
Der Europäische Gerichtshof für Menschenrechte fällt 50 Urteile.

Stinker vor Gericht
Europa-Richter bewerten das Umweltrecht neu

In einer auch für Bundesbürger relevanten Entscheidung urteilten die Richter: „Die Verschmutzung der Umwelt kann das Menschenrecht auf Achtung des Privat- und Familienlebens verletzen."

In dem Fall gaben die Europa-Richter der spanischen Familie Lopez recht. Die hatte jahrelang gegen eine Sondermülldeponie in ihrer direkten Nachbarschaft geklagt, den Prozess aber durch alle Landesinstanzen verloren. „Sie können ja umziehen, wenn Ihnen der Gestank nicht passt", lautete der lapidare Rat der spanischen Juristen. Ein voreiliger Tipp: Nach Verhandlung des Streitfalls vor dem Straßburger Richtergremium musste der spanische Staat im Dezember 1994 rund 48 000 Mark Schadenersatz zahlen. Die Deponie wurde geschlossen.

Focus 27/1995, S. 173 (gekürzt)

Aus der KSZE-Schlussakte vom 1. August 1975

„Die Teilnehmerstaaten werden die Menschenrechte und Grundfreiheiten, einschließlich der Gedanken-, Gewissens-, Religions- oder Überzeugungsfreiheit für alle ohne Unterschied der Rasse, des Geschlechts, der Sprache oder der Religion achten. ..."

Einen weiteren Beitrag zur Sicherung der Menschenrechte leistet die Organisation für Sicherheit und Zusammenarbeit in Europa (OSZE, früher KSZE). In der Schlussakte haben im Jahre 1975 die 35 Unterzeichnerstaaten gemeinsame Anstrengungen für mehr gegenseitiges Vertrauen auf militärischem Gebiet, stärkere wirtschaftliche und wissenschaftliche Zusammenarbeit und stetige Achtung der Menschenrechte bekundet.

Die OSZE wird allmählich immer wirkungsvoller

Als sich die KSZE-Teilnehmerstaaten im November 1990 in der Pariser Charta zu Menschenrechten und Grundfreiheiten, pluralistischer Demokratie und Rechtsstaatlichkeit bekannten, schien die Vision von einem Menschenrechtsraum näher gerückt. Mit den Kriegen in Ex-Jugoslawien und der Gemeinschaft Unabhängiger Staaten (GUS) wurde aber schon bald die Kehrseite des Strebens nach Freiheit und Selbstbestimmung sichtbar.
Die KSZE/OSZE versucht seit 20 Jahren, den Schutz von Menschenrechten und Grundfreiheiten durchzusetzen. Bis 1990 beschränkte sich die KSZE-Menschenrechtspolitik auf zähe Grundsatzdiskussionen. Heute geht es darum, Kontroll- und Durchsetzungsinstrumente zu etablieren, anzuwenden und weiterzuentwickeln. Besonders fortschrittlich zeigt sich die OSZE mit der Einrichtung von Experten- und Beobachtermissionen, die zur Überprüfung der Lage vor Ort entsandt werden. Diese führen mit den betroffenen Streitparteien Gespräche und entwickeln Lösungsvorschläge. Besonders erfolgreich war eine Expertenmission in Estland: Dort hatte ein Ausländergesetz massive Proteste der russischen Minderheit hervorgerufen. Die OSZE-Experten schlugen Änderungen des Gesetzestextes vor, die schließlich vom estnischen Parlament vorgenommen wurden.

Aus der KSZE-Charta von Paris für ein neues Europa vom 21. 11. 1990

„Menschenrechte und Grundfreiheiten sind allen Menschen von Geburt an eigen; sie sind unveräußerlich und werden durch das Recht gewährleistet."

Das Parlament, 44-45/1995, S. 13 (gekürzt)

1.2 Sind Menschenrechte teilbar?

Die Durchsetzung der Menschenrechte

ai-info 9/90, S. 16

Absolute Armut, wie sie heute von 800 Millionen Menschen erlebt wird, höhlt den Kerngehalt aller Menschenrechte aus: das Recht auf Achtung der Menschenwürde, das Recht auf Leben und auf körperliche Unversehrtheit. Angesichts der grundsätzlich vorhandenen Möglichkeiten, die Grundbedürfnisse aller heute lebenden Menschen zu befriedigen, kann das Bestehen und die Ausweitung absoluter Armut selbst als Menschenrechtsverletzung betrachtet werden.

Diesem Zusammenhang ist in den internationalen Menschenrechtsdebatten dadurch Rechnung getragen worden, dass die UN 1966 einen über die Allgemeine Erklärung der Menschenrechte hinausgehenden Sozialpakt beschlossen hat. Darin wird u. a. das Recht auf einen angemessenen Lebensstandard ausdrücklich anerkannt.

Deutsche UNESCO. Kommission (Hrsg.), Reihe Menschenrechte, Heft 3, Bonn 1988, S. 4
(Text leicht verändert)

Die Menschenrechte sind umfassend. Freiheitsrechte hängen mit **sozialen Rechten** zusammen und bedingen sich gegenseitig. Das grundlegende Recht auf Leben nutzt wenig, wenn es keine Arbeit gibt, um den Lebensunterhalt zu verdienen. Andererseits kann sich an dieser Armutssituation auch nichts ändern, wenn z. B. das Recht auf freie Wahlen aus Resignation nicht mehr wahrgenommen wird oder freie Wahlen überhaupt nicht zugelassen sind.

Grundsätzlich besteht dieses Problem nicht nur für die Armen in der Dritten Welt, sondern auch für verarmte Randgruppen in den reichen Industrieländern. Deshalb hat der Europarat schon vor der UN die **„Europäische Sozialcharta"** beschlossen, die für die Bundesrepublik seit 1965 gilt.

Weltsozialgipfel

Im März 1995 berieten Delegierte aus 185 Ländern in Kopenhagen über die Bekämpfung von Armut und die Förderung sozialer Gerechtigkeit.

Art. 1 Jedermann muss die Möglichkeit haben, seinen Lebensunterhalt durch eine frei übernommene Tätigkeit zu verdienen.

Art. 2 Alle Arbeitnehmer haben das Recht auf gerechte Arbeitsbedingungen.

Art. 3 Alle Arbeitnehmer haben das Recht auf sichere und gesunde Arbeitsbedingungen.

Art. 4 Alle Arbeitnehmer haben das Recht auf ein gerechtes Arbeitsentgelt, das ihnen und ihren Familien einen angemessenen Lebensstandard sichert.

Art. 11 Jedermann hat das Recht, alle Maßnahmen in Anspruch zu nehmen, die es ihm ermöglichen, sich des besten Gesundheitszustandes zu erfreuen, den er erreichen kann.

Art. 13 Jedermann hat das Recht auf Fürsorge, wenn er keine ausreichenden Mittel hat.

Art. 16 Die Familie als Grundeinheit der Gesellschaft hat das Recht auf angemessenen sozialen gesetzlichen und wirtschaftlichen Schutz, der ihre volle Entfaltung zu sichern vermag.

Deutsches Institut für Fernstudien, Fernstudium Politische Bildung, Studienbrief Grundrechte, S. 26 f.

Leah Levin,
Menschenrechte – Fragen und Antworten, Wien/München 1983, S. 82

In dem Sozialpakt und in der Sozialcharta verpflichten sich die Vertragsstaaten, alles zu tun, um die sozialen Rechte zu verwirklichen. Wo die Verwirklichung auf sich warten lässt, hat der einzelne Bürger jedoch keine Möglichkeit, seine sozialen Rechte einzuklagen. Das ist die Schwäche dieser internationalen Vereinbarungen.

1.3 Missachtungen der Menschenrechte

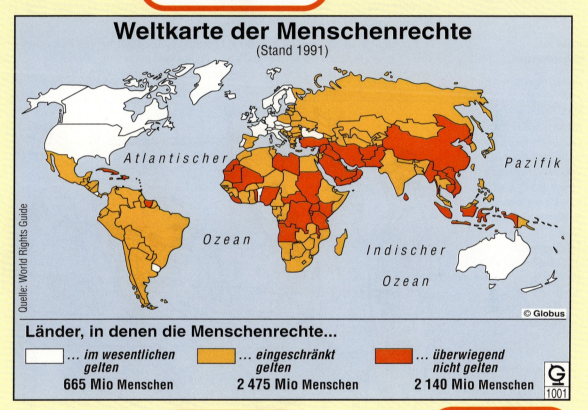

Weltweite Menschenrechtsverletzungen: Beispiele 1994

1994 sind in 37 Staaten **2 331 Hinrichtungen** bekannt geworden und 4032 Menschen schon zum Tode verurteilt worden.

In 36 Staaten haben bewaffnete Oppositionsgruppen Verstöße gegen die Menschenrechte begangen. Sie haben *Geiseln genommen*, Menschen gefoltert sowie gezielt *Zivilisten und Kriegsgefangene ermordet*.

In 70 Ländern sind Zehntausende Menschen *ohne Anklage oder Verfahren* inhaftiert worden.

Nach *unfairen Gerichtsverfahren* sind in mindestens 35 Staaten Menschen verurteilt und inhaftiert worden.

Weltkarte der Menschenrechte
(Stand 1991)

Quelle: World Rights Guide

Länder, in denen die Menschenrechte...

- ... im wesentlichen gelten — 665 Mio Menschen
- ... eingeschränkt gelten — 2 475 Mio Menschen
- ... überwiegend nicht gelten — 2 140 Mio Menschen

Staatliche Morde durch Polizei, Militär oder Todesschwadronen hat es in 54 Staaten gegeben. Beim Ausbruch politischer Krisen haben sie sprunghaft zugenommen.

Folter und Misshandlungen kommen in insgesamt 120 Staaten vor. In mehr als 60 Staaten ist Folter weit verbreitet und oft eine systematische Praxis der Herrschaftsausübung. Tausend Menschen in 34 Staaten sind an den Folgen der Folter gestorben.

In 78 Staaten sitzen *gewaltlose politische Gefangene* in Gefängnissen und Lagern.

Tausend Fälle von *„Verschwindenlassen"* in 29 Staaten, davon mindestens 140 Fälle allein in Kolumbien, sind registriert worden. In der Türkei hat sich die Zahl der „Verschwundenen" 1994 gegenüber dem Vorjahr verdoppelt.

ai-journal 8/1995, S. 24

Die Durchsetzung der Menschenrechte

Die Menschenrechts-Organisation Freedom House berichtet:

40 % der Weltbevölkerung lebten 1994 in unfreien Staaten, 40 % in teilweise freien und 20 % in freien Ländern.

Harenberg 97, S. 248

Die Menschenrechte stehen in Deklarationen, Konventionen und Verfassungen und werden dennoch immer wieder missachtet. Zwischen Idee und Wirklichkeit besteht oft eine tiefe Kluft.

Die Gründe für Menschenrechtsmissachtungen sind verschieden. Menschen werden aus politischen, religiösen, rassischen oder kulturellen Gründen verfolgt, unterdrückt und misshandelt. Die eigentliche Ursache dafür ist die fehlende Bereitschaft, die Rechte anders denkender und andersartiger Menschen anzuerkennen.

Die Durchsetzung der Menschenrechte hängt von friedlichen und rechtsstaatlichen Lebensbedingungen ab. Wo nur eine politische oder religiöse Überzeugung als wahr gilt, wo Menschen weißer Hautfarbe auf Menschen mit anderer Hautfarbe herabsehen, wo die eigene Lebensweise als Maßstab für die Lebensweise fremder Menschen gilt, sind Menschenrechte grundsätzlich gefährdet. Die Gefahr ist um so größer, je weniger zugelassene oder wirkungsvolle **Kontrollorgane** (Parlamente, Gerichte, Parteien, freie Zeitungen) es gibt. Besonders anfällig für Menschenrechtsverletzungen sind **Einparteien-Systeme** und **Militärdiktaturen**.

Die Machthaber sehen in jeder kritischen Meinung eine Gefahr für ihre Herrschaft und missbrauchen Polizei und Militär als Unterdrückungsinstrumente. Dabei werden die Menschenrechtsverletzungen nach außen hin verschleiert oder verharmlost.

Adressen von Hilfsorganisationen:

- **amnesty international (ai)**
  Heerstraße 178
  53111 Bonn
  ai macht u. a. auf Einzelschicksale („Gefangener des Monats") und auf besonders dringliche Menschenrechtsprobleme („urgent action") aufmerksam.
- **Internationale Gesellschaft für Menschenrechte (IGFM)**
  Kaiserstr. 72
  60329 Frankfurt/M.
  Die IGFM unterstützt u. a. alle Einzelpersonen und Gruppen, die sich gewaltlos für die Verwirklichung der Grundrechte in ihren Ländern einsetzen.

„Haben Sie noch etwas zu ihrer Verteidigung vorzubringen, bevor wir sie für schuldig befinden?"

(Aus: Cartoons für Amnesty, London 1986)

ai-info, 8/87

Die inhaftierten Opfer der Unrechtssysteme müssen vielerlei Qualen erdulden. Todesdrohungen, endlose Verhöre, enge Zellen, Schlafentzug, Verhinderung persönlicher Hygiene, erniedrigende Strafen, Beleidigungen und Hohn, körperliche Verletzungen bis hin zu Ohnmachtszuständen und Elektroschocks gehören zum gängigen Folterrepertoire.

Politisch Verfolgte

Menschen, die wegen ihrer politischen Überzeugung Unterdrückungsmaßnahmen ausgesetzt sind.

Kaschmir

Indische Provinz im Himalaya. Seit 1990 werden die Unabhängigkeitsbestrebungen der islamischen Kaschmiri von Polizei und Militär unterdrückt.

Masroof Sultan schildert seine Erfahrungen mit indischen Sicherheitskräften in Kaschmir

Das Vorletzte, was Masroof Sultan in seinem Leben zu hören bekommen sollte, war eine zynische Rechnung. „Wir wissen, dass du unschuldig bist", sagte einer der Polizisten zu ihm, „aber wir müssen dich töten. Vier Männer von uns sind umgebracht worden. Jetzt holen wir uns vier Mann aus dem Gebiet, wo das passierte. Dann sind wir quitt." Das Letzte, was Masroof Sultan in seinem Leben eigentlich hören sollte, waren die Schüsse, die ihm kurz darauf seinen Oberschenkel zerfetzten.

„Cash-and-Kill" lautet eine Taktik der indischen Sicherheitskräfte: Fangen und töten. Am 8. April 1993 waren sie wieder einmal auf Fang. Sie stoppten den Bus, in dem sich der 18-jährige Masroof Sultan auf dem Weg zur Schule befand. Die Polizisten zwangen Masroof auszusteigen und fuhren ihn zusammen mit zwei anderen jungen Männern in eine Verhörzentrale. Dort sollte Masroof gestehen, ein Militant zu sein.

„Ich habe ihnen gesagt, ich wüsste nicht, wovon sie redeten, ich sei doch ein einfacher Schüler", erzählte Masroof. „Doch sie schrien mich an: ‚Halt deinen Mund! Wir wissen, dass du militant bist. Wenn du nicht gestehst, werden wir dich prügeln.'" Und das taten sie. Drei Stunden lang.

„Dann sagten sie „Jetzt bringen wir dich zu Papa II." So heißt eine berüchtigte Verhörzentrale in Srinagar. Als Masroof aus dem Gebäude gefahren wird, sieht er seine Eltern, die vor dem Tor auf ihn warten. Sie wurden mit Schlägen von dem Gefangenentransporter vertrieben. Angekommen in Papa II. wurde er in einer Zelle nackt ausgezogen. An Zehenspitzen und Penis wurden Elektroden befestigt. „Ich habe geschrien, als sie mit den Stromstößen anfingen. Ich verlor jedes Gefühl in den Beinen." Das wiederholten die Folterer zehn- bis zwölfmal. Dann nahmen sie die bloßen Enden der Kabel und hielten sie an verschiedene Stellen seines Körpers, bis er ohnmächtig wurde.

Schließlich wurde er auf einen Jeep geworfen und gemeinsam mit drei anderen Männern zu einem verlassenen Gebiet gefahren. Hier erklärten die Henker den am Boden liegenden Opfern, dass sie zwar unschuldig seien, aber trotzdem sterben müssten. Die ersten Schüsse durchschlugen Masroofs Beine und seinen Arm. Er bekam mit, wie die anderen starben. Einer der Mörder entdeckte, dass der Junge noch nicht tot war. „Er lebt noch", schrie er. „Dann schieß ihm ins Herz", antwortete der Offizier. Der Schuss durchschlug Masroofs Brustkasten, wenige Zentimeter am Herz vorbei. Sie traten auf den Schwerverletzten ein. Als Masroof reagiert, schrien sie wieder „Er lebt immer noch". „Dann schießt ihm ins Herz", wiederholte der Offizier. Doch die Kugel bohrte sich durch den Hinterkopf. Wie durch ein Wunder traf sie nicht die Wirbelsäule. Diesmal gelang es dem immer noch lebenden Masroof, den Tod vorzutäuschen.

ai-info 10/93

„Der unterdrückte Mensch"

Plakat von Eric Schug, gewidmet amnesty international

Die Durchsetzung der Menschenrechte

Rechtsstaat

Der Rechtsstaat ist an eine demokratische Ordnung gebunden. Die vollziehende Gewalt darf nicht gegen die Verfassung oder geltende Gesetze verstoßen.

Gewaltbereitschaft

Ausländerfeindliche und rechtsextremistische Gewalttaten werden nach Angaben des Verfassungsschutzes meist von jugendlichen neonazistischen Skinheads unter 20 Jahren begangen. (s. S. 143)
Harenberg 96, S. 199

Angesichts der weltweiten Menschenrechtsproblematik ist es besonders bedenklich, wenn Bürger der Bundesrepublik Deutschland die Sicherheit des **Rechtsstaates** missbrauchen, um ihrerseits Menschenrechtsverletzungen zu begehen. Hierzu gehören in unserer Gesellschaft besonders die gegen andersfarbige Ausländer, Aussiedler, Gastarbeiter und Juden gerichteten Anfeindungen und tätlichen Übergriffe.

Rauch und Flammen
Immer neue Brandanschläge verunsichern Ausländer

Auch nach den Gewalttaten von Rostock, Mölln oder Solingen reißt die Kette von fremdenfeindlichen Anschlägen nicht ab, immer wieder verunsichern vor allem spektakuläre Brandattacken Ausländer in der Bundesrepublik. In der Zeit von 1990 bis Mitte 1994 sind, so zählte das Bundesamt für Verfassungsschutz, mit Sicherheit 18 Ausländer in Deutschland von rechten Gewalttätern getötet worden. Bei 1955 Gewalttaten wurden im gleichen Zeitraum Ausländer verletzt.

Zwar haben Ermittler in den vergangenen Monaten bundesweit eine deutliche Abnahme rechtsextremer Straftaten registriert: In Niedersachsen etwa zählten sie von Anfang vergangenen Jahres bis Mitte Dezember rund 320 fremdenfeindliche Anschläge; im Jahr zuvor waren es im gleichen Zeitraum 5 421.

Beängstigend ist jedoch, dass fremdenfeindliche Gewalt vielerorts neue Dimensionen erreicht und inzwischen auch beispielsweise Polizisten mitprügeln. In Berlin und Hamburg etwa mussten im vergangenen Jahr Beamte mit Ermittlungen gegen rassistische Kollegen beginnen.

Das Wiesbadener Bundeskriminalamt konstatierte zudem eine „deutliche Verlagerung der Angriffsziele". Rechte Gewalttäter, so die Fahnder, richteten ihre Zerstörungswut zwar weniger oft als früher gegen Asylbewerberheime. Aber dafür attackierten sie vermehrt Wohn- und Geschäftshäuser von Auslän-

Brandanschlag auf türkische Familien in Solingen (1993)

Der Spiegel, 1/1995 (gekürzt)

Der Schutz der Menschenrechte ist eine Herausforderung für alle. Der Vorzug, in einem Land zu leben, in dem die Menschenrechte mehr bedeuten als bloße Forderungen auf dem Papier, sollte dazu verpflichten, gegenüber anderen gemäß den Menschenrechten zu handeln.

Menschenrechte für alle

Geschichte der Menschenrechte

Die Menschenrechtsidee ist bereits im Altertum angelegt und wird durch die christliche Überzeugung von der Gleichheit aller Menschen vor Gott weiterentwickelt. Doch erst durch die Aufklärung im 17./18. Jahrhundert entsteht hieraus eine politische Forderung.

Menschenrechtsdokumente

Die Unabhängigkeitserklärung der Vereinigten Staaten von Amerika (1776) und die „Virginia Bill of Rights" (Verfassung von Virginia) enthalten die erste öffentliche Erklärung der Menschenrechte. In der Menschenrechtserklärung von 1789 werden alle wesentlichen Freiheits-, Gleichheits- und Unverletzlichkeitsrechte genannt, die in der Folgezeit als sogenannte klassische Menschenrechte für die Verfassungen anderer Länder bestimmend sind.

Menschenrechte und soziale Rechte

Die Allgemeine Erklärung der Menschenrechte durch die Vereinten Nationen und die Europäische Menschenrechtskonvention sind wichtige Schritte der Menschenrechtsentwicklung nach dem Zweiten Weltkrieg. 1975 versprechen die Mitgliedsstaaten der Konferenz für Sicherheit und Zusammenarbeit in Europa (KSZE / später umbenannt in OSZE) die Einhaltung der Menschenrechte.

Menschenrechtsverletzungen

Menschenrechte sind unteilbar. Zu den Menschenrechten gehören auch soziale Rechte (z. B. Recht auf Arbeit und einen angemessenen Unterhalt) wie sie im Sozialpakt der UN und in der Europäischen Sozialcharta niedergelegt sind. Hungernde Menschen in der Dritten Welt haben ebenso ein Anrecht auf alle Menschenrechte wie die Menschen in den reichen Industrienationen.

Trotz aller Erklärungen kommt es weltweit immer noch zu Menschenrechtsverletzungen. Die eigentliche Ursache hierfür ist die fehlende Bereitschaft, die Rechte anders denkender und andersartiger Menschen anzuerkennen. Die Gefahr von Menschenrechtsverletzungen ist am größten, wo es keine wirksame Kontrolle der Regierenden gibt.

Zur Wiederholung

1. Erläutern Sie die Aussage: „Bei der Durchsetzung der Menschenrechte spielten die Vorgänge in England eine entscheidende Rolle."
2. Erklären Sie die Unterschiede zwischen der Europäischen Menschenrechtskonvention und der Europäischen Sozialcharta.
3. Worin besteht der Beitrag der OSZE zur Durchsetzung der Menschenrechte?
4. Zeigen Sie den Zusammenhang auf zwischen diktatorischen Regierungssystemen und den Verletzungen der Menschenrechte.
5. Worauf ist es Ihrer Meinung nach zurückzuführen, dass es fast überall auf der Welt täglich zu Menschenrechtsverletzungen kommt?

Weiterführende Aufgaben

1. Suchen Sie innerhalb eines Monats aus Ihrer Tageszeitung Meldungen heraus, die auf Menschenrechtsverletzungen hindeuten.
2. Formulieren und diskutieren Sie Vorschläge, in welcher Weise Ihre Schulklasse an der Durchsetzung der Menschenrechte mitwirken könnte.
3. Wenden Sie sich an die auf Seite 100 genannten Hilfsorganisationen mit der Bitte um Informationsmaterial. Diskutieren Sie die unterschiedlichen Aktionsschwerpunkte der Organisationen.

2 Menschenrechte in der Bundesrepublik Deutschland

2.1 Menschenrechte im Grundgesetz

Bekenntnis zu unverletzlichen und unveräußerlichen Menschenrechten

Neuer Abschnitt deutscher Geschichte

Die Achtung der Menschenwürde beherrscht das gesamte Grundgesetz.

Menschenwürde – ein Naturrecht

Erstmals: Grundrechte sind einklagbar.

Paulskirchen-Verfassung

So genannt nach der in der Frankfurter Paulskirche zusammengetretenen Nationalversammlung, die 1848/49 eine Verfassung erarbeitete. Die Verfassung scheiterte aber am Widerstand der Fürsten.

Die Verkündung der Menschenrechte durch die Vereinten Nationen hat nicht automatisch geltendes Recht geschaffen. Anders verhält es sich, wenn die Menschenrechte in die Verfassungen der einzelnen Staaten übernommen werden. Dann wird die Einhaltung der Menschenrechte für den Staat und seine Bürger zum unausweichlichen Auftrag. In der Verfassung der Bundesrepublik Deutschland – dem Grundgesetz (GG) – werden die Menschenrechte ausdrücklich anerkannt.

Artikel 1 GG

Die Würde des Menschen ist unantastbar. Sie zu achten und zu schützen ist Verpflichtung aller staatlicher Gewalt.

Das deutsche Volk bekennt sich darum zu unverletzlichen und unveräußerlichen Menschenrechten als Grundlage jeder menschlichen Gemeinschaft, des Friedens und der Gerechtigkeit in der Welt.

Weimarer Verfassung

Bezeichnung für die am 11.8.1919 von der Nationalversammlung in Weimar beschlossenen Verfassung.

Die im Grundgesetz niedergelegten Menschenrechte werden als Grundrechte bezeichnet. Bei der Ausarbeitung des Grundgesetzes durch den Parlamentarischen Rat (Vgl. S. 162) sind die Grundrechtsregelungen aus früheren deutschen demokratischen Verfassungen (Paulskirchen-Verfassung und Weimarer-Verfassung) mit einbezogen worden, aber erstmalig stehen die Grundrechte gleich am Beginn des Verfassungstextes. Das weist auf die Bedeutung hin, die den Grundrechten zugemessen wird.

Die Grundrechte in der Bundesrepublik Deutschland

Petition
Bitte, Vorschlag oder Beschwerde, mit der sich Einzelpersonen oder Gruppen an Stellen der Volksvertretung wenden. (s. auch S. 282)

Die Grundrechte sind das „Herz" des Grundgesetzes. Sie
– schützen den Einzelnen vor Übergriffen des Staates
– verpflichten den Staat zum Schutz des Menschen
– ordnen das gesellschaftliche Zusammenleben.

Die Grundrechte sind keine Absichtserklärungen der staatlichen Macht zugunsten seiner Bürger, sondern **unmittelbar geltendes Recht,** auf das sich jeder Bürger vor den Gerichten berufen kann. Bei Rechtsfällen mit allgemeiner Bedeutung fällt als höchste Instanz das **Bundesverfassungsgericht** eine Entscheidung.

Bundesverfassungsgericht
ist das höchste bundesdeutsche Gericht und eines der fünf Verfassungsorgane der Bundesrepublik Deutschland. Seine Aufgaben sind die Kontrolle der öffentlichen Gewalt auf Antrag des Bürgers und die Kontrolle des Gesetzgebers.

Aus einem Beschluss des Bundesverfassungsgerichtes vom 31. Januar 1973 zum Persönlichkeitsschutz gemäß Art. 2 des GG:

Das Grundrecht aus Artikel 2 Absatz 1 GG schützt auch Rechtspositionen, die für die Entfaltung der Persönlichkeit notwendig sind. Dazu gehört in bestimmten Grenzen, ebenso wie das Recht am eigenen Bild, das Recht am gesprochenen Wort. Deshalb darf grundsätzlich jedermann selbst und allein bestimmen, wer sein Wort aufnehmen soll sowie ob und vor wem seine auf einem Tonträger aufgenommene Stimme wieder abgespielt werden darf.

Aus Artikel 2 Grundgesetz
Jeder hat das Recht auf freie Entfaltung der Persönlichkeit, soweit es nicht die Rechte anderer verletzt und nicht gegen die verfassungsmäßige Ordnung oder das Sittengesetz verstößt.

Jürgen Schwabe (Hrsg.), Entscheidungen des Bundesverfassungsgerichts, 6. Auflage, Hamburg 1988 (Selbstverlag: 2000 Hamburg 13, Rechtshaus, Schlüterstr. 28)

Die Durchsetzung der Menschenrechte

Bürgerrechte

sind im eigentlichen Sinne die Rechte, die einem Staatsangehörigen zustehen, insbesondere das Recht zur Teilnahme am Staatsleben durch aktives und passives Wahlrecht und das Recht, öffentliche Ämter zu bekleiden.

Bei einem Vergleich der Menschenrechte mit den Grundrechten zeigt sich, dass der Grundrechtskatalog des Grundgesetzes einige Besonderheiten aufweist.

> Am Beispiel des Grundgesetzes der Bundesrepublik Deutschland lässt sich zeigen, dass nicht alle in modernen Verfassungen festgelegten Grundrechte auch schon Menschenrechte sind. Bestimmte Grundrechte wie die Versammlungs- und Vereinigungsfreiheit oder die Freiheit der Berufswahl gelten nur für deutsche Staatsbürger, sie sind Bürgerrechte. Umgekehrt wird das Brief-, Post- und Fernmeldegeheimnis für alle garantiert, obwohl man hier nicht von einem wirklichen Menschenrecht sprechen kann. Denn Menschenrechte sind im strengen Sinne nur die Rechte, die der Staat gewährleisten, nicht aber gewähren kann. Dazu zählen die Menschenwürde, das Recht auf Leben und körperliche Unversehrtheit, die Freiheit von willkürlicher Freiheitseinschränkung, die Gleichheit vor dem Gesetz, die Glaubens- und Gewissensfreiheit sowie das Widerstandsrecht gegen diejenigen, die diese fundamentalen Rechte beseitigen wollen.

Informationen zur politischen Bildung: Menschenrechte, Nr. 210, S. 8

In einem Rechtsstaat soll Übereinstimmung bestehen zwischen den in der Verfassung enthaltenen Grundrechten (Verfassungsnorm) und ihrer tatsächlichen Einhaltung und Wirksamkeit (Verfassungswirklichkeit). Grundsätzlich ist in der Bundesrepublik Deutschland diese Übereinstimmung gegeben. Dennoch treten auch hier Probleme auf, die kritisch beobachtet werden müssen.

Aus dem Artikel 3 GG

Alle Menschen sind vor dem Gesetz gleich. Niemand darf wegen ... seiner Heimat und Herkunft ... benachteiligt oder bevorzugt werden.

Handel mit Gerechtigkeit
Der Stuttgarter Oberstaatsanwalt Werner Schmid-Hieber über den Deal vor Gericht

Schmidt-Hieber, 48, gehörte zu den ersten Befürwortern des Deals, der Absprache zwischen Täter und Richter. Inzwischen aber sieht er diese Methode zur flotten Erledigung der Verfahren durch die „Bevorzugung wohlhabender Täter" pervertiert.

Ein Lehrer, der heute mit seiner Schulklasse das Gericht besucht, darf sich nicht mit einem einzigen Strafprozess begnügen: Er wird seinen Schülern zeigen müssen, dass die kaltblütige Pedanterie des Strafverfahrens nur den Armen und Schwachen gilt. Je höher der soziale Status eines Angeklagten, desto menschlicher wird die Justiz.

Der Grund dafür ist der sogenannte Deal, das Feilschen mit der Justiz. Der Angeklagte mit seinem Verteidiger verzichtet auf einen aufwändigen Prozess, gesteht seine Schuld und dafür erhält er bei der Strafe einen kräftigen Rabatt.

Das funktioniert vor allem bei großen Prozessen, bei Wirtschafts- und Umweltstraftaten beispielsweise. Denn dort kann der Angeklagte mit einem unendlichen Prozess drohen, vorausgesetzt, er leistet sich einen teuren Verteidiger.

Kaum eine Chance hat dagegen der Kleinkriminelle; er ist den Förmlichkeiten der Justiz bis zur Komik unterworfen. Er darf nur nach Aufforderung aufstehen, sich hinsetzen, reden – und wird beliebig unterbrochen. Kommt er doch einmal zusammenhängend zu Wort, wirkt seine ungeschickte Einlassung im Vergleich mit der geschliffenen Kanzleirhetorik des Staatsanwaltes um so plumper.

Der Spiegel, 38/93, S. 78 (gekürzt)

Worterklärungen

pervertieren (lat.) = entarten
Pedanterie (it.) = Kleinlichkeit
Rhetorik (griech.) = Redekunst

2.2 Das Bundesverfassungsgericht – höchste Instanz bei Grundrechtsverletzungen

Weitere Informationen zum Bundesverfassungsgericht S. 296 f.

> Das Bundesverfassungsgericht mit Sitz in Karlsruhe ist ein allen übrigen Verfassungsorganen gegenüber selbständiger und unabhängiger Gerichtshof des Bundes und zugleich eines der obersten Verfassungsorgane der Bundesrepublik Deutschland. Die Entscheidungen des Bundesverfassungsgerichts binden die übrigen Verfassungsorgane des Bundes und der Länder sowie alle Gerichte und Behörden.

H. Avenarius, Recht von A – Z, Freiburg i. B. 1990

In einem Rechtsstaat muss es eine oberste unabhängige Instanz geben, deren Entscheidungen von allen respektiert werden. Angesichts dieser Verpflichtung hat das Bundesverfassungsgericht durch viele Urteile immer wieder einzelne Grundrechte verdeutlicht und somit ihre Einhaltung gesichert.

Jahr	GG-Artikel	Gegenstand des Urteils
1958	Art. 5	Schutz von Verbreitung persönlicher Meinungen.
1960	Art. 4	Gewissensentscheidung hinsichtlich Kriegsdienstverweigerung.
1961	Art. 5	Rundfunkurteil, Berichterstattung verlangt inhaltliche Ausgewogenheit, Sachlichkeit und gegenseitige Achtung.
1968	Art. 2	Jugendhilfe. Zwangsweise Heimunterbringung muss mit dem Schutz der Allgemeinheit und des Betroffenen begründbar sein.
1971	Art. 1	Kunstfreiheitsgarantie hinsichtlich Darbietung und Verbreitung des Kunstwerks.
1977	Art. 1	Voraussetzungen eines menschenwürdigen Strafvollzugs.
1979	Art. 9	Erweiterte Mitbestimmung der Arbeitnehmer.
1983	Art. 1	Schutz des Bürgers vor unbegrenzter Sammlung seiner persönlichen Daten (Recht auf „informationelle Selbstbestimmung").
1985	Art. 8	Ausübung der Versammlungsfreiheit als unentbehrliches Element des demokratischen Staates.
1991	Art. 5	Informations-Grundversorgung durch öffentlichen Rundfunk muss gewährleistet sein.
1993	Art. 1	Schwangerschaftsabbruch ist Unrecht. Strafe unterbleibt bei in Anspruch genommener Beratung.

Entscheidungsverfahren des Bundesverfassungsgerichts

Das Bundesverfassungsgericht wird stets nur auf Antrag tätig und entscheidet in beiden Senaten mit je 8 Richtern entweder durch
- Urteil (mit mündlicher Verhandlung)
- Beschluss (ohne mündliche Verhandlung)
- Einstweilige Anordnung (in Eilfällen).

Ein aktuelles Beispiel für die Notwendigkeit und Wichtigkeit des Bundesverfassungsgerichts wird aus der Anwendung des neugeordneten **Asylrechts** ersichtlich.

Verfolgungsfreie Staaten

Bei diesen Staaten wird angenommen, dass dort weder politische Verfolgung noch unmenschliche Behandlung stattfindet. Der Asylsuchende kann diese Annahme allerdings widerlegen. Gelingt dies nicht, wird der Asylantrag als offensichtlich unbegründet abgelehnt. Zu den verfolgungsfreien Staaten gehören u. a. Bulgarien, die Slowakei, Rumänien, Ungarn, Ghana, Indien, Gambia und Senegal.

Zufluchtswege nach Deutschland werden geschlossen

Am 1. 7. 1993 trat eine Grundgesetzänderung in Kraft, mit der Art. 16 GG, der politischen Verfolgten in Deutschland Asyl zusichert, eingeschränkt wird. Anfang 1993 hatte sich die CDU/CSU/FDP-Bundesregierung mit der SPD auf die Änderung geeinigt, für die im Bundestag eine Zweidrittelmehrheit erforderlich war. Nach neuem Recht genießt kein Asyl mehr, wer aus einem EU-Mitgliedsstaat oder einem anderen sogenannten sicheren Drittstaat einreist. Menschen, die über einen sicheren Drittstaat eingereist sind, können sich nicht auf das Asylgrundrecht „Politisch Verfolgte genießen Asylrecht" berufen. Der Bundestag legt zudem fest, welche Länder als verfolgungsfreie Staaten gelten. Anträge von Menschen aus diesen Ländern gelten als offensichtlich unbegründet.

ai info, 10/93, S. 19

Nach dem neuen Asylrecht, das nach Mehrheitsentscheidung des Bundestages als notwendig erachtet wurde, um den Zustrom von Asylbewerbern zu bremsen, ist es leichter geworden, Asylbewerber abzulehnen und in ihre Heimatländer abzuschieben (zurückzuschicken). Für diese Entscheidung ist das Bundesamt für die Anerkennung ausländischer Flüchtlinge zuständig. Aber viele Asylbewerber werden zu Unrecht abgelehnt, wie die ersten Entscheidungen des Bundesverfassungsgerichts im Rahmen des festgelegten **Instanzenweges** zeigen.

Asylrecht und europäische Menschenrechtskonvention

Das neue Asylrecht garantiert, dass die Anwendung der europäischen Menschenrechtskonvention sichergestellt ist. Zu den Unterzeichnern der europäischen Menschenrechtskonvention gehören alle EU-Länder und die übrigen Nachbarländer der Bundesrepublik Deutschland.

Instanzenweg nach dem neuen Asylrecht

Beispiel „Flughafenverfahren". Während des Aufnahmeverfahrens ist der Asylsuchende auf dem Flughafen (Frankfurt, München) untergebracht.

Bundesgrenzschutz
Nach der Vorsprache beim Grenzschutz wird der Asylsuchende an das Bundesamt für Anerkennung ausländischer Flüchtlinge weitergeleitet.

Bundesamt für Anerkennung ausländischer Flüchtlinge
Der Asylsuchende wird unverzüglich angehört. Das Bundesamt muss innerhalb von zwei Tagen entscheiden. Ist es dazu nicht in der Lage, kann der Asylsuchende in die Bundesrepublik einreisen. Lehnt das Bundesamt den Asylantrag als offensichtlich unbegründet ab, wird die Einreise verweigert und dem Asylsuchenden die Abschiebung angedroht. Er kann hiergegen innerhalb von drei Tagen beim Verwaltungsgericht einen Antrag auf vorläufigen Rechtsschutz stellen.

Verwaltungsgericht
Das Verwaltungsgericht muss innerhalb von 14 Tagen entscheiden. Schafft es das nicht, ist dem Asylsuchenden die Einreise zu erlauben. Bestätigt das Gericht die Entscheidung des Bundesamtes als offensichtlich unbegründet, ist der Vewaltungsrechtsweg erschöpft. Es bleibt nur noch der Versuch, die Abschiebung mit einem Eilantrag beim Bundesverfassungsgericht zu stoppen.

Anrufung des Bundesverfassungsgerichts
Der Asylsuchende muss geltend machen können, dass er durch die Entscheidung des Bundesamtes oder Verwaltungsgerichtes in seinem individuellen Grundrecht auf Asyl verletzt worden ist. Das ist dann z. B. der Fall, wenn das Bundesverfassungsgericht die persönliche Gefahr politischer Verfolgung im Heimatland des Asylsuchenden anders bewertet als die vorangegangenen Instanzen.

nach ai-info, 10/93, S. 17 f

Ein Flüchtling aus Togo

Am 1. Juli 1993, dem ersten Tag nach Inkrafttreten des neuen Asylrechts, landet ein Flugzeug mit einem togolesischen Flüchtling an Bord auf dem Frankfurter Flughafen. Noch vor der offiziellen Einreise wird er vom Bundesamt für die Anerkennung ausländischer Flüchtlinge angehört. Bereits am 4. Juli 1993 hat er den Ablehnungsbescheid in den Händen: „Offensichtlich unbegründet" entscheidet das Bundesamt im Schnellverfahren. Drei Tage hat sein Rechtsanwalt nun Zeit für die Klage vor dem Verwaltungsgericht. Auch dort das Urteil „offensichtlich unbegründet".

Nach dem Asylverfahrensgesetz muss er die Bundesrepublik umgehend verlassen. Seine einzige Chance: eine Beschwerde vor dem Bundesverfassungsgericht.

Der erste unter das neue Asylrecht fallende Flüchtling erringt einen Teilerfolg: Das Bundesverfassungsgericht entscheidet am 27. Juli 1993: Die Verfassungsbeschwerde sei „weder unzulässig noch offensichtlich unbegründet". Das Verwaltungsgericht habe die Ablehnung auch darauf gestützt, es lägen in diesem Fall keine Abschiebungshindernisse vor.

Zwei Flüchtlinge aus Ghana

Viele Menschen in Deutschland urteilen vorschnell, in Ghana gebe es keine politische Verfolgung. Alle Aslysuchenden aus Ghana seien „Wirtschaftsflüchtlinge". Doch dem ist nicht so.

Zwei ghanaische Flüchtlinge landen am 6. Juli 1993, von Lagos über London kommend, auf dem Flughafen Frankfurt. Am 9. Juli 1993 wird ihr Asylantrag als „offensichtlich unbegründet" abgelehnt. Am selben Tag spricht das Grenzschutzamt Frankfurt gegenüber den Antragsstellern eine Einreiseverweigerung aus. Die Klagen gegen beide Bescheide haben vor dem Verwaltungsgericht Frankfurt keinen Erfolg. Das Bundesverfassungsgericht zieht die Notbremse. Die Verfassungsrichter stellen fest, dass die individuelle Bedrohungssituation der beiden Flüchtlinge nicht ausreichend berücksichtigt worden ist.

Das Bundesverfassungsgericht hebt die Einreiseverweigerung vorläufig auf. Im Falle von zwei anderen Flüchtlingen aus Ghana gibt das Bundesverfassungsgericht der Beschwerde im Einzelverfahren nicht statt. Insgesamt hatten bis zum 14. August 1993 von 16 Beschwerden vor dem Bundesverfassungsgericht fünf Erfolg.

Asylbewerber

Infolge der neuen Asylregelung sinkt 1994 die Zahl der Asylbewerber gegenüber 1993 um 60,6 % auf 127 210 Personen.

Asylverfahren

Im Dezember 1995 beginnt vor dem Bundesverfassungsgericht eine Verhandlung über umstrittene Verfahrensweisen des neuen Asylrechts. In diesem Zusammenhang erscheinen die Verfassungsrichter überraschend auf dem Frankfurter Flughafen, um sich vor Ort einen persönlichen Eindruck von der Lebenssituation der dort untergebrachten Ausländer zu machen.

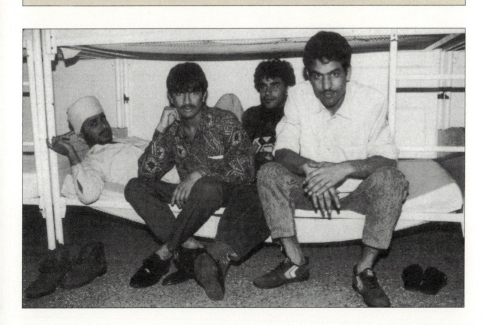

Menschenrechte in der Bundesrepublik Deutschland

Grundrechte

Im Grundgesetz (GG) der Bundesrepublik Deutschland sind die Menschenrechte als Grundrechte aufgeführt. Grundrechte sind unverletzlich, unveräußerlich und unmittelbar einklagbar. Sie schützen den Einzelnen vor Übergriffen des Staates, verpflichten den Staat zum Schutze des Menschen und ordnen das gesellschaftliche Zusammenleben.
Die Grundrechte sind unmittelbar geltendes Recht, auf das sich jeder Bürger vor Gericht berufen kann.

Grundrechtskatalog

Der Grundrechtskatalog zählt Rechte auf (z. B. Freiheit der Berufswahl), die nur für deutsche Staatsbürger gewährleistet sind (Bürgerrechte). Andererseits nennt das GG Rechte (z. B. Briefgeheimnis), die eigentlich keine Menschenrechte sind.

Rechtsstaat

In einem Rechtsstaat soll gesichert sein, dass Verfassungsnorm und Verfassungswirklichkeit übereinstimmen. Insbesondere gilt diese Forderung hinsichtlich Art. 3 GG (Gleichheitsgrundsatz vor Gericht).

Bundesverfassungsgericht

Das Bundesverfassungsgericht als höchste Rechtsinstanz wacht über die Einhaltung der Grundrechte. Am Beispiel des Grundrechts auf Asyl wird deutlich, dass Vorinstanzen bei der Ablehnung von Asylsuchenden aus sogenannten verfolgungsfreien Staaten mitunter zu vorschnell urteilen und das Bundesverfassungsgericht daraufhin schützend eingreift.

Zur Wiederholung

1. Welcher geschichtliche Zusammenhang besteht zwischen der „Virginia Bill of Rights" und dem Grundgesetz der Bundesrepublik Deutschland?
2. Stellen Sie diejenigen Grundrechte zusammen, die dem Bürger einen Schutz vor staatlichen Übergriffen garantieren.
3. Erklären Sie die im Grundgesetz genannten Freiheitsrechte anhand von Beispielen.
4. Stellen Sie eine Liste von Maßnahmen zusammen, die nach Ihrer Meinung ausnahmslos die Einhaltung des Art. 3 des GG (Gleichheitsgrundsatz vor Gericht) sichern können.
5. Erläutern Sie die Aufgabe, die das Bundesverfassungsgericht bei der Anwendung des Asylgrundrechts zu übernehmen hat.

Weiterführende Aufgaben

Interpretieren und bewerten Sie diese Karikatur.

Der Nationalsozialismus

Aus der Geschichte lernen

Die zwölfjährige Diktatur Hitlers und der Nationalsozialisten in Deutschland von 1933-1945 ist weder ein „Betriebsunfall" der Geschichte noch eine „Naturkatastrophe", die plötzlich über Deutschland und Europa hereingebrochen ist. Ihre Ursachen liegen zum Teil viele Jahre zurück. Auch die Folgen der nationalsozialistischen Herrschaft sind noch lange, z. B. in der 40-jährigen Teilung Deutschlands, sichtbar und für die Deutschen besonders spürbar. Seit der „Machtergreifung", wie die Nationalsozialisten den Tag der Ernennung Hitlers zum Reichskanzler genannt haben, sind inzwischen über 60 Jahre vergangen. Oft wird deshalb gefordert, die Vergangenheit endlich ruhen zu lassen. Andererseits fragen vor allem junge Menschen, wie es zum Nationalsozialismus kommen konnte. Eine Auseinandersetzung wird auch dadurch erschwert, dass häufig ein falsches oder verzerrtes Bild von Hitler gezeichnet wird und die nationalsozialistischen Greueltaten verharmlost werden. Um die Wiederholung einer solchen Katastrophe in der Zukunft zu verhindern, ist es notwendig, sich gründlich mit dem Nationalsozialismus auseinanderzusetzen.

Ein 17-jähriger Berufsschüler schreibt:

„Von Adolf Hitler weiß ich sehr wenig, um nicht zu sagen, überhaupt nichts ...
- So weiß ich z.B., dass 1933 Hitler die Macht in Deutschland übernahm. Was ich aber nicht weiß, ist, warum kam es damals zum Zusammenbruch der Weimarer Republik, warum haben die Leute alle NSDAP gewählt?
- Ich weiß auch, dass 1939 der 2. Weltkrieg anfing. Ich weiß aber nicht, warum Adolf Hitler diesen Krieg wollte.
- Und ich weiß, dass ca. 6 Millionen Juden umgekommen sind, aber warum und weswegen dieses geschehen ist, weiß ich nicht.
- Nun stellt sich die Frage, reichen Fakten und Tatsachen aus, um diesen Menschen und die Zeit zu verstehen?
- Ist das Vergangenheitsbewältigung, wenn man zwar gesagt bekommt, was geschehen ist, aber nicht weiß warum?"

Dieter Boßmann: Was ich über Adolf Hitler gehört habe, Fischer Taschenbuch 1935, Frankfurt 1977, S. 22

1 Die Weimarer Republik

Friedrich Ebert (1871–1925)

Sozialdemokratischer Politiker,
1913
SPD-Vorsitzender,
1918
Reichskanzler
1919
Reichspräsident
Ebert vertritt eine gemäßigte Richtung der SPD.

1.1 Von der Monarchie zur Republik

Im Herbst 1918 ist das deutsche Kaiserreich politisch und militärisch am Ende. Am 3. November 1918 meutern in Kiel Marinesoldaten, am 5. und 6. November finden erste Generalstreiks statt. Die revolutionäre Entwicklung greift rasch auf ganz Deutschland über, in fast allen Städten entstehen **Arbeiter- und Soldatenräte.** Ihr Ziel ist die Errichtung einer **Räterepublik.** Kaiser Wilhelm II. dankt unter dem Druck der Revolution ab. Unter der Leitung von Friedrich Ebert (SPD) wird eine provisorische Regierung, der Rat der Volksbeauftragten gebildet, der Mitglieder von SPD und USPD angehören.

Das Lager der Revolution bildet jedoch keine Einheit. Auf der einen Seite stehen Ebert und die SPD, die möglichst rasch Ruhe und Ordnung wiederherstellen und die alten Machtverhältnisse des Kaiserreichs unangetastet lassen wollen. Ihr Ziel ist die Errichtung einer parlamentarischen Demokratie. Auf der anderen Seite steht die USPD (Unabhängige Sozialdemokratische Partei Deutschlands) mit ihrer linken Randgruppe „Spartakus" (später KPD), die sich bereits 1917 von der SPD abgespalten hat und den Aufbau einer Räterepublik anstrebt. Schließlich setzen sich Ebert und die SPD durch.

Am 19. Januar 1919 finden in Deutschland die ersten demokratischen Wahlen zu einer **„Verfassunggebenden Nationalversammlung"** statt. Neben den Arbeiterparteien SPD und USPD beteiligen sich auch das katholische Zentrum, die liberale DDP (Deutsche Demokratische Partei), die konservative DVP (Deutsche Volkspartei) und die kaisertreue DNVP (Deutschnationale Volkspartei).

Der Nationalsozialismus

Wahlergebnisse zur Verfassungsgebenden Nationalversammlung

USPD	7,6 %
SPD	37,9 %
DDP	18,5 %
Zentrum	19,7 %
DVP	4,4 %
DNVP	10,3 %
Splitterparteien	1,6 %

Deutsche Verluste durch den Versailler Vertrag:

Kolonien	100 %
Staatsgebiet	17 %
Einwohner	10 %
Eisenerz	75 %
Steinkohle	28 %
Landwirtschaftliche Fläche	15 %

Hindenburg am 3. 10. 1918 in einem Telegramm an den Reichskanzler:

„Die Oberste Heeresleitung bleibt auf ihrer Forderung der sofortigen Herausgabe des Friedensangebotes an unsere Feinde bestehen. Noch steht das deutsche Heer festgefügt und wehrt siegreich alle Angriffe ab. Die Lage verschärft sich aber täglich..."

SPD, DDP und Zentrum bilden eine Koalition (Weimarer Koalition), Friedrich Ebert wird Reichspräsident, Philipp Scheidemann Reichskanzler. Gegen den Widerstand der rechtsradikalen Gruppen wird im Juni 1919 der Friedensvertrag unterzeichnet. Am 14. August tritt die Verfassung der Weimarer Republik in Kraft.

Die Gegner des parlamentarischen Systems finden sich jedoch nicht mit der Situation ab. Rechte und linke Gruppen bekämpfen die Republik und schrecken auch vor Gewalttaten nicht zurück. Bedenklich ist vor allem, dass die Justiz gegenüber rechtsradikalen Tätern sehr milde urteilt, bei linksradikalen Tätern jedoch hohe Gefängnisstrafen verhängt. Die Gegner der Republik bekämpfen nicht nur den Aufbau der Demokratie, sondern sie wollen nicht wahrhaben, dass das Deutsche Kaiserreich den Krieg verloren hat.

Der Friedensvertrag von Versailles, der am 28.6.1919 unterzeichnet wird, bringt für Deutschland äußerst harte Bedingungen:
- Gebietsabtretungen (Elsaß-Lothringen, Westpreußen, Oberschlesien, Saargebiet)
- Beschränkung der Wehrmacht (100 000 Mann Berufsheer, 15 000 Mann Marine)
- Hohe Reparationen (Geld- und Sachlieferungen)
- Alleinschuld Deutschlands und seiner Verbündeten am Krieg

Der Reichstag stimmt dem Vertrag schließlich zu, vor allem die rechtsradikalen Parteien sind jedoch nicht bereit, sich der Mehrheitsentscheidung zu beugen. Sie nutzen die Stimmung aus, die in der Bevölkerung gegen die Friedensbedingungen herrscht, und bekämpfen offen die Republik. Politiker der Weimarer Koalition werden als „Novemberverbrecher", „Erfüllungspolitiker" und „Landesverräter" beschimpft.

Von Mitgliedern der Rechtsparteien und Offizieren, insbesondere auch von den Generälen Hindenburg und Ludendorff, wird die **„Dolchstoßlegende"** verbreitet. Darin wird gesagt, das deutsche Heer sei im Felde unbesiegt geblieben. Durch die Revolution 1918 und den Wunsch nach Abschluß eines Waffenstillstandes seien vor allem die Sozialdemokraten den Soldaten in den Rücken gefallen und hätten dem Heer den Dolchstoß versetzt. Diese Behauptung hält einer näheren Überprüfung jedoch nicht stand. Dolchstoßlegende und Kampf gegen das „Schanddiktat von Versailles" spielen bis zum Ende der Weimarer Republik eine wichtige Rolle. Die Gegner des demokratischen Staates versuchen immer wieder, für alle Probleme allein die Republik verantwortlich zu machen.

Ausschnitt aus einem Plakat der Deutschnationalen Volkspartei (DNVP) im Wahlkampf 1924

Die Weimarer Republik

1.2 Die Schwächen der Reichsverfassung

Auszug aus der Weimarer Reichsverfassung

Artikel 1
Das Deutsche Reich ist eine Republik. Die Staatsgewalt geht vom Volke aus.

Artikel 22
Die Abgeordneten (des Reichstages – Ergänzung d. Verf.) werden in allgemeiner, gleicher, unmittelbarer und geheimer Wahl von den über 20 Jahre alten Männern und Frauen nach den Grundsätzen der Verhältniswahl gewählt . . .

Artikel 25
Der Reichspräsident kann den Reichstag auflösen, jedoch nur einmal aus dem gleichen Anlass.

Artikel 41
Der Reichspräsident wird vom ganzen deutschen Volke gewählt . . .

Artikel 47
Der Reichspräsident hat den Oberbefehl über die gesamte Wehrmacht des Reiches.

Artikel 48
Der Reichspräsident kann, wenn im Deutschen Reiche die öffentliche Sicherheit und Ordnung erheblich gestört oder gefährdet wird, die zur öffentlichen Sicherheit und Ordnung nötigen Maßnahmen treffen, erforderlichenfalls mit Hilfe der bewaffneten Macht einschreiten. Zu diesem Zwecke darf er vorübergehend die in den Artikeln 114, 115, 117, 118, 123, 124 und 153 festgesetzten Grundrechte ganz oder teilweise außer Kraft setzen.[1)]

Artikel 53
Der Reichskanzler und auf seinen Vorschlag die Reichsminister werden vom Reichspräsidenten ernannt und entlassen.

Artikel 54
Der Reichskanzler und die Reichsminister bedürfen zu ihrer Amtsführung des Vertrauens des Reichstags. Jeder von ihnen muss zurücktreten, wenn ihm der Reichstag durch ausdrücklichen Beschluss sein Vertrauen entzieht.

[1)] *Bei den genannten Artikeln handelt es sich um folgende Grundrechte:
Freiheit der Person, Unverletzlichkeit der Wohnung, Brief-, Post- und Fernsprechgeheimnis, Meinungs- und Pressefreiheit, Versammlungs- und Vereinigungsfreiheit, Recht auf Eigentum.*

Die Weimarer Verfassung enthält Schwächen, die zu großen innenpolitischen Problemen führen können. Dies wird besonders in den Jahren 1930 bis 1932 deutlich.

- Das **Verhältniswahlrecht** (Vgl. Kap. Regierungssystem) ohne Sperrklausel ermöglicht auch kleinen Parteien den Einzug ins Parlament und kann zu einer Zersplitterung führen. Dadurch wird die Bildung von mehrheitsfähigen Regierungen erschwert.
- Der Reichspräsident ist berechtigt, den **Reichstag** ohne dessen Beteiligung aufzulösen. Die dadurch oft notwendigen Neuwahlen können zu „Wahlmüdigkeit" und zu einem Vertrauensverlust gegenüber dem parlamentarischen System führen.
- Die starke **Stellung des Reichspräsidenten** (Oberbefehl über die Wehrmacht, Ernennung und Entlassung des Reichskanzlers, Notverordnungsrecht nach Art. 48) kann in Krisenzeiten missbraucht werden.
- Da der **Reichskanzler** nicht vom Reichstag gewählt, sondern vom Reichspräsidenten ernannt wird, braucht er nicht unbedingt eine feste Mehrheit im Reichstag. Allerdings kann der Reichstag einen Kanzler durch ein einfaches Misstrauensvotum stürzen. Dies kann zu **häufigen Regierungswechseln** und zur Bildung von Regierungen führen, die nur vom Vertrauen des Reichspräsidenten abhängen und auf das **Notverordnungsrecht** nach Artikel 48 angewiesen sind.

Weimarer Republik

- 14 Jahre (1919–1933)
- 20 Regierungen
  12 verschiedene Kanzler
- 8 Reichstagswahlen
- bis zu 40 kandidierende Parteien
- bis zu 15 Parteien im Reichstag

Bundesrepublik Deutschland

- 40 Jahre (1949–1989)
- 15 Regierungen
  6 verschiedene Kanzler
- 11 Bundestagswahlen
- 12–15 kandidierende Parteien
- 4–5 Parteien im Bundestag

Weimarer Republik

Die Nationalversammlung hält wegen der unruhigen politischen Situation ihre Sitzungen in der Stadt Weimar ab. Deshalb nennt man den neuen Staat Weimarer Republik.

Regierungsdauer

Die längste Regierungszeit mit 636 Tagen erreicht die Regierung Müller (SPD) 1928–1930. Die am kürzesten amtierende Reichsregierung ist die Regierung Stresemann (DVP) mit 48 Tagen (1923).

1.3 Wirtschaftskrisen

Nicht nur die politischen Folgen des Krieges und die Propaganda der Rechtsradikalen behindern den Aufbau des neuen Staates. Auch wirtschaftlich steht die Regierung vor fast unlösbaren Problemen.

Kriegsfolgen und Inflation

Preis für (in RM)	1914	1918	1922	August 1923	November 1923
1 Ei	0,08	0,25	180,—	5 000,—	80 000 000,—
1 kg Fleisch	1,80	4,—	2400,—	180 000,—	6 400 000 000,—
1 kg Butter	2,80	6,—	4800,—	300 000,—	12 000 000 000,—
1 kg Kartoffeln	0,08	0,24	160,—	4 000,—	100 000 000,—

Der teuerste „Schwarzwälder Bote", den es je gegeben hat.

Die Wirtschaft der Weimarer Republik ist durch den Krieg und die harten Bedingungen des Friedensvertrags schwer belastet. Schon während des Krieges beginnt der Zerfall der Reichsmark. Um die Kriegskosten zu decken, druckt der Staat immer mehr Geld, ohne dass ein entsprechender Warenwert vorhanden ist. Die hohen **Reparationen** (Wiedergutmachungszahlungen und Lieferungen belasten die Wirtschaft und beschleunigen die **Inflation** (Geldentwertung). 1923 besetzen Franzosen und Belgier wegen rückständiger Reparationsleistungen das Ruhrgebiet. Der passive Widerstand der Bevölkerung verschärft die Schwierigkeiten. Im November 1923, als die Inflation ein nie gekanntes Ausmaß erreicht, entschließt sich die Reichsregierung zu einer **Währungsreform.** Am 16. November wird die **Rentenmark** (= 1 Billion Papiermark) eingeführt.

Durch die Inflation verlieren vor allem die einfachen Leute ihre Sparguthaben, während Schuldner und Sachwertbesitzer davon profitieren. Viele Menschen machen die Republik für die wirtschaftlichen Probleme verantwortlich und verlieren das Vertrauen in Staat und Regierung.

Die Jahre 1924 bis 1928 bringen eine Beruhigung der Lage. Vor allem mit Hilfe amerikanischer Kredite kommt es nach der Währungsreform zu einer wirtschaftlichen Scheinblüte mit beachtlichem Wachstum. Im **Dawes-Plan** (1924) werden die Reparationszahlungen neu geregelt.

1925 wird der **Vertrag von Locarno** geschlossen, in dem Deutschland auf Elsass-Lothringen verzichtet und die Grenze zu Frankreich anerkennt. Die beiden Außenminister Gustav Stresemann und Aristide Briand erhalten den Friedensnobelpreis für ihre Politik der Aussöhnung zwischen beiden Staaten.

1926 wird Deutschland in den Völkerbund aufgenommen und damit wieder als gleichberechtigter Partner anerkannt. Der **Young-Plan** bringt 1928 eine weitere Verringerung der Reparationszahlungen.

Gustav Stresemann

(1878–1929), Gründer der Deutschen Volkspartei (DVP), ab 1923 Reichskanzler und Außenminister. Für seine Verständigungspolitik erhält er 1926 zusammen mit dem französischen Außenminister den Friedensnobelpreis.

Gustav Stresemann bemüht sich um eine Außenpolitik der Entspannung. Damit erreicht er insgesamt eine Lockerung der Bedingungen des Friedensvertrags von Versailles, z. B. die vorzeitige Räumung des besetzten Rheinlandes. Rechtsradikale Parteien und Gruppen lehnen diese Politik jedoch ab und beschimpfen Stresemann und andere Politiker der Weimarer Republik als „Erfüllungspolitiker". Ihnen geht es nicht um die Verbesserung der Situation, sondern um die rücksichtslose Bekämpfung der Weimarer Republik.

Weltwirtschaftskrise und Massenarbeitslosigkeit

Schicksal eines Arbeitslosen

Zwei Jahre und sieben Monate bin ich arbeitslos. Zwei Jahre und sieben Monate führt man nun schon ein Hundeleben. Nein, ein Hund lebt in Deutschland besser. Für einen Polizeihund ... zahlt der Staat 53 Mark Unterhaltskosten. Ich, ein lediger Erwerbsloser, dem dieser Staat keine Arbeit geben kann, erhalte 36,40 Mark monatliche Unterstützung. Der Hund schläft in der warmen Polizeistube. Ich in einem kalten, feuchten Kellerloch, das vier Meter lang und 1,90 Meter breit ist, außerdem weder Sonne noch Himmel zu sehen ist. Dafür muss ich noch 20 Mark monatlich Miete bezahlen!

Hier meine Wochenspeisenkarte:

	1 Pfd. Schmalz	0,65 Mark
	3 Brote à 0,45 Mark	1,35 Mark
	7 mal Mittagessen à 0,30 Mark	2,10 Mark
	Summe	4,10 Mark
Der Monat hat vier Wochen.		16,40 Mark
Miete		20,00 Mark
	Summe	36,40 Mark

zitiert nach Jürgen Kuczynski: Geschichte des Alltags des deutschen Volkes, Köln 1983, Bd. 5, S. 145 f.

Zahlen zur Wirtschaftsentwicklung

Industrieproduktion		Arbeitslose in 1000	
1919	37	1919	–
1922	70	1922	215
1924	69	1924	927
1926	78	1926	2025
1928	100	1928	1391
1930	87	1930	3076
1932	58	1932	5603

(1928 = 100)

1929 beginnt in den USA eine schwere Wirtschaftskrise. Als die Aktienkurse sinken, kommt es zu Panikverkäufen und am 29. Oktober 1929 zum großen Börsenkrach (Schwarzer Freitag). Die Krise weitet sich aus zur **Weltwirtschaftskrise,** von der Deutschland wegen der vielen amerikanischen Kredite besonders stark betroffen ist.

Deutschland erlebt die größte Arbeitslosigkeit seiner Geschichte. Im Winter 1931/32 sind über 6 Millionen Menschen, das sind 30% der Arbeitnehmer, ohne Arbeit. Hunger und Not sind die Folge, denn die Arbeitslosenunterstützung ist sehr gering. Die Regierung Müller zerbricht im März 1930 an einem Streit zwischen SPD und DVP über die Erhöhung der Beiträge zur Arbeitslosenversicherung. Dies bedeutet das **Ende der parlamentarischen Demokratie,** denn der neue Reichskanzler **Heinrich Brüning** (Zentrum) hat keine Mehrheit im Reichstag und kann nur mit Notverordnungen des Reichspräsidenten regieren.

Brüning verfolgt eine eiserne Sparpolitik. Mit Hilfe von Kürzungen der Löhne, Gehälter und Sozialleistungen will er die Krise meistern, erreicht jedoch genau das Gegenteil. In ihrer Not klammern sich viele Bürger an die Versprechungen der radikalen Parteien. Sie glauben, dass eine Besserung der Wirtschaftslage nur durch eine grundlegende Änderung der Politik zu erreichen ist.

Bei den Reichstagswahlen 1930 gelingt der NSDAP ein **sensationeller Wahlerfolg,** sie erhöht ihre Abgeordnetenzahl von 12 auf 107 (18,3 %). Auch die KPD gewinnt 23 Sitze hinzu, sodass eine Mehrheitsbildung im Reichstag immer schwieriger wird, da die republikfeindlichen Kräfte rechts und links jede Entscheidung blockieren können.

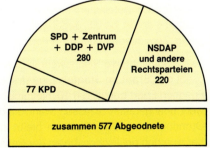

Wahlplakat der NSDAP 1932

1.4 Demokratie ohne Demokraten

„Sie tragen den Buchstaben der Firma, aber wer trägt den Geist?"

Karikatur von Th. Th. Heine

MUDICKE MACHT BILANZ
„Ick habe meine Seelige ubastanden – ick habe Kaiser Wilhelm ubastanden – ick wer ooch die Republik ubastehen."

Der Zeichner Heinrich Zille karikiert den deutschen Spießer 1919

Eine Demokratie ist nur lebensfähig, wenn sich die große Mehrheit der Bevölkerung zu dieser Regierungsform bekennt und bereit ist, sich für ihre Erhaltung einzusetzen. Diese Voraussetzung für das Überleben der Weimarer Republik fehlt in den Jahren 1918–1933 weitgehend. Viele Offiziere, Angehörige des Mittelstandes, Beamte und Bauern stehen der Republik ablehnend gegenüber.

Die Reichswehr

Der Friedensvertrag von Versailles sieht eine Verringerung der Reichswehr auf ein Berufsheer von 100 000 Mann vor. Viele Offiziere und Soldaten wollen sich damit nicht abfinden und lehnen eine Reduzierung ab. Es entstehen **Freikorps** (illegale Freiwilligenverbände). Die Führungen von Reichswehr und Freikorps stehen der jungen Demokratie ablehnend gegenüber und sind noch ganz dem kaiserlichen Obrigkeitsstaat verbunden.

Plakatwerbung für ein Freikorps-Bataillon

Generaloberst von Seeckt, Chef der Heeresleitung von 1920 bis 1926, weigert sich zum Beispiel mit dem Argument „Truppe schießt nicht auf Truppe", gegen die am Kapp-Putsch beteiligten Freikorps vorzugehen. Andererseits sind Reichswehr und Freikorps sofort bereit, gegen linke Revolutionäre einzugreifen (Spartakusaufstand in Berlin, Zerschlagung der Räterepublik in München).

Es gelingt nicht, die Reichswehr in den neuen demokratischen Staat einzugliedern, sie bleibt ein **„Staat im Staate"**. Eine Ursache für diese Entwicklung ist die Tatsache, dass Friedrich Ebert bereits am 10. November 1918 der Heeresleitung zusichert, die Reichswehr unangetastet zu lassen, wenn sie die Regierung bei der Herstellung von Ruhe und Ordnung unterstützt. Dadurch bleibt die Reichswehr ein selbständiger Machtfaktor, der sich den politischen Zielen der Regierung nicht unterordnet.

Die Weimarer Republik

Aufruf des „Stahlhelm" (Bund der Frontsoldaten) von 1928:

> Wir hassen mit ganzer Seele den augenblicklichen Staatsaufbau, seine Form seinen Inhalt, sein Werden und Wesen. Wir hassen diesen Staatsaufbau, weil in ihm nicht die besten Menschen führen, sondern weil in ihm ein Parlamentarismus herrscht, dessen System jede verantwortungsvolle Führung unmöglich macht ...
>
> Wir hassen diesen Staatsaufbau, weil er uns die Aussicht versperrt, unser geknechtetes Vaterland zu befreien und das deutsche Volk von der erlogenen Kriegsschuld zu reinigen, den notwendigen deutschen Lebensraum im Osten zu gewinnen, das deutsche Volk wieder wehrhaft zu machen.

Zitiert nach: Kurt Sontheimer: Antidemokratisches Denken in der Weimarer Republik, München 1969, S. 246

Republikfeindliche Organisationen

Wahlplakat der DNVP

Wahlplakat der SPD

Grundgesetz Artikel 9

(2) Vereinigungen, ... die sich gegen die verfassungsmäßige Ordnung oder gegen den Gedanken der Völkerverständigung wenden, sind verboten.

Grundgesetz Artikel 21

(2) Parteien, die nach ihren Zielen oder nach dem Verhalten ihrer Anhänger darauf ausgehen, die freiheitliche demokratische Grundordnung zu beeinträchtigen oder den Bestand der Bundesrepublik Deutschland zu gefährden, sind verfassungswidrig. Über die Frage der Verfassungswidrigkeit enscheidet das Bundesverfassungsgericht.

Ähnliche Bestimmungen waren in der Weimarer Reichsverfassung nicht vorgesehen.

Neben den Rechtsparteien DNVP, NSDAP, Teilen der DVP, einigen kleinen Splittergruppen und der links stehenden KPD, die alle die Weimarer Republik ablehnen, entsteht eine Reihe vor allem rechtsradikaler Organisationen, die den demokratischen Staat offen bekämpfen.

Im Oktober 1931 gründen rechtsgerichtete Parteien und Organisationen, darunter auch die NSDAP, auf Einladung von Alfred Hugenberg, dem Besitzer mehrerer großer Tageszeitungen und Vorsitzenden der DNVP, die **„Harzburger Front"**. Sie ist ein Bündnis zur offenen Bekämpfung der Republik. SPD und Gewerkschaften bilden daraufhin als demokratische Gegenorganisation die **„Eiserne Front"** und das **„Reichsbanner Schwarz-Rot-Gold"**. Beide Lager stehen sich in den letzten Jahren der Weimarer Republik unversöhnlich gegenüber.

Die Weimarer Republik

Vom Kaiserreich zur Weimarer Republik

Im Herbst 1918 ist das deutsche Kaiserreich militärisch und politisch am Ende. Der Kaiser dankt ab, die Wahlen zur Verfassunggebenden Nationalversammlung bringen eine Mehrheit für die gemäßigten Parteien SPD, Zentrum und DDP (Weimarer Koalition). Die Weimarer Republik kann in drei Zeitabschnitte unterteilt werden:

Aufbau

1918-1923 Die Jahre des Aufbaus: Auseinandersetzungen um die künftige Staatsform (Räterepublik oder parlamentarische Demokratie), Aufstände von links (Spartakus) und Putschversuche von rechts (Kapp, Hitler), wirtschaftliche Belastung durch Krieg und Kriegsfolgen (Reparationen, Inflation).

Stabilität

1924-1928 Die Jahre der Stabilität: Wirtschaftlicher Aufschwung, innenpolitische Beruhigung, Lockerung der Reparationszahlungen, Verträge mit Frankreich und Russland, internationale Anerkennung der Weimarer Republik.

Untergang der Weimarer Republik

1929-1932 Die Jahre des Untergangs: Weltwirtschaftskrise, Massenarbeitslosigkeit, Zersplitterung der politischen Parteien, Zulauf zu radikalen Parteien (NSDAP, KPD), Präsidialregierungen ohne Mehrheiten im Reichstag.
Für den Untergang der Weimarer Republik sind vier Ursachen ausschlaggebend:
- Die harten Bedingungen des Friedensvertrags von Versailles belasten die Republik sowohl wirtschaftlich als auch politisch.
- Die Schwächen der Weimarer Reichsverfassung führen zu instabilen Verhältnissen, die Demokratie wird für alle Schwierigkeiten verantwortlich gemacht.
- Die Wirtschaftskrisen (Inflation 1923, Weltwirtschaftskrise 1929) bedeuten für viele Menschen Elend und Hunger. Dadurch werden radikale Parteien begünstigt.
- Viele Menschen in Deutschland stehen der Weimarer Republik zurückhaltend oder gar ablehnend gegenüber (Demokratie ohne Demokraten).

Aufstieg der NSDAP

Bei den Reichstagswahlen 1930 erreichen Hitler und die NSDAP über 18%, bei den Wahlen 1932 sogar über 37% der Stimmen. Viele Menschen fallen auf Hitlers Propaganda herein und erhoffen sich von ihm vor allem eine Lösung der wirtschaftlichen Probleme.

Zur Wiederholung

1. Nennen Sie die grundlegenden Unterschiede zwischen der Weimarer Verfassung und dem Grundgesetz für die Bundesrepublik Deutschland hinsichtlich
   a) der Aufgaben von Reichs- und Bundespräsident
   b) des Wahlverfahrens zum Reichs- bzw. Bundestag
   c) der Auflösung des Reichs- bzw. Bundestages
   d) der Ernennung und Entlassung des Reichs- bzw. Bundeskanzlers.
2. Erklären Sie den Begriff „Dolchstoßlegende".
3. Beschreiben Sie die wirtschaflichen und politischen Entwicklungen, die den Aufstieg Hitlers und der NSDAP von 1928-1932 begünstigten.

Weiterführende Aufgaben

1. Die Bundesrepublik Deutschland wird oft mit der Weimarer Republik verglichen. Dabei wird häufig die Meinung vertreten „Bonn ist nicht Weimar". Setzen Sie sich mit dieser Behauptung auseinander.
2. Warum kann man die Weimarer Republik auch als „Demokratie ohne Demokraten" bezeichnen?
3. Untersuchen Sie die politische Entwicklung in Ihrer Heimatgemeinde in den Jahren 1928-1933 anhand der Wahlergebnisse.

2 Der totalitäre Staat Hitlers

> Die Bewegung vertritt im Kleinsten wie im Größten den Grundsatz der unbedingten Führerautorität, gepaart mit höchster Verantwortung.
> Die praktischen Folgen dieses Grundsatzes in der Bewegung sind nachstehende: Der erste Vorsitzende einer Ortsgruppe wird durch den nächsthöheren Führer eingesetzt, er ist der verantwortliche Leiter der Ortsgruppe ... Der gleiche Grundsatz gilt für die nächsthöhere Organisation, den Bezirk, den Kreis oder den Gau. Immer wird der Führer von oben eingesetzt und gleichzeitig mit unbeschränkter Vollmacht und Autorität bekleidet. Nur der Führer der Gesamtpartei wird aus vereinsgesetzlichen Gründen in der Generalmitgliederversammlung gewählt. Er ist aber der ausschließliche Führer der Bewegung ...
> Damit ist die Bewegung aber antiparlamentarisch und selbst die Beteiligung an einer parlamentarischen Institution kann nur den Sinn einer Tätigkeit zu deren Zertrümmerung besitzen, zur Beseitigung einer Einrichtung, in der wir eine der schwersten Verfallserscheinungen der Menschheit zu erblicken haben.

Adolf Hitler: Mein Kampf, a. a. O., S. 378f.

Wichtige NS-Organisationen und der NSDAP angeschlossene Verbände

SA	= Sturmabteilung
SS	= Schutzstaffel
NSKK	= Nationalsozialistisches Kraftfahrerkorps
HJ	= Hitlerjugend
NSDStB	= Nationalsozialistischer Deutscher Studentenbund
DAF	= Deutsche Arbeitsfront
NSV	= Nationalsozialistische Volkswohlfahrt

In allen Organisationen und Verbänden der NSDAP gilt das Führerprinzip der absoluten Befehlsgewalt nach unten und der absoluten Gehorsamspflicht nach oben.

Getreu dem in „Mein Kampf" dargestellten Führerprinzip beginnen Adolf Hitler und die Nationalsozialisten die Umwandlung der Weimarer Republik in eine totale Diktatur. Bedingungsloser Gehorsam nach oben und absolute Befehlsgewalt nach unten sichern Hitler die totale Macht in der NSDAP und später im gesamten Staat. Die Verwirklichung seiner Ziele wird durch den Zerfall der Weimarer Republik begünstigt. Die demokratischen Kräfte sind viel zu schwach, um den Marsch in die Diktatur zu stoppen.

Totale Unterwerfung des Einzelnen   Hitler als Standartenträger auf einer Postkarte

Tischgebet in einem Kindergarten der NS-Volkswohlfahrt:

Führer, mein Führer,
von Gott mir gegeben,
beschütz und erhalte
noch lange mein Leben!
Hast Deutschland gerettet
aus tiefster Not,
dir danke ich heute
mein tägliches Brot.
Bleib noch lange bei mir,
verlass mich nicht,
Führer, mein Führer,
mein Glaube, mein Licht!
Heil, mein Führer!

L. Mosse: Der nationalsozialistische Alltag, Königstein 1979, S. 268

Die Verwirklichung des Führerprinzips bedeutet nicht nur eine straffe Organisation der Partei und die Errichtung der totalen Diktatur in Deutschland, sondern sie hat auch die Entstehung eines Führerkults zur Folge. In Bildern wird Hitler als Übermensch und „welterlösender Heiland" dargestellt. Der Nationalsozialismus wird zu einer Art Ersatzreligion.

Der Nationalsozialismus

2.1 Der Weg in die Diktatur

Mit der Wiederwahl des 85-jährigen Paul von Hindenburg als Reichspräsident 1932 beginnt der endgültige Zerfall der Demokratie. Hindenburg, während des 1. Weltkriegs höchster deutscher Offizier, ist im Grund ein Anhänger des Kaiserreichs geblieben. Er gerät immer stärker unter den Einfluss rechtsradikaler Beamter, die seine Altersschwäche und seine nachlassenden geistigen Kräfte für ihre Ziele missbrauchen. Schon die Reichskanzler **Papen** und **Schleicher** missachten die Weimarer Verfassung und bereiten so die Diktatur Hitlers vor.

Der Untergang der Republik

Paul von Hindenburg

(1847–1934), während des 1. Weltkrieges Chef des Generalstabes, von 1925 bis 1934 Reichspräsident.

Verordnung zur Auflösung des Reichstages

10. 4.1932	Hindenburg wird im 2. Wahlgang wiedergewählt. Sein Gegenkandidat Hitler erhält 36,8 % der Stimmen.
30. 5.1932	Rücktritt und Entlassung von Reichskanzler Brüning. Sein Nachfolger wird Franz von Papen, dessen Regierung keine Mehrheit im Reichstag hat und nur vom Reichspräsidenten abhängt **(Präsidialregierung).**
4. 6.1932	Der Reichstag wird aufgelöst. Der Wahlkampf steht ganz im Zeichen des Terrors der **Sturmabteilungen** (SA) der NSDAP.
20. 7.1932	**Reichskanzler von Papen** setzt die preußische Regierung ab und begeht damit einen klaren **Verfassungsbruch.** Die demokratischen Kräfte sind jedoch bereits zu schwach, um wirksame Gegenwehr zu leisten.
31. 7.1932	Die Reichstagswahlen bringen der NSDAP einen triumphalen Wahlsieg (von 18,3 % auf 37,4 %). Auch die KPD gewinnt Stimmen (von 13,1 % auf 14,3 %). Die Gegner der Republik von links und rechts haben jetzt im Reichstag die Mehrheit. Hitler fordert das Amt des Reichskanzlers, was Hindenburg jedoch ablehnt.
12. 9.1932	Der Reichstag wird erneut aufgelöst.
6.11.1932	Die NSDAP verliert bei den Wahlen zwar Stimmen, bleibt aber stärkste Partei.
17.11.1932	Reichskanzler von Papen tritt zurück, sein Nachfolger wird **General von Schleicher.** Hinter dessen Rücken verhandeln Papen und Hitler über eine Kanzlerschaft Hitlers. Sie werden von einflussreichen Industriellen unterstützt. Es ist beabsichtigt, Hitler als Marionette zu benutzen und nach Bewältigung der Krise wieder fallen zu lassen.
30. 1.1933	Hindenburg ernennt Hitler zum Reichskanzler. Vizekanzler wird Papen, der Regierung gehören nur drei Nationalsozialisten an.

2.2 Der Aufbau der Diktatur

Propagandakundgebung im Berliner Sportpalast

Viele Massenveranstaltungen der Nationalsozialisten finden im Berliner Sportpalast statt. Hier hält Goebbels am 18. Februar 1943 seine berühmte Rede, in der er das Publikum fragt: „Wollt ihr den totalen Krieg?"

Als Hitler am 30. Januar 1933 von Hindenburg zum Reichskanzler ernannt wird, beginnt er zielstrebig, die Weimarer Republik Schritt für Schritt in eine Diktatur umzuwandeln. Dabei nutzt Hitler die Schwächen der Reichsverfassung geschickt aus. Er redet den Menschen ein, Deutschland stehe am Rande des Abgrunds und könne nur durch hartes Durchgreifen der Regierung mit Hilfe von Sondervollmachten gerettet werden.

1.2.1933	Auf Wunsch Hitlers löst Hindenburg den Reichstag auf. Neuwahlen werden auf den 5. März festgelegt. Der Wahlkampf steht im Zeichen des Terrors. Die Mitglieder der SA werden zu Hilfspolizisten ernannt, die rücksichtslos gegen Andersdenkende vorgehen. In Kellern kommt es zu grausamen Folterungen und Morden, deren erste Opfer vor allem Angehörige der KPD sind.
27.2.1933	In Berlin brennt der Reichstag. Die Hintergründe der Brandstiftung sind nie ganz geklärt worden. Der Regierung dient der Brand als Anlass für eine großangelegte Verhaftungswelle von Kommunisten und Sozialdemokraten.
28.2.1933	Hindenburg erlässt die **„Notverordnung zum Schutz von Volk und Staat",** die die wichtigsten demokratischen Grundrechte außer Kraft setzt und Hitler die Möglichkeit gibt, gegen seine innenpolitischen Gegner vorzugehen.
5.3.1933	Die NSDAP verfehlt bei der Reichstagswahl die absolute Mehrheit und erhält nur 43,9 % der Stimmen. Die Vollmachten der „Brandverordnung" reichen Hitler nun nicht mehr aus, um sein System zu festigen.
24.3.1933	Der Reichstag beschließt das **Ermächtigungsgesetz.**

Ergebnis der Reichstagswahl vom 5. März 1933

(Wahlbeteiligung 88,8%)

	%	Abg.
NSDAP	43,9	288
DNVP	8,0	52
DVP	1,1	2
Zentrum	11,2	73
Bayer. Volkspartei	2,7	19
Staatspartei	0,9	5
SPD	18,3	120
KPD	12,3	81
Sonstige	1,6	7

Der Nationalsozialismus

Wahlplakat der NSDAP

Reichstagsbrand in Berlin

Bericht über die Reichstagssitzung am 23.3.1933:

Nazis in Uniform säumten den Weg: „Nieder mit den roten Schuften! Her mit dem Ermächtigungsgesetz!"
Der Saal in der Kroll-Oper war hergerichtet wie zu einer Massenveranstaltung der Nazis: Flaggen ringsum, an der Hinterwand der Bühne eine riesige Hakenkreuzfahne ... Die sozialdemokratischen Reichstagsabgeordneten wurden von bewaffneten SA- und SS-Leuten umstellt; die Ausgänge hinter ihnen versperrt ... Ein Zentrumsabgeordneter bestürmte die SPD-Fraktion zu fliehen, ... sonst werde Otto Wels die Sitzung wohl nicht lange überleben ...
Im Saal war gebannte Stille, als Otto Wels gleich nach der Sitzungspause das Wort erhielt. Die Bewaffneten umstanden erneut die sozialdemokratische Fraktion."

Sozialdemokrat Magazin 3/83, S. 25 ff.

Gesetz zur Behebung der Not von Volk und Staat (Ermächtigungsgesetz), vom 24. März 1933

Artikel 1
Reichsgesetze können außer in dem in der Reichsverfassung vorgesehenen Verfahren auch durch die Reichsregierung beschlossen werden. Dies gilt auch für die in den Artikeln 85, Absatz 2, und 87 der Reichsverfassung bezeichneten Gesetze.

Artikel 2
Die von der Reichsregierung beschlossenen Reichsgesetze können von der Reichsverfassung abweichen, soweit sie nicht die Einrichtung des Reichstags und des Reichsrats als solche zum Gegenstand haben. Die Rechte des Reichspräsidenten bleiben unberührt.

Artikel 3
Die von der Reichsregierung beschlossenen Reichsgesetze werden vom Reichskanzler ausgefertigt und im Reichsgesetzblatt verkündet.

Der totalitäre Staat Hitlers

Das Ermächtigungsgesetz erfordert im Reichstag die Zweidrittelmehrheit. Deshalb werden die 81 Mandate der KPD kurzerhand für nichtig erklärt, die meisten Abgeordneten befinden sich bereits in Gefängnissen. Nur die 94 anwesenden Abgeordneten der SPD – die übrigen 26 sind in Schutzhaft oder untergetaucht – stimmen gegen das Gesetz. In einer mutigen Rede begründet der SPD-Vorsitzende **Otto Wels** die Ablehnung der Sozialdemokraten.

> Freiheit und Leben kann man uns nehmen, die Ehre nicht. Nach den Verfolgungen, die die Sozialdemokratische Partei in der letzten Zeit erfahren hat, wird billigerweise niemand von ihr verlangen oder erwarten können, dass sie für das hier eingebrachte Ermächtigungsgesetz stimmt ...
> Wir deutschen Sozialdemokraten bekennen uns in dieser geschichtlichen Stunde feierlich zu den Grundsätzen der Menschlichkeit und der Gerechtigkeit, der Freiheit und des Sozialismus. Kein Ermächtigungsgesetz gibt ihnen die Macht, Ideen, die ewig und unzerstörbar sind, zu vernichten ...

nach: Sozialdemokrat Magazin 3/83, S. 27

Reinhold Maier,

Reichstagsabgeordneter der Staatspartei und nach dem Krieg Ministerpräsident von Baden-Württemberg, erklärt später:

„Die Rede des Sozialdemokraten Otto Wels ist das stärkste demokratische Erlebnis, das mir jemals beschieden war. Sie war großartig! Sie war und wird das Hohe Lied der Freiheit bleiben."
Sozialdemokrat Magazin 3/83, S. 27

Von diesem Zeitpunkt an hat der Reichstag nur noch die Aufgabe, als Propagandainstrument der NSDAP die Beschlüsse der Regierung zu bestätigen.

Gleichschaltung

Ab März 1933 beginnt im gesamten Deutschen Reich die Ausrichtung aller Lebensbereiche auf die Ziele des Nationalsozialismus.

Gleichschaltung bedeutet die totale Erfassung der privaten, beruflichen und politischen Lebensbereiche aller Menschen.

Aufruf an alle Deutschen

Nach dem Willen des Führers ist die Deutsche Arbeitsfront nicht die Stätte, wo die materiellen Fragen des täglichen Arbeitslebens entschieden werden.
Das hohe Ziel der Arbeitsfront ist die Erziehung aller im Arbeitsleben stehenden Deutschen zum nationalsozialistischen Staat und zur nationalsozialistischen Gesinnung.

Maßnahmen zur Gleichschaltung

7.4.1933	Alle Beamten, die sich nicht bedingungslos unterordnen, werden entlassen.
2.5.1933	SA-Männer besetzen die Gewerkschaftshäuser und beschlagnahmen das Vermögen der freien Gewerkschaften. Noch einen Tag zuvor hat Hitler den 1. Mai als „Tag der nationalen Arbeit" mit Massendemonstrationen feiern lassen. Die Gewerkschaften werden verboten, es entsteht die NS-Organisation „**Deutsche Arbeitsfront**".
22.6.1933	Die SPD wird verboten, am 14. Juli alle anderen Parteien. Am 1. Dezember wird die NSDAP zur Staatspartei erklärt.
20.7.1933	Katholische Kirche und Staat schließen einen Vertrag, das **Konkordat**, in dem sich die Kirche dem Nationalsozialismus unterordnet.
22.9.1933	Alle Künstler und kulturellen Einrichtungen werden in der „**Reichskulturkammer**" zusammengefasst. Bereits am 10. Mai finden überall im Reich Bücherverbrennungen statt. Was den Nazis nicht passt, wird als „entartete Kunst" bezeichnet.
30.1.1934	Die Länder werden aufgelöst, in fast allen Städten und Gemeinden werden die Bürgermeister abgesetzt und durch linientreue Parteimitglieder ersetzt.
24.4.1934	Der **Volksgerichtshof** als oberstes Gericht wird eingerichtet. Damit sind auch die Gerichte dem Regime untergeordnet.

Gleichgeschaltete Justiz

Eidesformel der Wehrmacht

vor Hindenburgs Tod:
„Ich schwöre Treue der Reichsverfassung und gelobe, dass ich als tapferer Soldat das Deutsche Reich und seine gesetzmäßigen Einrichtungen jederzeit schützen, dem Reichspräsidenten und meinen Vorgesetzten Gehorsam leisten will."

nach Hindenburgs Tod:
„Ich schwöre bei Gott diesen heiligen Eid, dass ich dem Führer des deutschen Volkes, Adolf Hitler, dem Oberbefehlshaber der Wehrmacht, unbedingten Gehorsam leisten und als tapferer Soldat bereit sein will, jederzeit für diesen Eid mein Leben einzusetzen."

Der letzte Schritt: Hitler = Führer und Reichskanzler

Nach der Ausschaltung des Reichstages fehlt Hitler zur unumschränkten Herrschaft nur noch der Oberbefehl über die Wehrmacht.

Als Hindenburg am 2. August 1934 stirbt, legt die Reichsregierung die Ämter von Reichskanzler und Reichspräsident zusammen. Hitler nennt sich von nun an **„Führer und Reichskanzler"**.

Hitler hat Hindenburg und das Amt des Reichspräsidenten geschont, da er den alten Generalfeldmarschall für Propagandazwecke gut gebrauchen kann, um die Einheit mit den konservativen Kräften der Reichswehr zum Ausdruck zu bringen. Die geistigen Kräfte des 87-jährigen Hindenburg haben so stark nachgelassen, dass er von der NSDAP schamlos missbraucht werden kann.

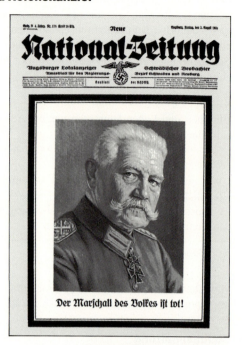

3 Propaganda und Erziehung

Um seine Ziele verwirklichen zu können, muss Hitler das Volk möglichst geschlossen hinter sich bringen. Dies kann am besten durch geschickte **Propaganda** und Ausrichtung der **Erziehung** von Kindern und Jugendlichen im Sinne der nationalsozialistischen Weltanschauung erreicht werden. Schon vor 1933 verfügt die NSDAP über eigene Zeitungen (Völkischer Beobachter, Der Stürmer), mit deren Hilfe sie versucht, die Meinung der Bevölkerung zu beeinflussen. 1926 wird die Hitler-Jugend (HJ) gegründet, der zunächst nur männliche Jugendliche angehören und die als Jugendabteilung der SA (Sturmabteilung) verstanden wird. Sie hat das Ziel, möglichst alle Jugendlichen zu neuen, nationalsozialistischen Menschen zu erziehen. Der Einfluss des Elternhauses soll zugunsten von Schule und Hitlerjugend zurück gedrängt werden.

3.1 Methoden und Ziele der Propaganda

Der Volksempfänger – ein wichtiges Propagandainstrument der Nationalsozialisten

Karikatur eines Engländers zur Propaganda der Nationalsozialisten

Propaganda im Flüsterwitz:

Goebbels wird an der Himmelspforte zurückgeschickt und in die Hölle verwiesen. Um ihm den Weg zu erleichtern, lässt Petrus ihn durch ein Fernrohr einen Blick in die Hölle tun. Er sieht in eine aufs behaglichste eingerichtete Bar mit teuren Getränken und leicht bekleideten schönen Mädchen. Als er in die Hölle kommt, findet er es völlig anders: einen Ort der Schrecken und der Qualen. Auf seine entrüstete Frage, was denn das sei, was er gesehen habe, antwortet der Teufel nur achselzuckend: „Propaganda!"

H. J. Gamm: Der Flüsterwitz im Dritten Reich, München 1980, S. 69

Jede Propaganda hat volkstümlich zu sein und ihr geistiges Niveau einzustellen nach der Aufnahmefähigkeit des Beschränktesten unter denen, an die sie sich zu richten gedenkt ... Die Aufnahmefähigkeit der großen Masse ist nur sehr beschränkt, das Verständnis klein, dafür jedoch die Vergesslichkeit groß. Aus diesen Tatsachen heraus hat sich jede wirkungsvolle Propaganda auf nur sehr wenige Punkte zu beschränken und diese so lange zu verwerten, bis auch bestimmt der Letzte unter einem solchen Worte das Gewollte sich vorzustellen vermag ...
Es gibt hierbei nicht viel Differenzierung, sondern ein Positiv oder ein Negativ, Liebe oder Hass, Recht oder Unrecht, Wahrheit oder Lüge. niemals aber halb so und halb so oder teilweise usw.

Adolf Hitler: Mein Kampf, S. 197 ff.

Aus Anlass des

Gemeinschaftsempfangs der Rede des Führers

tritt während der Zeit von 16 bis 17 Uhr (4 bis 5) eine Verkaufspause ein

Joseph Goebbels (1897–1945)

gilt neben Hitler als der geschickteste Propagandist der Nationalsozialisten.
1924 Eintritt in die NSDAP
1929 Reichspropagandaleiter der NSDAP
1933 Reichspropagandaminister
1944 Generalbevollmächtigter für den totalen Kriegseinsatz
1945 Selbstmord in Berlin

Im März 1933 richtet Hitler ein **„Ministerium für Volksaufklärung und Propaganda"** ein, das von **Joseph Goebbels,** einem seiner treuesten Gefolgsleute, geführt wird. Innerhalb weniger Wochen baute Goebbels eine Propagandamaschinerie auf, deren Ziel es ist, die nationalsozialistischen Ideen auch in die entferntesten Teile des Reiches zu tragen. Wer noch keinen Volksempfänger besitzt, nimmt am Gemeinschaftsempfang im Betrieb oder in öffentlichen Einrichtungen teil. Kritische Zeitungen werden verboten, die gesamte Presse steht unter der Kontrolle des Propagandaministeriums. Alles, was den Nationalsozialisten zuwiderläuft, wird bekämpft oder totgeschwiegen. Die Bevölkerung kann die wirklichen Verhältnisse nicht mehr erkennen und beurteilen.

Die noch bestehenden Zeitungen erhalten klare Anweisungen:

> Wie informatorisch mitgeteilt wird, ist Käthe Kollwitz so krank, dass mit ihrem Ableben zu rechnen ist. Die Presse wird gebeten, über ihren Tod nichts zu bringen, es sei denn, es käme eine amtliche Notiz heraus.
>
> Die Tatsache von Picassos 60. Geburtstag kann in der Presse kurz erwähnt werden. Weitere Veröffentlichungen sind unerwünscht.
>
> Die Presse wird gebeten, Meldungen über Zarah Leander, gleich welcher Art, nicht zu bringen.

Christian Zentner: Deutschland 1870 bis heute, München 1970, S. 324

Als Mittel der Propaganda dienen den Nationalsozialisten vor allem Massenkundgebungen und Aufmärsche, bei denen vorwiegend das Gefühl, weniger der Verstand angesprochen wird. Uniformen, Fahnen und Marschmusik sollen dem Einzelnen das Gefühl vermitteln, Angehöriger einer großen **„Volksgemeinschaft"** zu sein, für die sich jedes Opfer lohnt. Hass gegenüber allen Andersdenkenden, übertriebene Liebe zu Volk und Heimat, bedingungslose Treue zum Führer, Tapferkeit und Opferbereitschaft sollen den Menschen eingeimpft werden, dass sie blind gehorchen und nicht mehr fragen, wem dies alles nützt.

Konflikte innerhalb der Gesellschaft wie beispielsweise zwischen Arbeitgebern und Arbeitnehmern, jüngeren und älteren Menschen werden mit Hilfe der Propaganda verschleiert. Soziale Missstände wie Wohnungsnot und Verschlechterung des Lebensstandards sollen von der Bevölkerung als notwendige Opfer in Kauf genommen werden.

Reichsparteitag in Nürnberg:

Die NSDAP hält ihre Parteitage in Nürnberg ab. Sie dienen nicht, wie dies bei demokratischen Parteien der Fall ist, der innerparteilichen Diskussion und Beschlussfassung über Programme und Ziele der Partei. Die Reichsparteitage der NSDAP sind vielmehr riesige Massenveranstaltungen und Teil der NS-Propagandamaschinerie.

3.2 Nationalsozialistische Erziehung

Das ideale Mädchen

Der ideale Junge

> Das Schönheitsideal der jüngsten Vergangenheit, welches das schmalhüftige und engbrüstige Püppchen auf den Thron hob, ist im Wanken.
> Man beginnt wieder aufzuschauen zu kraftvollen, blühenden Frauengestalten voll gesunder Natürlichkeit, zu dem deutschen Frauentypus, der in stolzer leiblicher und seelischer Schönheit eine heilige Fruchtbarkeit und den Lebenswillen des deutschen Volkes verkörpert.
> Das Ja des Weibes zum Kinde ... wird uns wieder gesunde, kinderreiche Familien schenken, ohne die unser Volk nicht leben kann.

Franz Kade: Die Wende in der Mädchenerziehung, Dortmund 1937, S. 7

> Meine Pädagogik ist hart. Das Schwache muss weggehämmert werden. In meinen Ordensburgen wird eine Jugend heranwachsen, vor der sich die Welt erschrecken wird. Eine gewalttätige, herrische, unerschrockene, grausame Jugend will ich ... Es darf nichts Schwaches und Zärtliches an ihr sein. Das freie, herrliche Raubtier muss erst wieder aus ihren Augen blitzen. Stark und schön will ich meine Jugend ...
> Ich will keine intellektuelle Erziehung. Mit Wissen verderbe ich mir die Jugend. Am liebsten ließe ich sie nur das lernen, was sie ihrem Spieltrieb folgend sich freiwillig aneignen ...

Adolf Hitler, zitiert nach Walther Hofer: a. a. O., S. 88

Ziel nationalsozialistischer Erziehung ist es, einen neuen Menschen nach nationalsozialistischem Idealbild zu schaffen. Zu diesem Zweck wird 1926 die **Hitler-Jugend** gegründet, in der die gesamte deutsche Jugend erfasst werden soll.

Ende 1932 ist die HJ mit rund 100 000 Mitgliedern, verglichen mit anderen Jugendorganisationen, noch sehr unbedeutend. Ab 1933 ändert sich die Situation grundlegend. Politische Jugendorganisationen, insbesondere die Arbeiterjugend, werden verboten, andere Jugendverbände lösen sich „freiwillig" auf oder treten unter dem Druck des NS-Terrors zur HJ über.

Reichsjugendführer Baldur von Schirach baut die HJ zielstrebig zur Staatsjugend aus. Obwohl der Beitritt nach wie vor „freiwillig" ist, wird sehr starker Druck ausgeübt und nur wenige haben den Mut, sich der HJ zu entziehen.

Adolf Hitler über die Erziehung:

„Diese Jugend, die lernt ja nichts anderes als deutsch denken, deutsch handeln und wenn diese Knaben mit zehn Jahren in unsere Organisation hineinkommen und dort zum ersten Male überhaupt eine frische Luft bekommen und fühlen, dann kommen sie vier Jahre später vom Jungvolk in die Hitlerjugend und dort behalten wir sie wieder vier Jahre. Und dann geben wir sie erst recht nicht zurück in die Hände unserer alten Klassen- und Standeserzeuger, sondern dann nehmen wir sie sofort in die Partei, in die Arbeitsfront, in die SA oder in das NSKK und so weiter. Und wenn sie dort zwei Jahre oder anderthalb Jahre sind, dann kommen sie in den Arbeitsdienst und werden wieder sechs Monate geschliffen ... und was dann nach sechs oder sieben Monaten noch an Klassen- oder Standesdünkel da oder dort vorhanden sein sollte, das übernimmt die Wehrmacht zur weiteren Behandlung auf zwei Jahre. Und wenn sie nach zwei, drei oder vier Jahren zurückkehren, dann nehmen wir sie, damit sie auf keinen Fall rückfällig werden, sofort wieder in die SA, SS und so weiter und sie werden nicht mehr frei ihr ganzes Leben."

Michaelis/Schraepler: Ursachen und Folgen, Band 11, S. 138

Mitglieder in der HJ:

1932	107000
1933	2300000
1935	3900000
1937	5800000
1939	8700000

Gesamtzahl der 10- bis 18-jährigen

1939	8700000

Der Nationalsozialismus

Verordnung zum Gesetz über die HJ:

§ 1
1. Der Dienst in der Hitler-Jugend ist Ehrendienst am deutschen Volk.
2. Alle Jugendlichen vom 10. bis 18. Lebensjahr sind verpflichtet, in der Hitler-Jugend Dienst zu tun.

§ 2
Alle Jungen und Mädchen der Hitler-Jugend unterstehen einer öffentlich-rechtlichen Erziehungsgewalt.

Der Landeshandwerksmeister von Hessen schreibt 1933 an seine Kollegen:

> In diesen Tagen hat die HJ erneut den Beweis dafür angetreten, dass es Ehrenpflicht aller Väter und Mütter in Deutschland sein muss, ihre Söhne und Töchter der HJ oder dem BDM zuzuführen. Die deutsche Jugend ist das wertvollste Gut der Nation und gehört somit dem Führer ... Von Euch erwarte ich, dass Ihr nur solche Lehrlinge und Lehrmädchen aufnehmt, die den Organisationen der Jugend des Führers angehören.

Ein Werbeschreiben der HJ:

```
Hitlerjugend                                    Wiesbaden, den 3. Mai 1934
Bann 80 Wiesbaden

Zum letzten Mal wird zum Appell geblasen!
Die Hitlerjugend tritt heute mit der Frage an dich heran: Warum stehst Du noch
außerhalb der Reihen der Hitlerjugend? Wir nehmen doch an, dass du dich zu unserem
Führer Adolf Hitler bekennst. Dies kannst du jedoch nur, wenn du dich gleichzeitig
zu der von ihm geschaffenen Hitlerjugend bekennst. Es ist nun an dich eine Vertrau-
ensfrage: Bist du für den Führer und somit für die Hitlerjugend, dann unterschreibe
die anliegende Aufnahmeerklärung. Bist du aber nicht gewillt, der HJ beizutreten,
dann schreibe uns dies auf der anliegenden Erklärung...
Wir richten heute einen letzten Appell an dich. Tue als junger Deutscher Deine
Pflicht und reihe dich bis zum 31. Mai d. J. ein bei der Jungen Garde des Führers.

                                                            Heil Hitler!
                                                    Der Führer des Bannes 80
..........................................................................
                                  Erklärung
Unterzeichneter erklärt hierdurch, dass er nicht gewillt ist in die Hitlerjugend
einzutreten und zwar aus folgenden Gründen:
..........................................................................
Unterschrift des Vaters: ...............   Unterschrift des Jungen: ............
Beruf: .................................   Beruf: ..............................
Beschäftigt bei: .......................   Beschäftigt bei: ....................
```

Arno Klönne: Jugend im Dritten Reich, Düsseldorf 1982, S. 25

Sommerlager der HJ

BDM marschiert

1936 wird die Hitler-Jugend zur Staatsjugend erklärt, ab 1939 wird der Dienst in der HJ endgültig für alle Jugendlichen verpflichtend. Die Hitler-Jugend ist entsprechend dem Führerprinzip straff organisiert und streng nach Geschlechtern getrennt. Viele Jugendliche sind zunächst von der Hitler-Jugend begeistert. Fahnen, Uniformen, Wehrsport, Lagerleben und Wettkämpfe üben eine beachtliche Anziehungskraft auf die jungen Menschen aus. Allerdings lässt diese Begeisterung bei vielen nach einiger Zeit wieder nach, da die HJ fast die gesamte Freizeit in Anspruch nimmt. Ab 1938 bilden sich im Reich vereinzelt „wilde" Jugendgruppen, die eine so strenge Kontrolle ablehnen.

Trotzdem beeinflusst die Hitler-Jugend Denken und Verhalten der Kinder und Jugendlichen ganz entscheidend. In vielen Familien, in denen die Eltern dem Nationalsozialismus kritisch gegenüberstehen, kommt es zu Konflikten mit den Kindern. Diese sind in ihrem Fanatismus für Partei und Führer oft sogar bereit, ihre Eltern zu denunzieren.

Die Verantwortlichen der Hitler-Jugend verstehen es geschickt, im Grund positive Werte wie Treue, Kameradschaft und Ehre für ihre Zwecke zu missbrauchen. Viele der damaligen Jugendlichen, die begeistert in der HJ mitgemacht haben, fühlen sich deshalb heute als eine „missbrauchte Generation".

Der totalitäre Staat Hitlers
Propaganda und Erziehung im Nationalsozialismus

Hitlers „Führerprinzip"

Seine politischen Ideen und Ziele beschreibt Hitler in seinem Buch „Mein Kampf". Eine wichtige Rolle spielt dabei das „Führerprinzip". Es besagt, dass Partei und Staat straff von oben nach unten organisiert werden. Die jeweiligen „Führer" werden nicht gewählt, sondern von oben ernannt und sind nur ihrem höheren Führer verantwortlich. Dieses „Führerprinzip" ist undemokratisch und begünstigt Terror und Unterdrückung. Außerdem entsteht ein Führerkult; der Nationalsozialismus wird zu einer Art Ersatzreligion.

Der totale Staat

Nach seiner Ernennung zum Reichskanzler beginnt Hitler sofort, das Deutsche Reich Schritt für Schritt in eine totale Diktatur umzuwandeln:
- Nach dem Reichstagsbrand werden mit einer Notverordnung alle wichtigen Grundrechte außer Kraft gesetzt und Tausende von Hitler-Gegnern verhaftet.
- Mit dem Ermächtigungsgesetz vom 24.3.1933, dem alle Parteien außer der SPD zustimmen, überträgt der Reichstag alle Gesetzgebungsbefugnisse der Regierung.
- Ab März 1933 beginnt die Gleichschaltung, deren Ziel die Ausschaltung jeglicher Opposition und die berufliche, private und politische Überwachung der Menschen ist. Für alle Bereiche werden Einheitsorganisationen gegründet, in denen nur das geduldet wird, was den Nationalsozialisten passt.
- Als Reichspräsident Hindenburg am 2. August 1934 stirbt, macht sich Hitler zum „Führer und Reichskanzler". Er hat nun auch den Oberbefehl über die Wehrmacht und ist somit unumschränkter Herrscher.

NS-Propaganda

Mit Hilfe einer aufwändigen Propaganda sollen die Menschen so beeinflusst werden, dass sie keine kritischen Fragen mehr stellen und blind gehorchen. Die Begeisterung für die „Volksgemeinschaft" überdeckt die Probleme, Missstände und Konflikte in der Gesellschaft. Reichspropagandaminister Goebbels, der die Propagandafeldzüge Hitlers organisiert, erweist sich als Meister der Volksverführung.

NS-Erziehung

Auch die Erziehung der Kinder und Jugendlichen muss sich dem Nationalsozialismus unterordnen. Neben Elternhaus und Schule wird die Hitler-Jugend zur bestimmenden Erziehungseinrichtung. Alle anderen Jugendverbände werden aufgelöst. 1936 wird die HJ zur Staatsjugend erklärt, ab 1939 besteht Dienstpflicht.

Zur Wiederholung

1. Beschreiben sie das nationalsozialistische „Führerprinzip".
2. Welches waren die wichtigsten Maßnahmen Hitlers zur Errichtung der Diktatur?
3. Nennen Sie Beispiele für die Gleichschaltung.
4. Mit welchen Mitteln arbeitete die nationalsozialistische Propaganda?
5. a) Erklären Sie, warum nach 1933 fast alle Jugendlichen der HJ beigetreten sind.
   b) Was hat viele junge Menschen damals an der HJ begeistert?

Weiterführende Aufgaben

1. Erklären Sie, warum Hitler mit der Übernahme des Oberbefehls über die Wehrmacht bis zum Tod Hindenburgs gewartet hat.
2. Vergleichen Sie die Soldateneide vor und nach dem Tod Hindenburgs.
3. Beschreiben Sie die nationalsozialistischen Erziehungsziele und vergleichen Sie diese mit heutigen Erziehungszielen.

Der Nationalsozialismus

4 Das menschenverachtende System der NS-Diktatur

4.1 Terror und Überwachung

Jeder, der sich kritisch gegenüber dem neuen System äußert, wird entweder ins Gefängnis oder in eines der ab 1933 überall im Reich entstehenden **Konzentrationslager** (KZ) gebracht (s. Karte S. 137).

Das „Baumhängen" vollzog sich folgendermaßen: Die Hände werden mit einem Strick auf den Rücken des Häftlings eng zusammengebunden, dann der Körper hochgehoben und die Fesseln an einen Nagel gehängt, der in zwei Meter Höhe in einem Baum oder Pfosten eingeschlagen war, sodass die Füße frei in der Luft hingen ...

Ausrenkungen der Schultergelenke unter furchtbaren Schmerzen war die Folge. Jammern, Schreien und Wehklagen erfüllten schauerlich die Umgebung. Nicht selten wurden die hilflosen Opfer noch überdies mit Knüppeln oder Gerten auf Füße, Gesicht oder Geschlechtsteile geschlagen ...

Ohnmächtige wurden mit Kaltwassergüssen wieder zum Bewusstsein gebracht. Das Baumhängen dauerte zwischen einer halben und vier Stunden. Wer dabei nicht zugrunde ging, hat fast immer einen schweren Schaden für Lebenszeit davongetragen.

Eugen Kogon: Der SS-Staat, Gütersloh 1974, S. 126f.

Im Konzentrationslager werden die Häftlinge brutal misshandelt und müssen hart arbeiten, sodass viele an Überanstrengung, Unterernährung oder den Folgen der Folterung sterben.

Auch in den eigenen Reihen macht Hitlers Terror nicht halt. **Ernst Röhm,** Stabschef der SA, möchte die SA zum Kern einer neuen deutschen Wehrmacht formen. Hitler dagegen fürchtet den Konflikt mit der Reichswehr und löst das Problem auf seine Weise. Am 30. Juni 1934 werden Röhm, wohl an die tausend SA-Führer und andere gegenüber Hitler kritisch eingestellte Personen, darunter auch General v. Schleicher, unter dem Vorwand, einen Putsch geplant zu haben, verhaftet und zum größten Teil ohne Gerichtsverfahren erschossen.

Am 3. Juli 1934 beschließt die Reichsregierung ein Gesetz, in dem die Verhaftungen und Morde nachträglich als „rechtmäßige Maßnahmen der Staatsnotwehr" legalisiert werden. Eine Terroraktion wird vom Gesetz abgesegnet. Hauptstützen des nationalsozialistischen Terrorsystems sind von nun an **SS** (Schutzstaffel), **Gestapo** (Geheime Staatspolizei) und **SD** (Sicherheitsdienst). Die Angst vor Verhaftung und Terror macht die Menschen stumm. Keiner weiß, ob er seinem Nachbarn, seinem Freund, seinem Kollegen im Betrieb noch trauen kann. Denunziationen (Meldung bei Polizei oder Partei) sind an der Tagesordnung und helfen mit, das Regime zu festigen.

Heinrich Himmler (Reichsführer SS):

Ein Grundsatz muss für den SS-Mann absolut gelten: ehrlich, anständig, treu und kameradschaftlich haben wir zu Angehörigen unseres eigenen Blutes zu sein und zu sonst niemandem. Wie es den Russen geht, wie es den Tschechen geht, ist mir total gleichgültig.

4.2 Antisemitismus und Rassenwahn

Die „Rassenlehre" Hitlers

> Jede Kreuzung zweier nicht ganz gleich hoher Wesen gibt als Produkt ein Mittelding zwischen der Höhe der beiden Eltern. Das heißt also: das Junge wird wohl höher stehen als die rassisch niedrigere Hälfte des Elternpaares, allein nicht so hoch wie die höhere. Folglich wird es im Kampf gegen diese höhere später unterliegen. Solche Paarung widerspricht aber dem Willen der Natur zur Höherzüchtung des Lebens überhaupt ...
>
> Der Stärkere hat zu herrschen und sich nicht mit den Schwächeren zu verschmelzen, um so die eigene Größe zu opfern. Nur der geborene Schwächling kann dies als grausam empfinden ...
>
> Der Kampf um das tägliche Brot lässt alles Schwache und Kränkliche, weniger Entschlossene unterliegen. Immer aber ist der Kampf ein Mittel zur Förderung der Gesundheit und Widerstandskraft der Art und mithin eine Ursache zur Höherentwicklung derselben ...
>
> Würde man die Menschheit in drei Arten einteilen: in Kulturbegründer, Kulturträger und Kulturzerstörer, dann käme als Vertreter der ersten wohl nur der Arier in Frage ...
>
> Den gewaltigsten Gegensatz zum Arier bildet der Jude ...
>
> Der Jude ist und bleibt der typische Parasit, ein Schmarotzer, der wie ein schädlicher Bazillus sich immer mehr ausbreitet, sowie nur ein günstiger Nährboden dazu einlädt. Die Wirkung seines Daseins aber gleicht ebenfalls der von Schmarotzern, wo er auftritt, stirbt das Wirtsvolk nach kürzerer oder längerer Zeit ab ...
>
> So ist der Jude heute der große Hetzer zur restlosen Zerstörung Deutschlands. Wo immer wir in der Welt Angriffe gegen Deutschland lesen, sind Juden ihre Fabrikanten ...

alle Zitate aus: Adolf Hitler: Mein Kampf, a. a. O. S. 312, 313, 318, 329, 334, 702

Artikel 3 des Grundgesetzes für die Bundesrepublik Deutschland:

1 Alle Menschen sind vor dem Gesetz gleich.
3 Niemand darf wegen seines Geschlechtes, seiner Abstammung, seiner Rasse, seiner Sprache, seiner Heimat und Herkunft, seines Glaubens, seiner religiösen oder politischen Anschauungen benachteiligt oder bevorzugt werden.

Der „Prototyp" des Ariers, wie er von der NS-Presse publiziert wird

Der Nationalsozialismus

Zeitungsmeldung vom 6. 11. 1938:

Das Landgericht Frankfurt am Main hat die Ehe eines Nationalsozialisten geschieden, weil die Ehefrau, den Weisungen ihres Mannes zuwider, ihre Einkäufe in jüdischen Geschäften gemacht hatte. In der Urteilsbegründung heißt es: „Wenn die Ehefrau eines Nationalsozialisten trotz ausdrücklichen Verbotes ihres Mannes in jüdischen Kaufhäusern und Geschäften einkauft, so ist es dem Manne nicht zu verargen, wenn seine eheliche Gesinnung erkaltet."

Neuer Vorwärts vom 6. 11. 1938

Rasse

Der Begriff Rasse ist ein aus der Biologie stammendes Einteilungsprinzip zur Untergliederung des Gattungsbegriffs bei den Tieren und beim Menschen. Die Rassentheorien teilen die Menschen in verschiedene Gruppen ein, denen bestimmte äußere und Charaktermerkmale zugeschrieben werden ...

Es gibt keine allgemein anerkannte Einteilung in Rassetypen. Der Begriff der Rasse ist, soweit er sich auf den Menschen bezieht, von zweifelhaftem Wert, weil die meisten Menschen Mischtypen sind. Auch lässt sich bei Charaktereigenschaften nie nachweisen, in welchem Maß sie auf Erbfaktoren bzw. geschichtlich-soziale Umwelteinflüsse zurückzuführen sind ...

Es gibt keine wissenschaftliche Begründung für die Einteilung der Menschen in höherwertige und minderwertige Rassen.

Drechsler, Hilligen, Neumann: Gesellschaft und Staat, Lexikon der Politik, Baden-Baden 1979, Seite 446

Heiratsanzeigen:

> Deutsche Minne, blondes BDM-Mädel, gottgläubig, aus bäuerlicher Sippe, artbewusst, kinderlieb, mit starken Hüften, möchte einem deutschen Jungmann Frohwalterin seines Stammes sein. (Niedere Absätze – kein Lippenstift)
> Nur Neigungsehe mit zackigem Uniformträger.

Völkischer Beobachter vom 12. August 1934

> Rein arischer Arzt, der auf dem Lande zu siedeln beabsichtigt, wünscht sich männlichen Nachwuchs durch eine standesamtliche Heirat mit einer gesunden Arierin, jungfräulich, jung, bescheiden, sparsame Hausfrau, gewöhnt an schwere Arbeiten, breithüftig, flache Absätze, keine Ohrringe, möglichst ohne Eigentum.

Münchner Neueste Nachrichten vom 25. Juli 1940

Biologieunterricht im Dienst der Rassenlehre:

> Wie absurd die Rassenlehren der Nazis waren, verdeutlicht die folgende Episode aus dem Biologieunterricht Mitte der dreißiger Jahre in Frankfurt, über den der Jude Valentin Senger berichtet. Kurz zuvor hatte seine Mutter einen „arischen" Stammbaum der Familie erfunden. „Unser Biologielehrer bestaunte den sengerschen Stammbaum ... Als er einige Wochen später mit uns die verschiedenen arischen Rassen besprach, nahm er an einigen Schülern Schädelmessungen vor ... Mich holte er als ersten vor die Klasse. An mir wollte er seine Fähigkeit in der Schädelbestimmung demonstrieren. Er drückte seinen krummen Zirkel an meinen Kopf, mal von vorn nach hinten, mal von links nach rechts, stellte jedes Mal den senkrechten Stift nach, schrieb Zahlen auf und die Klasse folgte aufmerksam dem ungewöhnlichen Tun. Hierauf begann er zu rechnen und in den Tabellen nachzuschlagen ... Schließlich drehte er sich zur Klasse und verkündete triumphierend: ‚Senger – dinarischer Typ mit ostischem Einschlag, eine kerngesunde arische Rasse.'"

Focke/Reimer: a.a.O., S. 94

Die nationalsozialistische Rassenlehre geht auf den englischen Biologen **Charles Darwin** (1809–1882) zurück, der die Behauptung aufgestellt hat, die verschiedenen Tierarten seien durch natürliche Auslese entstanden, wobei sich die Starken immer gegen die Schwachen durchgesetzt hätten. Überträgt man diese Vorstellung auf die Menschen, so kann damit die Unterdrückung schwacher und benachteiligter Völker und sozialer Schichten als natürlich begründet werden (Sozialdarwinismus).

Die Rassenlehre der Nationalsozialisten dient in den Jahren 1933 bis 1945 als Rechtfertigung für die Verfolgung aller „minderwertiger" Menschen, insbesondere der Juden.

Sie dient außerdem dazu, den Deutschen das Gefühl zu geben, besser zu sein als die Angehörigen anderer Völker und damit die Überlegenheit und Herrschaft über andere Nationen zu begründen. Auch in schlechten Zeiten soll jeder Deutsche sich als Teil der großen **Volksgemeinschaft** empfinden. Die Juden dagegen werden als „Sündenböcke" abgestempelt und für alles Unheil und Unrecht verantwortlich gemacht.

Der Rassenwahn der Nationalsozialisten richtet sich auch gegen körperlich und geistig Behinderte und Menschen mit Erbkrankheiten. Sie werden aus „rassehygienischen" Gründen in Heilanstalten eingeliefert und/oder umgebracht. Das Programm zur „Vernichtung unwerten Lebens" zeigt, wie wenig Achtung Hitler und seine Anhänger vor dem Leben und der Würde des Menschen gehabt haben.

4.3 Der Leidensweg des jüdischen Volkes

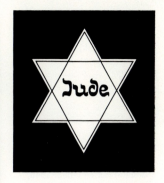

1933–1938 Benachteiligung und Diskriminierung

1.4.1933	Boykott jüdischer Geschäfte, Rechtsanwälte und Ärzte
7.4.1933	Entlassung der jüdischen Beamten mit Ausnahme der Frontkämpfer des 1. Weltkriegs
22.9.1933	Ausschaltung jüdischer Schriftsteller und Künstler durch das Reichskulturkammergesetz
15.9.1935	Nürnberger Gesetze: **„Reichsbürgergesetz":** Grundlage für die Ausschaltung der Juden aus dem öffentlichen Leben und die Aberkennung des Wahlrechts. **„Blutschutzgesetz":** Verbot der Eheschließung zwischen Juden und Nichtjuden, Beginn der „Rassentrennung".
1937	Beginn der „Arisierung" der Wirtschaft
9.6.1938	Zerstörung der Münchner Synagoge
5.10.1938	Einziehung der Pässe und Kennzeichnung mit „J"
28.10.1938	Ausweisung von 15 000 Juden, die polnische Staatsangehörige waren.

Ein jüdischer Pass

1938–1942 Verfolgung

7.11.1938	Herschel Grynszpan, dessen Eltern unter dem Rassenwahn der Nazis leiden, erschießt in Paris einen deutschen Botschaftsangehörigen.
9./10.11.1938	**„Reichspogromnacht":** Staatlich organisierte Aktion gegen die Juden in Deutschland, die als spontaner Racheakt der Bevölkerung dargestellt wird. Jüdische Geschäfte, Wohnhäuser und Synagogen werden zerstört oder angezündet, 26 000 Juden verhaftet und ins KZ verschleppt.
12.11.1938	Antijüdische **„Sühnemaßnahmen":** Kollektivstrafe von 1 Milliarde Mark, Beseitigung der Schäden an den Gebäuden, Einzug der Versicherungsleistungen.
23.9.1939	Beschlagnahme aller Rundfunkgeräte bei Juden
12.10.1939	Erste **Deportation** von Juden nach Polen
16.10.1940	Befehl zur Errichtung des Warschauer Ghettos

„Reichspogromnacht"

Dieser Begriff wird immer häufiger anstelle der Bezeichnung „Reichskristallnacht", der die Ereignisse in der Nacht vom 9. auf den 10. November 1938 verharmlost, verwendet.
Unter „Pogrom" verstand man im zaristischen Russland eine mit Plünderungen und Mord verbundene Judenverfolgung, die meist von staatlichen Stellen angeordnet wurde.

Der Nationalsozialismus

1941 – 1945	**Ermordung der Juden**
31. 7.1941	Göring beauftragt Heydrich mit der Evakuierung aller europäischen Juden – Beginn der „Endlösung"
1. 9.1941	Einführung des Judensterns für alle Juden ab dem sechsten Lebensjahr
20.1.1942	**„Wannsee-Konferenz":** Planung der Ermordung aller europäischen Juden
März 1942	Eintreffen der ersten Judentransporte in Auschwitz
4.7.1942	Beginn der Massenvergasungen in Auschwitz

„Endlösung der Judenfrage"

Hermann Göring (1893–1946)

Reichsmarschall, Oberbefehlshaber der Luftwaffe, in Nürnberg zum Tode verurteilt, entzieht sich der Hinrichtung durch Selbstmord.

An den   Berlin, den 31. Juli 1941
Chef der Sicherheitspolizei und des SD
SS-Gruppenführer Heydrich
Berlin

In Ergänzung der Ihnen bereits mit Erlass von 24.Januar 1939 übertragenen Aufgaben, die Judenfrage in Form der Auswanderung oder Evakuierung einer den Zeitverhältnissen entsprechend möglichst günstigen Lösung zuzuführen, beauftrage ich Sie hiermit, alle erforderlichen Vorbereitungen in organisatorischer, sachlicher und materieller Hinsicht zu treffen für eine Gesamtlösung der Judenfrage im deutschen Einflussgebiet in Europa ...

Ich beauftrage Sie weiter, mir in Bälde einen Gesamtentwurf über die organisatorischen, sachlichen und materiellen Vorausmaßnahmen zur Durchführung der angestrebten Endlösung der Judenfrage vorzulegen.
                                                                                         Göring

Reinhard Heydrich (1904–1942)

Chef des Sicherheitsdienstes (SD) der SS, Leiter des Reichssicherheitshauptamtes, Reichsprotektor von Böhmen und Mähren, stirbt an den Folgen eines Attentats.

Von diesem Zeitpunkt an beginnt das letzte Kapitel des Leidensweges der europäischen Juden. Die Nationalsozialisten erweisen sich als Meister der organisierten Massenvernichtung. Wie Schlachtvieh werden die Juden in Eisenbahnwagons zusammengepfercht und in die Vernichtungslager Auschwitz, Chelmno, Treblinka, Sobibor, Majdanek und Belzec transportiert.

Aussage eines tschechischen Beamten am 8. Oktober 1964 im Auschwitzprozess:

„Im Früjahr 1944, als ein Transport den anderen jagte, spielten sich vor den Gaskammern schreckliche Szenen ab. So nahm einmal der SS-Oberscharführer Moll einer Mutter das Kind vom Arm, ging mit ihm hinter das Krematorium IV, wo es zwei große Gruben gab, in die das Leichenfett aus den Verbrennungsöfen floss. In hohem Bogen warf Moll das Kind in das kochende Leichenfett."

Das menschenverachtende System der NS-Diktatur

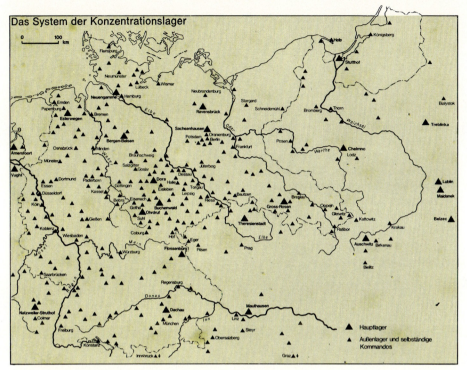

Das System der Konzentrationslager

Um die Zahl der ermordeten Juden festzustellen, ist man nach wie vor auf Schätzungen angewiesen. Eine englisch-amerikanische Kommission hat die Zahl der jüdischen Opfer 1946 auf 5,7 Millionen geschätzt.

Beispiele für das Ausmaß der Ermordungen:

	Ermordete in 1000	Juden in % der jüdischen Bevölkerung
Benelux	130	56 %
Deutschland, Österreich, Tschechoslowakei	310	50 %
Ungarn	300	75 %
Jugoslawien	60	80 %
Griechenland	60	81 %
Rumänien	270	34 %
UdSSR	900	28 %
Polen	3 000	90 %

Der Kommandant von Auschwitz gibt zu Protokoll:

Ich, Rudolf Ferdinand Höß, sage nach vorhergehender rechtmäßiger Vereidigung aus und erkläre wie folgt:

Ich bin 46 Jahre alt und Mitglied der NSDAP seit 1922; Mitglied der SS seit 1934; Mitglied der Waffen-SS seit 1939. Ich war Mitglied ab 1. Dezember 1934 des SS-Wachverbandes, des sogenannten Totenkopfverbandes ... Ich befehligte Auschwitz bis zum 1. Dez. 1943 und schätze, dass mindestens 2 500 000 Opfer dort durch Vergasung und Verbrennung hingerichtet und ausgerottet wurden; mindestens eine halbe Million starben durch Hunger und Krankheit, was eine Gesamtzahl von ungefähr 3 000 000 Toten ausmacht ...

Die „Endlösung" der jüdischen Frage bedeutet die vollständige Ausrottung aller Juden in Europa ...

Der Lagerkommandant von Treblinka sagte mir, dass er 80 000 im Laufe eines halben Jahres liquidiert hätte ...

Er wandte Monoxyd-Gas an und nach seiner Ansicht waren seine Methoden nicht sehr wirksam. Als ich das Vernichtungsgebäude in Auschwitz errichtete, gebrauchte ich also Zyklon B, eine kristallisierte Blausäure, die wir in die Todeskammer durch eine kleine Öffnung einwarfen. Es dauerte 3 - 15 Minuten, je nach den klimatischen Verhältnissen, um die Menschen in der Todeskammer zu töten. Wir wussten, wann die Menschen tot waren, weil ihr Kreischen aufhörte ...

Wir sollten diese Vernichtung im Geheimen ausführen, aber der faule und Übelkeit erregende Gestank, der von der ununterbrochenen Körperverbrennung ausging, durchdrang die ganze Gegend und alle Leute, die in den umliegenden Gemeinden lebten, wussten, dass in Auschwitz Vernichtungen im Gange waren.

zitiert nach: G. Schoenberner: a. a. O., S. 191f.

Vernichtungslager Auschwitz-Birkenau: Durch dieses Tor fuhren die Deportationszüge. Sie waren zum Bersten voll mit Menschen und alle fuhren sie leer zurück.

Bundespräsident von Weizsäcker 1988:

Was sollte es auch für uns bedeuten, ob Auschwitz einen Vergleich zur grausamen Ausrottung anderer Menschen aushalten könnte? Auschwitz bleibt singulär. Es geschah in deutschem Namen durch Deutsche. Diese Wahrheit ist unumstößlich. Und sie wird nicht vergessen.

singulär = einmalig

Hans Frankenthal, ein Auschwitz-Überlebender, berichtet:

Am 3. März 1943 kamen wir abends in Auschwitz an und wurden von der SS mit Geschrei aus den Waggons getrieben. „Ihr Saujuden! Ihr Schweine! Raus aus den Waggons!" Der bestgemachte Film, das einfühlsamste Buch – nichts kann diese Situation an der Rampe in Auschwitz richtig wiedergeben. Für den Schmerz der Mütter, die Angst der Kinder, die Empfindungen der gequälten und geschundenen Menschen – aber auch die Brutalität, den Sadismus, die Grausamkeit und Bestialität der „Herrenmenschen" – für eine Wiedergabe der Wirklichkeit ist unsere Sprache zu armselig.

Wir sprangen, wie alle anderen, sofort voller Angst aus dem Waggon. Es gab keinen Abschied; dafür sorgten die Kommandos, die gebrüllt wurden. Meinem Vater war klar, dass er mit knapp 60 Jahren keine Chance zum Überleben hatte. Er legte mir kurz die Hand auf die Schulter und sagte: „Solltest du überleben, geh nach Schmallenberg zurück!" Für mehr reichte die Zeit nicht, aber mir war klar, was er mit den kurzen Worten meinte: geh heim, mein Junge und erzähle allen, was Deutsche Deutschen antaten, deren ganzes Verbrechen darin bestand, als Juden zur Welt gekommen zu sein.

Gleich nach unserer Ankunft wurden wir entkleidet, bekamen die Haare geschoren, die sogenannte „Todesnummer" auf den linken Unterarm tätowiert. ... Namen brauchten wir nicht mehr; denn in Auschwitz waren wir keine Menschen mehr, sondern nur noch Nummern.

Disziplin wurde groß geschrieben; täglich dachten sich die SS-Sadisten neue Schikanen aus. Hatten sie gerade Lust zum Töten oder wollten sich zwei Urlaubstage verschaffen, wurde einfach irgendeinem Häftling die Mütze vom Kopf gerissen, hinter die Postenkette geworfen und der verzweifelt Hinterherrennende „auf der Flucht erschossen". ...

Ich hatte den festen Willen zu überleben. Einmal, weil unser Vater das gewünscht hatte und dann war der Hass auf die Nazis, auf die Verbrechen, die die „Herrenmenschen" an uns begingen, so ungeheuer groß geworden.

Hans Frankenthal in: Schwäbisches Tagblatt vom 27.1.1995

Sinti und Roma

Ein ähnliches Schicksal wie die Juden erleiden die Sinti und Roma. Auch sie werden verfolgt und in den Vernichtungslagern brutal ermordet. Informationsmaterial ist erhältlich bei:
Dokumentationszentrum der Sinti und Roma
Bluntschlistr. 4
69115 Heidelberg

Die **Vernichtungslager** liegen fast alle in den Ostgebieten, da die meisten Juden in Osteuropa leben bzw. bereits dorthin abgeschoben worden sind. Außerdem können die nationalsozialistischen Greueltaten so besser vor der deutschen Bevölkerung geheimgehalten werden. Allerdings muss bezweifelt werden, dass die meisten Deutschen nicht gewusst haben, was in den Lagern geschieht. Allein in Auschwitz werden 1,1 bis 1,5 Millionen Menschen umgebracht.

Die Vernichtung der Juden während des Dritten Reiches ist einmalig in der Geschichte der Menschheit. Nach dem Krieg ist häufig die Frage gestellt worden, wie es möglich gewesen ist, dass Menschen solche Greueltaten begehen können. Dabei hat auch die Frage nach der Verantwortung für diese schrecklichen Vorgänge eine große Rolle gespielt.

In den **NS-Prozessen,** die vor deutschen Gerichten stattgefunden haben, ist von den Angeklagten zur Rechtfertigung ihres Verhaltens oft gesagt worden, sie hätten nur die Befehle ihrer Vorgesetzten ausgeführt.

Dies muss jedoch bezweifelt werden. Es gibt viele Beispiele, die zeigen, dass die Kommandanten und SS-Männer in den Konzentrations- und Vernichtungslagern mehr getan haben, als von ihnen erwartet worden ist. Die brutale Misshandlung und Tötung der Juden während des Dritten Reiches ist durch nichts zu entschuldigen oder zu rechtfertigen. Es ist für uns heute kaum noch möglich, die Situation zu verstehen, in der die Menschen damals gehandelt haben. Jeder Einzelne muss jedoch dazu beitragen, dass sich eine derartige Katastrophe nie mehr wiederholen kann.

5 Widerstand im Nationalsozialismus

Nach dem Zusammenbruch Deutschlands im Jahr 1945 ist oft die Frage gestellt worden, wie es möglich gewesen ist, dass Hitler und die Nationalsozialisten ab 1933 ungehindert ihre Macht haben ausbauen und Deutschland in die Katastrophe führen können. Warum hat es nicht genug Menschen gegeben, die Widerstand geleistet haben?

5.1 War Hitler zu verhindern?

Die Frage, ob und wie Hitler hätte verhindert werden können, lässt sich heute nur schwer beantworten. 1933 ist es vermutlich schon zu spät, gegen Hitler und die Nationalsozialisten vorzugehen. Arbeitslosigkeit und Parteienstreit lähmen die Weimarer Republik. Reichspräsident Hindenburg ist nicht mehr in der Lage, die Entwicklung zu beeinflussen.

Die demokratischen Kräfte sind bereits zu schwach. Die Arbeiterbewegung, die 1920 den Kapp-Putsch durch einen Generalstreik beendet hat, ist gespalten. Obwohl es in einigen Städten zu Protestversammlungen und Demonstrationen kommt, können sich die Gegner Hitlers nicht zu einem gemeinsamen Vorgehen entschließen.

Arbeiter Groß-Stuttgarts!
Die Kreuzritter und die Schloßbarone haben sich vereinigt, um den Arbeitern die letzten Rechte zu rauben. Die Nationalsozialistische Partei hat die Arbeiter an die Millionäre verraten. Der Endkampf beginnt.
Zeigt euern Feinden die Fäuste!
Heraus zum Massenaufmarsch

Aussagen von Zeitzeugen:

> **Ein Unternehmer:**
> ... Wir erhofften uns von einer stabilen Regierung die Möglichkeit, ... die wirtschaftliche Misere zu überwinden und die Arbeitslosigkeit zu beseitigen ... Die Zeit war einfach reif dazu.
>
> **Ein Gewerkschafter:**
> Es hängt zusammen mit der Spaltung in zwei große Arbeiterparteien, SPD und KPD. Es hängt ganz stark zusammen mit der Lähmung, die von mindestens 6 Millionen Arbeitslosen ausging ... Alle haben gewartet, dass von oben ein Befehl oder eine Anweisung kommt, jetzt schlagt los oder jetzt macht einen Generalstreik.
>
> **Ein Offizier:**
> Nachdem Hitler legal – wie man so schön sagt – an die Macht gekommen war, wäre es unmöglich gewesen, ihn ohne einen Bürgerkrieg zu beseitigen und das lehnte die Reichswehr ab ...

Knopp/Wiegmann: Warum habt ihr Hitler nicht verhindert? Fischer Taschenbuch 3476, Frankfurt 1983, S. 140f., S. 97, S. 123ff.

Ein Stuttgarter Arbeiter erinnert sich an den 30. Januar 1933:

„Die Arbeiter haben eine Stunde früher Schluss gemacht und 8000 bis 10 000 Arbeiter haben gegen den Reichskanzler Hitler demonstriert. Es war eine mächtige Demonstration, wohl die größte, die in Feuerbach je einmal war. Die Betriebe sind geschlossen aufmarschiert ...
Nach dem 30. Januar ist irgendwie eine Lähmung eingetreten innerhalb der Arbeiterschaft, als sich eben gezeigt hat, dass von der Führung aus, sei es politische oder gewerkschaftliche Führung, nichts unternommen wird, um Hitler zu stürzen.

DGB Stuttgart: Faltblatt zum 1. Mai 1983

5.2 Widerstandsgruppen

Illegales Flugblatt 1941

Tarnschrift des Prager Manifests der SPD

muss, wenn man nur dem Äußeren nach als ein Gentleman angesehen werden will. Sie werden in der englischen Romanliteratur häufig Hinweise auf die Kunst des Selbstrasierens finden.
Kampf und Ziel des revolutionären Sozialismus. Die Politik der Sozialdemokratischen Partei Deutschlands.
Ein Jahr lang lastet die nationalsozialistische Diktatur über Deutschland, über der Welt. Grundstürzend hat der Sieg der deutschen Gegenrevolution das Wesen und die Aufgaben der deutschen Arbeiterbewegung geändert. Der Knechtschaft und Gesetzlosigkeit preisgegeben ist das Volk im totalen faschistischen Staat. Im revolutionären Kampf die Knechtschaft durch das Recht der Freiheit, die Gesetzlosigkeit durch die Ordnung des Sozialismus zu überwinden, ist die Aufgabe der deutschen Arbeiterbewegung.
1. Die Bedingungen des revolutionären Kampfes. Im Kampf gegen die nationalsozialistische Diktatur gibt es kein Kompromiss, ist für Reformismus und Legalität

Als sich Terror und Unterdrückung gegen Kritiker und Gegner der nationalsozialistischen Herrschaft verstärken, entstehen überall in Deutschland Widerstandsgruppen. Als Erste von Verfolgung betroffen sind Kommunisten, Sozialdemokraten und Gewerkschafter. Während die **KPD** versucht, eine illegale Untergrundorganisation aufzubauen, geht der **SPD-Vorstand** nach Prag ins Exil. Von dort aus werden getarnte Informationsschriften nach Deutschland geschmuggelt.

Mitglieder der **SPD** und der **Gewerkschaften,** die in Deutschland geblieben sind, bemühen sich durch Kontakte in Gesangs- und Wandervereinen den Zusammenhalt zu stärken und verfolgten Freunden zu helfen. Bekannte Widerstandskämpfer aus der Arbeiterbewegung sind Julius Leber, Wilhelm Leuschner und Willi Bleicher.

Auch innerhalb der **Kirchen** bilden sich einzelne Widerstandsgruppen von Persönlichkeiten wie Bischof Galen, Pater Alfred Delp (katholische Kirche) und Dietrich Bonhoeffer, Martin Niemöller (evangelische Kirche). Evangelische Christen schließen sich in der **Bekennenden Kirche** zusammen.

> Martin Niemöller, Mitbegründer der Bekennenden Kirche, von 1938 bis 1945 im KZ, nach 1945 Kirchenpräsident von Hessen und Nassau beschreibt seine Situation wie folgt:
>
> „Als die Nazis die Kommunisten holten, habe ich geschwiegen; ich war ja kein Kommunist. Als sie die Sozialdemokraten einsperrten, habe ich geschwiegen, denn ich war ja kein Sozialdemokrat. Als sie die Katholiken holten, habe ich nicht protestiert; ich war ja kein Katholik. Als sie mich holten, gab es keinen mehr, der protestieren konnte."

Illegaler Aufkleber

nach Stern Nr. 26/76

Viele **Offiziere** geraten immer stärker in Widerspruch zu den unsinnigen Kriegs- und Eroberungsplänen Hitlers. Generaloberst Beck, zu dessen Widerstandsgruppe auch Graf Schenk von Stauffenberg gehört, plant bereits 1938, Hitler beim Einmarsch in die Tschechoslowakei zu verhaften. Die erfolgreichen „friedlichen" Eroberungen Hitlers machen die Verwirklichung dieses Plans jedoch unmöglich.

Der ehemalige Oberbürgermeister von Leipzig, Karl Friedrich Goerdeler **(Goerdeler Kreis)**, und Graf von Moltke **(Kreisauer Kreis)** beschäftigen sich vor allem mit der Frage, wie Deutschland nach dem Sturz Hitlers wieder aufgebaut werden kann. Neben den Gruppen der Arbeiterjugend ist vor allem die **„Weiße Rose"** der Geschwister Hans und Sophie Scholl bekannt geworden, die durch das heimliche Verteilen von Flugblättern Widerstand leisten. Motive und Ziele der einzelnen Widerstandsgruppen sind sehr unterschiedlich. Es bestehen kaum Verbindungen unter den Gruppen, so dass es nicht möglich ist, sich auf ein gemeinsames Vorgehen zu einigen. Ein weiterer Grund dafür, dass der Widerstand letzten Endes erfolglos bleibt, ist das gut funktionierende Terrorsystem der Nationalsozialisten.

Am **20. Juli 1944** entschließen sich einige Widerstandsgruppen zum Attentat auf Hitler. **Oberst von Stauffenberg**, der Zugang zum Führerhauptquartier hat, deponiert dort bei einer Besprechung eine Zeitbombe, die auch explodiert, Hitler jedoch nur leicht verletzt. Die Nationalsozialisten reagieren auf das missglückte Attentat mit brutalem Terror. Tausende werden verhaftet, der Volksgerichtshof, von Hitler als Instrument des Terrors eingerichtet, fällt Todesurteile am laufenden Band. Der 20. Juli ist heute der Gedenktag des deutschen Widerstandes, an dem wir an die unzähligen Menschen, die sich gegen Hitlers Diktatur aufgelehnt haben, erinnert werden.

Hans und Sophie Scholl

Hinrichtungsstätte der Haftanstalt Berlin-Plötzensee

5.3 Widerstand im Alltag

Nicht nur führende Vertreter der Wehrmacht, der Kirchen, der Gewerkschaften und Parteien, sondern auch viele Bürgerinnen und Bürger widersetzen sich im Alltag dem NS-Regime. Es sind oft keine aufsehenerregenden Aktionen als vielmehr gegenseitige Hilfe, Unterstützung von Juden und anderen Verfolgten oder das Unterlaufen von Anordnungen und Befehlen. Zwar kann diese Art des alltäglichen Widerstands das nationalsozialistische Regime nicht stürzen. Sie zeigt jedoch, dass viele Bürger nicht alles tatenlos hinnahmen, sondern im Stillen protestiert haben.

Bundeskanzler Helmut Kohl am 9. Nov. 1988:

„Wir fragen uns heute, weshalb nur so wenige Menschen widersprachen, als die späteren Gewaltherrscher für ihr menschenverachtendes Programm warben ...
Auch die Jüngeren unter uns mögen sich ehrlich prüfen, was sie in einer solchen Situation getan oder unterlassen hätten ...
Die Menschen von heute ... sind nicht besser oder mutiger als die Menschen von damals ..."

Beispiele für Widerstand im Alltag:

> Um zur Arbeitsstelle zu gelangen, mussten die Juden täglich durch eine Straße im südlichen Ortsteil Bernhausen laufen. Die Anwohner dieser Straße hatten Mitleid mit den Juden und gaben ihnen Brot, Kartoffeln und Äpfel zum Essen ... Daraufhin kam der Lagerführer zum Bürgermeister und forderte ihn auf, dies zu unterbinden. Es wurde dies unter Androhung schwerer Strafe verboten. Die Bernhäuser Bevölkerung schreckte diese Maßnahme nicht ab, sondern sie brachte den Juden das Essen an ihre Arbeitsstelle ...

Zentralstelle zur Aufklärung nationalsozialistischer Verbrechen in Ludwigsburg: Vernehmungsniederschrift Frau A., 5. Jan. 1968, Az IV 419 AR 1775/67

> Seit etwa einem Vierteljahr ist es in einer Reihe von Fällen vorgekommen, dass Granitsteine, die zum Bau der Kongresshalle Nürnberg Verwendung finden, derart beschädigt werden, dass sie unbrauchbar sind ... Da diese Steine bereits im Steinbruch so zugerichtet und nummeriert werden, dass sie ohne weiteres an ihrem bestimmten Platz einzumauern sind, hat die Beschädigung eines solchen Steines zur Folge, dass die Bauarbeiten so lange ruhen müssen, bis der gleiche Stein wieder nachgeliefert wird. Die Nachlieferung dauert etwa vier Wochen ...
>
> Bei den Siemens-Schuckertwerken, Nürnberg, versuchten zwei Arbeiter, bereits fertiggestellte Transformatoren unbrauchbar zu machen.

Focke/Reimer: Alltag der Entrechteten, a. a. O., S. 53

Gedenktag für Nazi-Opfer

Bundespräsident Roman Herzog hat den 27. Januar offiziell zum jährlichen „Tag des Gedenkens an die Opfer des Nationalsozialismus" erklärt.
Der 27. Januar 1945 war der Tag, an dem die noch lebenden Häftlinge des Konzentrationslagers Auschwitz befreit wurden, das nach den Worten Herzogs symbolhaft für den Terror im Dritten Reich steht.
In der vom Bundespräsidenten mitgeteilten Proklamation des gedenktages heißt es: „Die Erinnerung darf nicht enden; sie muss auch künftige Generationen zur Wachsamkeit machen."

Frankfurter Rundschau vom 4. Januar 1996

Bundeskanzler Helmut Kohl am 50. Jahrestag des Attentats auf Adolf Hitler:

Es waren nicht viele, aber es waren die Besten.

Wir ehren heute jene tapferen Männer und Frauen, die vor fünfzig Jahren den Versuch unternahmen, in unserem geschändeten Vaterland die Herrschaft des Verbrechens zu beseitigen. Sie waren bereit, für Menschenwürde und Freiheit, für Gerechtigkeit und Wahrheit, ihr Leben zu opfern.

Wir ehren die Opfer der „Weißen Rose" um die Geschwister Scholl, wir gedenken der Tat eines Einzelnen wie des Tischlergesellen Johann Georg Elser.

Der 20. Juli 1944 war Höhepunkt und Endpunkt einer Entwicklung, die seit Hitlers Machtergreifung Anfang 1933 Männer und Frauen aus unterschiedlichsten politischen Richtungen im Kampf gegen die Herrschaft des Verbrechens zusammengeführt hatte. Beteiligt waren Menschen aus allen Schichten des Volkes: Bürgerliche und Adlige; Gewerkschafter und Offiziere; Arbeiter und Diplomaten; Gelehrte und Geistliche. Es waren nicht viele, aber es waren die Besten.

Wir tun gut daran, uns am heutigen Tag die Lehren dieser Geschichte in Erinnerung zu rufen. Wer heute konsequent unsere freiheitliche Demokratie verteidigt, wird morgen nicht in die Lage kommen, Widerstand leisten zu müssen. Wo die Bürger teilnahmslos abseits stehen und sich nicht mehr für die demokratische Ordnung einsetzen, besteht die Gefahr, dass die Feinde der Freiheit, dass Rechts- und Linksextremisten diese Ordnung unterwandern und zerstören.

nach Frankfurter Rundschau vom 21.7.1994

6 Rechtsradikalismus heute

Demonstration von Neo-Nazis am 16. Juni 1991 in Dresden

Jagdszenen in Sachsen

In Hoyerswerda bei Cottbus griffen unter dem Beifall eines Teils der Einwohner gestern wieder Hunderte von Rechtsradikalen, wie schon in den Tagen vorher, ein Ausländerwohnheim mit Stahlkugeln und Molotowcocktails an. Anschläge wurden am Wochenende auch aus anderen Städten Sachsens, Niedersachsens und Baden-Württembergs gemeldet. Die Polizei beklagt bitter Schweigen und Tatenlosigkeit der Politiker.

Die Tageszeitung vom 23. 9. 1991

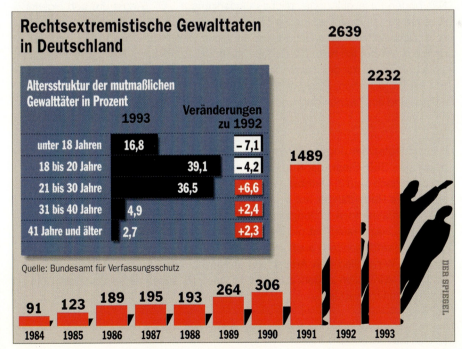

Rechtsradikale Gewalt – eine Bilanz des Grauens

20.9.1991
In Hoyerswerda fordert ein Angriff von Rechtsextremisten auf ein Ausländerheim mindestens 30 Verletzte.

3.10.1991
Beim Brand eines Asylbewerberheims erleiden in Hünxe zwei Mädchen lebensgefährliche Verletzungen.

22.8.1992
Rechtsextreme Jugendliche belagern das Asylbewerberheim in Rostock-Lichtenhagen.

23.11.1992
Drei Türkinnen sterben nach einem Brandanschlag auf ihr Haus in Mölln.

29.5.1993
Bei einem Brandanschlag auf ein von einer türkischen Familie bewohntes Haus in Solingen sterben fünf Menschen.

Überall in Deutschland gibt es rechtsextremistische Gewalttaten. Erst 1994 ebbt die Welle der Gewalt wieder etwas ab.

Der Nationalsozialismus

1991 nehmen Fremdenfeindlichkeit und rechtsradikale Gewalt in Deutschland bedrohliche Formen an. In vielen Städten werden Anschläge auf Asylbewerberunterkünfte und Wohnhäuser ausländischer Bürgerinnen und Bürger verübt. Jüdische Einrichtungen werden geschändet, die Gedenkstätte des Konzentrationslagers Sachsenhausen wird zerstört. Die meisten Straftäter sind junge Männer zwischen 16 und 20 Jahren.

Eindeutige Erklärungen über die Ursachen von Fremdenfeindlichkeit und Rechtsradikalismus gibt es nicht. Experten nennen vor allem drei Gründe dafür, warum junge Menschen für rechtsradikale Parolen anfällig sind und in die rechte Szene abgleiten:

- **Vereinzelung durch Auflösung sozialer Bindungen:** Jungen Menschen fehlen häufig der Halt und das Gemeinschaftsgefühl in einer stabilen sozialen Gruppe. Familien geben oft nicht mehr die notwendige Geborgenheit und die Bereitschaft Jugendlicher, sich in Vereinen, Kirchen oder anderen Organisationen zu betätigen, hat in den letzten Jahren sehr stark abgenommen.

- **Wirtschaftliche Unsicherheit:** Die Angst vor dem Verlust des Arbeitsplatzes oder Arbeitslosigkeit und damit verbundene Perspektivlosigkeit machen besonders für einfache Lösungen anfällig, wie sie beispielsweise von rechtsradikalen Gruppen angeboten weden („Die Ausländer sind an allem schuld!").

- **Zukunftsangst, Orientierungslosigkeit, Ohnmachtserfahrungen:** In einer Gesellschaft, die einem rasanten technischen und sozialen Wandel unterliegt, wird es für junge Menschen immer schwerer, sich zurechtzufinden. Viele haben auch das Gefühl, der Entwicklung ohnmächtig ausgeliefert zu sein. Den politischen Parteien gelingt es oft nicht, überzeugende Vorschläge für die Bewältigung der anstehenden Probleme zu machen.

Rechtsradikalismus ist Männersache

Die rechtsradikalen Gewalttäter sind überwiegend junge Männer, was darauf schließen lässt, dass männliche Jugendliche für rechtsradikale Parolen anfälliger sind.
Auffallend ist auch, dass bei vielen ausländerfeindlichen Straftaten Alkohol im Spiel ist.

Anja Fichtel-Mauritz

mehrfache Weltmeisterin und Olympiasiegerin im Fechten

Anja Fichtel-Mauritz

In den letzten Monaten habe ich mich oft gefragt, warum in Deutschland zur Zeit rechtsradikale Gruppen wieder so an Boden gewinnen konnten. Sicherlich sind die angespannte Wirtschaftslage und die damit verbundene Zukunftsangst ein Nährboden für ausländerfeindliches Gedankengut... Die Angst um den eigenen Arbeitsplatz lässt die Fremden zur Bedrohung werden. Der Schwache erklärt den noch Schwächeren zum Schuldigen an seiner Misere und macht ihn zum Sündenbock.... Aber ich halte die Demokratie in der Bundesrepublik Deutschland für stark genug, um mit der momentanen Krise fertig zu werden. Auch die Lichterketten, die in München, Berlin, Köln und in vielen anderen Städten stattgefunden haben, sind ein Zeichen dafür, dass die Mehrheit der Deutschen gegen Gewalt ist.

Wolfgang Niedecken

Leiter der Rockgruppe BAP und Initiator der Aktion „Arsch hu – Zäng ussenander", die 1992 in Köln ein riesiges Rockkonzert gegen Fremdenhass und Ausländerfeindlichkeit veranstaltet hat.

Wolfgang Niedecken

Die ostdeutschen Jugendlichen sind doppelt belogen worden, erst jahrelang durch den SED-Staat, dann mit falschen Versprechungen vor der Vereinigung, die dann nach dem 3. Oktober 1990 vielfach Enttäuschungen nach sich gezogen haben. Die Rattenfänger mit ihren rechten Parolen haben hier leichtes Spiel... . Alle vereinfachenden Lösungsvorschläge und Parolen helfen uns nicht weiter. Auch mit „Nazis raus!" ist nichts gewonnen.... Wir wollen nicht nur sagen, wogegen wir sind, sondern auch wofür wir uns engagieren, nämlich für mehr Toleranz ... . Wir wollen den Artikel 1 Grundgesetz als Grundlage dieses Staates schützen. Wir wollen zeigen, dass dieser Staat mit seinen demokratischen Spielregeln erhaltenswert ist.

Reinhard Appel (Hrsg.): Wehret den Anfängen, Prominente gegen Rechtsextremismus und Fremdenhaß, Bergisch Gladbach 1993, S.46f. u. S.92ff.

Rechtsradikalismus heute

Es ist hohe Zeit, sich zur Wehr zu setzen

Bundespräsident Richard von Weizsäcker am 8. Nov. 1992 bei einer Demonstration in Berlin, an der 300 000 Menschen teilnehmen:

Warum haben wir uns heute hier versammelt? Weil uns unser Land am Herzen liegt. Und weil wir uns um Deutschland sorgen!

Machen wir uns nichts vor! Was im Laufe dieses Jahres geschehen ist, das hat es bei uns bisher noch nie gegeben in der Nachkriegszeit. Es geht bösartig zu: Schwere Ausschreitungen gegen Ausländerheime; Hetze gegen Fremde, Anschläge auf kleine Kinder; geschändete jüdische Friedhöfe; Verwüstungen in den Gedenkstätten der KZs Sachsenhausen, Ravensbrück und Überlingen; brutaler Rechtsextremismus, wachsende Gewalt gegen die Schwachen, egal ob gegen Fremde oder Deutsche; Brandstifter und Totschläger sind unterwegs. Und was tun wir deutschen Bürger dagegen? Die Sache herunterspielen? Wegsehen? Uns an tägliche Barbareien gewöhnen? Alles allein den Politikern überlassen, dem Staat mit seinem Gewaltmonopol?

Das dürfen wir niemals tun! Es ist doch unser eigener demokratischer Staat! Er ist so stark oder so schwach, wie wir selbst - jeder und jede von uns - aktiv für diese Demokratie eintreten....

Wir sollten nicht vergessen, woran die erste Republik in Deutschland gescheitert ist. Nicht, weil es zu früh zu viele Nazis gegeben hat, sondern zu lange zu wenige Demokraten.

Dazu darf es nie wieder kommen. Es ist höchste Zeit, sich zur Wehr zu setzen. Wir alle sind zum Handeln aufgerufen.

nach Frankfurter Rundschau vom 09.11.92

Protest der Bürgerinnen und Bürger

In vielen deutschen Städten finden Schweigemärsche, Demonstrationen und Lichterketten gegen Ausländerfeindlichkeit statt, an denen sich mehrere Millionen Menschen beteiligen.

Trotz der schlechten Erfahrungen mit dem Nationalsozialismus entstehen auch nach dem Zweiten Weltkrieg rechtsradikale Organisationen und Parteien. Allerdings spielen sie bei Wahlen keine große Rolle. In den 60er Jahren gelingt es der **Nationaldemokratischen Partei Deutschlands (NPD)**, bei einigen Wahlen die 5%-Hürde zu überspringen. Die **„Republikaner"** erreichen 1992 in Baden-Württemberg ihren größten Erfolg und ziehen mit 10,9% der Stimmen in den Landtag ein.

Rechtsradikale Parteien haben vor allem dann Erfolge, wenn sich viele Menschen aufgrund gesellschaftlicher Probleme wie Arbeitslosigkeit, Wohnungsnot oder Zuwanderung aus dem Ausland bedroht fühlen.

Wahlergebnisse der „Republikaner"

- Landtagswahl Berlin 1989   7,5%
- Europawahl 1989   7,1%
- Landtagswahl Baden-Württemberg 1992   10,9%
- Bundestagswahl 1994   1,9%
- Landtagswahl Baden-Württemberg 1996   9,1%

Die Verkündung einer Endzeit- und Untergangsstimmung bildet die emotionale Folie (= Hintergrund) der Selbstdarstellung und der Anpreisung vermeintlich Verantwortlicher für die drohende Apokalypse. Durch Unterstellung, Diffamierung und Kriminalisierung werden politische Gegner zu Feinden aufgebaut und in die klassische Sündenbockrolle gedrängt. Wenn Schönhuber vom „linken Verbrechergesindel" und vom „Lumpen Momper" spricht, seinen Zuhörern verkündet, die Grünen seien die „Todesschwadron unserer Gesellschaft, die apokalyptischen Reiter", die Liberalen ein „Krebsgeschwür", so deutet dies sprachlich bereits die Ausgrenzung an, wird gefordert, sozusagen als Selbstschutzmaßnahme, das Krebsgeschwür zu beseitigen, die Todesschwadron zu vernichten, das Verbrechergesindel hinter Schloss und Riegel zu bringen. Das ist die alte Methode des Brandstifters, des faschistischen Agitators, zunächst das Bild eines von Ausländern, Chaoten, Kommunisten, Aids-Kranken, Mafiosi und Drogenhändlern eingekreisten und bedrängten Deutschland zu skizzieren und sich dann als Retter aus der Not anzubieten.

Gerhard Paul: Hitlers Schatten verblasst, Bonn 1989, S. 143

Maßnahmen des Staates gegen rechtsradikale Organisationen

Im November 1994 wird die rechtsradikale Wiking-Jugend (ca. 400 Mitglieder), im Februar 1995 die Freiheitliche Deutsche Arbeiterpartei (FAP) mit bundesweit ca. 450 Mitgliedern verboten.

Die Bundesregierung schätzt, dass insgesamt etwa 50 000 Personen in Deutschland rechtsradikalen Gruppen angehören.

Quelle: Verfassungsschutzbericht der Bundesregierung

Rechtsradikalismus darf nicht verharmlost werden. Bürgerinnen und Bürger müssen wachsam sein und ihm entschlossen entgegentreten. Aber auch der Staat muss alle Formen rechtsradikaler Gewalt mit allen rechtsstaatlichen Mitteln bekämpfen.

Das NS-Terrorsystem
Widerstand im Nationalsozialismus
Rechtsradikalismus heute

NS-Terror

Mit Hilfe von SA, SS und Gestapo setzt Hitler seine Ziele rücksichtslos durch. Wer das neue System kritisiert, wird verhaftet und ins Gefängnis oder Konzentrationslager gebracht. Dort werden die Gefangenen oft brutal misshandelt.

Der Leidensweg des jüdischen Volkes

Die Juden, aber auch andere Bevölkerungsgruppen wie beispielsweise Sinti und Roma, leiden besonders unter dem nationalsozialistischen Terror. Die Nationalsozialisten begründen die Verfolgung der Juden mit der nationalsozialistischen „Rassenlehre". Diese geht auf den englischen Biologen Charles Darwin zurück, dessen Gedanken sie in ihrem Sinn umdeuten. Sie dient Hitler und den Nazis als Rechtfertigung für die Verfolgung bzw. Vernichtung angeblich minderwertiger Menschen. Die Juden werden als „Sündenböcke" abgestempelt und für alles Unglück verantwortlich gemacht.
Die Verfolgung und Vernichtung der Juden vollzieht sich in drei Phasen:
- Benachteiligung und Diskriminierung 1933-1938
- Verfolgung 1938-1941
- „Endlösung" (Ausrottung) 1941-1945

Der Versuch Hitlers, ein ganzes Volk zu vernichten, ist einmalig in der Geschichte der Menschheit. Allein in Auschwitz werden 1,1-1,5 Millionen Menschen umgebracht, die Gesamtzahl der getöteten Juden wird auf 5-6 Millionen geschätzt.

Widerstand gegen den Nazi-Terror

Im Zusammenhang mit den Greueltaten der Nazis wird immer wieder die Frage gestellt, ob der Nationalsozialismus hätte verhindert werden können. Als Hitler am 30.1.1933 zum Reichskanzler ernannt wird, ist es vermutlich schon zu spät, seine diktatorische Herrschaft zu verhindern.
Während des Dritten Reiches entstehen in Deutschland Widerstandsgruppen, die gegen das Regime kämpfen. Vertreter der verbotenen Parteien, der Gewerkschaften, der Kirchen, Offiziere, Adlige, Studenten und Jugendliche leisten gegen Hitler Widerstand. Am 20. Juli 1944 entschließen sich Oberst Stauffenberg und seine Freunde zu einem Attentat auf den Diktator.

Rechtsradikalismus und Neonazismus heute

Trotz der negativen Erfahrungen mit dem Rechtsradikalismus entstehen auch nach 1945 in der Bundesrepublik Deutschland rechtsradikale und neonazistische Gruppen und Parteien, die aber nur geringen Zulauf haben. Trotzdem darf ihre Gefahr nicht unterschätzt werden. Sehr beunruhigend ist die Tatsache, dass es in Deutschland Anfang der 90er Jahre zu einer Welle von Gewalt gegenüber Ausländern kommt.

Zur Wiederholung

1. Nehmen Sie kritisch zur nationalsozialistischen Rassenlehre Stellung.
2. Nennen Sie einzelne Maßnahmen, durch die Juden diskriminiert und benachteiligt worden sind.
3. Nennen Sie Gruppen und Einzelpersönlichkeiten, die Widerstand geleistet haben.

Weiterführende Aufgaben

1. Informieren Sie sich in einem Lexikon über die Lehre von Charles Darwin.
2. Erkundigen Sie sich über das Schicksal der Juden in Ihrer Heimatgemeinde.
3. Diskutieren Sie, inwieweit der Neonazismus in Deutschland eine Gefahr darstellt.
4. Welches wären Ihrer Meinung nach die wirksamsten Maßnahmen gegen Ausländerfeindlichkeit und Fremdenhass?

Das geteilte Deutschland

1 Die Teilung Deutschlands

Beispiele für die Zerstörung deutscher Großstädte:

	über 50%	über 75%
Stuttgart	x	
Ulm	x	
Freiburg	x	
Pforzheim		x
Heilbronn	x	
Friedrichshafen	x	
Mainz		x
Würzburg		x
Frankfurt	x	
Koblenz		x
Köln		x
Berlin	x	
Hamburg	x	

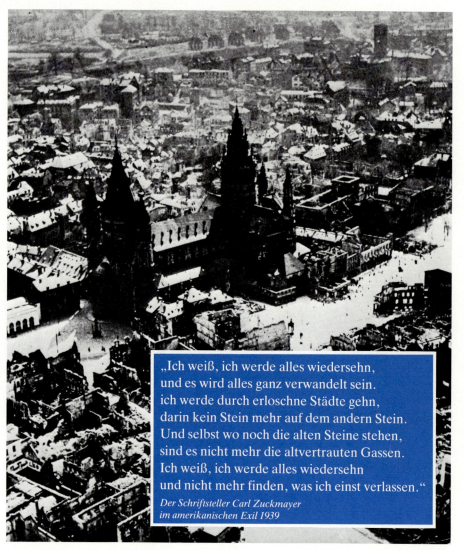

„Ich weiß, ich werde alles wiedersehn,
und es wird alles ganz verwandelt sein.
ich werde durch erloschne Städte gehn,
darin kein Stein mehr auf dem andern Stein.
Und selbst wo noch die alten Steine stehen,
sind es nicht mehr die altvertrauten Gassen.
Ich weiß, ich werde alles wiedersehn
und nicht mehr finden, was ich einst verlassen."
*Der Schriftsteller Carl Zuckmayer
im amerikanischen Exil 1939*

Das Zentrum von Mainz, Luftbild 1947

Carl Zuckmayer (1896-1977)

Schriftsteller; er verlässt Deutschland 1938 und lebt im Exil; 1945 Rückkehr nach Deutschland.
In einem seiner bekanntesten Stücke (Des Teufels General) setzt er sich mit dem Verhalten der Deutschen in der Zeit des Nationalsozialismus auseinander.

„Ich ging, halb betäubt, durch die Trümmer meiner Vaterstadt Mainz, stand vor dem Schutt meines Elternhauses, konnte meinen Schulweg nicht mehr finden. Ich sah die herzzerreißenden Suchzettel in den Bahnhöfen, wändehoch, einer neben dem anderen angeschlagen, von all den Menschen, die einander verloren hatten. Ich sah diese unheimlichen Bahnhöfe, voll von Harrenden, von Hoffenden und Hoffnungslosen, von Ungeheuern und Mördern, von Krüppeln, Flüchtlingen, von zermürbt und gebrochen heimkehrenden Kriegsgefangenen, von Schwarzhändlern, Hungrigen, Strichjungen und -mädchen bevölkert, und von Besatzungsleuten, die solche Beute jagten oder von ihr geködert wurden."

Carl Zuckmayer beim Besuch seiner Heimatstadt Mainz 1946
Beide Texte zitiert nach: *1945–1947, Zwischen Trümmern und Aufbruch*, Mainz 1987, S. 28f.

1.1 Deutschland am Ende des 2. Weltkrieges

Alfred Grosser

Publizist und Politik-Wissenschaftler, lebt in Frankreich und betrachtet Deutschland gewissermaßen als „deutscher Ausländer".

Die Städte lagen in Trümmern. Von 177 000 Frankfurter Häusern standen nur noch 44 000. Kaum 10% der Häuser Nürnbergs waren unbeschädigt. Aus 53% der Hamburger Häuser waren 43 Millionen Kubikmeter Trümmer geworden. Keine größere Stadt war von den erbarmungslosen Bombardements verschont geblieben, für welche die Luftwaffe über Coventry und Rotterdam mit ersten Beispielen vorangegangen war. Noch Jahre später werden Kinder nachts entsetzt aufschreien, von Alpträumen aus dem Schlaf gerissen, in denen sie den Schrecken früherer Nächte noch einmal durchleben werden, in denen eine halbe Million Zivilisten den Tod fand.

Die Erdkämpfe und die von Hitler befohlene Politik der verbrannten Erde hatten die Zerstörungen verschlimmert. Die Brücken, von den Straßenbrücken über die Flüsse bis zu den Stegen über den Dorfbach, waren gesprengt. Abgesehen von Bauernfamilien im Innern Deutschlands lebten nur noch wenige Deutsche in ihren Wohnungen. Millionen von Stadtbewohnern hatten versucht, sich vor den Bomben aufs Land zu retten. Millionen anderer waren vor den vorrückenden Sowjettruppen nach Westen geflohen. Eine entgegengesetzte Bewegung hatte beim Einmarsch der Westalliierten eingesetzt. Die Bevölkerung schien nur noch aus Frauen, Kindern und Greisen zu bestehen. Auch an fünfzehnjährige Pimpfe waren in letzter Minute noch Gewehre ausgegeben worden. 1 650 000 Männer waren im Kampf gefallen, 2 000 000 waren in Gefangenschaft und 1 600 000 vermisst. In der Lebensmittelversorgung und im Transportwesen herrschte das totale Durcheinander. Es gab keine Postverbindung mehr, keine Zeitungen, keine Verwaltung. Es gab das Chaos.

Alfred Grosser: Deutschlandbilanz, München 1970, S.57f.

Der 8. Mai 1945 – Befreiung oder Niederlage?

Auszug aus der Rede von Bundespräsident v. Weizsäcker aus Anlass des 40. Jahrestages der Kapitulation der deutschen Wehrmacht am 8. Mai 1985.

Der 8. Mai 1945

Über den 8. Mai 1945, den Tag der bedingungslosen Kapitulation Deutschlands, gab und gibt es immer wieder heftige Diskussionen.

Bundespräsident Richard von Weizsäcker hält 1985 anlässlich des 40. Jahrestages der deutschen Kapitulation eine vielbeachtete Rede, in der er sich mit der Frage auseinandersetzt, welche Bedeutung der 8. Mai als Gedenktag hat und welche Lehren aus der Geschichte zu ziehen sind. Obwohl seither schon über 10 Jahre vergangen sind, hat seine Rede nichts von ihrer Aktualität verloren.

Der 8. Mai ist für uns vor allem ein Tag der Erinnerung an das, was Menschen erleiden mussten. Er ist zugleich ein Tag des Nachdenkens über den Gang unserer Geschichte...

Der 8. Mai ist für uns Deutsche kein Tag zum Feiern. Die Menschen, die ihn bewusst erlebt haben, denken an ganz persönliche und damit ganz unterschiedliche Erfahrungen zurück. Der eine kehrte heim, der andere wurde heimatlos. Dieser wurde befreit, für jenen begann die Gefangenschaft. Viele waren einfach nur dafür dankbar, dass Bombennächte und Angst vorüber und sie mit dem Leben davongekommen waren. Andere empfanden Schmerz über die vollständige Niederlage des eigenen Vaterlandes. Verbittert standen Deutsche vor zerrissenen Illusionen, dankbar andere Deutsche für den geschenkten neuen Anfang.

Es war schwer, sich alsbald klar zu orientieren. Ungewissheit erfüllte das Land. Die militärische Kapitulation war bedingungslos. Unser Schicksal lag in der Hand der Feinde. Die Vergangenheit war furchtbar gewesen, zumal auch für viele dieser Feinde. Würden sie uns nun nicht vielfach entgelten lassen, was wir ihnen angetan hatten? ...

Der Blick ging zurück in einen dunklen Abgrund der Vergangenheit und nach vorn in eine ungewisse dunkle Zukunft.

Und dennoch wurde von Tag zu Tag klarer, was es heute für uns alle gemeinsam zu sagen gilt: Der 8. Mai war ein Tag der Befreiung. Er hat uns alle befreit von dem

Richard von Weizsäcker (CDU)

geb. 15. April 1920 in Stuttgart;
nach der Teilnahme am 2. Weltkrieg Studium der Rechtswissenschaften und Geschichte;
Tätigkeit in der Industrie und als Rechtsanwalt;
Mitglied des Bundestags;
1964-1970 Präsident des Deutschen Evangelischen Kirchentages;
1979-1984 Regierender Bürgermeister von Berlin (West);
1984-1994 Bundespräsident.

menschenverachtenden System der nationalsozialistischen Gewaltherrschaft. Niemand wird um dieser Befreiung willen vergessen, welche schweren Leiden für viele Menschen mit dem 8. Mai erst begannen und danach folgten. Aber wir dürfen nicht im Ende des Krieges die Ursache für Flucht, Vertreibung und Unfreiheit sehen. Sie liegt vielmehr in seinem Anfang und im Beginn jener Gewaltherrschaft, die zum Krieg führte.

Wir dürfen den 8. Mai 1945 nicht vom 30. Januar 1933 trennen...

Es gab viele Formen, das Gewissen ablenken zu lassen, nicht zuständig zu sein, wegzuschauen, zu schweigen.

Als dann am Ende des Krieges die ganze unsagbare Wahrheit des Holocaust herauskam, beriefen sich allzu viele von uns darauf, nichts gewusst oder auch nur geahnt zu haben.

Schuld oder Unschuld eines ganzen Volkes gibt es nicht. Schuld ist, wie Unschuld, nicht kollektiv, sondern persönlich ... Der ganz überwiegende Teil unserer heutigen Bevölkerung war zur damaligen Zeit entweder im Kindesalter oder noch gar nicht geboren. Sie können nicht eine eigene Schuld bekennen für Taten, die sie gar nicht begangen haben.

Kein fühlender Mensch erwartet von ihnen, ein Büßerhemd zu tragen, nur weil sie Deutsche sind. Aber die Vorfahren haben ihnen eine schwere Erbschaft hinterlassen.

Wir alle, ob schuldig oder nicht, ob Alt oder Jung, müssen die Vergangenheit annehmen. Wir alle sind von ihren Folgen betroffen und für sie in Haftung genommen...

Es geht nicht darum, Vergangenheit zu bewältigen. Das kann man gar nicht. Sie lässt sich ja nicht nachträglich ändern oder ungeschehen machen. Wer aber vor der Vergangenheit die Augen verschließt, wird blind für die Gegenwart. Wer sich der Unmenschlichkeit nicht erinnern will, der wird wieder anfällig für neue Ansteckungsgefahren...

Manche junge Menschen haben sich und uns in den letzten Monaten gefragt, warum es 40 Jahre nach Kriegsende zu so lebhaften Auseinandersetzungen über die Vergangenheit gekommen ist...

Bei uns ist eine neue Generation in die politische Verantwortung hineingewachsen. Die Jungen sind nicht verantwortlich für das, was damals geschah. Aber sie sind verantwortlich für das, was in der Geschichte daraus wird...

Wir lernen aus unserer eigenen Geschichte, wozu der Mensch fähig ist. Deshalb dürfen wir uns nicht einbilden, wir seien nun als Menschen anders und besser geworden...

Hitler hat stets damit gearbeitet, Vorurteile, Feindschaften und Hass zu schüren.

Die Bitte an die jungen Menschen lautet:

Lassen Sie sich nicht hineintreiben in Feindschaft und Hass gegen andere Menschen, gegen Russen oder Amerikaner, gegen Juden oder Türken, gegen Alternative oder Konservative, gegen Schwarz oder Weiß.

Lernen Sie miteinander zu leben, nicht gegeneinander.

Lassen Sie auch uns als demokratisch gewählte Politiker dies immer wieder beherzigen und ein Beispiel geben.

Ehren wir die Freiheit. Arbeiten wir für den Frieden. Halten wir uns an das Recht. Dienen wir unseren inneren Maßstäben der Gerechtigkeit.

Schauen wir am heutigen 8. Mai, so gut wir es können, der Wahrheit ins Auge.

Bulletin des Presse- und Informationsamts der Bundesregierung, Nr. 52 vom 9.5.1985, S. 441ff.

Die Teilung Deutschlands

Stimmung in der Bevölkerung

Opfer des Faschismus

Als am 8. Mai 1945 in Berlin die **bedingungslose Kapitulation** der deutschen Wehrmacht unterzeichnet wird, gleichen Deutschland und weite Teile Europas einem einzigen Trümmerfeld. Hitler und einige seiner treuen Gefolgsleute haben sich bereits vor Kriegsende durch Selbstmord der Verantwortung entzogen, andere führende Nationalsozialisten tauchen unter oder werden von den alliierten Truppen verhaftet. Das „tausendjährige Reich" hat aufgehört zu bestehen. Verkehrsverbindungen und Transportwege sind unterbrochen, Güterproduktion und Lebensmittelversorgung haben einen Tiefpunkt erreicht, heimkehrende Soldaten und Kriegsgefangene suchen ihr Zuhause und ihre Familien. Millionen Flüchtlinge und Vertriebene brauchen eine neue Bleibe, es gibt keine Post, keine Zeitungen und keine funktionierende Verwaltung mehr. Es herrscht das wirtschaftliche und politische Chaos.

Ein weiteres Problem kommt hinzu: die Befreiung der Gefangenen aus den Konzentrations- und Vernichtungslagern führt den Deutschen das ganze Ausmaß der Greueltaten des Nazi-Regimes vor Augen und stellt eine schwere moralische Belastung dar.

Propaganda und Lügen bis zum Schluss:

Aus dem Führerhauptquartier wird gemeldet, dass unser Führer Adolf Hitler heute Nachmittag in seinem Befehlsstand in der Reichskanzlei, bis zum letzten Atemzuge gegen den Bolschewismus kämpfend, für Deutschland gefallen ist.

Meldung des Reichsrundfunks vom 30. April 1945

1.2 Die Aufteilung Deutschlands

Schon während des Krieges einigen sich die Alliierten über die **Aufteilung Deutschlands.** Nach der Kapitulation räumen amerikanische und britische Truppen einen Teil des von ihnen besetzten Gebiets in der sowjetischen Zone. Die Sowjetunion zieht sich aus den Westsektoren Berlins zurück. Frankreich, das an der Besetzung Deutschlands nicht beteiligt gewesen ist, wird angeboten, eine Besatzungszone zu übernehmen, da es unter dem Krieg und der deutschen Besatzung stark gelitten hat. Die Siegermächte sind sich in ihren Kriegszielen weitgehend einig. Der gemeinsame Kampf gegen Hitler-Deutschland (Anti-Hitler-Koalition) überdeckt zunächst die unterschiedlichen Interessen der Großmächte.

Das geteilte Deutschland

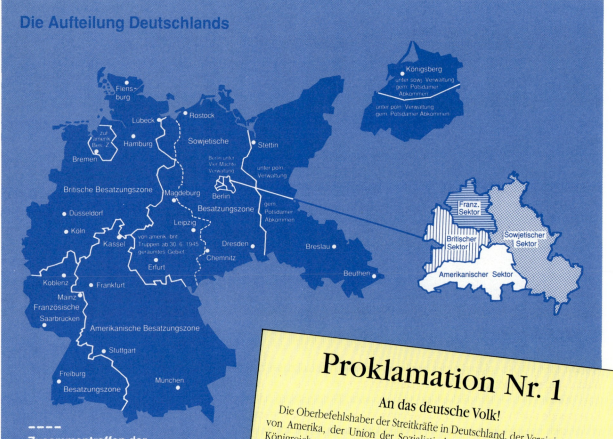

Die Aufteilung Deutschlands

Zusammentreffen der alliierten Truppen bei Kriegsende

Proklamation Nr. 1

An das deutsche Volk!

Die Oberbefehlshaber der Streitkräfte in Deutschland, der Vereinigten Staaten von Amerika, der Union der Sozialistischen Sowjetrepubliken, des Vereinten Königreiches von Großbritannien und Nordirland und der Provisorischen Regierung der Französischen Republik, verkünden hiermit gemeinsam als Mitglieder des Kontrollrates Folgendes:

I.

Laut Bekanntmachung vom 5. Juni 1945 ist die oberste Regierungsgewalt in Bezug auf Deutschland von den Regierungen der Vereinigten Staaten von Amerika, der Union der Sozialistischen Sowjetrepubliken, des Vereinten Königreiches von Großbritannien und Nordirland und der Provisorischen Regierung der Französischen Republik übernommen worden.

II.

Kraft der obersten Regierungsgewalt und der Machbefugnisse, die damit von den vier Regierungen übernommen wurden, ist der Kontrollrat eingesetzt und die oberste Machtgewalt in Angelegenheiten, die Deutschland als Ganzes angehen, dem Kontrollrat übertragen worden.

III.

Alle Militärgesetze, Proklamationen, Befehle, Verordnungen, Bekanntmachungen, Vorschriften und Anweisungen, die von den betreffenden Oberbefehlshabern oder in ihrem Namen für die Besatzungszonen herausgegeben worden sind, verbleiben auch weiterhin in diesen ihren Besatzungszonen in Kraft.

DWIGHT D. EISENHOWER
General der Armee

GEORGY SHUKOW
Marschall der Sowjetunion

BRIANT ROBERTSON
Generalleutnant

LOUIS KELTZ
General

Ausgefertigt in Berlin, 30. August 1945

Reg. Nr. 4

1.3 Die Konferenz von Potsdam

Churchill, Truman und Stalin auf der Konferenz von Potsdam

Vom 17. Juli bis 2. August 1945 treffen sich Ministerpräsident Churchill (Großbritannien), Präsident Truman (USA) und Parteichef Stalin (UdSSR) in Potsdam, um für alle Besatzungszonen einheitliche Regelungen festzulegen. Im Einzelnen bringt die Konferenz folgende Ergebnisse:

- Die jeweilige Besatzungsmacht übt in ihrer Zone die Regierungsgewalt aus. Für Fragen, die ganz Deutschland betreffen, wird ein Alliierter Kontrollrat gebildet.
- Deutschland wird vollständig entmilitarisiert und abgerüstet, die gesamte Kriegsindustrie wird ausgeschaltet.
- Die Nationalsozialistische Partei soll vernichtet werden. Alle Mitglieder der NSDAP, die wichtige öffentliche Ämter oder verantwortungsvolle Posten in der Industrie innehaben, sind zu entlassen (Entnazifizierung).
- Kriegsverbrecher und alle, die an der Planung oder Verwirklichung nationalsozialistischer Verbrechen beteiligt gewesen sind, werden verhaftet und dem Gericht übergeben.
- Die Umgestaltung des deutschen politischen Lebens auf demokratischer Grundlage soll vorbereitet werden.
- Es soll vorläufig keine zentrale deutsche Regierung errichtet werden.
- Die Reparationsansprüche der Siegermächte werden aus der jeweiligen Besatzungszone befriedigt, wobei die UdSSR zusätzliche Lieferungen aus den Westzonen erhält.
- Die endgültige Festlegung der Westgrenze Polens wird bis zum Abschluss eines Friedensvertrages zurückgestellt.
- Deutsche, die in Polen, Ungarn oder der Tschechoslowakei zurückgeblieben sind, sollen in ordnungsgemäßer und humaner Weise nach Deutschland überführt werden.

Die bei der Potsdamer Konferenz nicht geklärten Fragen sollen entweder von den Außenministern der vier Mächte oder von dem für Deutschland als Ganzes zuständigen **Alliierten Kontrollrat** weiter behandelt werden. Alle **Außenministerkonferenzen** enden jedoch ergebnislos. Die gegensätzlichen politischen und wirtschaftlichen Vorstellungen der Westmächte und der Sowjetunion machen eine gemeinsame Deutschlandpolitik immer schwieriger. Der sich verschärfende **Ost-West-Gegensatz** führt auch dazu, dass der Alliierte Kontrollrat am 20. März 1948 seine Arbeit einstellt.

Die großen Drei

Winston Churchill (1874–1965)

1940–1945 und 1951–1955 britischer Premierminister. Churchill wird während des 2. Weltkrieges zum Motor des britischen Widerstandes gegen Hitler und zum Symbol des Durchhaltewillens seiner Nation.

Harry S. Truman (1884–1972)

1945–1953 Präsident der USA. Truman entwickelt in der Zeit des kalten Krieges die Truman-Doktrin, wonach die USA anderen freien Völkern auf deren Ersuchen hin militärische und wirtschaftliche Hilfe leisten.

Josef Stalin (1879–1953)

1922 Erster Sekretär des Zentralkomitees der KPDSU. Nach Lenins Tod 1924 baut Stalin seine Macht aus und ist ab 1927 praktisch alleiniger Herrscher in der Sowjetunion.
Die Stalin-Ära dauert bis 1953 und ist geprägt von einer Erweiterung des kommunistischen Machtbereichs in Osteuropa und einer diktatorischen Politik innerhalb des eigenen Landes (Stalinismus).

Der amerikanische Außenminister James F. Byrnes über die Ergebnisse der Potsdamer Konferenz:

„Wir waren fest davon überzeugt, dass die erzielten Beschlüsse eine Grundlage für die baldige Wiederherstellung dauerhafter Verhältnisse in Europa bildeten."

Flucht und Vertreibung 1944-1950

Flüchtlinge und Vertriebene insgesamt 12,3 Millionen

Woher?	Wohin?
Ostpreußen 1,9	
Danzig 0,3	
Ostpommern 1,5	Bundesrepublik
Polen 0,7	Deutschland
Ostbrandenburg 0,5	7,9 Millionen
Schlesien 3,2	
Sudetenland 2,9	
übriges	DDR
Osteuropa 1,3	4,4 Millionen

1.4 Flucht und Vertreibung

In Potsdam drängen die beiden Westmächte darauf, dass die Umsiedlung der in Polen, Ungarn und der Tschechoslowakei zurückgebliebenen Deutschen in humaner Weise erfolgen soll. Doch längst vor Beginn der Konferenz hat die Sowjetunion mit der Vertreibung begonnen. Die Westmächte werden vor vollendete Tatsachen gestellt und müssen Stalins Politik zustimmen, wenn sie ein Scheitern der Konferenz verhindern wollen.

Berichte über Flucht und Vertreibung:

„Es gibt keine Worte, um das Elend der Flüchtlinge zu beschreiben. Sie haben nur noch das, was sie am Körper tragen, und besitzen weder physische noch psychische Kraft. 7 oder 8 Millionen Menschen werden in dem schmalen Landstreifen zwischen Oder und Elbe von Stadt zu Stadt, von Dorf zu Dorf gejagt, weil niemand sie aufnehmen und ernähren kann."

„In endlosem Elendszug wälzt es sich von Osten nach Westen. Frauen und Männer, Alte und Junge, wahllos durcheinander gewürfelt, wie das Schicksal sie zusammentrieb. Was hier gen Westen treckt, sind die Heere der Heimatlosen.

Aus Posen die einen, die anderen aus Ostpreußen. Diese aus Schlesien, jene aus Pommern. Sie schleppen ihre Habe auf dem Rücken, irgendwohin, wohin die Füße sie tragen. Ein Kind wankt vorüber. Ein jämmerliches Bürschchen. 'Tuttmer so weh!' schluchzt es in sich hinein. Kläglich balanciert es auf nackten Hacken und reckt seine blutigen Fußsohlen spitzwinklig in die Luft."

Christian Zentner: Deutschland 1870 bis heute, München 1970, S. 441

Den Vertriebenen wird kaum Zeit gelassen, die notwendigsten Sachen zusammenzupacken. In Güterzügen oder zu Fuß geht es Richtung Westen, in eine ungewisse Zukunft. Andere Deutsche fliehen vor den russischen Truppen aus Angst vor einer kommunistischen Machtübernahme Richtung Westen, um dort eine neue Bleibe zu suchen. Flucht und Vertreibung bedeuten für viele unsagbares Leid, man schätzt, dass rund 2 Millionen Menschen dabei ums Leben kommen.

Aber auch ihre Aufnahme im zerstörten Deutschland scheint kaum lösbar. Es fehlt vor allem an Wohnungen und Arbeitsplätzen. Obwohl Vertriebene und Flüchtlinge zunächst nicht überall willkommen sind, gelingt es in den folgenden Jahren, sie in das wirtschaftliche, politische und gesellschaftliche Leben einzugliedern.

Deutsche auf der Flucht in den Westen

Kriegsende und Teilung Deutschlands

Bedingungslose Kapitulation

Als die deutsche Wehrmacht am 8. Mai 1945 bedingungslos kapituliert, sind Deutschland und weite Teile Europas zerstört. Es herrscht das politische und wirtschaftliche Chaos. Die Versorgung der Bevölkerung mit den lebensnotwendigen Gütern bricht zusammen, Verkehrsverbindungen sind zerstört und es existiert keine funktionierende Verwaltung mehr.

Flucht und Vertreibung

12 Millionen Deutsche werden aus ihrer Heimat vertrieben oder fliehen aus Angst vor dem Kommunismus in den Westen. Über zwei Millionen kommen dabei ums Leben.

Die Konferenz von Potsdam

Bereits vor Kriegsende einigen sich die Siegermächte, Deutschland in vier Besatzungszonen aufzuteilen. Jede Besatzungsmacht übt in ihrer Zone die Regierungsgewalt aus. Gemeinsame Probleme sollen vom Alliierten Kontrollrat oder von den Außenministerkonferenzen gelöst werden. Bei der Konferenz von Potsdam treffen die drei Großmächte USA, Großbritannien und UdSSR Regelungen für die weitere Entwicklung in Deutschland. Frankreich als vierte Besatzungsmacht nimmt erst später an den Verhandlungen der Siegermächte teil. Die Ergebnisse von Potsdam sind noch geprägt von dem gemeinsamen Willen der Alliierten, Hitler-Deutschland zu besiegen und den Nationalsozialismus auszurotten.

Befreiung oder Niederlage?

Jahre nach dem Krieg entsteht vor allem in der Bundesrepublik Deutschland eine Diskussion, ob der 8. Mai 1945 für die Deutschen ein Tag der Befreiung oder ein Tag der Niederlage gewesen ist. In einer im In- und Ausland viel beachteten Rede setzt sich Bundespräsident von Weizsäcker am 8. Mai 1985 mit dieser Frage auseinander.

Zur Wiederholung

1. Beschreiben Sie die größten Probleme, die in Deutschland bei Kriegsende zu bewältigen sind.
2. Welches sind die wichtigsten Ergebnisse der Konferenz von Potsdam?
3. a) Erklären Sie, warum die Meinungsunterschiede zwischen den Großmächten bei der Potsdamer Konferenz noch nicht so deutlich sichtbar werden.
   b) Warum stimmten die Westmächte in Potsdam der Vertreibung stillschweigend zu?
   c) Aus welchem Grund ist Frankreich bei der Konferenz von Potsdam nicht vertreten?

Weiterführende Aufgaben

1. Diskutieren Sie die Weizsäcker-Rede vom 8. Mai 1985 unter folgenden Gesichtspunkten:
   a) Wie beurteilt der Bundespräsident das Problem der Schuld am Nationalsozialismus und am 2. Weltkrieg?
   b) Ist der 8. Mai 1945 ein Tag der Befreiung oder Niederlage?
   c) Wie steht Weizsäcker zum Problem der Vergangenheitsbewältigung?
   d) Welche Lehren müssen aus der Vergangenheit gezogen werden?
2. Nehmen Sie zu folgender Forderung Stellung: Über 50 Jahre nach Kriegsende sollte man die Vergangenheit ruhen lassen und einen Schlussstrich ziehen.

Bericht eines von der US-Militärregierung eingesetzten Landrats am 1. Mai 1945:

Ich habe angeordnet, dass alles Getreide 94 % ausgemahlen werden muss und nur ein Einheitsmehl hergestellt wird, was auch für die Selbstversorger gilt ... Ich habe gestern einen Metzger, der bisher kein Geschäft führte und einfach Vieh schlachtete und es an die Bevölkerung verteilte, verhaften lassen ... Es wurde auch sehr viel über Plünderungen geklagt, an der sich die Bevölkerung ebenso beteiligt wie die Ausländer ...
Weiterhin, dass aus allen Gemeindestempeln, Siegeln usw. das Hakenkreuz bzw. Parteiabzeichen der NSDAP entfernt wird.

2 Die Besatzungspolitik der Siegermächte

Der amerikanische Militärgouverneur für Nordwürttemberg und Nordbaden, Oberst Dawson in einer Rundfunkansprache am 8. Juli 1945:

> Unser unmittelbares Ziel ist es, der Bevölkerung des gesamten Gebiets ein bescheidenes und geordnetes Leben zu ermöglichen. Es ist eine unserer ersten Maßnahmen gewesen, der Bevölkerung eine gerechte Verteilung der Lebensmittelversorgung zu sichern ... Eine Hungersnot im Spätjahr ist in Anbetracht der Lebensmittelknappheit und der Transportschwierigkeiten nur dann zu vermeiden, wenn alle Verbraucher und alle Behörden die Anweisungen des Landesernährungsamtes befolgen. Im Augenblick ist es vor allem wichtig, dem Einbringen der Ernte und der Erhaltung aller Lebensmittelvorräte besondere Aufmerksamkeit zu schenken ...
>
> Wir ordnen an und befehlen, dass alle Behörden ihr Amt unter unserer Kontrolle weiterführen und erwarten von allen Bürgern strikte Befolgung der Gesetze und Anordnungen der Militärregierung.

Sendemanuskript des Süddeutschen Rundfunks, zitiert nach: Landeszentrale für politische Bildung: Der deutsche Südwesten zur Stunde Null, Karlsruhe 1975, S. 128

Um ein geordnetes Zusammenleben in Deutschland wiederherzustellen, brauchen die Siegermächte die Unterstützung der einheimischen Bevölkerung. Bereits im Juni werden überall in den Städten und Gemeinden **Bürgermeister** und auf Länderebene **provisorische Regierungen** eingesetzt. Dabei greifen die Militärregierungen auf Persönlichkeiten zurück, die bereits vor 1933 öffentliche Ämter bekleidet haben und durch keine nationalsozialistische Vergangenheit belastet sind.

Die Angeklagten im Nürnberger Prozess

Vordere Reihe v. links: Göring, Heß, Ribbentrop, Keitel, Kaltenbrunner, Rosenberg, Frank, Streicher, Funk, Schacht; hintere Reihe v. links: Dönitz, Roeder, Schirach, Sauckel, Jodl, Papen, Seyß-Inquart, Speer, Neurath, Fritzsche.

2.1 Entnazifizierung

Die Führer des Dritten Reiches auf der Anklagebank

Die Besatzungspolitik der Siegermächte

Vom 20. November 1945 bis 30. September 1946 findet in Nürnberg ein Prozess gegen 24 Nazi-Führer vor einem internationalen Militärgericht statt. 12 werden zum Tode verurteilt, 3 freigesprochen, die übrigen zu Gefängnisstrafen verurteilt. Der letzte Häftling, Rudolf Heß, stirbt 1987 im Spandauer Kriegsverbrechergefängnis.

In allen vier Besatzungszonen werden **Entnazifizierungsverfahren** durchgeführt. Insgesamt müssen sich über 6 Millionen Deutsche vor den Militärbehörden und den später eingerichteten **Spruchkammern** verantworten. Sie werden als Hauptschuldige, Belastete, Minderbelastete, Mitläufer und Entlastete eingestuft. Die Strafen reichen von der Entfernung aus öffentlichen Ämtern bis zu zehn Jahren Gefängnis.

Die Entnazifizierung wird jedoch auch heftig kritisiert. Es entsteht der Verdacht, die Kleinen würden bestraft, die Großen dagegen ließe man laufen. Viele Deutsche helfen sich auch damit, indem sie sich gegenseitig **„Persilscheine"** ausstellen.

Entnazifizierung in einer baden-württembergischen Stadt:

Dass bei der Entnazifizierung viel gelogen und verleumdet wird, bestreitet heute niemand . . . „Der Krebsschaden aber war," schreibt der Vorsitzende der Spruchkammer, „dass kaum einer mehr den Mut fand, selbst gegen einwandfreie Aktivisten belastend aufzutreten." Von den 64 237 Männern und Frauen, für die die Spruchkammer zuständig ist, bekommen 49 320 als nicht „betroffen" gleich den „Persilschein". Bei 14 917 „Betroffenen" fällt die Kammer in 3806 Fällen eine Entscheidung: 7 Hauptschuldige, 51 Belastete, 391 Minderbelastete, 3267 Mitläufer und 90 Entlastete. 11 111 Verfahren werden aus verschiedenen Gründen eingestellt.

Uwe Jacobi: *Die schönsten Jahre?*, Heilbronn 1984, S. 76

Karikatur aus: Geschichte der Bundesrepublik Deutschland, Band 1, S. 296

2.2 Reparationen und Demontage

Nach einem Plan der Alliierten soll die deutsche Rohstoff- und Fertigwarenindustrie auf der Hälfte des Jahres 1938 gehalten werden. Alle Industrieanlagen, die für die Friedensproduktion nicht erforderlich sind, werden zerstört oder demontiert und abtransportiert. In den Westzonen werden rund 8 % der Industrieanlagen demontiert, in der Sowjetzone über 45 %. Die UdSSR erhält bis 1953 Reparationslieferungen, in den Westzonen werden die Lieferungen sehr bald eingestellt. Ziel der Siegermächte ist es, Deutschland wirtschaftlich zu schwächen und zu verhindern, dass es jemals wieder in die Lage versetzt wird, Waffen und andere Güter für militärische Zwecke herzustellen. Außerdem soll ein Teil des Kriegsschadens wieder gutgemacht werden.

Kohleproduktion im Ruhrgebiet

1940: 138 Mio Tonnen
1941: 139 Mio Tonnen
1942: 144 Mio Tonnen
1943: 144 Mio Tonnen
1944: 141 Mio Tonnen
1945: 36 Mio Tonnen
1946: 54 Mio Tonnen
1947: 72 Mio Tonnen
1948: 87 Mio Tonnen

Im Herbst 1945 verfügte der Ruhrbergbau über etwa 200 000 Beschäftigte, meist ältere Leute, gegenüber 380 000 in den Kriegsjahren.

2.3 Zulassung von Parteien

Wenige Wochen nach Kriegsende werden in allen vier Zonen von den Militärbehörden Parteien zugelassen. SPD und KPD werden wieder gegründet, als neue Parteien entstehen CDU und FDP (Vgl. Kap. Die Parteien in der Demokratie S. 256f.). Die Militärregierung der Sowjetzone bevorzugt die Arbeit der KPD. Wichtige Ämter werden von Kommunisten besetzt. Trotzdem befürchtet die Sowjetunion eine Niederlage der KPD bei den ersten Wahlen. 1946 schließen sich KPD und SPD deshalb zur SED (Sozialistische Einheitspartei Deutschlands) zusammen (s. S. 179). Viele Mitglieder der SPD lehnen diese Vereinigung jedoch ab.

Ausgehend von den Gemeinden und Landkreisen bis zu den Ländern erhalten die Deutschen von den Besatzungsmächten Stück für Stück ihre politische Selbständigkeit zurück. Allerdings müssen alle Entscheidungen von der Militärregierung genehmigt werden. Im Rahmen dieses politischen Neuaufbaus wird auch das Land **Rheinland-Pfalz** aus einem Teil des Gebiets der französischen Besatzungszone gebildet. Es ist ein Beispiel für die zufällige und teilweise willkürliche Entstehung der Länder in den Besatzungszonen. Die Gründung ist deshalb bei der Bevölkerung auch heftig umstritten.

18. Mai 1947

Volksabstimmung über die neue Verfassung des Landes Rheinland-Pfalz:

Regierungsbezirk	Verfassung Ja	Nein
Koblenz	61,3%	38,7%
Trier	76,5%	23,5%
Montabaur	52,4%	47,6%
Rheinhessen	46,8%	53,2%
Pfalz	40,3%	59,7%
Rheinland-Pfalz	53,0%	47,0%

Wahlplakat der SPD

Verordnung Nr. 57 vom 30. August 1946

Artikel 1. Es wird hiermit ein Land geschaffen, welches die Pfalz und die gegenwärtigen Regierungsbezirke Trier, Koblenz, Mainz und Montabaur umfaßt.

Artikel 2. Als Hauptstadt dieses Landes wird Mainz bestimmt, wo die Regierung ihren Sitz haben wird. . . .

Artikel 3. Eine beratende Versammlung, die sich aus den erwählten Vertretern der im Artikel 1 bezeichneten Gebiete zusammensetzt, wird alsbald nach den Wahlen vom 13. Oktober, gemäß den Bedingungen gebildet, die später bekannt gegeben werden. . . .

Artikel 5. Die beratende Versammlung wird im Einvernehmen mit der vorläufigen Regierung einen Verfassungsentwurf ausarbeiten. . . . Über den Verfassungsentwurf wird durch Volksentscheid entschieden werden. . . .

Befehl der Militärregierung

Die Ergebnisse der ersten Landtagswahlen 1946/47

	Rheinl.-Pfalz	Westzonen insg.	Sowj. Besatzungszone
Wahlbeteiligung	70,4%	(in allen Ländern der Westzonen)	91,6%
CDU/CSU	47,2%	37,6%	24,5%
SPD	34,3%	35,0%	–
KPD	8,7%	9,4%	–
SED	–	–	47,5%
FDP/LDP/DVP	9,8%	9,3%	24,6%
Sonstige	–	8,7%	3,4%

Aus verschiedenen Quellen vom Verfasser zusammengestellt

2.4 Wirtschaftlicher Neubeginn

Tagesration eines „Normalverbrauchers" im Sommer 1947

Biete Füllhalter, suche Briketts

Beispiel für kleine Anzeigen in den wenigen Tageszeitungen: „Biete Markenfüllhalter, neu, suche Briketts." Oder: „Am Landgericht braune Windjacke abhanden gekommen. Zeitgemäße Belohnung." Das bedeutete Zigaretten, die zwischen 12 - 15 Mark pro Stück pendelten. Auf den Straßen bückten sich seriöse Herren nach den Kippen . . . Wo Güterzüge langsam fahren mussten, brachte die Bahn Stacheldrahtzäune an. Kohlenzüge wurden regelmäßig geplündert.

Die Parole hieß: Überleben, den Anschluss an die nächste Ernte gewinnen.

Eberhard Nitschke in: Die Welt vom 4. 12. 1973

Die größten Schwierigkeiten bereitet der wirtschaftliche Aufbau. Der **Zerfall der Reichsmark** beschleunigt sich, überall entstehen **Schwarzmärkte.** Die größten wirtschaftlichen Veränderungen finden in der sowjetischen Zone statt. Bereits im September 1945 beginnt die Bodenreform. Der Großgrundbesitz wird unter Kleinbauern und Landarbeitern aufgeteilt. Auch viele Industriebetriebe werden enteignet und vergesellschaftet. Dadurch werden schon sehr früh die Grundlagen für die spätere Wirtschaftsordnung der DDR geschaffen.

In den Westzonen gehen die Vorstellungen über den Wiederaufbau der Wirtschaft weit auseinander. SPD und zunächst auch CDU setzen sich für eine Sozialisierung (= Vergesellschaftung) der wichtigsten Industriezweige ein. Die amerikanische Militärregierung befürwortet dagegen einen Wirtschaftsaufbau, der auf Privatbesitz und freiem Unternehmertum beruht. Da jede Besatzungsmacht ihre Vorstellungen verwirklichen möchte, wird eine gemeinsame Politik der Siegermächte immer schwieriger.

Humor in der Schwarzmarktzeit:

„Sie haben Zucker." – „Stimmt, Herr Doktor, 70 Reichsmark das Pfund, wie viel brauchen Sie?"

Zentner: Deutschland 1870 bis heute, München 1970, S. 439

3 Die Teilung wird vollzogen

Die Verhandlungen der vier Siegermächte werden immer schwieriger. Zu groß sind die Meinungsunterschiede, vor allem bezüglich der Reparationen und der Behandlung des Ruhrgebiets. Auch der Versuch der bayerischen Landesregierung, sich bei einem **Treffen der Ministerpräsidenten der Länder** aller vier Zonen über die gemeinsame Zukunft Deutschlands zu einigen, ist erfolglos. Die Konferenz scheitert, bevor sie richtig beginnt, weil sich die Teilnehmer nicht über eine gemeinsame Tagesordnung einigen können. Die Ministerpräsidenten der Westzonen wollen nur über Wirtschaftsfragen, die der Sowjetzone vor allem über die Bildung einer gesamtdeutschen Regierung verhandeln. Als keine Einigung erzielt wird, reisen die Vertreter der Ostzone ab, die Konferenz findet ohne sie statt.

US-Außenminister Byrnes 1946:

Wir treten für die wirtschaftliche Vereinigung Deutschlands ein. Wenn eine völlige Vereinigung nicht erreicht werden kann, werden wir alles tun, um eine größtmögliche Vereinigung zu sichern.

3.1 Wirtschaftliche Vereinigung der Westzonen

Besonders bei den USA zeichnet sich 1946/47 ein Umdenken in der Deutschlandpolitik ab. Sie befürchten ein weiteres Vordringen des kommunistischen Einflussbereiches nach Westeuropa.

Als im harten Winter 1946/47 die Versorgungs- und Wirtschaftslage in Deutschland einen absoluten Tiefstand erreicht, ergreifen die USA und Großbritannien die Initiative.

Schritt für Schritt vollzieht sich die Teilung Deutschlands

- **1. Januar 1947:** Die amerikanische und britische Zone schließen sich zur **Bizone** zusammen. Die Sowjetunion und zunächst auch Frankreich lehnen eine Mitarbeit ab. Erst im April 1949 tritt die französische Zone bei, es entsteht die **Trizone.**
- **5. Juni 1947:** Der amerikanische Wirtschaftsminister **Marshall** kündigt ein wirtschaftliches **Aufbauprogramm** für ganz Europa an. Die osteuropäischen Staaten und die Sowjetunion lehnen eine Beteiligung ab. Ziel des Programms ist die Beschleunigung des wirtschaftlichen Aufbaus und die Erschließung neuer Absatzmärkte für die amerikanische Wirtschaft. Bis 1951 fließen rund 3,3 Milliarden Dollar an **Marshallplanhilfe in die drei Westzonen.** Sie bewirkt dort eine Beschleunigung des wirtschaftlichen Aufbaus.
- **20. März 1948:** Nachdem alle Außenministerkonferenzen der Siegermächte ergebnislos verlaufen sind, treffen sich die Westmächte und die Benelux-Staaten in London zu einer Sechsmächtekonferenz, um über die Zukunft Deutschlands zu beraten. Aus Protest verlässt die Sowjetunion daraufhin den Alliierten Kontrollrat. Sie wirft den Westmächten vor, die Beschlüsse der Potsdamer Konferenz zu missachten. Umgekehrt beschuldigen die Westmächte die Sowjetunion, eine gemeinsame Deutschlandpolitik zu verhindern. Die Spannungen verschärfen sich, es beginnt die Zeit des „Kalten Krieges".
- **20. Juni 1948:** Um den wirtschaftlichen Wiederaufbau vorantreiben zu können, ist eine Neuordnung das Geldwesens notwendig. Auch hier scheitern alle Versuche eine gemeinsame **Währungsreform** für alle vier Zonen durchzuführen. Die Westmächte entschließen sich zu einem Alleingang. Am 20. Juni 1948 wird das neue Geld ausgegeben. Jeder Deutsche erhält zunächst 40 Mark „Kopfgeld", später noch einmal 20 Mark. Bankguthaben werden auf 6,5 % abgewertet. Allmählich bessert sich die wirtschaftliche Lage.
- **24. Juni 1948:** Als Reaktion auf die westliche Währungsreform sperrt die Sowjetunion alle Land-, Wasser- und Schienenwege nach Westberlin.

Die Gewerkschaften zur Währungsreform:

So sehr die Gewerkschaften die Neuordnung des Geldwesens begrüßen, so entschieden lehnen sie die sozialen Härten ab, die mit den jetzigen Bestimmungen der Währungsreform verbunden sind. Es geht nicht an, die abgehungerten Sparbeträge in derselben Weise abzuwerten wie die Riesenvermögen, die teils Kriegsgewinne sind, teils aus Schiebergeschäften stammen.

3.2 Die Gründung der Bundesrepublik Deutschland

Die Bildung eines neuen Staates in den Westzonen vollzieht sich hauptsächlich über die Lösung der schwierigen wirtschaftlichen Probleme. In der Bizone wird ein **Wirtschaftsrat** gebildet, dem Vertreter der Landtage angehören. Der Wirtschaftsrat übernimmt die Aufgaben eines Parlaments und beschließt Gesetze, die allerdings noch von den Militärregierungen genehmigt werden müssen. An der Spitze dieses „Vorläufers des Bundestages" steht der Direktor für Wirtschaft. 1948 wird **Ludwig Erhard** (CDU) in diese Funktion gewählt. Erhard, der jede Lenkung der Wirtschaft durch den Staat ablehnt, entwickelt seine Idee von der **sozialen Marktwirtschaft,** die sich in den folgenden Jahren dann auch durchsetzt.

Die Vorbereitungen für die Gründung eines westdeutschen Staates sind durch die Verwaltung der Bizone so weit fortgeschritten, dass die Westmächte nun auch den letzten Schritt zur Gründung eines Staates vollziehen.

Ludwig Erhard (CDU)

1897–1977
Kaufm. Lehre, Studium der Volks- und Betriebswirtschaft
1948 Direktor f. Wirtsch. in der Bizone
1949 Bundeswirtschaftsminister
1963–1966 Bundeskanzler

Erhard gilt als Begründer der sozialen Marktwirtschaft und wird oft auch als „Vater des deutschen Wirtschaftswunders" bezeichnet.

Aus den Frankfurter Dokumenten

„In Übereinstimmung mit den Beschlüssen ihrer Regierungen autorisieren die Militärgouverneure der amerikanischen, britischen und französischen Besatzungszone in Deutschland die Ministerpräsidenten der Länder ihrer Zonen, eine verfassunggebende Versammlung einzuberufen, die spätestens am 1. September 1948 zusammentreten soll ...
Die verfassunggebende Versammlung wird eine demokratische Verfassung ausarbeiten, die für die beteiligten Länder eine Regierungsform des föderalistischen Typs schafft ..."

Aus der Stellungnahme der Ministerpräsidenten

Die Ministerpräsidenten begrüßen es, dass die Besatzungsmächte entschlossen sind, die ihnen unterstehenden Gebiete Deutschlands zu einem einheitlichen Gebiet zusammenzufassen ...

Die Ministerpräsidenten glauben jedoch, dass alles vermieden werden müsste, was dem zu schaffenden Gebilde den Charakter eines Staates verleihen würde; sie sind darum der Ansicht, dass ... es sich lediglich um ein Provisorium handelt ...

zitiert nach: Schulfunk Geschichte: Das Werden eines neuen Staates, o. J.

- **1. Juli 1948:** Die drei Militärgouverneure übergeben den 11 Ministerpräsidenten der drei Westzonen die **„Frankfurter Dokumente",** in denen die Länder aufgefordert werden, eine Verfassung auszuarbeiten und über ein Besatzungsstatut zu beraten.

- **1. September 1948:** 65 Abgeordnete der Landtage kommen zur ersten Sitzung des Parlamentarischen Rates zusammen, zu dessen Vorsitzenden Konrad Adenauer (CDU) gewählt wird.

- **23. Mai 1949:** Das **Grundgesetz für die Bundesrepublik Deutschland** wird unterzeichnet. Es betont die Vorläufigkeit des neuen Staates. Gleichzeitig tritt das **Besatzungsstatut** in Kraft, das den drei Westmächten gewisse Kontrollrechte sichert.

- **14. August 1949:** In der Bundesrepublik Deutschland findet die erste **Bundestagswahl** statt, an der sich 16 Parteien beteiligen. Konrad Adenauer wird zum **Bundeskanzler** gewählt und bildet eine Regierung aus CDU/CSU, FDP und DP. Erster **Bundespräsident** wird Theodor Heuss (FDP).

Ergebnis der Bundestagswahl vom 14. August 1949

Wahlbeteiligung:	78,5%	Sitze
CDU/CSU	31,0%	139
SPD	29,2%	131
FDP	11,9%	52
Deutsche Partei (DP)	4,0%	17
Zentrum	3,1%	10
Bayernpartei	4,2%	17
KPD	5,7%	15
Sonstige	10,9%	21

Die 5%-Klausel wird erst später eingeführt.

Die Gründung der Bundesrepublik Deutschland aus der Sicht der DDR

Die BRD entstand im Ergebnis imperialistischer Spaltungspolitik unter Bruch des Potsdamer Abkommens, gegen den Willen des Volkes, um die Herrschaft der Monopolbourgeoisie in einem Teil des ehemaligen Machtbereichs des deutschen Imperialismus zu erhalten und als antikommunistischen Stoßkeil gegen die UdSSR und die anderen sozialistischen Staaten Europas auszunutzen.

Die führenden Politiker der Nachkriegszeit

Konrad Adenauer
Bundeskanzler 1949-1963
Kurt Schumacher
SPD-Vorsitzender 1946-1952
Theodor Heuss
Bundespräsident 1949-1959

Bei der Formulierung des Grundgesetzes bringen die Abgeordneten des Parlamentarischen Rates deutlich zum Ausdruck, dass sie die Bundesrepublik Deutschland als vorläufigen Staat betrachten, der nur so lange besteht, bis die Wiedervereinigung Deutschlands verwirklicht wird.

Aus dem Grundgesetz

Präambel
Das gesamte deutsche Volk bleibt aufgefordert, in freier Selbstbestimmung die Einheit und Freiheit Deutschlands zu vollenden.

Artikel 146
Dieses Grundgesetz verliert seine Gültigkeit an dem Tage, an dem eine Verfassung in Kraft tritt, die von dem deutschen Volke in freier Entscheidung beschlossen worden ist.

Konrad Adenauer (CDU) 1876-1967   **Kurt Schumacher (SPD)** 1895-1952   **Theodor Heuss (FDP)** 1884-1963

Die Gründung der DDR aus der Sicht Konrad Adenauers 1949:

Es wird niemand behaupten wollen, dass die nunmehr geschaffene Organisation der Sowjetzone auf dem freien Willen der Bevölkerung dieser Zone beruht. Sie ist zustande gekommen auf Befehl Sowjetrusslands und unter Mitwirkung einer kleinen Minderheit ihm ergebener Deutscher... In der Sowjetzone gibt es keinen freien Willen der deutschen Bevölkerung. Die Bundesrepublik Deutschland fühlt sich auch verantwortlich für das Schicksal der 18 Millionen Deutschen, die in der Sowjetzone leben. Die Bundesrepublik Deutschland ist allein befugt, für das deutsche Volk zu sprechen.

3.3 Die Gründung der Deutschen Demokratischen Republik

In der sowjetischen Besatzungszone (SBZ) führt die Militärregierung schon früh sehr weit reichende Maßnahmen durch. Bereits im Juli 1945 werden Zentralverwaltungen gebildet, im September beginnt die Bodenreform in Sachsen.

Das Land der Großgrundbesitzer wird enteignet und unter der Landbevölkerung aufgeteilt. Die Grundfläche ist allerdings meist so gering, dass sie für die Existenzsicherung des Bauern kaum ausreicht.

Die Teilung wird vollzogen

Das erleichtert der DDR-Regierung später die Gründung der Landwirtschaftlichen Produktions-Genossenschaften (LPG). Auch in der Industrie beginnt die Sowjetische Militärregierung bereits im Oktober 1945 mit der Enteignung von Betrieben.

Beim politischen Wiederaufbau unterstützt die Sowjetunion massiv die KPD. Durch die Zwangsvereinigung von KPD und SPD wird sichergestellt, dass die SED aus den Landtagswahlen im Oktober 1946 als stärkste Partei hervorgeht. Innerhalb der SED wird das Gewicht der Kommunisten immer größer, der Einfluss der SPD geht zurück.

Als deutlich wird, dass die Westmächte die Gründung der Bundesrepublik Deutschland in die Wege leiten, beginnen auch in der sowjetischen Besatzungszone die Vorbereitungen für die Bildung eines eigenen Staates. Eine wichtige Rolle spielt dabei die von der SED gegründete **„Volkskongressbewegung"**.

- **Dezember 1947:** Einberufung des **„Deutschen Volkskongresses für Einheit und Frieden"** nach Berlin. Die 2000 Teilnehmer gehören überwiegend der SED an.
- **März 1948:** Tagung des „Zweiten Deutschen Volkskongresses". Es wird ein aus 400 Mitgliedern bestehender **„Deutscher Volksrat"** gebildet, den man als Vorläufer der Volkskammer (s. S. 180) bezeichnen kann. Er beschließt im Oktober 1948 einen Verfassungsentwurf für den neu zu bildenden Staat.
- **Mai 1949:** Wahlen zum „Dritten Deutschen Volkskongress". Den Wählern wird die Frage gestellt, ob sie für die Einheit Deutschlands und einen Friedensvertrag seien. Damit verbunden ist die Wahl einer **„Einheitsliste der Nationalen Front"**, bei der die Sitzverteilung im Parlament bereits vor der Wahl feststeht (s. S. 181). Für diese Einheitsliste stimmen jedoch nur 66,1 % der Bürgerinnen und Bürger.
- **7. Oktober 1949:** Der aus dem „Dritten Deutschen Volkskongress" hervorgegangene „Zweite Deutsche Volksrat" tritt am 7. Oktober als „Provisorische Volkskammer" zusammen und wählt Wilhelm Pieck zum Präsidenten und Otto Grotewohl zum Ministerpräsidenten der DDR.
- **15. Oktober 1950:** Durchführung der ersten Volkskammerwahlen.

> **STIMMZETTEL**
>
> *Für den Stimmkreis Land...*
>
> *zum 3. Deutschen Volkskongress*
>
> *Ich bin für die Einheit Deutschlands und einen gerechten Friedensvertrag*
>
> *Ich stimme darum für die nachstehende Kandidatenliste zum Dritten Deutschen Volkskongress*
>
> *Namen der Kandidaten...*
>
> ○ JA   ○ NEIN

Quelle: Neues Deutschland vom 29.4.1949

In den folgenden Jahren entwickelt sich die DDR zu einem marxistisch-leninistischen Staat nach dem Vorbild der von Stalin beherrschten Sowjetunion. Parallel zur politischen, wirtschaftlichen und militärischen Eingliederung der Bundesrepublik Deutschland in den Westen schließt sich die DDR dem Ostblock an.

Westintegration der BRD:	Ostintegration der DDR:
1951 Europäische Gemeinschaft für Kohle und Stahl (Montanunion)	1949 Beitritt der DDR zum Rat für gegenseitige Wirtschaftshilfe (COMECON)
1955 Beitritt zur NATO	1955 Freundschaftsvertrag DDR-UdSSR
1957 Europäische Atomgemeinschaft; Europäische Wirtschaftsgemeinschaft	1956 Beitritt zum Warschauer Pakt

Die beiden deutschen Staaten werden zu einem festen Bestandteil des jeweiligen Blocks. Obwohl der Osten wie auch der Westen mehrfach die Wiedervereinigung fordern, scheitern alle Vorstöße an den unterschiedlichen Standpunkten.

Besatzungspolitik und Gründung der beiden deutschen Staaten

Besatzungspolitik der Siegermächte

Die Besatzungspolitik der Siegermächte hat zunächst vor allem die wirtschaftliche Schwächung Nachkriegsdeutschlands und die Ausrottung des Nationalsozialismus zum Ziel. Gleichzeitig soll den Deutschen ein politischer Neubeginn auf demokratischer Grundlage ermöglicht werden. Politische Parteien werden neu gegründet oder wieder zugelassen. In der sowjetischen Besatzungszone findet die Zwangsvereinigung von SPD und KPD zur SED statt, die so zur stärksten Partei in der Sowjetzone wird. Die ersten Wahlen finden auf Gemeinde-, Kreis- und Landesebene statt. In den Westzonen sind CDU und SPD die führenden politischen Parteien.

Marshallplan und wirtschaftlicher Aufbau

Als sich die Gegensätze zwischen den Westmächten und der Sowjetunion weiter verschärfen und eine Einigung über die Zukunft Deutschlands immer unwahrscheinlicher wird, ändern die Westmächte, vor allem die USA, ihre Deutschlandpolitik. Der amerikanische Wirtschaftsminister Marshall startet ein europäisches Wiederaufbauprogramm, das den Wiederaufbau in Deutschland erheblich beschleunigt.

Gründung der BRD

Über die wirtschaftliche Vereinigung der Westzonen (Bizone - Trizone) wird die Gründung der Bundesrepublik Deutschland vorbereitet. Am 23. Mai 1949 tritt das Grundgesetz in Kraft, am 14. August finden die ersten Bundestagswahlen statt.

Gründung der DDR

Auch die Sowjetunion bereitet in ihrer Zone die Gründung eines eigenständigen Staates vor. Über die sogenannte „Volkskongressbewegung" vollzieht sich die Gründung der DDR. Am 7. Oktober 1949 tritt die provisorische Volkskammer zu ihrer ersten Sitzung zusammen.

Westintegration – Ostintegration

Nach der Gründung der beiden deutschen Staaten schließen sich BRD und DDR den jeweiligen Bündnissystemen an (Westintegration - Ostintegration).

Zur Wiederholung

1. Beschreiben Sie die Problematik der Entnazifizierung.
2. Welche Ziele verfolgen die Siegermächte bei ihrer Besatzungspolitik?
3. Mit welchen Argumenten kritisieren die Gewerkschaften die Währungsreform?
4. Welche Motive stecken hinter der Zwangsvereinigung von KPD und SPD?
5. Erklären Sie die beiden Begriffe „Westintegration" und „Ostintegration".

Weiterführende Aufgaben

1. Ost und West beschuldigen sich gegenseitig, für die Teilung Deutschlands verantwortlich zu sein. Nehmen Sie dazu Stellung.
2. Befragen Sie ihre Eltern bzw. Großeltern nach den Ursachen für die Spannungen bei der Gründung des Landes Rheinland-Pfalz im Jahre 1947.
3. Seit der Gründung des Bundeslandes Rheinland-Pfalz sind mittlerweile 50 Jahre vergangen.
   a) Diskutieren Sie, ob die Spannungen zwischen den einzelnen Landesteilen auch heute noch bestehen.
   b) Hat sich die Gründung von Rheinland-Pfalz Ihrer Meinung nach bewährt?

4 Stationen des Kalten Krieges

1961: Am Grenzübergang „Check Point Charly" stehen sich einsatzbereite Panzer gegenüber.

Der sich seit 1947 verschärfende **Ost-West-Konflikt** und der beginnende „**Kalte Krieg**" (Vgl. Kap. Frieden und Sicherheit) zwischen den beiden großen Machtblöcken wird in Berlin besonders sichtbar und für die Bevölkerung der ehemaligen Reichshauptstadt am deutlichsten spürbar.

Als Berlin am 2. Mai 1945 kapituliert, wird es zunächst ganz von sowjetischen Truppen besetzt. Die Siegermächte haben jedoch vereinbart, die ehemalige Reichshauptstadt in vier Sektoren aufzuteilen und gemeinsam durch eine **Alliierte Kommandantur** zu verwalten. Berlin soll keiner der vier Besatzungszonen gehören. Im Juli und August 1945 rücken amerikanische, britische und französische Besatzungstruppen in die Stadt ein. Damit ist der **Viermächte-Status für Berlin** begründet.

Mit der Vertiefung der Spaltung Deutschlands wird es auch in Berlin immer schwieriger, die Einheit der Stadt zu erhalten. Einerseits missachten Sowjetunion und DDR den Viermächte-Status Berlins und erklären Berlin (Ost) 1949 zur Hauptstadt der DDR. Andererseits lehnen sie jegliche Bindung der Westsektoren zur Bundesrepublik Deutschland ab. Aufgrund seiner geographischen Lage wird Berlin in den folgenden 20 Jahren zu einem der Brennpunkte des Ost-West-Konflikts.

Verfassung der DDR vom 7. 10. 1949:

Artikel 2
… Die Hauptstadt der Republik ist Berlin …

Verfassung von Berlin (West) vom 1. 10. 1950:

Artikel 1
(1) Berlin ist ein deutsches Land und zugleich eine deutsche Stadt.
(2) Berlin ist ein Land der Bundesrepublik Deutschland.
(3) Grundgesetz und Gesetze der Bundesrepublik Deutschland sind für Berlin bindend.

4.1 Blockade und Luftbrücke

Die Ostberliner Nachrichtenagentur ADN meldet am 24. Juni 1948:

Infolge einer technischen Störung an der Eisenbahnstrecke war die Transportverwaltung der Sowjetischen Militärverwaltung in Deutschland gezwungen, in der Nacht zum 24. Juni sowohl den Passagier- als auch den Güterverkehr auf der Strecke Berlin–Helmstedt in beiden Richtungen einzustellen.

> Am Abend des 24. Januar 1948 fährt ein britischer Militärzug von Berlin ab nach Bielefeld. In den Abteils: Militärpersonal und 120 Deutsche, deren Reise von den britischen Besatzungsbehörden genehmigt worden ist. Der Zug wird in der sowjetisch besetzten Zone gestoppt und elf Stunden lang festgehalten. Die deutschen Reisenden werden nach Berlin zurückgeschickt ... Um die Jahreswende 1947/48 beginnt die Sowjetunion, Druck auf die Zugangswege nach Berlin auszuüben. Jeder Schritt des Westens, der in den Augen Moskaus die Bildung eines westdeutschen Staates vorbereitet, wird mit Schikanen auf den Straßen-, Schienen- und Wasserwegen nach Berlin beantwortet.

Arbeitsgemeinschaft Jugend und Bildung e. V.: Als aus Siegern Freunde wurden, Wiesbaden o. J., S. 14

Diese Schikanen sind möglich, weil sich die Siegermächte 1945 nur über die Schaffung von drei Luftkorridoren nach Berlin (West) geeinigt haben. Der Zugang auf dem Land- und Wasserweg bleibt unklar, so dass die Sowjetunion jederzeit Druck auf die Westmächte ausüben kann.

Im Frühjahr 1948 spitzt sich die Lage zu. Als die Durchführung einer **Währungsreform** in den vier Besatzungszonen scheitert, beschließen die Westmächte einen Alleingang. In ihren Zonen findet am 20. Juni 1948 die Ausgabe des neuen Geldes statt. Das Gebiet von Groß-Berlin bleibt dabei ausgeklammert. Als Reaktion führt die Sowjetunion in ihrer Zone eine Währungsreform durch, die aber in ganz Berlin gelten soll. Die Westmächte setzen diesen Befehl für ihre Sektoren außer Kraft und ordnen ihrerseits die Einführung der Westwährung in Berlin (West) an. Die Gegenmaßnahme der Sowjetunion bleibt nicht aus. Zug um Zug werden alle Land- und Wasserwege von Westdeutschland in die Westsektoren Berlins gesperrt. Die **Blockade** beginnt. Der amerikanische Militärgouverneur, General Clay, setzt sich für den Aufbau einer Luftbrücke ein.

Der amerikanische Militärgouverneur, General Clay:

Die Blockade Berlins ist einer der brutalsten Versuche der neueren Geschichte, eine Massenhungersnot als politisches Druckmittel zu benutzen.

Ein amerikanischer Pilot erinnert sich

Am späten Nachmittag des 23. Juni 1948 arbeitete ich in meinem Büro auf dem Flughafen Frankfurt. Da klingelte das Telefon. Die US Air Force war am Apparat.
„Captain, haben Sie eine DC 4, mit der Sie heute Abend Kohlen nach Berlin fliegen können?" „Mann, Sie machen Scherze! Der Kohlenstaub würde unsere Kabinen ruinieren. Wir befördern Passagiere." Es wurde dann tatsächlich der erste Flug der Luftbrücke.

Die Piloten waren häufig genug am Rande totaler Erschöpfung. Wenn ich in Berlin ankam, machte ich es mir zur Gewohnheit, während meine Maschine entladen wurde, das Flugbüro aufzusuchen. Dort rollte ich mich unter einem freien Schreibtisch zusammen, um wenigstens eine Mütze Schlaf zu bekommen. ... Auch während der Flüge wurde geschlafen. Es gab keine andere Möglichkeit, sich auszuruhen. Nach dem Start wechselten sich Pilot und Copilot mit kleinen Schlummerpausen ab.

nach: Als aus Siegern Freunde wurden, a. a. O., S. 34

Alle während der Blockade in Berlin hergestellten Waren erhalten diesen Stempel.

11 Monate lang wird die Zweimillionenstadt aus der Luft mit den lebensnotwendigen Gütern versorgt. Bei 212 621 Flügen werden 1 736 781 t Fracht, vor allem Kohlen und Nahrungsmittel, nach Berlin gebracht. Die Flugzeuge landen und starten in Abständen von 1–2 Minuten. Auf dem Rückweg bringen sie Kinder, Kranke und in Berlin hergestellte Waren nach Westdeutschland.

Stationen des Kalten Krieges

Luftbrücke nach Berlin (West) 1948

Ernst Reuter (SPD), Oberbürgermeister von Berlin (West) in einer Rede 1948

Ihr Völker der Welt, ihr Völker in Amerika, in England, in Frankreich, schaut auf diese Stadt! Und erkennt, dass ihr diese Stadt und dieses Volk nicht preisgeben dürft, nicht preisgeben könnt, denn wer dieses Volk von Berlin preisgeben würde, der würde eine Welt preisgeben, noch mehr, er würde sich selber preisgeben.

Die Berliner Bevölkerung leidet unter der Blockade. Für den Winter 1948/49 erhält jede Familie 12,5 kg Kohle zugeteilt. Stromsperren behindern auch die Produktion von Gütern und lähmen damit das wirtschaftliche Leben.

Im Oktober 1948 beschließt der Wirtschaftsrat der Bizone ein Hilfsprogramm für Berlin. Die Lohnsteuer wird mit einem Zuschlag als **„Notopfer Berlin"** belastet. Der Versuch der Sowjetunion, Berlin (West) als Druckmittel gegen die Gründung eines westdeutschen Staates zu benutzen, scheitert. Die Widerstandskraft und der Wille zum Durchhalten bei den Westmächten und der Berliner Bevölkerung zwingen die Sowjetunion zum Nachgeben. Sie erkennt, dass die Westmächte Berlin nicht aufgeben. Am 12. Mai endet die Blockade.

Ein Wissenschaftler aus heutiger Sicht:

Die Berlin-Krise von 1948/49 gehört zu den wichtigsten und folgenreichsten Ereignissen der Nachkriegsgeschichte. Sie war in erster Linie ein machtpolitischer Konflikt zwischen der Sowjetunion und den Westmächten um ihren künftigen Einfluss in Berlin, Deutschland und Europa ... Zwei politisch, militärisch und wirtschaftlich dauerhafte Bündnissysteme und ihre Gegnerschaft waren und sind die langfristigen Folgen. Stabilität durch Teilung – das war eines der Ereignisse der Luftbrücke.

Während dieser ersten schweren Berlin-Krise vollzieht sich jedoch die **endgültige Teilung** der Stadt. In Berlin (Ost) wird eine eigene Stadtverwaltung gebildet, die Neuwahlen zur Stadtverordnetenversammlung am 5.12.1948 werden im Ostsektor verboten und finden nur in den Westsektoren statt.

Die Verbindungen zwischen den beiden Teilen Berlins und zwischen der Bundesrepublik Deutschland und Berlin (West) bleiben auch in den folgenden Jahren ein Problem. Telefon- und Straßenbahnverkehr in Berlin werden unterbrochen, Bewohner der Westsektoren dürfen nicht mehr in die DDR, verschärfte Kontrollen und Schikanen auf den Zufahrtswegen gehören zum alltäglichen Bild.

Auf alle Postsendungen muss eine Zusatzmarke in Höhe von 2 Pfennig geklebt werden. Diese Regelung gilt bis 1956.

4.2 Arbeiteraufstand in der DDR – der 17. Juni 1953

17. Juni 1953: Wie in Ost-Berlin kommt es in 272 Städten der DDR zu Streiks und Demonstrationen. Über die meisten Städte und Landkreise verhängt die Sowjetarmee daraufhin den Ausnahmezustand.

> **Befehl!**
>
> Über die Stadt Halle ist der
>
> **Ausnahmezustand**
>
> verhängt. Demonstrationen, Versammlungen und Zusammenrottungen jeder Art sind verboten.
>
> Jeder Aufenthalt auf den Straßen ist von
>
> 21.00 bis 4 Uhr
>
> verboten.
>
> Im Falle von Widerstand wird von der Waffe Gebrauch gemacht!
>
> Halle, den 17. Juni 1953
>
> Chef der Garnison und Militärkommandant der Stadt Halle (Saale)

Nach Gründung der DDR bemüht sich deren Führung, das stalinistische System der UdSSR vollständig zu übernehmen.

Dies führt zu einer Verschlechterung der Versorgung, der Lebensstandard sinkt, viele Grundnahrungsmittel bleiben weiterhin rationiert. Auch politisch orientiert sich die DDR-Führung an Stalin. Es finden politische Säuberungen und Schauprozesse statt, die sich vor allem gegen frühere SPD-Mitglieder und Angehörige der evangelischen Kirche richten.

Die Unzufriedenheit in der DDR-Bevölkerung wächst, die Zahl der Flüchtlinge steigt dramatisch an. Als Stalin am 5. März 1953 stirbt und Unsicherheit über den künftigen Kurs der Sowjetunion herrscht, reagiert die Regierung der DDR mit einer Verschärfung der Maßnahmen. Die Erhöhung der Arbeitsnormen bedeutet für einen Facharbeiter den Rückgang seines Wochenlohnes um rund die Hälfte. Der Unmut in der Bevölkerung lässt auch nicht nach, als die SED ihre Beschlüsse teilweise wieder zurücknimmt und verspricht, die Lebensbedingungen für die Menschen zu verbessern.

Bereits am 16. Juni formieren sich Bauarbeiter der Stalinallee zu einem Protestzug durch Berlin, dem sich mehrere tausend Arbeiter anschließen. Wie ein Lauffeuer verbreitet sich, vor allem über den amerikanischen Sender Rias Berlin, die Nachricht über den Arbeiteraufstand. Am nächsten Tag wird in fast keinem Betrieb mehr die Arbeit aufgenommen. In der gesamten DDR bilden sich Demonstrationszüge und gewaltige Protestkundgebungen. Nun zeigt sich auch, dass die Forderungen der Arbeiter weit über die Lösung des sozialpolitischen Konflikts hinausgehen. In vielen Städten fordern die streikenden und demonstrierenden Arbeiter die Demokratisierung des politischen Lebens in der DDR.

> **Beschluss der SED vom 13./14. Mai 1953:**
>
> Das Zentralkomitee der SED steht auf dem Standpunkt, dass die Minister, Staatssekretäre sowie die Werkleiter alle erforderlichen Maßnahmen zur Beseitigung des schlechten Zustands in der Arbeitsnormung einleiten und durchführen mit dem Ziel, die Arbeitsnormen auf ein normales Maß zu bringen und eine Erhöhung der für die Produktion entscheidenden Arbeitsnormen um durchschnittlich 10 Prozent bis zum 1. Juni 1953 sicherzustellen.

Stationen des Kalten Krieges 169

> An die sogenannte Deutsche Demokratische Regierung Berlin-Pankow. Wir Werktätigen des Kreises Bitterfeld fordern von Ihnen:
> 1. Rücktritt der sogenannten Deutschen Demokratischen Regierung, die sich durch Wahlmanöver an die Macht gebracht hat,
> 2. Bildung einer provisorischen Regierung aus den fortschrittlichen Werktätigen,
> 3. Zulassung sämtlicher großen demokratischen Parteien Westdeutschlands,
> 4. freie, geheime, direkte Wahlen in vier Monaten,
> 5. Freilassung sämtlicher politischen Gefangenen,
> 6. sofortige Abschaffung der Zonengrenzen und Zurückziehung der Vopo,
> 7. sofortige Normalisierung des sozialen Lebensstandards,
> 8. sofortige Auflösung der sogenannten „Nationalarmee",
> 9. keine Repressalien gegen einen Streikenden.

Landeszentrale für politische Bildung Baden-Württemberg: Politik und Unterricht, Heft 1/1978, S. 25f.

In den Mittagsstunden des 17. Juni verhängen die sowjetischen Militärbehörden über 167 der damals 217 Stadt- und Landkreise den Ausnahmezustand (Verbot von Versammlungen und Demonstrationen, Ausgangssperre), was beweist, dass sich der Aufstand auf fast die gesamte DDR ausgedehnt hat.

Überall fahren sowjetische Panzer auf und treiben die Demonstranten auseinander. Schüsse fallen, es gibt Verletzte und Tote. Die Streikbewegung bricht allmählich zusammen. Die DDR-Führung versucht in ihrer Propaganda, für die Unruhen westliche Agenten verantwortlich zu machen.

In einer Stellungnahme der SED zum 17. Juni heißt es:

> In jedem Lande setzt sich die Friedenspolitik der Sowjetunion, Chinas, der Deutschen Demokratischen Republik und der anderen Teile des Weltfriedenslagers ... zusehends durch.
>
> Dadurch sind die amerikanischen und deutschen Kriegstreiber in eine schwere Lage geraten. Sie sehen ihre Pläne scheitern. Der dritte Weltkrieg, den sie möglichst rasch entfesseln wollen, rückt in die Ferne. In ihrer Beunruhigung greifen sie zu abenteuerlichen Maßnahmen. Eine von ihnen ist die Ansetzung des Tages X, an dem sie von Berlin aus die Deutsche Demokratische Republik aufrollen wollten, auf den 17. Juni 1953 ...

Spittmann/Fricke: 17. Juni 1953, Köln 1982, S. 188

Der Schriftsteller Bertolt Brecht über dem 17. Juni 1953:

Die Lösung
Nach dem Aufstand des 17. Juni ließ der Sekretär des Schriftstellerverbandes in der Stalinallee Flugblätter verteilen, auf denen zu lesen war, dass das Volk das Vertrauen der Regierung verscherzt habe und es nur durch verdoppelte Arbeit zurückerobern könne. Wäre es da nicht einfacher, die Regierung löste das Volk auf und wählte ein anderes?

Die Folgen des 17. Juni 1953

Die Bemühungen um eine Wiedervereinigung sind durch die Ereignisse am 17. Juni wohl eher erschwert worden, denn der Aufstand festigt die Regierung der DDR mit ihrem politischen und wirtschaftlichen System.

In der Bundesrepublik Deutschland wird der 17. Juni seit 1954 als „Tag der deutschen Einheit" begangen; 1963 erklärt ihn der Bundespräsident zum Nationalen Gedenktag und gesetzlichen Feiertag. Dadurch soll die Erinnerung an die Ereignisse des Jahres 1953 wach gehalten und der Wunsch der Deutschen nach Wiedervereinigung ausgedrückt werden. Mit der Vereinigung der beiden deutschen Staaten im Jahr 1990 wird der 17. Juni als Feiertag abgeschafft.

Neuer Nationalfeiertag
Ab dem Jahr 1990 ist der 3. Oktober, der Tag der Vereinigung der beiden deutschen Staaten, neuer Nationalfeiertag.

4.3 Berlin-Ultimatum und Mauerbau

John F. Kennedy 1917–1963

1961–1963 Präsident der USA, 1963 ermordet.
Kennedy setzt sich für einen Abbau der Ost-West-Spannungen ein, begründet jedoch das Engagement der USA im Vietnamkrieg.

Die Sowjetunion überreicht ultimative Noten – Sechs Monate Frist

Kreml fordert:
West-Berlin muss „freie Stadt" werden

Moskau/Bonn. Die Sowjetunion hat gestern mitgeteilt: Nach Ablauf von sechs Monaten werden der Viermächtestatus Berlins und alle Abkommen über die Besatzungszonen in Deutschland gekündigt. West-Berlin soll eine entmilitarisierte „Freie Stadt" werden. Den Westmächten hat Moskau Verhandlungen über die Liquidierung des Besatzungsstatus angeboten. Nach einem halben Jahr will der Kreml seine Aufgaben, die auf den internationalen Abkommen über Deutschland beruhen, an Pankow übertragen. Die Sowjetzone soll dadurch die Möglichkeit erhalten, ihre „Souveränität zu Lande, zu Wasser und in der Luft" auszuüben. Das sind die Hauptpunkte der seit Tagen erwarteten Sowjetnoten an die USA, England, Frankreich, die Bundesrepublik und die Sowjetzone.

Neue Rhein-Zeitung vom 28.11.1958

Dieses „Berlin-Ultimatum" im Jahr 1958 führt zu einer erneuten Verschärfung des Ost-West-Konflikts in Berlin. In den folgenden zweieinhalb Jahren finden eine Reihe von Viermächte-Konferenzen statt, die jedoch alle scheitern. Auch ein Gipfeltreffen des US-Präsidenten John F. Kennedy mit dem sowjetischen Ministerpräsidenten Nikita Chruschtschow im Juni 1961 bleibt ergebnislos.

Nikita Chruschtschow 1894–1971

Nachfolger Stalins, ab 1953 Erster Sekretär der KPDSU, wird 1964 gestürzt.
Chruschtschow prägt die Formel von der „friedlichen Koexistenz" der beiden Machtblöcke.

John F. Kennedy über das Gipfeltreffen:

Unsere ernstesten Gespräche betrafen das Thema Deutschland und Berlin. Ich habe Herrn Chruschtschow klargemacht, dass die Sicherheit Westeuropas und damit unsere eigene Sicherheit tief mit unserer Anwesenheit in und unserem Zugangsrecht nach West-Berlin verflochten sind, dass diese Rechte auf gesetztem Recht und nicht auf einer stillschweigenden Duldung beruhen und dass wir entschlossen sind, diese Rechte auf jede Gefahr hin zu wahren.

Nikita Chruschtschow über das Gipfeltreffen

Wir haben es wiederholt und wiederholen es wieder: Ein Friedensvertrag würde alle notwendigen Voraussetzungen zur Sicherung der Freiheit einer Freien Stadt Westberlin und zu unbehinderter Verbindung Westberlins mit der Außenwelt herbeiführen. Selbstverständlich müsste man sich bei der Lösung der Frage des Zugangs nach Westberlin an die allgemein üblichen internationalen Normen halten, das heißt das Gebiet des Landes, durch das die Zugangswege verlaufen, nur mit dem Einverständnis seiner Regierung benutzen.

Rühle/Holzweissig: Der 13. August 1961, Köln 1981, S. 67f.

Auf dem Höhepunkt der Krise stehen sich amerikanische und sowjetische Panzer tagelang einsatzbereit am Sektorenübergang Friedrichstraße gegenüber. Die Westmächte geben nicht nach, die Sowjetunion droht mit dem Abschluss eines gesonderten Friedensvertrages mit der DDR. Diese Ankündigung beunruhigt die Bewohner der DDR und Ost-Berlins, der **Flüchtlingsstrom** steigt wieder an. 1960 fliehen fast 200 000 Menschen aus der DDR, 1961 sind es bis zum 13. August über 200 000.

Da die DDR den Interzonenverkehr immer mehr erschwert, wächst die Bedeutung Berlins als „Fluchtloch" in den Westen. Der Flüchtlingsstrom entzieht der DDR Arbeitskräfte und erschwert den wirtschaftlichen Aufbau. Die Regierung kann dieser Entwicklung nicht länger tatenlos zusehen. In den Morgenstunden des 13. August 1961 riegeln Soldaten Ost-Berlin gegenüber dem Westen der Stadt mit Stacheldraht ab. In den folgenden Wochen wird eine Mauer quer durch die Stadt gebaut. Dies führt dazu, dass nach und nach alle Verbindungen zwischen den beiden Teilen der Stadt unterbrochen, Familien und Freundschaften auseinander gerissen werden.

Flüchtlinge und Übersiedler aus der DDR:

1950-1961: 2,6 Mio
1961-1985: 0,5 Mio

Der Mauerbau am 13. August 1961

Die Mauer vor der Öffnung 1989

Außenminister Genscher am 17.1.1989:

Auch Jahrzehnte der Trennung, auch Jahre des kalten Krieges haben aus einem Europa nicht zwei gemacht, und aus einer Nation nicht zwei. Alles, was künstlich trennen soll, wird immer widersinniger - die Mauer in Berlin ist ein solches Relikt.

In der Nacht vom 12. zum 13. August 1961 sind hier die Illusionen zu Bruch gegangen. 70 Minuten nach Mitternacht hat die DDR-Nachrichtenagentur ADN die erste Meldung von den „Schutzmaßnahmen" des Warschauer Pakts gegen die „Wühltätigkeit" des Westens gebracht. Eine halbe Stunde später ist der S-Bahnverkehr dicht.

Als der Regierende Bürgermeister Willy Brandt mit der ersten Frühmaschine an die Spree hetzt, schlagen ihm Angst, Verzweiflung, Wut entgegen ... Am 26. August 1961 ist die Mauer von Norden nach Süden vollends dicht.

Frankfurter Rundschau vom 13. August 1986

Alles normal in Berlin. Ein Sightseeing-Bus Typ Skyliner nach dem anderen fährt am Potsdamer Platz vor. Dutzende von Kameras richten sich auf die Mauer, die hier in der Mitte der Stadt besonders attraktiv zurechtgemacht worden ist für die Touristen, angemalt mit phantastisch bunten Bildern ...
Japaner kaufen Plüschbären aus Taiwan, Kioske bieten T-Shirts feil mit dem Reichstag auf der Brustseite, oder Berliner Luft in Dosen, rostfrei, verzinkt. Ein paar Jugendliche haben sich mit dem Buckel an die Mauer gelehnt und trinken entspannt Coca-Cola.

Frankfurter Rundschau vom 13. August 1986

Generalsekretär Erich Honecker am 20.1.1989:

Mit dem Bau des antifaschistischen Schutzwalls im Jahre 1961 wurde die Lage in Europa stabilisiert, der Frieden gerettet... Die Mauer wird so lange bleiben, wie die Bedingungen nicht geändert werden, die zu ihrer Errichtung geführt haben. Sie wird in 50 und auch in 100 Jahren noch bestehen bleiben, wenn die dazu vorhandenen Gründe noch nicht beseitigt sind. Das ist schon erforderlich, um unsere Republik vor Räubern zu schützen, ganz zu schweigen von denen, die gern bereit sind, Stabilität und Frieden in Europa zu stören. Die Sicherung der Grenze ist das souveräne Recht eines jeden Staates, und so auch unserer DDR.

Auch nach dem 13. August 1961 gelingt es noch Menschen, aus der DDR zu flüchten, teilweise unter Einsatz ihres Lebens. Zwischen 1961 und 1989 kommen ca. 80 Menschen beim Versuch, die Mauer in Berlin zu überqueren, ums Leben.

Die Befestigungen entlang der gesamten Grenze zwischen Bundesrepublik Deutschland und DDR werden nach 1961 immer perfekter ausgebaut, so dass nur noch wenigen die Flucht in den Westen gelingt. Mauer und Stacheldraht sind in den 40 Jahren von 1949 – 1989 die sichtbaren Zeichen der unmenschlichen Teilung Deutschlands.

5 Entspannungsansätze

Ost-West-Konflikt und kalter Krieg lassen eine Wiedervereinigung Deutschlands in weite Ferne rücken. Es besteht die Gefahr, dass sich die Menschen in beiden Teilen Deutschlands immer weiter auseinander leben. Bundesrepublik Deutschland und DDR sind militärisch und wirtschaftlich in das jeweilige Bündnis eingebunden (Vgl. Kap. Friedenssicherung und Bundeswehr). Trotz verschiedener Verstöße gibt es in der deutschen Frage keine Annäherung.

Nach Überwindung der beiden schweren Ost-West-Krisen 1961 (Mauerbau in Berlin) und 1962 (Kuba-Krise) beginnt sich das Verhältnis zwischen den Großmächten zu entspannen. Auch in Deutschland ist diese Veränderung der Politik sichtbar:

- Von 1963 bis 1965 schließen der Berliner Senat und die Regierung der DDR acht **Passierscheinabkommen,** die es den Westberlinern ermöglichen, an Weihnachten, Ostern und Pfingsten ihre Verwandten in Ostberlin zu besuchen.
- Ab 1965 dürfen Rentnerinnen und Rentner aus der DDR zu längeren **Besuchen** in die Bundesrepublik Deutschland ausreisen.
- Während der Regierungszeit von Kanzler Ludwig Erhard (1963–1966) schließt die Bundesregierung mehrere **Wirtschaftsabkommen** mit osteuropäischen Staaten.

Eine weitere Veränderung ergibt sich durch den **Regierungsantritt Willy Brandts (SPD)** im Jahre 1969. Die neue Bundesregierung beginnt Gespräche mit der DDR. 1970 kommt es zu einer ersten Begegnung zwischen den Regierungschefs der beiden deutschen Staaten.

25 Jahre nach dem Krieg: Bundeskanzler Willy Brandt reist nach Erfurt zu DDR-Ministerpräsident Willi Stoph

---

Unterschiedliche Standpunkte:

- Der Westen betrachtet die DDR als **Unrechtsstaat,** der gegen den Willen der Bevölkerung entstanden ist. Eine völkerrechtliche Anerkennung kommt daher nicht in Frage. Die einzige rechtmäßige Regierung ist die der Bundesrepublik Deutschland (Alleinvertretungsanspruch).

- Der Osten fordert die **völkerrechtliche Anerkennung** der DDR. Er entwickelt die Drei-Staaten-Theorie, derzufolge nach dem Zweiten Weltkrieg in Deutschland drei voneinander unabhängige Staaten entstanden sind: Bundesrepublik Deutschland, DDR und Berlin (West).

Kuba-Krise

1962 errichtet die Sowjetunion auf Kuba eine Raketenbasis. US-Präsident Kennedy fordert den Abbau und verhängt eine Seeblockade über Kuba. Nach 13 Tagen lenkt Chruschtschow ein und die Raketen werden abgezogen.

Die Kuba-Krise markiert eine der schwersten Ost-West-Krisen und führt die beiden Großmächte an den Rand eines Krieges.

Willy Brandt (SPD), 1913 – 1992

1933	Emigration
1945	Rückkehr nach Deutschland
1957 – 66	Regierender Bürgermeister von Berlin (West)
1966	Außenminister der großen Koalition
1969 – 74	Bundeskanzler

Für seine Versöhnungspolitik mit osteuropäischen Staaten erhält Brandt 1971 den Friedensnobelpreis.

Entspannungsansätze 173

5.1 Ostverträge und Berlin-Abkommen

Außer mit der DDR beginnt die Bundesregierung 1970 Gespräche und Verhandlungen mit der Sowjetunion und Polen, die im August (UdSSR) und Dezember (Polen) mit der Unterzeichnung von Verträgen abgeschlossen werden. 1973 folgt ein Vertrag mit der Tschechoslowakei.

Die wichtigsten Bestimmungen der **Ostverträge:**
- Wunsch nach Entspannung und friedlicher Zusammenarbeit
- Unverletzlichkeit der Grenzen einschließlich der Oder-Neiße-Linie als Westgrenze Polens und der Grenze zwischen der Bundesrepublik Deutschland und der DDR
- Verzicht auf Drohung und Anwendung von Gewalt

Ebenfalls 1970 beginnen die Verhandlungen der vier Siegermächte über ein **Berlin-Abkommen.** Viele Fragen sind umstritten, die Verhandlungen sind zäh und langwierig. Erst im September 1971 kommt es zur Einigung.

In den Abkommen werden folgende Regelungen erzielt:
- Die vier Siegermächte wollen auf Gewaltanwendung verzichten und alle Streitfragen mit friedlichen Mitteln lösen.
- Der Zugang von der Bundesrepublik Deutschland nach Berlin (West) wird verbessert und vereinfacht.
- Westberliner erhalten die Möglichkeit, den Ostteil der Stadt zu besuchen.
- Die Verbindungen zwischen Berlin (West) und der Bundesrepublik Deutschland, insbesondere die internationale Vertretung durch die Bundesrepublik Deutschland, werden aufrechterhalten.

Das **Viermächte-Abkommen über Berlin** löst zwar nicht alle Probleme, die Situation in der geteilten Stadt hat sich jedoch seither erheblich beruhigt und normalisiert. Zwar gibt es auch heute Reibungspunkte und Spannungen, aber in weit geringerem Umfang, als dies früher der Fall gewesen ist. Ähnliches gilt für das Verhältnis der Bundesrepublik Deutschland zu den osteuropäischen Staaten.

Die neue Ostpolitik der Bundesrepublik Deutschland unter Kanzler Brandt geht von den nach dem Zweiten Weltkrieg in Europa entstandenen Realitäten aus. Sie ist zwischen den Parteien heftig umstritten. Fest steht, dass mit den Ostverträgen und dem B... ... des Ostblocks gestärkt wird und ... ... der Anerkennung der ... ... hat, ohne dafür ent... ... ...ge und Abkommen je...

Bundeskanzler Brandt 1970 in Polen

Willy Brandt im Rückblick

Vor dem Denkmal für die im Warschauer Ghetto Umgekommenen kniete ich mich nieder. Ich habe mich dieser Handlung nicht geschämt. Der Kniefall von Warschau, den man in der ganzen Welt zur Kenntnis nahm, war nicht geplant. Unter der Last jüngster Geschichte tat ich, was Menschen tun, wenn die Worte versagen; so gedachte ich der Millionen Ermordeter . . . Wer mich verstehen wollte, konnte mich verstehen; und viele in Deutschland und anderswo haben mich verstanden.

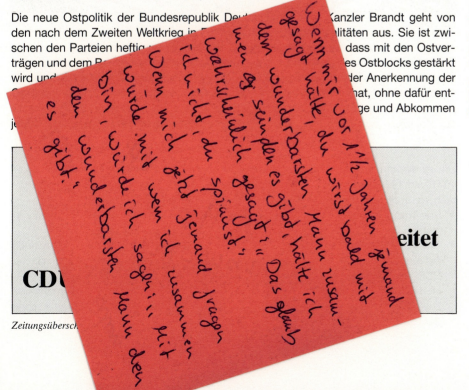

Zeitungsübersch...

5.2 Die Beziehungen zwischen der Bundesrepublik Deutschland und der Deutschen Demokratischen Republik

DDR-Ministerpräsident Stoph beim Treffen mit Bundeskanzler Brandt 1970:

Namens des Ministerrates der DDR erkläre ich: Wir sind bereit, einen Vertrag über völkerrechtliche Beziehungen unverzüglich vorzubereiten und zu unterzeichnen.

Bundeskanzler Brandt bei seinem Regierungsantritt 1969:

20 Jahre nach Gründung der Bundesrepublik Deutschland und der DDR müssen wir ein weiteres Auseinanderleben der deutschen Nation verhindern… Eine völkerrechtliche Anerkennung der DDR kann nicht in Betracht kommen. Auch wenn zwei Staaten in Deutschland existieren, sind sie doch füreinander nicht Ausland.

Deutsch-deutsche Sprachverwirrung

Kahlschlag

Entwicklung des Transitverkehrs nach Berlin (West) auf dem Landweg:

1970: 7,1 Millionen Personen
1986: 23,9 Millionen Personen

Telefonleitungen in beide Richtungen

BR Deutschl.– DDR	davon Berlin (W.)– Berlin (O.)
1969 34	0
1987 860	669

Bei den Verhandlungen zwischen den deutschen Staaten verfolgen beide Seiten unterschiedliche Ziele. Der DDR geht es vor allem um die **völkerrechtliche Anerkennung** durch die Bundesregierung. Für die Bundesrepublik Deutschland stehen vor allem praktische Fragen und **menschliche Erleichterungen** im Vordergrund. Damit sollen die Kontakte zwischen den Menschen in beiden Teilen Deutschlands verbessert werden.

Um zu einem Ergebnis zu kommen, müssen beide Seiten nachgeben. In den Jahren 1971 und 1972 schließen die Bundesrepublik Deutschland und die DDR drei Abkommen, die in den folgenden Jahren die Grundlage für weitere Vereinbarungen bilden:

- Das **Transitabkommen** regelt den Verkehr zwischen der Bundesrepublik Deutschland und der DDR.
- Der **Verkehrsvertrag** befasst sich sowohl mit Fragen des Transitverkehrs als auch mit praktischen Problemen des Personen- und Güterverkehrs in die DDR und von der DDR in die Bundesrepublik Deutschland.
- Im **Grundlagenvertrag** vom 21.12.1972 wird das Verhältnis der beiden Staaten zueinander grundsätzlich geklärt. Es bildet das Fundament für den weiteren Ausbau der Beziehungen zwischen der Bundesrepublik Deutschland und der DDR.

Auszug aus dem Grundlagenvertrag:

> **Artikel 1** Die Bundesrepublik Deutschland und die Deutsche Demokratische Republik entwickeln normale gutnachbarliche Beziehungen auf der Grundlage der Gleichberechtigung.
>
> **Artikel 2** Die Bundesrepublik Deutschland und die Deutsche Demokratische Republik werden sich von den Zielen und Prinzipien leiten lassen, die in der Charta der Vereinten Nationen niedergelegt sind, insbesondere der souveränen Gleichheit aller Staaten, der Achtung der Unabhängigkeit, Selbständigkeit und territorialen Integrität, dem Selbstbestimmungsrecht, der Wahrung der Menschenrechte und der Nichtdiskriminierung.
>
> **Artikel 3** Entsprechend der Charta der Vereinten Nationen werden die Bundesrepublik Deutschland und die Deutsche Demokratische Republik ihre Streitfragen ausschließlich mit friedlichen Mitteln lösen und sich der Drohung mit Gewalt oder der Anwendung von Gewalt enthalten. Sie bekräftigen die Unverletzlichkeit der zwischen ihnen bestehenden Grenzen jetzt und in der Zukunft ...
>
> **Artikel 4** Die Bundesrepublik Deutschland und die Deutsche Demokratische Republik gehen davon aus, dass keiner der beiden Staaten den anderen international vertreten kann oder in seinem Namen handeln kann.
>
> **Artikel 5** ...Sie unterstützen die Bemühungen um eine Verminderung der Streitkräfte und Rüstungen in Europa, ohne dass dadurch Nachteile für die Sicherheit der Beteiligten entstehen dürfen...
>
> **Artikel 7** Die Bundesrepublik Deutschland und die Deutsche Demokratische Republik erklären ihre Bereitschaft, im Zuge der Normalisierung ihrer Beziehungen praktische und humanitäre Fragen zu regeln ...
>
> **Artikel 8** Die Bundesrepublik Deutschland und die Deutsche Demokratische Republik werden ständige Vertretungen austauschen. Sie werden am Sitz der jeweiligen Regierung errichtet ...

Brief der Bundesregierung an die Regierung der DDR vom 21.12.1972:

Im Zusammenhang mit der heutigen Unterzeichnung des Vertrages über die Grundlagen der Beziehungen zwischen der Bundesrepublik Deutschland und der Deutschen Demokratischen Republik beehrt sich die Regierung der Bundesrepublik Deutschland festzustellen, dass dieser Vertrag nicht im Widerspruch zu dem politischen Ziel der Bundesrepublik Deutschland steht, auf einen Zustand des Friedens in Europa hinzuwirken, in dem das deutsche Volk in freier Selbstbestimmung seine Einheit wiedererlangt.

Aber auch die Deutschlandpolitik der Regierung Brandt ist in der Bundesrepublik Deutschland zunächst umstritten. Die bayerische Landesregierung klagt beim Bundesverfassungsgericht gegen den Grundlagenvertrag, weil sie der Meinung ist, er verstoße gegen das Wiedervereinigungsgebot des Grundgesetzes. Das Urteil vom 31. Juli 1973 bestätigt jedoch die Verfassungsmäßigkeit des Vertrages, es verpflichtet die Bundesregierung aber dazu, in ihrer Politik auf eine Wiedervereinigung beider Teile Deutschlands hinzuwirken.

Auszug aus der Urteilsbegründung:

> Aus dem Wiedervereinigungsgebot folgt zunächst: Kein Verfassungsorgan der Bundesrepublik Deutschland darf die Wiederherstellung der staatlichen Einheit als politisches Ziel aufgeben, alle Verfassungsorgane sind verpflichtet, in ihrer Politik auf die Erreichung dieses Zieles hinzuwirken – das schließt die Forderung ein, den Wiedervereinigungsanspruch im Innern wachzuhalten und nach außen beharrlich zu vertreten – und alles zu unterlassen, was die Wiedervereinigung vereiteln würde.
>
> Die Bundesregierung hat allerdings in eigener Verantwortung zu entscheiden, mit welchen politischen Mitteln und auf welchen politischen Wegen sie das nach dem Grundgesetz rechtlich gebotene Ziel der Wiedervereinigung zu erreichen oder ihm wenigstens näherzukommen sucht.

Bundesverfassungsgericht – 2 BvF I/73

Das geteilte Deutschland

In den folgenden Jahren schließen die Bundesrepublik Deutschland und die DDR eine ganze Reihe von Verträgen ab, die sich mit den unterschiedlichsten Fragen befassen. 1974 werden beide deutschen Staaten in die UNO aufgenommen. 1981 reist Bundeskanzler Helmut Schmidt zu Gesprächen in die DDR, 1987 besucht SED-Generalsekretär Erich Honecker die Bundesrepublik Deutschland.

Karikatur aus Frankurter Rundschau vom 12. 9. 87

7. September 1987: SED-Generalsekretär Erich Honecker besucht die Bundesrepublik Deutschland

Schlagzeilen zum deutsch-deutschen Verhältnis:

„Bundesregierung kritisiert Menschenrechtsverletzungen in der DDR"

„DDR fordert eigene Staatsbürgerschaft"

„Bonn empört über Zwangsumtausch"

„Grenzzwischenfälle belasten das Verhältnis zur DDR"

„Westdeutsche Künstler sagen DDR-Auftritte ab"

Trotz zahlreicher Fortschritte und Verbesserungen gestaltet sich das Verhältnis zwischen der Bundesrepublik Deutschland und der DDR auch in Zeiten der Entspannungspolitik sehr schwierig. Dafür gibt es vor allem folgende Gründe:

- Die DDR versucht, menschliche Erleichterungen teilweise zu unterlaufen. 1980 wird beispielsweise der Zwangsumtausch bei Besuchen in Ostberlin und der DDR auf 25,– DM erhöht. Dadurch verteuert sich der Aufenthalt; ein Rückgang im Reiseverkehr ist die Folge.
- Die Verträge werden unterschiedlich ausgelegt. Umstritten ist nach wie vor die Frage der Staatsbürgerschaft. Während die DDR auf einer gesonderten Staatsbürgerschaft für ihre Bürgerinnen und Bürger besteht, erkennt die Bundesrepublik Deutschland nur eine gemeinsame deutsche Staatsbürgerschaft an.
- Häufig wird auch kritisiert, dass die Bundesrepublik Deutschland ohne konkrete Zusagen der DDR einseitige finanzielle Vorleistungen erbringe. Von 1988 an erhält die DDR jährlich eine Transitpauschale von 860 Millionen DM.
- Belastend wirkt sich auch aus, dass innerhalb der DDR jegliche Opposition unterdrückt wird und dass es immer wieder zu Zwischenfällen an der innerdeutschen Grenze kommt.
- Das Verhältnis zwischen den beiden deutschen Staaten hängt sehr stark vom Verhältnis der beiden Großmächte USA und UdSSR ab.

Kalter Krieg und Entspannungsansätze

Berlin als Brennpunkt des „Kalten Krieges"

Berlin, das nach dem Zweiten Weltkrieg in vier Sektoren aufgeteilt wird und von den Siegermächten gemeinsam verwaltet werden soll (Viermächte-Status), wird zu einem Brennpunkt des „Kalten Krieges":

Berlin-Krisen

- **1948/49**: Nach der Blockade aller Land- und Wasserwege nach Berlin (West) wird die Stadt 11 Monate über eine britisch-amerikanische Luftbrücke versorgt.
- **1953**: Die Streiks Ostberliner Arbeiter am 16. und 17. Juni weiten sich zu einem Aufstand gegen die DDR-Regierung aus, der von sowjetischen Soldaten niedergeschlagen wird.
- **1958**: Das Ultimatum der Sowjetunion, Westberlin zur freien Stadt zu erklären, wird von den Westmächten abgelehnt, was zu einer Verschärfung der Lage in Berlin führt.
- **1961**: Als der Flüchtlingsstrom immer stärker anwächst, riegelt die DDR am 13. August den Ostsektor von den Westsektoren ab und errichtet eine Mauer quer durch Berlin.

Entspannungspolitik

Erst Mitte der 60er Jahre beginnt eine Phase der Entspannungspolitik. Bundeskanzler Willy Brandt entwickelt eine neue Ost- und Deutschlandpolitik. Sie geht von der Anerkennung der nach dem Zweiten Weltkrieg entstandenen Realitäten in Europa aus. Dazu gehören insbesondere die Anerkennung der DDR als zweiter deutscher Staat und der Oder-Neiße-Linie als Westgrenze Polens.

Verträge mit den Nachbarn im Osten

Im Rahmen dieser neuen Ost- und Deutschlandpolitik schließt die Bundesrepublik eine Reihe von Verträgen ab:

- **Ostverträge**: Deutsch-sowjetischer Vertrag (1970), deutsch-polnischer Vertrag (1970), deutsch-tschechoslowakischer Vertrag (1973)
- **deutsch-deutsche Verträge**: Transitabkommen (1971), Verkehrsvertrag (1972), Grundlagenvertrag (1972)

Berlin-Abkommen

1971 einigen sich die vier Siegermächte über ein Viermächte-Abkommen für Berlin.

Alle Verträge haben das Ziel, einen Beitrag zur Entspannung zwischen Ost und West zu leisten, praktische Fragen der Zusammenarbeit zu regeln, Reisemöglichkeiten zu verbessern und menschliche Erleichterungen durchzusetzen. Auf diese Weise soll ein weiteres Auseinanderleben der Menschen in beiden Teilen Deutschlands verhindert werden.

Zur Wiederholung

1. Nennen Sie die wichtigsten Berlin-Krisen.
2. Begründen Sie den Mauerbau aus der Sicht der DDR-Regierung.
3. Erklären Sie den Begriff „Alleinvertretungsanspruch".
4. Unter welchen Voraussetzungen kommt es 1969 zu einer neuen Ost- und Deutschlandpolitik?
5. Nennen Sie die wichtigsten Bestimmungen des Grundlagenvertrags.

Weiterführende Aufgaben

1. Beschreiben Sie die Ziele von Sowjetunion und DDR bei ihrer Berlinpolitik.
2. Diskutieren Sie die Frage, ob sich Grundlagenvertrag und Wiedervereinigungsgebot nicht widersprechen.
3. Wenn es um die Frage menschlicher Erleichterungen geht, haben die Regierungen von BRD und DDR unterschiedliche Interessen. Beschreiben Sie diese und nennen Sie die Gründe dafür.

6 Politik und Wirtschaft in der DDR (1949-1989)

6.1 Ideologische Grundlagen

Die wirtschaftlichen und sozialen Verhältnisse in der zweiten Hälfte des 19. Jahrhunderts werden beherrscht von der rasch voranschreitenden Industrialisierung (s. S. 45ff). Die Arbeits- und Lebensverhältnisse der Menschen ändern sich grundlegend. Die schutz- umd rechtlosen Fabrikarbeiter werden von den Unternehmern rücksichtslos ausgebeutet und leben größtenteils in elenden Verhältnissen.

Vor diesem Hintergrund entwickeln Karl Marx und Friedrich Engels ihre Ideologie (Weltanschauung). Sie beruht auf der Überzeugung, dass der Gegensatz zwischen Arm und Reich nur überwunden werden kann, wenn die Ursache dieses Gegensatzes, nämlich das Privateigentum an Produktionsmitteln beseitigt wird. Das Ziel der Entwicklung ist nach Marx die kommunistische (klassenlose) Gesellschaft.

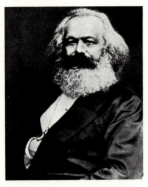

Karl Marx

geb. Trier 1818,
gest. London 1883;
1841 Dr. der Philosophie;
1841-43 Redakteur (Rheinische Zeitung);
1843-45 in Paris, er lernt dort die Ideen des Sozialismus kennen, Freundschaft mit Friedrich Engels;
1845-48 in Brüssel;
1848-49 in Köln;
von Frankreich, Belgien und Preußen ausgewiesen, lebt er bis zu seinem Tode in London.
1864 Mitbegründer der
I. Internationale;
Hauptschriften:
1848 „Kommunistisches Manifest",
1867 „Das Kapital" Bd. 1, Bde. 2 und 3 1885-94 von Engels herausgegeben

Die Revolutionstheorie von Marx

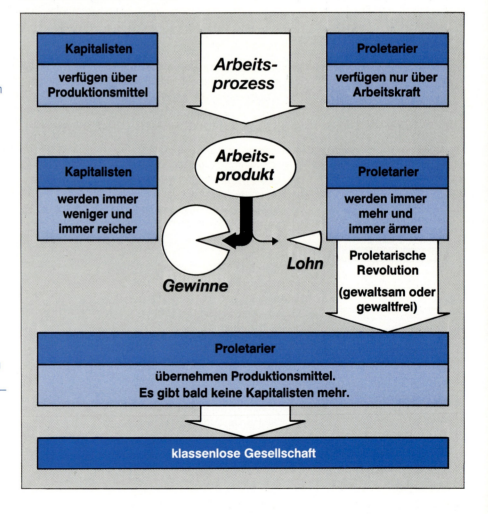

Begriffe aus der marxistischen Theorie:

Proletarier = Arbeiter,
Kapitalisten = Unternehmer, Fabrikbesitzer,
Klassenlose Gesellschaft = Die Unterschiede zwischen Proletarier und Kapitalisten sind aufgehoben.

Politik und Wirtschaft in der DDR (1949-1989)

Das erste Land, in dem versucht wird, diese Lehre zu verwirklichen, ist Russland nach der Oktoberrevolution von 1917. Führender Kopf dieser Revolution ist **Wladimir Iljitsch Lenin.** Er entwickelt die marxistische Theorie weiter und vertritt die Ansicht, dass eine Revolution auch in einem industriell unterentwickelten Land durchgeführt werden kann. Eine verhältnismäßig kleine und disziplinierte Partei von Berufsrevolutionären muss dann die Umgestaltung von Wirtschaft und Gesellschaft durchführen. Diese Elite übernimmt die Führung beim Aubau des neuen sozialistischen Staates.

Lenin nennt dieses Organisationsprinzip „**Demokratischer Zentralismus**":
- Die marxistisch-leninistische Partei spielt die beherrschende Rolle in Staat und Gesellschaft.
- Alle Parteiorgane werden von unten nach oben gewählt.
- Die Beschlüsse der oberen Parteiorgane sind für die unteren Parteiorgane und die Parteimitglieder absolut verbindlich.

Lenin

Politischer Deckname für Uljanow, Wladimir Iljitsch: geb. 1870 in Simbirsk (Uljanowsk), gest. 1924 in Gorki bei Moskau;
Anwalt, Revolutionär, Sozialist;
1897-1900 nach Sibirien verbannt;
1900-1905 als Emigrant in London, München und Genf;
1905-1906 Teilnahme an der russischen Revolution;
1907-1917 Emigrant in Genf, Paris, Krakau, Bern, Zürich;
1912 Spaltung der russischen Sozialisten in gemäßigte Menschewisten und radikale Bolschewisten, deren Führer Lenin wird.
1917 (April) Rückkehr nach Russland;
1917 (Oktober) erfolgreiche Machtübernahme.

Unmittelbar nach Kriegsende im Sommer 1945 war bei Sozialdemokraten wie Kommunisten, die die nationalsozialistische Schreckensherrschaft überlebt hatten, der Wunsch nach einer einigen Arbeiterpartei in Deutschland groß. Die Kommunisten mussten aber auf Weisung Moskaus zunächst die KPD gründen und zwangen so auch die Sozialdemokraten zur Organisation einer selbständigen Partei. Erst gegen Ende 1945 änderte die KPD aus taktischen Gründen und wieder auf Weisung Moskaus ihre Haltung und betrieb nun mit Nachdruck die Vereinigung. In der SED-Geschichtsschreibung erscheint dies als ... ein freiwilliger Prozess. In Wahrheit ist die Geschichte der Vereinigung von SPD und KPD eine Geschichte von Zwang, Terror, List, Täuschung, Nötigung auf kommunistischer Seite, auf der auch die Machtmittel der Besatzungsmacht massiv eingesetzt wurden.

Deutschland Archiv 4/86, S. 427

Karikatur von Alfred Beier-Red aus der Zeit der Gründung der SED

DDR-VERFASSUNG:

Artikel 1

Die Deutsche Demokratische Republik ist ein sozialistischer Staat der Arbeiter und Bauern. Sie ist die politische Organisation der Werktätigen in Stadt und Land unter Führung der Arbeiterklasse und ihrer marxistisch-leninistischen Partei.

Emblem der SED

In der DDR übernimmt bis 1989 die **Sozialistische Einheitspartei Deutschlands (SED)** die Rolle der marxistisch-leninistischen Partei. Sie entsteht 1946 aus der Zwangsvereinigung von SPD und KPD in der Sowjetischen Besatzungszone und dem Ostsektor Berlins. Die SPD-Mitglieder in den Westzonen und Westsektoren lehnen die Vereinigung ab. In der neu gebildeten Partei werden die Kommunisten sehr rasch zur bestimmenden Kraft; die Sozialdemokraten werden systematisch aus den führenden Funktionen verdrängt und verlieren sehr rasch ihren Einfluss. Das Parteiemblem der SED soll die Vereinigung der beiden Arbeiterparteien symbolisieren. Die SED hat bis 1989 ca. 2.3 Millionen Mitglieder, das sind rund 20 % der wahlberechtigten Bevölkerung der DDR.

6.2 Die führende Rolle der SED

Die Sozialistische Einheitspartei Deutschlands ist der bewusste und organisierte Vortrupp der Arbeiterklasse und des werktätigen Volkes der sozialistischen Deutschen Demokratischen Republik ... Die Sozialistische Einheitspartei Deutschlands verkörpert die besten revolutionären Traditionen der mehr als hundertjährigen Geschichte der deutschen Arbeiterbewegung und setzt sie fort. In Übereinstimmung mit der geschichtlichen Entwicklung unserer Epoche verwirklicht sie in der Deutschen Demokratischen Republik die von Marx, Engels und Lenin begründeten Aufgaben und Ziele der Arbeiterklasse.

In ihrem Wirken lässt sie sich stets davon leiten, alles zu tun für das Wohl des Volkes, für die Interessen der Arbeiterklasse und aller anderen Werktätigen. Sie sieht ihre Aufgabe darin, die entwickelte sozialistische Gesellschaft weiter zu gestalten. Ihr Ziel ist es, die kommunistische Gesellschaft zu errichten.

Karl Fricke: Programm und Statut der SED, Köln 1976, S. 107

Honecker, Erich

geb. 25.8.1912 in Neunkirchen (Saar); Dachdeckerlehre;
- 1929 KPD-Mitglied;
- 1929-1931 Sekretär des Kommunistischen Jugendverbandes im Saargebiet;
- 1934 ZK-Mitglied (illegal) des Verbandes;
- 1935 Verhaftung;
- 1937 Verurteilung zu 10 Jahren Zuchthaus;
- 1945 Befreiung;
- 1946-1955 Vorsitzender der FDJ;
- 1949 Volkskammerabgeordneter;
- 1958 Mitglied des Politbüros;
- 1971 Vorsitz im Nationalen Verteidigungsrat, Erster Sekretär des ZK der SED;
- 1976 Generalsekretär der SED und Staatsratsvorsitzender;
- 1989 Am 18. Oktober tritt Honecker aus „gesundheitlichen Gründen" von seinen Ämtern zurück. Die Regierung der DDR lässt Honecker in die Sowjetunion ausreisen.
- Nach deren Auflösung wird er 1992 an Deutschland ausgeliefert und in Berlin vor Gericht gestellt.
- Als sich sein Gesundheitszustand verschlechtert, wird das Gerichtsverfahren eingestellt; Anfang 1993 reist Honecker zu seiner Familie nach Chile.
- Dort stirbt er im Jahre 1994.

Die sozialistische Einheitspartei Deutschlands ist straff (nach dem Grundsatz des **Demokratischen Zentralismus**) aufgebaut. Oberstes Organ ist der Parteitag, der alle 5 Jahre zusammentritt und das Programm beschließt. Allerdings werden die Beschlüsse – im Gegensatz zu demokratischen Parteien – fast alle einstimmig gefasst. Zwischen den Parteitagen wird die SED vom Zentralkomitee und Politbüro geleitet. Der Generalsekretär (= Vorsitzender) des Zentralkomitees ist zugleich Staatsratsvorsitzender und damit Staatsoberhaupt der DDR. Dadurch wird der beherrschende Einfluss der SED in Staat und Gesellschaft sichergestellt. Die meisten wichtigen Funktionen sind von Parteimitgliedern besetzt.

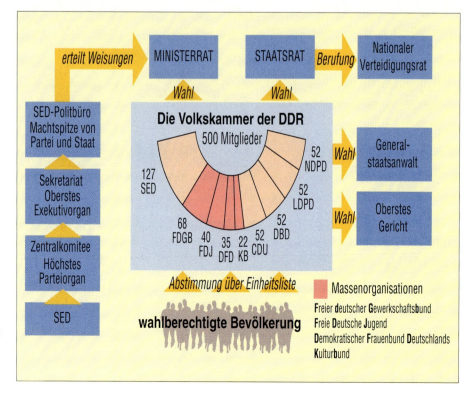

An dieser führenden Rolle ändert auch nicht, dass es neben der SED noch andere Parteien und sogenannte Massenorganisationen gibt. Die Parteien können in der DDR - im Gegensatz zur Bundesrepublik Deutschland - keine eigenständigen Programme und Ziele entwickeln, sondern müssen den Führungsanspruch der SED anerkennen und sich ihr unterordnen. Man nennt sie deshalb **Blockparteien**.

Auch die **Massenorganisationen** haben in erster Linie die Aufgabe, die Politik der SED zu unterstützen und dafür zu sorgen, dass die Bevölkerung in allen Lebensbereichen kontrolliert werden kann. So ist z. B. der FDGB (Freier Deutscher Gewerkschaftsbund) keine Gewerkschaft, die die Interessen der Arbeitnehmerinnen und Arbeitnehmer vertritt, sondern im Grunde nur der verlängerte Arm der SED in den Betrieben.

Besonders deutlich zeigt sich die beherrschende Stellung der SED bei Wahlen. Anders als in der Bundesrepublik Deutschland sind alle Parteien und Massenorganisationen in einer Liste der Nationalen Front vereinigt. Die Sitzverteilung in der Volkskammer steht bereits vor der Wahl fest. Die Wählerinnen und Wähler haben dabei kaum die Möglichkeit, ihren Willen zum Ausdruck zu bringen.

Für die Wähler läuft die Wahlhandlung so ab:
Der Wahlberechtigte erhält nach Vorlage seines Personaldokuments den Stimmzettel. Dieser Stimmzettel wird ihm ohne Umschlag übergeben. In der Regel, so wird es erwartet, wirft der Wahlberechtigte dann einen kurzen Blick auf den Stimmzettel, faltet ihn zusammen und steckt ihn in die Wahlurne....
Der Name des Wählers wird auf der Wählerliste abgehakt, der Wahlberechtigte verlässt das Wahllokal...

Aber es geht auch anders, wenn man will:
Nach Erhalt des Stimmzettels kann der Wahlberechtigte eine Wahlkabine betreten und Änderungen auf dem Stimmzettel vornehmen. Das heißt, er kann Kandidaten auf den vorderen Plätzen streichen oder aber auch alle Kandidaten ablehnen....
Aber von diesem Recht wird selten Gebrauch gemacht. Das hat seine Gründe: Zum einen stehen die Wahlkabinen im Wahllokal oft ungünstig, ... zum anderen ist den DDR-Bürgern natürlich bekannt, was Änderungen auf dem Stimmzettel bewirken oder, besser gesagt, nicht bewirken. Außerdem muss vermutet werden, dass sich die Wahlvorstände über diejenigen Wahlberechtigten Notizen machen, die die Wahlkabine aufsuchen.

Peter Lapp: Wahlen in der DDR, Berlin 1982, S. 85ff.

Endgültiges Ergebnis
der Wahl zur Volkskammer der DDR am 8. Juni 1986

Zahl der Wahlberechtigten	12 434 444	Gegen den Wahlvorschlag der	
Zahl der abgegebenen Stimmen	12 402 013	Nationalen Front abgegebene Stimmen	
Wahlbeteiligung (in Prozent)	99,74	absolut	7 512
		in Prozent	0,06
Zahl der ungültigen Stimmen			
absolut	2 407	Zahl der zu besetzenden Mandate	500
in Prozent	0,02		
Zahl der gültigen Stimmen		Anzahl der aufgestellten Kandidaten	703
absolut	12 399 606		
in Prozent	99,98	Anzahl der gewählten Abgeordneten	500
Für den Wahlvorschlag der			
Nationalen Front abgegebene Stimmen		Anzahl der gewählten Nachfolgekandidaten	203
absolut	12 392 094		
in Prozent	99,94		

DAS VOLK, Organ der Bezirksleitung Erfurt der SED vom 10.6.1986

Blockparteien

Die Parteien der DDR außer der SED werden als Blockparteien bezeichnet. Die größte von ihnen ist die Christlich Demokratische Union (CDU).

Christlich-Demokratische Union Deutschlands
(Satzungsauszug 1982)

Die unverrückbaren Ausgangspunkte des politischen Denkens und Handelns der christlichen Demokraten sind:
– Treue zum Sozialismus
– vertrauensvolle Zusammenarbeit mit der Partei der Arbeiterklasse als der führenden Kraft der sozialistischen Gesellschaft und
– Freundschaft zur Sowjetunion.

Mitgliederzahlen der DDR-Parteien

(Stand 1986/87)
SED:	ca. 2 350 000
CDU:	140 000
DBD:	115 000
LDPD:	95 000
NDPD:	95 000

Ergebnisse der Volkskammerwahlen

Jahr	Beteil.(%)	„Ja"(%)
1950	98,53	99,72
1954	98,51	99,46
1958	98,90	99,87
1963	99,25	99,95
1967	98,82	99,93
1971	98,48	99,85
1976	98,58	99,86
1986	99,74	99,94

99,9 %?

Die Wahlergebnisse in der DDR entsprechen nicht immer der Wahrheit. 1989 stellt sich heraus, dass die Ergebnisse oft „frisiert" worden sind.

6.3 Gewaltenverbindung in der DDR

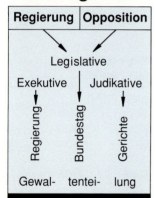

DDR-Verfassung

Artikel 48
(2) Die Volkskammer ist das einzige verfassungs- und gesetzgebende Organ der Deutschen Demokratischen Republik. Niemand kann ihre Tätigkeit einschränken. Die Volkskammer verwirklicht in ihrer Tätigkeit den Grundsatz der Einheit von Beschlussfassung und Durchführung.

Artikel 94
(1) Richter kann nur sein, wer dem Volk und seinem sozialistischen Staat treu ergeben ist und über ein hohes Maß an Wissen und Lebenserfahrung, an menschlicher Reife und Charakterfestigkeit verfügt.

Grundgesetz

Artikel 20
(2) Alle Staatsgewalt geht vom Volke aus. Sie wird vom Volke in Wahlen und Abstimmungen und durch besondere Organe der Gesetzgebung, der vollziehenden Gewalt und der Rechtsprechung ausgeübt.

Artikel 92
Die rechtsprechende Gewalt ist den Richtern anvertraut . . .

Artikel 97
(1) Die Richter sind unabhängig und nur dem Gesetz unterworfen.

Während sich die Staatsgewalten in der Bundesrepublik Deutschland gegenseitig kontrollieren (vgl. Kap. Gewaltenteilung und -kontrolle im parlamentarischen System), sind die staatlichen Organe der DDR dem Willen der marxistisch-leninistischen Partei untergeordnet. Es ist deshalb z. B. nicht möglich, dass ein Gericht der DDR in einem Urteil ein Gesetz aufhebt oder die Entscheidung einer staatlichen Behörde als rechtswidrig verurteilt, wie dies seit Bestehen der Bundesrepublik Deutschland häufig der Fall gewesen ist. Die Verwirklichung der **Gewaltenteilung** verhindert eine zu starke Machtkonzentration und schützt die Bürgerinnen und Bürger vor Übergriffen des Staates. Sie ist deshalb mit einer diktatorischen Herrschaftsausübung nicht vereinbar.

Paragraph als Menschenfalle

Fast alle Richter und Staatsanwälte und auch viele der rund 600 Rechtsanwälte haben brav mitgemacht in einem Justizsystem, das sich niemals einer Idee der Gerechtigkeit, sondern stets dem Willen einer Partei, der SED, unterworfen hat: „Recht ist eine Form der Machtausübung der herrschenden Klasse", hieß es im DDR-Rechtslexikon. ...
So wurden jeden Tag in der DDR menschenverachtende Urteile gesprochen. ...
„Landesverräterische Nachrichtenübermittlung" war der Vorwurf des Strafgesetzbuches, der diejenigen traf, die ihre Texte im Westen drucken ließen. Bahro erhielt dafür 1978 acht Jahre Haft.

„Staatsfeindliche Hetze" beging, wer seine Meinung im eigenen Lande sagte. Zwei Jahre und zwei Monate kostete es beim Bezirksgericht in Dresden den 21-jährigen Uwe Reimann, dass er Flugblätter gegen den Wehrkundeunterricht verteilte. ...
1988 wurde ein vierzigjähriger Ingenieur aus Karl-Marx-Stadt festgenommen, weil er an die Scheibe seines Trabant geschrieben hatte: „Anspruch und Realität"; auf dem Kofferraumdeckel klebte ein Plakat: „40 Jahre UNO-Menschenrechte." Das reichte für ein Jahr, vier Monate Haft, Führerscheinentzug und entschädigungslose Entziehung des Autos. Begründung: „Beeinträchtigung staatlicher Tätigkeit".

Spiegel-Spezial 11/90, S.66

6.4 Die zentrale Planwirtschaft der DDR bis 1989

Warum die ostdeutsche Kommandowirtschaft versagte

Die Öffnung der Ost-West-Grenze hat über Nacht zwei Wirtschaftswelten aufeinander prallen lassen, die unterschiedlicher nicht sein können.

Im Westen eines der am höchsten entwickelten Länder der Industriewelt, vollgestopft mit allen Gütern blühender Wohlstandsgesellschaften, ausgewiesen als vielfacher Exportweltmeister. ... Im Osten eine Mangelwirtschaft, deren Automobile vorsintflutlich anmuten; ... deren Außenhandelsprodukte im Westen weit unter den Entstehungskosten verschleudert werden müssen, damit sie überhaupt Abnehmer finden....

Ein Wirtschaftssystem, in dem Preise für Wohnungen, Brot, Strom, Fahrtkosten und sogar Blumen vom Staat festgelegt und durch Subventionen verzerrt wurden, konnte nichts über die wahren Kosten der Produktion wissen. Und wer seine Kosten nicht kennt, der muss zwangsläufig unwirtschaftlich produzieren.

Da das subventionierte Brot im Laden billiger war als das Getreide, das den Bauern abgekauft wurde, fütterte man in der DDR die Hühner mit Brot statt mit Getreide. Neue, teure Maschinen wurden nicht dort eingesetzt, wo sie am meisten Arbeit sparten und die Produktion am stärksten erhöhten, sondern da, wo Planungsbeamte sie - häufig aus Prestigegründen - hinbestellten....

Jede staatliche Vorgabe für die Güterproduktion steigert die Vergeudung knapper Mittel. Anders als selbständige Unternehmen reagiert die Planungsbehörde nicht auf Konsumentenwünsche; sie orientiert sich an selbst gestrickten Bedarfsplänen, die mit der echten Nachfrage wenig gemeinsam haben.

Spiegel-Spezial, II/90, S. 111

Schon ein Vergleich der Preise einiger Güter und Dienstleistungen zeigt, dass es zwischen den Wirtschaftssystemen der Bundesrepublik Deutschland und der DDR große Unterschiede gibt. Während sich die Preise in der Bundesrepublik auf dem Markt nach Angebot und Nachfrage bilden (Marktwirtschaft), werden sie in der DDR vom Staat festgesetzt. Dies führt zu Verzerrungen. Grundnahrungsmittel, lebensnotwendige Güter und Dienstleistungen sind sehr billig, sogenannte Luxusgüter dagegen unverhältnismäßig teuer.

In der Marktwirtschaft bestimmen die Unternehmen auf der einen und die Konsumenten auf der anderen Seite, was und wie viel produziert wird. In der Planwirtschaft der DDR dagegen übernimmt der Staat alle wichtigen Funktionen. Er bestimmt Art und Umfang der Produktion sowie die Höhe der Preise.

Im Mittelpunkt der Planwirtschaft steht die staatliche Planzentrale. Da es, von wenigen Ausnahmen abgesehen, keine Privatunternehmen gibt, kann der Staat die Wirtschaft der DDR vollkommen lenken und die Entwicklung bestimmen. Zu diesem Zweck werden Wirtschaftspläne erstellt. Man unterscheidet Perspektivpläne, die einen Zeitraum von rund 20 Jahren umfassen, Fünfjahrespläne und Jahreswirtschaftspläne. Bis zu seinem Inkrafttreten durchläuft ein Plan viele Stationen, an denen Änderungen und Verbesserungen vorgenommen werden.

Oft ist es so, dass die Ziele der Wirtschaftspläne bewusst niedrig angesetzt sind, damit sie leicht übererfüllt werden können. Dadurch wird der Eindruck erweckt, die DDR-Wirtschaft sei besonders leistungsfähig.

Deutsche Preisunterschiede (1989)

In der DDR teurer als in der Bundesrepublik

	DDR (Mark)	BR Deutschland (DM)
Radio-Recorder	1160	194,00
Taschenrechner	123	25,00
Bohnenkaffee (1/2 kg)	35	8,93
Farbfernseher	4900	1593,00
Damenstrumpfhose	14	5,23
Kühlschrank	1425	559,00
Waschmaschine	2300	981,00

In der DDR billiger als in der Bundesrepublik

	DDR (Mark)	BR Deutschland (DM)
Straßenbahn/Bus	0,20	2,07
Dauerwelle	9,90	62,70
Brot (1 kg)	0,52	3,17
Kartoffeln (5 kg)	0,85	4,94
Strom (75 kW)	7,50	31,60
Miete	75,00	411,00
Rinderbraten (1 kg)	9,80	17,19

Nach Globus 8179

Anteil der Subventionen (= Zuschüsse) des Staates bei bestimmten Gütern und Dienstleistungen:

Nahrungsmittel:	46%
Verkehrsleistungen:	65%
Wohnungsmieten:	70%

Anteil der Staatsbetriebe am Bruttosozialprodukt der DDR:

1950: 61,8%   **1970:** 85,5%
1960: 84,4%   **1980:** 97,0%

Die Staatsbetriebe sind meist in großen Kombinaten mit zentraler Leitung und Planung zusammengefasst.

Luxusgüter?

In der DDR beträgt die Wartezeit für einen Trabant 14, für einen Telefonanschluss oft länger als 20 Jahre.

Wundersam

1. Obwohl die DDR keine Arbeitslosen hat, hat die Hälfte nichts zu tun.
2. Obwohl die Hälfte nichts zu tun hat, fehlen Arbeitskräfte.
3. Obwohl Arbeitskräfte fehlen, erfüllen und übererfüllen wir die Pläne.
4. Obwohl wir die Pläne übererfüllen, gibt es in den Geschäften fast nichts zu kaufen.
5. Obwohl es in den Geschäften fast nichts zu kaufen gibt, haben fast alle Leute alles.
6. Obwohl fast alle Leute fast alles haben, meckert die Hälfte.
7. Obwohl die Hälfte meckert, wählen 99,9 % die Kandidaten der Einheitsliste.

Glosse aus der DDR, zitiert nach Wochenschau Nr. 3/4-1988, S. 129

Das Scheitern der Planwirtschaft

Bedienung im Restaurant

Dass Dienstleistung in der DDR immer noch ein Fremdwort ist, hat allerdings seinen Grund. Denn ob der Restaurantchef hundert oder dreihundert Mahlzeiten verkauft, der Kneipier fünfzig oder tausend Biere, der Kellner flott oder langsam bedient – im Prinzip kann es dem Personal gleich sein. Auch, ob vor der Tür die Gäste Schlange stehen oder nicht, denn in der Regel ist die Gastronomie staatlich und niemand von den Angestellten am Umsatz und Gewinn sonderlich interessiert.

E. Bethke: Jubeln nach Dienstschluss, Braunschweig 1986, S. 155

Ausfallzeiten

Und dann fehlen Teile. Gehäuse oder Kurbelwellen oder sonstwas. Mal kommt die Galvanik nicht hinterher, mal die Schleiferei. Jedenfalls gibt's Ausfallzeiten. Kann ja mal vorkommen, aber stundenlang rumsitzen ist was Ekliges. Da verliere ich jede Lust. Was mich dabei am meisten anstinkt, sind die prima Sprüche, die zu hören kriegt, wer sich darüber aufregt: Da-kannst-du-so-wieso-nix-machen; ... Da-ändert-sich-eh-nichts. - Zum Auswachsen! Die Gleichgültigkeit daran regt mich am meisten auf.

Eine junge Arbeiterin in der FDJ-Zeitung „Junge Welt", zitiert nach Wochenschau 3-4/88, S. 125

Die zentrale Planwirtschaft scheitert an der Realität. Das Planungssystem ist in Wirklichkeit sehr schwerfällig und es wird oft an den tatsächlichen Bedürfnissen vorbeiproduziert. Die Wirtschaft der DDR ist nicht in der Lage, die Bevölkerung ausreichend mit Konsumgütern zu versorgen. DDR-Produkte können auf dem Weltmarkt nur abgesetzt werden, wenn die Preise vom Staat subventioniert werden.

Als im Jahr 1989 die Grenzen geöffnet werden, wird deutlich sichtbar, dass das Modell der zentralen Planwirtschaft nicht nur in der DDR, sondern auch in anderen Staaten Mittel- und Osteuropas gescheitert ist.

Zeichnung: Roland Beier/DDR (1990)

Versorgungskrisen

*

„Mein Gott, Max, ist bei euch einer gestorben?" ruft ein Mann seinem Freund über die Straße zu, „Wieso?" fragt der zurück. „Na, du hast doch eine Trauerbinde am Arm..."
„Ach, weißt du, es gab grad welche."

*

Dieser Witz ist alt und doch stets aufs Neue aktuell in der DDR. Vor allem aber ist er gut, weil er einen tief ausgeprägten Wesenszug des Normalbürgers in der DDR trifft: die Eichhörnchenmentalität. Wenn irgendwo vor einem Geschäft eine Schlange steht, stellt man sich an, auch ohne zu wissen, was es da eigentlich gibt. Allein die Tatsache, dass andere das Produkt für kaufenswert halten, beweist schon, dass es entweder etwas taugen muss oder demnächst nicht mehr zu haben sein könnte.

Auf diese Weise verschärft sich zum Kummer der Partei sofort wieder der Versorgungsmangel.

E. Bethke: a.a.O. S. 272

Politik und Wirtschaft in der DDR (1949-1989)

Politik und Wirtschaft in der DDR

Marxismus-Leninismus

Das politische System der Deutschen Demokratischen Republik beruht auf der Lehre des Marxismus-Leninismus. Nach Marx und Engels kann der Gegensatz zwischen Kapitalisten und Proletariern nur beseitigt werden, wenn das Privateigentum an Produktionsmitteln abgeschafft und eine klassenlose Gesellschaft verwirklicht wird. Der russische Revolutionär Lenin entwickelt diese Theorie weiter und vertritt die Ansicht, dass die Umgestaltung von Gesellschaft und Wirtschaft von einer kleinen Partei von Berufsrevolutionären vorangetrieben werden muss.

Die führende Rolle der SED

In der DDR übernimmt die Sozialistische Einheitspartei Deutschlands (SED) die Rolle der marxistischen Partei. Sie entsteht 1946 aus der Zwangsvereinigung von SPD und KPD. Die SED übt den beherrschenden Einfluss in Staat und Gesellschaft aus. Alle anderen Parteien und Organisationen müssen sich ihrem Führungsanspruch unterordnen.

Scheinwahlen

Besonders deutlich zeigt sich dies bei den Wahlen zur Volkskammer. Die Wählerinnen und Wähler haben keine Auswahl zwischen verschiedenen Parteien; sie können lediglich die Liste der Nationalen Front bestätigen. Die Sitzverteilung in der Volkskammer steht schon vor der Wahl fest.

Gewaltenverbindung

Das politische System der DDR kennt auch keine Gewaltenteilung zwischen Legislative, Exekutive und Judikative. Alle staatlichen Organe sind dem Willen der Partei unterworfen.

Zentrale Planwirtschaft

Die Wirtschaft der DDR ist nach dem Modell der Zentralen Planwirtschaft organisiert. Fast alle Betriebe sind im Besitz des Staates, der die gesamte Wirtschaft leitet, die Produktionspläne erstellt und die Preise festlegt.
Die Zentrale Planwirtschaft ermöglicht, dass die Bevölkerung ihre Grundbedürfnisse preisgünstig befriedigen kann. „Luxusgüter" dagegen sind unverhältnismäßig teuer. Außerdem ist die Planwirtschaft so schwerfällig, dass häufig an den Bedürfnissen der Menschen vorbeiproduziert wird. Die Freiheit von Unternehmern, Arbeitnehmern und Verbrauchern ist durch den übermächtigen Staat eingeschränkt. Eigeninitiative und Verantwortung des Einzelnen werden kaum gefördert.

Zur Wiederholung

1. Beschreiben Sie die Revolutionstheorie von Karl Marx.
2. Welche Funktion haben Blockparteien und Massenorganisationen in der DDR?
3. Erklären Sie den Unterschied zwischen dem Wahlsystem der DDR und dem der Bundesrepublik Deutschland.
4. a) Welche Nachteile hat die zentrale Planwirtschaft?
   b) Wie wirkt sich die Planwirtschaft auf den Alltag der Bürgerinnen und Bürger in der DDR aus?
   c) Warum ist die Planwirtschaft in vielen Bereichen nicht wettbewerbsfähig?

Weiterführende Aufgaben

1. Untersuchen Sie die Gewaltenteilung in der Bundesrepublik Deutschland. Betrachten Sie dabei besonders die Rolle von Bundesregierung, Bundestag und Opposition.
2. In der DDR gab es früher kaum Werbung für bestimmte Produkte. Nennen Sie die Gründe dafür und überlegen Sie, welche Funktion Werbung in einer Marktwirtschaft hat.

7 Die gewaltlose Revolution in der DDR

Erich Honecker zum 40-jährigen Bestehen der DDR am 7. Oktober 1989:

Bärbel Bohley, Mitbegründerin des „Neuen Forums", zum 40-jährigen Bestehen der DDR:

Neonazismus Chauvinismus

Die führenden Politiker der DDR bezeichnen die Bundesrepublik Deutschland in ihren Reden oft als Staat, in dem Nationalsozialismus und übersteigerter Nationalismus wieder entstehen und eine aggressive Politik gegenüber der DDR betrieben wird.

Heute ist die DDR ein Vorposten des Friedens und des Sozialismus in Europa . . .
Gerade zu einer Zeit, da einflussreiche Kräfte der BRD die Chance wittern, die Ereignisse des Zweiten Weltkriegs und der Nachkriegsentwicklung durch einen Coup zu beseitigen, bleibt ihnen nur die Erfahrung, dass an diesen Realitäten nichts zu ändern ist, dass sich die DDR an der Westgrenze der sozialistischen Länder in Europa als Wellenbrecher gegen Neonazismus und Chauvinismus bewährt. An der festen Verankerung der DDR im Warschauer Pakt ist nicht zu rütteln . . . 40 Jahre DDR – das waren 40 Jahre heroische Arbeit, 40 Jahre erfolgreicher Kampf für den Aufstieg unserer sozialistischen Republik, für das Wohl des Volkes . . .
Alles in allem zeigt die Bilanz dieser 40 Jahre DDR: Durch die Arbeit des Volkes und für das Volk wurde Großes vollbracht . . . Auch künftig werden nicht geringe Anstrengungen notwendig sein. Neue Anforderungen verlangen neue Lösungen und wir werden auf jede Frage eine Antwort finden. Wir werden sie gemeinsam mit dem Volk finden für unser Voranschreiten auf dem Weg des Sozialismus in der DDR . . .

nach „Neues Deutschland" vom 9.10.1989

Vierzig Jahre sind eine lange Zeit. Für einen Menschen sind sie das halbe Leben und für viele schon das ganze. Vor vierzig Jahren ist dieser Staat gegründet worden – kein besonderer Grund zum Feiern, denn diese Staatsgründung ist ein Ergebnis des vorausgegangenen entsetzlichen Krieges. In den Geschichtsbüchern späterer Generationen wird der 40. Jahrestag der DDR kein besonderes Datum sein. Aber was bedeutet er für uns heute? Haben wir Grund zum Feiern? Welche Gedanken und Gefühle haben die Menschen, die in diesem Land leben? Sind ihre Erwartungen, ihre Hoffnungen erfüllt worden? Seit der Staatsgründung hat die Regierung mit der Bevölkerung noch immer keinen wirklichen Frieden geschlossen, denn seitdem haben etwa 4 Millionen Menschen das Land verlassen . . . Es wird deutlich, wie sehr die Menschen resigniert haben. Alle Hoffnungen wurden zerschlagen, es ging immer nur „bergab", ein ständiger politischer und wirtschaftlicher Niedergang. Gerade die Generation der Vierzigjährigen verzweifelt, wenn sie sich vorstellt, dass es noch einmal 20 Jahre so weitergehen sollte. Dann ist auch ihr Leben vorbei, einer Fiktion geopfert. Denn der Sozialismus ist tot...

Bärbel Bohley in: 40 Jahre DDR . . . und die Bürger melden sich zu Wort, Berlin 1989, S. 5ff.

7.1 Wie es dazu kam

Perestroika und Glasnost in der Sowjetunion

Perestroika bedeutet, die stagnierenden Prozesse zu überwinden, alles zu beseitigen, was bremst. ... Perestroika bedeutet Initiative der Massen; Entwicklung der Demokratie auf breiter Basis, sozialistische Selbstverwaltung, Förderung von Initiative und schöpferischer Arbeit, Stärkung von Ordnung und Disziplin, mehr Offenheit, Kritik und Selbstkritik in allen Bereichen unserer Gesellschaft, ein Höchstmaß an Achtung des Individuums und Wahrung seiner persönlichen Würde. ... Das Wesen der Perestroika liegt in der Tatsache, dass sie Sozialismus und Demokratie miteinander verbindet ...
Wir brauchen Demokratie wie die Luft zum Atmen. ...
Glasnost verlangt bei allen Fragen der Innen- und Außenpolitik Meinungsvielfalt, offene Diskussionen und die freie Gegenüberstellung unterschiedlicher Ansichten. Nur unter einer solchen Voraussetzung kann sie ihre gesellschaftliche Pflicht erfüllen und dem Volk sowie dem Sozialismus von Nutzen sein. ...

Michail Gorbatschow der Sitzung des Zentralkomitees der KPdSU im Januar 1987 (aus mehreren Quellen zusammengestellt)

Michail Gorbatschow

geb. 1931
1985 Generalsekretär der KPdSU
1988 Staatspräsident der Sowjetunion

Gorbatschow leitet in der Sowjetunion eine weit reichende Reformpolitik ein, steht jedoch wegen Wirtschafts- und Nationalitätenproblemen im eigenen Land unter zunehmendem Druck. Gorbatschow prägt den Begriff vom „Europäischen Haus", in dem jedes Land seinen eigenen Platz selbst bestimmen kann.
Er erhält 1990 für seine Friedens- und Abrüstungspolitik den Friedensnobelpreis.
Als sich die UdSSR 1991 auflöst, tritt Gorbatschow zurück.

Die Oppositionsbewegung in der DDR

Wo liegen die Wurzeln der Protestbewegung der Bürger? Woher bezog die Volksbewegung ihre Schubkraft? Der Blick muss einige Jahre zurückgehen. Die Angst der SED-Staatsführung vor dem Volke zeigt sich immer darin, dass sie jede Kritik an ihr umgehend verfolgte.
Neben der innerparteilichen Kritik entstand im Raum der evangelischen Kirche in der DDR eine neue Oppositionsbewegung. Anlass war die Einführung des „Wehrkundeunterrichts" an den Schulen im September 1978. ... Trotz aller Bedrängnisse und Verfolgungen. ... entstand in der DDR eine Friedensbewegung, deren aktive Vertreter sich im Raum der Kirchen zu Blues-Messen und Friedensgebeten zusammenfanden. ... „Schwerter zu Pflugscharen", so lautete die Devise der DDR-Friedensbewegung. ... Diese Abendgebete wurden zum Ausgangspunkt für Demonstrationen gegen die Unterdrückung des Staates. Diese Rolle der Kirche, die Herberge und Ansporn bot, war eine der Grundlagen für die siegreiche Revolution im Herbst.
Ein anderer nicht hoch genug einzuschätzender Faktor war die Welle der Bürger, die aus der DDR ausreisen wollten und damit ihr vernichtendes Urteil über den Staat bekundeten. Rund 570 000 Menschen hatten seit dem Mauerbau 1961 das angebliche „Paradies der Werktätigen" bereits verlassen (als Flüchtlinge, offiziell Ausgereiste oder freigekaufte Häftlinge). 1984 ließ die DDR 35 000 Bürger in die Bundesrepublik übersiedeln – die bis dahin höchste Zahl.

G. Knopp, E. Kuhn: Die deutsche Einheit, Erlangen 1990, S 224ff.

Die **Politik Gorbatschows** verändert die Situation in Europa grundlegend. Außenpolitisch setzt er sich für Abrüstung und europäische Zusammenarbeit ein. 1987 schließen die USA und die Sowjetunion einen Abrüstungsvertrag (Vgl. S. 220), 1988 räumen die sowjetischen Truppen Afghanistan. Unter dem Einfluss dieser Politik entwickelt sich in allen Staaten Mittel- und Osteuropas ein Demokratisierungsprozess. Oppositonsgruppen und Bürgerrechtsbewegungen gewinnen an Bedeutung, die kommunistischen Parteien verlieren ihre beherrschende Stellung in Staat und Gesellschaft.

Eine wichtige Antriebskraft für die Demokratisierung ist die wirtschaftliche Situation in den Staaten Mittel- und Osteuropas. Das System der zentralen Planwirtschaft (s. S. 183f) ist nicht in der Lage, den Bedarf der Bevölkerung an Nahrungsmitteln und Konsumgütern zu decken. In einigen Ländern verschlechtert sich die Versorgungslage so stark, dass der Ruf nach Marktwirtschaft und Demokratie immer lauter wird.

Regimekritiker

Robert Havemann fordert Mitte der 60er Jahre die Zulassung einer parlamentarischen Opposition.
Konsequenzen: Ausschluss aus der SED und der Akademie der Wissenschaften, Hausarrest.
Rudolf Bahro, ebenfalls SED-Mitglied wird wegen seines Buches „Die Alternative" zu acht Jahren Zuchthaus verurteilt (1977).
1976 wird der kritische Liedermacher Wolf Biermann aus der DDR ausgebürgert.

Die Ereignisse im Überblick

2. Mai
Ungarn öffnet die Grenzen nach Österreich

August - Oktober
Zehntausende DDR-Bürgerinnen und Bürger flüchten über Ungarn oder die deutschen Botschaften in Prag und Warschau. 1989 verlassen über 320 000 Übersiedler die DDR.

18. September
In Leipzig findet nach dem Friedensgebet in der Nikolaikirche die erste Montagsdemonstration statt.

7. Oktober
Feiern zum 40. Jahrestag der DDR-Gründung. Michail Gorbatschow mahnt Reformen an: „Wer zu spät kommt, den bestraft das Leben."

9. Oktober
Erste Massendemonstration in Leipzig

18. Oktober
Erich Honecker tritt aus „gesundheitlichen Gründen" zurück. Sein Nachfolger wird Egon Krenz.

4. November
1 Million Menschen demonstrieren in Ostberlin für den Rücktritt der Regierung.

7./8. November
DDR-Regierung und SED-Politbüro treten geschlossen zurück.
Hans Modrow wird neuer Ministerpräsident.

9. November
SED-Sprecher Günter Schabowski verkündet bei einer Pressekonferenz: „Mir ist soeben mitgeteilt worden – der Ministerrat der DDR hat beschlossen: Privatreisen nach dem Ausland können ohne Vorliegen von Voraussetzungen beantragt werden. Die Genehmigungen werden kurzfristig erteilt...."

7.2 Das Jahr 1989 - die Ereignisse überschlagen sich

Wir sind das Volk

Eine seltsame Spannung liegt an diesem nach welkem Laub und Braunkohle riechenden 9. Oktober über der Stadt. Gerüchte schwirren: Die Betriebskampfgruppen, so das härteste, haben für heute Schießbefehl erhalten. Tatsache ist: In den Betrieben werden die Eltern aufgefordert, ihre Sprösslinge bis spätestens 15 Uhr aus den Kindergärten zu holen.... Cafés und Restaurants im Umfeld der Nikolaikirche sind schon am frühen Nachmittag aus „technischen" oder aus „innerbetrieblichen" Gründen geschlossen.
Der demonstrative Aufmarsch der Staatsgewalt...: Mit Blaulicht umkurven lange LKW-Kolonnen, beladen mit Volkspolizei, den Ring, der die Leipziger Innenstadt einfasst. Die Wagen halten in Seitenstraßen nahe der Kirche, die Mannschaften bleiben unter den Planen versteckt.
In der Nikolaikirche, wo um 17 Uhr das traditionelle Friedensgebet beginnt, ist bereits eine halbe Stunde vorher nicht einmal mehr ein Stehplatz frei...

Vor der Kirche wird die Menge immer dichter. Sie schweigt.... Um fünf sind es einige tausend, um halb sechs mehr als 10 000, um sechs... ist der Karl-Marx-Platz schwarz vor Menschen. 20 000 mindestens. Zaghaft ertönen erste Rufe: „Gorbi, Gorbi", „Demokratie jetzt", „Wir sind keine Rowdys".
Die Menge wartet weiter. Plötzlich, ohne erkennbare Regie, setzt sich der Zug in Bewegung.... Als die Spitze der Kolonne den Platz der Republik erreicht, sind dem Ruf rund 70 000 gefolgt... „So etwas", stößt ein Mann mit zitternder Stimme hervor, „hat Leipzig noch nicht erlebt." Und er fällt in den Schrei der 10 000 um ihn herum ein: „Wir sind das Volk, wir sind das Volk."
Die Masse wälzt sich am Hauptbahnhof vorbei. Wenn jetzt Polizei dazwischenginge, ... sie hätte keine Chance – außer mit der Waffe...
„Heute waren wir 70 000", sagt einer um die 50 selbstbewusst und angstfrei, „nächsten Montag werden es 100 000 sein."

Ulrich Schwarz in: Spiegel-Spezial II/1990, S. 13 ff.

Warum die Menschen gehen

Beatrix, 23: Ich habe einen Beruf gelernt und kann ihn nicht ausüben. Kommen Kunden zu uns, muss ich ihnen sagen: „Nein, schwarze Röcke haben wir zur Zeit nicht. Blazer auch nicht. Unterwäsche auch nicht." ... Da vergeht einem die Lust am Beruf.

Uwe, 23: Es ist einer der schlimmsten Auswüchse des Systems, dass man nicht bereit ist, mit Andersdenkenden menschlich zu verfahren.

Monika Maron, Schriftstellerin: Ein junger Mann, auf der Busfahrt nach Wien befragt, wie er sich nun, nach seiner Flucht fühle, sagte, er sei stolz... Er hat etwas gewagt und er hat es auch gekonnt. Vielleicht war das die erste wirkliche Entscheidung, die er in seinem Leben fällen konnte. Eine Lehrstelle wurde ihm zugeteilt oder auch nicht. Wenn er wählen ging, gab es nichts zu wählen, sein Lebensplan unterlag seit jeher staatlicher Verfügungsmacht. ...

Bundeszentrale für politische Bildung: PZ Nr. 59, S. 6 ff.

Nach den Feiern zum 40. Jahrestag der Gründung der DDR gerät die DDR-Führung immer stärker unter Druck. Am 9. November ist die Sensation perfekt: Die Regierung erlaubt Auslandsreisen für Bürgerinnen und Bürger der DDR, ohne dass bestimmte Voraussetzungen vorliegen. Dies bedeutet das Ende der Mauer.
Dem 9. November 1989 folgen Tage und Wochen der Freude. Die Bürgerinnen und Bürger der DDR genießen die neu gewonnene Freiheit. Kilometerlange Staus an den Grenzübergängen und verstopfte Straßen im grenznahen Gebiet bestimmen das Bild. Der „Trabi", bisher als Symbol für die rückständige DDR-Wirtschaft eher belächelt, wird zum „Auto des Jahres".

Stimmen zur Öffnung der Mauer

Zwei Ostberliner:

„Kneif mir janz feste, Jünter, sonst jloob ick, ick spinne total."

„Wer heute nacht schläft, der ist tot."

Walter Momper, Regierender Bürgermeister von Berlin (West):

„Die Deutschen sind jetzt das glücklichste Volk der Welt."

Bundeskanzler Helmut Kohl, am 28. November im Bundestag:

„Wie ein wiedervereinigtes Deutschland aussehen wird, das weiß heute niemand. Dass aber die Einheit kommen wird, wenn die Menschen in Deutschland sie wollen, dessen bin ich sicher."

Bundespräsident Richard von Weizsäcker am 13. Dezember in einem Interview mit dem DDR-Fernsehen:

„Meine Meinung ist, dass wir eine Nation sind und was zusammengehört, wird zusammenwachsen. Aber es muss eben zusammenwachsen. Es darf nicht der Versuch gemacht werden, dass es zusammenwuchert. Wir brauchen die Zeit."

Willy Brandt, am 10. November in Berlin:

„Jetzt wächst zusammen, was zusammengehört."

Die gewaltlose Revolution in der DDR

Glasnost Perestroika
- Michail Gorbatschow, seit 1985 Generalsekretär der KPdSU, verkündet als Programm „Perestroika" und „Glasnost". Er strebt eine Umgestaltung und Öffnung der Sowjetunion an und setzt sich für Abrüstung und die Errichtung eines gemeinsamen „europäischen Hauses" ein. Die Demokratie- und Bürgerrechtsbewegungen in Mittel- und Osteuropa erhalten durch die Politik Gorbatschows starken Auftrieb. Die kommunistischen Parteien verlieren ihren beherrschenden Einfluss in Staat und Gesellschaft.

Oppositionsbewegung in der DDR
- Auch in der DDR wird die Oppositionsbewegung stärker. Es bilden sich eine Reihe von Gruppen, die an der DDR heftige Kritik üben. Die Regierung hält jedoch an ihrer starren Politik fest.
Als die Proteste im Vorfeld der Feierlichkeiten zum 40. Jahrestag der DDR-Gründung lauter werden, reagiert die DDR-Führung mit Härte und versucht, jegliche Kritik zu unterdrücken.

Öffnung der Grenzen – Fall der Mauer

Als Ungarn im Mai 1989 die Grenzen zu Österreich öffnet, setzt eine Massenflucht von Bürgerinnen und Bürgern der DDR über Ungarn in die Bundesrepublik Deutschland ein.

Im Oktober finden die ersten Montagsdemonstrationen in Leipzig und anderen Städten der DDR statt. Hunderttausende demonstrieren für Freiheit und Demokratie. Erich Honecker tritt unter dem Druck der Ereignisse zurück; sein Nachfolger wird Egon Krenz.

Der DDR-Regierung bleibt letzten Endes keine andere Wahl, als am 9. November 1989 die Grenzen zu öffnen. Nach 28 Jahren der Trennung können sich Berliner und Deutsche aus Ost und West wieder ungehindert gegenseitig besuchen. Berlin erlebt Tage und Wochen in einem totalen Freudentaumel.

Zur Wiederholung
1. Erklären Sie die Begriffe „Perestroika" und „Glasnost" im Zusammenhang mit der Wende in der DDR.
2. Nennen Sie die Hauptantriebskräfte der friedlichen Revolution in der DDR.
3. Beschreiben Sie die Situation in der DDR des Jahres 1989 mit Hilfe der Texte von Erich Honecker und Bärbel Bohley auf S. 186.

Weiterführende Aufgaben
1. Seit der Öffnung der Mauer sind einige Jahre vergangen.
   a) Welche Auswirkungen hatte die Grenzöffnung für Sie persönlich?
   b) Beschreiben Sie die Erfahrungen, die Sie selbst beim Besuch der ehemaligen DDR gemacht haben.
2. Die Öffnung der Mauer wurde von den Menschen in Ost und West mit großer Freude aufgenommen. Herrscht diese positive Stimmung in der Bevölkerung heute noch genauso wie 1989 oder hat sich etwas verändert? Begründen Sie Ihre Meinung.

1 Der Demokratisierungsprozess in der DDR

Die wichtigsten Ereignisse von November 89 bis April 90:

13. November

Hans Modrow (SED) wird neuer Ministerpräsident der DDR. Er gehört zum Reformflügel der SED und bildet eine Regierung aus SED und den Blockparteien CDU, LDPD, NDPD, DBD.

22. November

Bei der Montagsdemonstration in Leipzig wird zum erstenmal der Ruf nach Vereinigung der beiden deutschen Staaten laut. Die Parolen lauten: „Wir sind <u>ein</u> Volk" und „Deutschland, einig Vaterland."

1. Dezember

Die DDR-Verfassung wird geändert. Die SED verliert ihre Führungsrolle in Staat und Gesellschaft. Sie ist nun nicht mehr die beherrschende, sondern nur noch eine Partei von vielen.

7. Dezember

In Ostberlin beginnen – nach polnischem Vorbild – die Gespräche am „Runden Tisch" unter Beteiligung aller Oppositionsgruppen.

9. Dezember

Gregor Gysi wird zum neuen Parteivorsitzenden der SED gewählt. Später benennt sie die Partei in PDS (Partei des Demokratischen Sozialismus) um. Damit soll deutlich gemacht werden, dass sich die Partei von Grund auf erneuert. Trotzdem treten rund zwei Drittel der Mitglieder aus der PDS aus.

Regierungserklärung von Ministerpräsident Modrow am 17. November 1989:

Die demokratische Erneuerung ... ist von Hunderttausenden im Volk begonnen worden, die wahrhaftig aus sich heraus und auf die Straße gegangen sind ...
Was sich hier nach dem 7. Oktober 1989 an demokratischen ... Veränderungen vollzogen hat, ist unumkehrbar – das Volk würde jeden beiseite fegen, der eine Wiederherstellung alter Verhältnisse zu versuchen wagt.

Zum Regierungsprogramm gehören Reformen ...
1. Reformen des politischen Systems ....
2. Eine Wirtschaftsreform. ...
3. Eine Bildungsreform ist erforderlich. ...
4. Wir brauchen ein ... Programm, das zum Ziel haben sollte, Ökonomie und Ökologie mehr als bisher in Übereinstimmung zu bringen. ...

Der Spiegel: Dokument 4, November 1990, S. 3f.

DDR-Hymne (1. Strophe):

*Auferstanden aus Ruinen und der Zukunft zugewandt,
lass uns dir zum Guten dienen, Deutschland, einig Vaterland.**
*Alle Not gilt es zu zwingen und wir zwingen sie vereint
und es wird uns doch gelingen, dass die Sonne schön wie nie über
Deutschland scheint.*

* Wegen der Zeile „Deutschland, einig Vaterland" wird die DDR-Hymne seit Jahren nur noch gespielt und nicht mehr gesungen. Gerade deshalb wählen die Demonstranten diese Parole, um ihren Wunsch nach Vereinigung auszudrücken.

Text von Johannes R. Becher (1949)

Die Teilnehmer am „Runden Tisch"

Der Demokratisierungsprozess in der DDR

19. Dezember
Bundeskanzler Kohl und Ministerpräsident Modrow treffen sich in Dresden und vereinbaren Verhandlungen über eine deutsch-deutsche Vertragsgemeinschaft.

Bundeskanzler Helmut Kohl am 19.12.89 in Dresden:

„... Ich bin heute hierher gekommen zu den Gesprächen mit ihrem Ministerpräsidenten, um in dieser schwierigen Lage der DDR zu helfen ... Wir haben uns verabredet, ... dass wir noch im Frühjahr einen Vertrag über die Vertragsgemeinschaft zwischen der Bundesrepublik Deutschland und der DDR abschließen können ... Wir wollen eine Zusammenarbeit auf allen Gebieten."

nach Frankfurter Rundschau vom 21.12.89

22. Dezember
Das Brandenburger Tor in Berlin wird geöffnet.

Januar/Februar
In den ersten beiden Monaten des Jahres 1990 kommen 14 000 Übersiedler aus der DDR in die Bundesrepublik Deutschland.

22. Januar
Die Regierung Modrow und der „Runde Tisch" einigen sich, die ursprünglich für 6. Mai vorgesehenen Wahlen auf 18. März vorzuziehen. Diese Entscheidung ist deshalb notwendig, weil die Menschen in der DDR das Vertrauen in die SED/PDS vollständig verloren haben. Sie glauben nicht an eine grundlegende Erneuerung.

Alarmierende Übersiedler-Zahlen

Der Bundesinnenminister schlug Alarm. In den ersten acht Tagen des Jahres 1990 seien mehr als 12 000 Menschen aus der DDR in die Bundesrepublik übergesiedelt... Schäuble: „Das sind Zahlen, derentwegen einst die Mauer gebaut wurde."

nach Spiegel Nr. 3/90, S. 16

18. März
In der DDR finden die ersten freien Wahlen statt

Lothar de Maizière in seiner Regierungserklärung am 15. April 1990:

„Der Wählerauftrag ... fordert die Herstellung der Einheit Deutschlands in einem ungeteilten, friedlichen Europa. ... Die Einheit muss so schnell wie möglich kommen.

nach Das Parlament Nr. 18/90, S. 6

Lothar de Maizière (CDU)
geb. 1940
1956 Mitglied der CDU (Ost) seit 1976 Rechtsanwalt, von April bis Oktober 1990 Ministerpräsident der DDR. Ende 1990 tritt er wegen des Vorwurfs der Stasi-Mitarbeit von allen Ämtern zurück.

12. April
Der neue Ministerpräsident Lothar de Maizière (CDU) bildet eine große Koalition aus CDU, SPD, DA, DSU und BFD.

1.1 Die Volkskammerwahl vom 18. März 1990 – Entscheidung für eine schnelle Vereinigung?

Demokratische Wahlen nach 57 Jahren

Die Volkskammerwahl vom 18. März 1990 ist die erste freie Wahl nach 57 Jahren. Die jüngsten Wahlberechtigten, die schon einmal in ihrem Leben an einer demokratischen Wahl teilgenommen haben, sind bereits 78 Jahre alt.

Wahlverfahren

Bei der Volkskammerwahl vom 18. März 1990 gilt die Verhältniswahl ohne Sperrklausel, um auch kleineren Parteien den Einzug in die Volkskammer zu ermöglichen. Eine genaue Erklärung des Verhältniswahlverfahrens enthält das Kapitel „Regierungssystem der Bundesrepublik Deutschland" (vgl. S. 265 ff.).

Amtliches Endergebnis der Volkskammerwahl der DDR

	Wahlberechtigte	12 426 443		
	Wahlbeteiligung	11 604 418 (93,39%)		
	Gültige Stimmen	11 541 155		
			Stimmen (%)	**Mandate**
CDU	Christlich-Demokratische Union Deutschlands		4 710 598 (40,59)	163
SPD	Sozialdemokratische Partei Deutschlands		2 525 534 (21,76)	88
PDS	Partei des Demokratischen Sozialismus		1 892 381 (16,32)	66
DSU	Deutsche Soziale Union		727 730 (6,27)	25
BFD	Bund Freier Demokraten: Deutsche Forumpartei, Liberaldemokratische Partei, Freie Demokratische Partei		608 935 (5,28)	21
Bündnis 90	Neues Forum, Demokratie Jetzt, Initiative Freiheit und Menschenrechte		336 074 (2,90)	12
Sonstige			739 903 (6,4)	25

nach: Das Parlament Nr. 14/90

Im Zusammenhang mit der friedlichen Revolution und dem Demokratisierungsprozess in der DDR entstehen viele neue Parteien. Zur **Volkskammerwahl am 18. März 1990** treten insgesamt 23 Parteien an. Sie lassen sich in vier Gruppen einteilen:
- PDS (früher SED)
- Ehemalige Blockparteien (s. S. 181)
- Parteien, die aus Oppositionsgruppen und Bürgerbewegungen entstanden sind
- Parteineugründungen

Der Wahlausgang wird mit großer Spannung erwartet, können die Bürgerinnen und Bürger der DDR doch zum ersten Mal seit 57 Jahren frei wählen. Der Wahlkampf, in dem die Parteien der Bundesrepublik Deutschland massive Unterstützung leisten, steht ganz im Zeichen der Frage, wie schnell die Vereinigung der beiden deutschen Staaten vollzogen werden soll.

Der Demokratisierungsprozess in der DDR

Vor allem **Bundeskanzler Kohl** und der Vorsitzende der DDR-CDU und neue Ministerpräsident **Lothar de Maizière** setzen sich für eine rasche Vereinigung der beiden Staaten ein. Es ist zunächst jedoch umstritten, auf welchem Weg dieses Ziel erreicht werden soll. Das Grundgesetz der Bundesrepublik Deutschland lässt dafür zwei Möglichkeiten zu. Die Vereinigung nach Artikel 146 ist der langwierige und schwierigere Prozess. Diese Vorgehensweise würde allerdings die Bevölkerung an der Entscheidung über die Vereinigung und vor allem an einer Abstimmung über die Verfassung beteiligen. Der Beitritt nach Artikel 23 kann demgegenüber verhältnismäßig schnell vollzogen werden, aber auf Kosten einer direkten Beteiligung des Volkes.

Möglichkeiten zur Vereinigung

nach Grundgesetz Art. 23:
Die DDR tritt der Bundesrepublik Deutschland bei.

nach Grundgesetz Art. 146:
Es wird eine neue Verfassung ausgearbeitet, die dann in einer Volksabstimmung beschlossen wird.

Verfassungsentwurf gescheitert

Der „Runde Tisch" erarbeitet im Frühjahr 1990 eine neue Verfassung für die DDR. Damit zeigen die Vertreter dieses Gremiums, dass sie zunächst einen eigenständigen Weg zur Demokratisierung der DDR einschlagen wollen und erst später eine Vereinigung wünschen. Dieser Weg liegt aber weder im Interesse der Bundesregierung noch der Regierung de Maizière und hat deshalb keine Chance.

Zweite Revolution

... Dieser Wahlausgang in der DDR ist eine Sensation.... Die Bürger der DDR wollen die Einheit, man kann auch sagen: sie wollen die D-Mark - und zwar sofort. ... Sie haben vierzig Jahre lang Freiheit und materiellen Wohlstand entbehrt. Und sie empfinden tief, dass sie gegenüber den reichen Brüdern und Schwestern in der Bundesrepublik zu kurz gekommen sind. Die logische Folge ist, dass sie jene wählten, die sich ohne Wenn und Aber zur Währungsunion und zur Einheit bekannten. Und dies war die Allianz. Genauso lassen sich für den Wiederaufstieg der PDS Gründe finden: Einmal sind jene, die vom SED-Staat profitierten, ja nicht verschwunden, als am 9. November die Mauer fiel. Die Funktionäre, die Mitarbeiter des Staatssicherheitsdienstes haben von den anderen Parteien nichts zu erwarten. Darüber hinaus gibt es in der DDR viele Bürger, denen der rasche Wandel Angst einflößt. Und genau dies machte sich die PDS zunutze. Sie betrieb das Geschäft mit der Angst. Sie schürte die Furcht, dass man mit der Einheit viel verlieren könne: Arbeitsplatz, Sparguthaben, Renten, Wohnungen ...

Thomas Löffelholz, in Stuttgarter Zeitung vom 19.3.1990

Allianz für Deutschland

Wahlbündnis aus CDU, DSU und weiteren kleineren Gruppierungen bei der ersten freien Wahl zur Volkskammer am 18.3.1990.

1.2 Die Schatten der Vergangenheit

Zeichnung: Mussil (1990)

Der lange Schatten

Schlagzeilen im Jahr 1990:

Das Bildungssystem der SED – Die Schule – Erziehung mit Drill und Duckmäuserei
Der Spiegel 7/1990

Sollen Stasi-Akten in den Reißwolf?
Frankfurter Rundschau vom 30.8.90

Darf die DDR-Justiz weiter richten?
Frankfurter Rundschau vom 14.12.90

Mit der Demokratisierung der DDR müssen sich Bürger und Staat auch mit der Aufarbeitung ihrer eigenen Vergangenheit auseinander setzen. Die Frage ist, ob z. B. Richter, Staatsanwälte, Lehrerinnen und Lehrer, Professoren, Redakteure oder leitende Angestellte in Betrieben auch weiterhin ihre Tätigkeiten ausüben können. Bei vielen erscheint die Belastung durch ihre Treue zum SED-Staat als zu groß. Besonders schwerwiegend sind die Enthüllungen im Zusammenhang mit der Arbeit der **Staatssicherheit**.

Das Netz der Stasi

Die Staatssicherheit der DDR verfügte über 85 000 fest angestellte und mindestens 109 000 inoffizielle Mitarbeiter.
In der Zentralen Personen-Datenbank steckten Angaben über fünf Millionen DDR-Bürger, fast die Hälfte aller Wahlberechtigten.

Angaben nach Spiegel-Spezial II/1990

*Der Wendehals
Vogel des Jahres 1989*

Der Stasi-Staat

Lange Zeit war der Befund, den Minister Erich Mielke, Jahrgang 1907 und Chef der Staatssicherheit seit 1957, seinem Kampfgefährten Erich Honecker, Jahrgang 1912, gab, eindeutig: Alles, fast alles fest im Griff der Stasi. ... Die Stasi als Staat im Staate produzierte den angepassten Bürger – gehorsam, duckmäuserisch, petzend. ... Kritiker wurden zu Kriminellen erklärt, den Opfern, die von den Krakenarmen der Stasi umfangen waren, blieb oft nur die Anpassung, die Unterdrückung schuf sich neue Helfer. Deren wichtigster: die allgegenwärtige Angst. ... Das Heer der Spitzel und Zuträger trug Uniform und Zivil. Stasi-Schnüffler traten als Zöllner und Kellner, Soldaten und Zeugen Jehovas auf. Zuträger gab es in allen Schichten des Volkes. ...
Der lange Arm der Stasi reichte überall hin, das scharfe Auge war immer wach. Es gab Theologiestudenten, denen die Stasi gegen Informationen aus der Universität das Studium bezahlte – eine Investition mit Langzeitperspektive. Denn das Schnüffel-Amt gab sich damit nicht zufrieden. Erst nach dem Examen wurden diese Kirchenleute für die Sicherheitsfanatiker richtig wertvoll – mit Tips und Hinweisen aus den Kirchen, dem einzigen Raum, der Andersdenkenden offenstand.

Der Spiegel-Spezial II/1990, S. 49 ff.

In den Archiven des Ministeriums für Staatssicherheit lagern Informationen von rund 5 Millionen Bürgerinnen und Bürgern. Einerseits wird gefordert, alle Akten zu veröffentlichen, andererseits haben die Betroffenen aber auch ein Recht auf Schutz ihrer Persönlichkeit, vor allem dann, wenn die Beschuldigungen zu Unrecht erfolgen. Der Umgang mit den Stasi-Akten ist ein heikles Thema. Viele Prominente gerieten in Verdacht, für die Staatssicherheit gearbeitet zu haben.

Der erste gesamtdeutsche Bundestag beschließt ein Stasi-Gesetz, das am 1. Januar 1992 in Kraft tritt. Danach können alle Bürgerinnen und Bürger auf Antrag Einblick in ihre Stasi-Akte nehmen. Seit 1990 gibt es einen Sonderbeauftragten der Bundesregierung, dessen Aufgabe es ist, die Stasi-Akten aufzubewahren und vor unerlaubten Zugriffen zu schützen. Ein weiteres Problem belastet die Demokratisierung: Viele Menschen, die bis zum Herbst 1989 leitende Positionen hatten, passen sich den neuen Verhältnissen sehr rasch an, geben sich als überzeugte Demokraten und helfen sich gegenseitig. Der DDR-Volksmund prägt dafür die Begriffe „Wendehals" und „Seilschaft".

Aus einem Interview mit dem Sonderbeauftragten der Bundesregierung, Joachim Gauck:

Stasi-Akten sind Zeitzeugnis

Frage: Ihre Behörde verwaltet einen widerlichen Teil der DDR-Hinterlassenschaft. Wie weit ist die Aktenaufarbeitung?
Gauck: Es sind 180 Kilometer Schriftgut, das wir verwalten.

Frage: Wer nutzt ihre Behörde und mit welchem Ziel?
Gauck: Unsere Behörde wird von drei Gruppen genutzt: die ganz normale Bevölkerung. Jeder hat das Recht, einen Antrag zu stellen und zu fragen, ob er erfasst ist und wenn das so ist, Akteneinsicht zu nehmen. Dazu haben wir rund 900 000 Anträge vorliegen. Zweitens: Rund 1,5 Millionen Anträge stammen aus dem öffentlichen Dienst. Wir wollten ja den neuen Verwaltungen und Parlamenten trauen. Drittens: Gericht und Staatsanwaltschaften mit 150 000 Anträgen, z.B. für Wiedergutmachungsangelegenheiten. Daneben hat die zeitgeschichtliche Forschung schon jetzt die Möglichkeit, mit den Akten zu arbeiten.

Frage: Was sollte mit den Unterlagen eines Tages geschehen?
Gauck: Die Unterlagen werden irgendwann dem Bundesarchiv übergeben. Sie werden nicht vernichtet. Sie bleiben ein wichtiges Zeitzeugnis.

Frage: Was kann es uns allen noch bringen, die Akten nicht in nächster Zeit zu schließen? Die DDR ist Geschichte und sollten wir nicht nach vorne blicken?
Gauck: Viele sagen, lasst uns doch Frieden machen. ...
Das kann nur ein fauler Frieden werden. ...
Man kann sich von einer Diktatur nicht mit Keep-smiling verabschieden – nicht die Täter und nicht die Opfer. So geht das nicht. Wenn der Streit seine Zeit gehabt hat, werden auch der Frieden und die Versöhnung wachsen.

Heilbronner Stimme vom 4.3.1995

Der Demokratisierungsprozess in der DDR

Die Zukunft der DDR

Mit der Öffnung der Grenze ist die Frage, wie es in und mit der DDR weitergehen soll, noch lange nicht entschieden. Drei Möglichkeiten sind denkbar:

- Die SED und ihre Anhänger möchten die DDR als eigenständigen Staat erhalten. Der neue Ministerpräsident Hans Modrow (SED) verspricht weitreichende Reformen in Staat und Gesellschaft.
- In Ostberlin wird ein „Runder Tisch" gebildet, an dem auch die Oppositionsgruppen beteiligt sind. Er arbeitet eine neue Verfassung für die DDR aus.
- Bei den Montagsdemonstrationen wird zum ersten Mal der Ruf nach Wiedervereinigung der beiden deutschen Staaten laut („Deutschland, einig Vaterland").

Auch nach dem Fall der Mauer verlassen viele Bürgerinnen und Bürger die DDR und siedeln in den Westen über. Sie haben das Vertrauen in ihren Staat verloren und versuchen, sich in der Bundesrepublik eine neue Existenz aufzubauen.

Die ersten demokratischen Wahlen

Am 18. März 1990 finden die ersten demokratischen Wahlen in der DDR statt. Der Wahlausgang ist eine große Überraschung: Die CDU gewinnt über 40% der Stimmen, die neuen Parteien, die aus den Oppositionsgruppen entstanden sind, erhalten nur wenige Stimmen. Das Wahlergebnis wird allgemein als Abstimmung für eine rasche Vereinigung der beiden deutschen Staaten gewertet.

Auseinandersetzung mit der Vergangenheit

Der Demokratisierungsprozess wird begleitet von der Auseinandersetzung mit der eigenen Vergangenheit. Als besonders schwerwiegend zeigt sich, dass sehr viele Bürgerinnen und Bürger der DDR in die Arbeit der Staatssicherheit verwickelt waren. Seit 1990 arbeitet ein Sonderbeauftragter der Bundesregierung, dessen Aufgabe es ist, die Stasi-Akten aufzubewahren und vor unerlaubten Zugriffen zu schützen.

Zur Wiederholung

1. Was versteht man unter einem „Wendehals"?
2. Warum wird Anfang 1990 der Ruf nach Vereinigung der beiden deutschen Staaten immer lauter?
3. Interpretieren Sie die Ergebnisse der Volkskammerwahl vom 18. März 1990.

Weiterführende Aufgaben

1. Nehmen Sie zu der Frage Stellung, ob unter die Vergangenheit der DDR ein Schlussstrich gezogen werden sollte.
2. Die SED hat sich 1990 in PDS umbenannt. Bei den Landtagswahlen in den neuen Bundesländern und in Berlin erreichte sie 1994 und 1995 beachtliche Wahlergebnisse. Diskutieren Sie, worauf diese Erfolge zurückzuführen sind.

2 Schritt für Schritt zur staatlichen Einheit

Als im November 1989 die Mauer in Berlin fällt, denkt zunächst noch niemand an eine rasche Vereinigung der beiden Staaten. Sowohl in der Bundesrepublik Deutschland als auch in der DDR geht man davon aus, dass der **deutsch-deutsche Einigungsprozess** mehrere Jahre dauern wird. Unter dem Druck des schlechten Zustandes von Umwelt und Wirtschaft in der DDR (s. S. 204) sowie des unverändert starken Übersiedlerstroms wird der Ruf nach einer raschen Vereinigung, vor allem in der DDR, immer lauter.

2.1 Die Wirtschafts-, Währungs- und Sozialunion – der erste Staatsvertrag

„Was denn nun? Einpacken? Auspacken?"

Der erste große Schritt auf dem Weg zur schnellen Einheit soll die Wirtschafts- und Währungsunion sein. ... Viele hatten Helmut Kohls Wahlreden so verstanden, dass mit der D-Mark alle Probleme schnell gelöst werden könnten. ... Ein Gutachten der Deutschen Bundesbank empfahl einen Umtauschkurs von 2 : 1, der allein unter volkswirtschaftlichen Gesichtspunkten sinnvoll sei. ... Die Frage 1 : 1 oder 2 : 1 war plötzlich kein Fußballergebnis mehr, sondern die Existenzfrage einer ganzen Nation.

G. Knopp/E. Kuhn: Die deutsche Einheit, a.a.O. S. 262 f.

Am 18. Mai unterzeichnen Bundeskanzler Kohl und Ministerpräsident de Maizière den **Staatsvertrag** zur Schaffung einer Wirtschafts-, Währungs- und Sozialunion.

Auszug aus dem Vertrag

Artikel 1
(1) Die Vertragsparteien errichten eine Währungs-, Wirtschafts- und Sozialunion. ...
(3) Grundlage der Wirtschaftsunion ist die Soziale Marktwirtschaft als gemeinsame Wirtschaftsordnung beider Vertragsparteien. Sie wird insbesondere bestimmt durch Privateigentum, Leistungswettbewerb, freie Preisbildung und grundsätzlich volle Freizügigkeit von Arbeit, Kapital, Gütern und Dienstleistungen. ...

Artikel 10
Mit Wirkung vom 1. Juli 1990 wird die Deutsche Mark als Währung in der Deutschen Demokratischen Republik eingeführt. ...

zitiert nach Frankfurter Rundschau vom 17. Mai 1990

Dieser erste Staatsvertrag regelt auch Fragen des Arbeits- und Sozialrechts. Ab 1. Juli 1990 gelten in der DDR folgende Bestimmungen entsprechend den Gesetzen der Bundesrepublik Deutschland: Koalitionsfreiheit, Tarifautonomie, Arbeitskampfrecht, Betriebsverfassung, Mitbestimmung, Kündigungsschutz, Kranken-, Renten- und Arbeitslosenversicherung.

Die schnelle Einführung der D-Mark im Umtauschkurs 1 : 1 ist nicht nur unter Fachleuten, sondern auch zwischen Regierung und Opposition heftig umstritten.

Währungsumstellung

1:1

1. Für Löhne, Gehälter, Renten, Stipendien, Mieten, Pachten u. ä.

2. Für Bankguthaben und Bargeld von DDR-Bürgern bis zu diesen Höchstgrenzen:
Bis 13-jährige 2000 Mark,
14- bis 59-jährige 4000 Mark,
60-jährige und ältere 6000 Mark.

1:2

1. Für Bankguthaben und Bargeld von DDR-Bürgern über die Höchstbeträge hinaus.

2. Für Guthaben von Nicht-DDR-Bürgern bei Kreditinstituten in der DDR, die vor dem 1. 1. 1990 entstanden sind.

3. Für Schulden und Verbindlichkeiten.

4. **Jetzt offizieller Kurs.**

1:3

1. Guthaben von Nicht-DDR-Bürgern, die nach dem 31. 12. 1989 entstanden sind.

2. Ein Umtausch ist nur möglich über Konten bei Kreditinstituten in der DDR. Dies ist eine Vorkehrung gegen Spekulanten.

nach Globus 8287

Die Vereinigung Deutschlands

Endlich richtiges Geld – Zum Ausgeben fast zu schade

Als die Deutsche Bank in der Nacht vom Samstag auf Sonntag, punkt null Uhr, auf dem Alexanderplatz ihre erste DDR-Filiale eröffnet, schlafen die Fromms noch den Schlaf der Gerechten. Erst um 7 Uhr wird Vater Dirk vom Töchterchen Sarah geweckt. ... Dirk Fromm hat diesen Tag wie Millionen anderer DDR-Bürger herbeigesehnt und das hat einen einfachen Grund: „Ich bin ein kleiner Autofreak. Es war immer mein Traum, einmal einen nagelneuen Wagen zu kaufen."

Das Auto steht schon bereit. Ein Fiat Tipo für 22.700 DM soll es sein. ... Einschließlich Kindergeld verdienen die Fromms fast 2 000 Mark netto im Monat, womit sich bisher recht gut auskommen ließ. ... „Selbst wenn die Miete um das Vierfache steigt und auch die Kinderkrippe teurer wird, kommen wir noch hin." Immerhin belastet der Kredit für das neue Auto die Haushaltskasse mit monatlich fast 400 Mark und die Lebensmittelpreise steigen drastisch.

Ines Fromm wiegelt trotzdem ab: „Wenn die Vereinigung mit einem so reichen Land wie der BRD kommt, müssen auch die Löhne steigen. Die können uns doch nicht zum Armenhaus verkommen lassen." Der Optimismus ist unerschütterlich.

Ralf Neubauer, in Frankfurter Rundschau vom 2. Juli 1990
(Text gekürzt und vereinfacht)

Sieben Stunden stand er für die Blauen an: Kohlenfahrer Corsalli.

Bundeskanzler Helmut Kohl (CDU):

Der Staatsvertrag zur Währungs-, Wirtschafts- und Sozialunion bedeutet einen ersten und entscheidenden Schritt auf dem Weg zur Einheit. Unseren Landsleuten in der DDR eröffnet sich - nach einer sicherlich nicht einfachen Zeit des Übergangs - die Chance auf eine rasche, durchgreifende Besserung ihrer Lebensbedingungen.

Oskar Lafontaine (SPD):

Ich halte die Ausdehnung des Geltungsbereichs der D-Mark zum 1. Juli für einen schweren Fehler, weil sie Massenarbeitslosigkeit zur Folge hat.

Die ticken ja nicht richtig!

Das böse Erwachen kam für viele DDR-Bürger beim zweiten Blick. Als sie sich vom Wunder der Warenvermehrung in den Läden erholt hatten und auf die Preise sahen, blieb den meisten Einkaufsbummlern vor Schreck die neue Währung in den Börsen stecken. ...

Nur an den Wühltischen, wo DDR-Produkte teilweise zu Schleuderpreisen verramscht wurden, herrschte Hochbetrieb. Dort gab es Cordhosen zu drei Mark und Daunenjacken zu 14,95 Mark. Westware war dagegen für viele unerschwinglich. „Die ticken ja nicht richtig", kommentierte ein 30-jähriger Mann das Angebot. ... Wesentlich teurer kamen auch viele Gaumenfreuden. Im Magdeburger Biergarten an der Elbe war der halbe Liter von 1,02 Mark auf 3 D-Mark gestiegen. ... Einen guten Umsatz meldete der Leiter eines Konsummarktes. Bloß auf den Brötchen für 19 Pfennig, früher 5 Pfennig, blieb er sitzen. „Sie könnten für 19 Pfennig ruhig etwas mehr Farbe haben, die sind wohl blass geworden vom Preisschock," bemerkte er.

Meldung der Deutschen Presse-Agentur vom 2. Juli 1990

Mit der Einführung der DM in der DDR ist der erste Schritt zur Vereinigung getan. Bundesrepublik Deutschland und DDR bilden ab dem 2. Juli 1990 ein **gemeinsames Wirtschaftsgebiet**. Die Bevölkerung der DDR erhofft sich eine rasche Erhöhung des Lebensstandards. Die große Frage ist, ob die Betriebe der DDR künftig noch konkurrenzfähig sind, wenn sie sich mit ihren Produkten auf den internationalen Märkten behaupten müssen.

2.2 Die staatliche Vereinigung – der 3. Oktober 1990

Das offizielle Staatssymbol der DDR wird aus dem Sitzungssaal der Regierung entfernt und im Ostberliner Museum für Deutsche Geschichte ausgestellt.

Beitrittserklärung der Volkskammer

Die Volkskammer erklärt den Beitritt zum Geltungsbereich des Grundgesetzes nach Artikel 23 zum 3. Oktober 1990. Sie geht davon aus, dass bis zu diesem Zeitpunkt die Beratungen zum Einigungsvertrag abgeschlossen sind, die Zwei-plus-vier-Verhandlungen einen Stand erreicht haben, der die außen- und sicherheitspolitischen Bedingungen der Einheit regelt und die Länderbildung soweit vorbereitet ist, dass die Wahl zu den Länderparlamenten am 14. Oktober 1990 durchgeführt werden kann.

Quelle: Berliner Zeitung vom 23. August 1990.

Grundgesetz Artikel 23:

Dieses Grundgesetz gilt zunächst im Gebiet der Länder Baden, Bayern, Bremen, Groß-Berlin, Hamburg, Hessen, Niedersachsen, Nordrhein-Westfalen, Rheinland-Pfalz, Schleswig-Holstein, Württemberg-Baden und Württemberg-Hohenzollern. In anderen Teilen Deutschlands ist es nach deren Beitritt in Kraft zu setzen.

Anmerkung:
Das Saarland tritt 1957 bei;
seit 1952 gibt es das Bundesland Baden-Württemberg;
für Groß-Berlin gelten von Anfang an Sonderregelungen der Siegermächte.

Der Einigungsvertrag

besteht aus 45 Artikeln, einem Protokoll mit einigen Klarstellungen sowie 3 sehr umfangreichen Anlagen.

Mit einem Aufkleber wirbt Berlin als künftige deutsche Hauptstadt

Am 20. Juni 1991 beschließt der Bundestag nach einer dramatischen Debatte, den Sitz von Regierung und Parlament nach Berlin zu verlegen. 338 Abgeordnete stimmen für Berlin, 320 für Bonn.
Es ist jedoch sehr ungewiss, wann Bundestag und Bundesregierung auch tatsächlich nach Berlin umziehen.

Auszug aus dem Einigungsvertrag

Die Bundesrepublik Deutschland und die Deutsche Demokratische Republik.... sind übereingekommen, einen Vertrag über die Einheit Deutschlands mit den nachfolgenden Bestimmungen zu schließen:

Artikel 1
(1) Mit dem Wirksamwerden des Beitritts der Deutschen Demokratischen Republik zur Bundesrepublik Deutschland gemäß Artikel 23 des Grundgesetzes am 3. Oktober 1990 werden die Länder Brandenburg, Mecklenburg-Vorpommern, Sachsen, Sachsen-Anhalt und Thüringen Länder der Bundesrepublik Deutschland....
(2) Die 23 Bezirke von Berlin bilden das Land Berlin.

Artikel 2
(1) Hauptstadt Deutschlands ist Berlin. Die Frage des Sitzes von Parlament und Regierung wird nach der Herstellung der Einheit Deutschlands entschieden.
(2) Der 3. Oktober ist als Tag der Deutschen Einheit gesetzlicher Feiertag.

Artikel 3
Mit dem Wirksamwerden des Beitritts tritt das Grundgesetz für die Bundesrepublik Deutschland ... in den Ländern Brandenburg, Mecklenburg-Vorpommern, Sachsen, Sachsen-Anhalt und Thüringen sowie in dem Teil des Landes Berlin, in dem es bisher nicht galt, ... in Kraft....

Artikel 8
Mit dem Wirksamwerden des Beitritts tritt in dem in Artikel 3 genannten Gebiet Bundesrecht in Kraft, soweit ... durch diesen Vertrag nichts anderes bestimmt wird.

Artikel 10
(1) Mit dem Wirksamwerden des Beitritts gelten in dem in Artikel 3 genannten Gebiet die Verträge über die Europäischen Gemeinschaften....

nach Beck-Texte: Die Verträge zur Einheit Deutschlands, dtv. 5564, S. 43 ff.

Die Grundlage für die Herstellung der Einheit Deutschlands ist der zwischen den Regierungen der beiden deutschen Staaten ausgehandelte **Einigungsvertrag**, der am 3. Oktober 1990, dem **„Tag der deutschen Einheit"**, in Kraft tritt. Es handelt sich dabei um ein sehr kompliziertes und umfangreiches Vertragswerk, denn schließlich müssen zwei bis dahin völlig unterschiedliche politische, gesellschaftliche und wirtschaftliche Systeme miteinander in Einklang gebracht werden. Einige Probleme sind umstritten, in vielen Bereichen werden Übergangsregelungen vereinbart.

Bundespräsident Richard von Weizsäcker bei der Feierstunde am 3. Oktober 1990:

Aus ganzem Herzen empfinden wir Dankbarkeit und Freude – und zugleich unsere große und ernste Verpflichtung. Die Geschichte in Europa und in Deutschland bietet uns jetzt eine Chance, wie es sie bisher nicht gab. Wir erleben eine der sehr seltenen historischen Phasen, in denen wirklich etwas zum Guten verändert werden kann. Lassen Sie uns keinen Augenblick vergessen, was dies für uns bedeutet.

Zum ersten Mal bilden wir Deutschen keinen Streitpunkt auf der europäischen Tagesordnung. Unsere Einheit wurde niemandem aufgezwungen, sondern friedlich vereinbart. ...
Die Form der Einheit ist gefunden. Nun gilt es, sie mit Inhalt und Leben zu erfüllen. Parlamente, Regierungen und Parteien müssen dabei helfen. Zu vollziehen aber ist die Einheit nur durch das souveräne Volk, durch die Köpfe und Herzen der Menschen

selbst. Jedermann spürt, wie viel da noch zu tun ist. Es wäre weder aufrichtig noch hilfreich, wollten wir in dieser Stunde verschweigen, wie viel uns noch voneinander trennt. ...
Aber kein Weg führt an der Erkenntnis vorbei: Sich zu vereinen, heißt teilen lernen. Wirklich vereint werden wir erst dann sein, wenn wir zu dieser Zuwendung bereit sind. Wir können es. Und viele, ich glaube, die meisten, wollen es auch.

nach Der Spiegel: Dokument 5/1990, S. 13 ff. (gekürzt)

3 Probleme der Vereinigung

Die vierzigjährige Trennung der Deutschen in zwei gegensätzlichen Staats-, Gesellschafts- und Wirtschaftssystemen kann nicht von heute auf morgen überwunden werden. Zu unterschiedlich sind die Systeme der ehemaligen Bundesrepublik Deutschland und der ehemaligen DDR gewesen. Das Denken der Menschen ist geprägt von den jeweiligen Verhältnissen, in denen sie gelebt und gearbeitet haben. Und deshalb begegnen sich die Bürgerinnen und Bürger der beiden Teile Deutschlands mit sehr viel Zurückhaltung. Während sich in den fünf neuen Bundesländern viele als „Bürger zweiter Klasse" fühlen, stehen in den alten Bundesländern immer häufiger die Probleme beim **Aufbau der ehemaligen DDR** im Mittelpunkt der Diskussionen. Obwohl die staatliche Einheit am 3. Oktober 1990 rechtlich verwirklicht worden ist, wird es vermutlich noch Jahre dauern, bis auch die Menschen zueinander gefunden haben und es keine „Wessis" und „Ossis" mehr gibt.

1991 entsteht für die „Überlegenheit" der Westdeutschen der Begriff „Besserwessi".

Luftverschmutzung je Einwohner in kg (1989)

	BRD	DDR
Kohlenmonoxid	136	171
Stickoxide	44	24
Schwefeldioxid	17	312
Staub	9	132

nach Globus 8417

Anteile an der Stromerzeugung 1988

	BRD	DDR
Kernenergie	34,0%	9,9%
Steinkohle	29,9%	0,2%
Braunkohle	18,8%	85%
Erdgas	7,3%	-
Wasserkraft	4,4%	1,5%
Heizöl	2,4%	0,5%
Sonstiges	3,2%	2,9%

nach Globus 8393

3.1 Umweltprobleme

Ein geschundener Fluss

■ **Flusskilometer Null.** Im tschechoslowakischen Riesengebirge kann das glasklare Wasser aus der Elbquelle getrunken werden. ...

■ **Flusskilometer 460.** In Dresden nimmt die Qualität des Flusswassers drastisch ab, der Sauerstoffgehalt sinkt auf ein Minimum von 3 Milligramm pro Liter – tödlich für die meisten Fischarten. ...

■ **Flusskilometer 667.** Bei der offiziellen DDR-Gewässergütemessstelle Breitenhagen steigen die Werte der organischen und anorganischen Schadstoffe sprunghaft an, der Sauerstoff geht gegen „null". Der Grund: Die Nebenflüsse Mulde, Weiße Elster, Schwarze Elster und Saale transportieren die Abwässer aus den industriellen Ballungsgebieten um Leipzig, Halle, Bitterfeld und Wolfen in den Strom. Die Elbe wird kurz vor Magdeburg zu Europas dreckigstem Fluss. ...

■ **Flusskilometer 1020.** Bei Hamburg gleicht die Elbe einem Bergwerk: 100 Tonnen Kupfer, 60 Tonnen Chrom, 50 Tonnen Nickel, 12 Tonnen Arsen, 50 Tonnen Blei und 2,5 Tonnen Cadmium werden allein in der Hansestadt jährlich aus der Fahrrinne gebaggert.

■ **Flusskilometer 1124** bei Cuxhaven. Das Quecksilber aus den Industriebetrieben der DDR findet sich in den Gehirnen der Robben auf den Sandbänken in der Nordsee wieder – Endstation eines geschundenen Flusses.

Spiegel-Spezial II/1990, S. 101

Das Ausmaß der **Umweltkatastrophe** in der ehemaligen DDR wird erst nach der Wende sichtbar, denn die SED-Regierung hat alle Zahlen über Schadstoffbelastungen sorgfältig unter Verschluss gehalten. Ungenügende Umweltschutzbestimmungen und rückständige Technologien haben zu diesem Zustand geführt. Auch die Verwendung der Braunkohle als Hauptenergieträger ist für die Umweltbelastung verantwortlich. Die Kraftwerke der ehemaligen DDR entsprechen bei weitem nicht den Umweltbestimmungen der Bundesrepublik Deutschland. In den Industriezentren im Süden der DDR, vor allem um Leipzig und Bitterfeld, sind gesundheitliche Schäden der Bevölkerung nachgewiesen worden. Riesige Investitionen sind notwendig, um im Umweltschutz wenigstens den Stand der ehemaligen Bundesrepublik Deutschland zu erreichen. Der schlechte Zustand der Umwelt behindert aber auch die wirtschaftliche Entwicklung in den fünf neuen Bundesländern. Westdeutsche Unternehmen zögern beim Kauf von Betrieben oder beim Bau neuer Produktionsanlagen, weil sie fürchten, dass hohe Kosten bei der Beseitigung von Altlasten, z. B. der Sanierung verseuchter Böden, auf sie zukommen.

3.2 Der Übergang zur Marktwirtschaft

Wartburg-Autos endgültig gestoppt

Berlin. Ende des Monats laufen die letzten Wartburg-Pkw vom Band. Das teilte der Sprecher der Treuhandanstalt mit. Die noch etwa 6 000 Beschäftigten des Automobilwerks Eisenach werden auf „Kurzarbeit null" gesetzt. Darüber hinaus stehen in den Zulieferbetrieben weitere 10 000 Arbeitsplätze auf dem Spiel.

Frankfurter Rundschau vom 22.1.1991

Opel legt Grundstein für modernstes Automobilwerk

Eisenach. In Eisenach ist gestern der Grundstein für das Montagewerk der Adam Opel AG gelegt worden. Mit einem Investitionsaufwand von einer Milliarde DM soll eines der modernsten Autowerke Europas mit 2 600 Mitarbeitern entstehen. Ende 1992 soll die Produktion von täglich 650 Fahrzeugen aufgenommen werden.

Heilbronner Stimme vom 1.2.1991

Probleme der Vereinigung

Eines der größten Probleme bei der Vereinigung Deutschlands ist die Umstellung von der DDR-Planwirtschaft (s. S. 183 ff.) zur Marktwirtschaft und damit die Schaffung gleicher Lebensverhältnisse in ganz Deutschland. Dieser Anpassungsprozess ist sehr schwierig. Selbst dort, wo wie in Eisenach ein kapitalkräftiger Investor gefunden und ein neues Automobilwerk gebaut wird, ist die Umstellung mit einem erheblichen Abbau von Arbeitsplätzen verbunden.

Die Probleme haben vor allem zwei Ursachen:
- Die Produkte der Betriebe in den neuen Bundesländern sind in den westlichen Industriestaaten nicht konkurrenzfähig und auch die Bürgerinnen und Bürger der ehemaligen DDR kaufen lieber Westwaren.
- Die Märkte in den Ostblockstaaten, wohin die DDR früher überwiegend exportiert hat, brechen ebenfalls zusammen, so dass viele Unternehmen ihre Erzeugnisse nicht mehr absetzen können. Die Wirtschaftskrise der Jahre 1992 - 1994 verschärft die Situation.

Die Treuhandanstalt

1990 gründet die DDR die **Treuhandanstalt**; nach der Vereinigung wird diese dem Bundesfinanzministerium unterstellt. Ihre Aufgabe ist die treuhänderische Verwaltung des gesamten Vermögens der ehemaligen DDR. Sie wird damit zur größten Holding der Welt. Die Treuhandanstalt entscheidet über **Verkauf (Privatisierung)**, **Stilllegung** oder **Sanierung** der Betriebe in den fünf neuen Bundesländern.

Ende 1994 stellt die Treuhandanstalt ihre Arbeit ein und legt folgende Bilanz vor:
- Rund 14 500 Betriebe wurden privatisiert.
- 3 661 Betriebe wurden stillgelegt.
- 4 300 Unternehmen wurden an frühere Besitzer zurückgegeben.
- Die Treuhandanstalt hinterlässt einen Schuldenberg von rund 300 Milliarden DM.
- Die Zahl der Arbeitsplätze in den fünf neuen Bundesländern hat sich von 10 Millionen im Jahr 1989 auf 6 Millionen im Jahr 1994 verringert.

Die Arbeit der Treuhandanstalt ist – besonders in den neuen Bundesländern – heftig umstritten. Ihr wird vorgeworfen, die Wirtschaft der ehemaligen DDR „plattzumachen" und zu wenig für den Erhalt von industriellen Kernbereichen und damit für die Sicherung von Arbeitsplätzen zu tun.

Auf der anderen Seite erscheint es als eine beinahe unlösbare Aufgabe, eine ganze Volkswirtschaft innerhalb weniger Jahre vollständig neuen Bedingungen anzupassen.

Die Strategie der schnellen Privatisierung

Da sich die Treuhandanstalt – zumindest bis Herbst 1992 – als reine Verkaufsagentur mit dem Ziel der schnellstmöglichen Privatisierung verstand, mussten die Verkaufsbedingungen der wenigen westlichen Investoren weitgehend akzeptiert werden. Die aber setzten ganz überwiegend auf Sanierung durch Schrumpfung oder auf „Resteverwertung" und Grundstücksspekulation....

Um ihre Unternehmen loszuwerden, musste die Treuhandanstalt immer stärker vom Verkauf zur Vergabe mit hohen Zugaben (negative Verkaufspreise) übergehen. Die wichtigste Gegenleistung bestand dann in den vertraglichen Zusagen – etwa zum Erhalt oder zur Schaffung von Arbeitsplätzen, die nur sehr schwer kontrollierbar und bei veränderten Bedingungen auch nicht einhaltbar sind.

Jan Priewe: Die Folgen der schnellen Privatisierung der Treuhandanstalt, in: Aus Politik und Zeitgeschichte, Nr. 43-44/94, S.28

Arbeitslosigkeit in Deutschland 1996 (Jahresdurchschnitt)

Westliche Bundesländer
Arbeitslose	2,8 Mio
Arbeitslosenquote in % der Erwerbstätigen	9,1

Östliche Bundesländer
Arbeitslose	1,17 Mio
Arbeitslosenquote in % der Erwerbstätigen	15,7

Deutschland gesamt
Arbeitslose	3,96 Mio
Arbeitslosenquote in % der Erwerbstätigen	10,4

Zu den bei den Arbeitsämtern registrierten Arbeitslosen kommt noch eine relativ hohe verdeckte Arbeitslosigkeit hinzu (z.B. Vorruhestandsregelungen, Arbeitsbeschaffungsmaßnahmen).

Quelle: Bundesanstalt für Arbeit

Gesamtdeutsche Morgenröte

3.3 Die Kosten der Einheit

Das genügt, bis zur Bundestagswahl tut's noch ihre alte Brille!
(Aus „Deutschland – Deutschland" – Karikaturen von Horst Haitzinger, Bruckmann Verlag, München)

*Satirische Schweizer Zeitschrift
Nebelspalter/Haitzinger*

Ostdeutsche Straßenbauarbeiten (bei Gera)

Fassadenrenovierung in Leipzig

Ostdeutsche Autobahnbaustelle (in Thüringen)

Probleme der Vereinigung

Schon bald nach der Vereinigung wird deutlich, dass für den Aufbau in den fünf neuen Bundesländern wesentlich mehr finanzielle Leistungen als ursprünglich angenommen notwendig sind. Dabei geht es vor allem um die Sanierung des Verkehrsnetzes, den Bau von öffentlichen Einrichtungen wie Krankenhäuser, Schulen und die Erhaltung vorhandener Bausubstanz, z.B. in den Innenstädten. Auch im Bereich des Umweltschutzes sind riesige Investitionen notwendig.

Da die wirtschaftliche Lage in den östlichen Bundesländern sehr schlecht ist und deshalb die Steuereinnahmen sehr spärlich fließen, ist Hilfe aus dem Westen unbedingt notwendig. Voraussichtlich wird es noch einige Jahre dauern, bis die neuen Länder ihre Aufgaben aus eigener Kraft bewältigen können.

Finanzierung der Einheit

- Einsparungen im Bundeshaushalt
- Vermehrte Schuldenaufnahme des Staates
- Steuererhöhungen
- Erhöhung der Beiträge zu den Sozialversicherungen, um soziale Leistungen in den neuen Ländern zu finanzieren
- Befristete Steuerzuschläge (Solidaritätszuschlag auf die Lohn- und Einkommensteuer 1991/92 und ab 1995)

Aufbau-Ost

Die wirtschaftliche Angleichung der Bundesländer an das Westniveau wird nach Einschätzung des Bundesverbandes der Deutschen Industrie (BDI) noch mindestens 15-20 Jahre in Anspruch nehmen.

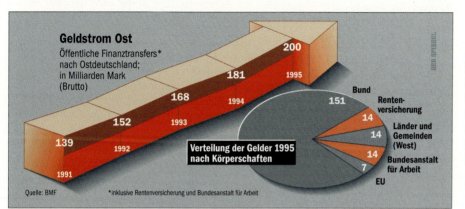

Wir sind nur lästig

Interview mit dem Ministerpräsidenten von Sachsen-Anhalt, Reinhard Höppner:

Frage: Wo liegen Ihrer Meinung nach die Ursachen, dass der Verdruss über die Kosten der Einheit das historische Ereignis der Einigung überwuchert?

Höppner: Das ist für mich eine zentrale Frage an die Gesellschaft. Die ist total auf Geld, Erfolg und Einkommen programmiert. In dieser Atmosphäre lassen sich Neidgefühle schon beim kleinsten Anlass mobilisieren....
Ein Grund für Fehler ist sicher: Es hat eine zu schnelle Übertragung von West-Standards in den Osten gegeben. So haben die Politiker und Banker aus dem Westen nach der Wende gesagt: Wenn jetzt im Osten gebaut werden soll, muss es gleich das Feinste und Beste sein. Das war nicht unsere Idee.

Frage: Schuld hat also nur der Westen?

Höppner: Nein. Schuldgefühle haben wir auch. Viele Kommunalpolitiker im Osten ärgern sich, dass sie nicht klar genug gesehen haben, dass uns Geschäftemacher aus dem Westen über den Tisch ziehen und dass uns Leute beraten, die gar nicht so kompetent sind. ... Viele Menschen im Osten sind betroffen, dass sie jetzt für ihre guten und ehrlichen Bemühungen Prügel kriegen. Das ist schon bedrückend.
Da kommt manchmal Wut auf....

Frage: Mancher West-Politiker möchte die Fördergelder für den Osten am liebsten sofort stoppen. Wäre dann der Traum von den blühenden Landschaften ausgeträumt?

Höppner: Es geht gar nicht um blühende Landschaften, aber wenigstens ordentliche Wiesen müssten es schon sein. Die Angleichung der Lebensverhältnisse in Ost und West, die ja ein Verfassungsgebot ist, wird noch viele, viele Jahre in Anspruch nehmen. Mir scheint, manchem wäre es lieber, wenn der Osten ein Armenhaus bliebe. Wir werden einen drastischen Unterschied zwischen Ost und West – was die Produktion, den Lebensstandard, die Wohnlichkeit anbetrifft – aber nicht lange aushalten....

Frage: Wie lange dauert es noch, bis auch in den Köpfen zusammenwächst, was zusammengehört?

Höppner: Bis dahin wird noch eine Generation groß werden. Die kann dann unbefangener mit der Einheit umgehen, weil sie keine eigenen schmerzlichen Erfahrungen mit ihr verbindet.

Der Spiegel Nr. 8/1995, S. 21ff.

Die Vereinigung und ihre Probleme

Wirtschafts-, Währungs- und Sozialunion

Nach der Volkskammerwahl vom 18. März 1990 beginnen die Verhandlungen zur Vereinigung der beiden deutschen Staaten. Der erste Schritt dazu ist der Abschluss eines Staatsvertrages zur Schaffung der Wirtschafts-, Währungs- und Sozialunion. Darin werden vor allem die Einführung der D-Mark, der Umtauschkurs und die Einführung des Arbeits- und Sozialrechts der Bundesrepublik in der DDR geregelt. Ab 2. Juli 1990 bilden die beiden deutschen Staaten ein gemeinsames Wirtschaftsgebiet.

Beitritt der DDR

Am 3. Oktober 1990 tritt der Einigungsvertrag zwischen der Bundesrepublik Deutschland und der DDR in Kraft. Mit dem Beitritt nach Artikel 23 des Grundgesetzes gelten auch in der DDR die Verfassung und die Gesetze der Bundesrepublik Deutschland. In vielen Bereichen müssen Übergangsregelungen getroffen werden, da die bisherigen Regelungen zu unterschiedlich gewesen sind. Der 3. Oktober wird zum „Tag der Deutschen Einheit" erklärt und ist seit 1990 gesetzlicher Feiertag.

Mit der rechtlichen Vereinigung sind die Probleme jedoch noch nicht gelöst. Schwierig ist die Situation vor allem in drei Bereichen:

Umweltkatastrophe

- **Umwelt**: Die Umwelt befindet sich in der ehemaligen DDR in einem katastrophalen Zustand. Wasser, Luft und Boden sind vor allem in den industriellen Ballungsgebieten stark verschmutzt, so dass gesundheitliche Schäden der Bevölkerung bereits nachweisbar sind. Riesige Investitionen sind notwendig.

Von der Planwirtschaft zur Marktwirtschaft

- **Wirtschaft**: Die Umstellung von der Planwirtschaft auf die Marktwirtschaft ist weitaus schwieriger als erwartet. Die 1990 gegründete Treuhandanstalt hat die Aufgabe, den Anpassungsprozess zu organisieren. Ehemalige DDR-Betriebe werden entweder privatisiert, saniert oder stillgelegt. Im Zuge dieser Entwicklung steigt die Arbeitslosigkeit in den neuen Bundesländern bedrohlich an.

Die Kosten der Einheit

- **Finanzierung der Einheit**: Der Aufbau Ost verschlingt Riesensummen. Von 1990 bis 1995 werden rund 840 Mrd. DM von West nach Ost transferiert.

Die Probleme bei der Verwirklichung der Einheit führen auch zu Spannungen zwischen den Menschen in beiden Teilen Deutschlands.

Zur Wiederholung

1. Am 2. Juli 1990 wird die Währungs-, Wirtschafts- und Sozialunion vollzogen.
   a) Welche Erwartungen verbinden sich mit der Einführung der D-Mark in der DDR?
   b) Welche Gefahren sind damit verbunden?
   c) Wie wirkt sich die Währungsumstellung für die Bevölkerung der DDR aus?
2. Welche Gründe sprechen für bzw. gegen Bonn oder Berlin als Hauptstadt eines vereinten Deutschland?
3. Erklären Sie, warum die Umweltkatastrophe in der ehemaligen DDR den wirtschaftlichen Aufbau erschwert.
4. Nennen Sie Gründe, warum es zwischen den Menschen in West- und Ostdeutschland zu Spannungen kommt.

Weiterführende Aufgaben

1. Nehmen Sie Stellung zu dem Ausspruch „Die Mauer in den Köpfen bleibt".
2. Seit der Vereinigung sind einige Jahre vergangen. Diskutieren Sie rückblickend, welche Fehler im Einigungsprozess gemacht worden sind.
3. Untersuchen Sie anhand aktueller Zeitungsausschnitte, ob man mittlerweile von gleichen Lebensverhältnissen in beiden Teilen Deutschlands sprechen kann.

4 Deutschland ist keine Insel

Einbeziehung der DDR in die EG
Vereinbarung von Übertragungsregelungen

Neue Sicherheitsordnung für Europa
durch Fortentwicklung der KSZE (Konferenz über Sicherheit und Zusammenarbeit in Europa)

„Wir sind soweit, Dachdecker, Beeilung!"
Karikatur Heizinger

2-plus-4-Gespräche
(DDR + BR Deutschland + 4 Siegermächte) über **Vorbehaltsrechte, Truppenstationierung, Berlin**
Deutschland und seine Stellung zu **NATO/Warschauer Pakt, Sicherheitsinteressen der UdSSR**

Grenzgarantie
für Polen durch beide deutsche Parlamente, später durch gesamtdeutsches Parlament

Die Bundesrepublik Deutschland und die DDR sind bis 1989 politisch, wirtschaftlich und militärisch fest in ihren beiden Blöcken integriert. Die Vereinigung Deutschlands wirft deshalb eine Reihe von Problemen auf, die international geklärt werden müssen, bevor die Einheit vollzogen werden kann. Im Mittelpunkt stehen die endgültige Anerkennung der Westgrenze Polens, die NATO-Mitgliedschaft des vereinten Deutschland und die Stärke der Bundeswehr nach der Vereinigung.

So finden im Jahr 1990 eine Reihe internationaler Konferenzen und Gipfeltreffen statt, in deren Mittelpunkt das Deutschlandproblem steht.

Besonders schwierig ist es, die Zustimmung der Sowjetunion zur Vereinigung Deutschlands zu erreichen. Bei einem Gipfeltreffen im Kaukasus einigen sich Kohl und Gorbatschow auf die wichtigsten Punkte eines deutsch-sowjetischen Vertrags:

- Die Sowjetunion stimmt der deutschen Vereinigung zu.
- Das vereinte Deutschland kann Mitglied der NATO sein.
- Solange noch sowjetische Truppen auf dem Gebiet der DDR stationiert sind, gilt die DDR nicht als NATO-Gebiet.
- Der Abzug der sowjetischen Truppen aus der DDR soll bis 1994 erfolgen.
- Die Bundesrepublik Deutschland beteiligt sich an den Stationierungs- und Abzugskosten mit 13 Mrd. DM.

Die Zustimmung der Sowjetunion gilt allgemein als große Sensation. Niemand hat anfangs damit gerechnet, dass die internationalen Verhandlungen so schnell erfolgreich beendet werden können.

Der **Zwei-plus-Vier-Vertrag** ist mehr als nur ein Vertrag zwischen den sechs beteiligten Staaten. Er zieht den Schlussstrich unter die Nachkriegszeit und hat die **Bedeutung eines Friedensvertrages**. Ohne das Einverständnis der vier Siegermächte kann die Einheit Deutschlands nicht vollzogen werden. Mit dem Abschluss des Zwei-plus-Vier-Vertrages erhält das vereinigte Deutschland seine volle Souveränität.

Junge Europäer zur deutschen Einheit

Eine junge Französin:
Ich kann nicht sagen, dass ich mich darauf freue. Worüber ich mich sehr gefreut habe, ist, wie die Mauer gefallen ist ... Ich hoffe, dass die Deutschen bei der deutschen Einheit Europa nicht vergessen haben, und dass man Europa weiter aufbauen kann.

Ein junger Pole:
...aber ich habe auch sehr gemischte Gefühle. Ich befürchte, dass die Wiedervereinigung den berühmten deutschen Nationalismus wieder erwecken kann.

Eine junge Holländerin:
Also ich finde es ganz natürlich, dass die zwei Deutschländer jetzt zusammenkommen. Ich habe eher wirtschaftliche Bedenken. Ich glaube, Deutschland ist ein ökonomisch sehr mächtiges Land...

nach ZDF: Doppelpunkt am 20.9.1990

Internationaler Fahrplan der Vereinigung

Zwei-plus-Vier-Gespräche
Im Mai 1990 beginnen die Verhandlungen der vier Siegermächte mit den beiden deutschen Staaten. Am 12. September wird der Zwei-plus-Vier-Vertrag unterzeichnet.

Treffen Kohl-Gorbatschow
Am 17. Juli 1990 geben Bundeskanzler Kohl und Präsident Gorbatschow eine Erklärung ab, in der die Sowjetunion der NATO-Mitgliedschaft des vereinten Deutschland zustimmt.

Vertrag Bundesrepublik Deutschland – UdSSR
Im September 1990 unterzeichnen die beiden Außenminister Genscher und Schewardnadse einen Vertrag über gute Nachbarschaft, Partnerschaft und Zusammenarbeit.

Deutsch-polnischer Vertrag
Im November 1990 schließen Deutschland und Polen einen Vertrag ab, in dem die Oder-Neiße-Linie als endgültige Westgrenze Polens festgelegt wird.

KSZE-Gipfel
Am 19. November 1990 unterschreiben die Staats- und Regierungschefs der NATO und des Warschauer Pakts eine 10-Punkte-Erklärung, in der der „Kalte Krieg" für beendet erklärt wird.

Auszug aus dem Zwei-plus-Vier-Vertrag vom 12. September 1990

Die Bundesrepublik Deutschland, die Deutsche Demokratische Republik, die Französische Republik, das Vereinigte Königreich Großbritannien und Nordirland, die Union der Sozialistischen Sowjetrepubliken und die Vereinigten Staaten von Amerika ... sind wie folgt übereingekommen.

Artikel 1
(1) Das vereinte Deutschland wird die Gebiete der Bundesrepublik Deutschland, der Deutschen Demokratischen Republik und ganz Berlins umfassen. Seine Außengrenzen werden die Grenzen der Deutschen Demokratischen Republik und der Bundesrepublik Deutschland sein und werden am Tage des Inkrafttretens dieses Vertrages endgültig sein.
(2) Das vereinte Deutschland und die Republik Polen bestätigen die zwischen ihnen bestehende Grenze in einem völkerrechtlich verbindlichen Vertrag.
(3) Das vereinte Deutschland hat keinerlei Gebietsansprüche gegen andere Staaten und wird solche auch nicht in Zukunft erheben.

Artikel 2
Die Regierungen der Bundesrepublik Deutschland und der Deutschen Demokratischen Republik bekräftigen ihre Erklärung, dass von deutschem Boden nur Frieden ausgehen wird. Nach der Verfassung des vereinten Deutschland sind Handlungen, die geeignet sind und in der Absicht vorgenommen werden, das friedliche Zusammenleben der Völker zu stören, insbesondere die Führung eines Angriffskrieges vorzubereiten, verfassungswidrig und strafbar.

Artikel 3
(1) Die Regierungen der Bundesrepublik Deutschland und der Deutschen Demokratischen Republik bekräftigen ihren Verzicht auf Herstellung und Besitz von und auf Verfügungsgewalt über atomare, biologische und chemische Waffen. Sie erklären, dass auch das vereinte Deutschland sich an diese Verpflichtungen halten wird.
(2) Die Regierung der Bundesrepublik Deutschland hat am 30. August 1990 in Wien folgende Erklärung abgegeben:
„Die Regierung der Bundesrepublik Deutschland verpflichtet sich, die Streitkräfte des vereinten Deutschland innerhalb von drei bis vier Jahren auf eine Personalstärke von 370 000 Mann (Land-, Luft- und Seestreitkräfte) zu reduzieren. ..."

Artikel 7
(1) Die Französische Republik, das Vereinigte Königreich Großbritannien und Nordirland, die Union der Sozialistischen Sowjetrepubliken und die Vereinigten Staaten von Amerika beenden hiermit ihre Rechte und Verantwortlichkeiten in Bezug auf Berlin und Deutschland als Ganzes.
(2) Das vereinte Deutschland hat demgemäß volle Souveränität über seine inneren und äußeren Angelegenheiten.

Die zehn Punkte von Paris

Die Staats- und Regierungschefs ...

(Es folgen die Namen der 16 NATO und 6 Warschauer-Pakt-Staaten)

geben folgende Erklärung ab:
1) Die Unterzeichnerstaaten erklären feierlich, dass sie in dem anbrechenden neuen Zeitalter europäischer Beziehungen nicht mehr Gegner sind, sondern neue Partnerschaften aufbauen und einander die Hand zur Freundschaft reichen wollen.
2) ... Sie bekräftigen ihre Verpflichtung, sich der Androhung oder Anwendung von Gewalt zu enthalten. ... Keine ihrer Waffen wird jemals eingesetzt werden außer zur Selbstverteidigung oder in anderer Weise, die mit der Charta der Vereinten Nationen in Einklang stehen....

nach Frankfurter Rundschau vom 20.11.1990

Pariser Trauergemeinde   *Zeichnung: Haitzinger*

Zwischen Ende und Anfang

Man muss sich das vorstellen: Frankreich oder Polen wären vier Jahrzehnte geteilt gewesen und dann hätte ihnen die Geschichte fast über Nacht die Einheit beschert. Der nationale Jubel wäre unbeschreiblich, Fahnen würden aus allen Fenstern wehen, Freudenfeste vorbereitet und die Denkmäler der gemeinsamen Vergangenheit geschmückt. Und alle Nachbarn würden das Schauspiel mit Wohlwollen betrachten.

Mit der deutschen Einheit ist das anders. Vierzig Jahre Teilung, nationalsozialistischer Größen- und Rassenwahn, zwei verlorene Weltkriege – das alles hat in den Köpfen und den Herzen der Menschen tiefere Spuren hinterlassen, als die meisten selbst wussten. ...

Nach dem 3. Oktober geht es in erster Linie darum, gleiche Lebensverhältnisse im ganzen Land zu schaffen. Aber das ist nicht alles, was deutsche Regierungen in Zukunft leisten müssen. Die Vorstellung, das vereinigte Deutschland könne in Zukunft so Politik betreiben wie bisher die Bundesrepublik allein, ist eine Illusion. Nicht nur das Land wird größer, sondern auch die internationale Rolle dieser neuen Republik. Sie wird eine Politik formulieren müssen, die auf jeden Großmachtwahn verzichtet, aber sie kann sich nicht mehr hinter ihren Verbündeten verstecken. Das gilt für die Außen- und vor allem für die Europapolitik. Heutzutage sind die Starken nicht mehr am mächtigsten allein.

Werner Holzer in Frankfurter Rundschau vom 2. Okt. 1990

Deutschlands Stellung in der Welt

Nach der Vereinigung rückt Deutschland in der Bevölkerungszahl auf Platz 12 in der Welt; bezüglich der Wirtschaftsleistung nimmt es den vierten Platz ein. Beim Export steht es auf einem der ersten drei Plätze.

Wegen der Bedeutung Deutschlands achten die anderen Staaten darauf, dass der Einigungsprozess in die europäische Entwicklung eingebettet ist.

Ende 1990 ist die Vereinigung Deutschlands aus internationaler Sicht abgeschlossen. Im Sommer 1994 verlassen die letzten russischen Soldaten die neuen Bundesländer und Berlin. Auch die USA ziehen ihre Soldaten aus den alten Bundesländern und der deutschen Hauptstadt weitgehend ab.

Wenn man bedenkt, dass viele Staaten zunächst erhebliche Bedenken gegen ein vereinigtes Deutschland hatten, so muss heute rückblickend festgestellt werden, dass die Bundesregierung die Phase des europäischen Umbruchs sehr zielstrebig für die Verwirklichung der Einheit genutzt hat. Ob angesichts der unsicheren Verhältnisse vor allem in Russland auch heute eine so schnelle Vereinigung möglich wäre, ist äußerst zweifelhaft.

Die Wiedervereinigung aus internationaler Sicht

Internationale Probleme der Vereinigung

Die Wiedervereinigung ist nicht nur ein innerdeutscher Prozess; sie muss auch international abgesichert werden. Dazu ist die Zustimmung der vier Siegermächte notwendig. Vor allem die Sowjetunion ist zunächst nicht bereit, ein vereintes Deutschland, das Mitglied der NATO ist, zu akzeptieren.

Andere Staaten sind ebenfalls zurückhaltend. Polen beispielsweise erwartet vor allem, dass die Oder-Neiße-Linie als endgültige Westgrenze Polens festgelegt wird.

Auch gewisse Vorbehalte gegenüber einem größeren und wirtschaftlich stärkeren Deutschland spielen in diesem Zusammenhang eine Rolle.

Trotzdem verlaufen die Konferenzen des Jahres 1990 verhältnismäßig problemlos.

Zwei-plus-Vier-Vertrag

Beim Treffen Kohl-Gorbatschow im Sommer stimmt die Sowjetunion der Vereinigung zu. Der Zwei-plus-Vier-Vertrag, der die Nachkriegszeit beendet und Deutschland wieder die volle Souveränität zuerkennt, hat die Bedeutung eines Friedensvertrages.

Ende des „Kalten Krieges"

Bei einem KSZE-Gipfeltreffen in Paris erklären die Staats- und Regierungschefs der NATO- und Warschauer-Pakt-Staaten die Nachkriegszeit und damit den „Kalten Krieg" für beendet.

Zur Wiederholung

1. Nennen Sie die wichtigsten Bestimmungen des Zwei-plus-Vier-Vertrages.
2. Erklären Sie, warum die Zustimmung der Sowjetunion zur deutschen Einheit besonders schwer zu erreichen ist.
3. Beschreiben Sie die internationale Rolle Deutschlands nach der Vereinigung.

Weiterführende Aufgaben

1. Diskutieren Sie, warum einige europäische Staaten zurückhaltend auf die Einigung reagieren und ob diese Skepsis berechtigt ist.
2. Untersuchen Sie, bei welchen Ereignissen nach 1990 die neue internationale Rolle Deutschlands diskutiert worden ist. Was hat sich gegenüber der Zeit vor 1990 verändert?

Frieden und Sicherheit

1 Frieden ist mehr als die Abwesenheit von Krieg

Die Menschenkette von Ulm nach Stuttgart bei der Friedensdemonstration 1983.
Für die Teilnehmer stellt sie ein Symbol des Friedens dar.

Der russische Kinderbuchautor Marschak beobachtete einmal 6-7-jährige Kinder beim Spiel. „Was spielt ihr?" fragte er. Die Antwort: „Wir spielen Krieg." Darauf sagte Marschak: „Wie kann man nur Krieg spielen! Ihr wisst doch sicher, wie schlimm Krieg ist. Ihr solltet lieber Frieden spielen." - „Das ist eine gute Idee," sagten die Kinder. Dann Schweigen, Beratung, Tuscheln, wieder Schweigen. Da trat ein Kind vor und fragte: „Großväterchen, wie spielt man Frieden?"

nach: Brock u.a.: Thema Frieden, Berlin 1973, S. 9

Der preußische Feldmarschall v. Moltke 1880:

Der ewige Frieden ist ein Traum und nicht einmal ein schöner und der Krieg ist ein Glied in Gottes Weltordnung. In ihm entfalten sich die edelsten Tugenden der Menschen: Mut und Entsagung, Pflicht, Treue und Opferwilligkeit mit Einsetzen des Lebens.

Der ehemalige Bundespräsident Gustav Heinemann:

Nicht der Krieg ist der Ernstfall, in dem der Mann sich zu bewähren habe, wie meine Generation in der kaiserlichen Zeit auf den Schulbänken lernte, sondern der Frieden ist der Ernstfall, in dem wir uns alle zu bewähren haben.

H.D. Gölzenleuchter, Radierung, unter Verwendung eines Verses von Hugo-Ernst Käufer

Die Deutsche Bischofskonferenz zum Frieden:

Frieden ist ein dynamischer Prozess mit dreifachem Ziel: gleiche Chancen zur menschlichen Entfaltung des Einzelnen sowie aller gesellschaftlichen und nationalen Gruppen zu schaffen bzw. zu sichern; internationale und soziale Gerechtigkeit herzustellen; eine Völkergemeinschaft ohne Krieg aufzubauen. ...

Zur Förderung des Friedens gehört darum vorrangig, immer und überall dafür einzutreten, dass die Menschenrechte verwirklicht werden und die Unrechtssysteme sich wandeln.

Gerechtigkeit schafft Frieden, Wort der Deutschen Bischofskonferenz zum Frieden, Bonn 1983

1.1 Positiver und negativer Frieden

Martin Luther King zum Frieden:

Eines Tages fragte ein einflussreicher weißer Bürger von Montgomery Martin Luther King folgendes: „Jahrelang hatten wir hier so friedliche und harmonische Beziehungen zwischen unseren beiden Rassen. Warum haben Sie und Ihre Anhänger sie zerstört?" King antwortete: „Mein Herr, Sie haben niemals wirklich Frieden in Montgomery gehabt. Sie hatten eine Art negativen Frieden, bei dem der Neger meist seine untergeordnete Stellung einfach hinnahm. Aber das ist kein wirklicher Frieden. Nicht dann ist Frieden, wenn man nichts von Spannungen merkt, sondern wenn Gerechtigkeit herrscht. Wenn heute in Montgomery die Unterdrückten aufstehen und anfangen, sich um einen dauernden positiven Frieden zu bemühen, so ist diese Spannung notwendig."

Martin Luther King: Freiheit, Kassel 1964, S. 29f.

Martin Luther King, Pfarrer, 1929-1968:

Führer der amerikanischen Bürgerrechtsbewegung, setzt sich für eine friedliche Lösung der Rassenfrage ein und propagiert den gewaltlosen Widerstand. Für seinen Einsatz erhält er 1964 den Friedensnobelpreis. King wird 1968 von einem Weißen ermordet.

In früheren Jahrhunderten wird Frieden als ein Zustand definiert, in dem kein Krieg herrscht. Krieg und Gewalt als Mittel zur Lösung von Streitigkeiten oder zur Durchsetzung eigener Interessen werden als normal angesehen. So wird Krieg vielfach als Fortsetzung der Politik mit anderen Mitteln, also als etwas Selbstverständliches angesehen. Dieser negative Friedensbegriff gilt heute nur noch im internationalen Völkerrecht.

Unter Frieden versteht man heute nicht mehr nur die Abwesenheit von Krieg. Die moderne **Friedensforschung** verwendet einen sehr viel umfassenderen Friedensbegriff und spricht von einem **positiven Frieden,** der als Ziel erreicht werden soll. Darunter versteht man einen Zustand, in dem folgende Voraussetzungen erfüllt sind: gewaltfreie Lösung von Konflikten, soziale Gerechtigkeit, Wohlstand für alle Menschen, Verwirklichung von Freiheit und Demokratie, Achtung der Menschenwürde und sorgsamer Umgang mit der Natur. Der erweiterte Friedensbegriff bezieht sich deshalb nicht nur auf das Verhältnis zwischen Völkern und Staaten zueinander, sondern auch auf das alltägliche Leben der Menschen. Frieden fängt also bei jedem Einzelnen an: in der Familie, in der Schule, am Arbeitsplatz, im Freundeskreis.

Personale Gewalt

= Gewalt, die von Personen ausgeht

Strukturelle Gewalt

= Gewalt, die durch gesellschaftliche Strukturen entsteht, z. B. durch Rassendiskriminierung, soziale Ungerechtigkeit

Heute wird der Begriff „Frieden" als Ziel politischen Handelns von fast allen politischen Gruppierungen in Anspruch genommen. Unklar ist gleichwohl noch immer, was unter Frieden genau zu verstehen ist. Trotz der mittlerweile vorliegenden Flut an wissenschaftlicher und politischer Literatur zum Thema ist eine einheitliche Begriffsbestimmung für „Frieden" bislang nicht gelungen. Allerdings lassen sich die Diskussionen grob in zwei Denkrichtungen einteilen; bei den Definitionen sind die eines „negativen" und die eines „positiven" Friedensbegriffs zu unterscheiden. Traditionell wird Frieden zunächst als die Abwesenheit von Krieg definiert. Insbesondere das klassische Völkerrecht und die konventionelle Politikwissenschaft beziehen den Begriff Frieden in dieser Weise auf die zwischenstaatlichen Verhältnisse, d. h. auf das internationale System und verstehen ihn ferner als Gegensatz zu einer ganz spezifischen Erscheinungsform von Gewalt, nämlich den Krieg. Frieden ist aber mehr als der bloße Zustand des Nicht-Krieges. Grundlage des Friedens sind die Menschenrechte. D. h. Menschenrechtsverletzungen aller Art, Terror und Willkür, Folter und Sklaverei, Hunger und Massenelend, kurz: personale und strukturelle Gewalt in ihrem ganzen Spektrum, sind mit Frieden unvereinbar. Würden Diktaturen – bei Verzicht auf Krieg nach außen – trotz Unterdrückung nach innen als Friedensordnung akzeptiert werden, so würde Frieden zum menschenverachtenden „Terrorfrieden" und „Friedhofsfrieden" degenerieren. Ähnliches gilt mit Blick auf die Dritte Welt auch für das Verhältnis zwischen Nord und Süd.

D. S. Lutz: Frieden, im Lexikon Rüstung, Frieden, Sicherheit, München 1987, S. 110f.

1.2 Frieden – was kann ich dafür tun?

Tomaschoff-Karikatur aus: Publik-Forum Nr. 5 v. 10. 3. 1989, S. 7

Mahatma Gandhi, Rechtsanwalt, 1869 – 1948:

Indischer Nationalführer, der den gewaltlosen Widerstand gegen die britische Kolonialherrschaft anführte. Ghandi setzt sich auch für die Versöhnung der Hindus mit den Moslems ein. 1948 wird Ghandi von einem fanatischen Hindu erschossen.

Jeder Einzelne kann zur Verwirklichung eines positiven Friedens beitragen, indem er beispielsweise versucht, Konflikte friedlich zu lösen, Vorurteile abzubauen, Andersdenkende zu tolerieren, Gegner nicht als Feinde zu betrachten und Angehörige anderer Nationalitäten besser zu verstehen (vgl. Kap. Die Durchsetzung der Menschenrechte).

Dass Gewalt nur Gegengewalt erzeugt, zeigt sich immer wieder. Von dieser Überlegung gehen Friedenskonzepte aus, die sich den **gewaltlosen Widerstand** der indischen Bevölkerung gegen die englische Kolonialmacht zum Vorbild nehmen. Eine herausragende Figur dieses gewaltlosen Widerstandes ist Mahatma Gandhi.

Gandhi schreibt in einem Brief an den britischen Vizekönig am 2.3.1930:

> Mein eigener Standpunkt ist vollkommen klar. Ich bin nicht imstande, irgendeinem Lebewesen, denn meinen Mitmenschen weh zu tun, selbst dann nicht, wenn sie mir und den meinen das größte Unrecht zufügen. (...) Ich möchte nicht missverstanden werden. Obwohl ich die englische Herrschaft in Indien für einen Fluch halte, glaube ich nicht, dass die Engländer im Allgemeinen schlechter sind, als irgendein anderes Volk auf Erden. (...) In mir wächst mehr und mehr die Überzeugung heran, dass nur reine Gewaltlosigkeit die organisierte Gewalt Großbritanniens in Schach halten kann. Viele glauben, Gewaltlosigkeit sei keine wirkende Kraft. Meine Erfahrung, so begrenzt sie auch sicherlich sein mag, sagt mir, dass Gewaltlosigkeit eine sehr starke, wirkende Kraft darstellt. Es ist meine Absicht, diese Kraft gegen die organisierte Gewalt der britischen Herrschaft einzusetzen. Da ich bedingungslos und unbeirrbares Vertrauen in die Wirksamkeit der Gewaltlosigkeit, so wie ich sie verstehe, habe, wäre es mir eine Sünde, länger zu warten. Diese Gewaltlosigkeit wird in einem bürgerlichen Ungehorsam zum Ausdruck kommen. (...) Durch bürgerlichen Ungehorsam wollen wir gegen die von mir aufgeführten Übelstände ankämpfen.

K. H. Peter: Briefe zur Weltgeschichte, Stuttgart 1961, S. 427 ff.

2 Von der Konfrontation zur Kooperation

2.1 Der Ost-West-Konflikt nach 1945

Der **Ost-West-Konflikt** entsteht nach dem Zweiten Weltkrieg vor allem aus ideologischen und machtpolitischen Gründen (s. S. 165 ff). Auf der einen Seite stehen die Westmächte unter Führung der USA, auf der anderen Seite die UdSSR. Beide wollen das durch die Niederlage Deutschlands entstandene Vakuum in Mitteleuropa nach ihren Vorstellungen ausfüllen. Dabei geht es nicht nur um die Erweiterung der Einflussbereiche zweier Großmächte, sondern vor allem um die Vorherrschaft zweier **gegensätzlicher Gesellschaftssysteme.** Der Westen steht für ein parlamentarisch – demokratisches System mit kapitalistischer Wirtschaftsordnung, die Sowjetunion für das marxistisch-leninistische Gesellschafts- und Wirtschaftssystem. Der Ost-West-Konflikt beherrscht die Weltpolitik bis Ende der 80er Jahre.

Folge dieses Konfliktes ist eine Blockbildung, die sich auch in der Gründung von zwei militärischen Bündnissystemen zeigt: einmal die **NATO** (North Atlantic Treaty Organization) und – nachdem die Bundesrepublik 1955 der NATO beitritt – der **Warschauer Pakt.**

Angst vor dem Vordringen der UdSSR nach Westen

Von 1940 bis 1948 hat die UdSSR weite Teile Ost- und Mitteleuropas (z. B. Estland, Lettland, Litauen, Polen, Bulgarien, Ungarn, Rumänien, Tschechoslowakei) unter ihren Einfluss gebracht.

Der amerikanische Präsident Truman verkündet 1947:

„Ich bin der Meinung, dass wir den freien Völkern beistehen müssen, ihr eigenes Geschick auf ihre Weise zu bestimmen. Ich glaube, dass unser Beistand in erster Linie in Form von wirtschaftlicher und finanzieller Hilfe gewährt werden sollte, eine Hilfe, die wesentlich ist für die wirtschaftliche Stabilität und ordnungsgemäße politische Verhältnisse."

NATO-Vertrag vom 4.4.1949

Artikel 1:

Die Parteien verpflichten sich, in Übereinstimmung mit der Satzung der Vereinten Nationen jeden internationalen Streitfall, an dem sie beteiligt sind, auf friedlichem Wege so zu regeln, dass der internationale Friede, die Sicherheit und die Gerechtigkeit nicht gefährdet werden und sich in ihren internationalen Beziehungen jeder Gewaltandrohung oder Gewaltanwendung zu enthalten, die mit den Zielen der Vereinten Nationen nicht vereinbar ist.

Artikel 5:

Die Parteien vereinbaren, dass ein bewaffneter Angriff gegen eine oder mehrere von ihnen in Europa oder Nordamerika als ein Angriff gegen sie alle angesehen wird, sie vereinbaren daher, dass im Falle eines solchen bewaffneten Angriffs jede von ihnen ... der Partei oder den Parteien, die angegriffen werden, Beistand leisten ...

Warschauer Vertrag vom 5.5.1955

Artikel 1:

Die vertragschließenden Parteien verpflichten sich in Übereinstimmung mit der Satzung der Organisation der Vereinten Nationen, sich in ihren internationalen Beziehungen der Drohung mit Gewalt oder ihrer Anwendung zu enthalten und ihre internationalen Streitfragen mit friedlichen Mitteln so zu lösen, dass der Weltfriede und die Sicherheit nicht gefährdet werden.

Artikel 4:

Im Falle eines bewaffneten Überfalls in Europa auf einen oder mehrere Teilnehmerstaaten des Vertrags seitens irgendeines Staates oder einer Gruppe von Staaten wird jeder Teilnehmer des Vertrags ... dem Staat oder den Staaten, die einem solchen Angriff ausgesetzt sind, sofortigen Beistand ... mit allen Mitteln, die ihnen erforderlich scheinen, einschließlich der Anwendung militärischer Gewalt, erweisen.

NATO-Mitglieder ab 1949

Belgien, Dänemark, Frankreich, Großbritannien, Island, Italien, Kanada, Luxemburg, Niederlande, Norwegen, Portugal, USA.

ab 1952: Griechenland, Türkei
ab 1955: BR Deutschland
ab 1982: Spanien

Frankreich zieht sich 1966 aus der militärischen Zusammenarbeit zurück.

Mitglieder des Warschauer Pakts:

Bulgarien, CSSR, DDR, Polen, Rumänien, Ungarn, UdSSR.

Albanien gehört anfangs ebenfalls zum Warschauer Pakt, scheidet aber 1968 aus.

Bundeszentrale für politische Bildung: Informationen zur politischen Bildung, Nr. 150, S. 4 u. S. 19

Der Umgang der Bündnissysteme mit ihren eigenen Partnern unterscheidet sich erheblich: Frankreich scheidet ohne Probleme 1959 aus der NATO aus, während Ungarn 1956 und die CSSR 1968 für einen eigenständigen Kurs militärische Sanktionen durch die UdSSR erleiden.

Überblick über den Ost-West-Konflikt seit 1945

Zeit	Krisen und örtlich begrenzte Kriege	Ereignisse
1945-1949 Zerfall der Anti-Hitler-Koalition → Entstehung des Ost-West-Konflikts	1948: Blockade Berlins 1949: Gründung der Volksrepublik China → Konfrontation USA-UdSSR	Ab 1940: Erweiterung des sowjetischen Einflussbereichs in Osteuropa 1949: Gründung der beiden deutschen Staaten
1949-1969 Kalter Krieg Wettrüsten der beiden Machtblöcke	1950-53: Korea-Krieg 1956: Suez-Krise 1958-61: Berlin-Ultimatum und Mauerbau 1962: Kuba-Krise 1964-75: Vietnam-Krieg	1949: Gründung der NATO (Beitritt der Bundesrepublik Deutschland 1955) 1955: Gründung des Warschauer Pakts mit Beteiligung der DDR
1969-1979 Weltweite Entspannungspolitik – Verhandlungen und Verträge	Auch während der Entspannungsphasen ist das Ost-West-Verhältnis nicht vollkommen konfliktfrei. Einige Krisengebiete bestehen nach wie vor. Allerdings kommt es zu keiner direkten Konfrontation zwischen Ost und West.	1970-73: Verträge der BRD mit UdSSR, Polen, CSSR, DDR 1971: Viermächte-Abkommen über Berlin 1972: Rüstungsbegrenzungsvertrag USA-UdSSR (SALT I) 1973: Beginn der Gespräche über eine Verringerung der konventionellen Rüstung in Mitteleuropa (MBFR) 1975: Konferenz für Sicherheit und Zusammenarbeit in Europa (KSZE)
1979-1984 Verschärfung des Ost-West-Konflikts	1979: Besetzung Afghanistans durch sowjetische Truppen 1983: USA-Invasion auf Grenada	Ab 1976: Modernisierung sowjetischer Mittelstreckenraketen 1979: NATO-Nachrüstungsbeschluss → Scheitern aller Abrüstungsverhandlungen 1983: Der amerikanische Präsident Reagan verkündet ein Programm zur Raketenabwehr im Weltall (SDI) 1980 u.84: Boykott der Olympischen Spiele in Moskau und Los Angeles
Ab 1985 Entspannungsbemühungen	Auch während der Entspannungsphasen ist das Ost-West-Verhältnis nicht vollkommen konfliktfrei. Einige Krisengebiete bestehen nach wie vor. Allerdings kommt es zu keiner direkten Konfrontation zwischen Ost und West.	1985-87: Mehrere Gipfeltreffen Reagan-Gorbatschow 1987: Vertrag zum Abbau der Mittelstreckenraketen in Europa 1987: Honecker-Besuch in der Bundesrepublik Deutschland 1989: Abschluss der KSZE-Folgekonferenz in Wien
1990	Die Staats- und Regierungschefs der NATO- und Warschauer-Pakt-Staaten erklären den Ost-West-Konflikt und den Kalten Krieg für beendet.	1990: Vertrag über die Verringerung der konventionellen Waffen in Mitteleuropa Vereinigung Deutschlands
1991	Zum 1. April löst sich der Warschauer Pakt auf.	1991: Auflösung der Sowjetunion

2.2 Sicherheits- und Verteidigungspolitik der NATO bis 1991

Die Sicherheits- und Verteidigungspolitik ist über 40 Jahre von der Tatsache bestimmt, dass mit den Atombomben Waffen mit einer Vernichtungskraft zur Verfügung stehen, die früher kaum vorstellbar gewesen sind. Seit den ersten Atombombenabwürfen über Hiroshima und Nagasaki in Japan ist den Menschen bewusst, welche ungeheure Zerstörungskraft diese Waffen besitzen.

Inzwischen werden immer perfektere Waffensysteme entwickelt, und zwar sowohl im konventionellen (herkömmlichen) als auch im atomaren Bereich. Ziel der Verteidigungspolitik in Ost und West ist die **Abschreckung** und die Erhaltung bzw. Herstellung des militärischen Gleichgewichts. Die atomare Überlegenheit der USA erlaubt der NATO die Strategie der **massiven Vergeltung**. Seit die damalige Sowjetunion über gleichwertige Atomwaffen verfügt, gilt in der NATO ab 1967 das Verteidigungskonzept der **flexiblen Erwiderung.**

> Nordland baut Atombomben. Südland setzt alles daran, auch Atombomben in die Hand zu bekommen. Nordland baut Bomben von größerer Vernichtungskraft. Südland zieht nach: Es baut jetzt auch stärkere Atombomben. Nordland entwickelt Trägerraketen. Südland entwickelt Trägerraketen von größerer Zielgenauigkeit ... Man kann diese „Rüstungsspirale" beliebig in das dritte Jahrtausend fortwenden ... Jeder Schritt die Stufenleiter der Gewalt hinauf provoziert den nächsten Schritt des Gegners ... Jede Gewalt wird Ursache von Gegengewalt.

Hans Kals: Versetz dich mal in seine Lage, Freiburg 1985, S. 82f.

> Abschreckung kann nur dann wirksam sein, wenn sie glaubhaft ist. Abschreckung ist glaubhaft, wenn die NATO mit ihren Waffen so antworten kann, dass ein Sieg für den Angreifer nicht möglich wird. Dazu muss die NATO Streitkräfte in solchem Umfang und von solcher Qualität haben, dass sie fähig ist, sich gegen jede Form eines Angriffs zu verteidigen. Die Fähigkeit zur Verteidigung verlangt aber auch, den Einsatz militärischer Mittel überlegt und kontrolliert steigern zu können, um durch die Drohung mit solcher Steigerung dem Angreifer die Aussichtslosigkeit weiterer Angriffe zu zeigen, dadurch den Krieg zu beenden und so Abschreckung wiederherzustellen.

Presse- und Informationsamt der Bundesregierung: Aspekte der Friedenspolitik, 1981, S. 28f.

> Die Sicherheit des Westens hängt vom Funktionieren der Abschreckung ab ... Zwar kann niemand mit letzter Schlüssigkeit beweisen, dass sie der entscheidende Faktor für 40 Jahre Frieden in Europa gewesen ist - aber es deutet doch sehr viel darauf hin, dass es so ist.

Presse- und Informationsdienst der Bundesregierung: Damit wir in Frieden leben können, Bonn 1986, S. 41

Abschreckung führt zu einem Wettrüsten auf beiden Seiten. Die Waffenarsenale in Ost und West könnten die gesamte Erde mehrfach vernichten; ein Atomkrieg würde jede menschliche Zivilisation zerstören. Diese Erkenntnis setzt sich Ende der 60er Jahre allmählich durch und führt dazu, dass zunehmend auch auf Entspannung gesetzt wird.

Im Zuge dieser **Entspannungspolitik** kommt es zu ersten Verhandlungen zwischen USA und UdSSR mit dem Ziel, die Rüstungsspirale zurückzudrehen und Absprachen über die Waffensysteme zu treffen. Wirkliche Abrüstung findet in diesen ersten Jahren der Entspannungspolitik allerdings nicht statt.

Hiroshima und Nagasaki

Die beiden Städte in Japan wurden 1945 durch Atombomben der USA fast völlig zerstört.
(Foto S. 213)

Massive Vergeltung

Sie beruht auf Abschreckung und sieht vor, jeden Angriff mit Atombomben zu beantworten.

Flexible Erwiderung

Sie beruht ebenfalls auf Abschreckung und sieht eine abgestufte Reaktion vor, die – falls notwendig – gesteigert werden kann. Der Angreifer weiß dabei nicht, auf welcher Stufe die NATO reagiert. Dabei schließt die NATO aufgrund ihrer konventionellen Unterlegenheit den Ersteinsatz von Atomwaffen nicht grundsätzlich aus.

Übersicht über die Verhandlungen zur Rüstungskontrolle und Abrüstung

Zeitpunkt/Bezeichnung	Teilnehmer	Verhandlungsgegenstand	Ergebnis
1972-1979: **SALT** (**S**trategic **A**rms **L**imitation **T**alks= Verhandlungen über die Begrenzung strategischer Rüstung)	USA UdSSR	Interkontinentalraketen	**SALT I:** Verzicht auf Raketenabwehrsysteme, Obergrenzen für Interkontinentalraketen. **SALT II:** Nicht in Kraft getreten.
Ab 1986: **START** (**S**trategic **A**rms **R**eduction **T**alks = Gespräche über die Verringerung strategischer Waffen)	USA UdSSR	Interkontinentalraketen SDI Raketenabwehrsysteme (ABM)	1991: Verringerung der strategischen Waffen um ca. 30 % (START I) 1993: Vernichtung von 2/3 der strategischen Waffen bis 2003 (START II)
Ab 1981: **INF** (**In**termediate Range **F**orce Reduction = Verringerung der atomaren Mittelstreckenraketen)	USA UdSSR	Atomare Mittelstreckenraketen in Europa	8. Dezember 1987: Abrüstungsvertrag (Doppelte Null-Lösung): Beseitigung aller landgestützten Mittelstreckenraketen
1975: **KSZE** (**K**onferenz für **S**icherheit und **Z**usammenarbeit in **E**uropa) 1978-1989: KSZE-Folgetreffen in Belgrad, Madrid, Wien; 4. KSZE-Konferenz 1990: KSZE-Sondergipfel, in Paris 1992 in Helsinki 1994 in Budapest	33 europäische Staaten sowie die USA und Kanada. Ab 1994 gehören 53 Staaten der KSZE an. Seit Budapest: OSZE (Organisation für Sicherheit und Zusammenarbeit in Europa)	Allgemeine Fragen der Sicherheit, Zusammenarbeit, Abrüstung, Konfliktverhütung	„Schlussakte von Helsinki": Drei Bereiche der Zusammenarbeit • Achtung der Souveränität, der Menschenrechte, des Völkerrechts, Gewaltverzicht • Zusammenarbeit • Menschliche Erleichterungen
Ab 1984: **K**onferenz über **V**ertrauensbildende Maßnahmen und **A**brüstung in **E**uropa (**KVAE**) 1990: VKSE (Verhandlungen über konventionelle Streitkräfte in Europa)	Staaten der KSZE	Vertrauensbildung und stufenweise Abrüstung Ab 1989: KRK = Konventionelle Rüstungskontrolle (früher MBFR)	Ankündigung von Militärübungen, Inspektionen 1990/1992: KSE-Vertrag über die Verringerung der konventionellen Waffen in Mitteleuropa und über Truppenreduzierung
Genfer Abrüstungskonferenz (seit 1962)	40 Staaten, darunter auch die Bundesrepublik Deutschland	Chemische Waffen, Atomteststopps	1992: Vertragsabschluss Verbot und Vernichtung aller chemischen Waffen bis 2010

Folgen der Abrüstung

Abrüstungsvereinbarungen und Truppenabbau haben zur Folge, dass weniger Geld für Waffen ausgegeben werden kann und die Möglichkeit besteht, die Produktionsanlagen von Rüstungsgütern in zivile Industrien umzuwandeln. Bis es aber so weit ist, dass Fabriken, die Panzer produziert haben, nun Traktoren oder Feuerwehrautos herstellen, wird noch viel Zeit vergehen. In der Bundesrepublik sind mehrere Tausend mittelständische Betriebe mit Rüstungsherstellung beschäftigt und stehen jetzt vor der Entscheidung, ihre Produktion umzustrukturieren, ihre Arbeitskräfte umzuschulen oder zu schließen und die Beschäftigten zu entlassen.

Das Stockholmer Internationale Friedensinstitut (SIPRI) rechnet bis Ende der 90er Jahre weltweit mit einem Verlust von rund 15 Millionen Arbeitsplätzen in der Rüstungsproduktion. Größere Konzerne reagieren auf die neue Lage teilweise mit dem Verkauf von Unternehmensteilen oder mit Erweiterung ihrer Produktpalette. Andere Firmen lösen die Probleme mit der zurückgegangenen Nachfrage nach Rüstungsgütern mit verstärkten Exporten in Länder der Dritten Welt. In diesem Zusammenhang sind auch die Bestrebungen zu sehen, die Exportbeschränkungen zu lockern, was von vielen Menschen kritisiert wird.

Rüstungskonversion bedeutet aber auch, dass die bisher allein für den militärischen Bereich eingesetzten Gelder nun der gesamten Volkswirtschaft zur Verfügung gestellt werden. Dies geschieht zur Zeit noch nicht; denn die eingesparten Mittel bei den Rüstungsausgaben fließen in die Verschrottung abgebauter Waffen und werden für die Beseitigung von Altlasten benötigt. An Militärstandorten und auf Übungsplätzen findet sich tonnenweise unbrauchbare Erde, die entsorgt werden muss. Besonders problematisch ist die Beseitigung von chemischem und atomarem Rüstungsschrott.

Rüstungskonversion in Europa

Die EU unterstützt strukturschwache Gebiete, die durch Truppenabbau und Schließungen von Standorten wirtschaftliche Probleme haben, mit 500 Mio ECU (ca. 312,1 Mio DM).
1994 erhält Deutschland aus dieser Förderung fast 44%.

„...packen wir die Verschrottung an!"

2.3 Die Zukunft der NATO

Die tief greifenden Veränderungen in Mittel- und Osteuropa und die Vereinigung Deutschlands, die zur Auflösung des Warschauer Pakts und zum Ende des Ost-West-Gegensatzes in Europa führen, machen es notwendig, dass auch innerhalb der NATO die künftigen Aufgaben des westlichen Verteidigungsbündnisses neu bestimmt werden. Die NATO-Strategie der flexiblen Erwiderung entspricht nicht mehr den Erfordernissen in einem veränderten Europa. Auf dem NATO-Gipfeltreffen in Rom 1992 beschließen die Staats- und Regierungschefs die Grundlage für die Entwicklung der neuen NATO-Strategie, der **Kooperation**.

Warschauer Pakt

Bereits 1990 treten Ungarn, Polen und die CSFR aus dem militärischen Verband des Warschauer Pakts aus. Am 1. April 1991 löst sich der Warschauer Pakt auf. Nach dem Ende der Sowjetunion übernimmt Russland weitgehend die Rechtsnachfolge der UdSSR.

NATO verabschiedet eine neue Strategie
Zusammenarbeit statt Abschreckung

Gesprächsbereitschaft und Zusammenarbeit mit allen Staaten Osteuropas sowie Krisenmanagement und Kriegsverhütung sind die bestimmenden Faktoren der neuen NATO-Strategie, die von den 16 Regierungen der Allianz auf ihrem Gipfeltreffen in Rom verabschiedet worden ist... Die neue militärische Strategie der NATO geht nicht mehr von einer massiven Bedrohung aus, sondern von einer Skala von „Risiken". Dazu gehören unter anderen:
- die nach wie vor starken militärischen Kräfte der Sowjetunion bzw. ihrer Republiken einschließlich ihrer Atomwaffen;
- die Instabilität in Osteuropa mit möglichen politischen, ethnischen, sozialen und wirtschaftlichen Konflikten;
- Risiken an der „südlichen Peripherie" (Nahost, Nordafrika).

Die bisherige „Vorneverteidigung" und die These von der „Flexiblen Antwort" kommen nicht mehr vor. Als Eckwerte für die noch bevorstehende militärische Ausarbeitung der Strategie im Detail gelten Friedensbewahrung, Krisenmanagement und Verteidigung des Bündnisgebiets.

Frankfurter Rundschau vom 08.11.91

„Partnerschaft für den Frieden"

Im Rahmendokument werden gemeinsame Werte wie Menschenrechte, Sicherung von Freiheit, Gerechtigkeit und Frieden durch Demokratie hervorgehoben.
Konkrete Ziele sind u. a.:
– Offenlegen nationaler Verteidigungsplanung
– demokratische Kontrolle der Verteidigungskräfte
– Fähigkeit und Bereitschaft zu Einsätzen im Rahmen von UNO und OSZE
– kooperative militärische Übungen zur gemeinsamen Friedenswahrung, humanitäre Aufgaben, Rettungsdienste

1994 bietet die NATO den Staaten Osteuropas eine „Partnerschaft für den Frieden" an. Im Juni 1994 unterschreibt der russische Außenminister im Brüsseler Hauptquartier diesen Vertrag mit den 16 NATO-Staaten. Einen Beitritt der mittel- und osteuropäischen Länder in die NATO lässt dieser Vertrag noch offen.

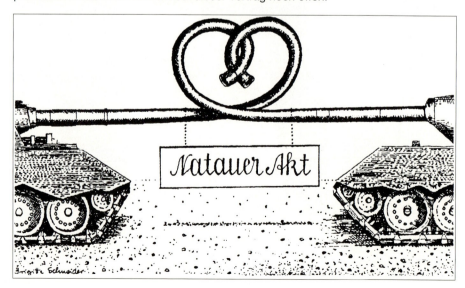

2.4 Weltweite Friedenssicherung

Die Vereinten Nationen und der Sicherheitsrat

Nach dem Zweiten Weltkrieg wird die Organisation der Vereinten Nationen (UNO) gegründet. Ziel dieser Gemeinschaft aller Staaten der Erde ist die Erhaltung des Weltfriedens. Die Einrichtung der UNO, deren Aufgabe es ist, in besonderem Maße über die Sicherung des Friedens zu wachen, ist der UNO-Sicherheitsrat. Bis zum Ende der Ost-West-Spannungen ist dieses wichtige Organ der UNO meistens handlungsunfähig, weil sich die fünf ständigen Mitglieder des Sicherheitsrates (USA, Frankreich, Großbritannien, Sowjetunion und China) gegenseitig blockieren. Erst mit dem politischen Umschwung in der Sowjetunion ab 1988 zeichnet sich die Möglichkeit eines einheitlichen Vorgehens ab.

Damit die Sicherheitsmaßnahmen der UNO auch umgesetzt werden können, stellt sie zivile Kommissionen oder Militäreinheiten auf. Diese **Blauhelme** sind die Friedenstruppen der Vereinten Nationen. 1993 beteiligen sich erstmals Soldaten der Bundeswehr an einem UN-Auftrag (s. S. 230).

Die Konzepte „Kollektive Sicherheit" und „peace-keeping"

Das Konzept der „Kollektiven Sicherheit" ist im Kapitel VII der UN-Charta festgeschrieben. Demzufolge hat der Sicherheitsrat das Recht, bei „Bedrohung oder Bruch des Friedens" Maßnahmen gegen den Aggressor einzuleiten, zunächst wirtschaftlicher Art (Sanktionen u.a.), sodann auch militärischer Art, Maßnahmen „die zur Wahrung oder Wiederherstellung des Weltfriedens und der internationalen Sicherheit erforderlich" sind. (Art.42)

Das Konzept „peace-keeping" beruht nicht auf vom Sicherheitsrat verordneten Zwangsmaßnahmen gegen den Aggressor, sondern darauf, in Übereinstimmung mit den Konfliktparteien(!) friedensfördernde Maßnahmen zu ergreifen und vor allem Gewalt zu verhindern. Beispiele: Entsendung einer UN-Truppe zur Überwachung eines Waffenstillstands, zur Schaffung einer Pufferzone oder zur Aufrechterhaltung von Recht und Ordnung in einem Kriegsgebiet. Die UN-Streitkräfte dürfen keine Gewalt anwenden, außer zur Selbstverteidigung.

Stiftung Entwicklung und Frieden, Globale Trends, Daten zur Weltentwicklung, Bonn/Düsseldorf 1991, S. 1991

Blauhelme - eine Bilanz

Von 1988 bis 1995 ist die Zahl der Friedensmissionen von 5 auf 17 angewachsen.
Von 1988 bis 1995 sind die Kosten von 230 Mio Dollar auf 3 Mrd. Dollar (rd. 4,5 Mrd. DM) gestiegen.
Weltweit sind Mitte 1996 rund 26 000 Blauhelmsoldaten im Einsatz, die laufenden Kosten beziffert die UNO 1996 auf rund 1,5 Mrd. Dollar.
Die Beitragsrückstände der Mitgliedsstaaten der UNO (März 1996: 1,8 Mrd. Dollar) gefährden immer wieder den Einsatz der UNO-Friedenstruppen.

Friedensmissionen der UNO 1996

Einsatzgebiet	Personen
Angola	6552
Libanon	4627
Haiti	4398
Ostslawonien	2909
Ruanda	1398
Mazedonien	1225
Zypern	1199
Kuwait/Irak	1179
Syrien/Israel	1059
Bosnien-Herzegowina	374
Westsahara	367
Grenzen Israels	183
Georgien	130
Liberia	91
Indien/Pakistan	44
Tadschikistan	44

Die Organisation über Sicherheit und Zusammenarbeit in Europa

1975 leiten die europäischen Staaten über alle Grenzen hinweg einen Friedensprozess ein: die Konferenz für Sicherheit und Zusammenarbeit in Europa (KSZE). In der „Schlussakte von Helsinki" erklären 33 europäische Staaten sowie die USA und Kanada gegenseitige Achtung der Souveränität, Gewaltverzicht und Erhaltung der Menschenrechte. Folgekonferenzen setzen diesen Prozess fort.

Inzwischen sind 53 Staaten an der Zusammenarbeit beteiligt. Mit der Einrichtung von gemeinsamen Institutionen ist aus einer Abfolge von Konferenzen eine regionale Unterorganisation der UNO geworden. Diese Aufwertung zeigt sich seit 1994 auch im neuen Namen. Die OSZE hat heute im europäischen Raum die Aufgabe, Konflikte zwischen Staaten im Vorfeld militärischer Auseinandersetzungen zu lösen. Es gehört zu den Zielen dieser Organisation, alle Beteiligten an einen Tisch zu bringen, um Krisen durch Verhandlungen von Beginn an zu beeinflussen, wenn möglich zu verhindern (präventive Diplomatie). Die Bedeutung der OSZE liegt in der Tatsache begründet, dass sie die einzige Institution darstellt, in der alle europäischen Staaten, eben auch die Nachfolgestaaten der ehemaligen Sowjetunion und alle Staaten des ehemaligen Ostblocks, gleichberechtigte Mitglieder sind.

Wie funktioniert die OSZE?

aus Information für die Truppe Nr. 2, Februar 1995, S. 51

Seit 1992 bemüht sich eine Kommission der OSZE um Konfliktverhütung in Georgien, Tadschikistan und der Ukraine, im Baltikum (Estland, Lettland) sowie auf dem Balkan (Makedonien). Schwierigkeiten in der Zusammenarbeit zwischen den 53 Staaten treten vor allem dann auf, wenn sich das Engagement der Organisation in einer Region bewegt, die früher im Einflussbereich einer europäischen Macht lag, wie z. B. bei Russland und den GUS-Regionalkonflikten.

Wie erfolgreich die OSZE als Hüterin der Menschenrechte und des Friedens letztlich wirken kann, hängt von vielen Faktoren ab. Das Beispiel Bosnien-Herzegowina zeigt, dass das Instrumentarium dieser europäischen Institution Grenzen hat.

„Charta für ein neues Europa"

„...Europa befreit sich vom Erbe der Vergangenheit. Durch den Mut von Männern und Frauen, die Willensstärke der Völker und die Kraft der Ideen der Schlussakte von Helsinki bricht in Europa ein neues Zeitalter der Demokratie, des Friedens und der Einheit an.(...) Wir verpflichten uns, die Demokratie als einzige Regierungsform unserer Nationen aufzubauen, zu festigen und zu stärken."

KSZE-Gipfeltreffen 1990

KSZE-Gipfel, Helsinki 1992

Die KSZE versteht sich als „wichtiges Bindeglied zwischen europäischer und globaler Sicherheit".

KSZE-Gipfel, Budapest 1994:

Die Konferenz benennt sich um in OSZE (Organisation über Sicherheit und Zusammenarbeit in Europa). Im Gipfeldokument bezeichnet sich die Organisation als „eines der Hauptinstrumente zur Frühwarnung, Konfliktverhütung und Krisenbewältigung in der Region".

2.5 Die Rolle der internationalen Organisationen im Krieg auf dem Balkan

Seit 1991 erfahren die Menschen in Europa aus dem zerfallenen Jugoslawien eine Greuelnachricht nach der anderen. Menschen sind mitten in Europa auf der Flucht, Menschenrechtsverletzungen schlimmsten Ausmaßes wie Vergewaltigungen von Tausenden moslemischer Frauen durch serbische Soldaten schockieren die Welt.

Bis zum Tod **Titos** 1980 nimmt die Welt wenig Kenntnis von den Problemen im **Vielvölkerstaat** Jugoslawien. Offenbar kann die kommunistische Staatsführung bis dahin die nationalen Unterschiede innerhalb des Staates teilweise verdecken; jetzt brechen die schwelenden Konflikte aus.

1991 erklären sich Slowenien und Kroatien zu unabhängigen Staaten, zwischen den Armeen der beiden neuen Staaten und der jugoslawischen Volksarmee beginnen bewaffnete Auseinandersetzungen. Seit 1992 steht Bosnien-Herzegowina im Zentrum des Krieges.

Hier richtet sich der Eroberungsfeldzug Serbiens gegen alle Menschen anderer Nationalitäten, insbesondere gegen die moslemische Bevölkerung in Bosnien-Herzegowina. Durch die Vertreibung und den Mord an den Bewohnern sollen ethnisch gemischte Gebiete in rein serbische Siedlungsgebiete umgewandelt werden, um Rückeroberungen zu verhindern, zumindest zu erschweren (sog. ethnische Säuberungen).

Die Gründe für den langen Misserfolg der internationalen Organisationen sind vielfältig. Eine Rolle spielt sicher, dass die europäischen Staaten die Tragweite des Konflikts unterschätzt haben. Als gravierender Fehler der Jugoslawienpolitik wird auch angesehen, dass sich die internationalen Organisationen immer wieder mit Teillösungen zufrieden geben und dabei nicht beachten, dass die Probleme der südslawischen Republiken in komplizierter Weise miteinander verbunden sind.

Der Begriff „ethnische Säuberungen"

verharmlost die Gewalt, Vertreibungen und Morde an der moslemischen Bevölkerung.

Friedensabkommen

Am 1. November 1995 treffen erstmals nach vier Jahren Krieg die Präsidenten Serbiens, Bosniens und Kroatiens zusammen. Am Ende des Gipfeltreffens in Dayton (USA) steht ein Friedensvertrag.

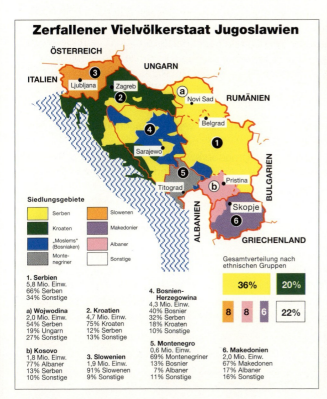

Friedenssicherung

Definition von Frieden

Frieden wird zum einen als negativer Frieden verstanden, das bedeutet lediglich: Es herrscht kein Krieg. Die moderne Friedensforschung spricht von positivem Frieden dann, wenn Konflikte gewaltfrei gelöst werden und die Menschenrechte gewahrt sind.

Militärbündnisse

Nach dem Zweiten Weltkrieg bestimmt der Ost-West-Konflikt die Beziehungen zwischen den Staaten der Erde. Die Strategie der NATO ist bis 1991 geprägt von Abschreckung und flexibler Erwiderung, sie verändert sich mit der Auflösung des Warschauer Pakts zur Friedenspartnerschaft mit den Staaten Osteuropas.

Verhandlungen

Seit Anfang der 70er Jahre finden Verhandlungen über Rüstungskontrolle statt, die 1991 ihren Höhepunkt mit den Beschlüssen zur Abrüstung, Truppenreduzierung und teilweisen Verschrottung von Waffensystemen erreichen.

Internationale Organisationen

UNO und OSZE spielen auf internationaler Ebene eine immer größere Rolle. Ihr Einfluss hängt aber entscheidend davon ab, inwieweit zwischen den beteiligten Nationen Einmütigkeit herrscht und die betroffenen Staaten bereit sind, die Mechanismen der Konfliktregelung, wie Blauhelmmissionen und Verhandlungsangebote, anzunehmen.

Zur Wiederholung

1. Nennen Sie Beispiele dafür, dass auch in unserer Gesellschaft noch kein positiver Frieden erreicht ist.
2. Wie hat sich die Sicherheits- und Verteidigungspolitik der NATO verändert?
3. Welches sind die wichtigsten Schritte zur Rüstungskontrolle und Abrüstung?
4. Welche Aufgaben haben UNO, OSZE und NATO im Rahmen internationaler Friedenssicherung?

Weiterführende Aufgaben

1. Untersuchen Sie an einem aktuellen Konflikt, welche Ursachen zu diesen Auseinandersetzungen geführt haben.
2. Erkundigen Sie sich, wo in Ihrer Umgebung Rüstungsproduktion umgestellt wurde, wo Militärstandorte geschlossen wurden und was an deren Stelle getreten ist.
3. Informieren Sie sich über den Prozess der Integration osteuropäischer Staaten in die „Partnerschaft für den Frieden".
4. Diskutieren Sie in Ihrer Klasse über die Rolle von UNO, OSZE, EU und NATO im Krieg auf dem Balkan.

3 Die Bundeswehr

3.1 Gründung und Auftrag der Bundeswehr

Als Deutschland gemäß den Ergebnissen der Potsdamer Konferenz vollständig abgerüstet und entmilitarisiert wird (s. S. 153), sind sich Sieger und Besiegte einig, dass von deutschem Boden nie wieder ein Krieg ausgehen darf. Demzufolge steht eine Wiederbewaffnung Deutschlands auch nicht zur Diskussion.

Unter dem Eindruck des Koreakrieges 1950 – 53 ändert sich die Situation. Die Westmächte überlegen, ob die Bundesrepublik Deutschland nicht auch einen militärischen Beitrag zur Verteidigung Westeuropas leisten solle. Bundeskanzler Adenauer bietet, ohne diese Frage vorher in seiner Regierung zu besprechen, einen deutschen Verteidigungsbeitrag an.

Die Frage der **Wiederbewaffnung** ist in der Bundesrepublik Deutschland damals heftig umstritten. Adenauer und die CDU setzen auf eine **Politik der Stärke.** Sie geht von der Annahme aus, dass sich die Sowjetunion nur dann kompromissbereit zeigen werde, wenn ihr ein starker Westen gegenübersteht. Die SPD dagegen lehnt jede Wiederbewaffnung und die Eingliederung der Bundesrepublik Deutschland in das westliche Verteidigungsbündnis **(Westintegration)** ab.

Wahlplakat zur Bundestagswahl 1953

Die Auseinandersetzung um die Wiederbewaffnung dauert über vier Jahre. Zunächst ist geplant, zusammen mit den späteren EWG-Staaten eine Europäische Verteidigungsgemeinschaft (EVG) zu gründen und alle Truppen unter ein gemeinsames Oberkommando zu stellen. Als Frankreich die EVG ablehnt, beginnen Gespräche über den NATO-Beitritt der Bundesrepublik Deutschland. 1955 schließlich treten die **Pariser Verträge** zwischen den drei Westmächten und der Bundesreublik Deutschland in Kraft; die Bundesrepublik stellt eine eigene Armee, die Bundeswehr, auf und tritt der NATO bei.

Pariser Verträge 1955

- Die Bundesrepublik Deutschland erhält ihre volle Souveränität (Selbständigkeit)
- Das Besatzungsstatut wird aufgehoben.
- Die Bundesrepublik Deutschland tritt der NATO bei und stellt Streitkräfte bis zu einer Gesamtstärke von 500 000 Mann auf.
- Die Bundeswehr wird dem Oberbefehl der NATO unterstellt.
- Die Bundesrepublik Deutschland verzichtet auf die Herstellung von ABC-Waffen (atomar, biologisch, chemisch).

Grundgesetz Artikel 26

(1) Handlungen, die geeignet sind und in der Absicht vorgenommen werden, das friedliche Zusammenleben der Völker zu stören, insbesondere die Führung eines Angriffskrieges vorzubereiten, sind verfassungswidrig. Sie sind unter Strafe zu stellen.

(2) Zur Kriegsführung bestimmte Waffen dürfen nur mit Genehmigung der Bundesregierung hergestellt, befördert und in Verkehr gebracht werden.

Grundgesetz Artikel 87a

(1) Der Bund stellt Streitkräfte zur Verteidigung auf. Ihre zahlenmäßige Stärke und die Grundzüge ihrer Organisation müssen sich aus dem Haushaltsplan ergeben.

(2) Außer zur Verteidigung dürfen Streitkräfte nur eingesetzt werden, soweit das Grundgesetz es ausdrücklich zulässt.

Mit der Bundeswehr leistet die Bundesrepublik ihren Beitrag im Rahmen der NATO. Gemeinsam mit den anderen Staaten des nordatlantischen Verteidigungsbündnisses soll die Bundeswehr die Sicherheit der Bundesrepublik gewährleisten, sie vor militärischer Erpressung schützen und die freiheitlich-demokratische Grundordnung gegen jeden Angriff von außen schützen.

Aus dem Grundgesetz ergibt sich der Auftrag, ausschließlich **Verteidigungsaufgaben** zu erfüllen. Im Verteidigungsfall sind alle Streitkräfte außer dem Territorialheer dem Oberbefehl der NATO unterstellt.

3.2 Bundeswehr und Demokratie

Aus dem Grundgesetz:

Artikel 45a

(1) Der Bundestag bestellt einen Ausschuss für auswärtige Angelegenheiten und einen Ausschuss für Verteidigung.

(2) Der Ausschuss für Verteidigung hat auch die Rechte eines Untersuchungsausschusses...

Artikel 45b

Zum Schutz der Grundrechte und als Hilfsorgan des Bundestages bei der Ausübung der parlamentarischen Kontrolle wird ein Wehrbeauftragter des Bundestages berufen...

Die Bundeswehr ist Teil der Exekutive (= ausführende Gewalt), deren Leitung Aufgabe der dem Bundestag verantwortlichen Regierung ist. ... Innerhalb der Regierung hat der Bundesminister der Verteidigung im Frieden die Leitungsbefugnis über die Streitkräfte ...Mit der Verkündigung des Verteidigungsfalles geht die Befehls- und Kommandogewalt auf den Bundeskanzler über ... Die Verantwortlichkeit der Regierung gegenüber dem Parlament sichert, dass der Bundestag sowohl die Sicherheits- und Verteidigungspolitik wie die Führung der Streitkräfte beeinflussen und kontrollieren kann. Zusätzlich hat er zwei Kontrollinstitutionen geschaffen: den Verteidigungsausschuss und das Amt des Wehrbeauftragten.(...)

Alle diese Bestimmungen brechen eindeutig mit deutschen Traditionen. Den „Oberbefehlshaber" früherer Zeiten (zum Beispiel der König von Preußen, der Reichspräsident der Weimarer Republik, der „Führer und Reichskanzler" im Dritten Reich) gibt es im Grundgesetz nicht...Zum ersten Mal in der deutschen Verfassungsgeschichte ist damit das Wehrwesen voll der Regierung und der Mitwirkung und Kontrolle durch das Parlament unterworfen.

Nach Bundeszentrale für Politische Bildung: Informationen zur politischen Bildung Nr. 190

Aufgrund der Erfahrung in der Weimarer Republik (s. S. 113 ff.) hat man von Anfang an darauf geachtet, dass die Bundeswehr fest im demokratischen Staat verankert ist. Das bedeutet, dass sich das Militär den Entscheidungen der politischen Führung unterordnen muss, die vom Bundestag kontrolliert wird.

Zum demokratischen Verständnis von Streitkräften gehört es außerdem, dass auch innerhalb der Bundeswehr demokratische Regeln gelten. Soldaten haben als Staatsbürger in Uniform Anspruch auf menschenwürdige Behandlung. Die Bundeswehr soll als Bestandteil des demokratischen Staates verstanden werden. Die Rechte und Pflichten der Soldaten sind im Soldatengesetz festgelegt.

Bundeswehr in der Demokratie

1. Unterordnung des Militärs unter die politische Führung
   - Befehls- und Kommandogewalt bei der Regierung
   - Kontrolle durch Parlament, Verteidigungsausschuss und Wehrbeauftragten
2. Innere Führung der Bundeswehr
   - Leitbild vom Staatsbürger in Uniform
   - Einschränkung der demokratischen Rechte nur in bestimmten gesetzlich festgelegten Fällen

Primat der Politik

Die Unterordnung des Militärs unter die politische Führung bezeichnet man als „Primat der Politik".

Aus dem Soldatengesetz

§6

Der Soldat hat die gleichen staatsbürgerlichen Rechte wie jeder andere Staatsbürger. Seine Rechte werden im Rahmen der Erfordernisse des militärischen Dienstes durch seine gesetzlich begründeten Pflichten beschränkt.

§7

Der Soldat hat die Pflicht, der Bundesrepublik Deutschland treu zu dienen und das Recht und die Freiheit des deutschen Volkes tapfer zu verteidigen.

§8

Der Soldat muss die freiheitliche demokratische Grundordnung im Sinne des Grundgesetzes anerkennen und durch sein gesamtes Verhalten für ihre Einhaltung eintreten.

§11

(1) Der Soldat muss seinen Vorgesetzten gehorchen. Er hat ihre Befehle nach besten Kräften vollständig, gewissenhaft und unverzüglich auszuführen. Ungehorsam liegt nicht vor, wenn ein Befehl nicht befolgt wird, der die Menschenwürde verletzt oder der nicht zu dienstlichen Zwecken erteilt worden ist. ...

3.3 Die Zukunft der Bundeswehr

Mit der Vereinigung Deutschlands und der Auflösung des Warschauer Pakts stellt sich die Frage nach der heutigen Aufgabe der Bundeswehr. Die Reduzierung der Truppen auf 340 000 Mann und die Auflösung der Nationalen Volksarmee (NVA) stellen die Bundeswehrführung vor Probleme. So werden im Zuge der Einsparungen im Verteidigungshaushalt in Deutschland Standorte geschlossen, Soldaten werden versetzt. Nach dem Bericht des Wehrbeauftragten Alfred Biehle (CDU) von 1992 führen diese Maßnahmen zu Unsicherheiten unter den Soldaten.

Die Sinnkrise — tz-Zeichnung

Vor neuen Aufgaben

Betr.: Bundeswehr

Unsere Bundeswehr steht derzeit vor vier Herausforderungen: Sie muss um fast die Hälfte reduziert werden. Sie organisiert sich von Grund auf neu. Sie baut Truppenteile im Osten unseres Landes auf. Sie sichert Frieden zu Hause und in anderen Regionen.
In der Bundeswehr wird die neue deutsche Einheit jeden Tag erlebt. Das geht nicht ohne Opfer. Standorte müssen geschlossen, Kosten allerorts gesenkt werden (...).
Zusätzlich zu den bisherigen Aufgaben müssen wir für stabile Verhältnisse in der Welt Mitverantwortung übernehmen (...).
Wenn Verbündete und Freunde unseren Beistand brauchen, müssen wir für sie dasein, so wie sie für uns da sind und seit Jahrzehnten uns zur Seite stehen (...).
Wir brauchen die breite Zustimmung unserer Gesellschaft für die neue Rolle der Streitkräfte in einer veränderten Welt (...).
Ihr
Volker Rühe,
Bundesminister
der Verteidigung
Bonn, den 7. April 1993

Im Weißbuch 1994 benennt der Verteidigungsminister die neuen Aufgaben der Bundeswehr.

Das Ministerium geht von einer neuen sicherheitspolitischen Lage aus.

Militärische Konflikte, die Deutschlands Existenz gefährden könnten, seien unwahrscheinlich geworden. Heute müssen Konfliktverhütung und Krisenbewältigung im erweiterten geographischen Umfeld unter einem völkerrechtlichen Mandat im Vordergrund der Sicherheitsvorsorge stehen. Im Rahmen einer ursachenorientierten Politik zur Krisen- und Konfliktlösung kann auch der Einsatz militärischer Mittel erforderlich werden, um Gewalt und Krieg zu verhindern, einzugrenzen oder zu beenden.

zusammengestellt aus: Weißbuch 1994, Bundesministerium für Verteidigung

Frieden und Sicherheit

Im Zusammenhang mit dem Golfkrieg und der Aufstellung multinationaler Verbände wird seit Anfang 1991 bereits die Forderung erhoben, den Einsatz der Bundeswehr außerhalb der Bundesrepublik und des NATO-Gebietes zu ermöglichen. Um dies gesetzlich zu regeln, legt die Regierungskoalition aus CDU/CSU und FDP Anfang 1993 einen Gesetzentwurf zur Änderung des Grundgesetzes vor. Dieser Entwurf zum Art. 24 GG sieht neben Blauhelmmissionen auch Kampfeinsätze der Bundeswehr, nicht nur im Auftrag der UNO, sondern auch im Rahmen von NATO oder OSZE vor. Voraussetzung hierfür soll eine Zweidrittelmehrheit im Bundestag sein, ebenso gilt als Bedingung, dass der UN-Sicherheitsrat die Aktion nicht verbietet. Die SPD will den Soldaten höchstens einen Einsatz im Rahmen friedenserhaltender Missionen der UNO (Blauhelmeinsätze) ermöglichen. Mitte 1993 entscheidet die Bundesregierung, deutsche Soldaten am UN-Einsatz in Somalia zu beteiligen. Damit werden vollendete Tatsachen geschaffen. Eine Klage der SPD beim Bundesverfassungsgericht wird im Juni 1993 abgewiesen. Das Grundsatzurteil vom 12. Juli 1994 erlaubt nun „out of area"- Einsätze der Bundeswehr unter bestimmten Bedingungen. Gleichzeitig wird allerdings gerügt, dass die Bundesregierung das Parlament beim Somalia-Einsatz übergangen hat.

Leitsätze des Bundesverfassungsgerichts

- Eine deutsche Beteiligung an internationalen Militäreinsätzen ist ohne Änderung des Grundgesetzes möglich.
- Allerdings muss vor diesen Einsätzen der Bundestag ein Gesetz verabschieden, das genau regelt, ob und in welchem Rahmen der Einsatz stattfinden darf.
- Auftraggeber von internationalen Beteiligungen der Bundeswehr im Rahmen der NATO darf nur der UN-Sicherheitsrat sein.

Bundeswehr-Einsätze out of area werden die Regel sein – und ihre Opfer fordern

Der Kurswechsel der Bundesregierung – die Bundeswehr verteidigt nicht mehr, aber sie engagiert sich – hat bislang nicht zu Todesopfern in größerem Umfang geführt. Schon in Kambodscha, vor allem aber in Somalia und bei den Einsätzen für Hilfs- und Überwachungsflüge in Rest-Jugoslawien, war dies glücklichen Umständen zu verdanken. In Zukunft werden Bundeswehr-Einsätze „out of area" die Regel sein und sie werden ebenso regelmäßig ihre Opfer fordern. Wir müssen für möglich und realistisch halten, dass unsere Transportflieger, die Blauhelme, Kampfsoldaten und Hilfsgüter an die jeweiligen Einsatzorte bringen, Zinksärge in die Heimat zurücktransportieren werden. Die zum Sterben verpflichteten Soldaten haben dafür bislang noch nicht geschworen, sondern nur eine Auslegung des Grundgesetzes bekommen, von der sie jetzt wissen, dass ihnen ab sofort der Tod abgefordert wird. Das sollte eine Entscheidung des Bundestages von Fall zu Fall wert sein.

Hans Schueler „Zum Sterben verpflichtet" in: Die Zeit vom 15. Juli 1994

Auslandseinsätze der Bundeswehr

- **Kambodscha 1991-1993:**
  150 Sanitätssoldaten zur Betreuung des Militärhospitals in Phnom Penh
- **Somalia 1992-1993:**
  1700 Soldaten für die Einrichtung eines Feldlazaretts mit Sicherungseinheiten (Fallschirm- und Gebirgsjäger)
- **Ex-Jugoslawien seit 1992:**
  1995 rund 4000 Soldaten mit unterschiedlichen Aufgaben

*zusammengestellt nach:
Die Woche vom 27.9.1995*

4 Wehrpflicht und Kriegsdienstverweigerung

4.1 Die allgemeine Wehrpflicht

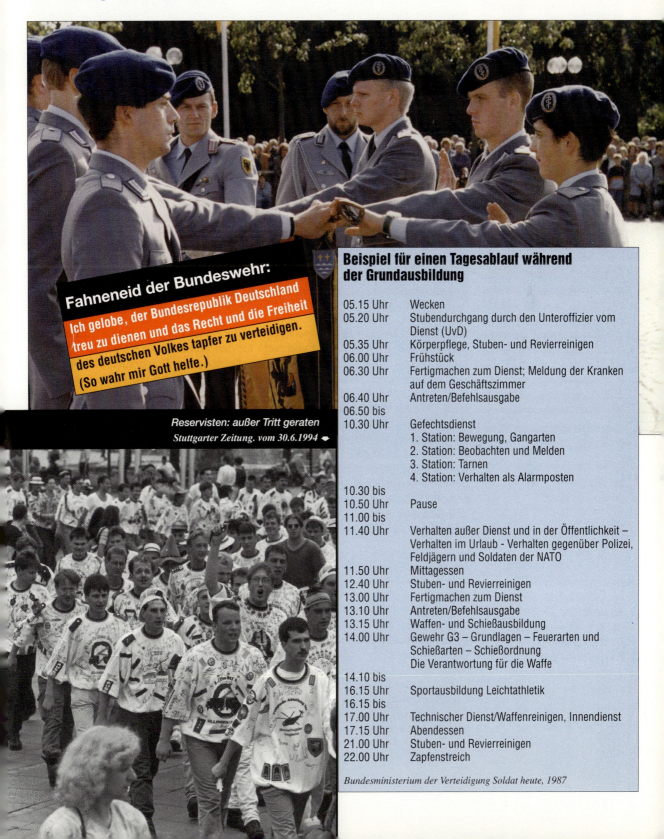

Fahneneid der Bundeswehr:
Ich gelobe, der Bundesrepublik Deutschland treu zu dienen und das Recht und die Freiheit des deutschen Volkes tapfer zu verteidigen. (So wahr mir Gott helfe.)

Reservisten: außer Tritt geraten
Stuttgarter Zeitung, vom 30.6.1994

Beispiel für einen Tagesablauf während der Grundausbildung

05.15 Uhr	Wecken
05.20 Uhr	Stubendurchgang durch den Unteroffizier vom Dienst (UvD)
05.35 Uhr	Körperpflege, Stuben- und Revierreinigen
06.00 Uhr	Frühstück
06.30 Uhr	Fertigmachen zum Dienst; Meldung der Kranken auf dem Geschäftszimmer
06.40 Uhr	Antreten/Befehlsausgabe
06.50 bis 10.30 Uhr	Gefechtsdienst 1. Station: Bewegung, Gangarten 2. Station: Beobachten und Melden 3. Station: Tarnen 4. Station: Verhalten als Alarmposten
10.30 bis 10.50 Uhr	Pause
11.00 bis 11.40 Uhr	Verhalten außer Dienst und in der Öffentlichkeit – Verhalten im Urlaub - Verhalten gegenüber Polizei, Feldjägern und Soldaten der NATO
11.50 Uhr	Mittagessen
12.40 Uhr	Stuben- und Revierreinigen
13.00 Uhr	Fertigmachen zum Dienst
13.10 Uhr	Antreten/Befehlsausgabe
13.15 Uhr	Waffen- und Schießausbildung
14.00 Uhr	Gewehr G3 – Grundlagen – Feuerarten und Schießarten – Schießordnung Die Verantwortung für die Waffe
14.10 bis 16.15 Uhr	Sportausbildung Leichtathletik
16.15 bis 17.00 Uhr	Technischer Dienst/Waffenreinigen, Innendienst
17.15 Uhr	Abendessen
21.00 Uhr	Stuben- und Revierreinigen
22.00 Uhr	Zapfenstreich

Bundesministerium der Verteidigung Soldat heute, 1987

Wehrdienstdauer in Europa

Albanien	15 Monate
Bulgarien	18 Monate
Dänemark	9 Monate
Deutschland	12 Monate
Estland	12 Monate
Finnland	8 Monate
Frankreich	10 Monate
Griechenland (Heer)	15-19 Monate
Italien	12 Monate
Kroatien	10 Monate
Lettland	18 Monate
Litauen	12 Monate
Moldawien	18 Monate
Niederlande	9 Monate
Norwegen	12 Monate
Österreich	8 Monate
Polen	18 Monate
Portugal	7 Monate
Rumänien	15 Monate
Russland	24 Monate
Schweiz	11 Monate
Slowakei	18 Monate
Slowenien	7 Monate
Spanien	9 Monate
Türkei	15 Monate
Tschechien	12 Monate
Ungarn	15 Monate
Ukraine	12 Monate
Weißrussland	18 Monate

Island hat als einziger Staat in Europa keine Armee

Zur Arbeit der Wehrbeauftragten

Jedes Jahr wenden sich rund 8000 Soldaten an die Wehrbeauftragte des Bundestages.
Jährlich legt sie dem Bundestag einen Bericht über ihre Arbeit vor. Wenn die Wehrbeauftragte einer Beschwerde nachgeht, müssen ihr alle Dienststellen Auskunft und Akteneinsicht gewähren. Sie und ihre Mitarbeiter können jederzeit unangemeldet bei den Truppen vorbeikommen.

Zur Interessenvertretung gegenüber den Vorgesetzten wählen die Soldaten in ihren Einheiten Vertrauensmänner.

Richard v. Weizsäcker, ehemaliger Bundespräsident zum 30-jährigen Bestehen der Bundeswehr 1985:

Die Wehrpflicht erfordert persönliche Bereitschaft zum Dienst. Wer ihn leistet, muss sich von der allgemeinen Überzeugung getragen fühlen, dass es um unserer Freiheit willen notwendig ist, Lasten nicht nur in Form des Steuerzahlens, sondern auch des persönlichen Dienstes für das Gemeinwesen auf sich zu nehmen. (...) Die Einsicht in den Sinn einer Tätigkeit ist leichter vermittelt, wenn z. B. ein junger Mensch einen Schwerbehinderten versorgt, als wenn er nachts als Soldat irgendwo Wache steht. Um so mehr müssen wir uns um ein besseres Verhältnis und um die Anerkennung gerade des unscheinbaren Dienstes bemühen. Er verdient sie, gerade weil er unentbehrlich ist, aber weniger ins Auge springt.

Grundgesetz Artikel 12 a

(1) Männer können vom vollendeten achtzehnten Lebensjahr an zum Dienst in den Streitkräften, im Bundesgrenzschutz oder in einem Zivilschutzverband verpflichtet werden...

(4) Kann im Verteidigungsfalle der Bedarf an zivilen Dienstleistungen im zivilen Sanitäts- und Heilwesen sowie in der ortsfesten militärischen Lazarettorganisation nicht auf freiwilliger Grundlage gedeckt werden, so können Frauen vom vollendeten achtzehnten bis zum vollendeten fünfundvierzigsten Lebensjahr durch Gesetz oder auf Grund eines Gesetzes zu derartigen Dienstleistungen herangezogen werden. Sie dürfen auf keinen Fall Dienst mit der Waffe leisten.

Bei der Gründung der Bundeswehr hat sich der Bundestag bewusst für die Einführung der **allgemeinen Wehrpflicht** und nicht für den Aufbau einer Freiwilligenarmee (Berufsheer) entschieden. Dadurch soll die Verpflichtung aller Bürger für die Sicherheit des Landes besonders herausgestellt werden. Die Verteidigung der Freiheit und der im Grundgesetz festgelegten Werte ist eine Aufgabe, die jeden angeht. Außerdem soll durch die Wehrpflicht verhindert werden, dass sich – ähnlich wie in der Weimarer Republik – bei einem Berufsheer ein „Staat im Staate" bildet. Das Leitbild des Soldaten als **Staatsbürger in Uniform** und die **Innere Führung** der Bundeswehr (s. S. 228) sollen dafür sorgen, dass übertriebene Disziplin, Drill und menschenunwürdige Schikanen, wie sie früher beim „Kommiss" alltäglich waren, der Vergangenheit angehören. Bei ungerechter Behandlung können sich die Soldaten an die **Wehrbeauftragte** (1995 wird als erste Frau C. Marienfeld zur Wehrbeauftragten gewählt) des Bundestages wenden, die den Beschwerden nachgeht und für Abhilfe zu sorgen versucht. Sie muss dem Bundestag über ihre Tätigkeit berichten.

Aus dem Bericht:

In einer Eingabe beschwerte sich ein Soldat über seinen Kompaniefeldwebel, von dem man wusste, dass er in seinen Ausdrücken nicht gerade wählerisch war. Im vorliegenden Fall hatte er den Soldaten als „Verpisser" bezeichnet, weil dieser sich nach einem erledigten Auftrag nicht rechtzeitig zurückgemeldet hatte. (...)
So haben mir Soldaten berichtet, dass ihnen die Einsicht in die Notwendigkeit von Sauberkeit und Ordnung in militärischen Anlagen und Unterkünften schon von Haus aus keine Schwierigkeiten bereite. Ihnen fehle jedoch jedes Verständnis dafür, wenn Stuben- und Revierreinigen zum Selbstzweck würden und Vorgesetzte ihre Macht ausspielten. Ich meine, der Willkür von Vorgesetzten sind hier klare Grenzen zu setzen. Ich sehe beispielsweise keine dienstliche Notwendigkeit für das Ausklopfen eines bereits geleerten Mülleimers über einem Tisch, um durch dann noch herausfallende Staubreste den Nachweis zu erbringen, dass der Eimer nicht ordentlich geleert worden sei. (...)

Bundestagsdrucksachen 11/42 und 11/2034

4.2 Allgemeine Wehrpflicht oder Berufsarmee?

Die allgemeine Wehrpflicht geht auf historische Traditionen zurück. Nach Jahrhunderten, in denen Söldnerheere vorherrschend sind, beginnt sich seit der Französischen Revolution in allen europäischen Staaten die allgemeine Wehrpflicht durchzusetzen. In Deutschland setzt diese Entwicklung 1814 mit den Befreiungskriegen gegen Napoleon ein und bleibt außer einer kurzen Phase während der Weimarer Republik Bestandteil der Verteidigungspolitik Deutschlands (Eine Ausnahme bilden die Jahre 1945 bis 1955, als es noch keine Bundeswehr gab, s. S. 227). Allerdings ist die heutige Bundeswehr wie die meisten Armeen Europas eine Mischung aus Berufsarmee (Berufssoldaten und Soldaten auf Zeit) und einer Wehrpflichtarmee.

Gerhard von Scharnhorst, Vater der Wehrpflicht 1755-1830, preußischer Reformer

Inzwischen wird die Frage diskutiert, ob in Deutschland nicht die Wehrpflicht abgeschafft werden soll. Anlass für diese Überlegungen ist die immer größer werdende Ungerechtigkeit bei der Einberufung der Wehrpflichtigen. Wehrgerechtigkeit ist schon heute nicht mehr gewährleistet. Mit der Reduzierung der Bundeswehr auf 340000 Soldaten und vielleicht auf noch weniger im Laufe der 90er Jahre wird sich die Diskrepanz zwischen tauglichen und einberufenen Wehrpflichtigen noch verschärfen. Eine Verkürzung des Wehrdienstes auf 10 Monate wird auch nicht ausreichen, um alle gemusterten und für tauglich befundenen jungen Männer einzuberufen.

Mischsystem der Bundeswehr

Wehrpflichtige	45%
Zeitsoldaten	42%
Berufssoldaten	13%

Berufsarmeen in Europa

In den meisten europäischen Ländern gibt es ein Mischsystem wie in Deutschland.
Reine Berufsarmeen haben Großbritannien, Irland, Luxemburg und Malta; seit 1994 Belgien und seit 1996 auch Frankreich.

Kriegsdienstverweigerer sind benachteiligt

„Von den tauglichen Kriegsdienstverweigerern ziehen wir 98 bis 99 Prozent zum Dienst ein".

Josef Opladen vom Bundesamt für den Zivildienst

PRO

Auch ist eine Freiwilligenarmee militärisch besser und effizienter, weil ihre Angehörigen mehr Zeit und Motivation für Ausbildung und Übung haben. Gerade die zunehmend hohe Technisierung des Geräts der Bundeswehr verlangt intensiv geschultes Personal und eingespielte Teams. Durch die starke Fluktuation innerhalb einer Wehrpflichtarmee kann dieses Ziel nicht erreicht werden. Weiter kann sich Deutschland auf längere Sicht internationalen Einsätzen nicht widersetzen. Wehrpflichtigen sollte dies ohne ihre Zustimmung nicht zugemutet werden.

Jürgen Koppelin (FDP), Mitglied des Verteidigungsausschusses des Bundestags
Auszüge aus: Stuttgarter Nachrichten vom 22. August 1992

KONTRA

Wegen der ständig gestiegenen Zahl von Kriegsdienstverweigerern für die Schaffung einer Berufsarmee zu plädieren, scheint gerade aus Gründen der Einbindung der Armee in die Zivilgesellschaft bedenklich. Dass sich ein Stand mit „Sonderinteressen" heranbildet, dass sich gerade Freiwillige mit „Rambomentalität" zum Dienst an der Waffe berufen fühlen, dass sich in wirtschaftlichen Krisen die Auswahl auf Kreise richtet, die auf dem zivilen Arbeitsmarkt geringere Chancen besitzen, diese Gefahren rücken damit in den Bereich des Möglichen.

Manfred Hofbauer,
Leutnant der Bundeswehr
in: Information für die Truppe, Mai 1994, S. 63

... und heute wieder ein Lotteriespiel

„... unser Notar hat sich zuvor vom ordnungsgemäßen Zustand des Hutes überzeugt!"

4.3 Das Grundrecht auf Kriegsdienstverweigerung

Rita Süssmuth zum 25-jährigen Bestehen des Zivildienstes:

> Es geht darum, deutlich zu machen, dass Kriegsdienstverweigerer weder Rechtsbrecher noch Drückeberger sind, sondern junge Männer, die ein Grundrecht in Anspruch nehmen...
> Das Recht auf Kriegsdienstverweigerung aus Gewissensgründen gehört zum Kernbestand unserer Grundrechte wie kaum ein anderes.
> Es ist ja kein leichter Weg, den ein Kriegsdienstverweigerer geht. Er muss sich oft misstrauischen Fragen seiner persönlichen Umgebung aussetzen, er muss mit der Unsicherheit fertig werden, ob ihm nicht später Nachteile aus seiner Gewissensentscheidung entstehen, er muss viel Energie aufbringen, um seiner eigenen Gewissensentscheidung treu zu bleiben ... Es ist für mich selbstverständlich, dass die Zivildienstleistenden die gleiche Würdigung durch die Öffentlichkeit erfahren wie die jungen Männer, die ihre Wehrpflicht erfüllen.

aus: Der Zivildienst 3/86, S.2

Kein Recht auf Kriegsdienstverweigerung

gibt es in:
Albanien
Bosnien/Herzegowina
Bulgarien
Serbien/Montenegro
Makedonien
Türkei
Weißrussland

Anzahl der Anträge auf Kriegsdienstverweigerung

Jahr	Anzahl
1958	2 447
1963	3 311
1968	11 952
1973	35 192
1977	69 969
1983	68 334
1988	77 048
1991	150 722
1992	133 856
1993	130 041
1994	125 745

Rückgang auf geburtenschwachen Jahrgang zurückzuführen

1995	160 659

Anstieg auf die erhöhte Zahl der gemusterten (+22%) zurückzuführen

Der sprunghafte Anstieg 1977 ist durch eine Änderung des Verfahrens („Verweigerung per Postkarte") begründet, das aber 1978 vom Bundesverfassungsgericht für verfassungswidrig erklärt worden ist. 1991 stieg die Zahl der Kriegsdienstverweigerung wegen des Golfkrieges stark an.

Peter hat die Aufforderung zur Musterung vom Kreiswehrersatzamt bekommen. Vor einem halben Jahr noch wäre es für ihn selbstverständlich gewesen, seine Wehrpflicht abzuleisten. Er trug sich mit dem Gedanken, als Zeitsoldat zur Bundeswehr zu gehen, um sich zusätzliche Kenntnisse im Elektronikbereich anzueignen... Innerhalb weniger Monate aber hat Peter Erfahrungen gemacht, die ihn in einen schweren inneren Konflikt gestürzt haben. Aufgrund vieler Gespräche mit seiner Freundin Bettina, die als junge Christin in der Friedensbewegung engagiert ist, fragte er sich, ob seine ursprüngliche Entscheidung für ihn der richtige Weg ist... Wie soll er sich entscheiden?

Landeszentrale für Politische Bildung Baden-Württemberg: Politik und Unterricht 2/88, S.29

Durch die Erziehung zur Gewaltlosigkeit, die ich von meinen Eltern erhielt, entwickelte sich bei mir eine Ablehnung gegenüber gewaltsamen „Konfliktsituationen", zudem ich von meinen Eltern stets die Möglichkeit vor Augen geführt bekam, dass Konflikte auch gewaltfrei gelöst werden können...
Krieg bedeutet für mich die abscheulichste Missachtung der Menschenwürde überhaupt; er ist das entsetzlichste und traurigste Beispiel dessen, was Menschen einander antun können...
Die Bereitschaft, Menschen zu töten, kann ich aber mit meinem Willen zum Frieden und zu Verantwortung und meiner Ablehnung von Gewalt auf keinen Fall vereinbaren...

Aus der schriftlichen Begründung eines Kriegsdienstverweigerers

Im Grundgesetz ist seit 1949 das **Grundrecht auf Kriegsdienstverweigerung** festgelegt. Es erhält seine eigentliche Bedeutung aber erst, als 1956 das Grundgesetz geändert und die allgemeine Wehrpflicht eingeführt wird.

Ein Grundrecht auf Kriegsdienstverweigerung gibt es nur in den wenigsten Verfassungen der europäischen Staaten (in Österreich und den Niederlanden). In vielen weiteren Staaten Europas beruht das Recht auf Kriegsdienstverweigerung auf einem Gesetz. In Spanien ist das Verweigerungsrecht zwar in der Verfassung verankert, allerdings abgeleitet von der Meinungsfreiheit und nicht als eigenständiges Grundrecht.

Seit Ende der 60er Jahre ist die Zahl der Kriegsdienstverweigerer stark angestiegen. Hauptursache dürfte die einsetzende Protesthaltung der jungen Menschen gewesen sein, z. B. gegen den Vietnam-Krieg oder den Rüstungswettlauf der Großmächte.

Wehrpflicht und Kriegsdienstverweigerung

Bis 1984 musste ein Kriegsdienstverweigerer seine Gewissensgründe vor einem Ausschuss glaubhaft darlegen. Dieses Verfahren war äußerst zweifelhaft, weil die Gewissensnot eines Menschen nicht beweis- und überprüfbar ist. Seit 1984 müssen die Kriegsdienstverweigerer ihre Gründe schriftlich darlegen. Überprüft wird nur noch, ob die Argumentation schlüssig ist.

Gleichzeitig mit der Änderung des Anerkennungsverfahrens für Kriegsdienstverweigerer beschließt der Bundestag eine Verlängerung des Zivildienstes. Bis 1995 dauert der Wehrdienst 12 Monate, der Zivildienst 15 Monate; ab dann wird der Wehrdienst auf 10 und der Zivildienst auf 13 Monate gekürzt. Die längere Dauer des Zivildienstes soll sicherstellen, dass das Grundrecht nur von „echten" Kriegsdienstverweigerern in Anspruch genommen wird. Die Regelung ist umstritten, sie wird jedoch vom Bundesverfassungsgericht bereits 1985 bestätigt.

Grundgesetz Artikel 4
(3) Niemand darf gegen sein Gewissen zum Kriegsdienst mit der Waffe gezwungen werden.

Artikel 12 a
(2) Wer aus Gewissensgründen den Kriegsdienst mit der Waffe verweigert, kann zu einem Ersatzdienst verpflichtet werden. Die Dauer des Ersatzdienstes darf die Dauer des Wehrdienstes nicht übersteigen. Das Nähere regelt ein Gesetz, das die Freiheit der Gewissensentscheidung nicht beeinträchtigen darf und auch eine Möglichkeit des Ersatzdienstes vorsehen muss, die in keinem Zusammenhang mit den Verbänden der Streitkräfte und des Bundesgrenzschutzes steht.

Aus dem Urteil des Bundesverfassungsgerichts 1985:

Das Grundgesetz ist nicht dadurch verletzt, dass der Zivildienst länger dauert als der Grundwehrdienst. ...,

Die bewusste Inkaufnahme des gegenüber dem Grundwehrdienst verlängerten Zivildienstes soll als Indiz für das Vorliegen einer Gewissensentscheidung gelten. In erster Linie soll die erschwerte Ausgestaltung des Zivildienstes sicherstellen, dass das Grundrecht nur von echten Kriegsdienstverweigerern in Anspruch genommen wird...

nach Frankfurter Allgemeine Zeitung vom 24. April 1985

Zivildienstleistende übernehmen, vor allem im sozialen Bereich, wichtige Aufgaben. Als 1990 die Dauer des Zivildienstes von 20 auf 15 Monate verkürzt wird, hat dies eine spürbare Verschlechterung dieser Leistungen zur Folge.

Zeichnung: Gerhard Mester

Aufteilung der Zivildienstplätze nach Tätigkeitsgruppen
(Stand: 15. 9. 1993)

	Zivildienstplätze	Zivildienstleistende
01 Pflege- und Betreuungsdienste	80 140	63 482
02 handwerkliche Tätigkeiten	22 362	19 644
03 gärtnerische und landwirtschaftliche Tätigkeiten	4 690	3 510
04 kaufmännische und Verwaltungstätigkeiten	1 195	718
05 Versorgungstätigkeiten	8 032	7 124
06 Umweltschutz	4 644	3 896
07 Kraftfahrdienst	3 299	3 042
08 Krankentransport/Rettungsdienst	11 638	10 321
11 Mobiler Sozialer Hilfsdienst	19 790	16 768
19 Individuelle Schwerstbehindertenbetreuung	8 259	4966
45 Individuelle Schwerstbehindertenbetreuung von Kindern	828	666
98 Spitzensportler	59	43
Gesamt	**164 936**	**131 180**

Zivildienst – ein Beispiel

Jan hat sich für den Zivildienst eine Stelle bei der kirchlichen Sozialstation Altenkirchen-Weyerbusch ausgesucht. Obwohl er anfangs etwas skeptisch ist, ob dies das Richtige für ihn ist, zieht er nach 15 Monaten eine positive Bilanz.

„Ich blicke auf 15 angenehme und auch lehrreiche Monate zurück und ich wüsste nicht, wie ich diese Zeit besser und vor allem sinnvoller hätte verbringen können", ist seine Schlussbewertung.

Die Sozialstation leistet bedeutende Arbeit bei der Betreuung von pflegebedürftigen Menschen. Ohne die Hilfe der Fachkräfte dieser Einrichtung und ohne den Zivildienstleistenden könnten diese Menschen nicht mehr in ihrer gewohnten Umgebung bleiben, würden sie ihre Wohnung und ihre Nachbarn, ihr ganzes Umfeld verlieren.

Was tut Jan den ganzen Tag?

Ab dem frühen Morgen beginnt er mit seinen Hausbesuchen. Manche Patienten können nicht mehr alleine aufstehen, sich nicht alleine waschen und auch nicht das Frühstück zubereiten. Hier hilft der Zivi.

Vielen Menschen hilft er mit Einkäufen, durch Behördengänge oder einfach nur damit, dass er für sie da ist, ihnen zuhört, mit ihnen spricht.
Jan ist auch dafür da, um bettlägerige Patienten vorübergehend zu versorgen, wenn deren Angehörige diese Aufgabe eine Zeitlang nicht übernehmen können.

Abends schaut er wieder bei den besonders Hilfsbedürftigen herein, um ihnen bei den Vorbereitungen zum Abendessen, zum Insbettgehen behilflich zu sein.

Wie kann ein Zivildienstleistender nach so kurzer Zeit solch verantwortungsvolle Aufgaben übernehmen?

Die ersten sechs Wochen wird Jan „eingelernt". Er fährt zunächst mit den Fachkräften der Sozialstation einfach nur mit und sieht zu, was zu tun ist und getan wird, um die Patienten zu versorgen. Bald hilft er bei schwierigen Aufgaben mit, übernimmt selbst leichtere Tätigkeiten und darf immer öfter Patienten alleine besuchen. Jan gefällt, dass ihm während dieser „Eingewöhnungsphase" genügend Zeit gelassen wird, um sich an manche Arbeiten zu gewöhnen. Er findet es auch positiv, dass Verbesserungsvorschläge von ihm aufgenommen werden und er geradezu aufgefordert wird, sich kritisch zu äußern. Er fühlt sich gut betreut und betont, dass er immer offene Ohren angetroffen hat, „sowohl bei Kollegen als auch den Vorgesetzten."

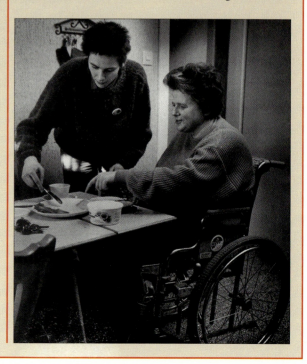

4.4 Allgemeine Dienstpflicht?

In der Bundesrepublik werden seit einiger Zeit immer wieder Überlegungen zu einer Reform des Wehr- und Zivildienstes angestellt. In diesem Zusammenhang wird anstelle der allgemeinen Wehrpflicht mit der Möglichkeit eines zivilen Ersatzdienstes die Forderung nach einer allgemeinen Dienstpflicht für alle jungen Männer – teilweise auch für alle jungen Frauen ab 18 Jahren erhoben. Diese Vorstellungen sind umstritten.

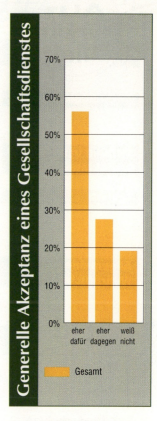

Quelle: SOWI 1991; befragter Personenkreis: Junge Erwachsene zwischen 18 und 28

> Eine allgemeine Dienstpflicht lehnt die Zentralstelle für Recht und Schutz der Kriegsdienstverweigerer (...) ab. „Sind wir wieder im kaiserlichen Obrigkeitsstaat, wo die Staatsgewalt gnädig gewisse Rechte gewährt, aber eigentlich ihre Untertanen zum Dienen antreten lässt und herumkommandiert?" Der Ruf nach einer allgemeinen Dienstpflicht sei offenbar als letzter Versuch zu verstehen, die Wehrpflicht zu retten, die wegen fehlender Wehrgerechtigkeit – weil nur ein Teil der tauglichen Wehrpflichtigen in die verkleinerte Bundeswehr eingezogen werden – zunehmend in Zweifel gerate. Die Zentralstelle warnte vor den Folgen für das Sozialsystem, die zu befürchten seien, wenn neben den knapp 100 000 Zivildienstleistenden jährlich 60 000 nicht zur Bundeswehr einberufene junge Männer und 360 000 junge Frauen zwangsverpflichtet würden. Schon jetzt gebe es Arbeitslosigkeit in fast allen Sozialberufen. Die Politiker, die sonst immer für Privatisierung einträten und nun den Ausbau der Zwangswirtschaft durch Ausweitung des Zwangsdienstes forderten, sollten bedenken, dass dann Fachqualifikation im Sozialsystem an Wert verliere und dass die Strafdrohung an die Stelle des angemessenen Lohnes als Anreiz zur Arbeit trete.

Frankfurter Rundschau vom 13.März 1994

> *Die Vorzüge einer allgemeinen Dienstpflicht als Ergänzung zur Wehrpflicht sind ernsthaft zu prüfen, trotz ungelöster Fragen wie denen der Kosten und einer gerechten Einbeziehung der Frauen. Was wir bisher im Nebeneinander von Wehrpflicht und Entwicklungsdienst haben, wäre dann durch die Ergänzung mit einem ausgebauten und differenzierten Zivildienst anzustreben. Ein solcher Gedanke zielt auf dreierlei, auf die Deckung eines drängenden gesellschaftlichen Bedarfes im Sinne einer erweiterten Sicherheit, auf eine höhere innere Bereitschaft junger Bürger zur Mitverantwortung und auf eine Lösung des Problems mangelnder Dienstgerechtigkeit. Wenn heute etwa ein Viertel aller Wehrpflichtigen weder Wehr- noch Zivildienst leistet, so leidet die Solidarität in der Gesellschaft. Wer also aus guten Gründen die Wehrpflicht beibehalten will, sollte sich der Prüfung einer Reform der Dienste nicht verschließen.*

Richard von Weizsäcker, ehemaliger Bundespräsident, in einer Rede auf der Bundeswehrtagung am 5. Oktober 1993 in Mainz

> Für die Ausweitung der Wehrpflicht zur Allgemeinen Dienstpflicht für Männer spricht die Vielzahl der bereits heute rechtlich anerkannten alternativen Dienste... Der Vollzugsdienst der Polizei befreit von der Wehrpflicht, der Dienst im Bundesgrenzschutz, der Dienst im zivilen Katastrophenschutz und der Entwicklungsdienst. Dieser Katalog von alternativen Diensten zur Wehrpflicht könnte im Rahmen einer Allgemeinen Dienstpflicht ergänzt werden durch Aufgaben im Umweltschutz im großen Stil und durch Aufbaudienste in Ostdeutschland... Ein weiteres Problem könnte damit gelöst werden: die freie Wahl des Wehrdienstes würde auch das Dilemma der Kriegsdienstverweigerung überwinden. Tatsache ist, dass wir de facto ein freies Wahlrecht haben. Deswegen bin ich sicher, dass wir mit einer freien Wahl zwischen alternativen Diensten auch die Unehrlichkeit beseitigen würden, die derzeit in der formalen Gewissensprüfung liegt.

Florian Gerster in: Der Mittler-Brief 1991/2, S.3f.

Bundeswehr, Wehrpflicht und Zivildienst

Verteidigungsauftrag

Die Streitkräfte der Bundesrepublik Deutschland haben ausschließlich Verteidigungsaufgaben zu erfüllen. Die Bundeswehr leistet ihren Beitrag im Rahmen der NATO.

Stellung in der Demokratie

Die Bundeswehr ist Teil der Regierung und der Kontrolle durch das Parlament unterworfen. Für sie gilt das Primat der Politik.

Zukunft

Mit der Vereinigung Deutschlands und der Auflösung des Warschauer Pakts verändert sich die Rolle der Bundeswehr. Die Reduzierung der Streitkräfte, Schließung von Militärstandorten und Aufgaben im Rahmen der Friedenssicherung der Vereinten Nationen stellen die Soldaten vor neue Aufgaben.

Allgemeine Wehrpflicht

Bei der Gründung der Bundeswehr hat sich der Bundestag bewusst für eine allgemeine Wehrpflicht und gegen eine Berufsarmee entschieden. Das Leitbild des Soldaten ist der Staatsbürger in Uniform. Die Diskussion um die Einführung einer Berufsarmee bleibt aber aktuell.

Kriegsdienstverweigerung

Das Grundrecht auf Kriegsdienstverweigerung ist seit 1949 im Grundgesetz verankert. Niemand darf gegen sein Gewissen zum Wehrdienst gezwungen werden. Wer den Dienst mit der Waffe verweigert, ist zu einem Zivildienst verpflichtet. Die Zivildienstleistenden sind als Helfer in sozialen Einrichtungen unentbehrlich geworden.

Zur Wiederholung

1. Beschreiben Sie den Auftrag der Bundeswehr.
2. Erklären Sie die Begriffe „Primat der Politik" und „Staatsbürger in Uniform".
3. Welche Aufgaben hat der Wehrbeauftragte?
4. Welche Probleme sind mit der Zustimmung des Bundesverfassungsgerichts zu den „out-of-area-Einsätzen" der Bundeswehr verbunden?
5. Wie begründet das Bundesverfassungsgericht die längere Zivildienstzeit?

Weiterführende Aufgaben

1. Informieren Sie sich anhand Ihnen zugänglicher Medien über die Beteiligung deutscher Soldaten an UNO-Aufträgen.
2. Diskutieren Sie in Ihrer Klasse die Vor- und Nachteile der allgemeinen Wehrpflicht im Vergleich zu einer Berufsarmee.
3. Überlegen Sie, was für und gegen eine allgemeine Dienstpflicht spricht.

1 Grundlagen des demokratischen Staates

Präambel des Grundgesetzes vom 23. Mai 1949:

Im Bewusstsein seiner Verantwortung vor Gott und den Menschen, von dem Willen beseelt, seine nationale und staatliche Einheit zu wahren und als gleichberechtigtes Glied in einem vereinten Europa dem Frieden der Welt zu dienen, hat das deutsche Volk in den Ländern ...(es folgt eine Aufzählung der Bundesländer) ..., um dem staatlichen Leben für eine Übergangszeit eine neue Ordnung zu geben, kraft seiner verfassungsgebenden Gewalt dieses Grundgesetz der Bundesrepublik Deutschland beschlossen. Es hat auch für jene Deutschen gehandelt, denen mitzuwirken versagt war. Das gesamte deutsche Volk bleibt aufgerufen, in freier Selbstbestimmung die Einheit und Freiheit Deutschlands zu vollenden.

Präambel des Grundgesetzes nach der Vereinigung am 3. Oktober 1990:

Im Bewusstsein seiner Verantwortung vor Gott und den Menschen, von dem Willen beseelt, als gleichberechtigtes Glied in einem vereinten Europa dem Frieden der Welt zu dienen, hat sich das deutsche Volk kraft seiner verfassungsgebenden Gewalt dieses Grundgesetz gegeben. Die Deutschen in den Ländern Baden-Württemberg, Bayern, Berlin, Brandenburg, Bremen, Hamburg, Hessen, Mecklenburg-Vorpommern, Niedersachsen, Nordrhein-Westfalen, Rheinland-Pfalz, Saarland, Sachsen, Sachsen-Anhalt, Schleswig-Holstein und Thüringen haben in freier Selbstbestimmung die Einheit und Freiheit Deutschlands vollendet. Damit gilt dieses Grundgesetz für das gesamte deutsche Volk.

Wird ein Gebiet wie die Bundesrepublik Deutschland als Staat bezeichnet, so bedeutet dies:

Es gibt ein **Staatsgebiet** mit eindeutig bestimmbaren Grenzen. Das Staatsgebiet der Bundesrepublik Deutschland umfasst ca. 360 000 km^2 und setzt sich aus den Gebieten der 16 Bundesländer zusammen.

Auf dem Staatsgebiet lebt ein **Staatsvolk** nach Regeln, die für alle seine Mitglieder in gleicher Weise verbindlich sind. Zum Staatsvolk der Bundesrepublik Deutschland gehören rund 80 Millionen Menschen, davon sind knapp 7 Millionen Ausländerinnen und Ausländer.

Das Zusammenleben des Staatsvolkes wird von einer **Staatsgewalt** geregelt. In der Bundesrepublik Deutschland wird die Staatsgewalt von den Parlamenten, den Regierungen und den Gerichten des Bundes und der Länder ausgeübt.

Grundlagen des demokratischen Staates

1.1 Verfassungsgrundsätze des Grundgesetzes

Das **Grundgesetz** ist die Verfassung der Bundesrepublik Deutschland. Es ist am 23. Mai 1949 beschlossen worden und gilt zunächst wegen der Teilung Deutschlands nur in den 10 Bundesländern Westdeutschlands sowie in West-Berlin. Erst nach dem Zusammenbruch der DDR 1989/90 können die fünf neu gebildeten Bundesländer Ostdeutschlands am 3. Oktober 1990 ihren Beitritt zur Bundesrepublik erklären. Seitdem gilt das Grundgesetz für das gesamte Deutschland.

Wie jede Verfassung legt das Grundgesetz neben den Rechten und Pflichten der Bürgerinnen und Bürger auch die Befugnisse der staatlichen Organe fest. So bildet das Grundgesetz den Rahmen unserer staatlichen Ordnung.

Zentrale Aussagen über die tragenden Grundsätze des Staatsaufbaus der Bundesrepublik Deutschland enthält insbesondere der **Artikel 20** des Grundgesetzes, der darum auch als **„Verfassung in Kurzform"** bezeichnet wird.

Die herausragende Bedeutung dieses Artikels zeigt sich auch daran, dass er vom Verfassungsgeber eine sogenannte **„Ewigkeitsgarantie"** erhalten hat: Anders als die übrigen Artikel des Grundgesetzes darf er nämlich auf keinen Fall verändert werden. Eine ähnliche Sonderstellung genießt nur noch Artikel 1 des Grundgesetzes, der die Unantastbarkeit der Menschenwürde verankert.

Verfassung

ist die meist schriftlich niedergelegte Grundlage eines Staates, die über allem anderen Recht steht. Sie bestimmt u.a. Aufbau und Zuständigkeit der Staatsorgane. Daneben sind die Menschenrechte in den meisten Ländern Bestandteil ihrer Verfassung.

Artikel 79 Grundgesetz

(3) Eine Änderung dieses Grundgesetzes, durch welche die Gliederung des Bundes in Länder, die grundsätzliche Mitwirkung der Länder bei der Gesetzgebung oder die in den Artikeln 1 und 20 niedergelegten Grundsätze berührt werden, ist unzulässig.

Artikel 20

Grundlagen staatlicher Ordnung, Widerstandsrecht

(1) Die Bundesrepublik Deutschland ist ein demokratischer und sozialer Bundesstaat.
(2) Alle Staatsgewalt geht vom Volke aus. Sie wird vom Volke in Wahlen und Abstimmungen und durch besondere Organe der Gesetzgebung, der vollziehenden Gewalt und der Rechtsprechung ausgeübt.
(3) Die Gesetzgebung ist an die verfassungsmäßige Ordnung, die vollziehende Gewalt und die Rechtsprechung an Gesetz und Recht gebunden.
(4) Gegen jeden, der es unternimmt, diese Ordnung zu beseitigen, haben alle Deutschen das Recht zum Widerstand, wenn andere Abhilfe nicht möglich ist.

Nach Artikel 20 bilden also folgende Prinzipien die tragenden Säulen der verfassungsmäßigen Ordnung der Bundesrepublik:

Freiheitlich-demokratische Grundordnung

Demokratie
Träger der Staatsgewalt ist das Volk (**Volkssouveränität**). Darum muss sich der Herrschaftsanspruch der staatlichen Organe aus dem Willen des Volkes herleiten. Der Wille des Volkes äußert sich in **Wahlen** und Abstimmungen.

Rechtsstaat
Die staatliche Gewalt ist auf verschiedene Organe für Gesetzgebung, Vollziehung und Rechtsprechung verteilt (**Gewaltenteilung**). Alle Staatsorgane sind in ihrem Handeln an die Verfassung und die Gesetze gebunden.

Bundesstaat
Der Gesamtstaat (**Bund**) besteht aus verschiedenen Gliedstaaten (**Länder**). Die Länder unterstehen zwar dem Recht des Bundes, sind aber selbst an der Gesetzgebung des Bundes beteiligt. Jedes Bundesland besitzt das Recht, in bestimmten Bereichen selbst zu entscheiden.

Sozialstaat
Der Staat ist zu einer Politik der **sozialen Gerechtigkeit** und des Ausgleichs sozialer Unterschiede verpflichtet. Wie das Sozialstaatsprinzip im Einzelnen verwirklicht werden soll, ist immer wieder Gegenstand der politischen Diskussion.

Das Widerstandsrecht
Artikel 20 (4) gibt allen Deutschen das Recht zum Widerstand, wenn es jemand unternimmt, die freiheitlich-demokratische Grundordnung zu beseitigen und andere Abhilfe nicht möglich ist. Das Widerstandsrecht dient damit dem Schutz der verfassungsmäßigen Ordnung. Zur Rechtfertigung gesetzwidrigen Handelns kann es also nicht herangezogen werden, solange demokratische Einrichtungen bestehen.

Die offene Gesellschaft und ihre Feinde
Wer seine politischen Ziele kompromisslos und unter Anwendung von Gewalt verfolgt, gefährdet damit nicht nur andere, sondern auch das friedliche Zusammenleben im Rahmen der freiheitlich-demokratischen Grundordnung.

Diese unverzichtbaren Prinzipien des Grundgesetzes machen deutlich, dass sich die Bundesrepublik als **freiheitlich-demokratische Grundordnung** versteht. Die Bedeutung dieses Begriffs hat das Bundesverfassungsgericht in verschiedenen Urteilen geklärt:

Aus der Rechtsprechung des Bundesverfassungsgerichts:
Die freiheitlich-demokratische Grundordnung

(I.) So lässt sich die freiheitliche demokratische Grundordnung als eine Ordnung bestimmen, die unter Ausschluss jeglicher Gewalt- und Willkürherrschaft eine rechtsstaatliche Herrschaftsordnung auf der Grundlage der Selbstbestimmung des Volkes nach dem Willen der jeweiligen Mehrheit und der Freiheit und Gleichheit darstellt. (...)

aus dem Urteil des BVerfG vom 23.10.1952

(II.) Dass diese Ordnung funktionieren (...) könne, wird durch ein System rechtlich gesetzter oder vorausgesetzter Spielregeln sichergestellt (...). Die (...) politische Meinungs- und Diskussionsfreiheit und die Vereinigungsfreiheit führen zum Mehrparteiensystem und zum Recht auf organisierte politische Opposition. Freie Wahlen (...) sichern die Kontrolle des Volkes über die Benutzung der Macht durch die politische Mehrheit. Die Regierung ist der Volksvertretung gegenüber verantwortlich. Das Prinzip der Aufteilung der Staatsmacht auf verschiedene, sich gegenseitig kontrollierende und hemmende Träger dient der Vermeidung übermäßiger Machtkonzentration an einer Stelle im Staat. (...) Dem Bürger wird eine freie Sphäre durch die Anerkennung von Grundrechten und ein weitgehender Schutz durch unabhängige Gerichte gesichert. Dem Schutz des ganzen Systems dient vor allem die Verfassungsgerichtsbarkeit. Da diese Ordnung wegen ihrer Offenheit und ihrer mannigfachen Gewährleistungen von Freiheiten und Einflüssen auch eine gefährdete Ordnung ist, schützt sie sich gegen Kräfte, die ihre obersten Grundsätze und ihre Spielregeln prinzipiell verneinen (...).

aus dem Urteil des BVerfG vom 17.8.1956

1.2 Die Bundesrepublik – ein Sozialstaat

UN-Generalsekretär Perez de Cuellar:

Eine Gesellschaft wird weniger an den Standards gemessen, nach denen ihre reichsten Mitglieder leben, sondern vielmehr danach, was sie ihren schwächsten Bürgern ermöglicht.

Artikel 20 des Grundgesetzes enthält u.a. den Auftrag an die Staatsorgane, die Bundesrepublik als Sozialstaat auszugestalten. Der Sozialstaat hat das Ziel, durch einen Ausgleich zwischen den stärkeren und schwächeren Gruppen der Gesellschaft für **soziale Gerechtigkeit** zu sorgen und seinen Bürgerinnen und Bürgern **Chancengleichheit** und ein Mindestmaß an **sozialer Sicherheit** zu gewähren. Damit leistet der Sozialstaat auch einen wichtigen Beitrag zum **sozialen Frieden.**

Erst wenn diese Voraussetzungen erfüllt sind, kann der Einzelne seine Grundrechte wahrnehmen und sein Leben in Freiheit und Würde gestalten. Damit ist das Sozialstaatsprinzip eine unverzichtbare Ergänzung des Artikels 1 des Grundgesetzes, der den Staatsorganen den Auftrag erteilt, die Menschenwürde zu achten und zu schützen.

Aus dem Sozialgesetzbuch der Bundesrepublik Deutschland von 1976:

> **§ 1**
> (1) Das Recht des Sozialgesetzbuchs soll zur Verwirklichung sozialer Gerechtigkeit und sozialer Sicherheit Sozialleistungen einschließlich sozialer und erzieherischer Hilfen gestalten. Es soll dazu beitragen, ein menschenwürdiges Dasein zu sichern, gleiche Voraussetzungen für die freie Entfaltung der Persönlichkeit, insbesondere auch für junge Menschen, zu schaffen, die Familie zu schützen und zu fördern, den Erwerb des Lebensunterhalts durch eine frei gewählte Tätigkeit zu ermöglichen und besondere Belastungen des Lebens, auch durch Hilfe zur Selbsthilfe, abzuwenden oder auszugleichen.
>
> **§ 9**
> Wer nicht in der Lage ist, aus eigenen Kräften seinen Lebensunterhalt zu bestreiten oder in besonderen Lebenslagen sich selbst zu helfen, und auch von anderer Seite keine ausreichende Hilfe erhält, hat ein Recht auf persönliche und wirtschaftliche Hilfe, die seinem besonderen Bedarf entspricht, ihn zur Selbsthilfe befähigt, die Teilnahme am Leben in der Gemeinschaft ermöglicht und die Führung eines menschenwürdigen Lebens sichert.

Der Weg zum sozialen Staat

1881
„Kaiserliche Botschaft": Beginn der Arbeit an Sozialgesetzen
1883
Krankenversicherung für Arbeiter
1884
Unfallversicherung
1889
Alters- u. Invalidenversicherung für Arbeiter
1911
Rentenversicherung für Angestellte
1927
Arbeitslosenversicherung
1933
Abschaffung der Selbstverwaltung im Versicherungswesen
1951
Wiedereinführung der Selbstverwaltung
1957
Rentenreform „Dynamische Rente"
1970
Lohnfortzahlung bei Krankheit auch für Arbeiter
1994
Pflegeversicherung

Beiträge zur Sozialversicherung 1997 (Westdeutschland)

Beitragssatz
(% des monatlichen Bruttolohns):

Krankenversicherung[1]	13,4
Rentenversicherung	20,3
Arbeitslosenversicherung	6,5
Pflegeversicherung	1,7

[1] Durchschnittswerte

Beitragsbemessungsgrenze (DM)

Krankenversicherung	6 150
Rentenversicherung	8 200
Arbeitslosenversicherung	8 200
Pflegeversicherung	6 150

Finanzierung
Die Beiträge für die Sozialversicherungen werden je zur Hälfte von Arbeitgebern und Arbeitnehmern getragen.

Löhne – Abgaben – Lohnnebenkosten 1995

zum Beispiel: Alleinverdiener, verheiratet, zwei Kinder.

Das zahlt der Arbeitgeber:

• Bruttolohn	4000 DM
• Arbeitslosenversicherung	+130 DM
• Krankenversicherung	+270 DM
• Rentenversicherung	+372 DM
• Pflegeversicherung	+ 20 DM
Lohnkosten:	4792 DM

Das erhält der Arbeitnehmer:

• Bruttolohn	4000 DM
• Arbeitslosenversicherung	-130 DM
• Krankenversicherung	-270 DM
• Rentenversicherung	-372 DM
• Pflegeversicherung	- 20 DM
• Lohnsteuer	-289 DM
• Solidaritätszuschlag	- 13 DM
Nettolohn:	2906 DM

nach: Wochenpost vom 15.12.1994

Im Laufe der letzten Jahrzehnte ist in der Bundesrepublik Deutschland ein soziales Netz entstanden, das den Bürgerinnen und Bürgern einen gesetzlich garantierten Anspruch auf vielfältige Leistungen von Sozialversicherungen und Staat gewährt.

Die Sozialleistungen der Bundesrepublik Deutschland im Überblick

soziale Sicherheit	Sicherung des Existenzminimums	sozialer Schutz/ soziale Teilhabe	sozialer Ausgleich
Krankenversicherung Unfallversicherung Rentenversicherung Arbeitslosenversicherung Pflegeversicherung	Sozialhilfe: • finanzielle Hilfen: Regelsatz (1995: ca. 545 DM)[1] + div. Zuschüsse • Sachleistungen: z.B. Wohnung, Kleidung 1 ab 1996: Erhöhung der Regelsätze je nach Entwicklung der Nettolöhne	Arbeitsschutz Kündigungsschutz Mutterschutz Mieterschutz innerbetriebliche Mitbestimmung	progressive Einkommensteuer Familienförderung (Ehegatten-Splitting, Kinderfreibeträge, Kindergeld) Vermögensbildung Ausbildungsförderung
Leistungen erhält, wer Beiträge an die Versicherung gezahlt hat (Versicherungsprinzip).	Leistungen erhält, wer seine Bedürftigkeit nachweisen kann (Bedürftigkeitsprinzip).	Der Gesetzgeber stärkt die rechtliche Position des Schwächeren (Prinzip der Waffengleichheit).	Der Gesetzgeber stärkt die wirtschaftliche Situation des Schwächeren (Solidaritätsprinzip).

Die Ausgaben für die Sozialleistungen der Versicherungen und des Staates steigen von Jahr zu Jahr. Weil den wachsenden Ausgaben entsprechende Einnahmen gegenüberstehen müssen, steigen auch die Belastungen der Einkommen mit Lohnsteuer und Sozialabgaben, die bei steigender Arbeitslosigkeit von immer weniger Beschäftigten getragen werden müssen. Weil die Beiträge zu den Sozialversicherungen je zur Hälfte von Arbeitgebern und Arbeitnehmern geleistet werden, klagen auch die Arbeitgeber über die steigenden Sozialabgaben, die die in Deutschland hergestellten Produkte wesentlich verteuern. Um wettbewerbsfähig zu bleiben, verlagern sie Arbeitsplätze ins Ausland oder ergreifen Rationalisierungsmaßnahmen. So entstehen neue Ausgaben für den Sozialstaat, die neue Belastungen zur Folge haben. Um diesen Teufelskreis zu durchbrechen, sind Reformen unerlässlich. Doch wenn die Reform des Sozialstaats den sozialen Frieden in Deutschland nicht gefährden soll, muss sie von allen Gruppen der Gesellschaft mitgetragen werden.

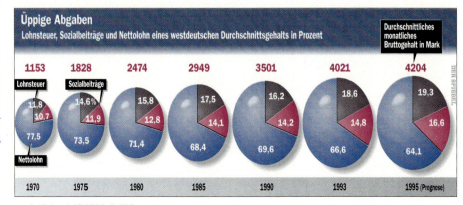

nach: Spiegel 43/1994, S. 116

2 Politische Meinungs- und Willensbildung

Aussagen junger Menschen über Politik:

- **Monika:** „Die Parteien machen doch, was sie wollen. Also hat es auch keinen Sinn, wenn ich mich dafür interessiere."
- **Michael:** „Bei der nächsten Wahl bin ich zum erstenmal wahlberechtigt. Deshalb verfolge ich zur Zeit die politische Diskussion."
- **Oliver:** „Mir ist das viel zu kompliziert. Wenn ich zum Beispiel die Steuergesetze nehme, stelle ich fest, dass ich einfach nicht mehr durchblicke. Die ewigen Streitereien hängen mir langsam zum Hals heraus."
- **Sandra:** „Ich bin mit vielem, was passiert, nicht einverstanden und merke, dass mich die meisten Entscheidungen, die in Bonn fallen, direkt betreffen. Ich überlege mir ernsthaft, ob ich nicht in eine Partei eintreten soll."

Die Menschen, die in der Bundesrepublik leben, haben die unterschiedlichsten Meinungen. Um sich Gehör zu verschaffen, schließen sich Bürgerinnen und Bürger zu Gruppen zusammen. Dies können Bürgerinitiativen, Vereine, Verbände oder Parteien sein. Anders als in Diktaturen, wo nur eine Meinung als richtig anerkannt wird, gehört die **Meinungsvielfalt** zu den Grundlagen einer demokratischen Gesellschaft. Man nennt dieses Prinzip **Pluralismus.**

Pluralismus

bedeutet das gleichberechtigte Nebeneinander verschiedener Meinungen und Gruppen, die an der Gestaltung des politischen Lebens teilnehmen.

Eine Gesetzesreform in Schlagzeilen

Gesundheitsreform nach heftiger Diskussion beschlossen
Gültigkeit ab 1.1.89
Bundesrat stimmt dem Gesetz zu

Vorschläge der Bundesregierung im Bundestag

Opposition: Nicht akzeptabel
Regierungsparteien: Tragfähiger Kompromiss

Vorschläge zur Gesundheitsreform lösen öffentliche Diskussion aus

CDU:
Sozial ausgewogen und notwendig

SPD:
Abkassierungsmodell gegen Versicherte, Kranke, Behinderte und Rentner

DGB:
Kniefall der Regierung vor den Leistungsanbietern

Ärztebund:
Schädliche Tendenzen

Pharmaindustrie:
Todesstoß für die Arzneimittelforschung

Arbeitgeberverband:
Halbheiten

AOK-Bundesverband:
Strukturmängel im Gesundheitswesen nicht beseitigt.

Kostenexplosion im Gesundheitswesen
Krankenkassenbeiträge steigen und steigen.

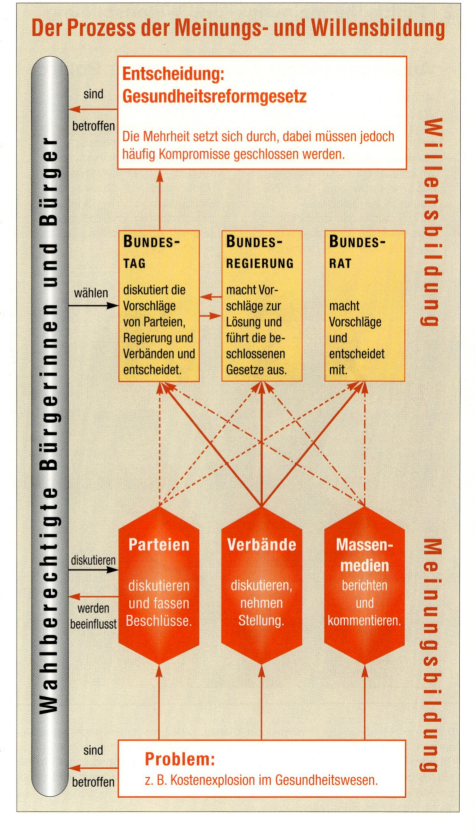

3 Die Bedeutung der Massenmedien

PZ vom August 1993, S. 35

Bevor man als Bürgerin und Bürger Entscheidungen treffen und sich in die Willensbildung einmischen kann, muss man sich möglichst vielfältig und umfangreich informieren. Vom ersten Kontakt mit der Welt als Kind bis zum Lebensende werden wir Menschen mit Informationen überschüttet. Zunächst sind es Eltern, Geschwister, Erzieherinnen im Kindergarten oder Lehrerinnen und Lehrer in der Grundschule, die uns in Gesprächen mitteilen, was sie wissen und erfahren haben. Dann – und das beginnt heute in immer jüngeren Jahren – werden die Heranwachsenden mit Informationen und Wissen aus Radio, Fernsehen, Zeitungen, Illustrierten und Büchern versorgt.

Diese Informationen enthalten nicht nur Tatsachen, sie vermitteln auch Meinungen und entscheiden mit darüber, wie wir über bestimmte Dinge denken. Je jünger ein Kind ist, um so mehr lässt es sich von Informationen und Meinungen beeinflussen; es kann noch nicht zwischen **einseitiger** und **ausgewogener** Information unterscheiden. Mit der Informations- und Meinungsflut **kritisch** umzugehen, lernt man erst mit der Zeit.

Auch wenn wir es kaum glauben können, besteht unser Bild von der Wirklichkeit vielleicht zu 10 Prozent aus der eigenen Anschauung und Erfahrung, zu 90 Prozent sind wir von den **Massenmedien** geprägt. Weil aber niemand alle Informationen selbst nacherleben und damit als selbst erfahren annehmen kann, ist es wichtig, die Angebote an Information und Meinung nicht nur zu konsumieren, sondern ihnen mit einem kritischen Blick zu begegnen.

> Ohne Zeitung wüssten Sie nicht, wie es Ihnen im Theater gefallen hat.

3.1 Die Aufgaben der Medien

Grundgesetz, Artikel 5

Jeder hat das Recht, seine Meinung in Wort, Schrift und Bild frei zu äußern und zu verbreiten und sich aus allgemein zugänglichen Quellen ungehindert zu unterrichten. Die Pressefreiheit und die Freiheit der Berichterstattung durch Rundfunk und Film werden gewährleistet. Eine Zensur findet nicht statt.

In einem demokratischen Staat muss jeder Bürgerin und jedem Bürger die Möglichkeit gegeben sein, am Prozess der politischen Willensbildung teilzunehmen. Voraussetzung dafür ist, dass auch zu allen Problemen Informationen zugänglich sind.

Niemand kann sich über die Beratungen des Gemeinderats, des Landtags oder gar des Bundestages zu Fragen, die die Bevölkerung betreffen, ein eigenes Bild machen, wenn nicht öffentlich zugängliche Informationen darüber zur Verfügung gestellt werden. Dasselbe gilt für Auseinandersetzungen zwischen und innerhalb von Parteien, Verbänden und anderen Gruppierungen, die das Leben in einem Staat mitprägen. Insbesondere vor Wahlen sind wir alle auf die Berichterstattung der Medien angewiesen. So ist die erste entscheidende Aufgabe aller Medien die Pflicht zu politischer **Information.**

Eine weitere bedeutende Aufgabe haben die Medien bei der **Meinungsbildung** übernommen. So gehen sie davon aus, dass in einer Demokratie Fragen von allgemeinem Interesse auch öffentlich erörtert werden sollten und dadurch die Bürgerinnen und Bürger in ihrem Meinungsbildungsprozess gefördert werden.

Auskunftspflicht der Behörden

Die Landespressegesetze verpflichten alle Behörden dazu, den Journalisten Auskünfte zu erteilen. Ausnahmen sind geheime Vorschriften, vorzeitige Bekanntgabe von Sachverhalten, die öffentliche Interessen schädigen könnten, oder ein privates Interesse, das verletzt werden könnte. Außerdem dürfen die Ämter Informationen über ein schwebendes Verfahren verweigern.

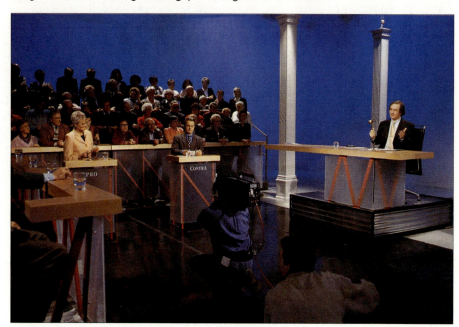

30 Minuten Streitkultur: Pro und Contra

Beschwerde über Medien

Jeder, der an einer Veröffentlichung in einer Zeitung, Zeitschrift, im Radio oder Fernsehen etwas auszusetzen hat, weil sie gegen Grundregeln des fairen Journalismus verstößt, kann sich an den Deutschen Presserat wenden:
Thomas-Mann-Straße 54
53111 Bonn
0228/ 985720

Außerdem haben sich die Medien zur Aufgabe gemacht, Regierung, Parlament und Justiz zu überwachen. Sie decken Missstände in Staat und Gesellschaft auf und nennen die Verantwortlichen. Dadurch üben die Medien auch eine starke **Kontrolle** aus. Oft werden sie deshalb als die **„Vierte Gewalt"** bezeichnet.

Zeugnisverweigerungsrecht der Journalisten

Damit die Journalisten ihrer Aufgabe gerecht werden können, sind sie in Strafprozessen in der Regel davor geschützt, Informanten preiszugeben. Manche Gewährsleute geben nur deshalb Informationen preis, weil sie wissen, dass sie anonym bleiben können.

zusammengestellt aus: Informationen zur Politischen Bildung, Bonn

3.2 Werden wir manipuliert?

Journalisten bemühen sich, sachlich zu berichten. Eine objektive Berichterstattung können sie jedoch nur annähernd gewährleisten. Auf dem Weg vom Ereignis bis zum Empfänger, seien es Leser, Hörerinnen oder Zuschauer, durchläuft eine Information viele Stationen.

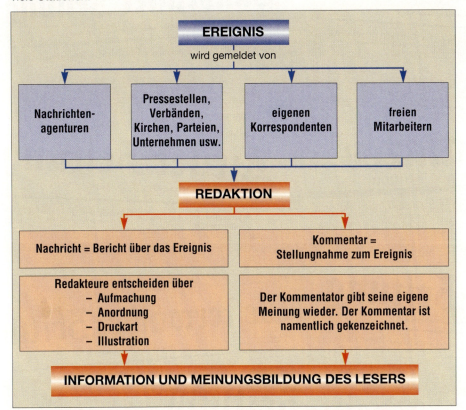

Nachrichtenagenturen

Sie haben an wichtigen Plätzen des Weltgeschehens ihre Berichterstatter. Die Informationen werden gesammelt, ausgewertet, bearbeitet und an Medien, Parteien, Verbände und Regierungen in aller Welt verkauft.
Bei der dpa, der bedeutendsten deutschen Presseagentur, gehen täglich 300 000 Wörter ein, von denen aber nur ca. 40 000 über den dpa-Basisdienst weiterverkauft werden.

Wichtige Nachrichtenagenturen

dpa	Deutsche Presseagentur
ddp	Deutscher Depeschendienst
Reuter	Großbritannien
AP	Associated Press (USA)
UPI	United Press International (USA)

An jeder dieser Stationen arbeiten Menschen, die unterschiedliche Meinungen vertreten, unterschiedliche Interessen haben, weil sie z. B. verschiedenen Parteien, Verbänden oder Religionen angehören. Auch wenn sich Journalisten bemühen, Informationen sachlich zu verarbeiten, werden sie diese unbewusst verändern. Denn die von den Agenturen gelieferte Nachrichtenflut wird in den Redaktionen der Medien sortiert. Vieles landet sofort im Papierkorb, die verbleibenden Meldungen werden bearbeitet und dabei oft gekürzt oder verlängert. Die Entscheidung darüber, welche Meldungen letztlich in der Zeitung stehen bzw. im Rundfunk oder Fernsehen gesendet werden, fällt entweder der Redaktionsleiter, ein Journalistenteam oder ein einzelner Redakteur. Hier zeigt sich die große Verantwortung dieser Berufsgruppe, denn an dieser Stelle kann aus unbewussten Nachrichtenverfälschungen bewusste Manipulation werden.

Manipulationstechniken

- einen Sachverhalt verschweigen
- einen Sachverhalt besonders hervorheben oder an unwichtiger Stelle oder zu später Sendezeit veröffentlichen
- eine Information durch eine Überschrift abwerten oder aufwerten
- eine Information durch ein Foto, einen Filmbeitrag abwerten oder aufwerten
- Politiker der Regierung ausführlicher zitieren als Politiker der Opposition

Manipulation

dient der bewussten und zielstrebigen Beeinflussung des Menschen und bevormundet ihn in seiner Denkweise, seinen Gefühlen, seinen Interessen und seinem Verhalten.

3.3 Die Veränderung der Medienlandschaft

Printmedien

nennt man Druckerzeugnisse wie Zeitungen, Magazine und Illustrierte.

Die Printmedien

Auf dem Zeitschriftenmarkt bestimmen mittlerweile vier Großverlage das Angebot. Ständig werden neue Blätter auf den Markt geworfen, teilweise als Konkurrenz für Magazine aus dem eigenen Verlag. Diese Entwicklung gilt nicht nur für die Zeitschriften. Auch die Tageszeitungen sind diesem **Konzentrationsprozess** unterworfen. In den meisten Regionen der Bundesrepublik Deutschland steht der Bevölkerung nur noch eine Tageszeitung zur Verfügung. Oft hat dieses Informationsmedium nicht einmal mehr eine eigene Redaktion, sondern wird von einer größeren Mediengruppe bedient, die die umliegenden Orte mitversorgt. So wundert es auch nicht, wenn sich die Titelseiten vieler Zeitungen bis auf den Namen gleichen.

Die Bedeutung der Massenmedien

...nach der Maxime: Wie kann man mit möglichst wenig Journalismus möglichst viele Anzeigen verkaufen?

Fernsehen ist das Leitmedium aller neuen Printschöpfungen. Da die Großverlage den Inserenten kaum zurufen können: Wir brauchen euer Geld, darum machen wir neue Zeitschriften, sagen sie: Die Fernsehgeneration braucht neue Zeitschriften, darum geben wir euch die Gelegenheit zu inserieren. ...Den fernsehgeprägten (und -genervten) Menschen mit Zeitschriften beglücken zu wollen, die aussehen wie gedrucktes Zapping, ist so logisch wie viel Zucker für einen Zuckerkranken....Wenn die Antwort der deutschen Wochenpresse auf die Herausforderung des Fernsehens nur die Kopie seiner Oberflächlichkeit, seiner Flüchtigkeit und seiner Beliebigkeit ist, macht sie sich überflüssig....Das Fernsehen zwingt die Schreiber, besser, genauer, schärfer zu werden und nicht schlechter, kürzer, seichter. In einem Volk von achtzig Millionen, vollgestopft mit Bildung wie nie zuvor, muss es ein paar Millionen geben, die mehr wollen als blättern und starren und die es als Beleidigung empfinden, wenn man ihnen die Lektüre von 300 zusammenhängenden Zeilen nicht mehr zutraut.

Cordt Schnibben in: Die Zeit vom 16. September 1994

Auflagenhöhe großer Zeitungen und Zeitschriften

Bild-Zeitung	4 342 600
Bild am Sonntag	2 502 600
F.A.Z.	398 300
Süddeutsche Zeitung	390 100
Die Welt	218 600
Frankfurter Rundschau	188 300
ADAC Motorwelt	11 283 500
Hörzu	2 777 100
Bild der Frau	2 000 200
Bravo	1 218 200
Stern	1 306 500
Der Spiegel	1 073 100
Focus	477 900

zusammengestellt aus: Zahlen und Daten für die Mediaplanung 1994, Gruner + Jahr, Stand 10/11 1993

Rundfunk und Fernsehen

Seit Beginn der achtziger Jahre hat sich die Medienlandschaft radikal verändert. Satellitenfernsehen und Verkabelung ermöglichen den Empfang von immer mehr Fernseh- und Rundfunkprogrammen.

Mattscheibe total: Bald 500 TV-Programme!
Neue Technik macht's möglich / Spielen Zuschauer mit?

Eine neue Sendetechnik macht's möglich, was für die einen verheißungsvoll, für andere grauenhaft klingt: Mittels digitalisierter Übertragung via Telefonleitung können in den nächsten Jahren über 500 Fernsehsender in Deutschland empfangen werden! Negative Folgen der explosiven Zunahme: Atomisierung der Einschaltquoten und Sehnenscheidenentzündung durch „Zapping". Horror-Vision statt Television? Media-Planer bezweifeln allerdings, dass die deutschen Fernsehzuschauer noch länger als jetzt vor der Glotze sitzen wollen. Trotz der Einführung der Privatsender haben sich die Fernsehgewohnheiten nämlich kaum geändert... Wer daheim bis zu fünf Kanäle empfängt, guckte im Schnitt 178 Minuten fern. Nutzer von mehr als 16 Programmen schauten lediglich 13 Minuten länger zu.

Susanne Richly in tz München vom 9.7.1993

Satelliten-Fernsehen

Eine Erdfunkstelle sendet auf den Satelliten gerichtete Fernsehsignale wieder zur Erde zurück. Diese Signale sind zu schwach für normale Antennen, deshalb sind zu ihrem Empfang spezielle Parabolantennen („Satellitenschüsseln") notwendig.

Milliardengeschäft Werbung

Werbeeinnahmen 1995
in Milliarden DM

Tageszeitungen	10,7
Fernsehen	6,3
Post	5,3
Zeitschriften	3,5
Anzeigenblätter	2,9
Fachzeitschriften	2,2
Adressbücher	2,3
Hörfunk	1,2
Außenwerbung	1,0
Wochenzeitungen	0,5
Summe	35,9

zusammengestellt nach Harenberg Aktuell '97

Zapper kennen keine Gnade ...

Eben noch schleppte Clint Eastwood seinen berühmten Sarg hinter sich her („Django"), da wird mir eine „gute Suppe" vorgeknallt. Zapp! Erich Böhme macht ein zerknautschtes Gesicht, dreht die Brille – es antwortet Gertrud Höhler. Zapp! verabschiedet sich Wickert, „und jetzt das Wetter", und schon rast – Zapp! – ein Formel-1-Pilot in die Nordkurve. Zapp! Aha, Kojak rasiert sich den Schädel. Dabei bleiben wir ...

Was wäre ein Abend ohne Fernbedienung! Tödlich langweilig! Man stelle sich das vor, wie das früher war: Aufstehen, zum Gerät laufen, den richtigen Knopf finden (im Dunkeln), umschalten, gucken, unzufrieden sein, wieder aufstehen ...

Heute geht das vom Sofa aus. Werbung wird gnadenlos abgeknallt, wer zu viel redet, fliegt raus, ein Bild, das sich länger als 30 Sekunden nicht bewegt, kann kein guter Film sein: Action ist gefragt.

Zapping ist große Mode. Jeder Zweite schaltet abends ein- bis viermal hin und her. Zapperfreaks hält es im Durchschnitt nicht länger als drei, vier Minuten bei einer Sendung. Aus Nachrichtensendungen werden Infotainment-Blöcke: Schnitt, jede Minute ein neues Bild. Serien müssen mehr action bringen, sonst rentieren sie sich nicht mehr als Werbeumfeld.

Zapp! Kids in Holland haben sich eine Zeitlang einen Spaß daraus gemacht. Sie besorgten sich Fernbedienungen mit leistungsfähigen Batterien und schalteten von draußen den nichtsahnenden Zuschauern im Vorbeigehen die Programme um. Zapp! Vielleicht gibt es demnächst eine Fernbedienung mit Zappautomatik und Spielfilme, die man sich wie CD's immer anders zusammengesetzt ansehen kann.

Volker Thomas in PZ 75/August 1993

Karte der Sender des öffentl.-rechtlichen Rundfunks

Seit Ende des Zweiten Weltkriegs sind Rundfunk und Fernsehen in Deutschland Aufgabe von neun **öffentlich-rechtlichen Rundfunkanstalten** der Bundesländer. Die Siegermächte wollen aufgrund der Erfahrungen der Nazi-Diktatur einen zentralen Rundfunk vermeiden. Um ein gemeinsames, bundesweites Fernsehprogramm auszustrahlen, gründen die Rundfunkanstalten später die **ARD** (Arbeitsgemeinschaft der Rundfunkanstalten in Deutschland). Außerdem entstehen die Deutsche Welle und der Deutschlandfunk mit besonderen Zielsetzungen und Programmaufträgen. 1961 schließen die Bundesländer einen Staatsvertrag, der die Gründung des Zweiten Deutschen Fernsehens **(ZDF)** zum Inhalt hat. Rundfunk- und Fernsehanstalten sind als Anstalten des öffentlichen Rechts an die jeweiligen Rundfunkgesetze gebunden, sie sind aber keine staatlichen Sender. Sie werden von Rundfunkräten, denen Vertreter von Parteien, Verbänden und Kirchen angehören, kontrolliert. Die öffentlich-rechtlichen Rundfunkanstalten sind zur politischen „Ausgewogenheit" und zu einem breiten Programmangebot, das die **Grundversorgung** sichert und alle Bedürfnisse der Bevölkerung berücksichtigt, verpflichtet. Sie finanzieren sich überwiegend aus **Rundfunkgebühren**, die bislang von den Bundesländern gemeinsam festgesetzt worden sind. Bei der Werbung sind die öffentlich-rechtlichen Anstalten an enge Grenzen, z. B. Werbeverbot nach 20 Uhr, gebunden.

Die Bedeutung der Massenmedien

1986 schließen die Bundesländer einen **Staatsvertrag**, in dem die Zulassung privater Rundfunk- und Fernsehsender geregelt wird, die sich ausschließlich über Werbeeinnahmen finanzieren. Diese **Privatsender** sind meist in Besitz großer Medienkonzerne und Zeitungsverlage und erwirtschaften teilweise erhebliche Gewinne. Die größten Privatsender sind RTL, SAT 1 und Pro 7. Daneben gibt es eine Reihe von Spartensendern wie Eurosport, Deutsches Sportfernsehen, mtv, viva, euronews.

Zwischen den verschiedenen Fernsehsendern herrscht mittlerweile ein scharfer Konkurrenzkampf um Marktanteile und Einschaltquoten. Je höher die Einschaltquote ist, desto größer sind die Werbeeinnahmen.

Wer bietet mehr?

Besonders deutlich wird der Konkurrenzkampf von öffentlich-rechtlichen und privaten Fernsehsendern z. B. beim Kauf von Übertragungsrechten bei Sportveranstaltungen. Die Erstverwertungsrechte der Spiele der Fußball-Bundesliga liegen beispielsweise inzwischen bei einem Privatsender. Auch große Tennisturniere werden häufig von Privatsendern übertragen. Aufgrund der Werbeeinnahmen können diese oft höhere Preise für publikumswirksame Veranstaltungen bezahlen.

Bei dem Kampf um Einschaltquoten und Werbeeinnahmen geht es natürlich auch um Inhalt und Qualität von Programmen. Den Privatsendern wird dabei der Vorwurf gemacht, überwiegend seichte Unterhaltungssendungen wie Gewalt-, Action- und Sexfilme zu senden und bei Informationen die Befriedigung des Sensationsbedürfnisses in den Mittelpunkt zu stellen. Dazu kommt eine beängstigende Konzentration der Fernsehrechte in wenigen Händen. Statt eine größere Anzahl von Anbietern zu fördern, hat die Zulassung privater Fernseh- und Rundfunkanstalten wenigen großen Mediengruppen zu fast unübersehbarer Macht verholfen. Die Landesmedienanstalten zerbrechen sich inzwischen den Kopf, wie Medienvielfalt wiederhergestellt werden könnte, wenn schon der Konzentrationsprozess nicht mehr rückgängig zu machen ist.

Nutzungsdauer und Marktanteile der großen Fernsehanbieter 1993

Angebot	Sehdauer min.	Marktanteil %
ARD Gesamt	45	26
ARD Erstes	30	17
ZDF	32	18
RTL	34	19
SAT.1	26	15
PRO 7	16	9
Gesamt		100*

*100 Prozent = Gesamtnutzungsdauer von 178 Minuten pro Tag und pro Person ab sechs Jahren in Fernsehhaushalten

ARD Jahrbuch 94, S. 32

Die Verflechtung der Medien in der Bundesrepublik Deutschland

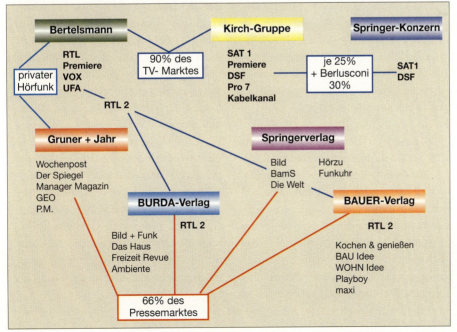

Medienkonzentration

Die Kirch-Gruppe bestimmt die Sender Sat 1, Deutsches Sportfernsehen und Premiere, Leo Kirchs Sohn Thomas Pro 7 und Kabel 1 und die Bertelsmann-Gruppe RTL, RTL 2, Super RTL und Vox. Dies ist ein Marktanteil von mehr als 50%.

Kampf um den Werbekuchen

Gebührenpoker

Ab 1997 haben sich die Rundfunk- und Fernsehgebühren um 4,45 DM erhöht.

Für die Privaten müssen alle zahlen

„Wer sich über die 23,80 Mark an monatlichen Gebühren für den öffentlich-rechtlichen Rundfunk beschwert, darf nicht vergessen, dass das Privatfernsehen auch Geld kostet." Professor Hans Kleinsteuber von der Arbeitsstelle Medien und Politik an der Universität in Hamburg errechnet, dass auf jeden der 35,7 Millionen deutscher Haushalte durchschnittlich 172 Mark Anteil bei der Finanzierung des Privatfernsehens entfällt. „Selbst wenn wir unser Fernsehgerät verkaufen, zahlen wir an das Privatfernsehen immer noch durch den Aufschlag (für die Werbung) an der Ladenkasse." Für ARD und ZDF muss allerdings niemand bezahlen, der keinen Fernseher besitzt. Als Beispiele führt er die zwei, drei Pfennige für den Joghurt an, die die Verbraucher mehr bezahlen oder auch die hundert oder mehr Mark beim Autokauf, die in diese Kassen wandern.

nach Esslinger Zeitung vom 24. Februar 1994

In diesem Zusammenhang ist auch das Urteil des Bundesverfassungsgerichts zu sehen, das den öffentlich-rechtlichen Sendern die Finanzierung über Gebühren garantiert und ihnen gleichzeitig den Auftrag bestätigt, für die **Grundversorgung** aller Bevölkerungsgruppen verantwortlich zu sein. Dieser richterliche Auftrag bedeutet, dass die Interessen von Minderheiten durch die öffentlich-rechtlichen Medien abgedeckt werden müssen. So haben auch die Menschen eine Chance, ihren Wünschen und Bedürfnissen entsprechend mit Information und Kultur versorgt zu werden, die für die Werbung nicht attraktiv erscheinen, da sie eine zu kleine oder finanzschwache Käufergruppe repräsentieren.

Karlsruhe garantiert Finanzierung von ARD und ZDF

Das Bundesverfassungsgericht hat die Existenzgarantie des öffentlich-rechtlichen Rundfunks bekräftigt und vom Gesetzgeber „alsbald" eine senderfreundliche Reform des Verfahrens zur Gebührenfestsetzung verlangt. Das bisherige, bis 1996 wirkende Verfahren sichere den Rundfunkanstalten weder das erforderliche Geld noch schließe es staatliche Einflussnahmen wirksam aus.

Das Bundesverfassungsgericht erneuerte jetzt erstmals in einer veränderten Medienlandschaft die Bestands- und die Entwicklungsgarantie des öffentlich-rechtlichen Rundfunks und ergänzte sie um eine „Finanzierungsgarantie". Nur so sei das gegenwärtige duale System von öffentlich-rechtlichen und privaten Sendern zulässig. Die „derzeitigen Defizite des privaten Rundfunks an gegenständlicher Breite und thematischer Vielfalt" seien verfassungsrechtlich nur hinzunehmen, soweit und solange die Grundversorgung der Bevölkerung durch den öffentlich-rechtlichen Rundfunk gewährleistet sei. Deshalb sei auch die Gebührenpflicht jedes Teilnehmers weiter gerechtfertigt, und zwar „ohne Rücksicht auf die Nutzungsgewohnheiten der Empfänger". Das Gericht akzeptierte die derzeitige Mischfinanzierung der Funkanstalten aus Gebühren und sonstigen Einnahmen. Die Gebührenfinanzierung sei die dem öffentlich-rechtlichen Rundfunk gemäße Finanzierungsart. Sie erlaube es, unabhängig von Einschaltquoten und Werbeaufträgen ein Programm anzubieten, das dem klassischen Rundfunkauftrag entspreche. Darüber hinaus seien auch andere Finanzierungsquellen, wie Einnahmen aus Werbung zulässig.

Süddeutsche Zeitung vom 23.2.1994

Informationsmöglichkeiten und Massenmedien in der freiheitlich – demokratischen Grundordnung

Die freiheitlich-demokratische Grundordnung

Die Bundesrepublik Deutschland ist eine Republik mit einer freiheitlich-demokratischen Grundordnung. Nach Artikel 20 des Grundgesetzes heißt das:
- Sie ist eine **Demokratie,** in der die Staatsgewalt vom Volke ausgeht und sich der Wille des Volkes in Wahlen äußert.
- Sie ist ein **Rechtsstaat,** in dem die staatliche Gewalt auf verschiedene Träger aufgeteilt ist.
- Sie ist ein **Bundesstaat,** der seinen verschiedenen Ländern Mitwirkungs- und Entscheidungsrechte einräumt.
- Sie ist ein **Sozialstaat,** der dem Grundsatz der sozialen Gerechtigkeit verpflichtet ist.

Pluralismus

In jeder Gesellschaft gibt es unterschiedliche Meinungen und Interessen. Zu einer Demokratie gehört es, diese unterschiedlichen Interessen zu tolerieren und in den Prozess der politischen Meinungs- und Willensbildung aufzunehmen.

Aufgaben der Medien

Voraussetzung für die Teilnahme an der politischen Meinungsbildung ist, informiert zu sein. Hier liegt die entscheidende Aufgabe der Medien. Darüber hinaus kommentieren Journalisten politische Sachverhalte und tragen damit zur Meinungsbildung bei. Schließlich überwachen Presse, Rundfunk und Fernsehen Regierung, Parlament und Justiz. Deshalb werden die Medien auch als „Vierte Gewalt" bezeichnet.

Veränderungen in der Medienlandschaft

In den letzten zehn Jahren hat sich der Konzentrationsprozess bei den Printmedien verstärkt. Wenige Großverleger bestimmen, was gedruckt wird.
Mit der Zulassung von privaten Rundfunk- und Fernsehanbietern haben die öffentlich-rechtlichen Rundfunkanstalten eine finanzstarke Konkurrenz bekommen. Umstritten ist, ob das Angebot vieler Sender zu einer Qualitätsverbesserung oder – verschlechterung der Programme führt.
Das Bundesverfassungsgericht hat den öffentlich-rechtlichen Rundfunkanstalten erneut das Recht zur Grundversorgung zuerkannt und deren Finanzierung durch Gebühren bestätigt.

Zur Wiederholung

1. Erklären Sie die Grundlagen der staatlichen Ordnung der Bundesrepublik.
2. Erklären Sie die Bedeutung von Pluralismus für die Demokratie.
3. Welche Aufgaben haben die Medien im Prozess der politischen Willensbildung?
4. Beschreiben Sie den Weg einer Information vom Ereignis bis zum Medienkunden.
5. Weshalb werden Existenz und Finanzierung der öffentlich-rechtlichen Rundfunkanstalten vom Bundesverfassungsgericht geschützt?

Weiterführende Aufgaben

1. Ist das soziale Netz zur „sozialen Hängematte" geworden? Führen Sie dazu eine Umfrage durch und vergleichen Sie Ihre Ergebnisse.
2. Erproben Sie in einem Rollenspiel, wie der Prozess der politischen Willensbildung zwischen Gruppen mit unterschiedlichen Interessen ablaufen kann.
3. Diskutieren Sie, welche positiven und negativen Auswirkungen die Vielzahl der Fernsehprogramme hat.
4. Vergleichen Sie verschiedene Tageszeitungen vom selben Tag und stellen Sie die Unterschiede fest.

4 Die Parteien in der Demokratie

4.1 Ohne Parteien geht es nicht

In der Bundesrepublik Deutschland leben ca. 60 Millionen wahlberechtigte Bürgerinnen und Bürger mit ganz unterschiedlichen politischen Meinungen und oft gegensätzlichen Interessen. In einer so großen Zahl von Menschen kann sich nicht jeder Einzelne auf der politischen Bühne Gehör verschaffen; noch weniger kann er, ganz auf sich gestellt, seine eigenen Vorstellungen durchsetzen. Darum braucht eine funktionsfähige Demokratie Einrichtungen (Parlamente), die im Auftrag der Bürgerinnen und Bürger als ihre Stellvertreter entscheiden. Eine Demokratie, in der die vom Volk ausgehende Staatsgewalt durch Vertretungskörperschaften ausgeübt wird, ist eine **repräsentative Demokratie**.

In der repräsentativen Demokratie übernehmen die **Parteien** die wichtige Aufgabe, die Verbindung zwischen den Vertretungskörperschaften und den Bürgerinnen und Bürgern herzustellen, indem sie
- allen politisch Interessierten die Möglichkeit bieten, als Parteimitglieder an innerparteilichen Diskussionen und Entscheidungen teilzunehmen **(Parteien als Stätten der politischen Beteiligung)**.
- die unterschiedlichen Interessen ihrer Mitglieder zu mehrheitsfähigen Positionen bündeln und diese gegenüber den staatlichen Einrichtungen vertreten **(Parteien als Sprachrohr)**.
- die Wählerinnen und Wähler über ihre Positionen informieren, z.B. im Rahmen von Wahlkämpfen **(Parteien als „Katalysator" bei der politischen Willensbildung des Volkes)**.
- Kandidaten für die verschiedenen Ämter in Staat und Partei aufbieten, die durch Sachkompetenz und Glaubwürdigkeit überzeugen können **(Parteien als Schulen für politische Entscheidungsträger)**.

Was sind Parteien?

Parteien sind Vereinigungen von Bürgern, die dauernd oder für längere Zeit für den Bereich des Bundes oder eines Landes auf die politische Willensbildung Einfluss nehmen und an der Vertretung des Volkes im Bundestag oder einem Landtag mitwirken wollen, wenn sie nach dem Gesamtbild der tatsächlichen Verhältnisse, insbesondere nach Umfang und Festigkeit ihrer Organisation, nach der Zahl ihrer Mitglieder und nach ihrem Hervortreten in der Öffentlichkeit eine ausreichende Gewähr für die Ernsthaftigkeit dieser Zielsetzung bieten. Mitglieder einer Partei können nur natürliche Personen sein.

§ 2 Abs. 1 Parteiengesetz vom 24.7.1967

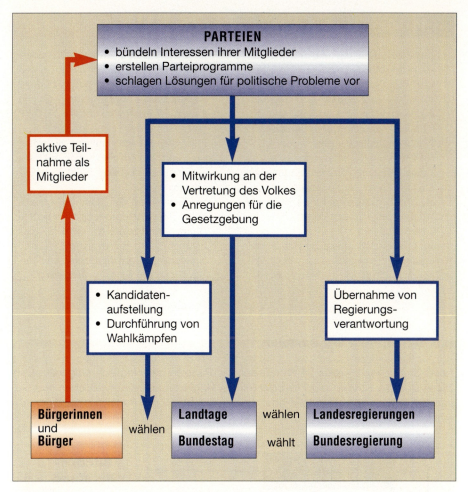

Parteien als Sprachrohr

„In der Demokratie von heute (haben) allein die Parteien die Möglichkeit, die Wähler zu politisch aktionsfähigen Gruppen zusammenzuschließen. Sie erscheinen geradezu als das Sprachrohr, dessen sich das mündig gewordene Volk bedient, um sich artikuliert äußern und politische Entscheidungen fällen zu können. (...) Tatsächlich würde ohne die Zwischenschaltung der Parteien das Volk einfach nicht in der Lage sein, einen politischen Einfluss auf das staatliche Geschehen auszuüben und so sich selber politisch verwirklichen zu können. Ohne die Parteien würde das Volk in der modernen Demokratie politisch ohnmächtig und hilflos hin- und hervegetieren."

Gerhard Leibholz, Rechts- und Staatswissenschaftler, ehem. Bundesverfassungsrichter

4.2 Der Verfassungsauftrag der Parteien

Grundgesetz, Art. 21

(1) Die Parteien wirken bei der politischen Willensbildung des Volkes mit. Ihre Gründung ist frei. Ihre innere Ordnung muß demokratischen Grundsätzen entsprechen. Sie müssen über die Herkunft ihrer Mittel öffentlich Rechenschaft geben.

(2) Parteien, die nach ihren Zielen oder nach dem Verhalten ihrer Anhänger darauf ausgehen, die freiheitliche demokratische Grundordnung zu beeinträchtigen oder zu beseitigen oder den Bestand der Bundesrepublik Deutschland zu gefährden, sind verfassungswidrig. Über die Frage der Verfassungswidrigkeit entscheidet das Bundesverfassungsgericht.

(3) Das Nähere regeln Bundesgesetze.

Weil die Parteien so wichtige Aufgaben im demokratischen Staat erfüllen, sind sie im Grundgesetz verankert. Neben dem Auftrag, an der politischen Willensbildung des Volkes mitzuwirken, legt Artikel 21 GG auch Rechte und Pflichten der Parteien fest und schafft damit den gesetzlichen Rahmen für ihre Tätigkeit.

Parteien in der Weimarer Verfassung und heute

In der Verfassung von Weimar sind die Parteien nicht erwähnt. Antidemokratische Parteien können so die von der Verfassung garantierten Grundrechte nutzen, um die Demokratie zu bekämpfen.
Das Grundgesetz der Bundesrepublik dagegen bietet mit dem Artikel 21 eine Handhabe gegen die Feinde der Freiheit. Es bekennt sich damit zum Grundsatz der streitbaren Demokratie.

Parteien haben das Recht	Parteien haben die Pflicht
• auf freie Gründung und freie Betätigung: So soll eine ständige Konkurrenz unter den Parteien gewahrt bleiben. • auf staatliche Zuwendungen: So sollen die Kosten gedeckt werden, die den Parteien bei der Durchführung von Wahlkämpfen entstehen. • auf Chancengleichheit: So sollen auch kleine und neue Parteien den gleichen Zugang haben zu Veranstaltungsräumen und -plätzen und zu kostenloser Wahlwerbung in den öffentlich-rechtlichen Medien. • auf eine Entscheidung des Bundesverfassungsgerichts, wenn sie wegen Verfassungwidrigkeit verboten werden sollen.	• in ihrem inneren Aufbau demokratische Grundsätze zu befolgen: So soll in den Parteien eine Willensbildung von unten nach oben gewährleistet sein und eine Führerpartei wie die NSDAP im Dritten Reich verhindert werden. • ihre Finanzen offenzulegen: So sollen eventuelle finanzielle Abhängigkeiten der Parteien für den Wähler durchschaubar werden. • auf dem Boden der freiheitlich-demokratischen Grundordnung zu arbeiten. Damit soll verhindert werden, dass Parteien ihre privilegierte Stellung zum Kampf gegen die Demokratie nutzen wie in der Weimarer Republik.

4.3 Der Aufbau der Parteien

Nach Grundgesetz Artikel 21 (1) müssen die Parteien demokratisch aufgebaut sein. Damit sind die Parteien dazu verpflichtet, die Mitglieder an ihren inhaltlichen und personellen Entscheidungen mitwirken zu lassen. Nur so können Parteien ihre Bürgernähe erhalten.

Parteiorganisation

Gewöhnlich bestehen auf jeder Organisationsstufe vier Parteiorgane (die in den Parteien unterschiedlich benannt sind):
- Die Mitgliederversammlungen oder die von den Untergliederungen gewählten Vertreter (Delegierte). Sie sind das oberste Organ des jeweiligen Gebietsverbandes und den anderen Gremien auf der gleichen Ebene jeweils übergeordnet.
- Die Vorstände leiten die Arbeit der jeweiligen Parteigliederung im Rahmen der Beschlüsse der Mitgliederversammlungen oder der Parteitage.
- Von den Delegierten gewählte Parteischiedsgerichte entscheiden bei Streit über die Auslegung der Parteisatzung und verhängen Ordnungsmaßnahmen gegen Parteimitglieder.
- Über die Parteiausschüsse haben die unteren Gremien ein Mitwirkungs- oder Mitspracherecht auf der jeweils höheren Ebene.

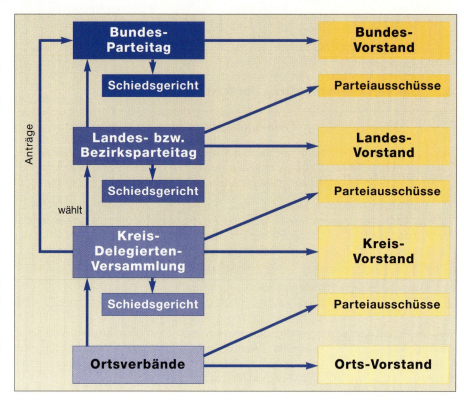

4.4 Die Finanzierung der Parteien

Parteien brauchen Geld. Anders können sie ihre Aufgaben nicht erfüllen. Doch woher soll es kommen? Zunächst einmal, wie bei jedem anderen Verein auch, von den Mitgliedern in Form von Mitgliedsbeiträgen; dann von denen, die den Zielen einzelner Parteien nahe stehen, in Form von Spenden. Als Spender treten nicht nur Einzelpersonen auf, viel stärker fallen finanzkräftige Verbände und Unternehmen ins Gewicht.

In Deutschland haben sich Parteien aber noch eine dritte Geldquelle erschlossen: die direkte Finanzierung durch Staatsmittel. Wenn sie schon im Auftrag der Verfassung an der politischen Willensbildung mitwirken, so sagen sie, dann soll sich der Staat auch an den dabei entstehenden Kosten beteiligen. Mit Billigung des Bundesverfassungsgerichts zahlt die Staatskasse eine Wahlkampfkostenerstattung.

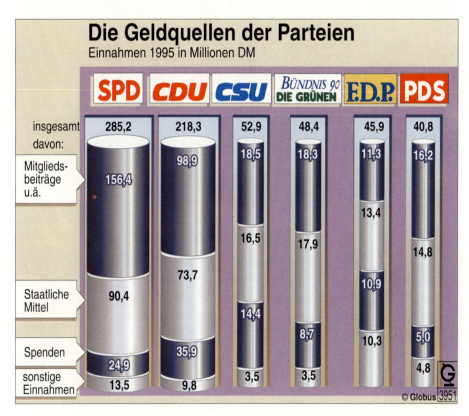

Weil das Bundesverfassungsgericht 1992 das bestehende System der Parteienfinanzierung für verfassungswidrig erklärt, gilt seit 1994 eine neue Regelung:
- Die staatlichen Zuschüsse an alle Parteien sollen nicht höher sein als 230 Millionen Mark im Jahr.
- Parteien erhalten für jede tatsächlich abgegebene Wählerstimme eine Mark. Für die ersten 5 Millionen Stimmen sogar 1,30 DM. Diese Regelung gilt für Landtags-, Bundestags- und Europawahlen.
- Jede als Beitrag oder Spende eingenommene Mark wird mit 50 Pfennig vom Staat bezuschusst.
- Beiträge und Spenden sind in der Höhe von 6.000 DM für Ledige und 12.000 DM für Verheiratete steuerlich absetzbar. Spenden von Unternehmen wirken sich für diese nicht mehr steuermindernd aus.

In eigener Sache

Das Grundproblem der staatlichen Politikfinanzierung liegt darin, dass die Begünstigten selbst entscheiden. Die Parlamente beherrschen die Gesetzgebung und die öffentlichen Haushalte. Sie beschließen die Haushaltspläne und bestimmen dadurch, wer wie viel Geld aus der Staatskasse erhält (...). Die Parlamente bestehen aber ihrerseits aus Abgeordneten und Fraktionen. Sie sind am Ergebnis ihrer Entscheidungen über ihre eigene Finanzierung höchst materiell interessiert.

*Hans Herbert von Arnim,
Der Staat als Beute, München
1993, S. 342*

Ein kräftiger Nachschlag aus der Staatskasse

Die Parteien haben sich, von der Öffentlichkeit weitgehend unbeachtet, im Jahre 1994 noch einmal mit einem kräftigen Nachschlag aus der Staatskasse bedient. Nach dem Willen des Bundesverfassungsgerichts hätten alle Parteien zusammen spätestens seit 1994 nicht mehr als 230 Mill. DM bekommen dürfen. Tatsächlich aber haben allein die fünf etablierten Parteien in diesem Jahr 321,1 Mill. DM erhalten. Dennoch wird es für die Parteien eng werden. Die Staatsgelder für 1995 sind bereits festgelegt worden. Sie betragen noch 90,3 Mill. DM für die SPD, 73,7 Mill. für die CDU und 16,4 Mill. für die CSU. Die Grünen bekommen 15,3 und die FDP behält 13,4 Mill. DM.

Stuttgarter Zeitung vom 6.4.1996

Das Ziel dieser Reform: Die Parteien sollen belohnt werden, wenn sie mehr zahlende Mitglieder werben, sich selbständig um Spenden bemühen und Wählerinnen und Wähler mobilisieren. Das kann ihnen aber nur gelingen, wenn sie sich wieder stärker um die Bürgerinnen und Bürger bemühen. Staatsgelder also als Lohn für bürgernahe Politik.

4.5 Das Parteienverbot oder: Wie kann sich die Demokratie gegen ihre Feinde schützen?

Rechtsextremistische Gewalttaten belasten immer wieder das Zusammenleben der Menschen in Deutschland schwer. Das vom Grundgesetz jedem garantierte Recht auf Leben und körperliche Unversehrtheit wird dadurch in Frage gestellt. Oft wird den Parteien am rechten Rand des politischen Spektrums eine zumindest geistige Mitverantwortung gegeben und die Forderung nach einem Verbot dieser Parteien erhoben.

Verbot sinnvoll?

1993 führt die rechtsextremistische „Freiheitliche Deutsche Arbeiterpartei" (FAP) zur Erinnerung an den Todestag des Hitler-Stellvertreters Rudolf Heß in Fulda eine nicht genehmigte Demonstration durch. Darauf beantragt die Bundesregierung das Verbot der FAP, das 1995 vom Bundesverfassungsgericht ausgesprochen wird.
Die FAP zählt etwa 430 (1992: 220) Aktive.

Neonazi-Demonstration in der Fuldaer Altstadt am 14.8.1993, Der Spiegel 34/1993

Wann ist eine Partei verfassungswidrig?

Eine Partei ist auch nicht schon dann verfassungswidrig, wenn sie diese obersten Prinzipien einer freiheitlichen demokratischen Grundordnung nicht anerkennt, sie ablehnt, ihnen andere entgegensetzt. Es muss vielmehr eine aktiv kämpferische, aggressive Haltung gegenüber der bestehenden Ordnung hinzukommen; sie muss planvoll das Funktionieren dieser Ordnung beeinträchtigen, im weiteren Verlauf diese Ordnung selbst beseitigen wollen.

Aus dem KPD-Urteil des BVerfG vom 17.8.1956

Eine Partei kann jedoch nur verboten werden, wenn sie verfassungswidrig ist. Über die Verfassungswidrigkeit einer Partei entscheidet allein das Bundesverfassungsgericht. Dieses leitet ein Verfahren nur dann ein, wenn von Bundestag, Bundesrat oder Bundesregierung ein entsprechender Antrag gestellt wird.

Bisher ist ein solches Verfahren erst zweimal – beide Male mit Erfolg – durchgeführt worden: 1952 gegen die rechtsradikale „Sozialistische Reichspartei" (SRP), 1956 gegen die linksextreme „Kommunistische Partei Deutschlands" (KPD).

Ob ein Verbot verfassungswidriger Parteien einen wirksamen Schutz der Demokratie vor ihren Feinden darstellt, ist umstritten; denn ein Verbot der Organisation bewirkt noch keine Veränderung im Denken ihrer Mitglieder.

4.6 Die Parteien in der Krise?

Seit Mitte der 80er Jahre verändert sich auf unübersehbare Weise das Verhältnis der Bürgerinnen und Bürger zu den Parteien:
- Die Zahl der Mitglieder, vor allem der jungen, nimmt ständig ab.
- Die Volksparteien CDU und SPD verlieren ihre Wähler – gleichgültig, ob sie die Regierung oder Opposition stellen.
- Parteien am rechten oder linken Rand des politischen Spektrums (z. B. „Republikaner", Deutsche Volksunion bzw. die Partei des Demokratischen Sozialismus) werden attraktiver.
- Das Ansehen der Politikerinnen und Politiker in der Gesellschaft sinkt.

Diese Entwicklungen werden weithin als Anzeichen einer sich ausbreitenden Politikverdrossenheit gedeutet, für die die etablierten Parteien verantwortlich gemacht werden. Doch sind sie das wirklich oder sind sie nur willkommene Sündenböcke?

Mitgliederzahlen der Bundestagsparteien

(in Tausend)

	1991	1992	1994
SPD	919,8	885,9	849,3
CDU	751,1	713,8	674,2
CSU	184,5	181,7	176,2
PDS	185,6	150,0	123,7
F.D.P.	140,0	103,5	84,3
Grüne[1]	38,0	38,4	44,7

1) ab 1993 Bündnis 90/Grüne

nach Fischer Weltalmanach, verschiedene Jahrgänge

Wahlbeteiligung und gemeinsamer Anteil von CDU/CSU und SPD:

(Angaben in %)

Bundestagswahl	Wahlbeteiligung	Anteil von Union und SPD
1972	91,1	90,7
1976	90,7	91,2
1980	88,6	87,3
1983	89,1	87,0
1987	84,3	81,3
1990	77,8	80,1
1994	79,1	77,9

Quelle: Statistisches Bundesamt

pro und contra

pro

■ Der Hauptaspekt des „erlernten" Berufs unserer Politiker besteht in der Unterstützung dessen, was die Partei will, damit sie einen nominiert (...), und in der behutsamen Sicherung ihrer Gefolgschaft, wenn man oben ist. Man lernt, wie man die Konkurrenz der anderen Parteien abwehrt und sich gegen die Wettbewerber im eigenen Lager durchsetzt. (...) Nach meiner Überzeugung ist unser Parteienstaat von Machtversessenheit und Machtvergessenheit zugleich geprägt, nämlich machtversessen auf den Wahlsieg und machtvergessen bei der Wahrnehmung der inhaltlichen (...) Führungsaufgaben.
Richard v. Weizsäcker, ehem. Bundespräsident

■ Ein Kernproblem des Parteienwettbewerbs liegt (...) darin, wie die Parteien am Missbrauch ihrer Macht gehindert werden können. Da die Parteien Parlament und Regierung „besetzen" und parteienrelevante Regelungen sozusagen in eigener Sache erlassen, liegt die Versuchung nahe, (...) die Spielregeln zu eigenen Gunsten zu verändern.
Hans Herbert v. Arnim, Staatsrechtler

■ Hauptverursacher der schwelenden Vertrauens- und Akzeptanzkrise zwischen Bürgern und demokratischen Institutionen sind zweifellos die politischen Parteien bzw. ihre – weit über ihren Verfassungsauftrag hinaus – angemaßte Allmacht in der Verfassungswirklichkeit. (...) Ihre Repräsentanten leben zu wenig vor, was für das Gedeihen jeder demokratischen Kultur unverzichtbar ist: Verfassungstreue, auch und vor allem in eigener Sache, Fairness und Toleranz, Glaubwürdigkeit im Reden, Handeln und eigenen Verhalten.
Hildegard Hamm-Brücher, F.D.P.-Politikerin

contra

■ Obwohl einzelne Politiker die wirtschaftliche Lage eines Landes und das materielle Wohlergehen der Menschen kaum beeinflussen können, werden sie in Krisenzeiten zu allverantwortlichen Sündenböcken gestempelt. Freilich sind die Politiker an diesem Los nicht unschuldig. Wer, um gewählt zu werden, hohe Erwartungen weckt, setzt sich gleichsam unter großen Erfolgszwang. (...) Die Kehrseite der Medaille: Wer alles Gute zu verantworten sucht, bietet sich selber als Sündenbock für alles Schlechte an.
Oskar Lafontaine, SPD-Vorstand

■ Diese Suche nach (geistiger Orientierung) reicht bis in den Bereich der Politik. Die Politik soll Visionen entwickeln, so heißt es. In Wahrheit bedeutet dies, dass man sich von ihr eine Versicherung gegen die Ungewissheiten der Zukunft erwartet. Politik kann das nicht leisten.
Wolfgang Schäuble, Vorsitzender der CDU-Bundestagsfraktion

■ In unserer Gesellschaft sinkt jedoch leider die Bereitschaft zu einem dauerhaften Engagement für eine gemeinsame Sache. Einer der Gründe hierfür ist eine zunehmende Individualisierung der Lebensstile. Immer mehr Menschen ziehen es vor, eine Dienstleistung in Anspruch zu nehmen, ohne zugleich eine dauerhafte Bindung eingehen zu müssen. (...) Die Probleme, vor denen die Parteien heute stehen, sind ein Spiegelbild auch dieses gesellschaftlichen Trends. Ohne die Bereitschaft der Bürger auch zu politischem Engagement können die Parteien ihrem verfassungsmäßigen Auftrag nicht gerecht werden.
Helmut Kohl, Bundeskanzler

4.7 Die Programme der Bundestagsparteien im Überblick

Christlich Demokratische Union und Christlich Soziale Union (CDU/CSU)[1]

CDU/CSU sehen sich als konservative Volksparteien, die für Menschen in allen Schichten und Gruppen offen sind. Ausgehend von einem christlich geprägten Menschenbild orientieren sie sich an den Grundwerten von selbst verantworteter Freiheit, sozialer Gerechtigkeit und Solidarität.
In der Familie sehen sie das Fundament der Gesellschaft, in der Ehe eine Institution auf Lebenszeit. Wegen ihrer Bedeutung für die Erziehung der Kinder bedürfen Ehe und Familie der Unterstützung des Staates. Durch staatliche Maßnahmen soll die Vereinbarkeit von Beruf und Familie verbessert und die Arbeitswelt familiengerechter werden.
Die Integration von in Deutschland lebenden Ausländern soll vor allem durch Erleichterungen bei der Einbürgerung erreicht werden. Ein Einwanderungsgesetz wird genauso abgelehnt wie die Forderung, dass jeder in Deutschland geborene Ausländer automatisch die deutsche Staatsangehörigkeit erhalten soll.
In der Rechtspolitik werden verbesserte Möglichkeiten zur Bekämpfung der organisierten Kriminalität gefordert. Die Forderung, in diesem Zusammenhang den Drogenkonsum zu legalisieren, wird als untauglich zurückgewiesen.
CDU/CSU bekennen sich zur ökologischen und sozialen Marktwirtschaft. Die persönliche Leistung soll belohnt werden. Weil aber der Markt allein nicht in der Lage ist, soziale Gerechtigkeit zu bewirken, muss der Staat ordnend eingreifen. Die soziale Marktwirtschaft bietet auch die Mittel, um wirtschaftliches Wachstum mit dem Schutz der Umwelt zu vereinbaren. Dabei soll die Entwicklung neuer Technologien wesentlich zur Entlastung der Umwelt beitragen. Die Nutzung der Kernenergie wird als unverzichtbar angesehen.
Das System der sozialen Sicherheit garantiert den sozialen Frieden, es muss aber laufend auf seine Finanzierbarkeit hin überprüft werden.
Außenpolitisch befürworten CDU/CSU eine enge Partnerschaft mit den USA. Deutschland soll sich im Rahmen seiner Bündnisse an Maßnahmen zur Wahrung und Wiederherstellung des Friedens beteiligen. Die europäische Einigung soll vertieft werden unter Beibehaltung der nationalen Identität.

Vors. Dr. Helmut Kohl

nach: Regierungs- und Grundsatzprogramm der CDU von 1994
1) Die CSU hat ihren Wirkungsbereich allein in Bayern, die CDU in allen anderen Bundesländern. Im Bundestag bilden beide Parteien eine Fraktionsgemeinschaft.

Die Sozialdemokratische Partei Deutschlands (SPD)

Die gemeinsame geistige Grundlage für die Mitglieder der SPD bildet der demokratische Sozialismus, der sich an den Grundwerten Freiheit, Gerechtigkeit und Solidarität orientiert.
Nach Auffassung der SPD hat die Wirtschaft dem Gemeinwohl zu dienen. Dazu ist demokratische Kontrolle der Wirtschaft durch Staat, Gewerkschaften und Mitbestimmung notwendig. Arbeitsplätze sollen durch eine aktive Arbeitsmarktpolitik geschaffen werden. Die Arbeit soll durch neue Formen der Arbeitszeitverkürzung gleichmäßiger verteilt werden.
Die Familie, verstanden als Lebensgemeinschaft von Erwachsenen mit Kindern, will die SPD schützen und fördern, Benachteiligungen gegenüber Kinderlosen sollen abgebaut werden.
Zur Bekämpfung des organisierten Verbrechens sollen die Gewinne, die aus Straftaten erzielt werden, eingezogen werden. Der Drogenkonsum soll weitgehend entkriminalisiert werden.
Der Staat soll durch die Förderung umweltverträglichen Wachstums zur ökologischen Erneuerung beitragen. Eine ökologische Steuerreform soll über die Preisgestaltung umweltverträgliches Verhalten belohnen und umweltschädigendes Verhalten bestrafen. Eine neue Energiepolitik, die auf Einsparung und die Entwicklung erneuerbarer Energiequellen setzt, soll den Ausstieg aus der Kernenergie möglich machen.
Angesichts der bestehenden Finanzierungsprobleme empfiehlt die SPD einen Umbau des Sozialstaats. Die Sozialausgaben der Unternehmen sollen sich nicht mehr nach der Zahl ihrer Beschäftigten richten, sondern vom Leistungsvermögen der Unternehmen abhängen. Das bestehende System der sozialen Sicherheit soll durch die Einführung einer sozialen Grundsicherung des Existenzminimums ergänzt werden.
In der Außen- und Sicherheitspolitik will die SPD zusammen mit den anderen Bündnispartnern auf dem Weg der Abrüstung und Vertrauensbildung in ganz Europa voranschreiten. Sie unterstützt die Europäische Union, fordert aber Fortschritte bei ihrer Demokratisierung. Im Rahmen der UNO unterstützt sie friedenserhaltende und humanitäre Einsätze der Bundeswehr (Blauhelmmissionen) auch außerhalb des NATO-Gebiets. Kampfeinsätze zur Friedenserzwingung lehnt sie jedoch ab.

Vors. Oskar Lafontaine

nach: Grundsatzprogramm der SPD vom Dezember 1989, Regierungsprogramm vom Juni 1994

Die Parteien in der Demokratie

Bündnis 90/Die Grünen[1]

Bündnis 90/Die Grünen verstehen sich als organisatorischen Zusammenschluss der alternativen Bewegungen. Sie setzen sich ein für die Verwirklichung der Menschenrechte. Sie wehren sich gegen jede Form der Diskriminierung von Minderheiten. Sie fordern, auch ausländischen Staatsbürgern die volle Teilnahme am politischen Leben in Deutschland zu gewähren.
Die Wirtschaftsweise muss sich den natürlichen Kreisläufen annähern, sie muss Rohstoffe und Energie schonen. Umweltgefährdende Verhaltensweisen müssen spürbare wirtschaftliche Nachteile zur Folge haben oder durch Verbot und Strafe verhindert werden. So fordern sie neben dem sofortigen Ausstieg aus der Kernenergie eine Erhöhung der Energiepreise und ein allgemeines Tempolimit.
Das Monopol der Parteien auf politische Willensbildung soll überwunden werden. Darum sollen Volksbegehren und Volksentscheid im Grundgesetz verankert werden.
Die Emanzipation der Frauen soll durch gerechtere Verteilung der Belastung zwischen Frauen und Männern vorangebracht werden. Die Einführung von Mindestquoten soll die beruflichen Chancen von Frauen verbessern.
Ausgehend vom Prinzip der Gewaltfreiheit streben sie eine umfassende Abrüstung und Entmilitarisierung der Gesellschaft an. Krieg wird als Mittel der Konfliktlösung abgelehnt.

nach: Politische Grundsätze 1993
1) Das aus ostdeutschen Bürgerbewegungen hervorgegangene „Bündnis 90" und „Die Grünen" aus Westdeutschland haben sich 1993 zu einer Partei zusammengeschlossen.

Gundula Röstel, Jürgen Trittin
Sprecherin und Sprecher

Die Freie Demokratische Partei (F.D.P.)

Die F.D.P. sieht sich als liberale Partei. Sie will die größtmögliche Freiheit jedes einzelnen Bürgers in Staat, Wirtschaft und Gesellschaft. Sie ist für eine Stärkung der Bürgerrechte und einen Abbau von Bürokratie.
Familien mit Kindern sollen gegenüber kinderlosen Ehepaaren steuerlich bevorzugt werden, die nichtehelichen Lebensgemeinschaften der Ehe gleichgestellt werden.
Der Wirtschaftsstandort Deutschland soll durch eine marktwirtschaftliche Erneuerung wieder attraktiver werden. Dazu gehört eine Entlastung der Unternehmen von Steuern und Sozialabgaben. Außenpolitisch unterstützt die F.D.P. friedenserhaltende und friedenschaffende Missionen der UNO und der anderen Bündnissysteme. Sie ist für eine Vertiefung der Zusammenarbeit in der Europäischen Union, deren Einrichtungen weiter demokratisiert werden müssen.

nach: Das Liberale Manifest von Februar 1985/ Wahlprogramm für die Bundestagswahlen 1994

Vors. Dr. Wolfgang Gerhardt

Partei des Demokratischen Sozialismus (PDS)[1]

Die PDS sieht sich in der Tradition der sozialistischen Idee. Grundsätzlich ist sie der Auffassung, dass die kapitalistische Produktions- und Konsumptionsweise zu Militarismus und Umweltkatastrophen führen, die beide die Menschheit in ihrem Bestand bedrohen. Daher will die PDS ein anderes Deutschland, das demokratisch, sozial, ökologisch und antirassistisch erneuert ist. Sie betrachtet sich insbesondere als Anwalt der ostdeutschen Bürgerinnen und Bürger.
Eine zentrale Aufgabe sozialistischer Politik sieht sie in der Beseitigung von Arbeitslosigkeit und der Verwirklichung des Rechts auf menschwürdiges Wohnen. Dazu sollen staatliche Beschäftigungsinitiativen geschaffen und der soziale Wohnungsbau gefördert werden. Die Finanzierung soll durch Einsparungen im Verteidigungshaushalt und durch eine höhere Besteuerung der Besserverdienenden ermöglicht werden.
Die PDS fordert ein Verbot von Bundeswehreinsätzen außerhalb des Bundesgebietes, die Abschaffung der Wehrpflicht sowie langfristig die Auflösung der NATO.

nach: Programm der Partei des Demokratischen Sozialismus, Januar 1993
1) Die PDS ist die 1989 gegründete Nachfolgeorganisation der SED. Sie ist die mitgliederstärkste Partei in den ostdeutschen Bundesländern.

Vors. Lothar Bisky

Die Parteien

Merkmale

Parteien sind Vereinigungen von Bürgern. Sie haben das Ziel, über die Teilnahme an Wahlen politische Verantwortung in den Parlamenten und Regierungen der Länder und des Bundes zu übernehmen.

Aufgaben

Parteien besitzen eine Mittlerrolle zwischen den Bürgern und den Staatsorganen. Ihre Aufgabe besteht darin, die unterschiedlichen Interessen ihrer Mitglieder und Wähler zu entscheidungsfähigen Alternativen zu bündeln. Mit ihren alternativen Positionen werben sie um Wählerinnen und Wähler und wirken so an der politischen Willensbildung des Volkes mit.

Programme

Ihre unterschiedlichen Positionen beschreiben die Parteien in ihren verschiedenen Programmen. Zur Beurteilung der Parteien sollte jedoch auch darauf geachtet werden, welche Lösungen die Parteien für die jeweils aktuellen Sachfragen anbieten.

Stellung im Grundgesetz

Weil die Parteien für die Funktionsfähigkeit eines demokratischen Staates unverzichtbar sind, sind sie im Vergleich zu anderen Vereinigungen mit bestimmten Privilegien ausgestattet (z. B. staatliche Zuschüsse, Verbot allein durch das Bundesverfassungsgericht). Andererseits sind sie durch das Grundgesetz verpflichtet, bestimmte Mindestbedingungen einzuhalten: u. a. innerparteiliche Demokratie, Offenlegung der Einkünfte, Verfassungstreue.

Finanzierung

Die Finanzierung der Parteien ist immer wieder Gegenstand der Kritik. In den 90er Jahren erreichen die staatlichen Zuwendungen einen solchen Umfang, dass der Eindruck der Selbstbedienung der Parteien aus dem Staatshaushalt entsteht. Seit 1994 ist nach einem Urteil des Bundesverfassungsgerichts die Finanzierung der Parteien von Grund auf neu geregelt.

Parteienverdrossenheit

In den letzten Jahren gibt es Anzeichen dafür, dass die Parteien den Kontakt zu den Bürgern verlieren. Das hat in den Parteien zu einer breiten Reformdiskussion geführt. Diese kann nur dann Erfolg haben, wenn auch die Bürger wieder stärker bereit sind, sich politisch zu engagieren.

Zur Wiederholung

1. Die Demokratie kann auf Parteien nicht verzichten. Warum nicht?
2. Erläutern Sie die Grundzüge der staatlichen Parteienfinanzierung.
3. Erörtern Sie, wann ein Parteienverbot sinnvoll sein kann.
4. „Die Parteien wollen doch alle nur dasselbe." Überprüfen Sie diese Aussage anhand der Parteiprogramme
5. Parteien: unfähige Versager oder Sündenböcke? Erörtern Sie.

Weiterführende Aufgaben

1. Welche Anforderungen müsste eine Partei erfüllen, in der Sie selbst aktiv mitwirken wollen?
2. Welcher Partei gehören Bürgermeister, Landtags- und Bundestagsabgeordnete Ihrer Heimatstadt an?
3. Erkundigen Sie sich in Ihrem Wohnort nach den Aktivitäten der örtlichen Parteiorganisationen.
4. Vergleichen Sie anhand Ihnen zugänglicher Medien, mit welchen Maßnahmen die Parteien ein gerade aktuelles Problem lösen wollen. Welchen Vorschlag finden Sie überzeugend?

5 Wahlen in der Demokratie

5.1 Die Bedeutung von Wahlen in der Demokratie

In der Demokratie geht die Staatsgewalt vom Volke aus. Das Recht zu regieren kann nur in Anspruch nehmen, wer das Vertrauen des Volkes bzw. seiner Mehrheit besitzt. Um dies festzustellen, werden in regelmäßigen Abständen Wahlen durchgeführt.

Wahlen erfüllen vier Aufgaben:
- Die Wahlberechtigten entscheiden sich für eine Person oder Partei, die ihre Interessen im Parlament vertreten soll **(Repräsentation)**.
- Die Wählerinnen und Wähler können durch ihre Entscheidung zwischen verschiedenen politischen Führungsgruppen auswählen und so über die zukünftige Politik mitentscheiden **(politische Teilnahme)**.
- Am Wahltag muss sich die Regierung vor den Wahlberechtigten verantworten. Diese entscheiden darüber, ob sie den Regierungsauftrag der bisherigen Regierungspartei(en) verlängern oder beenden wollen. Die zeitliche Begrenzung von Herrschaft schützt vor Missbrauch der Regierungsgewalt **(Herrschaftskontrolle)**.
- Durch Wahlen erhalten die Wahlsieger das Recht zu regieren. Weil sie das Vertrauen des Volkes bzw. der Mehrheit besitzen, gelten ihre Entscheidungen als für alle verbindlich **(Herrschaftslegitimation)**.

Grundgesetz Artikel 20 (2)

Alle Staatsgewalt geht vom Volke aus. Sie wird vom Volke in Wahlen und Abstimmungen und durch besondere Organe der Gesetzgebung, der vollziehenden Gewalt und der Rechtsprechung ausgeübt.

5.2 Rechtliche Grundlagen

Wahlen können nur dann den Anspruch erheben, tatsächlich den Willen des Volkes auszudrücken, wenn bestimmte rechtliche Voraussetzungen erfüllt sind. Das Grundgesetz legt sie in Artikel 38 fest.

Danach gelten für politische Wahlen folgende Grundsätze:

- **allgemein,** d. h. niemandem darf sein Wahlrecht aufgrund von Geschlecht, Abstammung, Eigentum, Ausbildung, gesellschaftlicher Stellung usw. verweigert werden. Sind ganze gesellschaftliche Gruppen, wie z. B. die Frauen, von der Wahl ausgeschlossen, gilt nur ein beschränktes Wahlrecht
- **unmittelbar,** d. h. die Wahlberechtigten geben ihre Stimme direkt für einen Kandidaten oder für eine Partei ab. Werden dagegen Wahlmänner bestimmt, die stellvertretend für die Urwähler über Personen oder Parteien entscheiden, handelt es sich um ein indirektes Wahlrecht.
- **frei,** d. h. Wählerinnen und Wähler können selbst entscheiden, ob sie ihr Wahlrecht in Anspruch nehmen wollen. Die Stimmabgabe darf auch nicht durch die Anwendung von Zwang oder Gewalt beeinflusst werden.
- **gleich,** d. h. jede Wählerstimme hat gleiches Gewicht. Kandidaten und Parteien müssen auch die gleichen Chancen haben, gewählt zu werden. Abgelehnt wird damit ein Wahlrecht wie z. B. das preußische Dreiklassenwahlrecht (1848 - 1918), das die Stimmen nach der Höhe des Steueraufkommens unterschiedlich gewichtet.
- **geheim,** d. h. die Wählerstimmen werden verdeckt und ohne Namensangabe abgegeben. Dafür sind in den Wahllokalen Kabinen aufgestellt, die jeder Wahlberechtigte einzeln betreten muss. Der Stimmzettel kommt in einen neutralen Umschlag, der verschlossen in eine versiegelte Wahlurne geworfen wird.

Grundgesetz Artikel 38

(1) Die Abgeordneten des Deutschen Bundestages werden in allgemeiner, unmittelbarer, freier, gleicher und geheimer Wahl gewählt. (...)
(2) Wahlberechtigt ist, wer das achtzehnte Lebensjahr vollendet hat; wählbar ist, wer das Alter erreicht hat, mit dem Volljährigkeit eintritt.

Wahlen in der früheren DDR

In der früheren DDR wird den Wählerinnen und Wählern nur eine Einheitsliste vorgelegt, auf der die verschiedenen Parteien gemeinsam ihre Kandidaten präsentieren.
Die Wahlberechtigten gehen oft geschlossen mit Kollegen oder Nachbarn zur Wahl. Wer nicht wählen geht, wird zu Hause aufgesucht und zur Wahl angehalten.
Zwar werden Wahlkabinen aufgestellt; doch wer sie benutzt, kommt in Verdacht, ein Regimegegner zu sein. Erwartet wird eine offene Stimmabgabe.

(für weitere Informationen zu den Wahlen in der ehemaligen DDR siehe S. 181)

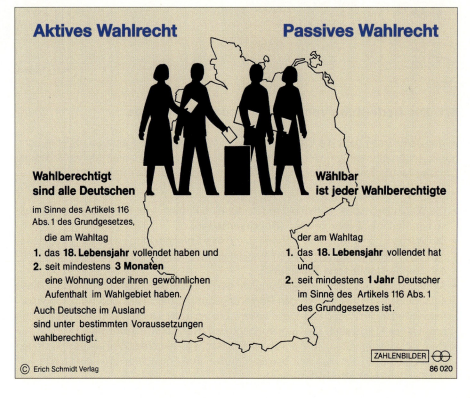

5.3 Wählen, aber wie? Mehrheits- und Verhältniswahl

Helmut Schmidt plädiert für Mehrheitswahlrecht

HAMBURG (dpa) – Für ein Mehrheitswahlrecht in Deutschland hat sich der ehemalige Bundeskanzler Helmut Schmidt (SPD) ausgesprochen. Damit könne eine große Koalition verhindert werden, die selbst mit Rudolf Scharping (SPD) als Kanzler „nicht wünschenswert" wäre, sagte Schmidt in einem Interview. Bei den nächsten Bundestagswahlen wird nach seiner Meinung „keine der in Deutschland üblichen Koalitionen über eine ausreichende Mandatszahl" verfügen.

Stuttgarter Nachrichten vom 20.12.1993

Weizsäcker warnt vor Mehrheitswahlrecht

HAMBURG (dpa) – Bundespräsident Richard von Weizsäcker (...) sprach sich dagegen aus, in Deutschland das Verhältniswahlrecht durch ein Mehrheitswahlrecht zu ersetzen. Das wirke so, als wollten die Parteien eine Politikverdrossenheit mit Protestwahlverbot bestrafen. „Das allerdings wäre reinste Volksverdrossenheit der Politik." Verschiedene Politiker hatten das Mehrheitswahlrecht wegen einer möglichen zu großen Zersplitterung der Parteienlandschaft ins Gespräch gebracht.

Stuttgarter Nachrichten vom 03.01.1994

Ergebnisse der Parlamentswahlen in Großbritannien 1992

Partei	Stimmen (%)	Abgeordnete	Sitze (%)
Konservative	42,3	336	51,6
Labour	34,7	271	41,6
Liberaldemokraten	18,1	20	3,0
Sonstige	4,9	24	3,6
Summe		651	

Ergebnisse der Bundestagswahlen 1994

Partei	Stimmen (%)	Abgeordnete
CDU/CSU	41,5	282 (+12)
SPD	36,4	248 (+4)
F.D.P.	6,9	47
Bündnis 90/ Die Grünen	7,3	49
PDS	4,4	30
Summe	96,5	672

in Klammern: Überhangmandate (siehe S. 269)

Das Mehrheitswahlsystem

Im Mehrheitswahlrecht gilt der Grundsatz: Gewählt ist, wer die meisten Stimmen erhält. Dieses Verfahren eignet sich vor allem zur Wahl einzelner Persönlichkeiten, z. B. werden die Bürgermeister in Baden-Württemberg auf diese Weise bestimmt.

Sollen mehrere Personen – wie z. B. die 651 Abgeordneten des britischen Parlaments – gewählt werden, muss das Wahlgebiet in so viele **Wahlkreise** eingeteilt werden, wie es Sitze gibt. In jedem Wahlkreis müssen etwa gleich viele Wahlberechtigte wohnen.

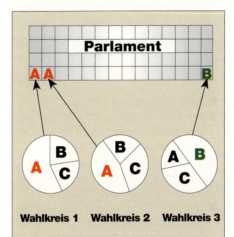

Relatives und absolutes Mehrheitswahlrecht

Wenn sich drei oder mehr Kandidaten um ein Mandat bewerben, reichen nach dem einfachen, dem sog. **relativen Mehrheitswahlrecht** oft schon weniger als 50% der Stimmen, um einen Sitz zu gewinnen. Der bzw. die Gewählte vertritt also nur die größte Minderheit. Das relative Mehrheitswahlrecht gilt z. B. in **Großbritannien**.

Beim **absoluten Mehrheitswahlrecht** muss ein Kandidat über 50% der Wählerstimmen auf sich vereinigen, um gewählt zu sein. Gelingt dies keinem der Kandidaten, so ist ein 2. Wahlgang erforderlich, an dem nur die beiden Kandidaten mit den meisten Stimmen teilnehmen. Das absolute Mehrheitswahlrecht gilt z. B. in **Frankreich**.

Vorteile des Mehrheitswahlrechts:

- Zur Wahl stehen konkrete Personen. Die Kandidaten müssen sich also um engen Kontakt zu den Wählern bemühen, um gewählt zu werden.
- Die Abgeordneten sind eher Vertreter ihres Wahlkreises als ihrer Partei.
- Eine Zersplitterung der Parteien wird vermieden.
- Das Mehrheitswahlrecht begünstigt ein Zweiparteiensystem mit klaren Mehrheitsverhältnissen im Parlament. Das bedeutet: stabile Regierung und starke Opposition.

Nachteile des Mehrheitswahlrechts:

- Viele Wählerstimmen gehen verloren.
- Minderheiten sind im Parlament nicht oder nur unzureichend vertreten.
- Das Parteiensystem erstarrt; denn neue Parteien haben kaum eine Chance.
- Die Bürger verlieren das Interesse an der Politik.
- Es kann zur Verfälschung des Wählerwillens kommen, weil der Anteil einer Partei an den Wählerstimmen nicht ihrem Anteil an den Parlamentssitzen entspricht.

Das Verhältniswahlrecht in der politischen Praxis

Ein reines Verhältniswahlrecht gibt es in Deutschland während der **Weimarer Republik.** Seine Auswirkungen zeigen z.B. die Reichstagswahlen von 1930: Sie bringen 14 Parteien ins Parlament. Neun davon haben weniger als 5% der Wählerstimmen erhalten. Sie stellen dennoch drei bis 30 Abgeordnete.

Vergleichbare Folgen hat das Verhältniswahlrecht auch in **Italien.** Deswegen wird im August 1993 nach einem entsprechenden Volksentscheid eine Wahlrechtsreform durchgeführt. Jetzt wird in Italien überwiegend nach dem Mehrheitswahlrecht gewählt.

Das Niemeyer-Verfahren zur Stimmenverrechnung

Das Verhältniswahlsystem

Nach dem Verhältniswahlrecht erhält jede Partei so viele Mandate, wie es ihrem Anteil an den Wählerstimmen entspricht. Hat eine Partei z. B. 30% der Stimmen bei einer Wahl bekommen, erhält sie 30% der zur Verfügung stehenden Sitze im Parlament. Abgegebene Stimmen und erzielte Mandate stehen so im gleichen Verhältnis zueinander.

Die Wähler entscheiden sich zwischen den verschiedenen **Listen** der Parteien. Diese enthalten die Namen der Kandidaten, die sich um ein Mandat für ihre Partei bewerben. Sie werden vor der Wahl von den Parteien aufgestellt (in Deutschland: von den Landesparteitagen vgl. S. 258 f.).

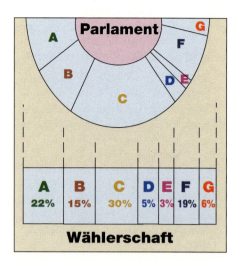

Damit sich bei der Berechnung der Abgeordnetenmandate ganze Zahlen ergeben, sind verschiedene Rechenverfahren entwickelt worden. Die Sitzverteilung des Deutschen Bundestags wird mit einem von Professor Niemeyer entwickelten Verfahren ermittelt.

Vorteile des Verhältniswahlrechts:

- Keine Stimme geht verloren.
- Minderheiten sind im Parlament entsprechend ihres Anteils an der Wählerschaft vertreten.
- Neue Parteien kommen eher ins Parlament. Die Konkurrenz zwischen den Parteien wird dadurch belebt.
- Über die Listen können die Parteien auch Quotenregelungen (z. B. Anteil der Frauen unter den Parlamentariern) verwirklichen.

Nachteile des Verhältniswahlrechts:

- Im Parlament sind viele Parteien vertreten.
- Die Regierungsbildung wird erschwert.
- Meistens müssen mehrere Parteien gemeinsam eine Koalitionsregierung bilden.
- In Koalitionsregierungen erhalten kleine Parteien oft großen Einfluss (Zünglein an der Waage).
- Durch die Aufstellung der Listen erhalten die Parteiführungen großen Einfluss auf die Zusammensetzung des Parlaments.

5.4 Die Wahlen zum Deutschen Bundestag

Bundestagswahlen finden normalerweise alle vier Jahre statt. Dabei kommt ein Wahlsystem zur Anwendung, das die Vorteile von Mehrheits- und Verhältniswahl vereint und ihre Nachteile vermeidet: das **personalisierte Verhältniswahlrecht.**

Das personalisierte Verhältniswahlrecht gibt den Wahlberechtigten zwei Stimmen:
- Mit der Erststimme entscheiden sie darüber, wer den Wahlkreis im Bundestag vertreten soll. Die Erststimme wird nach dem relativen Mehrheitswahlrecht ausgewertet **(Persönlichkeitswahl).**
- Die Zweitstimme wird für die Landesliste einer Partei abgegeben. Sie wird nach dem Verhältniswahlrecht ausgewertet und entscheidet darüber, wie viele Sitze ein Partei im Bundestag erhält **(Listenwahl).**

Wahlen in der Demokratie

Nach Schließung der Wahllokale werden die Stimmzettel ausgewertet und die Mandate auf die verschiedenen Parteien verteilt. Um an der **Mandatsverteilung** teilzunehmen, muss eine Partei entweder im gesamten Bundesgebiet mindestens 5% der abgegebenen gültigen Zweitstimmen erhalten oder in drei Wahlkreisen Direktmandate gewinnen.

Parteien, die eine dieser Bedingungen erfüllen, erhalten Sitze nach folgendem Verfahren:

> **1. Schritt:** Die **Zweitstimmen** werden nach dem **Verhältniswahlrecht** unter Anwendung des Berechnungsverfahrens nach Professor Niemeyer ausgewertet. Die Auszählung erfolgt auf Landesebene. Die Anzahl der Zweitstimmen entscheidet darüber, wie viele der insgesamt 656 zu vergebenden Sitze eine Partei erhält.
> **2. Schritt:** In jedem der 328 Wahlkreise werden die **Erststimmen** nach dem **Mehrheitswahlrecht** ausgezählt und die Wahlkreissieger ermittelt. Die 328 Wahlkreissieger stellen die erste Hälfte der 656 Bundestagsabgeordneten.
> **3. Schritt:** Die übrigen 328 Bundestagsabgeordneten werden von den Landeslisten der Parteien genommen.
> **4. Schritt:** Hat eine Partei aufgrund ihrer Erststimmen in einem Bundesland mehr Direktmandate gewonnen, als ihr Sitze nach der Auszählung der Zweitstimmen zustehen, erhält sie dementsprechend **Überhangmandate**.

1994 gibt es insgesamt 16 Überhangmandate (CDU 12, SPD 4). Die Zahl der Bundestagsabgeordneten steigt damit von 656 auf 672. Durch die Überhangmandate vergrößert sich die Mehrheit der Koalition von CDU/CSU und FDP von 2 auf 10 Sitze. Gegen diese Verzerrung des Zweitstimmenergebnisses haben Bündnis 90/Die Grünen – allerdings vergeblich – Klage beim Verfassungsgericht erhoben.
Daß es 1994 so viele Überhangmandate gibt wie nie zuvor, ist das Ergebnis eines veränderten Wahlverhaltens: viele Wähler haben ihre beiden Stimmen aufgeteilt und mit der Zweitstimme die kleinere, mit der Erststimme die größere Partei gewählt.

Das Gewicht der Erststimme zeigt sich auch bei der PDS: 1994 erhält sie 4 Direktmandate. Deswegen kann sie 30 Abgeordnete in den Bundestag entsenden, obwohl sie mit 4,4 Prozent unterhalb der 5%-Hürde liegt.

Bundestag beschloss Verkleinerung

Bonn – Der Bundestag hat am 11. Oktober eine Verkleinerung seiner Mitgliederzahl ab dem Jahr 2002 beschlossen. Statt derzeit 672 soll es dann nur noch 598 Abgeordnete geben. Dafür müssen die Wahlkreise bis zur übernächsten Wahlperiode neu zugeschnitten werden. Ihre Zahl reduziert sich ebenfalls im Jahr 2002 von 328 auf 299.
Keine Einigkeit gab es dagegen über den Umgang mit Überhangmandaten für die Wahl 1998. Mit ihrer Mehrheit setzten CDU/CSU und F.D.P. durch, es bei der bisherigen Regelungen zu belassen. SPD und Grüne verlangten einen Ausgleich für solche Mandate.

Das Parlament vom 18.10.1996

Ergebnisse der Bundestagswahlen

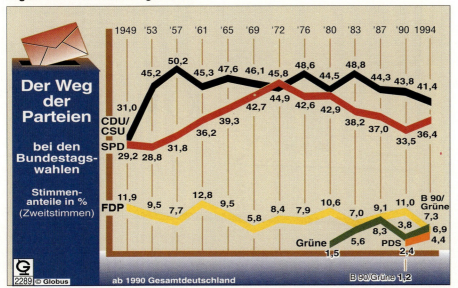

**Bundestagswahlen 1994
Erst- und Zweitstimmenergebnisse**

Partei	Gesamtsitze Zweitstimmen	Direktmandate Erststimmen	Landeslistenplätze
CDU	232 (+12)	165 (+12)	67
CSU	50	44	6
SPD	248 (+4)	99 (+4)	149
B'90/ Grüne	49	—	49
F.D.P.	47	—	47
PDS	30	4	26
	656 (+16)	312 (+16)	344

in Klammern: Überhangmandate

Der Wahlakt

Sein Ablauf ist in der Bundeswahlordnung festgelegt.

WAHLVORSTAND

Wahl-Helfer — Wahl-Vorsteherin — Wahl-Helfer

Prüfung der Wahlberechtigung — Aufsicht im Wahllokal — Aushändigung des Stimmzettels

Wahlkabine
Ankreuzen des Stimmzettels

Stimmabgabe

BRIEFWAHL

Wer am Wahltag verhindert ist, kann vorher durch Briefwahl seine Stimme abgeben.

Stimmzettel
für die Wahl zum Deutschen Bundestag im Wahlkreis 146 Neuwied am 16. Oktober 1994

Sie haben 2 Stimmen

hier 1 Stimme für die Wahl **eines/einer Wahlkreisabgeordneten**

hier 1 Stimme für die Wahl **einer Landesliste (Partei)**
– maßgebende Stimme für die Verteilung der Sitze insgesamt auf die einzelnen Parteien –

Erststimme

1	**Schmalz**, Ulrich-Paul Kaufmann, MdB Wissen, St.-Sebastianus-Straße 6	CDU	Christlich Demokratische Union Deutschlands
2	**Eich**, Ludwig Datenverarbeitungskaufmann, MdB Buchholz, Hauptstraße 106	SPD	Sozialdemokratische Partei Deutschlands
3	**Kaulartz**, Kurt Kaufmann Neuwied, Kunostenstraße 6	F.D.P.	Freie Demokratische Partei
4	**Rieth**, Dietmar Landtagsabgeordneter Neuwied, Am Wasserturm 34	GRÜNE	BÜNDNIS 90 / DIE GRÜNEN
6	**Klein**, Martin Heilerziehungshelfer Langenbach, Mittelweg 4	PDS	Partei des Demokratischen Sozialismus
10	**Meyer**, Manfred Lehrer Melsbach, Wehersbergstraße 25	ÖDP	Ökologisch-Demokratische Partei
12	**Gensichen**, Hans-Christoph Pfarrer Niederwambach, Stemeler Straße 23	PBC	Partei Bibeltreuer Christen

Zweitstimme

	CDU	Christlich Demokratische Union Deutschlands Dr. Helmut Kohl, Dr. Heiner Geißler, Hans-Otto Wilhelm, Dr. Maria Böhmer, Joachim Hörster	1
	SPD	Sozialdemokratische Partei Deutschlands Rudolf Scharping, Horst Sielaff, Doris Barnett, Klaus Hagemann, Fritz Rudolf Körper	2
	F.D.P.	Freie Demokratische Partei Helmut Schäfer, Dr. Dieter Thomae, Dr. Walter Hitschler, Marita Sehn, Mathias Grünthaler	3
	GRÜNE	BÜNDNIS 90 / DIE GRÜNEN Ulrike Höfken-Deipenbrock, Christian Sterzing, Dr. Gertraud Maria Migl, Waltraut Delarber, Ursula Radwan	4
	REP	DIE REPUBLIKANER Kurt Goldmann, Jürgen Schröder, Gabriele Banner, Johannes Rustemeyer, Gisela Neumann	5
	PDS	Partei des Demokratischen Sozialismus Franz Xaver Christoph, Erika Brug, Karin Gottlieb, Jürgen Locher	6
	GRAUE	DIE GRAUEN – Graue Panther Armin Schäfers, Edna Dutschke, Georg Noetzel, Else Lutz-Gerlach, Slobodan Marinkov	7
	NATUR-GESETZ	DIE NATURGESETZ-PARTEI, AUFBRUCH ZU NEUEM BEWUSSTSEIN Dr. Klaus Volkamer, Wolfgang Dahn, Margareta Biernath, Thomas Röpke, Helga Volkamer-Gutwill	8
	MLPD	Marxistisch-Leninistische Partei Deutschlands Peter Borgwardt, Marianne Müller, Anna Nassauer, Jupp Eicker, Peter Rapps	9
	ÖDP	Ökologisch-Demokratische Partei Gereon Schürmann, Manfred Meyer, Jutta Meyburg, Dr. Rainer Schanne, Gabriele Weiter	10
	STATT Partei	STATT Partei DIE UNABHÄNGIGEN Gebhard Hammer, Josef Schneider, Ute Helena Liesbeth Saad, Karl-Heinrich Fuchs, Lutz Florian Mundt	11

5.5 Landtagswahlen in Rheinland-Pfalz

„In der Krisensituation wollen die Wähler keine Experimente"

(Ihre gestärkte) Position verdankt die FDP jenen rund 50.000 taktischen Wählern, die sich mit ihrer Wahlkreisstimme für eine der anderen Parteien entschieden hatten. (...)
Die Zweitstimmenkampagne der Liberalen hat offensichtlich gezündet (...). Hierbei kam der FDP nicht allein das Argument der Mehrheitsbeschaffung zugute, es war verbunden mit dem Wunsch, eine rot-grüne Mehrheit im Land zu verhindern (...).

Das SPD-Wählerlager war gespalten zwischen landespolitischer Kontinuität im Bündnis mit der FDP und der (...) rot-grünen Perspektive für die Bundespolitik. Dies drückte sich aus in direkten Wählerabwanderungen sowohl von der SPD zu den Liberalen als auch zu den Grünen. Aber auch Wählerverluste in Richtung CDU sowie zu den rechtsextremen Republikanern hatten die Sozialdemokraten zu beklagen. (...)
Die Einbußen nach allen Seiten machen deutlich, wie wenig es der SPD gelang, auf Landesebene einen bundesweiten Oppositionseffekt herbeizuführen, wie man ihn angesichts der massiven, mit heftiger Kritik an der Bundesregierung verbundenen Sorgen um Wirtschaftsentwicklung und Arbeitsmarkt hätte erwarten können.

Rhein-Zeitung vom 26.3.1996

Können sozialliberale Koalition fortsetzen:

Kurt Beck (SPD)

Rainer Brüderle (F.D.P.)

Bei den alle fünf Jahre stattfindenden Landtagswahlen in Rheinland-Pfalz wird seit 1991 ein Wahlsystem mit Erst- und Zweitstimmen verwendet. Ähnlich wie bei den Bundestagswahlen entscheidet die Zweitstimme, wie viele der 101 Sitze im Mainzer Landtag auf eine Partei entfallen. Mit der Erststimme werden 51 Abgeordnete in Wahlkreisen direkt gewählt; die übrigen 50 Sitze werden in vier Wahlbezirken über Bezirks- oder Landeslisten der Parteien vergeben.

Das einzige Bündnis aus SPD und FDP darf bleiben
Beck und Brüderle wollen an ihrer Zusammenarbeit festhalten

MAINZ. RTR/DPA. In Rheinland-Pfalz kann die bundesweit einzige sozial-liberale Koalition ihre Arbeit fortsetzen.
Die SPD konnte gestern zwar an ihr Rekordergebnis von 1991 nicht anknüpfen, bleibt aber stärkste Partei im Land. Die Wähler stärkten ihren Koalitionspartner FDP unter Wirtschaftsminister Rainer Brüderle, der die Koalitionsaussage an die SPD am Abend bekräftigte. (...)
Der FDP-Landesvorsitzende und Wirtschaftsminister Brüderle zeigte sich vom guten Abschneiden seiner Partei überrascht. (...) Trotz der Einbußen für seine Partei äußerte sich Ministerpräsident und SPD-Landesvorsitzender Kurt Beck „sehr zufrieden" mit dem Resultat. Dieses sei ein deutliches Wählerbekenntnis für die sozialliberale Koalition. (...) CDU-Spitzenkandidat Johannes Gerster räumte ein, die Union habe ihr Wahlziel nicht erreicht. Enttäuscht äußerte sich auch die Fraktionsvorsitzende von Bündnis 90/Die Grünen, Friedel Grützmacher.

Rhein-Zeitung vom 25. 3 1996

Die vier Wahlbezirke

Bezirk 1: Kreisfreie Stadt Koblenz, Landkreise Ahrweiler, Mayen-Koblenz, Neuwied, Altenkirchen, Rhein-Lahn-Kreis, Westerwaldkreis
Bezirk 2: Regierungsbezirk Trier, Landkreis Cochem-Zell, Birkenfeld, Bad Kreuznach, Rhein-Hunsrück-Kreis
Bezirk 3: Kreisfreie Städte Mainz, Worms, Frankenthal, Ludwigshafen, Speyer, Landkreise Mainz-Bingen, Alzey-Worms, Ludwigshafen
Bezirk 4: Kreisfreie Städte Kaiserslautern, Pirmasens, Zweibrücken, Landau, Neustadt, Landkreise Kaiserslautern, Kusel, Pirmasens, Südliche Weinstraße, Bad Dürkheim, Germersheim, Donnersbergkreis

5.6 Wählerverhalten im Wandel

Volksparteien

Im Gegensatz zu den Klassenparteien der Weimarer Republik wollen Volksparteien Wähler aus unterschiedlichen sozialen Gruppen gewinnen. Ihre Programme müssen deshalb verschiedene, oft sogar widersprüchliche Interessen berücksichtigen.

Von Beginn der Bundesrepublik bis in die Mitte der 80er Jahre hinein gelingt es den beiden großen Volksparteien CDU und SPD, immer mehr Wählerinnen und Wähler auf sich zu vereinigen. Umgekehrt verlieren die kleinen Parteien – mit Ausnahme der F.D.P. – zunehmend an Bedeutung.

Seit Mitte der 80er Jahre lockert sich jedoch das Parteiengefüge in der Bundesrepublik zusehends auf. Neben CDU, SPD und F.D.P. gewinnen auch andere, zum Teil neue Parteien an Bedeutung. Dies liegt an einem veränderten Verhalten der Wählerinnen und Wähler. Immer häufiger sind sie nicht länger bereit, jedesmal derselben Partei ihre Stimme zu geben. So schrumpft die Zahl der Stammwähler und die Zahl der Wechselwähler nimmt zu. Diese Entwicklung geht im Allgemeinen auf Kosten der großen Volksparteien. Gewinner sind vor allem die kleineren Parteien, die jetzt eher die Chance haben, die 5%-Hürde zu überspringen und in den Bundestag einzuziehen.

Stammwähler

sind Wählerinnen und Wähler, die ihre Stimme über einen längeren Zeitraum hinweg einer bestimmten Partei geben.

Wechselwähler

sind Wählerinnen und Wähler, die bei zwei aufeinander folgenden Wahlen für verschiedene Parteien gestimmt haben. Ihr Anteil an der Wählerschaft wird auf 10 bis 30% geschätzt.

„Das mußt du doch verstehen, Papa. Du hast dir soviel Mühe gegeben, mich etwas werden zu lassen – da kann ich doch schlecht noch in deiner Eckkneipe verkehren."
Zeichnung: Wolter

Zeichnung: Wolter, Ruhr-Nachrichten, Dortmund, 24.8.1982

Mit der Auflösung der Stammwählerschaften hat sich aber nicht nur die Zahl der Wechselwähler erhöht, sondern auch die Zahl derer, die der Wahl fern bleiben.

„Partei der Nicht-Wähler" an dritter Stelle:

Bundestagswahl 1994 in %

Spalte I: gemessen an den abgegebenen gültigen Stimmen
Spalte II: gemessen an der Zahl der Wahlberechtigten

	I	II
CDU/CSU	41,5	32,3
SPD	36,4	28,4
F.D.P.	6,9	5,3
B90/Grüne	7,3	5,6
PDS	4,4	3,4
sonstige	3,5	3,0
Nichtwähler	–	20,9
ungültige Stimmen	–	1,1

nach eigenen Berechnungen

Wer sind die Nicht-Wähler?

- Die **Resignierten**, die mit ihrer sozialen und wirtschaftlichen Situation unzufrieden sind und ihre Hoffnung auf Veränderung ihrer Lage durch „die da oben" aufgegeben haben.
- Die **Saturierten**, die das Gefühl haben, dass auch ohne ihr Engagement alles bestens läuft. Nur wenn es um grundsätzliche Entscheidungen geht, sind sie zu mobilisieren.
- Die **Frustrierten**, die durch Wahlenthaltung ihrer eigenen Partei einen „Denkzettel verpassen" wollen, um ihren Protest über politische Fehlentwicklungen und Skandale auszudrücken.
- Die **Skeptiker**, die nicht zur Wahl gehen, weil sie die repräsentative Demokratie grundsätzlich ablehnen. Sie sehen keine Möglichkeit, über Wahlen Veränderungen in ihrem Sinne herbeizuführen. Oft politisch gut informiert, engagieren sie sich lieber in alternativen Bewegungen.

nach: Ursula Feist, Die Macht der Nichtwähler, München 1994

5.7 Wahlkampf – ein notwendiges Übel?

Für die Parteien haben Wahlen eine sehr große Bedeutung. Es geht schließlich darum, wer innerhalb des Staates die Regierung übernehmen kann und wer sich mit der Rolle der Opposition begnügen muss. Für neu gegründete und kleinere Parteien kommt es darauf an, die 5% Hürde zu überwinden, um überhaupt in die Parlamente einziehen zu können.

Im Wahlkampf verfolgen die Parteien mehrere Ziele: Sie wollen ihre eigene Stammwählerschaft mobilisieren, aber auch mögliche Wechselwähler und Nichtwähler gewinnen. Auch die Höhe der Wahlbeteiligung kann wahlentscheidend sein.

Ein Plädoyer für den Wahlkampf

Die meisten Wähler sind in Sachen Politik zwar nicht sachkundig, aber urteilsfähig. Und da die Parteien auch diese schlecht informierten und uninteressierten „Kunden" erreichen wollen, müssen sie ihre Konzepte stark vereinfacht präsentieren. Oder will jemand eine Wählerausbildung zur Pflicht erheben?

Sollen Wahlen Sinn haben, muss der Eindruck wachsen, dass es einen Unterschied macht, ob die einen oder die anderen regieren. Damit aber die Alternativen auch als solche deutlich werden, sind Zuspitzungen und die Personifizierung von Kompetenz unerlässlich. Aufklärung allein kommt nicht an. (...)

Wahlwerbung wirkt nur, wenn sie in der Grundstimmung der Allgemeinheit schwimmt. Nun wird es zunehmend schwieriger, diese Grundstimmung zu treffen, denn die Lebensverhältnisse der Bürger werden uneinheitlicher. (...)

Deshalb gilt für Werbung, die auch wirken soll: Je uneinheitlicher die Kundschaft, desto gröber muss die Botschaft sein, die alle erreichen soll. Wobei die Zielgruppe der Wahlwerbung keineswegs alle Wähler umfasst: All jene können nämlich ignoriert werden, die wissen, dass sie und wen sie wählen werden, (...).

Die vorhandenen Mittel möglichst wirksam einzusetzen bedeutet, den Aufwand auf jene zu konzentrieren, die man zu den sicheren Wählern zugewinnen kann. Da die Wechselwähler und Unentschlossenen zunehmen, wachsen auch die Wirkungsmöglichkeiten für Wahlkampagnen.

Peter Grafe, Ein Plädoyer für den Wahlkampf, Wochenpost vom 15.9.1994

Wahlkampf: kritisch gesehen

- Problemblindheit gegenüber den Zukunftsaufgaben der Politik
- Monotonie und Holzhammermethode der Argumentation
- Fehlendes Gespür für die wirklichen Sorgen und Ängste der Bürger
- Entpolitisierung durch Verkürzung der politischen Argumentation auf wenige Schlagworte, auf Leerformeln
- Schädliche Wirkungen für die politische Kultur (Staatsverdrossenheit)

nach: Schulz/Schönbach (Hrsg), Massenmedien und Wahlen, München 1983, S. 116f

Wahlen

Bedeutung

Wahlen sind ein wesentlicher Bestandteil der Demokratie. Sie geben den Bürgerinnen und Bürgern das Recht, unter mehreren um die Macht im Staat konkurrierende Parteien bzw. Kandidaten auszuwählen. Weil in regelmäßigen Abständen gewählt wird, ist die Herrschaft in der Demokratie zeitlich begrenzt und damit der Kontrolle durch die Wahlberechtigten unterworfen. Wahlen sind damit Ausdruck der Volkssouveränität.

Wahlrechtsgrundsätze

Um diesem Anspruch zu genügen, müssen Wahlen allgemein, unmittelbar, frei, gleich und geheim sein.

Bundestagswahlrecht

Bei den Bundestagswahlen wird das „personalisierte Verhältniswahlrecht" angewendet. Seine besonderen Merkmale sind:
- Die Wahlberechtigten haben 2 Stimmen. Die Erststimme wird nach dem Mehrheitswahlrecht ausgezählt, die Zweitstimme nach dem Verhältniswahlrecht. Die Zweitstimme ist die wichtigere, weil sie über die Stärke der Parteien im Parlament entscheidet.
- Nur die Parteien, die über 5% der Zweitstimmen oder mindestens drei Direktmandate erhalten haben, ziehen in den Bundestag ein. So soll der Einzug von Splitterparteien in den Bundestag verhindert werden.

Parteien und ihre Wähler

Die letzten Jahre zeigen neue Entwicklungen im Wählerverhalten:
- Die Zahl der Stammwähler geht zurück. Dementsprechend wächst die Zahl der Wechselwähler.
- Die Wahlbeteiligung geht zurück. Vor allem bei Jungwählern ist sie vergleichsweise niedrig.

Wahlkampf

Der Wahlkampf ist Ausdruck des Wettbewerbs der Parteien um die Macht. Jede Wählerstimme kann wahlentscheidend sein. Deswegen bedienen sich die Parteien auch kommerzieller Werbemethoden.

Zur Wiederholung

1. Warum sind Wahlen ein unverzichtbarer Bestandteil der Demokratie?
2. Mit welchem Wahlsystem sind folgende Ziele eher zu erreichen?
   - einfache Regierungsbildung
   - gerechte Vertretung verschiedener gesellschaftlicher Gruppen
   - enger Kontakt: Wähler-Abgeordnete
   - Durchschaubarkeit
   - politischer Wandel
3. Worin sehen Sie die Vorteile des personalisierten Verhältniswahlrechts im Vergleich zum Mehrheits- und Verhältniswahlrecht?
4. Die „Partei der Nichtwähler" bekommt immer mehr Zulauf. Erläutern Sie die Gründe dafür.

Weiterführende Aufgaben

1. Wahlalter unter 18 – ein Mittel gegen die Politikunlust der Jugend? Erörtern Sie Vor- und Nachteile einer solchen Reform.
2. Erstellen Sie in Ihrer Klasse einen Fragebogen zur Untersuchung des Wählerverhaltens und führen Sie eine Umfrage durch.

6 Möglichkeiten der Interessenvertretung in der Demokratie

Eine normale Woche?

Dies ist Frau Pidcock-Kastner, 43 Jahre alt, verheiratet, 2 Kinder. Seit die Kinder größer sind, arbeitet sie halbtags als Sachbearbeiterin bei einer Versicherungsgesellschaft. In ihrer Freizeit engagiert sie sich in verschiedenen Bereichen der Gesellschaft. Ihr Wochenprogramm sieht folgendermaßen aus:

Frau Pidock-Kastner über ihre Aktivitäten: „Manchmal ist es schon etwas viel, was ich so alles am Hals habe. Auf der anderen Seite sehe ich aber auch, dass Demokratie nicht von alleine funktioniert. Nur wenn sich genügend Menschen engagieren, ist ein demokratischer Staat lebensfähig. Leider haben das zu wenige Bürgerinnen und Bürger bei uns erkannt. Und außerdem will ich nicht alles den Polit-Profis überlassen, sondern selbst ein Wörtchen mitreden."

MONTAG
Um 20 Uhr findet eine Mitgliederversammlung der Partei statt, in der Frau Pidcock-Kastner Mitglied ist. Es geht um die Aufstellung der Kandidatenliste für die bevorstehende Gemeinderatswahl. Frau Pidcock-Kastner will sich unbedingt dafür einsetzen, dass dieses Mal mehr Frauen aufgestellt werden.

DIENSTAG
18 Uhr Versammlung der Gewerkschaft. Ein wichtiges Thema steht auf der Tagesordnung: Welche Forderung soll bei den Tarifverhandlungen im Vordergrund stehen: Arbeitszeitverkürzung oder eine kräftige Lohnerhöhung? Frau Pidcock-Kastner hat sich noch keine endgültige Meinung gebildet, sie will die Diskussion mit den Kolleginnen und Kollegen abwarten.

MITTWOCH
Frau Pidcock-Kastner und ihr Mann treffen sich abends bei Nachbarn. Im Laufe der Unterhaltung kommt auch das Problem der Umgehungsstraße zur Sprache, die vor Jahren geplant, bis jetzt aber noch nicht in Angriff genommen worden ist. Die Nachbarn überlegen, ob sie sich nicht mit anderen Betroffenen zusammenschließen und eine Bürgerinitiative gründen sollen.

DONNERSTAG
19.30 Uhr Treffen des Tierschutzvereins. Am Samstag findet in der Landeshauptstadt eine Demonstration statt, für die letzte Vorbereitungen getroffen werden. Außerdem muss geklärt werden, wer an den kommenden Wochenenden die Betreuung im Tierheim übernimmt.

FREITAG
Frau Pidcock-Kastner hat keinen Termin. Die Diskussion mit den Nachbarn über die Umgehungsstraße beschäftigt sie jedoch sehr. Sie schreibt einen Leserbrief an die örtliche Zeitung und ruft zur Gründung einer Bürgerinitiative „Umgehungsstraße jetzt" auf.

SAMSTAG
Damit das Familienleben nicht zu kurz kommt, beschließt Familie Pidcock, mit dem Auto gemeinsam in die Landeshauptstadt zu fahren. Die Kinder haben keine Schule, die Zeit nach der Demonstration wird für einen ausgiebigen Stadtbummel genutzt.

SONNTAG
Wenn es irgend geht, soll der Sonntag für die Familie reserviert bleiben. Heute steht ein Ausflug mit dem Fahrrad auf dem Programm.

Vereine

... sind freiwillige Vereinigungen von Menschen, mit dem Ziel die Interessen ihrer Mitglieder zu fördern (z.B Sportvereine).

Verbände

... sind Zusammenschlüsse mehrerer Vereine oder Körperschaften mit dem Ziel, die gemeinsamen Interessen in Gesellschaft und Politik zur Geltung zu bringen (z.B. Deutscher Sportbund).

Unterschied zu Parteien

- Vereine und Verbände nehmen nicht an Wahlen teil.
- Sie versuchen zwar, politische Entscheidungen zu beeinflussen, übernehmen aber selbst keine politische Verantwortung.

Beispiele für Verbände aus verschiedenen Bereichen:

Wirtschaft:
Gewerkschaften, Arbeitgeberverbände, Arbeitsgemeinschaft der Verbraucherverbände

Soziales:
Rotes Kreuz, Arbeiterwohlfahrt, Krebshilfe

Kultur, Sport, Freizeit:
Volkshochschulverband, Sportverbände, Automobilclubs, Naturfreunde

Umwelt, Natur:
Bund Umwelt und Natur (BUND), Greenpeace, Vogelschutzbund

Politik:
Amnesty International, Europaunion

Neben der Teilnahme an Wahlen bietet das Grundgesetz den Bürgerinnen und Bürgern vielfältige Möglichkeiten, am politischen und sozialen Leben mitzuwirken:

> **Art 5 GG (1):** Jeder hat das Recht, seine Meinung in Wort, Schrift und Bild frei zu äußern und zu verbreiten (...)
>
> **Art 8 GG (1):** Alle Deutschen haben das Recht, sich ohne Anmeldung oder Erlaubnis friedlich und ohne Waffen zu versammeln.
>
> **Art 9 GG (1):** Alle Deutschen haben das Recht, Vereine und Gesellschaften zu bilden.
>
> **(2):** Das Recht, zur Wahrung und Förderung der Arbeits- und Wirtschaftsbedingungen Vereinigungen zu bilden, ist für jedermann und für alle Berufe gewährleistet. (...)
>
> **Art 17 GG:** Jedermann hat das Recht, sich einzeln oder in Gemeinschaft mit anderen schriftlich mit Bitten oder Beschwerden an die zuständigen Stellen und an die Volksvertretung zu wenden.

6.1 Mitwirkung in Parteien und Verbänden

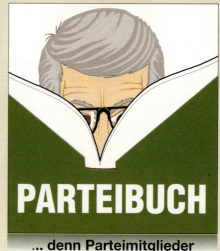

Die Mitgliedschaft in Parteien eröffnet ein weites Spektrum von Mitwirkungsmöglichkeiten, dennoch sind nur rund 5% der wahlberechtigten Bürgerinnen und Bürger Mitglieder in politischen Parteien.

Wesentlich größer ist die Zahl derer, die einem Verein oder Verband angehören. Verbände sind in den verschiedensten Bereichen aktiv. Sie vertreten die Interessen ihrer Mitglieder, bieten ihnen besondere Dienstleistungen oder engagieren sich für hilfsbedürftige Bevölkerungsgruppen. Aber auch hier sind die Klagen über schwindende Mitglieder und mangelnden Nachwuchs nicht zu überhören.

Die Gründe für diese Entwicklung sind vielfältig. Manche glauben, dass der heute ausgeprägte Drang zur Selbstverwirklichung einem meist ehrenamtlichen Engagement in Parteien und Vereinen entgegenwirkt. Andere verweisen auf deren Verkrustungen, die oft gerade die wirklich Engagierten resignieren lässt. Klar ist aber, dass ohne breite Mitwirkung der Bürgerinnen und Bürger in Parteien, Vereinen und Verbänden das politische und soziale Leben Schaden leidet.

6.2 Die Verbände im politischen Leben

Wo geht's lang? Vorstellungen der Verbände zur Verkehrspolitik der Zukunft

Der Allgemeine Deutsche Automobil Club (ADAC)

Zur Erhöhung der Leistungsfähigkeit und zur Gewährleistung eines flüssigen Verkehrs im stark vom Durchgangsverkehr betroffenen Land Baden-Württemberg ist der sechsstreifige Ausbau wichtiger Abschnitte der Autobahnen (...) unerlässlich. (...). Die Landesregierung wird vom ADAC auch aufgefordert, (...) keine weiteren Kürzungen der Mittel für den Landesstraßenbau zuzulassen.
Ein willkürliches Abkassieren durch den Staat lehnt der ADAC entschieden ab, denn bereits heute bezahlen die Autofahrer jährlich rund 80 Milliarden an Kraftfahrzeugsteuern, (...). Um künftig auch ausländische Kraftfahrer auf deutschen Autobahnen zur Kasse bitten zu können, erscheint die Einführung einer Autobahnbenutzungsgebühr vorstellbar. (...)
Kritik übten die Vorsitzenden der ADAC-Gaue in Baden-Württemberg besonders an der Spitzenreiterrolle des Landes Baden-Württemberg bei Geschwindigkeitsbeschränkungen auf Autobahnen. (...).

ADAC im Gespräch mit dem Ministerpräsidenten von Baden-Württemberg, ADAC Motorwelt, Juli 1994, S. 62

Der Verband der Automobilindustrie (VDA)

In Anbetracht der Dringlichkeit und des Umfangs des Investitionsbedarfs bei der Straßen- und Schieneninfrastruktur kann auf die Erschließung privater Finanzierungsquellen (...) nicht länger verzichtet werden. Die Privatfinanzierung kann das Vorziehen für den Wirtschaftsstandort dringlicher Infrastrukturprojekte finanziell absichern. Durch marktwirtschaftlichen Wettbewerb können zudem im Zuge der Privatfinanzierung Investitionsobjekte kostengünstiger realisiert werden. (...)
Eine elektronische Gebührenerhebung könnte die Voraussetzungen einer Privatisierung des gesamten Autobahnnetzes schaffen. (...) Da der Staat (...) sich damit einer Staatsaufgabe entledigen würde, müsste er zugleich Ansprüche auf Steuereinnahmen in gleicher Höhe aufgeben.

VDA Jahresbericht, Frankfurt, 1994

Der Deutsche Gewerkschaftsbund (DGB):

Verkehr wird in einer immer mobileren Gesellschaft zur Schlüsselfrage nicht nur der Umwelt-, sondern auch der Tarifpolitik. (...) Wozu eine Stunde Arbeitszeitverkürzung am Tag erkämpfen, wenn man den größten Teil davon im Stau steht? (...)
Das Benzin kann nicht so billig sein wie seine Herstellung. Es muss so teuer sein wie die Behebung der Klimafolgen, die es bei der Verbrennung mitverursacht. Unterm Strich würde somit vieles teurer. (...) Das darf nicht zu Lasten der sozial Schwächsten gehen. Beispielsweise sollten bei einer deutlich erhöhten Mineralölsteuer Berufspendler und Bewohner ländlicher Regionen einen Ausgleich erhalten.

DGB, Dialog mit Macht, Düsseldorf 1993

Bund für Umwelt und Naturschutz (BUND):

Oberstes Gebot einer umweltgerechten Verkehrspolitik muss die Vermeidung von unnötigem Verkehr sein. (...) Eine durchgreifende Reduzierung des Verkehrsvolumens ist in einer arbeitsteiligen Industriegesellschaft allerdings nur in begrenztem Umfang realisierbar. Zweites Gebot einer ökologisch orientierten Verkehrspolitik ist deshalb die Verlagerung des Verkehrs von besonders umweltbelastenden Verkehrsmitteln (Kraftfahrzeuge, Flugzeug) auf weniger umweltbelastende (Fahrrad, Eisenbahn). Hierfür sind von seiten der Politik entsprechende Vorgaben notwendig.
Der BUND fordert:
- Sofortiger Stopp des Fernstraßenbaus; unser Land ist mit Straßen längst übererschlossen. (...)
- Sofortige Einführung von Tempo 80 auf Landstraßen und Tempo 100 auf Autobahnen.
- Erhaltung und Modernisierung des gesamten noch vorhandenen Eisenbahnnetzes (...).
- Stufenweise (über fünf Jahre verteilt) Einführung einer verursachergerechten Verkehrsabgabe in Höhe der „Sozialen Kosten", inclusive der Kosten der Umweltschädigungen.

Arbeitskreis Verkehr des BUND, Neubaustrecken der Bundesbahn, Bonn, 1986

Gemeinsame Geschäftsordnung der Bundesministerien

Sachverständige aus den Verbänden können zur Unterstützung der Arbeit der Ministerien herangezogen werden, wobei die Ministerien nur mit Zentral- oder Gesamtverbänden verkehren. Unterlagen für die Arbeit der Ministerien dürfen nur von Spitzenverbänden angefordert werden, deren Wirkungsbereich sich über das gesamte Bundesgebiet erstreckt.

Geschäftsordnung des Deutschen Bundestages § 73, Abs. 2

(...) unter anderem können zu den Ausschusssitzungen Interessenvertreter geladen werden.

Die Kirchen als Lobby der sozial Benachteiligten

„Die tief greifenden politischen, wirtschaftlichen und gesellschaftlichen Umbrüche, die wir gegenwärtig in unserem Land, in Europa und weltweit miterleben, stellen uns und unsere Wirtschafts-und Gesellschaftsordnung vor grundlegende Herausforderungen. (...)
Auch wir Christen und nicht zuletzt unsere Kirchen müssen in dieser Situation unserer Verantwortung gerecht werden (...). Dabei ist es eine genuin (echt) christliche Aufgabe, für die einzustehen, die bedürftig, arm und benachteiligt sind. (...)
In diesem Bewusstsein suchen wir das Gespräch mit allen verantwortlichen Menschen und gesellschaftlichen Gruppen."

Evangelische Kirche in Deutschland/Deutsche Bischofskonferenz (Hgg), Zur wirtschaftlichen und sozialen Lage in Deutschland, Hannover/Bonn 1994

Um politische Entscheidungen in ihrem Sinne zu beeinflussen, wenden sich die Verbände mit ihren unterschiedlichen Vorstellungen insbesondere an den Bundestag und die Bundesregierung, die gemeinsam mit dem Bundesrat Gesetzentwürfe erarbeiten und verabschieden (s. S. 288). Dabei stehen den Verbänden unterschiedliche **Methoden der Einflussnahme** zur Verfügung:

- Mitgliederstarke Verbände empfehlen ihren Mitgliedern mehr oder weniger direkt die Wahl der Partei, von der sie sich eine Verwirklichung ihrer Vorstellungen versprechen.
- Wenn sie einen starken Rückhalt unter ihren Mitgliedern haben, können sie sogar mit dem Entzug von Wählerstimmen drohen, falls die Parteien die Verbandsinteressen nicht berücksichtigen.
- Finanzstarke Verbände versuchen sich Gehör zu verschaffen, indem sie den Parteien Geld spenden.
- Alle Spitzenverbände versuchen, durch direkte Kontakte zu Abgeordneten und Regierungsmitgliedern Einfluss auf politische Entscheidungen zu nehmen.
- Die Verbände bemühen sich, ihre Vertreter als gewählte Abgeordnete über die Parteien ins Parlament und seine Ausschüsse zu bringen.

Für eine erfolgreiche Verbandsarbeit genügt es aber nicht nur, gegenüber den politischen Entscheidungsträgern Forderungen anzumelden. Wollen die Verbände ernstgenommen werden, so müssen sie auch in der Lage sein, die Politiker sachkundig zu beraten und die mit ihrer Hilfe getroffenen Entscheidungen gegenüber den Mitgliedern zu vertreten.

Die Zusammenarbeit der Verbandsvertreter mit den Abgeordneten und Beamten in den Ministerien findet häufig hinter den verschlossenen Türen von Amtszimmern oder Ausschüssen statt und entzieht sich weitgehend der öffentlichen **Kontrolle**. Als Reaktion auf diese Kritik hat der Deutsche Bundestag bereits mehrfach Regelungen getroffen, um Verbindungen der Abgeordneten zu Interessenverbänden durchschaubarer zu machen. Trotzdem ist die Kritik noch nicht verstummt.

> **Verhaltensregeln für Mitglieder des Deutschen Bundestages (gültig seit 1987)**
>
> Der Präsident des Deutschen Bundestages muss z. B. schriftlich informiert werden:
> - wenn Abgeordnete vor Übernahme ihres Mandats Mitglied in einem Vorstand, Aufsichtsrat, Verwaltungsrat oder sonstigen Gremien eines Unternehmens oder einer öffentlich-rechtlichen Anstalt waren.
> - wenn sie während ihrer Mandatszeit als Vorstand, Funktionär, Gutachter oder Berater für ein Unternehmen oder einen Verband tätig werden.
> - wenn sie in einem Jahr Spenden über 10.000 DM erhalten, müssen Name und Adresse des Spenders genannt werden.
>
> Verstößt ein Abgeordneter gegen diese Regeln, kann dies vom Präsidenten veröffentlicht werden.

nach: Gemeinsam handeln, Neusäß, 1994, S. 301

Ein besonderes Problem für eine pluralistische Demokratie ergibt sich aus der **unterschiedlichen Durchsetzungsfähigkeit der Interessengruppen**. Einerseits gibt es zahlenmäßig kleine Interessengruppen, wie Fluglotsen, Ärzte und Müllwerker, auf deren Leistung die Gesellschaft besonders angewiesen ist. Sie können durch eine Leistungsverweigerung oder ihre Androhung starken Druck bei der Durchsetzung ihrer Interessen ausüben. Andererseits gibt es Gruppen in der Gesellschaft, die nur eine schwache oder überhaupt keine Vertretung ihrer Interessen finden. Vielleicht spielen sie als Wähler (noch) keine Rolle (Kinder, ausländische Arbeitnehmer). Vielleicht spielen sie im Wirtschaftsleben keine Rolle (Pflegebedürftige, Obdachlose, Langzeitarbeitslose) und können daher nicht mit Leistungsverweigerung drohen. Weil ihnen die „Konfliktfähigkeit" fehlt, können sie ihre Interessen nur unzureichend zur Geltung bringen. Hier liegt es in der besonderen Verantwortung des Staates, dass diese Gruppen angemessen berücksichtigt werden.

6.3 Bürgerinitiativen

Wie viele Bürgerinitiativen es in der Bundesrepublik gibt, lässt sich nicht feststellen; es sind unzählige. In fast jeder Gemeinde schließen sich immer wieder Menschen zusammen, um gegen Vorhaben der Kommunalverwaltungen, der Kreisverwaltungen, der Landesregierungen oder des Bundes vorzugehen. Dabei geht es immer darum, eine Verschlechterung der Lebensbedingungen zu verhindern. Die Erhaltung der Lebensqualität steht also im Mittelpunkt der Aktivitäten dieser Gruppierungen. So wenden sich die Betroffenen z. B. gegen den Bau einer neuen Straße, gegen den Ausbau eines Flughafens, gegen eine neue Müllverbrennungsanlage, weil solche Maßnahmen die Lebensumgebung dieser Menschen durch Lärm und Luftverschmutzung beeinträchtigen könnten.

Diese Gruppierungen reagieren also in den meisten Fällen. Manchmal gehen von ihnen aber auch wirkliche Initiativen aus: Grünanlagen, neue Kindergärten und Spielplätze, breiteres Kulturangebot, Jugendhäuser, Verkehrsberuhigung.

Gleichzeitig zeigen aber solche Bürgerinitiativen auch das Bedürfnis nach mehr politischer Mitbestimmung. Den Verwaltungen auf Gemeinde-, Kreis-, Landes- und Bundesebene wird dabei signalisiert, dass es wichtig ist, die politische Planung nicht vom grünen Tisch aus vorzunehmen, sondern die Betroffenen in den Entscheidungsprozess einzubeziehen. So hat schon manche Bürgerinitiative dazu beigetragen, dass auf den unteren Ebenen der Politik Demokratie eine größere Rolle spielt.

Modell einer Bürgerinitiative:

1. Einzelne Bürger empfinden bestehende Verhältnisse als schlecht oder wollen die Verwirklichung öffentlicher Planungen verhindern.
2. Sie betreiben Öffentlichkeitsarbeit: Flugblätter, Zeitungsanzeigen, Artikel in der Lokalpresse.
3. Briefe an Verwaltung, Gemeinderat, Fraktionen und Parteien: auf diese erfolgt zunächst keine Antwort.
4. Gründung einer Bürgerinitiative (Schaffung eines organisatorischen Rahmens mit Satzung, Wahlen); verstärkte Öffentlichkeitsarbeit, Gewinnung von Mitstreitern, Einschaltung von Experten (Gutachten). Bei größerer Resonanz in der Öffentlichkeit:
5. Die Parteien reagieren: Abgabe von Presseerklärungen, Anfragen an die Verwaltung.
6. Verwaltung und Mehrheitsfraktionen suchen nach Kompromissen.
7. Eine Kompromisslösung kann die ursprüngliche Planung ersetzen. Die Bürgerinitiative muss sich nun entscheiden, ob sie sich zufrieden geben und sich dann auflösen will.

zusammengestellt nach:
Bormann/Stietzel, Staat und Gemeinde, Bonn 1993.

> Bürgerinitiativen gewinnen ihre Anhängerschaft vor allem unter den besser Ausgebildeten und besser Verdienenden. Das hat Auswirkungen auf die von ihnen vertretenen Ziele. Manchmal reagieren Verwaltungen auf dieses Faktum so, dass sie heikle Planungen (wie z. B. die Trassenführung einer Straße) durch solche Gegenden legen, deren soziale Struktur weniger Widerstand erwarten lässt.

Wehling, Hans Georg, Gesellschaftliche Akteure in der Kommune in:
Informationen zur politischen Bildung 1/1994, S. 32

Beispiele solcher Bürgerinitiativen gibt es auch in Rheinland-Pfalz. Auf der folgenden Seite geht es um Mülldeponien und Müllverbrennungsanlagen, die die Lebensumgebung der Menschen belasten.

Worum geht es?

Breiter Widerstand
Sprendlingen fordert Sondergutachten

In Sprendlingen gibt es eine Deponie für Restmüll, deren Kapazität noch etwa sieben Jahre ausreichen wird. Die Verwaltung des Landkreises Mainz-Bingen und als Verantwortliche für die Genehmigung die Bezirksregierung Rheinhessen-Pfalz wollen die Müllkippe zu einem Abfallberg auftürmen. Damit könne die Deponie für die nächsten 70 Jahre genutzt werden. Es sind auch Gutachten erstellt worden, die diesem Vorhaben ökologische Unbedenklichkeit bescheinigen. Andere Gutachten kommen allerdings zu entgegengesetzten Ergebnissen und bemängeln, dass bereits jetzt schon Grundwasser und Luft gefährdet seien.

Die „Bürgerinitiative Umwelt und Gesundheit e.V." wirft der Kreisverwaltung und den Betreibern der Deponie schwere Versäumnisse vor.

Neue Kippe kaum durchsetzbar

Kampf der Interessengruppen wird mit harten Bandagen geführt

Müllentsorgung: Ärger gibt`s in jedem Fall

Lautstark und plakativ machen Bürger ihrem Ärger über die Deponieerweiterung Luft.

Ähnliche Probleme gibt es im Westerwaldkreis. Dort hat der „Bürgerverein für Müllvermeidung – gegen Müllverbrennung" über 20 000 Unterschriften gesammelt, um ein Bürgerbegehren durchzusetzen. Gesetzlich vorgeschrieben sind nur 12 000 Unterschriften. Die Bürgerinnen und Bürger wollen selbst darüber entscheiden, ob Restmüll verbrannt oder biologisch-mechanisch entsorgt werden soll. Diese Möglichkeit der Mitwirkung der Bevölkerung ergibt sich aus der Gemeindeordnung des Landes Rheinland-Pfalz. Das **Bürgerbegehren** kommt nicht zustande, weil die Mehrheit des Kreistags Fragen der Müllverbrennung nicht zu den Aufgaben rechnet, bei denen nach der Kommunalverfassung Bürgerinnen und Bürger mitentscheiden dürfen. Ob diese Entscheidung einer juristischen Prüfung standhalten wird, ist allerdings noch nicht entschieden.

§ 17 Gemeindeordnung

(1) Die Bürger und die Einwohner, die das 18. Lebensjahr vollendet haben, können beantragen, dass der Gemeinderat über bestimmte Angelegenheiten der örtlichen Selbstverwaltung, für deren Entscheidung er zuständig ist, berät und entscheidet (Bürgerinitiative).

Vertrackte Situation

Keine Frage: Der Kreistag stand bei der Entscheidung über die Zulässigkeit des Abfall-Bürgerbegehrens vor einer vertrackten Situation.
1993 verkündet das Land, dass die neue Kommunalverfassung den Bürgern mehr Mitbestimmungsrechte gibt. 1995 beschließt der Kreistag, ein Konzept für eine thermische Behandlung des Restmülls zu entwickeln.
Folge: Ein von 21 713 Westerwäldern unterstütztes Bürgerbegehren – gegen Verbrennung, für eine biologisch-mechanische Anlage.
Bei Prüfung der Kommunalverfassung aber zeigt sich, dass Bürger zwar über eine Stadthalle entscheiden dürfen, nicht aber über die Müllverbrennung – so zumindest die Einschätzung von Kreis, Bezirksregierung und Innenministerium. Landes-Broschüren schwärmen also von neuen Bürgerrechten – Landes-Gesetze aber reduzieren sie bei relevanten Themen durch juristische Finessen.
Ein Prozess wird klären, ob die Verwaltungen die Lage richtig eingeschätzt haben. Der Kreistag aber musste jetzt abstimmen. Und ihm lagen nur klare Voten gegen die Zulässigkeit des Begehrens vor. Das brachte ihn in die prekäre Situation, den politischen Willen von 21 713 Bürgern aus juristischen Gründen ignorieren zu müssen. (…)
Unsere Demokratie ist repräsentativ. Wir Bürger dürfen wählen – entscheiden tun Räte, Kreistage und Parlamente. Ob es uns passt oder nicht.

Christian Lindner in: Westerwälder Zeitung vom 30.9./1.10.1995

Neben Flugblättern, Einsprüchen, Gutachten, Bürgerbegehren und juristischen Schritten nehmen Bürgerinitiativen auch das Recht auf **Demonstrationen** wahr, um ihre Ziele bekannt zu machen und gleichzeitig der Öffentlichkeit zu zeigen, wie viele Menschen sich hier solidarisch erklären.

Artikel 8, Grundgesetz

(1) Alle Deutschen haben das Recht, sich ohne Anmeldung oder Erlaubnis friedlich und ohne Waffen zu versammeln.
(2) Für Versammlungen unter freiem Himmel kann dieses Recht durch Gesetz oder auf Grund eines Gesetzes beschränkt werden.

Vermummungsverbot

Es ist verboten, an Versammlungen unter freiem Himmel in einer Aufmachung teilzunehmen, die geeignet ist, die Feststellung der Identität zu verhindern.

Versammlungsgesetz § 17a

Demonstrationen müssen friedlich verlaufen, sonst können sie von der Polizei aufgelöst werden. Wer sich an einer Demonstration beteiligt, aus der heraus Gewalttätigkeiten begangen werden, macht sich strafbar. Dasselbe gilt für Menschen, die auf Demonstrationen ihr Gesicht mit einem Helm oder Tuch unkenntlich machen.

6.4 Meinungsäußerung in Massenmedien

Der Leserbrief

So unbequem es im Einzelnen auch sein mag:
Der Leserbrief, die Zuschrift von Zeitungslesern, ist allen Zeitungen eine ansehnliche Rubrik (...) wert, die von einem speziellen Ressort zusammengestellt wird.

Der Leserbrief hat eine doppelte Funktion:
Zum einen räumt er demjenigen, der nicht publizistisch tätig ist, die Möglichkeit ein, sich zu artikulieren und von seinem Grundrecht der Meinungsfreiheit auch in der Zeitung Gebrauch zu machen, zum anderen signalisiert er Verlag und Redaktion, wie intensiv die Zeitung oder spezielle Teile daraus verfolgt und aufgenommen werden.

Volker Schulze in: Die Zeitung, Aachen 1990, S. 111f.

Kreis ist Abfälle los

Kreisverwaltung und Politiker des Westerwaldkreises mühen sich, die Bürger glauben zu machen, dass wir großartig „Müll vermeiden", indem wir einfach Kunststoffabfälle zu Wertstoffen erklären und diese fleißig im gelben Wertstoffsack sammeln. In diesem Augenblick ist der Westerwaldkreis die Abfälle los. Sie belasten seine Deponien nicht mehr. Das ist die „Müllvermeidung" (nicht nur) des Westerwaldkreises.
Was geschieht derweil mit den Wertstoffen? Für die Verwertungsgesellschaft Duales System Deutschland (DSD) habe sich die von ihr bevorzugte Kombination von Verbrennungsmethoden als „ökologisch sinnvoll" erwiesen, von denen eine Methode auch die Verbrennung sein könne.
Und die rheinland-pfälzische Umweltministerin Klaudia Martini erkennt in der Verbrennung von Kunststoffabfällen in Hochöfen sogar ein Sparmodell: „Dies sei billiger als eine Verarbeitung von Plastik zu etwa Parkbänken."

Karl Takes, Höhn in: Westerwälder Zeitung vom 27. September 1995

Zum Thema Leserbriefe schreibt eine Tageszeitung:

Wer seine Meinung öffentlich äußert, sollte dazu auch stehen. Zuschriften für das „Forum der Leser" müssen den vollen Namen und die komplette Adresse des Einsenders tragen. Anonyme Briefe werden selbstverständlich nicht berücksichtigt. Leserbriefe geben die Meinung der Einsender wieder... Die Redaktion behält sich das Recht der Auswahl vor und vor allem auch das Recht auf Kürzungen, wo diese notwendig erscheinen.

Einen Leserbrief zu schreiben, ist die beste Möglichkeit, als einzelne Bürgerin oder einzelner Bürger einem großen Publikum gegenüber den eigenen Standpunkt mitzuteilen. Alle Zeitungen und Zeitschriften haben deshalb als festen Bestandteil Leserbriefspalten eingerichtet, in denen sich die Leserschaft äußern und zu aktuellen Fragen Stellung nehmen kann. Auch im Rundfunkprogramm gibt es Sendungen, in denen die Hörermeinung gefragt ist. Zu Fernsehdiskussionen wird Publikum eingeladen, die Zuschauerinnen und Zuschauer erhalten die Möglichkeit, Kritik zu üben und ihre Meinung zu sagen.

Leserbriefe können auch die Aktivitäten einer Bürgerinitiative vor Ort unterstützen.

6.5 Petitionen und Verfassungsbeschwerden

Petition

Der Begriff „Petition" ist lateinischen Ursprungs und bedeutet „Bitten, Ersuchen".

Unabhängig von Geschlecht, Alter oder Staatsangehörigkeit geben das Grundgesetz und die verschiedenen Landesverfassungen „jedermann" das Recht, sich mit Bitten oder Beschwerden direkt an den **Petitionsausschuss** des Bundestages bzw. des jeweiligen Landtages zu wenden. Massenpetitionen von Bürgerinitiativen und anderen Gruppen sind ebenfalls zulässig.

Die Petitionsausschüsse verstehen sich als „Notrufsäule" für alle, die sich in ihren Rechten eingeschränkt oder durch Bundes- oder Landesbehörden ungerecht behandelt fühlen. So ist der Petitionsausschuss des Bundestages zuständig bei Klagen über die Bundesanstalt für Arbeit, die Arbeitsämter oder die Bundeswehr. Geht es jedoch um Schulfragen, Polizei oder Strafvollzug, ist der Petitionsausschuss des jeweiligen Bundeslandes zuständig. Richterliche Entscheidungen sind vom Eingaberecht ausgenommen.

Möglichkeiten der Interessenvertretung in der Demokratie

Um die Eingaben angemessen bearbeiten zu können, besitzen die Petitionsausschüsse besondere Befugnisse: Die jeweilige Regierung und die Behörden müssen dem Petitionsausschuss Akten vorlegen, Auskünfte erteilen und Zutritt zu ihren Einrichtungen gewähren. Um die Stellung der Bürgerinnen und Bürger im Umgang mit den Behörden zu stärken, hat der Landtag von Rheinland-Pfalz das Amt des **Bürgerbeauftragten** geschaffen. Dieser hat die Aufgabe, einvernehmliche Regelungen mit den entsprechenden Behörden zu treffen. Hat er keinen Erfolg, wendet er sich ebenfalls an den Petitionsausschuss und schlägt ihm eine Lösungsmöglichkeit vor.

Christa Nickels (Bündnis 90/Die Grünen) ist Vorsitzende des Petitionsausschusses des Deutschen Bundestages

Aus der Praxis des Petitionsausschusses des Deutschen Bundestags:

- Eine 86-jährige Petentin wandte sich gegen eine Telefonrechnung über 2.822 DM. Sie hatte fünf Minuten mit ihrem Pflegesohn in Nairobi (Kenia) telefoniert und, als das Gespräch beendet war, den Hörer nicht wieder richtig auf die Gabel gelegt. Auf Intervention des Petitionsausschusses beim Bundesminister für Post und Telekommunikation wurde der Petentin die Gebührenforderung bis auf einen Betrag von 149 DM erlassen.
- In einem anderen Fall hatte die Arbeitsverwaltung einem fast tauben jungen Mann die Zahlung von Behindertenbeihilfe für eine Ausbildung zum Maurer versagt, da er aufgrund seiner Behinderung für die Ausübung dieses Berufs nicht geeignet sei. Der Petent hatte jedoch ärztliche Bescheinigungen vorgelegt, wonach keine Bedenken gegen seine Ausbildung im Maurerhandwerk bestanden. Auf Drängen des Ausschusses beim Bundesminister für Arbeit und Sozialordnung förderte dieser die Ausbildung des Petenten mit einem monatlichen Zuschuss von 728 DM.
- Auch der Einflussnahme des Ausschusses ist es zu verdanken, dass der Bau eines Großhotels in der Türkei, durch den massiv in das Brutgebiet einer vom Aussterben bedrohten Meeresschildkrötenart eingegriffen worden wäre, nicht realisiert wurde. Auf Intervention des Deutschen Bundestags und seines Petitionsausschusses nahm die bundeseigene Finanzierungsgesellschaft ihre Finanzierungszusage für das Bauvorhaben zurück.

Deutscher Bundestag, Stichwort Petitionen, Bonn 1994

Eine weitere Möglichkeit für den Einzelnen, seine Rechte gegenüber dem Staat zu vertreten, ist die **Verfassungsbeschwerde** beim Bundesverfassungsgericht. Artikel 93 des Grundgesetzes besagt, dass jede Bürgerin und jeder Bürger Verfassungsbeschwerde erheben kann, wenn sie sich durch Maßnahmen von Behörden in einem Grundrecht verletzt glauben (siehe S. 296).

Der Kummerkasten der Nation ist gut gefüllt

Christa Nickels sitzt einem Ausschuss vor, der gefragt ist, wie nie zuvor. Um neun Prozent ist im vergangenen Jahr die Zahl der Bürger gestiegen, die sich an den Petitionsausschuss gewandt haben.
Im vergangenen Jahr nahm der Ausschuss insgesamt 21.291 Eingaben auf. Davon kamen überdurchschnittlich viele aus den neuen Bundesländern. Die meisten Petitionen, gut ein Drittel, werden zu Themen aus dem Bereich des Arbeitsministeriums eingebracht.

Stuttgarter Zeitung vom 20.6.1996

Adressen für Interessierte und solche, die es werden wollen					
Landtag von Rheinland-Pfalz Petitionsausschuss	Deutschhausplatz 12 55116 Mainz	Arbeitsgemeinschaft der Jungsozialistinnen und Jungsozialisten	Ollenhauerstr. 1 53113 Bonn	amnesty international, Sektion der Bundesrepublik	Heerstraße 178 53111 Bonn
Deutscher Bundestag Petitionsausschuss	Bundeshaus 53113 Bonn	PDS	Kleine Alexanderstr. 28 10178 Berlin	Gesellschaft für bedrohte Völker	Postfach 2024 37010 Göttingen
Junge Union Deutschlands	Annaberger Str. 283 53113 Bonn	Deutscher Gewerkschaftsbund (DGB)	Hans-Böckler-Str. 39 40476 Düsseldorf	Terre des Hommes	Ruppenkampstraße 11a 49084 Osnabrück
Junge Liberale	Niebuhrstr. 53 53113 Bonn	Deutsche Angestellten-Gewerkschaft (DAG)	Karl-Muck Platz 1 20355 Hamburg	World Wide Fund for Nature (WWF)	Avenue du Mont Blanc 1196 Gland, Schweiz
Grün-Alternatives Jugendbündnis	Kasseler Str. 10a 60486 Frankfurt/M	Greenpeace	Vorsetzen 53 20459 Hamburg	Bund für Umwelt und Naturschutz (BUND)	Im Rheingarten 7 53225 Bonn

Interessenvertretung in der Demokratie

Mitgliedschaft in Parteien und Verbänden

Eine demokratische Gesellschaft lebt vom Engagement eines jeden Bürgers, einer jeden Bürgerin. Neben der Teilnahme an Wahlen bietet die freiheitlich-demokratische Grundordnung noch viele weitere Möglichkeiten der Mitwirkung und Mitentscheidung.

Die Mitgliedschaft in Parteien eröffnet vielfältige Chancen, auf Personen- und Sachentscheidungen nicht nur innerhalb der Partei, sondern auch im öffentlichen Leben Einfluss zu nehmen. Diese Form der Interessenvertretung wird allerdings nur von einem geringen Teil der Bürgerinnen und Bürger wahrgenommen.
Größeren Zulauf habe die verschiedenen Verbände. Verbände wirken in den verschiedensten Lebensbereichen und haben das Ziel, die Interessen ihrer Mitglieder zu fördern. Viele Verbände wirken auch auf sozialem Gebiet oder im Umweltbereich. Sie sind meistens auf ehrenamtliche Mitarbeiter angewiesen und eröffnen allen, die sich engagieren wollen, ein dankbares Betätigungsfeld.
Im Gegensatz zu den Parteien übernehmen Verbände keine Regierungsverantwortung. Sie beschränken sich darauf, die Interessen ihrer Mitglieder gegenüber den politischen Entscheidungsträgern anzumelden. Dazu werden sie an allen Stationen des politischen Entscheidungsprozesses aktiv. Im Sinne eines demokratischen Verfahrens ist es wichtig, dass die Einflussnahme der Verbände durchschaubar und kontrollierbar ist.

Bürgerinitiativen

Bürgerinitiativen sind ein Zusammenschluss Betroffener mit dem Ziel, bestimmte Maßnahmen zu fordern oder deren Zustandekommen zu verhindern. Dazu
- werben sie durch verschiedene Aktionen um die Unterstützung einer möglichst großen Zahl von Mitbürgerinnen und Mitbürgern
- unternehmen sie juristische Schritte mit der Absicht, über ein Gerichtsurteil ihre Forderungen durchzusetzen.

Die Aktivitäten der meisten Bürgerinitiativen sind thematisch, zeitlich und räumlich begrenzt.

Petitionen

Alle Einwohnerinnen und Einwohner der Bundesrepublik Deutschland haben das Recht, sich an den Petitionsausschuss des Bundestages und der Landtage zu wenden, wenn sie sich in ihren Rechten eingeschränkt fühlen.

Verfassungsbeschwerde

Jede Bürgerin und jeder Bürger kann sich direkt an das Bundesverfassungsgericht wenden, wenn eine Behörde ihr oder ihm gegenüber ein Grundrecht missachtet hat.

Zur Wiederholung

1. Erklären Sie die Unterschiede zwischen Parteien, Verbänden und Bürgerinitiativen.
2. Erklären Sie, auf welche Weise eine Bürgerinitiative in einer Gemeinde politisch mitwirken kann.
3. Welche Möglichkeiten bieten Petition und Verfassungsbeschwerde für den Einzelnen, seine Rechte durchzusetzen?

Weiterführende Aufgaben

1. Würden Sie sich eher in einer Partei, einem Verband oder in einer Bürgerinitiative engagieren? Begründen Sie Ihre Meinung.
2. Erkundigen Sie sich in Ihrer Heimatgemeinde, welche Bürgerinitiative hier tätig ist und berichten Sie über deren Ziele und Vorgehen.

7 Gewaltenteilung und Gewaltenkontrolle im parlamentarischen System

Charles de Montesquieu

Der Franzose Charles de Montesquieu (1689 – 1755) gilt als wichtiger Denker der Aufklärung. Nach mehrjährigen Studienreisen durch Europa vergleicht er in seinem Hauptwerk „Vom Geist der Gesetze" (1748) die Regierungsformen seiner Zeit.
In seiner Beschreibung der konstitutionellen Monarchie Englands zeigt er, dass nur dort Freiheit herrscht, wo die staatlichen Gewalten geteilt sind.

Gewaltenteilung und Freiheit:

Man muss sich gegenwärtig halten, was Unabhängigkeit und was Freiheit ist. Freiheit ist das Recht, alles zu tun, was die Gesetze erlauben. (...) Politische Freiheit findet sich (...) nur dann, wenn man die Macht nicht missbraucht; aber es ist eine ewige Erfahrung, dass jeder, der Macht hat, ihrem Missbrauch geneigt ist: Er geht so weit, bis er auf Schranken stößt. (...) Um den Missbrauch der Macht zu verhindern, muss vermöge einer Ordnung der Dinge (d.h. einer Verfassung) die Macht der Macht Schranken setzen. (...)
Wenn in derselben Person oder der gleichen obrigkeitlichen Körperschaft die gesetzgebende Gewalt mit der vollziehenden vereinigt ist, gibt es keine Freiheit; denn es steht zu befürchten, dass derselbe Monarch oder derselbe Senat tyrannische Gesetze macht, um sie tyrannisch zu vollziehen.
Es gibt ferner keine Freiheit, wenn die richterliche Gewalt nicht von der gesetzgebenden und vollziehenden getrennt ist. (...)
Alles wäre verloren, wenn derselbe Mensch oder die gleiche Körperschaft der Grossen, des Adels oder des Volkes diese drei Gewalten ausüben würde: die Macht, Gesetze zu geben, die öffentlichen Beschlüsse zu vollstrecken und die Verbrechen oder die Streitsachen der Einzelnen zu richten. (...)

Charles de Montesquieu: Vom Geist der Gesetze, 1748

Seit der Epoche der Aufklärung im 17./18. Jahrhundert gilt der Grundsatz der Gewaltenteilung als ein wesentlicher Bestandteil einer freiheitlichen Staatsordnung:
Durch eine Teilung der Gewalten sollen die drei staatlichen Aufgabenbereiche **Gesetzgebung** (Legislative), **Ausführung** (Exekutive) und **Rechtsprechung** (Judikative) auf verschiedene Organe übertragen werden, damit keines dieser Organe allein über die gesamte Staatsgewalt verfügen kann.

Gewaltenteilung in der Parlamentarischen Demokratie

Die politische Ordnung in der Bundesrepublik orientiert sich am Modell der parlamentarischen Demokratie. In dieser Form der Demokratie wählt das Parlament den Regierungschef durch Mehrheitsentscheid. Dadurch sind Parlamentsmehrheit und Regierung eng miteinander verflochten.
Die Aufgabe der Kontrolle wird von der Opposition wahrgenommen. Sie ist zwar nur die Minderheit im Parlament, besitzt aber die Chance, beim nächsten Wahltermin neue Mehrheit zu werden.

7.1 Der Deutsche Bundestag

Die Sitzordnung im Deutschen Bundestag

① Präsident(in)
② Schriftführer
③ am Rednerpult
④ Abgeordnete
⑤ Regierungsbank
⑥ Bundesratsbank

Der 1994 gewählte 13. Bundestag hat 672 Abgeordnete. Um in einem so großen Organ beraten und entscheiden zu können, bilden die Mitglieder des Bundestages **Fraktionen** und Gruppen. Eine Fraktion besteht aus den Mitgliedern derselben Partei (z. B. SPD, Bündnis 90/Die Grünen, F.D.P.) oder aus den Mitgliedern von Parteien, die in keinem Bundesland miteinander im Wettbewerb stehen (z.B. CDU/CSU). Eine Fraktion muss aus mindestens 34 Abgeordneten bestehen (Das sind 5% aller Mitglieder des Bundestages). Wird diese Mindeststärke nicht erreicht, können sich die Abgeordneten zu einer Gruppe zusammenschließen (z. B. die 30 Abgeordneten der PDS). Gegenüber einer Gruppe genießt eine Fraktion größere Rechte und finanzielle Vorteile.

Ist keine Fraktion so groß, dass sie die Mehrheit der Mitglieder des Bundestages umfasst (1994: 337 Abgeordnete), müssen sich mehrere Fraktionen zu einer **Koalition** zusammenschließen, um die Regierung zu bilden und diese dann bei der Gesetzgebung unterstützen zu können. Parteien, die nicht der Regierungskoalition angehören, bilden die **Opposition**.

Das Geld der Abgeordneten

Bezüge pro Monat in DM
a) = zu versteuernde Grundentschädigung
b) = steuerfreie Aufwandspauschale

	a)	b)
Bundestag	11.300	6.122
Bayern	9.590	4.711
Baden-Württembg.	7.900	1.600
Hamburg	4.000	600

Stand: Juni 1996
nach: Globus 3444

Die Stellung der Abgeordneten

> **Grundgesetz Artikel 38 (1) (Auszug)**
> Sie (die Abgeordneten) sind Vertreter des ganzen Volkes, an Aufträge und Weisungen nicht gebunden und nur ihrem Gewissen unterworfen.

Höhere Diäten erst später

Am 1. Juli 1996 sollten die Diäten der Bundestagsabgeordneten auf 11.825 DM angehoben werden. Als Reaktion auf die öffentliche Kritik wurde die bereits beschlossene Erhöhung der Bezüge auf den 1. Juli 1997 verschoben.

Nach dem Grundgesetz verfügen die Abgeordneten über ein **freies Mandat.** Ein Blick auf das Abstimmungsverhalten zeigt jedoch, dass die Abgeordneten einer Fraktion mit wenigen Ausnahmen einheitlich auftreten. Diese Geschlossenheit der Fraktionen wird in den regelmäßigen Fraktionssitzungen vorbereitet. Hier werden die anstehenden Entscheidungen in geheimer Sitzung diskutiert. Im Anschluss wird durch Mehrheitsentscheid festgelegt, wie die Fraktion im Parlament abstimmen soll. Dabei wird erwartet, dass sich die Minderheit dem Mehrheitsbeschluss unterwirft und Fraktionsdisziplin übt.

Zwar steht die Praxis der Fraktionsdisziplin in einem Spannungsverhältnis zum Grundsatz des freies Mandats, doch auf **Fraktionsdisziplin** kann eine parlamentarische Demokratie wie die Bundesrepublik kaum verzichten. Da das Parlament das Recht hat, den Bundeskanzler zu wählen und zu stürzen, braucht die Regierung eine zuverlässige Mehrheit im Parlament. Ohne Fraktionsdisziplin gäbe es keine stabile und handlungsfähige Regierung.

Im politischen Alltag gibt es für die Abgeordneten kaum Probleme dabei, die Entscheidungen der Fraktion mitzutragen, haben sie sich doch aus freien Stücken für die Mitgliedschaft in ihrer Partei und für eine Kandidatur entschieden. Die Fraktionsdisziplin funktioniert auch deswegen weitgehend reibungslos, weil die Abgeordneten wissen, dass ihre politische Zukunft letzten Endes von ihrer Partei abhängt; denn diese fällt die Entscheidung, ob der oder die Abgeordnete beim nächsten Wahltermin erneut kandidieren kann.

Sollte es einmal zu tief greifenden Meinungsverschiedenheiten zwischen einzelnen Abgeordneten und der Fraktionsmehrheit kommen, so verhindert das freie Mandat, dass die Fraktionsdisziplin zum Fraktionszwang wird. Als Abgeordnete des ganzen Volkes – und nicht einer Partei – gibt ihnen das freie Mandat das Recht, aus ihrer Fraktion auszutreten und dennoch weiterhin als Abgeordnete ihr Mandat auszuüben, entweder als Fraktionslose oder als Mitglieder einer anderen Fraktion.

Die Aufgaben des Bundestages

- **Der Bundestag als Wahlorgan**

Ein zentrales Merkmal der parlamentarischen Demokratie ist darin zu sehen, dass das Parlament darüber entscheidet, wer das Amt des Regierungschefs einnehmen soll. Dementsprechend wählt der Bundestag in einer seiner ersten Sitzungen nach den Wahlen den Bundeskanzler. Dabei fällt dem Bundespräsidenten die Aufgabe zu, dem Parlament einen Kandidaten vorzuschlagen. Vorher muss er sich bei den Parteien vergewissern, welcher Bewerber überhaupt Aussicht hat, auf der Grundlage der vorangegangenen Koalitionsverhandlungen die nötige Mehrheit im Bundestag zu finden.

Die Wahl des Bundeskanzlers (nach Grundgesetz Artikel 63)

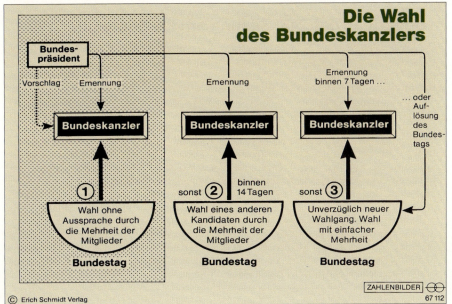

Fraktionswechsel 1971/72

Die SPD/FDP Koalition unter Bundeskanzler Brandt hat zu Beginn ihrer Amtszeit 1969 eine Mehrheit von 12 Sitzen. Da einige Abgeordnete aus beiden Fraktionen glauben, die „neue Ostpolitik" der Regierung (siehe S. 172 ff.) nicht mit ihrem Gewissen vereinbaren zu können, verlassen sie ihre Fraktion. Die meisten schließen sich der CDU-Fraktion an. Ab April 1972 steht die Regierung ohne stabile Mehrheit da. Es kommt zu Neuwahlen im November 1972.

Weitere Wahlaufgaben des Bundestags

Im Rahmen der Bundesversammlung nimmt der Bundestag teil an der Wahl des Bundespräsidenten.
(Grundgesetz Art. 54,1)

Der Bundestag wählt über einen Wahlmännerausschuss die Hälfte der Richter des Bundesverfassungsgerichts.
(Grundgesetz Art. 94,1)

Der Bundestag wirkt mit an der Besetzung der Obersten Gerichtshöfe.
(Grundgesetz Art. 95,2)

Die Gesetzgebungsarbeit des 11. Bundestags (1986 – 1990)

Plenarsitzungen:	236
Sitzungen von Ausschüssen und Unterausschüssen	2.297
Gesetzentwürfe	595
auf Initiative	
• der Bundesregierung:	312
• des Bundestags:	227
• des Bundesrats:	47
Verabschiedete Gesetzentwürfe	369
davon Initiativen	
• der Bundesregierung:	267
• des Bundestags:	68
• des Bundesrats:	15

Nach Jahrbuch der Bundesrepublik Deutschland 1992/93

Grundbegriffe des Parlamentarismus

Plenum: öffentliche Vollversammlung des Bundestags

Fachausschüsse: Sie werden entsprechend der Zusammensetzung des Parlaments gebildet. Ihre Aufgaben bestehen darin, die Gesetzentwürfe nach der 1. Lesung (Beratung) zu überarbeiten, Sachverständige zu hören und dann mit einfacher Mehrheit über den Entwurf zu entscheiden. Sie tagen unter Ausschluss der Öffentlichkeit. Der 13. Bundestag hat 22 Ausschüsse.

Debatte: Die Aussprache im Parlament, bei der in Rede und Gegenrede die unterschiedlichen politischen Meinungen dargelegt werden. Ihr gehen in der Regel Diskussionen in den Ausschüssen und Fraktionen voraus. In den Fraktionen legt man auch fest, wer zu welchen Sachpunkten das Wort ergreifen soll. Die Plenardebatte dient dazu, die unterschiedlichen Standpunkte darzustellen und die Öffentlichkeit zu informieren.

• Der Bundestag als Gesetzgebungsorgan

Der Bundestag ist das oberste Organ der Gesetzgebung. Das Recht, Gesetze zur Beratung im Bundestag einzubringen (Initiativrecht), steht der Bundesregierung, dem Bundesrat und den Mitgliedern des Bundestags (durch mindestens 5% der Abgeordneten) zu. Die Gesetzesvorlagen werden in drei Lesungen debattiert und nach der dritten Lesung durch eine Abstimmung verabschiedet. Zu einem Beschluss des Bundestags ist die Mehrheit der abgegebenen Stimmen erforderlich, es sei denn, das Grundgesetz bestimmt etwas anderes. (So ist z. B. bei Verfassungsänderungen die Zustimmung von zwei Dritteln der Mitglieder des Bundestags notwendig.) Ohne Verabschiedung durch den Bundestag kann kein Gesetz zustande kommen.

Debatte in der 243. Sitzung am 21. September 1994

Der Bundestag hat nach monatelangem Parteienstreit das Verbrechensbekämpfungsgesetz beschlossen. Gegen die Stimmen von Bündnis 90/Die Grünen und PDS stimmten die Koalitionsfraktionen sowie die große Mehrheit der SPD dem im Vermittlungsausschuss erzielten Kompromiss zu. Er sieht Maßnahmen vor allem gegen die organisierte Kriminalität und gegen rechtsextremistische Straftäter vor. Nachdem der Bundesrat dem Gesetz inzwischen ebenfalls zugestimmt hat, kann es am 1. Dezember in Kraft treten. (...)

Bundesinnenminister Manfred Kanther (CDU) hat das beschlossene Gesetz als „Einstieg in veränderte Methoden zum Kampf gegen neue Phänomene der Kriminalität" bezeichnet und für die kommende Legislaturperiode weitergehende Maßnahmen gefordert. (...)

Der F.D.P.-Rechtsexperte Detlef Kleinert kritisierte die Forderung Kanthers nach einer Veränderung des Verbrechensbekämpfungsgesetzes. Jetzt sei erst einmal die Zeit der Bewährung und Überprüfung, sagte Kleinert.

Die SPD-Innenexpertin Cornelie Sonntag-Wolgast erklärte, Kanthers Forderung zeige, dass er sich mit seinen Vorstellungen gegenüber dem Koalitionspartner F.D.P. nicht durchgesetzt habe. Eine SPD-geführte Regierung werde nach dem 16. Oktober „neue Konzepte und Initiativen" zur inneren Sicherheit vorlegen, darunter wirksamere Maßnahmen zur Bekämpfung der Geldwäsche.

Das Parlament vom 30.9.1994

Gewaltenteilung und Gewaltenkontrolle im parlamentarischen System

• Der Bundestag als Kontrollorgan

Weil in der parlamentarischen Demokratie die Parlamentsmehrheit die Regierung stützt, wird die Regierung nicht vom gesamten Parlament kontrolliert. Die Aufgabe der Kontrolle wird vielmehr durch die **Opposition**, also durch die parlamentarische Minderheit, ausgeübt. Auch wenn dadurch die Wirkung der Kontrolle eingeschränkt wird, kann die Kritik der Opposition und ihr Angebot an Alternativen, die sie in eigenen Anträgen dem Bundestag unterbreitet, dennoch folgenreich sein: Gelingt es ihr, die Wählerinnen und Wähler von ihren Vorstellungen zu überzeugen, kann die Minderheit beim nächsten Wahltermin zur neuen Regierungsmehrheit werden.

Parlamentarische Untersuchungsausschüsse

(1) Der Bundestag hat das Recht und auf Antrag eines Viertels seiner Mitglieder die Pflicht, einen Untersuchungsausschuss einzusetzen, der in öffentlicher Verhandlung die erforderlichen Beweise erhebt. (...)
(2) Auf Beweiserhebungen finden die Vorschriften über den Strafprozess sinngemäß Anwendung.

Grundgesetz Artikel 44

Zur Kontrolle stehen der Opposition folgende Möglichkeiten zur Verfügung:

- Die **Kleine Anfrage** kann von mindestens 15 Abgeordneten gestellt werden und wird vom zuständigen Ministerium schriftlich beantwortet.

- Die **Große Anfrage** erfordert mindestens die Unterstützung von 30 Abgeordneten. Der zuständige Minister muss in einer Plenardebatte Stellung beziehen.

- Ein **Untersuchungsausschuss** muss auf Antrag eines Viertels der Abgeordneten eingesetzt werden. Solche Untersuchungsausschüsse werden gebildet, wenn bestimmte Missstände durch das Parlament untersucht werden sollen. In Untersuchungsausschüssen gelten die Vorschriften über den Strafprozess. So können Zeugen vereidigt werden und bei Falschaussage wegen Meineids bestraft werden.

- Mit Hilfe des **konstruktiven Misstrauensvotums** kann die Opposition den Kanzler und seine Regierung stürzen. Dies ist jedoch nur möglich, wenn die Mehrheit der Mitglieder des Bundestages einen neuen Kanzler wählt. Das konstruktive Misstrauensvotum hat also nur dann Erfolg, wenn es der oppositionellen Minderheit gelingt, Abgeordnete einer Regierungsfraktion für ihr Vorhaben zu gewinnen.

Das konstruktive Misstrauensvotum

Der Bundestag kann dem Bundeskanzler das Misstrauen nur dadurch aussprechen, dass er mit der Mehrheit seiner Mitglieder einen Nachfolger wählt und den Bundespräsidenten ersucht, den Bundeskanzler zu entlassen. Der Bundespräsident muss dem Ersuchen entsprechen und den Gewählten ernennen.

Grundgesetz Artikel 67 (1)

7.2 Der Bundesrat

Also, was wäre wenn ...? Keine Ländergrenzen, keine „Landesfürsten", kein Bundesrat. Verwaltung – alles von Bonn aus. Finanzen und Planung – alles aus einer Hand. Ein Zentralcomputer, der für alles sorgt. Und nur alle vier Jahre eine Bundestagswahl. Billiger wäre das vielleicht schon, aber: Der Föderalismus teilt die Macht: Die drei Gewalten – gesetzgebende, ausführende und rechtsprechende – kontrollieren sich nicht nur gegenseitig, sondern die Gliedstaaten kontrollieren auch den Gesamtstaat. Der Bundesstaat verlagert die Macht von einem auf viele Zentren. Mehr Machtkontrolle bedeutet mehr Schutz vor Machtmissbrauch. Und: „Das Hemd sitzt näher als der Rock." Was in meinem Land geschieht, lässt sich noch überblicken. Die Politiker sitzen nicht alle im „Raumschiff Bonn", wie einmal jemand die mögliche Alltagsferne der Hauptstadt charakterisiert hat. Schließlich kann ein Politiker, wenn er sich auf Länderebene bewährt hat, mit viel mehr Erfahrung ein Bonner Regierungsamt übernehmen. Eine Partei, die es auf Bundesebene nicht geschafft hat, bleibt nicht auf Ewigkeit draußen vor der Tür. Sondern kann auf Länderebene regieren. Und Konkurrenz belebt das Geschäft. Weil jedes Land vertreten ist, kann auch keines vergessen werden. Ein Bund, das heißt: gegenseitige Rücksichtnahme, Zwang zum Kompromiss, Ausgleich und dass der Stärkere dem Schwächeren hilft. Bayern und Ostfriesen, Rheinländer und Westfalen, Schwaben und Pfälzer – todlangweilig wäre es, wenn eine Zentrale all die Eigenheiten der grundverschiedenen Regionen glattbügelte.

Bundesrat, Referat Öffentlichkeitsarbeit: Bund und Länder-Bundesrat, Bonn

„Wäre es nicht rentabler, einen ganz neuen Teppich zu knüpfen?"

Das Grundgesetz legt in Artikel 20 (1) die Gliederung der Bundesrepublik Deutschland in Bund und Länder fest. Daraus folgt, dass Deutschland bundesstaatlich (föderalistisch) aufgebaut ist und damit weder Zentralstaat noch Staatenbund ist.
- Im **Zentralstaat** (Einheitsstaat) liegt die Macht ausschließlich bei einer staatlichen Organisation. Es gibt nur *eine* Regierung und *ein* Parlament, die für die Politik im ganzen Land verantwortlich sind (z. B. Frankreich).
- Ein **Staatenbund** ist eine Verbindung souveräner Staaten, die sich zu einem bestimmten Zweck vertraglich miteinander verbinden. Die Mitglieder eines Staatenbundes können bestimmte Machtbefugnisse an gemeinsame Organe abtreten, um in diesem begrenzten Bereich eine gemeinschaftliche Politik festzulegen. Weil jedes Mitglied das Recht behält, aus dem Staatenbund auszutreten, bleibt jeder Mitgliedsstaat souverän (z. B. Die NATO, die Europäische Union).
- Im **Bundesstaat** sind die staatlichen Machtbefugnisse zwischen dem Zentralstaat („Bund") und den Gliedstaaten („Ländern") aufgeteilt. Zur Wahrnehmung ihrer jeweiligen Kompetenzen besitzen sowohl der Bund als auch die Länder eigene Regierungen und Parlamente. Über eine zweite Kammer (Bundesrat) besitzen die Gliedstaaten ein Mitspracherecht an der politischen Willensbildung des Bundes. Meistens ist der Bund zuständig für die Außen- und Sicherheitspolitik und die Wahrung der Wirtschaftseinheit. Wie die Kompetenzen im Einzelnen zwischen Bund und Ländern verteilt sind, regeln die Verfassungen föderalistischer Staaten in unterschiedlicher Weise.

Die Bundesrepublik: ein föderalistischer Staat

Der föderative Aufbau der Bundesrepublik hat eine lange geschichtliche Tradition. Außer während der Nazi-Diktatur und der SED-Herrschaft in der DDR ist Deutschland noch nie ein zentralistischer Staat gewesen. Auch nach dem Zweiten Weltkrieg vollzieht sich der staatliche Aufbau der Bundesrepublik Deutschland über die Länder. (siehe S. 158)

Grundgesetz Artikel 28

(1) Die verfassungsmäßige Ordnung in den Ländern muss den Grundsätzen des republikanischen, demokratischen und sozialen Rechtsstaates im Sinne dieses Grundgesetzes entsprechen (...)

Gewaltenteilung und Gewaltenkontrolle im parlamentarischen System

Seit der Vereinigung der beiden Teile Deutschlands am 3. Oktober 1990 gibt es 16 Bundesländer. Das Problem ist, dass sie hinsichtlich Größe, Bevölkerungszahl, Wirtschaftsstruktur und Wirtschaftskraft sehr starke Unterschiede aufweisen. Die besonderen Schwierigkeiten der fünf neuen Bundesländer machen diese Situation besonders deutlich.

Es ist deshalb schon häufig eine **Neugliederung des Bundesgebietes** diskutiert worden mit dem Ziel, die Zahl zu verkleinern und etwa gleich große und leistungsfähige Länder zu schaffen. Eine Einigung ist bis jetzt aber noch nicht erzielt worden.

Die Aufgabenverteilung zwischen Bund und Ländern soll vor allem eine zu starke Machtkonzentration verhindern. Außerdem kann die Politik in vielen Bereichen dadurch bürgernäher gestaltet werden. Die Aufgabenverteilung zwischen Bund und Ländern legt das Grundgesetz folgendermaßen fest (Artikel 70 – 75):

Ausschließliche Gesetzgebung des Bundes	Rahmengesetzgebung des Bundes	Konkurrierende Gesetzgebung des Bundes	Gesetzgebungskompetenz der Länder
z. B. Auswärtige Angelegenheiten, Post- und Fernmeldewesen, Verteidigung, Einwanderung.	z. B. Bundesbeamtengesetz als Rahmenvorschrift, die durch Landesbeamtengesetz ausgefüllt wird.	z. B. öffentliche Fürsorge, Erzeugung u. Nutzung der Kernenergie, Abfallbeseitigung, Luftreinhaltung u. Lärmbekämpfung.	z. B. Schulwesen, Rundfunk, Fernsehen, Landesplanung, Kunst, Polizei (außer Bundesgrenzschutz).

Rahmengesetzgebung

Für bestimmte, in Artikel 75 GG aufgezählte Bereiche hat der Bund das Recht, Rahmenvorschriften zu erlassen, die durch Landesgesetze ausgefüllt werden.

Konkurrierende Gesetzgebung

Für bestimmte, in Artikel 74 GG aufgezählte Bereiche haben die Länder die Befugnis, Gesetze zu erlassen, solange der Bund nicht selber gesetzgeberisch tätig wird. Macht der Bund von seinem Gesetzgebungsrecht Gebrauch, gilt der Grundsatz: Bundesrecht bricht Landesrecht.

Der Bundesrat und seine Aufgaben

Durch den Bundesrat wirken die Bundesländer bei der Gesetzgebung des Bundes mit. Der Bundesrat vertritt dabei die Interessen der Bundesländer beim Bund. Er besteht aus den Vertretern der Landesregierungen. Die Stimmenzahl der Länder richtet sich nach deren Einwohnerzahl. Kleine Länder haben drei, mittlere vier und große Länder sechs Stimmen. Der Präsident des Bundesrates ist gleichzeitig Stellvertreter des Bundespräsidenten.

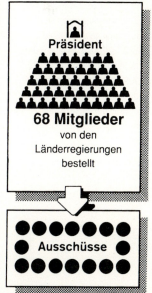

Der Bundesrat

Zum Beispiel: Das Sparpaket 1996

Im Streit um das Sparpaket der Bundesregierung spielt der Bundesrat eine wichtige Rolle. Sofern es sich bei den einzelnen Sparmaßnahmen um Zustimmungsgesetze handelt, kann die Mehrheit der SPD-geführten Länder dort einen Teil der Pläne blockieren. So benötigt die Regierung z.B. die Zustimmung des Bundesrates für die geplante Verschiebung der Kindergelderhöhung. Auch zur Änderung von Steuergesetzen ist in der Regel die Zustimmung der Länder erforderlich. Sie müssen alles billigen, was ihre Einnahmen beeinflusst. Handelt es sich bei den vorgesehenen Sparmaßnahmen um Einspruchsgesetze, ist der Bundesrat weitgehend machtlos. So sind z.B. Einschränkungen bei Lohnfortzahlung und Kündigungsschutz auch gegen den Willen des Bundesrats möglich.

Vermittlungsausschuss

Von 1972 bis 1980 wird der Vermittlungsausschuss besonders oft angerufen. Dies liegt daran, dass in dieser Zeit der SPD/FDP-Mehrheit im Bundestag eine CDU-Mehrheit im Bundesrat gegenübersteht.
Ab April 1991 liegt die umgekehrte Situation vor: Eine Mehrheit SPD-geführter Länderregierungen im Bundesrat steht einer CDU/CSU/F.D.P.-Mehrheit im Bundestag gegenüber.

Die Arbeit des Bundesrates erfährt in der Öffentlichkeit normalerweise keine so große Beachtung wie die des Bundestages. Dennoch sind seine Möglichkeiten, auf die Gesetzgebung des Bundes Einfluss zu nehmen, erheblich: Lehnt nämlich der Bundesrat ein zustimmungspflichtiges Gesetz ab, so ist es zunächst gescheitert. Um das zu verhindern, kann der Vermittlungsausschuss angerufen werden. Er besteht zur Hälfte aus Mitgliedern des Bundestags und des Bundesrates und hat die Aufgabe, einen Kompromiss zu erarbeiten, dem beide Seiten zustimmen können.

Interessenvertretung der Länder oder verlängerter Arm der Opposition?

Das erste Opfer heißt Horst Seehofer. Der dritte von insgesamt 91 Tagesordnungspunkten ist in der 670. Sitzung des Bundesrats aufgerufen, es geht um das neue Psychotherapeuten-Gesetz. Schon einmal hat die Länderkammer dem vom Bundestag verabschiedeten Gesetz die Zustimmung verweigert; nun steht der Kompromiß zur Debatte, den Bund und Länder im Vermittlungsausschuß zustande gebracht haben. (...) „Wer stimmt für das Gesetz?" fragt der amtierende Präsident des Bundesrats, der Bremer Bürgermeister Klaus Wedemeier (SPD). Er blickt in die Runde und stellt knapp fest: „Das ist die Minderheit."

Die Minderheit besteht exakt aus den CDU-geführten Ländern, den „B-Ländern" (...), die Mehrheit stellen die sozialdemokratisch regierten Länder, die „A-Länder". Wenige Minuten später (...) geht erneut „A" vor „B". (...) Üblich ist das nicht.

Der Vorwurf, die Sozialdemokraten nutzten das sonst so vornehm-zurückhaltende Gremium zu Wahlkampfzwecken, steht schon seit der letzten Sitzung (...) im Raum. Gegen diesen Vorwurf setzten sich die Sozialdemokraten gestern massiv zur Wehr. Wedemeier ließ alle präsidentielle Neutralität außer acht und wetterte gegen „die immer größere Eile bei Gesetzgebungsverfahren". Von geordneter Gesetzgebungsarbeit könne nicht mehr gesprochen werden. (...)

Etwas sachlicher suchte Florian Gerster, Sozialdemokrat und Minister in Rheinland-Pfalz, den Blockadevorwurf zu entkräften. Nur zwei Gesetze würden schließlich allein mit den Stimmen der sozialdemokratischen Länder aufgehalten, bei allen anderen hätten auch christdemokratisch regierte Länder Vorbehalte.

Stuttgarter Zeitung vom 11.6.1994

7.3 Die Bundesregierung

Die Bundesregierung, auch **Bundeskabinett** genannt, besteht aus dem Bundeskanzler und den Bundesministern. Als ausführende Gewalt **(Exekutive)** ist sie vor allem für zwei Aufgabenbereiche zuständig:
- Die Regierung ist verantwortlich für die Verwirklichung der vom Bundestag und Bundesrat beschlossenen Gesetze. Dazu erlässt sie die erforderlichen Anweisungen an die **Verwaltung** und kontrolliert deren Einhaltung.
- Von der Regierung wird aber nicht nur erwartet, dass sie die bestehenden Gesetze vollzieht, sie soll auch durch eigene Gesetzesinitiativen Lösungsvorschläge für aktuelle Probleme bieten und vorausschauend die Herausforderungen durch die Zukunft bewältigen **(Gestaltung)**. Die diesbezüglichen Vorstellungen der Regierung werden in Regierungserklärungen vorgestellt.

Der Amtseid

Ich schwöre, dass ich meine Kraft dem Wohle des deutschen Volkes widmen, seinen Nutzen mehren, Schaden von ihm wenden, das Grundgesetz und die Gesetze des Bundes wahren und verteidigen, meine Pflichten gewissenhaft erfüllen und Gerechtigkeit gegen jedermann üben werde. So wahr mir Gott helfe.

Aufbruch in die Zukunft: Deutschland gemeinsam erneuern
Aus der Regierungserklärung von Bundeskanzler Kohl vom 24.11.1994

Jetzt gilt es, alle Kräfte anzuspannen, um ganz Deutschland fit zu machen für das nächste, das 21. Jahrhundert. Wir haben das Wohl künftiger Generationen stets im Blick zu halten, und deshalb planen wir nicht nur für vier Jahre. (...) Wir wollen den schlanken Staat. Dieser lässt dem Einzelnen mehr Freiräume. Aber er weist ihm auch mehr Verantwortung zu. (...) Schlanker Staat bedeutet für uns auch die Rückführung des Anteils der Staatsausgaben am Sozialprodukt. Wir wollen diesen Anteil auf 46 Prozent senken. (...) Die beabsichtigte Senkung (...) ist auch notwendig, um die Steuer- und Abgabenlast für Bürger und Wirtschaft schrittweise senken zu können. (...) Im Vordergrund müssen heute solche steuerpolitischen Maßnahmen stehen, die das Schaffen von Arbeitsplätzen in Deutschland erleichtern. Deshalb wollen wir unsere Unternehmen vor allem dort entlasten, wo sie im internationalen Vergleich wettbewerbsverzerrende Sonderlasten tragen (...).
Ohne positive Einstellung der Gesellschaft zum wissenschaftlich-technischen Fortschritt kann unser Wohlstand nicht dauerhaft gesichert werden. Wer zum Beispiel Chemie, Gentechnologie oder Kernenergie verteufelt, verkennt die großen Chancen einer ethisch verantworteten Nutzung dieser Möglichkeiten. (...)
Zukunftsorientierung zeigt sich vor allem in unserer Einstellung zu Kindern (...). Wir wollen, dass unsere Gesellschaft familien- und kinderfreundlicher wird. (...) Wir wollen zum einen die Leistung der Familie auch finanziell stärker anerkennen und zum anderen (...) die Wohnungssituation für Familien mit Kindern nachhaltig verbessern.

Presse- u. Informationsamt der Bundesregierung (Hg), Bulletin, 24.11.1994

Die Bundeskanzler der Bundesrepublik Deutschland

- 1949 – 1963
  Konrad Adenauer (CDU)
- 1963 – 1966
  Ludwig Erhard (CDU)
- 1966 – 1969
  Kurt Georg Kiesinger (CDU)
- 1969 – 1974
  Willy Brandt (SPD)
- 1974 – 1982
  Helmut Schmidt (SPD)
- seit 1982
  Helmut Kohl (CDU)

Die verfassungsmäßige Stellung der Bundesregierung:

- Die Bundesregierung besteht aus dem Bundeskanzler und aus den Bundesministern (Art. 62).
- Der Bundeskanzler wird auf Vorschlag des Bundespräsidenten vom Bundestag ohne Aussprache gewählt (Art. 63, Abs. 1).
- Die Bundesminister werden auf Vorschlag des Bundeskanzlers vom Bundespräsidenten ernannt und entlassen (Art. 64, Abs. 1).
- Der Bundeskanzler bestimmt die Richtlinien der Politik und trägt dafür die Verantwortung. Innerhalb dieser Richtlinien leitet jeder Bundesminister sein Ministerium selbständig und unter eigener Verantwortung. Über Meinungsverschiedenheiten zwischen den Bundesministern entscheidet die Bundesregierung (Art. 65).
- Der Bundeskanzler kann nur gestürzt werden, wenn der Bundestag mit der Mehrheit seiner Mitglieder einen Nachfolger wählt (konstruktives Misstrauensvotum) (Art. 67, Abs.1).

Hemut Kohl

geb. 1930 in Ludwigshafen
1969-1976 Ministerpräsident von Rheinland-Pfalz
1976-1982
Vorsitzender der CDU/CSU-Bundestagsfraktion
seit 1973 Vorsitzender der CDU
seit 1982 Bundeskanzler

Zwei Neulinge im Kabinett

Bonn. Mit zwei neuen Gesichtern geht die fünfte Regierung Kohl in die neue Wahlperiode des Bundestags: Jürgen Rüttgers (...) übernimmt das neue Zukunftsministerium, das aus den bisherigen Ressorts für Bildung und Wissenschaft einerseits sowie Forschung und Technologie andererseits gebildet wird. Die erst 28 Jahre alte Thüringer Abgeordnete Claudia Nolte wird Ministerin für Familie, Jugend, Frauen und Senioren.

Kohl stellte seine neue Ministerriege am Donnerstagmittag der Öffentlichkeit vor. Anschließend erhielten die 16 Kabinettsmitglieder ihre Ernennungsurkunden aus der Hand von Bundespräsident Roman Herzog. Daran schloss sich die Vereidigung im Bundestag an. (...)

Zur Berufung von Claudia Nolte sagte der Kanzler, sie sei besonders mit der Lebenssituation der Frauen in Ostdeutschland vertraut. Sie nehme „ganz jung ein großes Wagnis auf sich". Er sei aber sicher, „dass sie ihren Job gut machen wird".(...)

Stuttgarter Zeitung vom 18.11.1994

Die Zusammenarbeit von Bundeskanzler und Bundesministern ist geprägt von drei Grundsätzen, die im Grundgesetz Artikel 65 festgelegt sind:

- **Das Kanzlerprinzip:** Innerhalb der Regierung hat der Kanzler eine Sonderstellung. Er ist das einzige Regierungsmitglied, das vom Bundestag gewählt ist. Er sucht seine Minister selbst aus und kann ihre Entlassung verfügen. Der Bundeskanzler bestimmt auch die Zahl und die Geschäftsbereiche der einzelnen Ministerien. Er besitzt die Richtlinienkompetenz, so dass die anderen Regierungsmitglieder keine Entscheidung gegen den Kanzler treffen können. Damit ist letztlich der Bundeskanzler für alle Entscheidungen der Regierung verantwortlich.

- **Das Ressortprinzip:** Die Minister verwalten ihr Ministerium selbständig. Der Kanzler kann keine Weisungen im Einzelfall erteilen, sondern nur verlangen, dass die Minister nicht gegen seine allgemeinen Zielvorgaben handeln.

- **Das Kabinettsprinzip:** Beschlüsse der Regierung, z.B. über Gesetzesvorlagen, werden mit Mehrheit getroffen. Weichen die Vorstellungen des Kanzlers von der Mehrheit der Kabinettsmitglieder ab, muss er sich entscheiden, ob er sich der Mehrheit anschließen will oder von seiner Richtlinienkompetenz Gebrauch machen will.

Gewaltenteilung und Gewaltenkontrolle im parlamentarischen System

Das Verhältnis des **Bundeskanzlers** zum **Bundestag** wird durch folgende Regelungen geprägt:
- Ein amtierender Kanzler kann nur dann abgewählt werden, wenn eine neue Mehrheit für einen anderen Kanzler zustande gekommen ist **(konstruktives Misstrauensvotum)**. Es reicht also nicht zum Kanzlersturz, wenn sich nur eine Mehrheit *gegen* den Kanzler findet. Sie muss darüber hinaus auch mehrheitlich *für* einen neuen Kanzler sein. Das konstruktive Misstrauensvotum ist in der Geschichte der Bundesrepublik zweimal angewandt worden: 1972 scheitert der Versuch der CDU/CSU Opposition, Bundeskanzler Brandt (SPD) durch ihren Fraktionsvorsitzenden Rainer Barzel abzulösen. 10 Jahre später (1982) ist Helmut Kohl erfolgreicher: Er löst die Regie-rung Schmidt ab, nachdem die F.D.P. die Regierungskoalition mit der SPD aufgekündigt hat.
- Der Kanzler hat das Recht, nach gescheiterter **Vertrauensfrage** die Auflösung des Parlaments zu beantragen. Die Vertrauensfrage ist ein Machtmittel des Kanzlers, mit dem er die Unterstützung durch die Parlamentsmehrheit einfordern kann. Selbst Abgeordnete der Regierungsparteien, die dem Kanzler ablehnend gegenüberstehen, werden ihm kaum das Vertrauen verweigern, weil eine Parlamentsauflösung mit anschließenden Neuwahlen ihr politisches Ende bedeuten könnte. In der Bundesrepublik ist die Vertrauensfrage auch zu dem Zweck gestellt worden, um zu einer vorzeitigen Neuwahl des Bundestages zu kommen. Anders als über eine gescheiterte Vertrauensfrage kann nämlich der Bundestag nicht aufgelöst werden.

Mit diesen Regelungen gibt das Grundgesetz dem Kanzler eine starke Stellung. Deshalb wird die Bundesrepublik Deutschland oft auch als **„Kanzlerdemokratie"** bezeichnet. Im politischen Alltag muss der Kanzler jedoch mancherlei Rücksichten nehmen, die seine Machtstellung einschränken.

Konstruktives Misstrauensvotum und Vertrauensfrage

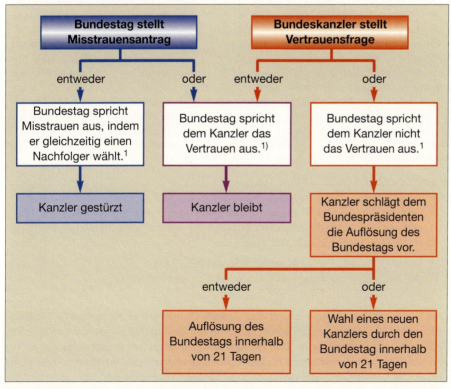

1) Der Bundestag benötigt für seine Entscheidung die Mehrheit seiner Mitglieder.

Regierungswechsel 1982

17.9.1982
Bruch der Regierungskoalition aus F.D.P. und SPD, 4 F.D.P.-Minister treten zurück.

20.-28.9.1982
Koalitionsverhandlungen zwischen CDU, CSU und F.D.P. Antrag auf ein Misstrauensvotum nach Artikel 67 GG beim Bundespräsidenten.

1.10.1982
Wahl des CDU-Abgeordneten Helmut Kohl zum neuen Kanzler. Entlassung des gestürzten Kanzlers Helmut Schmidt. Bildung einer Regierung aus CDU/CSU und F.D.P.

13.10.1982
Abgabe der Regierungserklärung durch Bundeskanzler Helmut Kohl. In der Erklärung ist die Zusage enthalten, dass am 6.3.1983 Neuwahlen stattfinden sollen.

9.12.1982
Bundeskanzler Helmut Kohl unterbreitet Bundespräsident Carl Carstens seinen Zeitplan zur Parlamentsauflösung. Danach soll der Bundestag am 17.12.1982 über die Vertrauensfrage des Kanzlers nach Artikel 68 GG abstimmen.

17.12.1982
Bundeskanzler Helmut Kohl begründet die Vertrauensfrage damit, dass die Regierungskoalition nur einen zeitlich und sachlich begrenzten Auftrag habe. Redner aller Fraktionen sprechen sich für Neuwahlen aus. In der namentlichen Abstimmung wird dem Bundeskanzler verabredungsgemäß das Vertrauen verweigert. Dieser schlägt dem Bundespräsidenten die Auflösung des Bundestages vor.

6.1.1983
Der Bundespräsident ordnet die Auflösung des Bundestages und Neuwahlen für den 6.3.1983 an.

7.4 Das Bundesverfassungsgericht

Verfassungsbeschwerde

Bürger und Bürgerinnen können beim Bundesverfassungsgericht Verfassungsbeschwerde einlegen, wenn sie glauben, dass die Staatsorgane ihre Grundrechte nicht beachten. Zuvor müssen gewöhnlich alle zuständigen gerichtlichen Instanzen angerufen sein.

Normenkontrolle

Sind die Bundesregierung, eine Landesregierung oder wenigstens ein Drittel der Bundestagsabgeordneten der Ansicht, dass ein verkündetes Gesetz nicht dem Grundgesetz entspricht, können sie beim Verfassungsgericht eine Normenkontrolle beantragen.

Entscheidungsverfahren des Bundesverfassungsgerichts

Das Bundesverfassungsgericht besteht aus 2 Senaten mit je acht Richtern. Es wird stets nur auf Antrag tätig und entscheidet durch:
- Urteil (mit mündlicher Verhandlung) oder
- Beschluss (ohne mündliche Verhandlung) oder
- Einstweilige Anordnung (in Eilfällen)

Fall 1: Die Verfassungsbeschwerde

Die Pflicht zum Anbringen von Kreuzen in Klassenzimmern staatlicher Schulen verstößt nach einem Beschluss des Bundesverfassungsgerichts gegen die vom Grundgesetz in Artikel 4 garantierte Religionsfreiheit. Die Schulordnung Bayerns, die Kruzifixe in Volksschulen vorschreibt, sei in diesem Punkt verfassungswidrig und dürfte nicht mehr angewendet werden. Mit dem Beschluss gab der Erste Senat der Verfassungsbeschwerde von Eltern und deren drei minderjährigen Kindern statt, die Anhänger der anthroposophischen Lehre sind. Seit 1986 kämpft die Familie (...) darum, dass die Kreuze aus Bayerns Klassenzimmern entfernt werden. In Verhandlungen mit der Schulleitung hatten die Eltern nur einen Teilerfolg erzielt, Klagen der Familie beim Verwaltungsgericht Regensburg und dem Bayrischen Verwaltungsgerichtshof wurden 1991 abgelehnt. Daraufhin entschied sie sich zum Gang nach Karlsruhe.

nach: Wochenschau II Nr. 5, 1995

Fall 2: Die Normenkontrolle

Im Mai 1993 erklärt das Bundesverfassungsgericht die vom Bundestag beschlossene Reform des Abtreibungsrechts (§ 218 StGB), nach der eine Abtreibung innerhalb der ersten zwölf Wochen nach der Empfängnis nicht mehr strafbar sein soll, für verfassungswidrig. Nach Auffassung des Gerichts ist eine Abtreibung nur dann rechtens, wenn sie aus medizinischen Gründen oder wegen einer Vergewaltigung vorgenommen wird. Das Bundesverfassungsgericht gibt damit der Klage von 249 CDU/CSU-Abgeordneten sowie des Freistaates Bayern weitgehend statt. Die Kläger sahen in der Fristenlösung einen Verstoß gegen das Recht auf Leben (Art. 2 GG), das auch für Ungeborene gilt.

nach Harenberg '95, S. 213

Grundgesetz, Artikel 92
Die rechtsprechende Gewalt ist den Richtern anvertraut; sie wird durch das Bundesverfassungsgericht, durch die in diesem Grundgesetz vorgesehenen Bundesgerichte und durch die Gerichte der Länder ausgeübt.

Grundgesetz, Artikel 97 (1)
Die Richter sind unabhängig und nur dem Gesetz unterworfen.

Das Bundesverfassungsgericht ist das oberste Gericht der Bundesrepublik Deutschland. Seine 16 Richter werden je zur Hälfte von Bundestag und Bundesrat gewählt. Ihre Amtszeit beträgt zwölf Jahre. Das Bundesverfassungsgericht entscheidet auf Antrag alle Streitfälle, die sich aus der Auslegung des Grundgesetzes ergeben und ist somit „Hüter der Verfassung". Bei politisch umstrittenen Problemen wird das Verfassungsgericht von den Klägern, insbesondere von der jeweiligen Opposition, häufig in die

Rolle des „Schiedsrichters" gedrängt. Diese Rolle ist nicht unproblematisch, da das Gericht dadurch in Gefahr gerät, selbst politische Entscheidungen zu treffen, anstatt diese nur zu kontrollieren.

Das Bundesverfassungsgericht als „Obergesetzgeber"?

Die Redensarten von dem Bundesverfassungsgericht als Gesetzgeber, gar Obergesetzgeber oder Super-Revisionsgericht machen leichtfüßig (...) die Runde. Durch jüngste Entscheidungen des Gerichts fragen ganz Entgeisterte, ob wir uns von der Demokratie zur Oligarchie (Herrschaft der Wenigen, Anm. des Verf.) entwickeln.

In das Gehege politischer Willensbildung gerät das Bundesverfassungsgericht nicht aus eigenem Antrieb; denn es kann nicht von Amts wegen tätig werden und Eigeninitiative entfalten. (...)

(Wird es angerufen, hat das Bundesverfassungsgericht) aber nicht als Schiedsrichter oder Vermittler zu fungieren und für einen Kompromiss zu sorgen. Das Urteil über die politische Zweckmäßigkeit einer gesetzlichen Regelung ist seine Sache nicht.

Wenn aber die Vereinbarkeit des Gesetzes mit dem Grundgesetz im Streit steht, kann das Gericht die politischen Streithähne nicht mit dem Appell abspeisen, dass sie (...) sich hübsch demokratisch in eine Mehrheitsentscheidung schicken mögen. Das Gericht vernachlässigte seine Aufgabe, in verfassungsrechtlichen Streitfragen Frieden zu stiften, wenn es sich hier verweigerte. (...)

Gewiss zeichnet das Bundesverfassungsgericht aus, dass es keine Kontrollinstanz über sich hat. (..) Aus der Eigenständigkeit des Bundesverfassungsgerichts folgt nicht, dass es ein freies Ermessen gegenüber der Wertordnung unserer Verfassung hätte. Im Gegenteil: Als Hüter der Verfassung spricht es Recht an Hand der Verfassung. Gewiss (...) kann die Interpretation der Verfassung keine rein logische Operation sein. Vielmehr ist sie stets auch Rechtsgewinnung. (...) Wie anders könnte die Rechtsordnung der Tatsache des steten Wandels des gesellschaftlichen Handelns, Denkens und Wissens gerecht werden?

Prof. Dr. Jutta Limbach, Präsidentin des Bundesverfassungsgerichts, in ihrer Antrittsrede vom 18.11.1994; nach: Presse- u. Informationsamt der Bundesregierung, Bulletin vom 28.11.1994

Jutta Limbach (SPD)
Präsidentin des Bundesverfassungsgerichts

Urteile des Bundesverfassungsgerichts

In den letzten Jahren hat das Bundesverfassungsgericht zu vielen wichtigen Fragen Urteile gefällt. Hier einige Beispiele:

- Parteienfinanzierung
- Namensrecht
- Abtreibung (§ 218)
- Einsatz der Bundeswehr außerhalb des NATO-Gebiets
- Vertrag von Maastricht
- Anbringung von Kruzifixen in Schulen

Aufgaben der rechtsprechenden Gewalt

Neben dem Bundesverfassungsgericht sind auch die anderen Gerichte Bestandteil der rechtsprechenden Gewalt. Ihre Hauptaufgabe ist die Sicherung der Rechtsstaatlichkeit. Sie umfasst:

- **Freiheitssicherung** durch die unumstößliche Gültigkeit der Grundrechte für alle.
- **Rechtsgleichheit** durch die absolute Gleichheit aller vor dem Gesetz.
- **Rechtssicherheit** durch das Recht jedes Einzelnen, den Rechtsschutz der Gerichte in Anspruch zu nehmen.

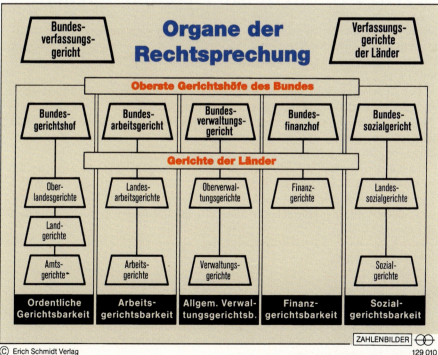

Das Regierungssystem der Bundesrepublik Deutschland

8 Der Bundespräsident

Die Bundespräsidenten der Bundesrepublik Deutschland

1949 – 1959
Theodor Heuss (FDP)
1959 – 1969
Heinrich Lübke (CDU)
1969 – 1974
Gustav Heinemann (SPD)
1974 – 1979
Walter Scheel (FDP)
1979 – 1984
Karl Carstens (CDU)
1984 – 1994
Richard von Weizsäcker (CDU)
ab 1994
Roman Herzog (CDU)

Karikatur aus „Das Parlament"

Dr. Roman Herzog

geb. 05.04.34 in Landshut,
1973 Bevollmächtigter des Landes Rheinland-Pfalz in Bonn,
1978 – 1983 Kultus- und Innenminister von Baden-Württemberg,
1983 – 1987 zunächst Vizepräsident, dann
1987 – 1994 Präsident des Bundesverfassungsgerichts in Karlsruhe

Roman Herzog in Berlin zum neuen Staatsoberhaupt gewählt

„Will Präsident aller Deutschen sein"

Der neue Bundespräsident heißt Roman Herzog. Die erste gesamtdeutsche Bundesversammlung wählte den 60-jährigen Präsidenten des Bundesverfassungsgerichts am Pfingstmontag im Berliner Reichstagsgebäude mit 696 von 1320 Stimmen zum Nachfolger Richard von Weizsäckers.

Den Ausschlag bei der Entscheidung für den CDU-Politiker, die im dritten Wahlgang fiel, gaben die Stimmen des Bonner Koalitionspartners FDP ... Herzog nahm die Wahl an und versicherte, er wolle ein Präsident aller Deutschen sein. Ein Schwerpunkt seiner Arbeit werde es sein, das Zusammenwachsen der alten und neuen Bundesländer zu fördern ...

Zum ersten Mal seit 25 Jahren kam die Bundesversammlung am 45. Jahrestag der Verkündung des Grundgesetzes wieder in Berlin zusammen. Erstmals seit 1969 ... waren auch wieder drei Wahlgänge nötig. Weder Herzog noch Rau konnten in den ersten beiden Wahlgängen die dabei erforderliche absolute Mehrheit von 663 Stimmen erreichen.

AP-Meldung vom 24.05.94

Staatsoberhaupt der Bundesrepublik Deutschland ist der Bundespräsident. Er wird auf fünf Jahre von der Bundesversammlung gewählt, anschließend darf er nur noch einmal gewählt werden. Die Bundesversammlung besteht aus den Mitgliedern des Bundestages und einer gleichen Anzahl von Delegierten, die von den Parlamenten der Länder durch Wahl bestimmt werden.

Im Gegensatz zu den Präsidenten vieler anderer Staaten besitzt der Bundespräsident jedoch nur wenig politische Macht; die Ernennung und Entlassung von Ministern gemäß GG Art. 64 ist z. B. weitgehend formal gemeint, da der Bundespräsident dabei nicht eigenmächtig, sondern nur auf Vorschlag des Bundeskanzlers handeln kann. Nach den schlechten Erfahrungen mit dem sehr mächtigen Reichspräsidenten der Weimarer Republik wollten die „Väter" unseres Grundgesetzes einen Präsidenten, der nicht direkt Politik macht und deshalb von allen Bürgerinnen und Bürgern akzeptiert werden kann. Der geistige und politische Einfluss des Bundespräsidenten hängt sehr stark von seiner Persönlichkeit ab.

Aufgaben des Bundespräsidenten sind:
- die völkerrechtliche Vertretung des Bundes gegenüber anderen Staaten im In- und Ausland,
- Vorschlag, Ernennung, Entlassung des Bundeskanzlers,
- die Ernennung und Entlassung der Bundesminister, Bundesrichter, Bundesbeamten und Offiziere,
- die Ausfertigung und Verkündung der Gesetze,
- die Verkündung des Gesetzgebungsnotstandes.

Das Amt des Bundespräsidenten ist so angelegt, dass er nicht regieren kann; er soll beraten, ausgleichen, durch sein persönliches Ansehen wirken. In den Bundesländern gibt es kein entsprechendes Amt.

In der Diskussion:
Das Wahlverfahren für das Amt des Bundespräsidenten

Wer für die Direktwahl des Bundespräsidenten eintritt – und dafür gibt es respektable Gründe –, muss sich darüber im klaren sein, dass er damit ein anderes Verfassungsmodell fordert.

Zwischen der indirekten Wahl des Präsidenten und der im Vergleich zu Weimar deutlich geringeren Ausstattung des Amtes mit Rechten und Befugnissen besteht ein innerer Zusammenhang. Eben weil der Präsident gleichsam über den Parteien stehen und das gesamte Volk vertreten soll, wäre es fatal, würde er direkt vom Volk gewählt. Denn das hieße: Wahlkampf, Polarisierung, Festlegung. (...) Dies würde die Überparteilichkeit des Amtes nicht stärken, sondern sie beeinträchtigen. Auch wäre es naiv zu glauben, die Parteien könnten herausgehalten werden. Wer, wenn nicht sie, könnte für die Organisation und die Kosten des Wahlfeldzuges des jeweiligen Kandidaten aufkommen. Die Parteien selbst wären gezwungen, Bewerber ins Rennen zu schicken, die sich innerparteilich durchzusetzen wüssten und einen zweifellos harten Wahlkampf durchstehen könnten. Es wären in jedem Fall Politiker von anderem Schlage als jene, die bisher in das Amt des Bundespräsidenten gelangt sind. Dass diese Vollblutpolitiker dann noch in der Lage wären, nach errungenem Wahlsieg politische Zurückhaltung zu üben und sozusagen über die Parteien hinweg Integrationskraft zu entfalten, ist mehr als fraglich. Um die Mehrheit zu gewinnen, müssten sich die Bewerber auf politische Aussagen festlegen, mit denen sie dann für den Rest ihrer Amtszeit identifiziert würden. Die Wähler des jeweiligen Kandidaten würden von diesem Entscheidungen einfordern, die er wegen des Zuschnitts des Amtes nicht erbringen könnte. Enttäuschung wäre die Folge. Eine Volkswahl hätte also nur dann einen Sinn, wenn man die präsidialen Befugnisse deutlich erweiterte. Das aber ginge auf Kosten des Parlaments oder der Regierung. Die Direktwahl würde die Bundesrepublik zwangsläufig in Richtung der französischen oder gar der amerikanischen Präsidialverfassung drängen.

Werner Birkenmaier, Mit den Stimmen des Volkes, Stuttgarter Zeitung vom 25.5.1994

Bundespräsident verweigert Unterschrift

BONN (dpa) – Bundespräsident Richard von Weizsäcker hat gestern seine Unterschrift unter das vom Parlament im vergangenen Jahr verabschiedete Gesetz zur Privatisierung der Flugsicherung verweigert. Weizsäcker hält dieses Gesetz für unvereinbar mit dem Grundgesetz. Bundesregierung und Koalition wollen jetzt möglichst bis zum Sommer dieses Jahres mit einer Verfassungsänderung die Voraussetzung für die weiterhin angestrebte Privatisierung der Flugsicherung schaffen.

dpa-Meldung vom 25.1.1991

Bundesversammlung 1994

Sie besteht aus 662 Bundestagsabgeordneten und 662 von den 16 Landtagen gewählten Mitgliedern. Die 1324 Abgeordneten setzen sich wie folgt zusammen:

CDU/CSU	619
SPD	502
FDP	111
Bündnis 90/Die Grünen	44
PDS	33
Sonstige	15

Die Vertreterinnen und Vertreter der Bundesländer müssen keine Landtagsabgeordneten sein. Die Parteien entsenden oft auch prominente Persönlichkeiten wie Tatort-Kommissar Bienzle alias Werner Steck, Katja Seizinger, Eike Immel oder Stefan Kuntz.

Die Verfassungsorgane des Bundes und ihre Aufgaben

Gewaltenteilung

Traditionell werden drei Staatsgewalten unterschieden, die auf drei verschiedene Staatsorgane verteilt werden:
- Legislative (Gesetzgebung)   Parlament
- Exekutive (Ausführung)   Regierung
- Judikative (Rechtsprechung)   Gerichte

Dadurch sollen Bürgerinnen und Bürger vor Machtmissbrauch geschützt werden.

Bundestag

Der Deutsche Bundestag wird alle vier Jahre neu gewählt. Neben der Gesetzgebung, bei der der Bundestag mit dem Bundesrat zusammenwirkt, hat er u.a. auch die Aufgabe, den Bundeskanzler zu wählen und die Regierung zu kontrollieren.

Bundesrat

Über den Bundesrat, der aus Mitgliedern der Landesregierungen besteht, wirken die Länder an der Gesetzgebung des Bundes mit. Dadurch wird die Macht des Bundes eingeschränkt (vertikale Gewaltenteilung).

Bundesregierung

Die Bundesregierung besteht aus dem Bundeskanzler und den Bundesministern. Sie entscheidet darüber, wie politische Probleme gelöst werden sollen. Dazu erarbeitet sie Vorschläge, die von Bundestag und Bundesrat als Gesetze verabschiedet werden und anschließend von der Regierung ausgeführt werden.
Weil das Grundgesetz dem Bundeskanzler eine starke Stellung verleiht, wird die Bundesrepublik häufig als „Kanzlerdemokratie" bezeichnet.

Bundesverfassungsgericht

Das Bundesverfassungsgericht ist ein allen anderen Verfassungsorganen gegenüber selbständiger und unabhängiger Gerichtshof des Bundes. Es entscheidet über Verfassungsbeschwerden der Bürgerinnen und Bürger und überprüft auf Antrag die Verfassungsmäßigkeit von Gesetzen.

Bundespräsident

Der Bundespräsident ist das Staatsoberhaupt der Bundesrepublik Deutschland. Er wird von der Bundesversammlung gewählt. Seine Amtszeit beträgt fünf Jahre. Obwohl er überwiegend repräsentative Aufgaben erfüllt, kann er doch durch sein persönliches Ansehen das geistige und politische Klima im Lande beeinflussen.

Zur Wiederholung

1. Erläutern Sie den Grundsatz der Gewaltenteilung und seine Bedeutung.
2. Der Bundestag wird im Allgemeinen als Legislative bezeichnet. Warum trifft diese Bezeichnung nur zum Teil zu?
3. Welche Rolle spielt der Bundesrat in der Gesetzgebung?
4. Wie mächtig ist der Bundeskanzler nach der Verfassung und in der Wirklichkeit?
5. Worin sehen Sie die Bedeutung des Bundesverfassungsgerichts?
6. Die Direktwahl des Bundespräsidenten: eine Stärkung der Demokratie? Diskutieren Sie die möglichen Folgen einer solchen Reform (siehe S. 299).

Weiterführende Aufgaben

1. Verfolgen Sie in den Medien den Gang eines Gesetzes von der Initiative bis zu seiner Verkündung.
2. Vergleichen Sie die Stellung des Reichspräsidenten in der Weimarer Verfassung mit der Stellung des Bundespräsidenten im Grundgesetz (siehe auch S. 115). Wie erklären Sie die Unterschiede in ihrer Macht?

Die Europäische Union

Die Europäische Union

Die europäische Integration am Beispiel der Europäischen Union

Integration

Der Zusammenschluss europäischer Staaten in der EU wird als Integration bezeichnet.
Integration ist eine Form des Zusammenschlusses von Staaten, bei der bestimmte nationale Hoheitsrechte aufgegeben oder eingeschränkt werden. Sie werden stattdessen auf neu geschaffene, überstaatliche Einrichtungen übertragen.

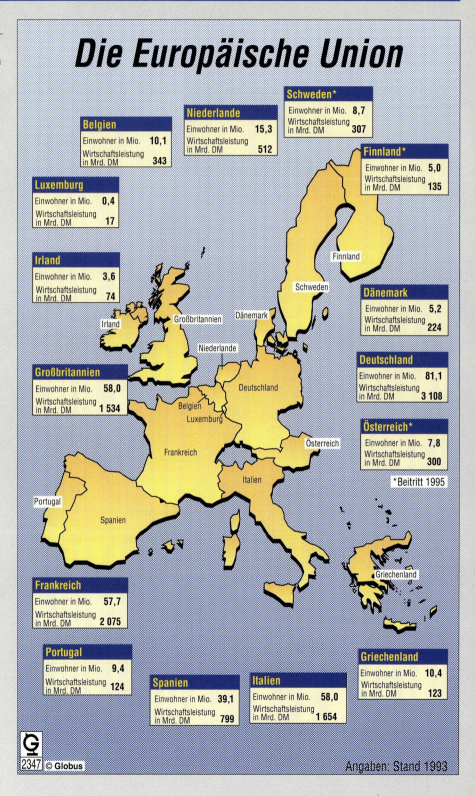

Angaben: Stand 1993

1 Die Entstehung der Europäischen Union

1.1 Aus Feinden werden Freunde

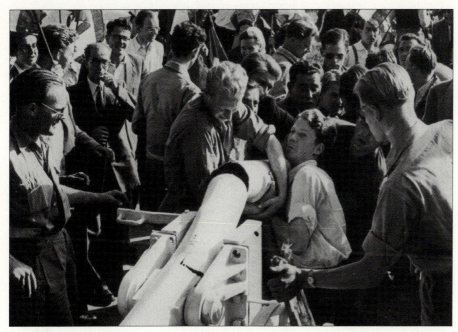

Europa-Begeisterung nach dem Zweiten Weltkrieg: Studenten reißen Schlagbäume nieder

Nach dem Zweiten Weltkrieg entsteht bei vielen Menschen die Idee eines vereinten Europa. Besonders in der jungen Generation entwickelt sich eine Europa-Begeisterung.

Gründe für die **Forderung nach europäischer Einigung:**
- Das vom Krieg zerstörte Europa kann den wirtschaftlichen Wiederaufbau nur leisten, wenn die Staaten zusammenarbeiten.
- Ein vereintes Europa soll den Nationalismus abbauen und damit künftige Kriege verhindern helfen.
- Der sich verschärfende Ost-West-Konflikt verstärkt in Westeuropa auch das Bedürfnis nach militärischer Zusammenarbeit, um eine befürchtete kommunistische Machterweiterung zu verhindern.

Den ersten Versuch einer europäischen Einigung bildet die Gründung des **Europarats** in Straßburg im Jahr 1949. Die Bundesrepublik Deutschland tritt ihm 1951 bei. Nach der Auflösung des Warschauer Paktes erfolgt die Aufnahme der Staaten Ost- und Mitteleuropas, so dass dem Europarat heute 39 Mitgliedstaaten angehören.

Die Hoffnungen der Gründer, durch die Errichtung des Europarats die europäische Einigung kurzfristig zu verwirklichen, erfüllen sich jedoch nicht. Seine Beschlüsse sind für die Mitgliedstaaten lediglich Empfehlungen und daher für ihre Regierungen nicht bindend.

Schon bald schlagen Belgien, die Bundesrepublik Deutschland, Frankreich, Italien, Luxemburg und die Niederlande einen anderen Weg ein: Anstatt die Vereinigten Staaten von Europa auf einen Schlag zu schaffen, wollen sie die europäische Integration durch eine Politik der kleinen Schritte allmählich voranbringen, indem sie sich auf eine engere Zusammenarbeit in überschaubaren Teilbereichen der Politik verständigen.

Winston Churchill 1946:

Wir müssen etwas wie die Vereinigten Staaten von Europa schaffen. Nur so können Hunderte von Millionen schwer arbeitender Menschen wieder die einfachen Freuden und Hoffnungen zurückgewinnen, die das Leben lebenswert machen. Was wir benötigen, ist der Entschluss von Hunderten von Millionen Männern und Frauen, Recht statt Unrecht zu tun und als Lohn Segen statt Fluch zu ernten. (...)
Der erste Schritt ist die Bildung eines Europarates.

Europa – Dokumente zur Einigung, München 1962, S.133f

Die Europäische Union

Mit Volksabstimmungen zur EU-Mitgliedschaft

Im März 1994 vereinbart die EU mit den Regierungen von Finnland, Norwegen, Österreich und Schweden den Beitritt zum 1.1.1995. Vor dem endgültigen Beitritt werden in den betreffenden Ländern Volksabstimmungen mit folgenden Ergebnissen durchgeführt:

12.06.1994	Österreich	66,4% ja
16.10.1994	Finnland	56,9% ja
13.11.1994	Schweden	52,2% ja
28.11.1994	Norwegen	52,2% nein

EU-Erweiterung bleibt auf der Tagesordnung

Die Staaten Mittel- und Osteuropas (Polen, Ungarn, Tschechien, Slowakei, Rumänien und Bulgarien) bemühen sich derzeit um einen Beitritt zur EU.
Im Dezember 1994 nehmen diese Staaten zum ersten Mal an einem Gipfeltreffen der Staats- und Regierungschefs der EU teil. Sie vereinbaren zur Vorbereitung des Beitritts eine Vertiefung der gegenseitigen Zusammenarbeit. Mit einem Beitritt wird jedoch erst zu Beginn des 21. Jahrhunderts gerechnet.

Derzeit liegen offizielle Beitrittsgesuche von folgenden Staaten vor:
– Estland, Lettland, Litauen
– Polen, Tschech. Republik, Slowakei, Ungarn
– Slowenien, Rumänien, Bulgarien
– Türkei, Zypern, Malta

1.2 Von der Montanunion zur Europäischen Union

1951: EGKS
Europäische Gemeinschaft für Kohle und Stahl (Montanunion)
Ziel:
Schaffung einen gemeinsamen Marktes für Kohle und Stahl

1957: EWG
Europäische Wirtschaftsgemeinschaft
Ziele:
- Zollunion und gemeinsamer Markt
- gemeinsamer Agrarmarkt
- politische Zusammenarbeit, Wirtschafts- und Währungsunion

1957: Euratom
Europäische Atomgemeinschaft
Ziel:
gemeinsame friedliche Nutzung der Kernenergie

Mitglieder: Belgien, Bundesrepublik Deutschland, Frankreich, Italien, Luxemburg, Niederlande

1. Juli 1967
Zusammenschluss der drei Gemeinschaften zur Europäischen Gemeinschaft (EG)

1968
Vollendung der Zollunion: Abschaffung der Binnenzölle, gemeinsamer Außenzoll

10. Januar 1973
Erweiterung der EG durch den Beitritt von Dänemark, Großbritannien und Irland

10. Juni 1979
Erste Direktwahl zum Europäischen Parlament

1. Januar 1981
Beitritt von Griechenland

1. Januar 1986
Beitritt von Spanien und Portugal

3. Oktober 1990
Mit der Vereinigung Deutschlands werden die fünf neuen Bundesländer Teil der EG

1. Januar 1993
Verwirklichung des Binnenmarktes

1. November 1993
Mit dem Inkrafttreten des Maastrichter Vertrags beginnt die Europäische Union (EU)

1. Januar 1995
Beitritt von Österreich, Finnland und Schweden

Die Entstehung der Europäischen Union 305

1.3 Die Politik der kleinen Schritte

Im Zuge der Politik der kleinen Schritte vereinbaren Belgien, die Bundesrepublik Deutschland, Frankreich, Italien, Luxemburg und die Niederlande mit der Gründung der **Montanunion** zunächst auf dem Gebiet der Schwerindustrie zusammenzuarbeiten. Diese Zusammenarbeit ist so erfolgreich, dass sich die sechs Mitgliedsländer zur Gründung der **Europäischen Wirtschaftsgemeinschaft** (EWG) entschließen. Die Unterzeichnung des entsprechenden Vertragswerks erfolgt gleichzeitig mit dem Euratom-Vertrag 1957 in Rom (Römische Verträge).

Aus dem Vertrag zur Gründung der EWG (1957)

Art. 1: Durch diesen Vertrag gründen die Hohen Vertragsparteien untereinander eine Europäische Wirtschaftsgemeinschaft.

Art. 2: Aufgabe der Gemeinschaft ist es, durch die Errichtung eines Gemeinsamen Marktes und die schrittweise Annäherung der Wirtschaftspolitik der Mitgliedstaaten eine harmonische Entwicklung des Wirtschaftslebens innerhalb der Gemeinschaft, (...) eine beschleunigte Hebung der Lebenshaltung und engerer Beziehungen zwischen den Staaten zu fördern, die in dieser Gemeinschaft zusammengeschlossen sind.

Art. 8: Der Gemeinsame Markt wird während einer Übergangszeit von zwölf Jahren schrittweise verwirklicht.

Zollunion und Gemeinsamer Markt

Seit 1968 sind alle Zölle innerhalb der EU abgeschafft, so dass ein möglichst **freier Warenverkehr** stattfinden kann. Dies wirkt sich ganz konkret auf den Alltag der Menschen in den 15 Mitgliedstaaten der Gemeinschaft aus.

In den Einzelhandelsgeschäften und Supermärkten haben Verbraucherinnen und Verbraucher durch das Angebot aus den Ländern der EU eine größere Auswahl als je zuvor. Bürgerinnen und Bürger aus der EU genießen Freizügigkeit: sie haben das Recht, in allen Ländern der Union zu arbeiten; die Grenzkontrollen innerhalb der EU sind vereinfacht worden und fallen bald ganz weg. Viele Unternehmen exportieren einen Großteil ihrer Produkte in die EU-Staaten, das heißt, dass auch viele Arbeitsplätze direkt vom europäischen Einigungsprozess betroffen sind. Dies gilt insbesondere für ein exportorientiertes Land wie die Bundesrepublik Deutschland, die rund 50% ihrer Exporte in den Staaten der EU absetzt.

Aus: EG-Magazin   *Freie Fahrt, bitte schön!*

Der französische Außenminister Robert Schumann 1950:

Der jahrhundertealte Gegensatz zwischen Frankreich und Deutschland muss überwunden werden. (...) Wir schlagen vor, die gesamte deutsch-französische Kohle- und Stahlproduktion einer Hohen Behörde zu unterstellen, einer Organisation, die den anderen Ländern Europas zum Beitritt offen steht. Dies wird ein erster Grundstein für eine europäische Föderation sein. (...) Europa wird nicht mit einem Schlage zustande kommen. Es wird durch konkrete Schritte entstehen.

Wirtschaftliche Zusammenschlüsse

Freihandelszone
- Abschaffung der Zölle zwischen den Mitgliedsländern
- Unterschiedliche Zölle gegenüber Nichtmitgliedern

Zollunion
- Abschaffung der Zölle zwischen den Mitgliedern
- Gleiche Zölle gegenüber Nichtmitgliedern

Gemeinsamer Markt
- freier Warenverkehr durch Schaffung einer Zollunion
- freier Personenverkehr
- freies Angebot von Dienstleistungen
- freier Kapitalverkehr

Wohin gehen die deutschen Exporte?

1992

Bestimmungs-länder	Ausfuhr Mrd DM	%
EU-Länder:	364,7	54,3
andere europäische Länder	114,5	17,0
USA	42,7	6,3
Japan	14,7	2,1
übrige Staaten:	134,6	20,0
insgesamt:	671,2	100

1993

Bestimmungs-länder	Ausfuhr Mrd DM	%
EU-Länder:	288,8	47,8
andere europäische Länder	107,9	17,8
USA	46,8	7,7
Japan	15,7	2,5
übrige Staaten:	144,8	23,9
insgesamt:	604,0	100

nach Harenberg Aktuell '95

Trotz der Abschaffung der Zölle wird der freie Handel innerhalb der EU noch lange durch andere **Hindernisse** erschwert. Mit unterschiedlichen Lebensmittelvorschriften und technischen Normen versuchen einzelne EU-Staaten, sich vor unerwünschter Konkurrenz zu schützen. Die verschiedenen nationalen Steuersysteme (z. B. unterschiedliche Mehrwertsteuersätze) führen zu Wettbewerbsverzerrungen, die mit einem freien Warenverkehr nicht vereinbar sind.

So ist es z. B. lange Zeit nicht möglich gewesen, ausländisches Bier, das nicht nach dem in Deutschland gültigen „Reinheitsgebot" von 1516 gebraut war, in die Bundesrepublik Deutschland einzuführen. Umgekehrt haben sich die Italiener gegen die Einfuhr von Teigwaren gewehrt, die nicht entsprechend der italienischen Vorschrift nur aus Hartweizen hergestellt worden sind. Erst durch Urteile des Europäischen Gerichtshofes wird in vielen Bereichen der freie Warenverkehr ermöglicht.

Europäischer Gerichtshof rückt deutscher Wurst auf die Pelle

BRÜSSEL, 2. Februar. Die Bundesrepublik darf die Einfuhr von Wurst- und wurstähnlichen Erzeugnissen aus anderen EG-Ländern nicht verbieten, die entgegen der deutschen Fleischverordnung Eier, Milch, pflanzliche Stärke und Eiweißstoffe enthalten. Dies hat der Europäische Gerichtshof (EuGH) am Donnerstag entschieden.

Wie zuvor schon beim deutschen und griechischen „Reinheitsgebot" für Bier und beim italienischen für Teigwaren folgten die Luxemburger EG-Richter ihrer Rechtsprechung, dass solche Reinheitsvorschriften zwar für einheimische Erzeugnisse aufrechterhalten bleiben können, aber nicht zur Abschottung gegen ähnliche Erzeugnisse aus andern Teilen der Europäische Gemeinschaft dienen dürfen.

Die deutschen Fleischer fürchten nach dem Luxemburger Urteil „keine Konkurrenz, sondern eine interessante Angebotserweiterung auf dem Wurstspezialitäten-Markt". Das Fleischerhandwerk werde an dem Reinheitsgebot festhalten und dem Verbraucher weiterhin die gewohnten Qualitätsprodukte anbieten, sagte der Hauptgeschäftsführer des Deutschen Fleischer-Verbandes.

Erich Hauser in: Frankfurter Rundschau vom 3.2.89

Mitte der 80er Jahre wird die Forderung immer lauter, den Gemeinsamen Markt endlich zu verwirklichen und mit dem freien Austausch von Menschen, Waren, Kapital und Dienstleistungen ernst zu machen. Auf diese Herausforderung antworten die EU-Behörden mit dem Projekt „Binnenmarkt '92", das bis zum 1.1.1993 einen einheitlichen Wirtschaftsraum in der EU schaffen soll (s. S. 312).

Die Gemeinsame Agrarpolitik

Artikel 39 des Vertrags zur Gründung der EWG (1957)

Ziel der gemeinsamen Agrarpolitik ist es:

a) die Produktivität der Landwirtschaft durch Förderung des technischen Fortschritts, Rationalisierung der landwirtschaftlichen Erzeugung und dem bestmöglichen Einsatz der Produktionsfaktoren, insbesondere der Arbeitskräfte, zu steigern;

b) auf diese Weise der landwirtschaftlichen Bevölkerung, insbesondere durch Erhöhung des Pro-Kopf-Einkommens der in der Landwirtschaft tätigen Personen, eine angemessene Lebenshaltung zu gewährleisten;

c) die Märkte zu stabilisieren;

d) die Versorgung sicherzustellen;

e) für die Belieferung der Verbraucher zu angemessenen Preisen Sorge zu tragen.

Bauernprotest

Die Gemeinsame Agrarpolitik der Europäischen Union versucht diese Ziele durch sogenannte **Marktordnungen** für landwirtschaftliche Produkte zu verwirklichen. Solche Marktordnungen enthalten:

- **Preisempfehlungen:** Für die meisten Agrarprodukte legen die Agrarminister der EU gemeinsame Richtpreise fest, die jedes Jahr der Entwicklung angepasst werden.
- **Absatzgarantien:** Die EU bestimmt ebenfalls einen unter dem Richtpreis liegenden Mindestpreis - den Interventionspreis. Falls der Marktpreis für ein Produkt unter eine bestimmte Grenze zu fallen droht, wird es von der EU zu diesem Mindestpreis aufgekauft. Diese Abnahmegarantie schützt die Bauern vor einem allzu großen Absatzrisiko.
- **Schutz vor billigen Importen:** Billige Agrarimporte aus Ländern außerhalb der EU werden durch Zölle (= Abschöpfungen) auf EU-Preisniveau gebracht. Umgekehrt gibt es Zuschüsse (= Rückerstattungen) aus dem EG-Agrarfonds, wenn teurere Agrarprodukte aus der EU in andere Länder exportiert werden.

Sichtbares Ergebnis dieser Agrarpolitik ist eine Überschussproduktion. Butter-, Getreide- und Fleischberge sowie Milch- und Weinseen, für deren Ankauf und Lagerhaltung jährlich Milliardenbeträge aufgewendet werden müssen, sind zu einer schweren finanziellen Belastung für die EU geworden. Andererseits hat die Agrarpolitik der EU nicht verhindern können, daß die meisten Bauern den Anschluss an die allgemeine Einkommensentwicklung verloren haben. Nutznießer dieser Politik sind die landwirtschaftlichen Betriebe mit hohem Einkommen: Obwohl sie nur einen Anteil von 20 Prozent der bäuerlichen Betriebe ausmachen, erhalten sie 80 Prozent der EU-Mittel für die Landwirtschaft. Diese „Agrarfabriken" erzielen eine höhere Produktion und damit verbunden eine Einkommensverbesserung auch dadurch, dass sie durch Überdüngung der Felder und allzu intensive Methoden der Massentierhaltung die Umwelt belasten und die Qualität ihrer Erzeugnisse verschlechtern.

Beseitigung von Überschüssen

Ansätze einer Agrarreform

- **Festlegung von Quoten**
  Seit 1984 für die Milcherzeugung, seit 1989 auch im Weinbau: Die EU kauft Milch bzw. Wein nur noch im Rahmen einer begrenzten Menge zum garantierten Mindestpreis.
- **Flächenstilllegung**
  Seit 1989 erhalten Bauern, die einen Teil ihrer Anbauflächen stilllegen, eine bestimmte Prämie.
- **Preissenkungen**
  Seit 1992 werden die Garantiepreise für Überschussprodukte (z. B. Butter, Getreide, Rindfleisch) deutlich gesenkt. Zum Ausgleich erhalten die Landwirte Direktbeihilfen der EU.

Ergebnisse:

Der Garantiepreis für eine Tonne Getreide wird zwischen 1992 und 1994 von 353 DM auf 291 DM gesenkt. Die Lagerbestände von Getreide steigen von ca. 20 Mio t (1992) auf 33 Mio t (1993) und sinken auf 24 Mio t (1994). Die Agrarausgaben der EU steigen zwar immer noch von 72,1 Mrd DM (1992) auf 78,9 Mrd DM (1994), doch sinkt im gleichen Zeitraum der Anteil der Agrarausgaben im EU-Haushalt um 2% auf 58%.

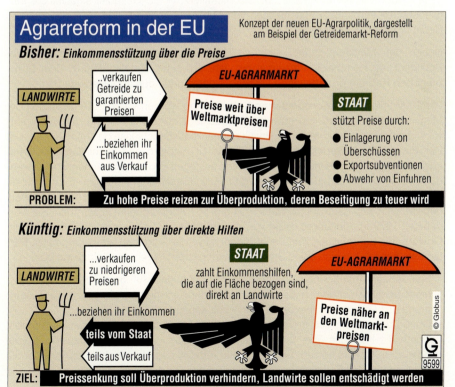

Die deutschen Mitglieder der Europäischen Kommission

Das Europäische Parlament spricht am 18.1.1995 der Europäischen Kommission unter ihrem neuen Präsidenten Jacques Santer (Luxemburg) das Vertrauen aus. Von den 20 Kommissaren kommen zwei aus der Bundesrepublik. Dies sind:

- **Martin Bangemann**, zuständig für Industrie und Informationstechnologie
- **Monika Wulf-Mathies**, zuständig für Regionalpolitik

Beschlüsse des Ministerrats

Seit 1987 werden viele Beschlüsse des Ministerrats nicht mehr einstimmig gefasst, sondern mit qualifizierter Mehrheit. Es gelten folgende Stimmenverhältnisse:

	Zahl der Stimmen
Deutschland	10
Frankreich	10
Italien	10
Großbritannien	10
Spanien	8
Belgien	5
Griechenland	5
Niederlande	5
Portugal	5
Österreich	4
Schweden	4
Dänemark	3
Irland	3
Finnland	3
Luxemburg	2
Insgesamt:	87
Qualifizierte Mehrheit:	62
Sperrminorität:	25

2 Der innere Aufbau der Europäischen Union

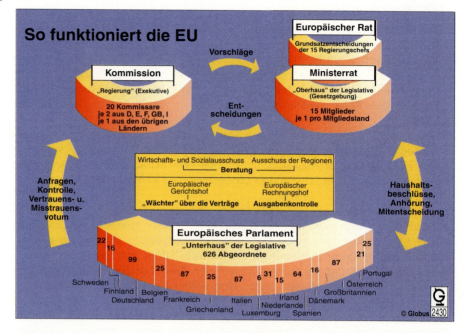

Zentrales Entscheidungsorgan in der EU ist der **Ministerrat**. Er setzt sich aus den 15 jeweils zuständigen Fachministern der Regierungen der Mitgliedstaaten zusammen. Um Beschlüsse zu fassen, ist in den meisten Fällen eine qualifizierte Mehrheit vorgesehen. Vom Ministerrat verabschiedete Richtlinien (= EU-Gesetze) sind für die Mitgliedstaaten verbindlich und müssen von den nationalen Parlamenten in nationales Recht umgesetzt werden.

Neben den Ministern treffen sich die Regierungschefs der EU-Staaten und der Präsident der Kommission zweimal pro Jahr auf einer Gipfelkonferenz, dem **Europäischen Rat,** um grundlegende Fragen zu klären und neue Impulse zu geben.

Die 20 Mitglieder der **Europäischen Kommission** werden von den Regierungen der Mitgliedstaaten bestellt. Sie entwickelt Vorschläge zur Durchführung und Weiterentwicklung der gemeinschaftlichen Politik und führt die Beschlüsse des Ministerrats aus. Der **Europäische Gerichtshof** besteht aus 13 Richtern und sechs Generalstaatsanwälten. Er soll die Gemeinschaftsverträge auslegen und für eine einheitliche Anwendung des Gemeinschaftsrechts sorgen. Die Entscheidungen des Europäischen Gerichtshofes sind ebenfalls für die EU-Mitglieder verbindlich. Das **Europäische Parlament** setzt sich nach seiner Wahl 1994 aus 567 Abgeordneten zusammen. Sie werden seit 1979 für fünf Jahre direkt von den Bürgerinnen und Bürgern der EU gewählt. Obwohl das Europäische Parlament (noch) nicht die Aufgaben eines nationalen Parlaments besitzt, hat sich seine Stellung in den letzten Jahren deutlich gewandelt.

- Seit Januar 1995 können Kommissare erst nach einer Anhörung durch das Parlament benannt werden. Außerdem braucht die Kommission als ganze die Zustimmung des Parlaments, bevor sie ihre Arbeit aufnehmen kann.
- Ohne Zustimmung des Parlaments kann der Haushalt der EU nicht in Kraft treten. Durch die Kontrolle über die Ausgaben kann das Parlament ansatzweise eigene politische Akzente setzen. Seit 1993 (Inkrafttreten des Maastrichter Vertrags) ist die Zustimmung des Parlaments auch für die Verabschiedung von Beitrittsverträgen und die Umsetzung der Währungsunion erforderlich .

- Seit 1987 besteht z. B. in der Verkehrs- und Umweltpolitik das Verfahren der institutionellen Zusammenarbeit: Wenn der Ministerrat mit qualifizierter Mehrheit einen Beschluss fasst, das Parlament diesen aber mit einfacher Mehrheit ablehnt, kann der Beschluss nur gültig werden, wenn der Ministerrat ihn in einem zweiten Anlauf einstimmig verabschiedet.
- Seit 1993 (Inkrafttreten des Maastrichter Vertrags) gibt es z. B. für Verbraucherschutz und Gesundheitswesen ein neues Mitentscheidungsverfahren. Lehnt das Parlament in diesen Bereichen einen Beschluss des Ministerrats ab und kommt es trotz eines Vermittlungsverfahrens nicht zu einer Einigung, ist der Beschluss gescheitert. Eine Gesetzgebung gegen das Parlament ist hier also nicht mehr möglich.

Das Ergebnis der Europawahl 1994 in Deutschland

Parteien	%	Abg
SPD	32,2	40
CDU	32,0	39
CSU	6,8	8
B90/Grüne	10,1	12
PDS	4,7	—
F.D.P.	4,1	—
Rep	3,9	—
Sonstige	6,2	—

– Wahlbeteiligung: **60,1%**
– Wahlbeteiligung im EU-Durchschnitt: **57%**

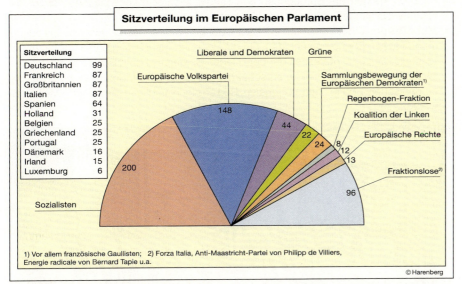

1) Vor allem französische Gaullisten; 2) Forza Italia, Anti-Maastricht-Partei von Philipp de Villiers, Energie radicale von Bernard Tapie u.a.

© Harenberg

Frankreich unter Druck

Straßburg – Die Europäische Kommission will noch weitere, genauere Prüfungen vornehmen, bevor sie am 23. Oktober auf einer Sondersitzung endgültig entscheidet, ob sie Artikel 34 des Euratom-Vertrages gegen Frankreich anwenden wird. Das erklärte Kommissionspräsident Jacques Santer am 10. Oktober vor dem Europäischen Parlament in Straßburg. Bei Anwendung des Artikels wird die Zustimmung der Kommission zu Atomwaffentests erforderlich (...).
Die Gründe für die bisherige Zurückhaltung der Kommission sind laut Santer die noch fehlenden Daten über die Radioaktivität beim 2. Test sowie die noch nicht abgeschlossene Analyse des 1. Versuchs. (...)
Die Kommission werde Paris noch einmal energisch auffordern, die benötigten zusätzlichen Informationen nachzuliefern.

Das Parlament vom 20.10.1995

Höchst unaufregende Atomtest-Debatte im Europaparlament

Das Europäische Parlament ist wieder einmal als Tiger abgesprungen und als Bettvorleger gelandet. Wie laut hatten die Grünen und einige sozialdemokratische Europaabgeordnete nach dem Beginn der französischen Atomtests gebrüllt und drohend die Zähne gezeigt: von einem Misstrauensantrag gegen die Brüsseler EU-Kommission war die Rede, die ihre Aufgabe als Hüterin der europäischen Verträge nicht energisch genug wahrgenommen habe. (...) Zumindest werde man, so kündigten die Europaparlamentarier damals lauthals an, einen besonderen Untersuchungsausschuss einsetzen, der Frankreichs eigenmächtige Politik durchleuchten solle. Inzwischen scheint bei der Mehrheit des Europaparlaments jedoch wieder Nüchternheit eingekehrt zu sein. Bei der Dringlichkeitsdebatte über die Atomtests am Dienstag in Straßburg konnten selbst die leidenschaftlichsten Atomgegner nicht mehr verbergen, dass das Europaparlament zwar medienwirksam brüllen, aber nicht beißen kann. An einen Misstrauensantrag gegen die EU-Kommission denkt in Straßburg niemand mehr. Selbst die schlimmsten Hitzköpfe sehen inzwischen ein, dass dieser Schritt nicht nur völlig unangemessen wäre, sondern auch die Falschen treffen würde (...). Ein besonderer Untersuchungsausschuss aber wird aus rechtlichen Gründen nicht zustande kommen. (...)
Das Interesse an der Straßburger Parlamentsdebatte war deutlich geringer, als dies in den deutschen Medien erscheinen mag. (...) Das Straßburger Halbrund war zwar während der Debatte relativ gut besetzt, doch die europäischen Medien waren nach dem Beginn der Tests in der Südsee offensichtlich zur Tagesordnung übergegangen und glänzten durch Abwesenheit – mit Ausnahme der Deutschen (...). Der Protest gegen Chiracs Tests – ein ausschließlich deutsches Emotionsthema?
Wer manchen deutschen Parlamentarinnen der Grünen und der SPD zuhörte (...), konnte diesen Eindruck gewinnen. Eine rühmliche Ausnahme war die SPD-Europaabgeordnete Magdalena Hoff, die in Straßburg die Debatte auf den Punkt brachte: Sie fürchtet zu Recht die „negative Signalwirkung" von Chiracs sturem Alleingang für die gemeinsame Außen- und Sicherheitspolitik.

Thomas Gack, Stuttgarter Zeitung vom 20.9.1995

Bundeskanzler Kohl am 30. Januar 1991:

Wir wollen, dass das Europäische Parlament wesentlich mehr Befugnisse erhält. Die europäischen Wähler werden es nicht hinnehmen, im Frühsommer 1994 noch einmal ein Europaparlament zu wählen, wenn wir nicht dieses Defizit an Demokratie beseitigen. Das hat natürlich auch Konsequenzen für den Bundestag. Kernpunkte sind insbesondere die Beteiligung des Parlaments an der Wahl des Präsidenten und der Mitglieder der Kommission sowie die Stärkung seiner Rechte im Haushaltsbereich, in der Gesetzgebung und bei den Außenbeziehungen.

Die Europäische Union

Angesichts der bevorstehenden Beitritte weiterer Länder zur Europäischen Union wird eine Reform des inneren Aufbaus der Europäischen Union zunehmend als dringend notwendig erachtet. Dabei stehen folgende Forderungen im Mittelpunkt:

- **Mehr Demokratie:** Immer mehr Zuständigkeiten werden von den Mitgliedstaaten und ihren Parlamenten auf die europäische Ebene verlagert. Sie werden damit der Mitsprache und Kontrolle der nationalen Parlamente entzogen. Solange das Europäische Parlament nicht entsprechend gestärkt wird, weist die Europäische Union ein Demokratiedefizit auf.
- **Mehr Durchschaubarkeit:** Die Aufgaben der EU-Organe müssen klar definiert sein, die Entscheidungsabläufe in der Europäischen Union müssen nachvollziehbar sein. Dadurch können die Bürgerinnen und Bürger leichter durchschauen, wer für bestimmte politische Entscheidungen verantwortlich ist.
- **Mehr Bürgernähe:** Immer mehr Entscheidungen werden für die gesamte EU auf der europäischen Ebene entschieden. Ob die Beamten der EU sich dabei immer an den Vorstellungen und Interessen der betroffenen Bürgerinnen und Bürger orientieren, ist zweifelhaft. Um bürgernah zu entscheiden, müssen die Kompetenzen zwischen der europäischen Ebene, den nationalen Regierungen und den Regionen klar verteilt werden.

Eurovision *Zeichnung: Pielert*

Umbau im Europäischen Haus - Vorschläge für eine Reform der EU

1. In der Europäischen Union muss das Europäische Parlament die zentrale Stellung einnehmen. Als Repräsentanz (Vertretung) der Bürger vermittelt es der Union eine selbständige, nicht mehr von den Mitgliedstaaten abgeleitete Legitimität zur eigenverantwortlichen Wahrnehmung ihrer Aufgaben.
2. Der bisherige, aus Mitgliedern der Regierungen der Mitgliedstaaten zusammengesetzte Ministerrat wird zur Staatenkammer umgewandelt, die als „Rat der Union" insbesondere an der Gesetzgebung mitwirkt. Der Rat der Union bringt als föderatives Organ die in den Mitgliedstaaten vertretenen Meinungen in die Willensbildung der Union ein (...)
3. Der Europäische Rat bildet das Präsidium der Europäischen Union und legt die politischen Leitlinien fest. Er verkündet die Gesetze.
4. Die Kommission der Europäischen Union entwickelt sich (...) zur Regierung der Europäischen Union. Der Präsident der Kommission wird vom Europäischen Rat ernannt. Er bedarf des Vertrauens des Europäischen Parlaments.

Forschungsgruppe Europa an der Universität Mainz, Die Zukunft Europas, Gütersloh 1991, S. 37

3 Stand und Perspektiven der Europäischen Union

EFTA/Europäischer Wirtschaftsraum

Die EFTA ist eine Freihandelszone, der 1995 Island, Liechtenstein, Norwegen und die Schweiz angehören. Durch das 1994 in Kraft getretene Abkommen mit der EU über den Europäischen Wirtschaftsraum gelten die Regeln für den freien Verkehr von Waren, Personen, Dienstleistungen und Kapital auch in den EFTA Staaten (außer der Schweiz), wenn auch mit zahlreichen Ausnahmeregelungen.

3.1 Der Europäische Binnenmarkt

Schon der Gründungsvertrag der Europäischen Wirtschaftsgemeinschaft von 1957 sieht die Errichtung eines alle Mitglieder umfassenden Gemeinsamen Marktes vor, der nach einer Übergangsfrist von 12 Jahren verwirklicht sein soll (siehe S. 305). Innerhalb dieses Zeitraums gelingt es jedoch nur, die Zollschranken zwischen den beteiligten Ländern abzubauen und sich auf gemeinsame Außenzölle zu verständigen. Auch in den folgenden Jahren kommt die Gemeinschaft nur mühsam auf ihrem Weg von der Zollunion zum Gemeinsamen Markt voran.

Die vier Freiheiten im Binnenmarkt

Freier Personenverkehr
- Wegfall von Grenzkontrollen
- Harmonisierung der Einreise-, Asyl-, Waffen-, Drogengesetze
- Niederlassungs- und Beschäftigungsfreiheit für EG-Bürger
- Verstärkte Außenkontrollen

Freier Dienstleistungsverk.
- Liberalisierung der Finanzdienste
- Harmonisierung der Banken- und Versicherungsaufsicht
- Öffnung der Transport- und Telekommunikationsmärkte

Freier Warenverkehr
- Wegfall von Grenzkontrollen
- Harmonisierung oder gegenseitige Anerkennung von Normen und Vorschriften
- Steuerharmonisierung

Freier Kapitalverkehr
- Größere Freizügigkeit für Geld- und Kapitalbewegungen
- Schritte zu einem gemeinsamen Markt für Finanzleistungen
- Liberalisierung des Wertpapierverkehrs

© Erich Schmidt Verlag — ZAHLENBILDER 715 320

Welche Einsparungen bringt der EU-Binnenmarkt?

Durch Vereinheitlichung von Vorschriften werden Handelshemmnisse abgebaut: **163 Mrd DM**

Durch Beseitigung der Binnengrenzen fallen Zollformalitäten weg: **22 Mrd DM**

Durch Schaffung größerer Märkte können Unternehmen kostengünstiger produzieren: **140 Mrd DM**

Durch Verschärfung des Wettbewerbs müssen Unternehmen schärfer kalkulieren: **105 Mrd.DM**

nach Globus 7113

Das bringt der Binnenmarkt (u.a.):

- An den Grenzen entfallen die Zollkontrollen.
- Zum privaten Verbrauch können Waren ohne Mengen- und Wertbegrenzung unverzollt eingeführt werden. (Ausnahmen: Autos, Richtmengen für Alkohol, Zigaretten)
- (Fach-) Hochschulabschlüsse werden in allen EU-Ländern anerkannt. (Vorauss.: dreijährige Studienzeit)
- Freie Arbeitsplatzwahl in allen Ländern der Gemeinschaft. Problem: unterschiedliche Sozialversicherungssysteme
- Niederlassungsfreiheit für Ärzte, Apotheker, Architekten, selbständige Handwerker
- Preissenkungen im Luftverkehr
- Banken und Versicherungen können europaweit tätig werden. Die Folgen: Vielfältigeres Angebot, weniger Verbraucherschutz

Personenkontrollen an den Grenzen können erst abgeschafft werden, wenn sich die EU-Staaten auf eine gemeinsame Sicherheits- und Asylpolitik geeinigt haben (Schengener Abkommen).

Mehrwertsteuer in der EU

Stand: April 1996	Regelsatz in %
Belgien	21
Dänemark	25
Deutschland	15
Finnland	22
Frankreich	20,6
Griechenland	18
Großbritannien	17,5
Irland	21
Italien	19
Luxemburg	15
Niederlande	17,5
Österreich	20
Portugal	17
Schweden	25
Spanien	16

Zur Vermeidung von Wettbewerbsverzerrungen will die EU die Mehrwertsteuer der einzelnen Mitglieder weiter angleichen. Angestrebt sind Mehrwertsteuersätze zwischen 14 und 20%.

Die Europäische Union

Erst 1985 einigen sich die EU-Mitgliedstaaten darauf, bis Ende 1992 den Gemeinsamen Markt zu vollenden und einen einheitlichen Wirtschaftsraum zu schaffen, der die vier Freiheiten tatsächlich gewährleistet. Ausgangspunkt dieser neuerwachten Entschlossenheit ist die Erkenntnis, dass die EU endlich die Möglichkeiten des Gemeinsamen Marktes voll ausschöpfen muss, wenn sie auch in Zukunft noch in der Lage sein will, mit den USA und Japan auf den Weltmärkten zu konkurrieren. Zwar gelingt es nicht, das ehrgeizige Projekt bis zum Beginn des Jahres 1993 zu vollenden. Bis Mitte 1994 haben die Organe der EU aber doch rund 95% der 282 von der Europäischen Kommission vorgeschlagenen Maßnahmen verabschiedet. Davon haben die meisten bereits das Gesetzgebungsverfahren in den Mitgliedstaaten durchlaufen und sind damit geltendes Recht. Voraussetzung zur Schaffung des freien Warenverkehrs ist die Harmonisierung (Angleichung) der vielen, von Staat zu Staat verschiedenen Vorschriften. Dabei werden im Zuge der Hamonisierung strenge nationale Vorschriften häufig durch großzügigere EU-Vorschriften verwässert.

Vom unvollendeten Binnenmarkt zur Wirtschaftsunion:

DER WEG IST STEINIG

Von Karl von Wogau MdEP

Die Schaffung des Europäischen Binnenmarktes am 1. Januar 1993 war ein wichtiger Betrag dazu, den Standort Europa attraktiver zu gestalten. Zahlreiche bürokratische Handelshemmnisse wurden abgeschafft, was beispielsweise dadurch zum Ausdruck kommt, dass jährlich 70 Millionen Zolldokumente weggefallen sind. Mindestens ebenso wichtig ist der Wegfall von Handelshemmnissen, die durch unterschiedliche technische Normen und Beschränkungen des Devisen- und Kapitalverkehrs, Einschränkungen der Freizügigkeit und andere Handelshemmnisse zustande kamen.

Es gibt jedoch noch Bereiche, in denen die Gemeinschaft entscheidungsbefugt ist und in denen die Kostensenkungspotenziale für Unternehmen noch nicht voll ausgenutzt sind. Dies trifft zum Beispiel auf den Energiesektor zu, der endlich liberalisiert werden muss. Hier müssen staatliche Monopole abgebaut und mehr Wettbewerb zwischen verschiedenen Produzenten und Vertreibern von Energie zugelassen werden, denn die Energiepreise in Europa sind gegenwärtig etwa 40 % höher als in den USA.

Die Europäische Kommission hat hierzu einen Richtlinienvorschlag unterbreitet, der schon seit geraumer Zeit vom Ministerrat und dem Europäischen Parlament im Rahmen des neuen Mitentscheidungsverfahrens (Maastrichter Vertrag) behandelt wird.

Dasselbe gilt auch für den Bereich der Telekommunikation: Bei den Endgeräten sind die Monopole der Postverwaltungen bereits gefallen zum Nutzen der Verbraucher, aber in anderen Bereichen bestehen sie noch weiter, so dass noch kein Wettbewerb hergestellt ist.

Den unvollendeten Binnenmarkt sieht man auch im Bereich des Transportwesens: Hier müssen Voraussetzungen dafür geschaffen werden, dass Transporte über eine Distanz von mehr als 500 km in der Regel von der Straße auf die Schiene verlagert werden. Das ist nicht nur umweltfreundlicher, sondern auch ökonomischer. Diese Umstellung wird jedoch eine größere Flexibilität der Europäischen Eisenbahnen, aber auch die Schaffung von mehr Verladeeinrichtungen notwendig machen.

Bei der Erhaltung und Neuschaffung von Arbeitsplätzen sind die kleinen und mittleren Unternehmen (KMU) von besonderer Bedeutung. Die Erfahrung zeigt nämlich, dass beispielsweise Handwerksbetriebe in Krisenzeiten länger als Großunternehmen Arbeitsplätze erhalten und neue Ausbildungsplätze zur Verfügung stellen. Auch kostet ein Arbeitsplatz in einem Großunternehmen etwa viermal so viel wie in einem kleinen oder mittleren Unternehmen.

Die beste Förderung der KMU besteht im Abbau von Bürokratismus und einem besseren Zugang zu Informationen über ihre Möglichkeiten im Binnenmarkt, der überdies das größte Liberalisierungsprojekt seit Ludwig Erhard darstellt. An seiner Vollendung ist das Europäische Parlament entscheidend beteiligt gewesen.

Das Parlament 1 – 2 vom 6.1.1995

Ein Binnenmarkt muss den Produzenten aus allen Mitgliedsländern die Möglichkeit einräumen, ihre Waren zu gleichen Bedingungen in jedem Mitgliedsland anzubieten. Dies erfordert neben der Beseitigung der technischen Schranken auch eine Angleichung der nationalen Steuersysteme, insbesondere im Bereich der Verbrauchssteuern, um Wettbewerbsverzerrungen zu verhindern. Dazu ein Beispiel:

Ein deutscher und ein belgischer Unternehmer liefern Compact-Discs an einen Einzelhändler in Frankreich. Vor der Schaffung des Binnenmarkts 1993 stellten beide den Warenpreis ohne Mehrwertsteuer in Rechnung, an der Grenze wurde diesem Betrag die Mehrwertsteuer des Einfuhrlandes Frankreich (für beide: 18,6%) zugeschlagen, sie wurde an den französischen Staat abgeführt. Ab dem 1.1.1993 wird der Exporteur im Normalfall neben dem Warenbetrag seine nationale Mehrwertsteuer (Deutschland: 15%, Belgien: 19,5 %) von seinem französischen Käufer verlangen. Die Steuer bleibt im Land des Exporteurs. Für den französischen Käufer bedeutet das, dass vor der Einführung des Binnenmarktes die Preise beider Anbieter gleich waren. Jetzt ist das gleiche Produkt aus Deutschland billiger als das belgische: Die unterschiedlichen Steuersätze verzerren also den Wettbewerb.

Wettbewerbsnachteile ergeben sich aber auch für Unternehmen, die in Ländern mit hohen Arbeitskosten (Löhne und Lohnnebenkosten) und strengem Arbeitsrecht produzieren, wie z. B. in Deutschland. So können etwa auf dem deutschen Baumarkt Anbieter aus den Billiglohnländern der EU zum Zuge kommen, die in Deutschland Bauarbeiter aus ihren Ländern zu Löhnen beschäftigen, die weit unterhalb deutscher Tariflöhne liegen. Dadurch geraten deutsche Bauunternehmen in Schwierigkeiten und viele Arbeitsplätze in Gefahr. Andererseits verlagern auch viele deutsche Betriebe ihre arbeitsintensiven Produktionen in diese Billiglohnländer und vernichten damit Arbeitsplätze in Deutschland. Ohne eine Sozialunion, die das Tarif- und Arbeitsrecht und die Sozialleistungen der EU-Staaten untereinander angleicht, bleibt der Binnenmarkt ein Europa der Arbeitgeber. Einen ersten Ansatz zur Schaffung einer Sozialunion bildet die EU-Sozialcharta, die 1989 vom Europäischen Rat – allerdings ohne britische Zustimmung – verabschiedet wird.

Anhängsel

Die Charta der sozialen Grundrechte der Arbeitnehmer

> **In der Charta sind folgende Rechte verankert:**
>
> 1. das Recht der Arbeitnehmer, in dem EG-Mitgliedstaat ihrer Wahl zu arbeiten;
> 2. das Recht auf freie Wahl des Berufs und das Recht auf ein gerechtes Entgelt;
> 3. das Recht auf verbesserte Lebens- und Arbeitsbedingungen;
> 4. das Recht auf sozialen Schutz entsprechend den Gegebenheiten der einzelnen Mitgliedstaaten;
> 5. die Koalitionsfreiheit und das Recht auf Tarifverhandlungen;
> 6. das Recht auf berufliche Bildung;
> 7. das Recht von Männern und Frauen auf Gleichbehandlung;
> 8. das Recht der Arbeitnehmer auf Unterrichtung, Anhörung und Mitwirkung;
> 9. das Recht auf Gesundheitsschutz und Sicherheit am Arbeitsplatz;
> 10. Kinder- und Jugendschutz;
> 11. das Recht der älteren Menschen auf einen angemessenen Lebensstandard;
> 12. Förderung der sozialen und beruflichen Eingliederung von Behinderten.

Amt für amtliche Veröffentlichungen der Europäischen Gemeinschaften: Die soziale Dimension im europäischen Binnenmarkt, Luxemburg 1993

Entsendegesetz zur Verhinderung von Sozialdumping

Sozialdumping ist das Unterlaufen sozialer Mindeststandards wie Lohnhöhe oder maximal zulässige Arbeitszeit. Eine von der EU entworfene „Entsenderichtlinie" zur Verhinderung von Sozialdumping bei der Beschäftigung ausländischer Arbeitskräfte scheitert 1995 am Widerstand von Großbritannien, Irland, Italien und Portugal. Ein anschließend vom Bundestag verabschiedetes Gesetz, wonach im Baugewerbe beschäftigte ausländische Arbeitnehmer mindestens nach der niedrigsten deutschen Tarifstufe bezahlt werden müssen, scheitert 1996 am Einspruch der deutschen Arbeitgeberverbände.

Euro-Betriebsrat

Im September 1994 verabschiedet die EU eine Richtlinie zur Einrichtung von Euro-Betriebsräten, die bis September 1996 von den EU-Mitgliedstaaten in nationales Recht umgesetzt werden muss.
Danach müssen Unternehmen mit mindestens 1.000 Mitarbeitern einen Euro-Betriebrat einsetzen, wenn sie in zwei EU-Staaten jeweils mindestens 150 Arbeitnehmer beschäftigen.
Der Euro-Betriebrat muss vor jeder wichtigen Entscheidung wie Fusion, Schließung von Betriebsteilen und Massenentlassungen angehört werden.

nach Harenberg Aktuell `96

Die Europäische Union

Die Entstehung des Vertrags über die Europäische Union (Vertrag von Maastricht)

- **9./10.12.1991:**
  Der Europäische Rat beschließt das Vertragswerk auf seinem Gipfeltreffen in Maastricht (NL).
- **7.2.1992:**
  Unterzeichnung durch die Außen- und Finanzminister
- **1992/93:**
  Ratifizierung des Vertrags durch die nationalen Parlamente
- **2.6.1992:**
  Die dänische Bevölkerung lehnt den Vertrag in einer Volksabstimmung ab (50,7% Nein-Stimmen). Ein zweiter Volksentscheid am 18.5.1993 fällt positiv aus. Volksabstimmungen gibt es auch in Frankreich und Irland.
- **12.10.1993:**
  Das Bundesverfassungsgericht lehnt 18 Verfassungsklagen gegen die Rechtmäßigkeit des Vertrags ab und macht damit den Weg frei für die Ratifikation des Vertrags durch den Deutschen Bundestag.
- **1.11.1993:**
  Der Vertrag von Maastricht tritt in Kraft
- **1996:**
  Regierungskonferenz zur Revision des Maastrichter Vertrags

European Currency Unit (ECU)

Bis zur Einführung des Euro dient der ECU als interne Verrechnungseinheit der EU-Organe und als Bezugsgröße für die Wechselkurse des Europäischen Währungssystems. Der 1979 eingeführte ECU ist kein offizielles Zahlungsmittel.

Kurs des ECU am 18.1.1997:
1 ECU = 1,94 DM

3.2 Der Vertrag von Maastricht

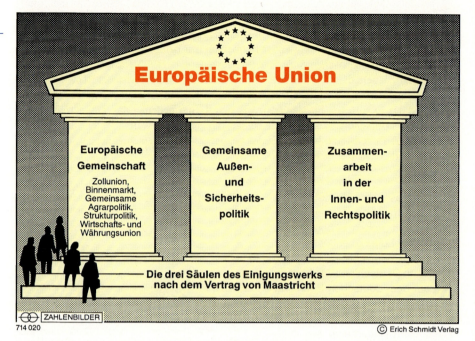

Der Vertrag über die Europäische Union bedeutet einen wichtigen Schritt vorwärts im europäischen Einigungsprozess. Der Unionsvertrag umfasst mehrere Einzelverträge. Das erste Element des Vertragswerks (1. Säule) ist die Fortentwicklung des bisher gültigen EWG-Vertrags (jetzt: EG-Vertrag) durch Bestimmungen über die Errichtung der Wirtschafts- und Währungsunion sowie die Einführung einer Unionsbürgerschaft. Die beiden anderen Teile stellen eine grundlegende Erweiterung des Tätigkeitsbereichs der Gemeinschaft dar, indem neben der Wirtschafts- und Währungspolitik auch die Außen- und Sicherheitspolitik (2. Säule) sowie die Innen- und Rechtspolitik (3. Säule) der Mitglieder stärker koordiniert werden sollen. So wird aus der Europäischen Gemeinschaft die **Europäische Union**.

Europäische Gemeinschaft

Die wichtigsten Bestimmungen im Rahmen der Europäischen Gemeinschaft betreffen die weitere Vollendung des Binnenmarktes durch die stufenweise Schaffung einer **Wirtschafts- und Währungsunion**. Am Ende einer mehrjährigen Annäherungsphase soll im Jahre 2002 die Einführung einer gemeinsamen Währung mit dem Namen **Euro** stehen. Eine einheitliche Währung vermeidet die Verluste, die beim Grenzübertritt durch den Umtausch der Währungen entstehen (nach Schätzung der Europäischen Kommission jährlich etwa 30 Mrd. DM). Sie beseitigt aber auch Kursschwankungen zwischen den Währungen, die längerfristige Exportgeschäfte für Käufer und Verkäufer zu einem schwer kalkulierbaren Risiko machen.

Um zu verhindern, dass harte Währungen wie die DM durch schwächere Währungen „aufgeweicht" werden und an Wert verlieren, müssen strenge Stabilitätskriterien von den Ländern erfüllt werden, die an der Währungsunion teilnehmen wollen (siehe S. 315). Außer Luxemburg sind alle EU-Länder noch mehr oder weniger weit davon entfernt, den Kriterien zu entsprechen. Es wird auch immer deutlicher erkennbar, dass der straffe Zeitplan die Regierungen zu rigorosem Sparen zwingt, was letztlich zu Lasten der sozial Schwachen und Arbeitslosen geht. Deshalb ist es fraglich, ob der Zeitplan auch tatsächlich eingehalten werden kann.

Europäische Wirtschafts- und Währungsunion

Für die Länder der EU gelten folgende Konvergenzkriterien:

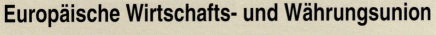

Schulden
Die Gesamtschulden dürfen 60 % des Bruttoinlandsprodukts nicht übersteigen.

Defizit
Das Haushaltsdefizit darf 3 % des Bruttoinlandsprodukts nicht übersteigen.

Inflation
Der Anstieg der Verbraucherpreise darf nicht mehr als 1,5 % über der Teuerungsrate der 3 preisstabilsten Mitgliedsländer liegen.

Zinsen
Die langfristigen Zinssätze dürfen nicht höher als 2 % über dem Durchschnitt der 3 preisstabilsten Mitgliedsländer liegen.

EWS-Bandbreite
Die zulässigen Wechselkursschwankungen müssen mind. 2 Jahre vor Konvergenzprüfung ohne Abwertung eingehalten worden sein.

95 06 429 ©imu

Der Weg zur Wirtschafts- und Währungsunion

1. Stufe:
Seit Juli 1990: immer engere Abstimmung in der Wirtschafts- und Währungspolitik.

2. Stufe:
Ab Januar 1994: Errichtung des Europäischen Währungsinstituts in Frankfurt/M. als Vorläufer der Europäischen Zentralbank.
Bis Ende 1996 haben die EU-Länder Zeit, die vier Stabilitätskriterien zu erfüllen.

3. Stufe:
Spätestens 1999 Errichtung der Europäischen Zentralbank und unwiderruflich feste Wechselkurse. Eine gemeinsame Europa-Währung soll im Jahre 2002 eingeführt werden.

nach Globus 1651

Gemeinsame Außen- und Sicherheitspolitik

Bei der Außen- und Sicherheitspolitik bewegt sich die Europäische Union auf einem Feld der Politik, wo eine Kompetenzübertragung den meisten Mitgliedstaaten besonders schwer fällt. Immerhin sind außen- und sicherheitspolitische Entscheidungsfreiheit wesentliche Merkmale der Souveränität eines Staates. Aktuelle Beispiele wie der Krieg im ehemaligen Jugoslawien zeigen, wie schwierig es für die Mitgliedsländer der EU ist, eine gemeinsame außenpolitische Haltung zu bestimmen und durchzuhalten. Besonders schwierig ist die gemeinsame Sicherheitspolitik, weil dabei auch das Verhältnis zur NATO geklärt werden muss.

Gemeinsamkeit in der Krise?

Irland ist neutral und Dänemark eindeutig pazifistisch; Spanien gibt sich betont araberfreundlich und die seit 3. Oktober vergangenen Jahres größere Bundesrepublik schwankt zwischen Bündnistreue und Solidaritätsverweigerung. Vor der bei Deutschen beliebten Idee, die gesamte EU sollte zu einer riesigen Schweiz geraten, hatte schon (der ehem. Präsident der Europäischen Kommission) Jacques Delors gewarnt. Frankreich und Großbritannien, beide Nuklearmächte und ständige Mitglieder im Weltsicherheitsrat, stehen als klassische europäische Kolonialmächte in der Tradition überseeischer Engagements und Militärinterventionen. In der Ablehnung eines europäischen Pazifismus und Neutralismus sind sie sich deshalb einig; in der Frage, wie eine gemeinsame europäische Außen- und Sicherheitspolitik auszusehen hätte, dagegen nicht. Da sind die Briten traditionell transatlantisch orientiert und wollen den engsten Verbund jeder gemeinsamen europäischen Politik mit den Amerikanern. Die Franzosen aber pochen auf europäische Eigenständigkeit und wünschen ihr Konzept einer unabhängigen Außenpolitik auf ganz Europa zu übertragen.

Peter Merseburger in: Deutsches Allgemeines Sonntagsblatt vom 15.2.1991

4 Die internationale Bedeutung der EU

Nordamerikanische Freihandelszone (NAFTA)

Am 1.1.1994 schließen sich Kanada, die USA und Mexiko zur Nordamerikanischen Freihandelszone (NAFTA) zusammen. Mit rund 365 Mio. Verbrauchern und einer Jahresproduktion von 6,7 Billionen US-Dollar soll sie nach der EU zur zweitgrößten Freihandelszone der Welt werden.
Bis zum Jahr 2005 soll sie alle Staaten des amerikanischen Kontinents von Alaska bis Argentinien umfassen.

Als größte Industrie- und Handelsmacht der Welt wird die EU auch für die Nicht-Mitglieder als Handelspartner immer wichtiger. Doch während die EU-Staaten sich selbst um die Erschließung außereuropäischer Absatzmärkte bemühen, schützen sie durch einheitliche Außenzölle ihren eigenen Markt vor unbequemer Konkurrenz aus dem Ausland. Diese Politik trifft nicht nur mächtige Industriestaaten wie die USA und Japan, sondern auch die Länder der „Dritten Welt". Sie sind aber im besonderen Maße darauf angewiesen, Absatzmärkte für ihre Waren zu finden.

In den letzten Jahren versucht die EU, die wirtschaftliche Zusammenarbeit mit den Nicht-Mitgliedern durch schrittweisen Abbau der Zollbarrieren zu verbessern. Dementsprechende Abkommen hat die EU u.a. mit der Türkei, mit den Staaten Mittel- und Osteuropas und mit vielen ehemaligen englischen und französischen Kolonien in der „Dritten Welt", den sog. AKP-Staaten (siehe S. 348) abgeschlossen.

Welche Bedeutung der Zugang zum EU-Markt für Länder der „Dritten Welt" hat, zeigen die Bestimmungen der EU zum Import von Bananen aus dem Jahre 1993.

Schlechte Geschäfte mit Bananen aus Mittelamerika

Sechs Monate nachdem die Europäische Union die bislang zollfreien „Dollar-Bananen" aus Mittelamerika mit einer Einfuhrsteuer belegte, haben sich die Befürchtungen der Bananenanbau-Länder bewahrheitet. Während der neue Protektionismus zu Gunsten der ehemaligen Kolonien in Afrika und der Karibik zu Verknappung und gestiegenen Preisen in den Ländern der Europäischen Union führte, mussten die Produzenten in Lateinamerika Verluste in Millionenhöhe hinnehmen. Gleichzeitig sind zehntausende von Arbeitsplätzen gefährdet.
Das Problem hat der Gemeinsame Markt geschaffen, der vor einem Jahr in Kraft trat. Frankreich, Spanien und Großbritannien setzten zum Ärger von Deutschland und Holland durch, dass der Import der langen „Dollar-Banane" mit einem 20-prozentigen Zoll belegt und die Menge beschränkt wird.
Die Restriktionen sollen den kleinen Erzeugern wie im afrikanischen Kamerun, dem karibischen St. Lucia oder den Kanarischen Inseln zugute kommen. Ihre kürzeren, krummeren, aber süßeren „Kolonialbananen" konnten bislang kaum mit den „Dollar-Bananen" konkurrieren.

Stuttgarter Zeitung vom 4.1.1994

5 Europa der Bürokraten – Europa der Bürger?

Wenn im Zuge des Zusammenwachsens die 15 Mitgliedstaaten der Europäischen Union ihre Politik immer stärker vereinheitlichen, dann bedeutet dies, dass die einzelnen Mitglieder Stück für Stück ihre Selbständigkeit aufgeben und immer mehr staatliche Befugnisse auf die Organe der Europäischen Union übertragen. Entscheidungen werden immer weniger in Bonn oder Berlin, in Mainz oder Saarbrücken getroffen, sondern zunehmend in der EU-Zentrale in Brüssel.

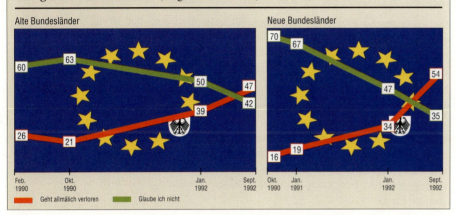

Frage: „Wenn sich die europäischen Länder immer enger zusammenschließen und ein vereintes Europa entsteht, geht dann das, was Deutschland war, allmählich verloren, oder glauben Sie das nicht?" (Angaben in Prozent)

Quellen: Frei nach: Institut für Demoskopie Allensbach; F.A.Z.-Grafik: Heumann; Elisabeth Noelle-Neumann: Der Allensbacher Monatsbericht, in Frankfurter Allgemeine Zeitung vom 8.10.1992.

Warnung vor einem neuen Nationalismus

STRASSBURG. Europas Volksvertreter läuten die Alarmglocke. In den Mitgliedstaaten der Europäischen Union entstehe derzeit ein „Meinungsklima", in dem ein neuer Nationalismus wachse (...). Von den Euroskeptikern werde Europa zur Bedrohung erklärt (...). Dabei sei nicht weniger, sondern mehr Europa notwendig. Ein neuer Nationalismus dagegen führe uns geradewegs zurück in das Vorkriegseuropa. Um dieser Gefahr zu begegnen, müsse man Europas Bürger wieder mehr über die Vorteile und Leistungen der EU aufklären.

Stuttgarter Zeitung vom 16.11.1995

Diese Verlagerung von Kompetenzen weckt bei vielen die Befürchtung, einer übermächtigen, anonymen Bürokratie gegenüberzustehen, deren Entscheidungen sie kaum mehr kontrollieren und beeinflussen können. Um so wichtiger sind deshalb Überlegungen, wie die Europäische Union bürgernäher werden kann. Ein erster Schritt in diese Richtung besteht darin, Bürgerinnen und Bürger über die Möglichkeiten, die ihnen die EU bietet, besser zu informieren. Dazu ist das Amt eines EU-Bürgerberaters geschaffen worden. Dass die EU auch hilft, wenn es darum geht, sein individuelles Recht sogar gegenüber nationalen Behörden geltend zu machen, hat die in Deutschland heftig diskutierte Entscheidung des Europäischen Gerichtshofs zur Rechtmäßigkeit verbindlicher Frauenquoten gezeigt.

Anschrift des EU Bürgerberaters

Bürgerberater der Kommission der Europäischen Union
Zitelmannstr. 22
53113 Bonn

Neue Gleichstellungsförderung?

Das höchste EU-Gericht hatte die Regelung des Landesgleichstellungsgesetzes des Bundeslandes Bremen, das Frauen bei einer Bewerbung im öffentlichen Dienst bei gleicher Qualifikation einen absoluten Vorrang vor männlichen Kollegen einräumt, wenn nicht die Hälfte der Stellen im künftigen Arbeitsbereich von weiblichen Mitarbeitern besetzt sei, als nicht vereinbar mit dem europäischen Recht verworfen. Unter Hinweis auf die in der EU-Richtlinie aus dem Jahr 1976 genannten „Maßnahmen zur Förderung der Chancengleichheit von Männern und Frauen", sprechen sich die Richter keineswegs gegen eine bevorzugte Förderung von Frauen beim Zugang zum Berufsleben (...) aus, sondern lediglich gegen einen in Bremen vorgeschriebenen Automatismus zugunsten von Frauen, der wiederum eine Diskriminierung von Männern bewirken könne. In einzelnen Härtefällen müsse auch die Einstellung eines Mannes möglich sein.

Das Parlament vom 20.10.1995

Wo kein Kläger, ist kein Richter

Ein Angestellter des Bremer Gartenbauamtes klagt, weil er im Konkurrenzkampf um eine höhere Stelle entsprechend der Bremer Quotenregelung einer gleich qualifizierten Kollegin unterlegen ist. Das Bundesarbeitsgericht in Kassel, das diesen Fall zu entscheiden hat, holt eine Rechtsauskunft beim Europäischen Gerichtshof ein. Dessen Entscheidung ist jetzt für die deutschen Gerichte verbindlich.

Die Europäische Union

Entstehung

Die Idee der europäischen Integration entsteht aus den Erfahrungen des Zweiten Weltkriegs und den Herausforderungen der Nachkriegssituation. Sie soll durch eine Politik der kleinen Schritte verwirklicht werden. Diese erweist sich auf dem Gebiet der wirtschaftlichen Zusammenarbeit als besonders erfolgreich: Aus der im Jahre 1957 von sechs Ländern gegründeten Europäischen Wirtschaftsgemeinschaft entwickelt sich im Laufe der Jahre eine Europäische Union mit 15 Mitgliedern.

Ziele

Die Europäische Wirtschaftsgemeinschaft setzt sich das Ziel, eine Zollunion und einen Gemeinsamen Markt zu schaffen, in dem ein freier Verkehr von Waren, Personen, Dienstleistungen und Kapital bestehen soll. Ein Gemeinsamer Agrarmarkt soll die Versorgung der Bevölkerung sicherstellen und für angemessene Einkommen in der Landwirtschaft sorgen.

Organe

Um diese hochgesteckten Ziele zu erreichen, sind gemeinsame Organe nötig, die mit dem Recht ausgestattet sind, für alle Mitglieder verbindliche Entscheidungen treffen zu können. Um ihren Einfluss auf der europäischen Ebene zu sichern, haben sich die Regierungen der Mitgliedstaaten in allen Entscheidungen das letzte Wort vorbehalten. Durch dieses Übergewicht der exekutiven Gewalt ist ein demokratisches Defizit entstanden, das nur durch eine Stärkung des Europäischen Parlaments behoben werden kann.

Bilanz

Zwar gelingt es der Gemeinschaft, bis 1968 die Binnenzölle weitgehend zu beseitigen, weitere Fortschritte bei der Errichtung des Gemeinsamen Marktes erweisen sich jedoch wegen der unterschiedlichen nationalen Interessen als schwierig. Die Gemeinsame Agrarpolitik verursacht enorme Überschüsse an landwirtschaftlichen Produkten und Ausgaben, die sich auf über 50% des EU-Haushalts belaufen. Aufgrund dieser Entwicklungen werden seit Mitte der 80er Jahre verstärkt Reformen gefordert; auch unter dem Gesichtspunkt, die Wettbewerbsfähigkeit Europas auf den Weltmärkten zu stärken.

Perspektiven

Mit der Schaffung des Binnenmarktes 1993 ist die Gemeinschaft der Vollendung des Gemeinsamen Marktes eine großes Stück näher gekommen. Im Vertrag von Maastricht haben die Mitgliedstaaten gemeinsame Zukunftsperspektiven für Europa entwickelt. Neben einer gemeinsamen Währung soll inbesondere die Zusammenarbeit in der Außen- und Sicherheitspoltik sowie in der Innenpolitik vertieft werden.

Zur Wiederholung

1. Beschreiben Sie die Entwicklung der EU von ihren Anfängen bis heute.
2. Erläutern Sie die Begriffe Freihandelszone, Zollunion, Gemeinsamer Markt.
3. Vergleichen Sie die Aufgaben des Bundestages mit denen des Europäischen Parlaments. Wo erkennen Sie ein Demokratiedefizit?
4. Welche Auswirkungen hat der europäische Binnenmarkt für die Verbraucher, die Unternehmer, die Arbeitnehmer, die Mitgliedstaaten?
5. Wie soll die gemeinsame europäische Währung entstehen? Welche Vorteile und welche Probleme sind damit verbunden?

Weiterführende Aufgaben

Informieren Sie sich über die vielfältigen Programme der EU zur Fort-und Weiterbildung im europäischen Ausland. Kontaktadresse: Carl Duisberg Gesellschaft e.V., Hohenstaufenring 30-32, 50674 Köln

Der Nord-Süd-Konflikt

Das Nord-Süd-Gefälle – Probleme der Entwicklungsländer

Helfen wir der anderen Hälfte der Welt, damit Wüsten nicht weiter wachsen und das Klima zerstören. Denn das Klima der Erde ist unteilbar.

Helfen wir der anderen Hälfte der Welt, damit sie sich morgen selbst versorgen kann. Denn bei der Zukunft des Südens geht's ums Ganze.

Helfen wir der anderen Hälfte der Welt, ihren Rohstoffreichtum zu nutzen. Damit sich aus einseitiger Abhängigkeit wirtschaftliche Vielseitigkeit entwickeln kann.

Ihr hattet euch doch vorgenommen,
für unsere Rohstoffe mehr
zu zahlen und
eure Grenzen für unsere Produkte zu öffnen.

Tatsächlich macht ihr die Grenzen zu und zahlt für Rohstoffe Preise wie vor dreißig Jahren. Deswegen haben wir viel Geld verloren.

Statt kleiner Landwirtschaftsprojekte helft ihr fast nur eurer Industrie, damit sie noch mehr an die Reichen unserer Städte verkaufen kann.

Ihr hattet euch doch vorgenommen, unsere Armut zu bekämpfen.

Tatsächlich wuchs der Abstand
zwischen uns
Wir haben heute weniger zu essen
als vor 10 Jahren
und tragen noch die gleiche Kleidung.

Unsere Frauen müssen immer weiter laufen, um Wasser und Feuerholz zu holen.

Seht ihr nicht,
dass Armut auch
unsere gemeinsame Umwelt
zerstört?

Ihr hattet euch doch vorgenommen, dabei zu helfen, dass es
auf unseren Märkten
genug zu kaufen gibt.

Tatsächlich zwingt ihr uns,
mehr für euch
zu produzieren und zu exportieren.

Warum müsst ihr
euer Vieh mit
unserem Getreide füttern?

1 Worum geht es überhaupt?

Bevölkerung und Einkommen sind auf der Erde ungleich verteilt. Auf der einen Seite stehen die Industriestaaten Europas und Nordamerikas (Erste Welt), auf der anderen Seite die Entwicklungsländer Afrikas, Asiens, Mittel- und Südamerikas. Sie werden oft auch als **„Dritte Welt"** bezeichnet. Insgesamt zählt man rund 170 Staaten zu den Entwicklungsländern. Allerdings gibt es zwischen diesen Ländern große soziale und wirtschaftliche Unterschiede, so dass im Zusammenhang mit den ärmsten unter ihnen oft schon der Begriff **„Vierte Welt"** verwendet wird.

Da die meisten Entwicklungsländer im Süden, die meisten reichen Industriestaaten im Norden liegen, spricht man von einem Nord-Süd-Gefälle. Mit der Auflösung der UdSSR und ihrem Bündnissystem fallen einige Staaten der ehemaligen Sowjetunion auch unter den Begriff „Entwicklungsländer". Seit Ende 1992 zählen hierzu Armenien, Aserbaidschan, Kasachstan und weitere Staaten im Osten. Damit zeigt sich, dass nicht nur zwischen Norden und Süden, sondern auch zwischen Westen und Osten Spannungen und Konflikte entstanden sind. Dabei geht es nicht nur darum, dass die reichen den armen Ländern helfen, vielmehr muss allen Staaten bewusst werden:

Die globalen Probleme der Menschheit sind nur gemeinsam zu bewältigen.

Erste Welt
= westliche Industrienationen

Zweite Welt
= Östliche Industrienationen

Nord-Süd-Gefälle

Gefälle sagt der, der oben steht, für die anderen ist das eine mörderische Steigung

Plakat von Klaus Staeck

Ein Kind im Norden verbraucht pro Tag mehr Energie als ein Dorf in Indien.

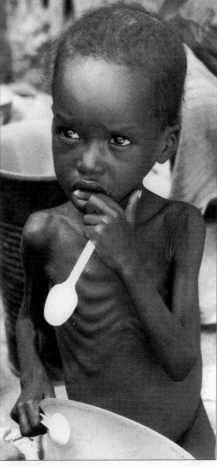

Hunger und Flucht gehören in vielen Ländern Afrikas noch immer zum Alltag.

Rohstoffverbrauch in Nord und Süd

Die 30% „Reichen" im Norden verbrauchen das Zehnfache an Rohstoffen und Energie im Vergleich zu den 70% „Armen" im Süden.

Umweltbelastung in Nord und Süd

Ebenso belasten die 30% „Reichen" die Umwelt bedeutend stärker als die 70% „Armen" im Süden.

70% des von Menschen weltweit freigesetzten Kohlendioxids und 95% der Fluorchlorkohlenwasserstoffe (FCKW) stammen aus dem Norden.

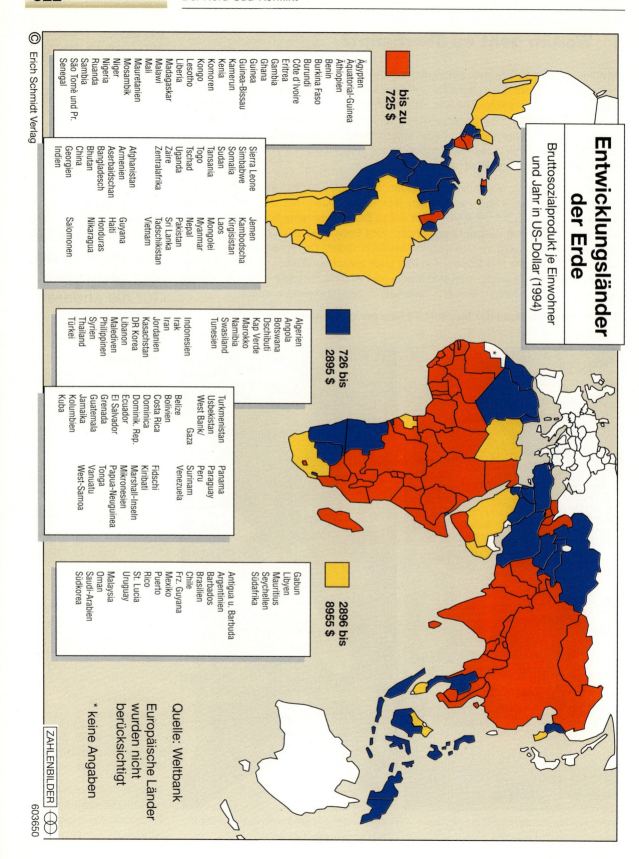

Worum geht es überhaupt?

1.1 Ruanda - Beispiel eines Entwicklungslandes

Auch nach dem Bürgerkrieg leben noch viele Menschen in Flüchtlingslagern.

Die Geschichte Ruandas in Stichworten

Die Erforschung und Kolonialisierung Ruandas beginnt Ende des 19. Jahrhunderts, vor allem durch deutsche Forscher.

1885:	Das Gebiet Ruanda-Urundi wird auf der Berliner Kongo-Konferenz dem deutschen Einflussbereich zugeordnet. Damals leben dort vor allem zwei Stämme: 2 Millionen Wahutu und 200 000 Watussi. Die Watussi, auch Tutsi genannt, bilden später die Führungselite Ruandas.
1899:	Schutzvertrag zwischen König Yuhi V. und dem Deutschen Reich; Ruanda wird als Teil Ostafrikas deutsche Kolonie.
1916:	Belgische und britische Truppen besetzen Ruanda.
1923:	Ruanda wird belgische Kolonie. Während der belgischen Herrschaft wird das feudalistische Herrschaftssystem der Tutsi über das ganze Land ausgedehnt.
1959:	Die sozialen Spannungen zwischen den beiden Stämmen führen zum Ausbruch der Hutu-Revolte, die zum Bürgerkrieg eskaliert, in dem sich die Hutu durchsetzen.
1962:	Am 1. Juli wird Ruanda unabhängig. Viele Tutsi fliehen in Nachbarstaaten und versuchen von dort, die Herrschaft der Hutu zu stürzen.
1973:	Militärputsch. Neuer Präsident wird Juvenal Habyarimana, ebenfalls ein Hutu. Er regiert mit einem Einparteiensystem.
1990:	Von Uganda aus versuchen Rebellen – vorwiegend Tutsi – die Regierung von Ruanda zu stürzen.
1991:	Der Staatspräsident verspricht die Einführung eines Mehrparteiensystems und die Durchführung freier Wahlen.
1992:	Erstmals bildet sich eine Koalitionsregierung; der Bürgerkrieg ist damit aber nicht beendet.
1993:	Friedensvertrag, dessen Bedingungen nicht umgesetzt werden.
1994:	Nach dem Mord am Staatspräsidenten und der Ministerpräsidentin im April beginnen blutige Unruhen (500 000 Tote und 3 Millionen Flüchtlinge). Ab Juli ist Faustin Twagiramungu, wie im Friedensvertrag von 1993 vereinbart, neuer Präsident von Ruanda.
1995:	Die Lage beginnt sich zu normalisieren.
1996:	Der Schein trügt. Ruanda rückt mit neuen Katastrophenmeldungen wieder in die Schlagzeilen.

Rwanda

(deutsche Schreibweise Ruanda) ist das Partnerland von Rheinland-Pfalz. Die Landesregierung von Rheinland-Pfalz finanziert und fördert besonders Projekte und Hilfsmaßnahmen für Ruanda, eines der kleinsten und ärmsten Länder Afrikas.

Weitere Informationen sind erhältlich bei:

Ministerium des Innern und
für Sport Rheinland Pfalz
Referat 394
Schillerplatz 3-5
55116 Mainz

Der Nord-Süd-Konflikt

Statistische Angaben zu Ruanda

Fläche	26 338 km²
Einwohner	7,7 Mio
Einwohner/km²	294,4
Bevölkerungswachstum/Jahr	3,6%
Lebenserwartung	50 Jahre
Analphabeten	50%
Einwohner je Arzt	40 610
Bruttosozialprodukt pro Kopf 1993	210 US$

Zum Vergleich

Rheinland-Pfalz hat eine Fläche von 20 000 km² und ca 4 Millionen Einwohner. Das Bruttosozialprodukt beträgt 1993 DM 37.452

aus verschiedenen Materialien zusammengestellt

Überall in Ruanda sind noch Spuren von Krieg und Zerstörung sichtbar, dennoch hat sich die Situation in Ruanda weiter normalisiert. An vielen der beschädigten Gebäuden werden erste Reparaturen vorgenommen. In Kigali wie auch den anderen größeren Orten Ruandas sind die Straßen wieder voller Menschen, Märkte und Läden sind geöffnet. Die Geschäfte sind mit Waren gefüllt, fast alles kann in Kigali wieder erstanden werden – allerdings zu sehr viel höheren Preisen als früher. Bei den Lebensmitteln haben sich die Preise z.T. verzehnfacht, für die Menschen, von denen nur wenige über ein Einkommen verfügen, ein kaum überwindbares Problem. (...) Die Wirtschaft Ruandas liegt z.T. noch fast völlig am Boden. Von den wenigen Industriebetrieben, die Ruanda besaß, haben nur zwei ihre Produktion wieder aufgenommen. Vieles an Maschinen und Ausstattung der Betriebe wurde geplündert. (...) Die medizinische Versorgung der Menschen kann noch nicht gewährleistet werden, obwohl derzeit mehr als 50 medizinische Hilfsorganisationen in Ruanda tätig sind. Viele der dezentralen Gesundheitsstationen sind noch geschlossen, das medizinische Personal fehlt, die medizinische Ausstattung sowie Medikamente wurden gestohlen.

Dr. Carola Stein in: Ruanda-Revue vom März 1995

Dieser Bericht zeigt, wie schwierig es ist, das Land nach den Zerstörungen im Bürgerkrieg, nach Massenmorden und Flucht wieder aufzubauen.

Schneider beginnen ihr Handwerk

Ruanda, eines der 170 Entwicklungsländer der Erde, weist bestimmte allgemeine Merkmale auf, die für seine Armut und die schwierige politische und wirtschaftliche Situation verantwortlich sind. Ruanda hat aber auch, wie alle Staaten, seine eigene Geschichte und seine Besonderheiten.

Aus diesem Grund ist es schwierig, Informationen aus einem Land auf die Situation in anderen Ländern zu übertragen. Gerade in der Dritten Welt findet man sehr unterschiedliche Verhältnisse vor. Der Nord-Süd-Konflikt ist zu einem komplizierten und vielschichtigen Problem geworden.

In den folgenden Kapiteln werden die Zusammenhänge sichtbar gemacht, gleichzeitig soll auch untersucht werden, ob es Wege gibt, die Entwicklungsländer aus ihrem Elend zu befreien und wie die Hilfe für die Dritte Welt aussehen kann.

2 Die Situation der Entwicklungsländer

Die Sahel-Zone: Symbol für die Situation der Entwicklungsländer

Wachstum der Weltbevölkerung
- Jede Sekunde 3 Menschen
- Jeden Tag 250 000 Menschen
- Jeden Monat 7,5 Millionen
- Jedes Jahr 100 Millionen

Fast täglich werden wir mit Meldungen und Berichten konfrontiert, die uns Elend und Hunger, aber auch politische Krisen, Unruhen und Kriege in den Ländern der Dritten Welt zeigen. Trotz vieler entwicklungspolitischer Bemühungen ist es bis jetzt nicht gelungen, entscheidende Fortschritte bei der Bekämpfung dieser Probleme zu erzielen. Eher das Gegenteil ist der Fall: Der Abstand zwischen Arm und Reich ist in den letzten Jahrzehnten noch größer geworden.

2.1 Armut durch Bevölkerungswachstum und fehlende Bildung

Während die Bevölkerung in den Industriestaaten im Großen und Ganzen gleich bleibt, verzeichnen die meisten Entwicklungsländer ein starkes Wachstum.

Gründe für den Anstieg sind vor allem die verbesserte medizinische Versorgung und der damit zusammenhängende Rückgang der Kindersterblichkeit. Die Hälfte aller Menschen in den Ländern der Dritten Welt ist jünger als 20 Jahre. Die Lebenserwartung insgesamt ist in den Entwicklungsländern in den letzten 30 Jahren von 42 auf 59 Jahre gestiegen.

Wegen des Bevölkerungswachstums führen alle Anstrengungen, die Nahrungsmittelproduktion zu erhöhen, in vielen Ländern, besonders in Afrika, kaum zu einer Verbesserung der Ernährungslage. Täglich sterben immer noch 40 000 Kinder an Unterernährung oder deren Folgen. Man schätzt, dass 800 Millionen Menschen an Hunger leiden. Für die einzelnen Familien in den Ländern der Dritten Welt sind aber viele Kinder lebensnotwendig, solange es keine soziale Absicherung durch den Staat gibt.

Die Entwicklung der Weltbevölkerung während der vergangenen 10.000 Jahre

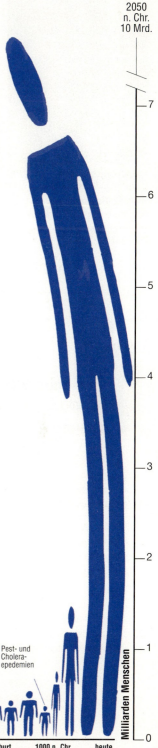

Viele Kinder gelten als Reichtum der traditionellen afrikanischen Familie.

Viele afrikanische Kinder verdienen oft schon mit 6 Jahren mehr als sie zum Leben benötigen. So helfen sie mit, ihre Familie zu ernähren. Armut und Kinderreichtum standen auch in den Industrieländern zu Beginn der Industriellen Revolution in engem Zusammenhang (s. S. 35 ff.). Dennoch sind die Auswirkungen heute weit dramatischer als in den Industrieländern des 19. Jahrhunderts.

Allerdings darf die Überbevölkerung nicht allein für die Unterentwicklung verantwortlich gemacht werden. Wie wichtig in diesem Zusammenhang eine bessere Bildungspolitik ist, zeigt sich an Ländern, die sich auch um schulische und berufliche Qualifikation von Frauen kümmern und feststellen können, dass hier weniger Kinder geboren werden.

„Frauen entscheiden über Bevölkerungsproblem"
UN-Bericht fordert mehr Selbstbestimmung und Einflussmöglichkeit nicht nur für Mütter.

Den Frauen kommt nach Darstellung des Bevölkerungsfonds der Vereinten Nationen (UN) eine Schlüsselrolle bei der Lösung des Bevölkerungsproblems zu. Die Ausstattung der Frauen mit mehr Macht trage zu einem ausgeglicheneren Wachstum der Bevölkerung bei, heißt es im diesjährigen Weltbevölkerungsbericht.(...)

„Im Gegensatz zu ihrer Rolle als Ehefrau und Mutter werden Frauen als Individuen nicht wahrgenommen, dieses wird sich vielleicht bald ändern", ist in dem UN-Bericht zu lesen. Mehr Selbstbestimmung der Frauen sei erforderlich hinsichtlich der Zahl und dem Zeitpunkt von Schwangerschaften, aber auch beim Zugang zu medizinischen Diensten, Bildung, Beschäftigung und Wohnung. Durch den Abbau der Hindernisse für die freie Entscheidung der Frauen würden die Familien kleiner und das Bevölkerungswachstum gebremst. Ein langsameres Wachstum der Weltbevölkerung würde nach Ansicht der Autorinnen des Berichts die Umwelt entlasten und die Armuts- sowie Wanderungsproblematik entschärfen.

Frankfurter Rundschau vom 17. August 1994

Im September 1994 treffen sich Delegierte von 178 Staaten der Erde auf der „Internationalen Konferenz über Bevölkerung und Entwicklung" in Kairo. Auf der Tagesordnung steht die Frage, wie viele Menschen die Erde tragen kann, wie diese ernährt werden und wie das Ungleichgewicht in der Entwicklung zwischen Nord und Süd zugunsten der Menschen aus dem Süden ausgeglichen werden kann. Eine Woche lang findet dann allerdings eine Auseinandersetzung um Empfängnisverhütung und Abtreibung statt. Insbesondere die Vertreter des Vatikan treten dadurch hervor, Wert auf einzelne Worte zu legen, statt sich mit der globalen Thematik zu befassen. So bleiben letztlich die wirklichen Fragen ungeklärt.

Aktionsplan zum Bevölkerungswachstum

23 Milliarden DM sollen bis zum Jahr 2000 eingesetzt werden, um Familienplanung, Gesundheitsvorsorge und Bekämpfung von AIDS zu finanzieren.

Diese Summe wird zu 2/3 von den Entwicklungsländern und zu 1/3 von den Industriestaaten aufgebracht.

Der Mensch als Lemming

Der skandinavischen Wühlmaus (Lemmus lemmus), landläufiger unter der Bezeichnung Lemming bekannt, ist in ihren Genen ein ungewöhnliches Verhaltensmuster einprogrammiert. Nach massenhafter Vermehrung erfolgt ein katastrophaler Zusammenbruch der Population: Die Lemminge stürzen sich zu Tausenden ins Meer. Der das Raumschiff Erde besiedelnde Mensch (Homo sapiens) - angeblich mit dem für ihn typischen Merkmal des Verstandes ausgezeichnet - verhält sich angesichts einer solchen Situation etwas anders. Er veranstaltet alle zehn Jahre eine UN-Konferenz zum Thema Bevölkerungswachstum und Entwicklung. (...)

Zwar stehen im Kairoer Aktionsprogramm viele vernünftige, in die richtige Richtung weisende Sätze, aber sie stehen auf dem Papier. Und sie besitzen für alle Regierungen, die diesem Papier zugestimmt haben, keinerlei bindende Wirkung.

Detlef Franke in: Frankfurter Rundschau vom 14. September 1994

Die Situation der Entwicklungsländer

Nach Angaben der **UNESCO** (Organisation der Vereinten Nationen für Erziehung, Wissenschaft und Kultur) kann etwa eine Milliarde Menschen immer noch nicht lesen und schreiben. Im „Welt-Erziehungsbericht 1993" wird darauf hingewiesen, dass in vielen Entwicklungsländern die wirtschaftlichen Probleme Sparmaßnahmen gerade im Erziehungsbereich zur Folge haben. So können viele Familien die höheren Schulgebühren nicht mehr bezahlen. Gleichzeitig steigen die Anforderungen an schlecht bezahlte Lehrer. Trotz all dieser Missstände meldet der Bericht Erfolge in der weltweiten Alphabetisierung. So sei die Zahl der Erwachsenen, die nicht lesen und schreiben können, seit 1980 kontinuierlich zurückgegangen.

Nicht nur zwischen Industrieländern und Entwicklungsländern besteht ein Gefälle in der Bildung, sondern auch innerhalb der Länder der Dritten Welt, und zwar zwischen Männern und Frauen. Je ärmer das Land, um so größer ist der Bildungsunterschied zwischen den Geschlechtern.

Der Kampf gegen das Analphabetentum in den Entwicklungsländern macht zwar Fortschritte, kann aber noch lange nicht Erfolge vorweisen, die an das Qualifikationsniveau der Industriestaaten heranreichen.

Analphabeten in % der erwachsenen Bevölkerung

Land	%
Burkina Faso	82
Somalia	76
Guinea	76
Nepal	74
Sudan	73
Afghanistan	71
Mosambik	67
Bangladesch	65
Indien	52

zusanmmengestellt nach Weltentwicklungsbericht 1993

Bildung ist eines der menschlichen Grundbedürfnisse

Die Weltbank hat festgestellt, dass die mangelnde Entwicklung der menschlichen Ressourcen (= Fähigkeiten) das Haupthindernis wirtschaftlichen Wachstums ist.

2.2 Armut durch eine ungerechte Gesellschaftsordnung

Ungerechte Einkommensverteilung, Korruption und Bevorzugung von Führungseliten in den Großstädten erschweren die Entwicklung in vielen Ländern der Dritten Welt. Während vor allem die Landbevölkerung in größter Armut lebt, gibt es in den Zentren eine meist sehr kleine Führungsschicht aus Wirtschaft, Verwaltung und Militär, die in großem Wohlstand lebt und von der jeweiligen Regierung geschützt wird.

Nicht alle, sondern nur die Armen hungern in den Entwicklungsländern

Brasilien ist ein Beispiel für das Zusammenfallen von Entwicklung und Unterentwicklung in ein- und demselben Land. Seine Industrie ist auf den 11. Platz der Weltrangliste aufgestiegen, aber seine Bevölkerung ist ärmer geworden. Fast die Hälfte der Einwohner Brasiliens müssen sich mit weniger als dem Mindestlohn zufrieden geben und können so nicht einmal das Existenzminimum sichern. So reicht nahezu der Hälfte der Bevölkerung das Einkommen weder für Nahrung, Wohnung, Kleidung noch für Transport und Erziehung.

Demgegenüber sind die oberen 10% immer reicher geworden, das Wirtschaftswachstum hat sogar einen Anstieg von über 8% zu verzeichnen.

Konsumanteil der verschiedenen Bevölkerungsgruppen Brasiliens

untere 40%	obere 10%
2,7%	77,2%

auf Nahrungsmittel entfallen:
9,95%	41,9%

nach Koch, Gisela, Einkommensverteilung in Brasilien, Tübingen 1992

Der Nord-Süd-Konflikt

Lateinamerika arm

und reich

Damit das Wirtschaftswachstum tatsächlich auch den Ärmsten zugute kommen kann, müssten zunächst gesellschaftliche Reformen durchgeführt werden. Diese können aber die Entwicklungsländer nur selbst gestalten. In einigen Ländern Lateinamerikas, Afrikas und Asiens haben in den letzten Jahren Demokratisierungsprozesse begonnen, manche Länder bemühen sich um Verbesserungen, z. B. durch eine gerechtere Landverteilung. Für die Entwicklungshilfe-Organisationen bedeutet dies, darauf zu achten, dass ihre Gelder in Projekte bei der armen Bevölkerung fließen.

2.3 Armut durch Waffen

Kigali ist die Hauptstadt des Todes
Ausländer flohen vor Bürgerkrieg
Frankfurter Rundschau vom 11. April 1994

Grauenhafte Massaker in Ruanda
Heilbronner Stimme vom 17. Mai 1994

Ruanda zählt seine Toten nach Hunderttausenden
Hilfsorganisation befürchtet „umfassendsten Völkermord" seit 20 Jahren
Frankfurter Rundschau vom 05. Mai 1994

Kämpfe ohne Ende in Ruanda
88 Leichen in Südruanda entdeckt
Frankfurter Rundschau vom 14. Mai 1994

Comeback der Massenmörder
Die Woche vom 11. August 1995

Die Situation der Entwicklungsländer

Der Handel mit konventionellen Waffen ist nach Angaben des Stockholmer Internationalen Friedensinstituts (SIPRI) international zwar zurückgegangen. Dennoch werden immer noch Waffen im Wert von vielen Milliarden DM an Länder der Dritten Welt verkauft. Die größten Importeure in der Dritten Welt sind Indien, der Iran und Pakistan.

Warum die Entwicklungsländer trotz ihrer Armut aufrüsten, hat verschiedene Gründe:

- Für diese Länder stellt die Armee oft ein Symbol ihrer Selbständigkeit und Unabhängigkeit dar.
- Die Trennung von der Kolonialmacht konnte oft nur mit Gewalt erreicht werden, was bei den jungen Staaten zu einem erhöhten Sicherheitsbedürfnis geführt hat.
- Viele Regierungen der Dritten Welt können sich nur mit Hilfe des Militärs an der Macht halten. Putschversuche und Bürgerkriege sind in den Entwicklungsländern häufiger als in den Industrieländern.

Hunger durch Waffen
Plakat IG Metall

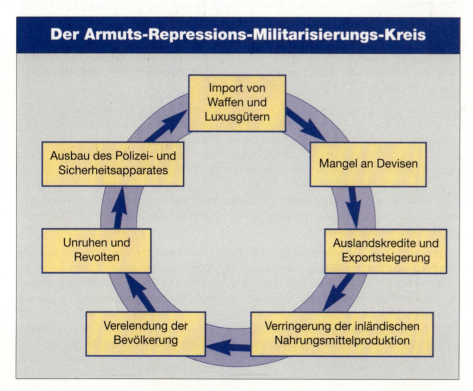

Dieser Teufelskreis ist auch mit Ursache für die vielen erneut aufflammenden Kriege in den Ländern der Dritten Welt, die Millionen Menschen aus ihrer Heimat vertreiben.

Flüchtlingslager in Ruanda.

Probleme mit dem Asylrecht

„Die Tradition des Asyls leidet unter Rassismus und Fremdenhass, da beide einen gefährlichen Einfluss auf Politiker und Regierungen ausüben. Staaten beginnen ihre Türen für Flüchtlinge zu schließen. Ich bin der festen Überzeugung, dass für Flüchtlinge diese Türen offen bleiben müssen - überall."

Sadako Ogata, Hochkommissarin der Vereinten Nationen für Flüchtlinge

Frankfurter Rundschau, Dezember 1993

Trinkwasser

Nach Angaben der WHO haben 265 Millionen Menschen keinen Zugang zu sauberem Trinkwasser. 344 Millionen Menschen verfügen nicht über angemessene sanitäre Anlagen.

2.4 Armut und Flucht

Die Zahl der Flüchtlinge steigt weltweit an. Millionen Menschen verlassen ihr Land, weil sie wegen ihrer Rasse, ihrer Religion, ihrer Nationalität oder ihrer politischen Überzeugung verfolgt werden. Dazu kommen Menschen, die wegen Armut, Hunger und Umweltschäden aus ihrer Heimat fliehen. Die meisten Flüchtlingsströme entstehen in Ländern der Dritten Welt und enden ebenfalls in einem anderen Entwicklungsland. Der Kontinent mit der größten Zahl der Flüchtlinge ist Afrika. Dort nehmen fast ein Drittel der weltweiten Flüchtlingsströme ihren Anfang. Insbesondere durch Bürgerkriege werden heute Menschen entwurzelt. Diese überschreiten bei ihre Flucht oft nicht einmal die Grenzen ihres Staates. **Das Flüchtlingskommissariat der Vereinten Nationen (UNHCR)** weist darauf hin, dass der Anteil dieser „Binnenvertriebenen" immer größer wird, diese Menschen aber gleichzeitig in keiner Statistik auftauchen. Humanitäre Hilfe für die Menschen scheitert oft an der Weigerung ihrer Regierung, die internationalen Helfer des UNHCR ins Land zu lassen.

Für die Flüchtlingsbetreuer der Vereinten Nationen ist es nicht damit getan, die Menschen wieder in ihrer Heimat unterzubringen. Die Eingliederung in das dortige Leben – teilweise nach vielen Jahren erzwungener Abwesenheit – ist nicht einfach. Überbrückungshilfen müssen zur Verfügung gestellt werden, um den Heimgekehrten ein menschenwürdiges Leben zu ermöglichen. Dies lässt sich aber nur durchführen, wenn genügend Geld zur Verfügung steht. Das UNHCR befürchtet, diese Maßnahmen bald nicht mehr bezahlen zu können, da jährlich eine Million neue Flüchtlinge dazukommen, die sofort betreut werden müssen.

In Europa setzt 1993 die größte Flüchtlingsbewegung seit dem Zweiten Weltkrieg aus dem ehemaligen Jugoslawien ein. Nach Angaben des UNHCR verlassen rd. 3,5 Millionen Menschen ihre Heimat.

Gleichzeitig äußern einer Umfrage der EU zufolge 20 Millionen Menschen aus den osteuropäischen Staaten den Wunsch, nach Westeuropa auszuwandern. Nach Schätzung des Bundesgrenzschutzes gelingt dies 1992 auf illegalem Weg über die Tschechische Republik rd. 100 000 Menschen.

Im Februar 1993 beschließen die Innen- und Justizminister aus 33 europäischen Staaten Maßnahmen zum Schutz vor illegaler Einwanderung. Diese sehen schärfere Grenzkontrollen vor und die Pflicht, illegal eingewanderte Personen wieder zurückzunehmen. Die Flüchtlingshilfeorganisation Pro Asyl bewertet diese Abwehrregelungen als einen Verstoß gegen die Menschenrechtskonvention der UNO (s.S. 94).

Die zunehmenden Flüchtlingsströme vor allem innerhalb Afrikas haben jüngst ein weiteres Problem der Entwicklungsländer erschreckend deutlich gemacht: die Mängel in der **Gesundheitsversorgung.**

Cholera und Ruhr, Tuberkulose und AIDS bedrohen Millionen Menschen. Die Weltgesundheitsorganisation (WHO) weist darauf hin, dass die Menschen in den Entwicklungsländern mit sauberem Trinkwasser versorgt werden müssen, um die Ausbreitung von Seuchen zu verhindern. Gleichzeitig sind Aufklärungskampagnen nötig, die auf Übertragungswege der Krankheiten und hygienische Maßnahmen hinweisen und somit zur Vorbeugung beitragen. Außerdem fördert die WHO die Ausbildung medizinischer Helfer für Früherkennung und Verbesserung der medizinischen Betreuung.

Die Situation der Entwicklungsländer

Merkmale der Unterentwicklung

In den Ländern der Dritten Welt leben 4/5 aller Menschen der Erde. Die meisten dieser Menschen können kein menschenwürdiges Leben führen. Sie sind vom Wohlstand ausgeschlossen. Diese Armut hat viele Gesichter:

- Die Erhöhung der Nahrungsmittelproduktion kann mit dem rasanten Bevölkerungswachstum nicht mithalten. Auch der Kampf gegen das Analphabetentum wird dadurch erschwert, dass die Bevölkerung so rasch zunimmt.
- Krasse Unterschiede innerhalb der Gesellschaft in den Entwicklungsländern führen zu einer Spaltung der Bevölkerung in eine kleine reiche Schicht und die Masse der Armen in den Städten und auf dem Land. Die Verbesserung der Lage misst sich nicht am Pro-Kopf-Einkommen, sondern daran, ob sich die Lebensbedingungen für die Armen wirklich ändern.
- Ausgaben für Rüstungsgüter verschärfen die Probleme. In vielen Staaten der Dritten Welt können sich die Regierungen nur mit Hilfe des Militärs an der Macht halten.
- Millionen Menschen fliehen aus ihrer Heimat, nicht nur weil sie wegen ihrer Rasse oder Religion verfolgt werden, sondern auch wegen Hunger und Armut. Die größten Flüchtlingsbewegungen finden innerhalb der Dritten Welt statt und verschärfen die Probleme der aufnehmenden Staaten. In den Flüchtlingslagern zeigen sich die verheerenden Folgen der medizinischen Unterversorgung.

Zur Wiederholung

1. Worin besteht der Konflikt zwischen dem reichen Norden und dem armen Süden?
2. Nennen Sie Gründe für das Bevölkerungswachstum in den Entwicklungsländern.
3. Erklären Sie, weshalb der Kampf gegen das Analphabetentum eine wichtige Voraussetzung für die Entwicklung der Dritten Welt ist.
4. Wo liegen Gründe für die zunehmenden Flüchtlingsströme innerhalb der Dritten Welt?

Weiterführende Aufgaben

1. Diskutieren Sie verschiedene Modelle zur Lösung des Bevölkerungswachstums in der Dritten Welt.
2. Informieren Sie sich anhand Ihnen zugänglicher Materialien über die Ursachen von zur Zeit stattfindenden Kriegen in der Dritten Welt.
3. Diskutieren Sie die Problematik von Rüstungsexporten in Entwicklungsländer.

3 Die Schuldenbombe tickt – innere und äußere Ursachen der Armut

Die Schuldenbombe tickt

„Komm, Junge, trink noch einen"

Höchstverschuldete Entwicklungsländer:

Land	Schulden (Mrd Dollar)
Mexiko	119
Brasilien	106
Indonesien	94
Indien	81
Argentinien	73

nach Harenberg Aktuell '96

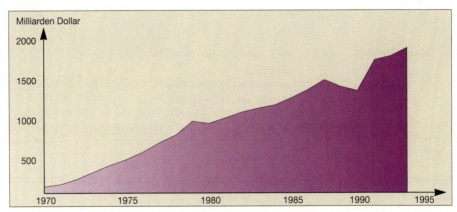

Auslandsschulden der Entwicklungsländer, 1970 – 1993. Quelle: Weltbank

Schuldenkrise

In den Ländern Afrikas wird 1992 ein Drittel der Exporterlöse für den Schuldendienst ausgegeben, obwohl damit nur 50% der fälligen Zins- und Tilgungsarten bezahlt werden können.

Der Begriff „Auslandsverschuldung" umfasst die Devisenverbindlichkeiten von Ländern gegenüber ausländischen Banken, internationalen Instituten und anderen Staaten. Nach der Art des Schuldners unterscheidet man zwischen öffentlicher bzw. öffentlich garantierter Auslandsverschuldung und der Verschuldung privater Kreditnehmer eines Landes. Grundlegend für die Auslandsverschuldung ist, dass die Verbindlichkeiten auf Devisen lauten und somit auch die Fähigkeit eines privaten Schuldners, seinen Schuldendienstverpflichtungen nachzukommen, von der Verfügbarkeit über Devisen abhängt.

H. Fuhr, Verschuldung der Entwicklungsländer, in: Wochenschau 11, 6 1985, S. 221

3.1 Schulden durch eine ungerechte Weltwirtschaftsordnung

Die Entwicklung des Welthandels

Die derzeitige Struktur der Welthandelsbeziehungen ist weitgehend das Resultat einer geschichtlichen Entwicklung, die mit der Eroberung der ersten Kolonien ihren Anfang nahm.

Die erste Phase dieser Entwicklung, der sogenannte Raubbaukolonialismus, ist durch das Interesse der „Mutterländer" (insbesondere Spaniens) an Edelmetallen gekennzeichnet. So galt das Hauptinteresse der spanischen Eroberer Lateinamerikas den sagenhaften Gold- und Silberschätzen dieses Kontinents, die zunächst aus den Heiligtümern der Indios geraubt, später auch mit versklavten Indios und aus Afrika verschleppten Negersklaven in Gold- und Silberminen abgebaut wurden. ...

Mit der industriellen Revolution veränderten sich die Austauschbeziehungen zwischen „Mutterländern" und Kolonien. Während sich in einigen europäischen Ländern die kapitalistische Produktionsweise entfaltete, trieb der Handel die weltwirtschaftliche Arbeitsteilung voran, die sich in einem charakteristischen Verhältnis zwischen Kolonien und Mutterländern ausdrückt: Die Kolonien hatten unverarbeitete Rohstoffe und landwirtschaftliche Produkte an ihre „Mutterländer" zu liefern. Die „Mutterländer" spezialisierten sich auf die Weiterverarbeitung und Veredelung dieser Produkte, die dann einerseits dem Konsum der einheimischen Bevölkerung, andererseits dem Export dienten. Durch militärischen, politischen und wirtschaftlichen Druck wurden die Kolonien gezwungen, ihre Produkte immer mehr den Bedürfnissen der „Mutterländer" anzupassen. So mussten sich einzelne Kolonien auf die Produktion vornehmlich eines bestimmten Gutes in Monokulturen spezialisieren (z. B. Algerien auf Wein, Brasilien auf Kaffee, Ceylon auf Tee). Gleichzeitig fand ein einseitiger Ausbau der Infrastruktur statt: Die Verkehrswege konzentrierten sich auf die großen Exporthäfen hin, nicht jedoch auf die Nachbarregion oder -staaten. Einzelne Städte der Kolonien (meist Hafenstädte) wuchsen zu hochentwickelten Zentren heran, die mit dem Weltmarkt verknüpft waren und sich an den kulturellen und ökonomischen Werten der kapitalistischen Welt orientierten. Sie stellten oft „Fremdkörper" im eigenen Land dar, die aber aufgrund ihrer Macht das rückständige Hinterland dominieren konnten.

Diese im Laufe von Jahrhunderten errichteten, internationalen Wirtschaftsstrukturen, die insbesondere durch erzwungene Arbeitsteilung und einseitige Abhängigkeitsverhältnisse geprägt sind, haben sich auch nach der „Entlassung" der Kolonien in die politische Unabhängigkeit weitgehend erhalten. Sie bilden die Grundlage der nach wie vor bestehenden ökonomischen Abhängigkeit der ehemaligen Kolonien (und heutigen Entwicklungsländer) von den „Mutterländern" und prägen auch noch heute die Form der Welthandelsbeziehungen.

Deutsche Kolonien: „Schutzgebiete"

Auch die Deutschen betätigen sich als Kolonialherren, allerdings verhältnismäßig spät. Im letzten Drittel des 19. Jahrhunderts werden vor allem Gebiete in Afrika zum Teil gewaltsam in Besitz genommen. Nach dem ersten Weltkrieg müssen diese Gebiete an die Siegermächte abgegeben werden.

Bis heute siedeln viele Deutsche in Namibia. Die Hereros sind ein Bantuvolk in Namibia, das 1904 gegen die deutsche Kolonialherrschaft kämpft und dabei zum großen Teil umkommt.

iz3w (Hrsg.): Entwicklungspolitik – Hilfe oder Ausbeutung, Freiburg 1983, S. 231ff.

Die Armut der Entwicklungsländer ist auch eine Folge der **Kolonialzeit.** Die ehemaligen Kolonien sind auf den Export ihrer Rohstoffe angewiesen und müssen umgekehrt Fertigprodukte aus den Industrieländern kaufen. Da viele von ihnen nur ein Hauptexportprodukt haben, sind sie sehr stark von den Weltmarktpreisen für Rohstoffe abhängig. Sinken die **Rohstoffpreise,** was in den letzten Jahren der Fall gewesen ist, wirkt sich dies verheerend auf ihre Deviseneinnahmen aus. Umgekehrt steigen die Preise für Fertigprodukte aus den Industrieländern. Um ihre Importe bezahlen zu können, müssen die Entwicklungsländer entweder Schulden machen oder mehr exportieren.

Der Nord-Süd-Konflikt

Die wichtigsten Exportprodukte ausgewählter Entwicklungsländer in % ihrer gesamten Exporte

Land	Produkt	%
Uganda	Kaffee	95%
Mauretanien	Eisenerz	83%
Sambia	Kupfer	81%
Burundi	Kaffee	79%
Tschad	Baumwolle	78%
Fidschi	Zucker	78%
Ruanda	Kaffee	75%
Somalia	Vieh	70%
Liberia	Eisenerz	62%
Äthiopien	Kaffee	60%
Kuba	Zucker	59%
El Salvador	Kaffee	58%

Exportabhängigkeit und Preisentwicklung

Tausche Kaffee gegen Lokomotive

Eine Lokomotive aus der Schweiz kostete die Entwicklungsländer:

1980: 12910 Sack Kaffee   1990: 45800 Sack Kaffee

Die Ausweitung der **Exportwirtschaft** führt in vielen Fällen zu einer Verarmung der Landbevölkerung, die ihren bescheidenen Anbau für den Eigenbedarf aufgeben muss und oft in die Slums der Städte zieht. Dies führt wiederum zu einer Erhöhung der Nahrungsmittelimporte. Der so entstehende Kreislauf erhöht die Verschuldung der Dritten Welt und verschärft ihre sozialen Probleme.

Die Hoffnung der 50er und 60er Jahre, dass die Entwicklungsländer aufgrund eines raschen Wirtschaftswachstums bald auf eigenen Beinen stehen und ihre Kredite zurückzahlen könnten, hat sich bis heute nicht erfüllt.

Subsistenz (lat.) = Lebensunterhalt

Export statt Eigenversorgung

Die meisten Menschen in der Dritten Welt leben auf dem Lande und von der Landwirtschaft. Die Modernisierung der Landwirtschaft raubt den Subsistenz- und Kleinbauern wie in Bangladesh Grund und Boden und damit ihre Existenzgrundlage. Die Kommerzialisierung der Landwirtschaft wie in weiten Teilen Afrikas, wo im Sahel feinste Bohnen und in Marokko frühe Erdbeeren für den europäischen Markt produziert werden, schränkt den für die eigene Ernährung verfügbaren Boden ein. Sie macht die Bauern von einem weit entfernten und nicht beeinflussbaren Markt abhängig.

Brigitte Erler: Tödliche Hilfe, Freiburg 1987, S. 50

Julius Nyerere, ehemaliger Präsident von Tansania

„Weiterhin produziert Afrika, was es nicht selbst konsumiert, und konsumiert, was es nicht selbst produziert."

3.2 Schulden durch eine falsche Entwicklung

Big push? – take off?

In den fünfziger und sechziger Jahren und damit zu Beginn der zielgerichteten entwicklungspolitischen Bemühungen waren die entwicklungspolitischen Konzepte in den Industrie- und in den Entwicklungsländern geprägt vom Gedanken der Modernisierung. Die Entwicklungsländer wurden als zurückgebliebene Industrieländer angesehen. Die Industrieländer gaben gewissermaßen das Vorbild ab, dem die Entwicklungsländer nacheifern sollten und auch wollten. Modernisierung bedeutete, dass die Entwicklungsländer in einem linearen, bruchlosen Weg das Ziel Modernität erreichen sollten. Während in den Entwicklungsländern noch die Bedingungen traditioneller Gesellschaften vorherrschten, sollten die Voraussetzungen geschaffen werden für einen wirtschaftlichen Aufstieg (take off), der sich immer stärker beschleunigen, danach in ein Reifestadium und letztlich in eine Phase des Massenkonsums münden sollte, vergleichbar der Situation in den hochentwickelten Industrieländern.

Ansatzpunkt zur Einleitung dieses take off war die Erhöhung der Investitionen. Wegen der Kapitalknappheit in den meisten Entwicklungsländern müssten diese zusätzlichen Investitionen durch Kapitalimporte aus dem Ausland, insbesondere Entwicklungshilfe, finanziert werden. So hoffte man, durch einen massiven Transfer von Kapital an die Entwicklungsländer und einen großen Investitionsstoß (big push) ein sich selbst tragendes wirtschaftliches Wachstum einleiten zu können. Entwicklung wurde dabei gleichgesetzt mit Wachstum und Wachstum wiederum mit Industrialisierung (Entwicklung = Wachstum = Industrialisierung). Die Gleichsetzung von Entwicklung und Wachstum rührte nicht aus einem unreflektierten Wachstumsfetischismus[1], Wachstum war nicht ein Ziel an sich, sondern man war der Überzeugung, nur durch ein ausreichendes Wachstum könne die Armut nachhaltig bekämpft werden, rasches Wachstum würde schließlich auch zu den ärmeren Bevölkerungsgruppen „durchsickern". Dieser Sickereffekt sollte durch höhere Produktivität, billigere Konsumgüter, steigende Beschäftigung, wachsende Lohnsätze usw. zustande kommen.

1) Fetischismus = Zwanghaftes Festhalten an einer Sache

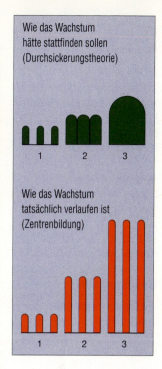

Wie das Wachstum hätte stattfinden sollen (Durchsickerungstheorie)

Wie das Wachstum tatsächlich verlaufen ist (Zentrenbildung)

M. Kaiser/N. Wagner, Entwicklungspolitik, Bonn 1986, S. 123 f

Industrie- und Entwicklungsländer glauben zu Beginn der entwicklungspolitischen Zusammenarbeit, allein durch Wachstum seien die Probleme der Dritten Welt zu lösen. In den Ländern Afrikas, Asiens und Lateinamerikas werden in den 60er und 70er Jahren riesige Projekte geplant und teilweise auch verwirklicht. Die Entwicklungsländer hoffen, durch entsprechendes **Wirtschaftswachstum** die Kredite bald wieder zurückzahlen zu können (vgl. S. 336). Diese Annahme stellt sich jedoch als Irrtum heraus, sie geraten immer stärker in den Strudel der Verschuldung und stehen heute teilweise am Rande der Zahlungsunfähigkeit. Besonders krass ist die Situation in einigen Ländern Lateinamerikas wie Brasilien, Mexiko und Argentinien, die in ihrer industriellen Entwicklung sehr weit fortgeschritten sind und deshalb als **Schwellenländer** bezeichnet werden.

Es zeigt sich immer deutlicher, dass für die Dritte Welt andere Wege der Entwicklung gefunden werden müssen.

3.3 Schulden und kein Ende?

Die **Schuldenkrise** der Dritten Welt lässt sich nur international lösen. Eine zentrale Aufgabe übernehmen dabei zwei Sonderorganisationen der UNO, **Weltbank** und **Internationaler Währungsfonds (IWF).** Der IWF ist ursprünglich mit dem Ziel gegründet worden, Staaten bei kurzfristigen Devisenschwierigkeiten zu helfen. Inzwischen ist der IWF, in dem die USA und die anderen Industriestaaten über die Stimmenmehrheit verfügen, zur wichtigsten internationalen Organisation zur Bekämpfung der Schuldenkrise geworden.

Der IWF gibt Kredite an Entwicklungsländer allerdings nur dann, wenn diese bestimmte **Strukturanpassungsprogramme** mit folgenden Auflagen durchführen:
- Verringerung von Staatsausgaben
- Erhöhung der Zinsen im eigenen Land
- Begrenzung der Lohnzuschläge bzw. Senkung der Löhne
- Abwertung der Landeswährung, um Exporte zu verbilligen und Importe zu verteuern.
- Liberalisierung des Außenhandels und des Kapitalverkehrs.

Die Politik des IWF ist sowohl in den Industrie- als auch in den Entwicklungsländern umstritten. Die Kritiker verweisen dabei auf die Folgen der Strukturanpassungsprogramme, die wieder nur die Schwächsten treffen: die Arbeiter und Angestellten, deren Löhne gekürzt werden, die Kleinbauern, die Opfer von Landvertreibungen werden, eben die Masse der Ärmsten, die durch Kürzungen von Subventionen noch tiefer ins Elend gestoßen werden. Beispiele für direkte Folgen von IWF-Auflagen haben sich schon in einigen Ländern dramatisch an der Kriminalitätsrate gezeigt.

Abwertung

Der Preis (= Wechselkurs) für die Währung des Entwicklungslandes wird neu, und zwar auf niedrigerem Niveau festgesetzt.
Beispiel: Wurde bisher 1 DM mit 10 Währungseinheiten des Landes verrechnet, muss das Dritte-Welt-Land nun 15 Währungseinheiten hinlegen. Die Folgen: Importe werden teurer. Wer allerdings über Devisen verfügt (hier DM), kann billiger einkaufen; das Entwicklungsland erhält also weniger für Exporte.

Elendskriminalität

In städtischen Zentren wie Rio de Janeiro und Sao Paulo häufen sich Überfälle auf Supermärkte – auf die Regale mit Grundnahrungsmitteln. Kriminalität oder Mundraub?

Die Weltbank-Spitze will von Reformvorschlägen nichts wissen
Wachsende Kritik an der Geheimhaltungspolitik der Organisation

IWF und Bundesbank im Clinch
Ausweitung der Kreditmöglichkeiten für Dritte Welt umstritten

Weltbank / Internationaler Währungsfond:
Die Politik der Strukturanpassung
in Afrika ist noch immer heftig umstritten.

Statt Reformen mehr Geld für den IWF

Medizinmann IWF

Im traditionellen Afrika gibt es Medizinmänner, die alle Patienten, ob sie an Unterernährung oder Fettleibigkeit litten, zur Ader ließen. Die wirtschaftlichen Medizinmänner, insbesondere die, die heute in die Dritte Welt kommen, scheinen nicht viel klüger zu sein. Sie empfehlen allen Ländern, die Schwierigkeiten haben, das Rezept der Deflationspolitik. Dem Land wird empfohlen, seine Währung sofort und erheblich abzuwerten; den Export auszuweiten und die Importe zu reduzieren; staatliche Ausgaben zu kürzen und öffentliche Einnahmen zu steigern, ohne Rücksicht auf gesellschaftliche oder wirtschaftliche Konsequenzen; den Zinssatz heraufzusetzen; alle Subventionen abzubauen; Löhne einzufrieren und den Import zu liberalisieren.

Dies wäre vielleicht ein angemessenes Rezept für die USA oder für die Mitglieder der EG, das kann ich nicht beurteilen. Sicherlich waren diese Hilfsmittel ursprünglich für deren Krankheiten gedacht. Länder wie Brasilien, Mexiko, Marokko, Sudan, Ghana oder Tansania jedoch brauchen eine Injektion von Ressourcen und keinen Aderlass. Und wenn diese Dritte-Welt-Länder das Rezept noch akzeptieren, werden die zusätzlichen Mittel, die ihnen zur Verfügung gestellt werden, es den Ländern bestenfalls ermöglichen, ihrem Schuldendienst nachzukommen. Indem es zum Beispiel alle anderen gesellschaftlichen und wirtschaftlichen Erwägungen dem Ziel, den Export zu erhöhen und den Import zu reduzieren, unterordnete, hat Brasilien 1983 eine positive Handelsbilanz in Höhe von 12,6 Mrd. erreicht. Mexiko und Argentinien 13,5 und 4,4 Mrd. Aber diese Handelsüberschüsse wurden ausschließlich dafür verwendet, Zinsen zu zahlen; weder das Volk noch die Wirtschaft zogen daraus Nutzen. Die wirtschaftlichen Ärzte jedoch machten sich darüber keine Sorgen; die Bezahlung des Schuldendienstes war für sie der Sinn der Sache. Aber vernünftige Leute im wirtschaftlichen Norden sollten nicht überrascht sein, wenn vernünftige Patienten des wirtschaftlichen Südens die Kompetenz jener Medizinmänner bestreiten und dieses Rezept ablehnen. ...

Julius Nyerere, in: Frankfurter Rundschau vom 1. 8. 85

Julius Nyerere (geb. 1922)

ehemaliger Präsident von Tansania. Vertreter einer eigenständigen sozialistischen Politik der Entwicklungsländer.
Zur Zeit Vorsitzender der Nord-Süd-Kommission, die Vorschläge für einen Ausweg aus der Schuldenkrise der Entwicklungsländer erarbeitet.

Dritte Welt schuldet Bonn 121 Milliarden

Die Entwicklungsländer haben Ende 1993 mit gut 121 Milliarden Mark bei der Bundesregierung in der Kreide gestanden. Darin sind enthalten Forderungen aus Entwicklungshilfe sowie aus staatlich verbürgten Handels- und Finanzkrediten oder Kapitalanlagen. Wie aus einer Antwort auf eine Anfrage von Bündnis 90/Die Grünen hervorgeht, schuldet die Dritte Welt weitere 144,5 Milliarden Mark deutschen Banken und Unternehmen. Sie musste 1993 dafür allein 8,4 Milliarden Mark Zinsen zahlen – das entspricht fast genau der Bonner Entwicklungshilfe.

aus: Frankfurter Rundschau vom 28. Oktober 1994

Nicht den Kopf hängen lassen!

Auch ein vollständiger **Schuldenerlass** zur Rettung der Dritten Welt wird diskutiert. Dadurch hätten die Entwicklungsländer die Chance, ihre eigene Wirtschaft ohne die drückende Zins- und Tilgungslast zu entwickeln. Die Bundesrepublik Deutschland hat deshalb in der Vergangenheit vor allem den ärmsten unter den Entwicklungsländern einen Teil der Schulden erlassen. Oft werden aber Bedingungen mit einem Schuldenerlass oder -aufschub verknüpft.

So fordern die Geberländer z. B. Sparmaßnahmen zur Inflationsbekämpfung. Häufig führen diese dann zu Kürzungen im Bildungsbereich oder bei der Gesundheitsversorgung. Damit wird dann vor allem das Sozialbudget des Entwicklungslandes geschmälert. Die Folgen treffen wiederum die ärmeren Bevölkerungsgruppen, für die aber soziale Absicherung, zumindest in minimaler Höhe, Grundbedingung zum Überleben ist. Die Auswirkungen dieser Politik sind soziale Spannungen und politische Unruhen, die das Gegenteil dessen bewirken, was mit diesen Maßnahmen erreicht werden sollte.

Die Schuldenkrise der Entwicklungsländer

Äußere Ursachen

Neben hohen Zinsen, steigenden Ölpreisen und dem Dollarverfall ist die weltweite Arbeitsteilung, die in der Kolonialzeit entstanden ist, für die Schuldenkrise in der Dritten Welt verantwortlich.

Die meisten Entwicklungsländer sind auf den Export ihrer Rohstoffe angewiesen. Der Verfall der Rohstoffpreise hat dazu geführt, dass die armen Länder immer mehr exportieren müssen, um ihre Einfuhren bezahlen zu können.

Diese Exportwirtschaft geht meistens zu Lasten der Eigenversorgung, zwingt zur Einfuhr von Nahrungsmitteln und verschärft die Verschuldung.

Innere Ursachen

Viele Entwicklungsländer haben in den 60er und 70er Jahren geglaubt, ihre Entwicklung durch Großprojekte nach dem Vorbild der Industrieländer beschleunigen zu können. Entwicklung wurde mit Wachstum und Industrialisierung gleichgesetzt.

Dieser Weg hat sich als Irrweg herausgestellt. Schuld daran ist neben dem Prestigedenken der Regierungen der Dritte-Welt-Länder auch das Verhalten der Industriestaaten, die diese Großprojekte aus eigenem Interesse fördern.

Lösungsmöglichkeiten

Industrie- und Entwicklungsländer haben unterschiedliche Vorstellungen zur Lösung der Schuldenkrise.

Der Internationale Währungsfond (IWF) verknüpft Kreditvergabe an die Verwirklichung von Strukturanpassungsprogrammen, deren Auswirkungen jedoch vor allem die armen Bevölkerungsschichten treffen.

Aber auch ein teilweiser oder vollständiger Schuldenerlass ist umstritten.

Zur Wiederholung

1. Erklären Sie, warum der Kolonialismus für die Verschuldung der Dritten Welt mitverantwortlich ist.
2. Welche Folgen hat die Exportwirtschaft für die Entwicklungsländer?
3. Erläutern Sie die Durchsickerungstheorie und begründen Sie, inwiefern der Durchsickerungseffekt nicht eingetreten ist.
4. Weshalb führen die Strukturanpassungsprogramme des IWF oft zu einer Verschlechterung der Lage der Armen in den Entwicklungsländern?

Weiterführende Aufgaben

1. Untersuchen Sie am Beispiel eines Entwicklungslandes, wie sich der Zusammenhang von Exportwirtschaft und Verschuldung auf die Lebensbedingungen der dortigen Bevölkerung auswirkt.
2. Verfolgen Sie die Entwicklung der Rohstoffpreise auf dem Weltmarkt anhand Ihnen zugänglicher Publikationen.
3. Diskutieren Sie die verschiedenen Vorschläge zur Lösung der Schuldenkrise.

4 Der Weg aus der Krise

4.1 Notwendigkeit entwicklungspolitischer Zusammenarbeit

Argumente oder Vorurteile?

„Wir haben doch selbst genügend Arme!"

„Das meiste Geld schluckt doch die Verwaltung!"

„Die setzen zu viele Kinder in die Welt!"

„Die sind faul!"

Meinungen von Politikern

Helmut Kohl:
Viele Entwicklungsländer sind auf unsere Mithilfe angewiesen. Auch für uns sind Entwicklungsländer längst unentbehrliche Partner. Viele haben sich in schwierigen Zeiten als unsere Freunde erwiesen. Sie können damit rechnen, dass auch wir sie als unsere Freunde unterstützen. Wir werden den Ländern der Dritten Welt helfen, ihre Erfindungskraft und Dynamik zu entfalten...

Wenn wir den Ländern der Dritten Welt helfen, helfen wir auch uns, denn wir sichern damit auch Arbeitsplätze in unserem eigenen Land.

Richard von Weizsäcker, ehemaliger Bundespräsident:
Wir alle auf der Welt, gleichgültig, welchem politischen System oder welcher Religion wir angehören, sind aufgefordert, dazu beizutragen, dass jeder Mensch eine menschenwürdige Lebenschance finden kann... Die bisherigen Leistungen der Weltgemeinschaft, das Entwicklungsproblem zu lösen, waren, trotz aller Einzelerfolge, nicht ausreichend.

Das heißt aber nichts anderes, als dass zusätzliche Anstrengungen erforderlich sind, im Norden und im Süden, im Westen und im Osten. Dazu sollten wir uns alle verpflichtet fühlen.

Carl-Dieter Spranger, Bundesminister für wirtschaftliche Zusammenarbeit:
Wir leisten Entwicklungshilfe aus moralischer Verantwortung wie aus politischer und wirtschaftlicher Weitsicht, nicht aber als „Tributpflicht". Entwicklungspolitik ist keine Politik des schlechten Gewissens.

Willy Brandt:
Langfristig gibt es, davon bin ich zutiefst überzeugt, keinen Gegensatz zwischen unseren nationalen Interessen und dem Bemühen, den Gegensatz zwischen Nord und Süd zu überwinden oder doch zumindest zu reduzieren. Wir leben in einer Welt und jeder Konflikt von der Dynamik des Nord-Süd-Gefälles steht einer dauerhaften Friedensordnung im Wege, die das oberste Ziel unserer Politik bleiben muss.

Spenden für Entwicklungsländer

Mit rd. 4,1 Mrd DM erzielten humanitär-karitative Organisationen 1994 nach Angaben des Deutschen Zentralinstituts für Soziale Fragen im Vergleich zu 1993 ein gleichbleibendes S.-Aufkommen. Als Ursachen für die stagnierende S.-Bereitschaft nannte das DZI sinkende Realeinkommen und Arbeitslosigkeit. Zudem erschütterten S.-Skandale das Vertrauen der Bürger in die Seriosität der Organisationen. Die SPD forderte mehr staatliche Kontrolle und größere Transparenz des S.-Marktes, um unlautere Geschäftemacher fernzuhalten.

Harenberg Aktuell 1994

Viele Bürgerinnen und Bürger betrachten die Entwicklungshilfe eher skeptisch. Vorurteile, aber auch Fehler in der Vergangenheit sind oft die Ursachen ihrer Meinung. Angesichts des Elends in der Dritten Welt und der globalen Probleme unseres Planeten sehen jedoch immer mehr Menschen ein, dass Industrie- und Entwicklungsländer gemeinsam versuchen müssen, einen Weg aus der Krise zu finden.

Aus der Sicht der Industrieländer werden vor allem drei Gründe für ihre entwicklungspolitischen Bemühungen genannt:

- **Humanitäre Gründe:** Für die reichen Staaten ist es ein Gebot der Menschlichkeit, den armen Ländern zu helfen. Die Industrieländer haben eine moralische Verpflichtung gegenüber den Entwicklungsländern, auch schon deshalb, weil sie zum Teil für deren Probleme mit verantwortlich sind.

- **Wirtschaftliche Gründe:** Die meisten Industriestaaten sind auf Rohstoffimporte aus der Dritten Welt angewiesen. Umgekehrt brauchen die größtenteils stark exportabhängigen Industriestaaten in den Entwicklungsländern Absatzmöglichkeiten für ihre Fertigprodukte. Es liegt also in unserem eigenen wirtschaftlichen Interesse, wenn die Entwicklungsländer in der Lage sind, bei uns Waren zu kaufen.

- **Politische Gründe:** Vor allem in der Zeit der starken Ost-West-Spannungen spielten politische Überlegungen eine wichtige Rolle. Sowohl der Westen als auch der Osten versuchten, die Entwicklungsländer in ihrem Sinne zu beeinflussen. Entwicklungshilfe dient häufig als Druckmittel zur Durchsetzung eigener Interessen. Diese Einstellung hat sich heute teilweise geändert. Die meisten Industrieländer anerkennen die Selbständigkeit und Unabhängigkeit der Entwicklungsländer und betrachten Entwicklungspolitik als wichtige Aufgabe zur Erhaltung des Friedens und zur Beseitigung von Ungerechtigkeiten.

4.2 Ziele entwicklungspolitischer Zusammenarbeit

Was bedeutet Entwicklung?

Unterentwicklung?

Entwicklung?

> Was denn eigentlich Entwicklung bedeuten und um wessen Entwicklung es sich handeln soll – darauf gibt es mehr als eine Antwort. Immerhin wird man nicht mehr so bestimmt davon ausgehen, dass sich die „Unterentwicklung" zu unseren oder amerikanischen Standards hin entwickeln sollte. Und dass alle Welt gut daran täte, die Modelle der hochindustrialisierten Länder nachzuahmen.
>
> Inzwischen wird bezweifelt, ob man Entwicklungen einfach mit Wachstum aller Art gleichsetzen kann. Entwicklung ohne Wachstum ist schwer vorstellbar. Doch nicht jede Art von Wachstum führt zu Entwicklung, geschweige denn Fortschritt. Die Frage ist vielmehr: **Was** wollen wir wachsen sehen, um **wessen** Entwicklung **wie** voranzubringen? Auch in unseren Breitengraden nimmt die Zahl derer zu, die daran zweifeln, ob es der Menschen höchstes Ziel sein kann, in verstopften Wohnquartieren zu leben, unnötig viel Energie zu verschwenden und sich von Fast food zu ernähren.

Willy Brandt: Der organisierte Wahnsinn, Wettrüsten und Welthunger, Köln 1985, S. 10

> Wenn tüchtige europäische Entwicklungsexperten kilometerlange Straßen gebaut oder ein Stück Land urbar gemacht haben, das jetzt mit modernsten Methoden hervorragende Erträge bringt, dann ist das noch nicht Entwicklung. Für den Entwicklungserfolg ist entscheidend, ob die Menschen in ihren sozialen und politischen Gegebenheiten nach Abzug der europäischen Fachleute in der Lage sind, solche Leistungen zu erbringen, die Anlage zu pflegen und zu erneuern. Arme Bauern, die kaum so viel erzeugen können, dass sie ihre eigene Familie damit unterhalten, „entwickeln sich", wenn sie lernen, einige neue Werkzeuge und Techniken zu benutzen, um ihren Ertrag zu steigern, und die Chance erhalten, auf dem Markt davon etwas abzusetzen. Nicht die wohlgemeinten Leistungen, nur deren Folgewirkungen entscheiden darüber, ob Entwicklungshilfe nützt. Nicht ausländische Entwicklungshilfe und deren Entwicklungshelfer entwickeln, sondern Menschen, Gesellschaften, Völker und Staaten der Dritten Welt entwickeln **sich**.

Winfried Böll: Die Entwicklungspolitik der Bundesrepublik Deutschland, in: Deutschland-Portrait einer Nation, Gütersloh 1986, Bd. 10, S. 382

In den Anfangsjahren der Entwicklungshilfe war das Ziel von Geber- und Nehmerländern, den Rückstand der Entwicklungsländer gegenüber den Industriestaaten möglichst rasch aufzuholen. Man glaubte, dies vor allem mit Hilfe von Großprojekten zu erreichen. Riesige Staudämme, Kraftwerke und Fabrikanlagen wurden mit finanzieller Hilfe der Industrieländer gebaut.

Dieses Entwicklungskonzept führte dazu, dass mit hohem Kapitaleinsatz moderne Technologien geschaffen wurden, die unverhältnismäßig hohe Staatsausgaben zur Folge hatten. Zudem wurden durch diese Maßnahmen die Städte gegenüber dem Land begünstigt.

Die Hoffnungen auf eine rasche wirtschaftliche Entwicklung für das ganze Land erfüllten sich in den meisten Fällen nicht, es wurde eher das Gegenteil erreicht.

Deshalb haben sich die Ziele der Entwicklungspolitik mittlerweile geändert. Statt moderner Industrieanlagen werden verstärkt **angepasste Technologien** eingesetzt, die auf die konkreten Verhältnisse im jeweiligen Entwicklungsland zugeschnitten sind. Im Vordergrund stehen Projekte, die den Armen in der Dritten Welt direkt helfen und durch die Befriedigung der Grundbedürfnisse erst die Voraussetzungen für eine positive Entwicklung schaffen sollen.

Fortschritt?

Die Finanzierung einer Plastiksandalen-Fabrik in Westafrika, die mit 2 Plastikspritzpressmaschinen 1,5 Millionen Paar Sandalen pro Jahr produziert und vierzig Arbeiter beschäftigt, verdrängt innerhalb kurzer Zeit 5000 Handwerker im traditionellen Schuhgewerbe.

WAS SIND GRUNDBEDÜRFNISSE?

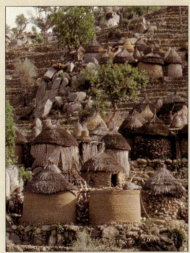

Grundbedürfnis Wohnung

Die Erfüllung der Grundbedürfnisse bedeutet die Deckung des privaten Mindestbedarfs einer Familie an Ernährung, Unterkunft, Bekleidung. Sie umfasst ferner die Inanspruchnahme wichtiger Dienste wie die Bereitstellung von gesundem Trinkwasser, sanitären Einrichtungen, Transportmitteln, Gesundheits- und Bildungseinrichtungen und das Erfordernis, dass für jede arbeitsfähige und arbeitswillige Person eine angemessen entlohnte Arbeit zur Verfügung steht. Schließlich sollte sie auch die Erfüllung mehr qualitativer Bedürfnisse umfassen: Eine gesunde, humane und befriedigende Umwelt sowie eine Beteiligung des Volkes an Entscheidungen, die sein Leben und seinen Lebensunterhalt sowie seine individuellen Freiheiten betreffen.

Grundbedürfnis Nahrung

Grundbedürfnis Bildung

Grundbedürfnis sauberes Wasser

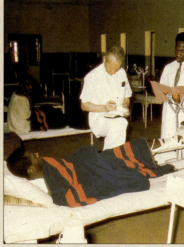

Grundbedürfnis Gesundheit

Definition der Grundbedürfnisse, aufgestellt von der Internationalen Arbeits-Organisation (ILO)

Die Grundbedürfnisse der Bevölkerung der Dritten Welt können nicht ohne direkte Beteiligung der betroffenen Menschen befriedigt werden. Deshalb muss es bei allen entwicklungspolitischen Maßnahmen um **Hilfe zur Selbsthilfe** gehen, müssen die Hilfen direkt bei den Ärmsten ansetzen. Zudem muss berücksichtigt werden, dass jedes Land seine Besonderheiten hat und deshalb kein Projekt automatisch auf ein anderes Entwicklungsland übertragen werden kann. Jedes Entwicklungsland muss seine eigene **Entwicklungsstrategie** festlegen, um diese dann gemeinsam mit den Industrieländern und den verschiedenen Hilfsorganisationen zu verwirklichen.

4.3 Staatliche und private Hilfen

In der Bundesrepublik Deutschland sind viele Organisationen, Unternehmen und staatliche Einrichtungen im Bereich der Entwicklungshilfe tätig. Besonders viele junge Menschen engagieren sich sehr stark in Dritte-Welt-Gruppen.

Die Hilfe der Bundesrepublik Deutschland

Der größte Teil der entwicklungspolitischen Maßnahmen der Bundesrepublik Deutschland wird über das Bundesministerium für wirtschaftliche Zusammenarbeit (BMZ) durchgeführt.

> Es ist vorrangiges Ziel der Entwicklungspolitik, zur Entwicklung der Länder der Dritten Welt beizutragen. Außenpolitik, Wirtschaftspolitik und Entwicklungspolitik stehen nicht im Widerspruch zueinander, sondern ergänzen sich im Sinne partnerschaftlicher Zusammenarbeit mit den Ländern der Dritten Welt.
>
> Die Entwicklungspolitik der Bundesregierung unterliegt ebenso wie die anderen Politikbereiche dem grundgesetzlichen Auftrag, dem deutschen Volk zu nutzen und Schaden von ihm zu wenden.(...)

Grundlinien der Entwicklungspolitik der Bundesregierung, Juni 1993

Der Nord-Süd-Konflikt

Entwicklungshilfe gekürzt

Der Entwicklungshilfeetat der Bundesregierung wird 1995 um rund 120 Mio. DM gekürzt. Damit liegt der Anteil am Bruttosozialprodukt (BSP) nur noch bei 0,32%.
Eigentlich haben sich die Industriestaaten verpflichtet, 0,7% des BSP für Entwicklungshilfe auszugeben. Diesen Anteil überschreiten lediglich Norwegen mit 1,905%
Dänemark mit 1,03%
Schweden mit 0,75% und
Niederlande mit 0,76%.
Der Anteil der USA liegt bei 0,15%.

Darüber hinaus gelten als Kriterien für die Vergabe von Entwicklungshilfe die folgenden fünf Gesichtspunkte:

1. **Menschenrechte** (Indikatoren: Freiheit von Folter, Religionsfreiheit und Minderheitenschutz)
2. **Beteiligung der Bevölkerung an politischen Entscheidungen** (Indikatoren: demokratische Wahlentscheidungen, freie Äußerungsmöglichkeiten der Opposition)
3. **Rechtssicherheit** (Indikatoren: Unabhängigkeit der Justiz, „Gleiches Recht für alle")
4. **Wirtschafts- und Sozialordnung** (Indikatoren: Schutz des Eigentums, Art des Bodenrechts, Preisfindung durch Markt)
5. **Entwicklungsorientierung staatlichen Handelns** (Indikatoren: Ausrichtung der Regierungspolitik auf die Verbesserung der wirtschaftlichen und sozialen Lage der ärmeren Bevölkerungsteile, Militärausgaben im Verhältnis zu Gesamtausgaben)

zusammengestellt aus dem Neunten Bericht zur Entwicklungspolitik der Bundesregierung

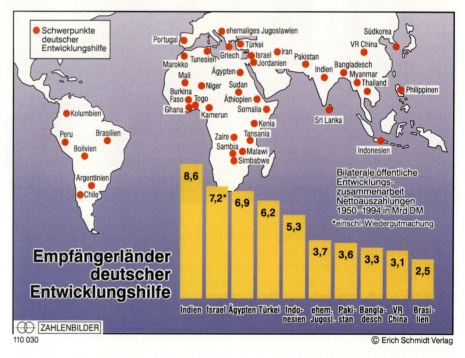

Obwohl sich die Bundesregierung zum Prinzip der Hilfe zur Selbsthilfe bekennt, fördert sie mit einer Umverteilung der Gelder innerhalb des Entwicklungshilfe-Etats zugunsten großer infrastruktureller Entwicklungen in der Dritten Welt eher die deutsche Exportwirtschaft als die Lebensbedingungen der Ärmsten in den Dritte-Welt-Ländern. Diese Kritik äußern die beiden größten nicht-staatlichen und nicht-kirchlichen Entwicklungshilfe-Organisationen **Deutsche Welthungerhilfe** und **terre des hommes**. Als Beispiele für einen solchen Einsatz von Geldern werden der Großauftrag für einen deutschen Elektrokonzern für eine U-Bahn in China und ähnliche Großprojekte in Lateinamerika genannt. Ebenso wird bemängelt, dass zwei Drittel der Hilfen an Bedingungen geknüpft sind und nur bewilligt werden, wenn dafür deutsche Produkte gekauft werden oder deutsches Personal eingestellt wird.

Der Weg aus der Krise

Rheinland-Pfalz beteiligt sich als Bundesland selbständig an entwicklungspolitischen Projekten. Im Mittelpunkt dieser Unterstützung stehen Projekte im Partnerland Ruanda. Schwerpunkte sind:

- Verbesserung des Primarschulwesens durch Neubau, Ausbau, Beschaffung von Schulmaterial, Vergabe von Schulstipendien
- Verbesserung des Gesundheitswesens durch Bau und Ausbau von Gesundheitszentren
- Infrastrukturmaßnahmen (z. B. Bau von Wasserleitungen, Brücken, Aufforstungen, Ausbau von Marktplätzen)
- Förderung des Handwerks
- Frauenförderung
- Wiederaufbaumaßnahmen nach dem Bürgerkrieg
- humanitäre Hilfen

Private Entwicklungshilfe

Logo der Partnerschaft

Die finanziellen Aufwendungen für die Entwicklungszusammenarbeit liegen in Rheinland-Pfalz mit 0,25% des Gesamtetats am höchsten im Vergleich mit allen anderen Bundesländern.
1993 hat das Land Partnerschaftsprojekte in Ruanda mit rund 4 Mio. DM gefördert.

Neben dem Staat sind auch private und kirchliche Organisationen und Gruppen, z. B. „**Brot für die Welt**" und „**Misereor**", auf dem Gebiet der Entwicklungshilfe tätig. Diese **NRO** finanzieren ihre Projekte größtenteils aus Spendengeldern; sie erhalten aber auch staatliche Zuschüsse. Ihr Vorteil liegt vor allem darin, dass sie ihre Hilfsmaßnahmen ohne bürokratische Umwege direkt bei den von Armut und Hunger betroffenen Menschen ansetzen können. Gerade die NRO legen deshalb keinen Wert darauf, möglichst teure und große Projekte zu finanzieren und zu betreuen, sondern im Mittelpunkt ihrer Arbeit stehen meist kleinere Maßnahmen, die jedoch für die Menschen oft mehr Hilfe zur Selbsthilfe darstellen.

NRO

Als Nicht-Regierungs-Organisationen (NRO) bezeichnet man alle privaten Gruppen, die sich in der Entwicklungshilfe engagieren.

Gepresstes Öl für gesündere Ernährung

Im Senegal werden viele Dinge importiert, die gut im Land selbst hergestellt werden könnten. Gerade im ländlichen Bereich ist der Bedarf an Getreidemühlen, Ölpressen, Brunnenpumpen und den dafür benötigten Einzelteilen sehr groß. Die Bäuerinnen und Bauern können oft ihre Ernteerzeugnisse nicht weiterverarbeiten, und es fehlt an lebensnotwendigem Wasser. Neun arbeitslose Handwerker – Schweißer, Automechaniker und Spengler – haben 1989 die Initiative ergriffen und URPATA/Sahel, eine Organisation zur Förderung angepasster Technik gegründet. In einer Werkstatt bauen die Handwerker Hirsemühlen, Reisschälmaschinen, Ölpressen, Handpumpen und anderes technisches Gerät, das den Menschen in den Dörfern die Arbeit erleichtern soll.

Besondere Bemühungen legen die Mitarbeiterinnen und Mitarbeiter von URPATA auf die Beratung der Dorfbevölkerung: In Kursen werden ihr die Handhabung, Wartung und auch kleinere Reparaturen der Geräte nahe gebracht. So können die von URPATA hergestellten Maschinen von den Bauern problemlos bedient werden. Angetrieben werden sie durch Muskelkraft oder Windenergie. Nur in wenigen Ausnahmefällen werden auch Diesel- oder Elektromotoren eingesetzt.

1990 hat URPATA damit begonnen, geeignete Arbeitsgeräte für die Frauen herzustellen und zu verkaufen. Es mussten Geräte sein, die ihnen bei folgenden Tätigkeiten eine Arbeitserleichterung ermöglichen sollten:
- beim Zerstampfen, Schälen und Mahlen des Getreides
- beim Wasserschöpfen mit Handpumpen
- bei der Herstellung von Gittern zum Schutz von Wiederaufforstungsflächen
- bei der Verbesserung der Wohnverhältnisse in den Dörfern.

„Brot für die Welt" unterstützt interessierte Frauen aus vielen Dörfern im Senegal, in Gambia, Mali und Guinea-Bissau mit einem Fond, der es ihnen ermöglicht, solche URPATA-Arbeitsgeräte zu kaufen.

aus dem Projektbericht von „Brot für die Welt" 1994/1995

Zum Beispiel „Brot für die Welt"

1993 beträgt das Spendenaufkommen rd. 136 Millionen DM.

Zum Beispiel „Misereor"

144 Millionen DM können 1993 aus „Spenden und erwirtschafteten Beträgen" für Projekte ausgegeben werden.

Ziel dieser privaten Gruppen und Organisationen ist es nicht nur, Hilfe zu leisten, sondern auch die Bevölkerung in der Bundesrepublik Deutschland über die Verhältnisse in der Dritten Welt aufzuklären. Dabei geht es ihnen vor allem darum, deutlich zu machen, dass die Menschen in den Industrieländern von den Problemen der Entwicklungsländer ebenfalls betroffen sind.

Die Berichterstattung in Europa muss sich ändern. Sie sollte auch:
- die erfolgreichen Ansätze in Afrika zeigen.
- die beginnende Organisierung der ländlichen Bevölkerung und nicht nur die Demokratiebemühungen der wohlhabenden Stadtbevölkerung zeigen, die die Sorgen um die Alltagsbedürfnisse – wie zum Beispiel drei Mahlzeiten am Tag – nicht mehr kennt.
- die wirklichen Fortschritte und Anstrengungen, die Unterstützung und Achtung verdienen, zeigen. Denn diese sind durch und für die Bevölkerung Afrikas erreicht worden. Eine Bevölkerung, die Selbständigkeit und Eigenverantwortung bei der Bewältigung ihres Lebens mit seinen Problemen anstrebt.

M.Moustapha Diagne, Verantwortlicher Koordinator für die Förderung und den Transfer von Technologie, Juni 1994, in: Projektmappe „Brot für die Welt" 11229

4.4 Und was kann ich tun?

Grundschule in Rheinland-Pfalz hilft beim Wiederaufbau der Partnerschule in Ruanda

Der Kontakt zur Partnerschule Kiramiruzi war seit Anfang 1994 unterbrochen. Die Leiterin des rheinland-pfälzischen Kontaktbüros in Kigali hatte von Massakern, Zerstörungen in der Schule und Diebstahl berichtet. Daraufhin startete die Grundschule Katzenelnbogen eine Spendenaktion.
Die Aktivitäten erbrachten eine Summe von 3000,- DM, die über den „Verein Partnerschaft Rheinland-Pfalz – Ruanda e.V." direkt zur Partnerschule geschickt wird. Die Grundschule hier weiß aus den letzten Jahren, dass ihre Spende ankommt, ohne dass Verwaltungs- oder sonstige Kosten abgezogen werden.

Informationen aus Ruanda-Revue 1/1995

„Opulenter Lebensstil der reichen Länder bedroht die Welt"
Worldwatch ruft zu freiwilligem Konsumverzicht auf / Fleischesser verbrauchen indirekt die Hälfte aller Getreidevorräte

Langfristig könne die Erde den Lebensstil des reichen Nordens mit seiner ungezügelten Kauflust, seinem fleischreichen Essen nicht verkraften, warnt das Institut in seinem Magazin „worldwatch". Die Europäer und die US-Amerikaner seien als sogenannte „konsumierende Klasse" der Welt für die Freisetzung von über 50 Prozent der Treibhausgase und 90 Prozent des Ozonkillers FCKW und eine Reihe von weiteren Umweltproblemen verantwortlich, die bei der Herstellung von Gütern entstünden.

Während hunderte Millionen Menschen weiterhin unter dem Existenzminimum leben, haben die vergangenen 40 Jahre dem reichen Norden nach Darstellung des Instituts eine wahre Explosion des Konsums gebracht. So verbrauche das Viertel der Weltbevölkerung, das regelmäßig Fleisch esse, wegen des Bedarfs an Futter für die Tiere indirekt die Hälfte der weltweiten Getreidevorräte. Das Insitut verweist ferner darauf, dass beispielsweise der Pro-Kopf-Energieverbrauch in den USA seit 1950 um 60 Prozent gestiegen ist. US-Amerikaner fahren heute doppelt so viel und fliegen 25 mal so weit wie vor 40 Jahren, heißt es in der Studie.

Insgesamt sind die Bürger der USA laut Worldwatch heute reicher als jemals zuvor in der Geschichte. Mit seinem Taschengeld von durchschnittlich 230 Dollar im Jahr „verdient" in den USA selbst ein Kind unter 13 Jahren mehr als jeder Einzelne von 300 Millionen Menschen in den ärmsten Ländern der Welt.

Frankfurter Rundschau vom 3. 11. 1990

Gerade in einem Bundesland, das wie Rheinland-Pfalz eine Partnerschaft mit einem Entwicklungsland unterhält, bestehen für jede und jeden vielfältige Möglichkeiten der Hilfe. Die einzelnen Unterstützungsmaßnahmen sind dabei meistens so angelegt, dass sie auch direkt bei der armen Bevölkerung ankommen und nicht in dunklen Kanälen versickern.
Wer nicht gleich aktiv mitarbeiten möchte, kann sich informieren. Gerade zu Ruanda finden immer wieder Informationsausstellungen und „Ruanda-Tage" statt, die verschiedene Schwerpunkte der Entwicklungszusammenarbeit behandeln.
Darüber hinaus wird oft auch gefordert, dass die Menschen in den reichen Ländern ihre Lebens- und Konsumgewohnheiten ändern, um in der Dritten Welt eine positive Entwicklung zu ermöglichen.

Immer mehr Schulen bauen Partnerschaften zu Ruanda auf

Neustadt	13
Ludwigshafen	11
Koblenz	10
Zweibrücken	8
Trier	7
Mainz	6
Mayen	6
Frankenthal	6

4.5 Internationale Entwicklungshilfe

Die Industrieländer sehen in den letzten Jahren immer mehr, dass die Probleme der Entwicklungsländer mit den eigenen zusammenhängen. Ein wichtiger Gesichtspunkt ist dabei der Schutz der Umwelt vor weiterer Zerstörung. So können zum Beispiel die Regenwälder als die entscheidenden Sauerstoffproduzenten für das Leben auf der Erde nur durch gemeinsames Handeln aller Staaten vor der endgültigen Zerstörung gerettet werden.

Ein erster Schritt zu weltweiter Zusammenarbeit der Entwicklungsländer und Industriestaaten ist die **Konferenz für Umwelt und Entwicklung,** die 1992 in Rio stattfindet. 178 Staaten erklären sich verantwortlich für die Lösung der globalen Umweltprobleme. Aber auch die speziellen Probleme der Entwicklungsländer können nicht durch die Zusammenarbeit einzelner Industriestaaten mit einzelnen Ländern der Dritten Welt gelöst werden. Es ist vielmehr nötig, weltweit zu gemeinsamen Zielsetzungen und gemeinsamen Maßnahmen der entwicklungspolitischen Zusammenarbeit zu kommen. Internationale Organisationen und internationale Verträge sind die Voraussetzung dafür, dass die politischen Ziele auch in konkretes Handeln umgesetzt werden.

AKP-Staaten

Sammelbezeichnung für meist ehemalige britische oder französische Kolonien in Afrika, der Karibik oder im Pazifik.

Zwischen der Europäischen Gemeinschaft (heute: EU) und 69 AKP-Staaten wurde 1975 in Lomé, der Hauptstadt Togos, ein Vertrag geschlossen. Er sieht vor allem die zollfreie Einfuhr aller industriellen und landwirtschaftlichen Produkte aus diesen Staaten in die EU-Länder vor und soll durch den Abbau von Zollschranken die Einfuhrmöglichkeiten von Produkten aus den AKP-Staaten entscheidend verbessern. Gleichzeitig werden durch das Abkommen die Exporterlöse dieser Entwicklungsländer durch Ausgleichszahlungen der EU stabilisiert.

Das vierte Abkommen von 1990 soll zehn Jahre gelten und ist mit einem Fonds für Kredite und Entwicklungszuschüsse ausgestattet worden. Das Abkommen von Lomé gilt deshalb als richtungsweisend, weil hier erstmals Industrieländer ansatzweise auf handelspolitische Vorteile verzichtet haben und Entwicklungsländern entgegengekommen sind.

Probleme mit Bananen

Wie problematisch diese Zusammenarbeit wird, zeigt sich z. B. an den Einfuhrquoten für Bananen, die seit 1993 in der Europäischen Union gelten. Zum Schutz der Ausfuhren aus den AKP-Staaten wurden die Quoten für Bananenimporte aus anderen Entwicklungsländern gesenkt. Dies hat teilweise verheerende Folgen z. B. für die Einkommens- und Lebensverhältnisse der Bananenbauern in Costa Rica (siehe S. 316).

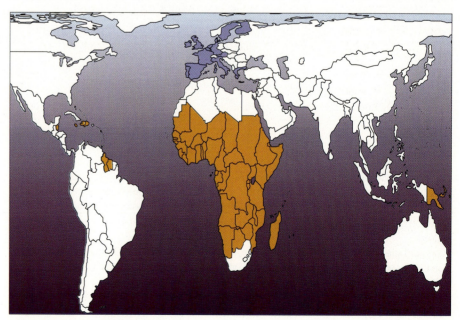

Karte AKP-Staaten Schmidt

Auch die UNO ist auf dem Gebiet der Entwicklungspolitik tätig. Einige UN-Sonderorganisationen befassen sich schwerpunktmäßig mit diesem Thema:

UNCTAD = Welthandelskonferenz
UNESCO = Organisation für Erziehung, Wissenschaft und Kultur
UNICEF = Weltkinderhilfswerk
UNIDO = Organisation für industrielle Entwicklung
WHO = Weltgesundheitsorganisation
FAO = Welternährungsorganisation
WTO = World Trade Organization, ehemals GATT
IBRD = Weltbank
IWF = Internationaler Währungsfonds

Verhandlungsthemen

1. Bekämpfung des Hungers in den Entwicklungsländern
2. Erdölpreise und sichere Energieversorgung der Industrieländer
3. Industrialisierung und Fertigwarenausfuhr der Entwicklungsländer/strukturelle Anpassungen in den Industrieländern
4. Größere Eigenanstrengungen der Entwicklungsländer und innere Reformen
5. Stabile und höhere Rohstofferlöse für die Entwicklungsländer/sichere Rohstoffversorgung für die Industrieländer
6. Höhere Entwicklungshilfe/Reform des Welternährungssystems
7. Mehr internationales Mitspracherecht für die Entwicklungsländer

Im Mittelpunkt der Arbeit der internationalen Organisationen steht die Verbesserung der Situation der Entwicklungsländer in der Weltwirtschaft und die Lösung der Schuldenkrise. Eine entscheidende Rolle spielen dabei Weltbank und Internationaler Währungsfonds (s. S. 336).

Auf internationaler Ebene fordern die Entwicklungsländer auch eine **„Neue Weltwirtschaftsordnung".** Dadurch soll einmal die Stellung der Dritten Welt innerhalb der Weltwirtschaft verbessert werden und zum anderen sollen Benachteiligungen beseitigt werden. Wichtigste Forderung ist dabei die Errichtung von Rohstoff-Fonds, mit deren Hilfe die Weltmarktpreise für Exportprodukte der Entwicklungsländer stabil gehalten werden sollen. Weitere Bestandteile der neuen Weltwirtschaftsordnung sind der weltweite Abbau von Zöllen, um der Dritten Welt den Handel zu erleichtern und die Förderung der Eigenverarbeitung von Rohstoffen in den Entwicklungsländern.

In der Bundesrepublik Deutschland gibt es Handelsorganisationen (GEPA und TRANSFAIR), die auf die Interessen der Rohstoff exportierenden Länder Rücksicht nehmen und dabei insbesondere die Lebensgrundlage der Kleinproduzenten erhalten wollen. So bieten verschiedene Dritte-Welt-Handelsketten zum Beispiel Kaffee an, dessen Erlös den Kleinbauern in den Entwicklungsländern direkt zugute kommen soll. Allerdings ist das Angebot dieses fairen Handels noch unzureichend, das Handelsvolumen im Vergleich zu den großen Kaffeehändlern gering.

Beispiel Kaffee

Um den rapiden Verfall der Kaffeepreise auf dem Weltmarkt zu stabilisieren, beschließen die Kaffeeproduzenten Ende 1993 eine Beschränkung der Ausfuhrquoten. Zur Zeit werden rund 4 Millionen Sack Kaffee (à 60 Kilo) zurückgehalten.

Das TRANSFAIR-Siegel – Garantie für Fairen Handel

Fair gehandelten Kaffee erkennen Sie sofort am TRANSFAIR-Siegel auf der Packung. Das Besondere an diesem Kaffee: Er wurde von Kleinbauern geerntet und zum fairen Preis direkt gehandelt. Das Siegel garantiert, dass die Anbieterfirmen die Bedingungen für den fairen Handel eingehalten haben:
• Der Kaffee wurde direkt bei Kleinbauerngenossenschaften gekauft.
• Der Mindestpreis, den sie dafür erhalten haben, liegt deutlich über dem Weltmarktpreis.
• Die Genossenschaften erhalten langfristige Abnahmegarantien.
• Auf Wunsch erhalten die Genossenschaften eine Vorfinanzierung ihrer Lieferung.
Fair gehandelter Kaffee kostet die VerbraucherInnen nur wenig mehr: Pro Tasse etwa drei Pfennige. Für die Kleinbauernfamilien bedeutet das sehr viel: Sicherung ihrer Existenz und ihrer Zukunft.

aus einer Broschüre von TRANSFAIR e.V. – Verein zur Förderung des fairen Handels, Juni 1994

4.6 Grenzen der Entwicklungshilfe

Krimineller Handel mit Arzneimitteln

„Immer wieder tauchen wirkungslose Medikamente in Originalverpackungen auf."

Prof. John Ayim, Pharmazeutische Fakultät, Ghana

Entwicklungshilfe steht immer wieder im Zentrum der Kritik. Ihre Berechtigung wird vor allem dann in Frage gestellt, wenn wieder einmal bekannt wird, dass Millionen Hilfsgelder oder – güter durch bürokratische Maßnahmen nicht die Betroffenen erreicht haben, sondern in den Taschen korrupter Cliquen verschwunden sind.

Ebenso empören die Praktiken von Firmen, die unter dem Deckmantel von Entwicklungshilfe wertlose, aber auch schädliche Arzneimittel an Länder der Dritten Welt für kostbare Devisen verkaufen oder auch die Entwicklungsländer als Müllkippe für die nicht mehr verwertbaren Konsumartikel der Industrieländer benutzen.

Auch der gut gemeinte Rat vieler Menschen im reichen Norden, doch die überschüssigen Nahrungsmittel in den armen Süden zu liefern, statt sie zu vernichten, muss kritisch betrachtet werden. Diese Form der Entwicklungshilfe ist auch in den Ländern der Dritten Welt umstritten, stopft sie doch nur kurzfristig Löcher, um immer wieder neue aufzureißen. Letztlich hindert sie die eigenen Entwicklungsanstrengungen in den Ländern selbst.

> Der Transfer von Nahrungsmittelüberschüssen ist aus humanitärer Sicht zur Lösung aktueller Defizitsituationen notwendig. Die Maßnahmen der Entwicklungszusammenarbeit müssen sich jedoch vordringlich auf die Behebung der Ursachen konzentrieren.
> Der Transfer von Nahrungsmittelüberschüssen ist auch mittelfristig nicht als sinnvolle Lösung anzusehen, da hierdurch die Eigeninitiative gehemmt werden kann. Ein ständiger Transfer von Nahrungsmittelüberschüssen ist letztlich keine Lösung.

Neunter Bericht zur Entwicklungspolitik der Bundesregierung, S. 14

Darüber hinaus stößt alle Entwicklungshilfe immer wieder an die Grenzen egoistischer Interessen der Industrieländer. Solange im Norden nicht die Bereitschaft wächst abzugeben, wird es auch keine wirklichen Veränderungen im Ungleichgewicht zwischen Arm und Reich auf der Erde geben.

> Das jahrelange Hickhack um die Liberalisierung des Welthandels, der auch der Dritten Welt den Zugang zu den Märkten eröffnet, zeigt, wie schwer sich die Industriestaaten mit der Einlösung ihrer Versprechungen tun, den Hungernden ein Stück vom großen Wirtschaftskuchen abzugeben. Es mag bitter klingen: Aber unsere Entwicklungshilfe läuft immer noch zu sehr nach dem Motto: Brot für die Welt. Aber die Wurst bleibt hier.

Detlef Drewes in: Augsburger Allgemeine vom 14. September 1994

Notwendigkeit von Entwicklungshilfe

Gründe für Entwicklungshilfe

Neben humanitären Motiven, die angesichts des immer größer werdenden Elends eine entscheidende Rolle spielen, engagieren sich die Industrieländer auch aus politischen und wirtschaftlichen Gründen.

Ziele

Während in den 60er Jahren vor allem auf Wachstum gesetzt wird, was sich an Investitionen in Großprojekte zeigt, wird heute immer mehr „Hilfe zur Selbsthilfe" angestrebt. Dabei steht die Berücksichtigung der Bedürfnisse der Bevölkerung in den Entwicklungsländern im Vordergrund. Dennoch werden auch hier unterschiedliche Interessen deutlich zwischen den Industriestaaten und den Staaten der Dritten Welt einerseits sowie zwischen verschiedenen Gruppen in den Industriestaaten und verschiedenen Schichten in den Entwicklungsländern andererseits. Allmählich setzt sich aber die Erkenntnis durch, dass die Probleme der Erde nur gemeinsam zu bewältigen sind.

Möglichkeiten

International kümmern sich Organisationen der UNO auf verschiedenen Ebenen um die Interessen der Entwicklungsländer. In Europa hat eine entwicklungspolitische Zusammenarbeit zwischen der Europäischen Union und den sog. AKP-Staaten begonnen. Das Bundesministerium für wirtschaftliche Zusammenarbeit ist die wichtigste staatliche Institution in der Bundesrepublik Deutschland, die sich mit Entwicklungshilfe befasst. Aber auch Kirchen, private Organisationen und „Dritte-Welt-Gruppen" (heute oft „Eine-Welt-Gruppen") engagieren sich hier. Die Projekte dieser privaten Initiativen setzen oftmals direkter bei den Ärmsten an, während sich die staatliche Entwicklungshilfe eher um größere Bereiche kümmert. Auch die Bürgerinnen und Bürger können einen Beitrag leisten, indem sie Produkte aus fairem Handel kaufen. Eine große Bedeutung hat darüber hinaus Aufklärung über die Nord-Süd-Problematik, die darauf hinweist, dass die Probleme der Entwicklungsländer auch unsere sind.

Grenzen

Die Bemühungen der Entwicklungshilfe haben oft dort ihre Grenzen, wo sie an die Schranken egoistischer Interessen der Industrieländer und der Machteliten der Entwicklungsländer stoßen. Entwicklungspolitik kann auch dann keine Veränderung bewirken, wenn sie sich auf medienwirksame Hilfsmaßnahmen beschränkt, statt die positiven Ansätze der Bevölkerung in den Ländern der Dritten Welt zu fördern, selbst wenn diese Projekte oft nicht so spektakulär wirken.

Zur Wiederholung

1. Welche Gründe für und gegen Entwicklungshilfe werden in der Öffentlichkeit angeführt?
2. Wie haben sich die Ziele der Entwicklungspolitik seit den 60er Jahren verändert?
3. Was versteht man unter „Hilfe zur Selbsthilfe"?

Weiterführende Aufgaben

1. Sammeln Sie in Ihrer Heimatgemeinde Informationen über Hilfsorganisationen und Dritte-Welt-Gruppen. Berichten Sie in Ihrer Klasse, in welchen Ländern und mit welchen Projekten sich diese Initiativen beschäftigen.
2. Stellen Sie in Supermärkten und anderen Geschäften fest, welche Waren aus der Dritten Welt stammen. Informieren Sie sich über Produkte aus fairem Handel.

Schleswig-Holstein – Geschichte und Politik

1 Haithabu und Lübeck

1.1 Handelswege bis zum 12. Jahrhundert

Haithabu

Die Handelsstadt der **Wikinger** ist im 9.-11. Jahrhundert einer der wichtigsten Handelsplätze im nördlichen Europa. In Haithabu (Ort an der Heide, gegenüber dem heutigen Schleswig) leben 1000 Menschen. Die Stadt wird 1050 und 1066 von Norwegern und Slawen zerstört und nicht wieder aufgebaut. **Schleswig** und später **Lübeck** treten die Nachfolge an.

Lübeck

Alt Lübeck (Liubice) ist 819 eine Gründung der Slawen.
Dieser alte Handelsplatz wird 1138 zerstört. Das „deutsche" **Lübeck** wird 1143 von Adolf II von Schauenburg unter dem alten Namen am neuen Ort gegründet. Die Lage zwischen Trave und Wakenitz ist für einen Fernhandelsumschlagplatz hervorragend geeignet.
Lübeck hat um 1300 bereits 15.000 Bewohner. Die Zahl steigt im 15. Jahrhundert besonders durch die Zuwanderung von Neubürgern aus Westfalen, dem Rheinland und aus Niedersachsen auf 25.000. Lübeck ist damit nach Köln mit 40.000 Einwohnern die größte Stadt des nördlichen Deutschlands und eine der Großstädte des Mittelalters. Hamburg hat um 1300 nur etwa 5.000 Bewohner.

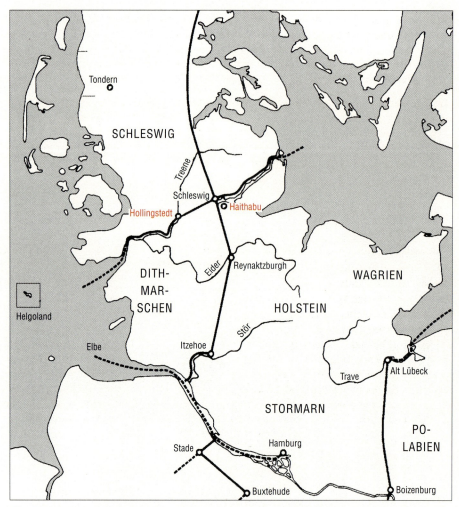

Ulrich Lange (Hrsg.), Geschichte Schleswig-Holsteins, Neumünster 1996, S. 123

Haithabu verdankt seine Bedeutung seiner geographischen Lage. Es liegt an einer sehr engen Landstelle zwischen Nord- und Ostsee, an der sich der Ost-West- und der Nord-Süd-Handelsweg kreuzen. Die relativ kleinen und wendigen Wikinger-Schiffe können Schlei, Treene und Eider befahren. Die kiellosen Schiffe werden die 15 Landkilometer zwischen Haithabu und Hollingstedt an der Treene von Pferden über einen Knüppeldamm gezogen. Einer der wichtigsten Handelswege zwischen den Ostseerandgebieten und dem Rheinmündungsgebiet kann per Schiff zurückgelegt werden.

Die Nord-Süd-Handelsstraße erreicht über Stade (Elbquerung), Itzehoe und Rendsburg ebenfalls Haithabu.

Nach der Gründung der Kaufleutesiedlung führt eine Fernhandelsstraße über Boizenburg (Elbquerung), Mölln nach **Alt Lübeck** und in den Ostseeraum. Der für **Lübeck** wichtige Stecknitz-Kanal, der Lübeck mit der Elbe verbindet, wird erst später gebaut (1391-1398, 94 km lang).

1.2 Handel und Technik

Die **Wikinger-Schiffe** können nur ca. 20 t Waren transportieren. Die **Kogge** verdrängt diesen Schiffstyp im 12. Jahrhundert. Sie hat eine größere Ladefähigkeit von zunächst 50-80 t, die bis zum 14. Jahrhundert auf mehr als 300 t steigt. Diese Segelschiffe (30 m lang und 7 m breit) sind für kleine Flüsse ungeeignet. Sie befahren nach der allgemeinen Einführung des Kompasses auch die offene See - nicht mehr nur küstennah. Waren werden in Seehäfen umgeschlagen. Der Bau von Kanälen verbessert den Binnenschiffverkehr. Lübeck hat gegenüber Schleswig entscheidende geographische Vorteile. **Lübeck verdrängt Schleswig.**

Die Entwicklungen der **Schiffstechnik** verändern auch den Warenhandel. Bis zum 12. Jahrhundert werden im wesentlichen nur **Luxuswaren** gehandelt: Waffen, Glas, Schmuck, Silber, Bernstein, Keramik, Tuche, Pelze, Erze - und Sklaven bringen die notwendigen Gewinne. Lübeck erhält seine handelspolitische Bedeutung im 12. und 13. Jahrhundert durch zwei **Massengüter:** Herings- und Salzhandel. Salz aus Lüneburg und Oldesloe dient zur Konservierung der Heringe aus Schonen.

Als die **Heringschwärme** in der zweiten Hälfte des 16. Jahrhunderts vor **Schonen** ausbleiben, wird nicht nur der Lübecker Handel hart getroffen. 10.000 Fischer und 20.000 Arbeiter haben bisher etwa 25.000 t Hering gefangen, mit 5.000 t Salz aus Lüneburg konserviert und in etwa 100.000 Holztonnen verpackt. Ein wichtiger Bereich des Ostseehandels bricht zusammen.

O. Magnus, Historia de gentibus septentrionalibus, 1555; in: Karl Pagel, Die Hanse, Braunschweig 1983, S.43 (Westermann)

Besatzung, Schiffer, Reeder

Schiffe werden größer und kostspieliger. So kommt es ab dem 13. Jahrhundert zu einer Teilung der Aufgaben zwischen Reeder (Schiffseigner), Schiffer (schepp-herr) und Kaufmann. Vier bis acht „Parten" bilden eine Gesellschaft und teilen so das Risiko des Schiffseigners. Der Schiffer ist einer der Miteigentümer und zugleich „Herr über das Schiff". Er hat die Befehlsgewalt an Bord, schließt Frachtverträge mit den Kaufleuten und überwacht das Be- und Entladen.
Eine Kogge hat etwa 20 Mann Besatzung. Rangordnung und Aufgabenteilung der Seeleute entwickeln sich etwa im 15. Jahrhundert.
Sie gelten bis heute – Leicht- und Vollmatrose, Maat, Bootsmann, Steuermann, Koch, Zimmermann.

1.3 Hanse – Aufstieg und Niedergang

Die **Hanse** ist in ihrer Blütezeit - 13. bis 15. Jahrhundert - ein mächtiger **Städtebund.** Ihm gehören nahezu 200 See- und Binnenstädte an. Die Hanse unterhält außerhalb ihres eigentlichen Bereichs Stützpunkte/Kontore, z.B. in Nowgorod, Bergen, London.

Die Hanse hat keinen allgemein anerkannten Gründungstag. Die Zusammenschlüsse von Wanderkaufleuten, die für einzelne Handelsreisen aus Sicherheitsgründen ab dem 12. Jahrhundert „Bewaffnete Scharen oder Hansen" bilden, gelten als die Vorläufer. **Lübeck** gewinnt im Städtebund eine große Bedeutung und die Führungsrolle. Die Hanse hat 1370 nach einem erfolgreichen Krieg gegen Dänemark den Höhepunkt ihrer Macht erreicht.

Der **Niedergang der Hanse** im 16. und 17. Jahrhundert hat eine Reihe von Ursachen. Ganz besonders wichtig wird, dass die Länder, z.B. Schweden, Russland, Polen, den Hansekaufleuten die Privilegien (Handelsvorteile) entziehen. Hansekontore werden geschlossen, die „nationalen" Kaufleute gefördert. 1630 treffen sich die Mitglieder des Städtebundes zum letzten allgemeinen Hansetag in Lübeck.

2 Ein Wirtschaftsstandort verändert sich

2.1 Schwerpunkt der Wirtschaftskraft

Wirtschaftsbereiche

primärer Sektor:
Land- und Forstwirtschaft, Fischerei
sekundärer Sektor:
produzierendes Gewerbe
tertiärer Sektor:
Handel, Verkehr, Banken, Versicherungen, Gastgewerbe, öffentliche Verwaltung, …

Wenn man Mitbürger „auf der Straße" fragte, wo denn der Schwerpunkt der Wirtschaftskraft Schleswig-Holsteins liegt, würden sie wohl antworten: in der Landwirtschaft, im Schiffbau und etwas Fremdenverkehr, und schließlich sei da auch noch die Bundeswehr. „Landwirtschaft" steht dabei für den primären Sektor der Wirtschaft, … „Schiffbau" für den sekundären der gewerblichen Gütererzeugung und „Fremdenverkehr" und „Bundeswehr" für den tertiären Sektor. Sieht man sich dann aber einmal die Daten an, so stellt man fest, dass es genau umgekehrt ist."

„Irene Schöne, Schleswig-Holstein – eine Dienstleistungsgesellschaft, in: Schleswig-Holstein, eine politische Landeskunde, Kiel 1992, S.171-182, S.171

Bruttowertschöpfung

Diese Zahl erfasst die erbrachte wirtschaftliche Leistung in DM. Die Vorleistungen, die z.B. ein Betrieb von einem anderen einkauft, werden jeweils abgezogen.

Jahr: 1995	Erwerbstätige	Bruttowertschöpfung
primärer Sektor	3,9 %	1,9 %
sekundärer Sektor	29,8 %	30 %
tertiärer Sektor	66,3 %	68,1 %
Summe:	100 %	100 %
absolute Zahlen:	1,087 Mio.	109,3 Mrd. DM

Bevölkerungsentwicklung in Schleswig-Holstein

1803	=	0,6 Mio.
1860	=	1,0 Mio.
1906	=	1,5 Mio.
1939	=	1,6 Mio.
1946	=	2,6 Mio.
1960	=	2,3 Mio.
1995	=	2,7 Mio.

2.2 Ursachen für Veränderungen

Das Kieler Correspondenz-Blatt schreibt am 15.2.1832:

„Die Idee, aus unserem Vaterlande ein Fabrikland wie England oder Frankreich zu machen, hat wohl niemand, welcher alle Umstände in Betracht zieht … Die Bevölkerung ist zu klein, die arbeitende Klasse zu ungenügsam, Handel, Schiffahrt, Gewerbe und Ackerbau geben doch hinreichende Beschäftigung, es fehlt an Kapitalien zu kostbaren und riskanten Unternehmungen, kurz, alles deutet darauf hin, dass wir unsern eigenen Weg gehen müssen …".

Der Journalist hat sich im Jahr 1832 offensichtlich die Veränderungen in seinem Jahrhundert gar nicht vorstellen können. Kann man ihm daraus einen Vorwurf machen? Wie denken wir heute über mögliche Veränderungen?

Es gibt viele **Ursachen für diese Veränderungen:**
wissenschaftliche Entdeckungen, technische Entwicklungen, politische Veränderungen – und nicht zuletzt den Menschen, der die „Kapitalien zu kostbaren und riskanten Unternehmungen" aufbringt (s. Seite 23-26 u. S. 18-29).

2.3 Marcus Hartwig Holler (1796-1857) ein Pionier der Industrialisierung

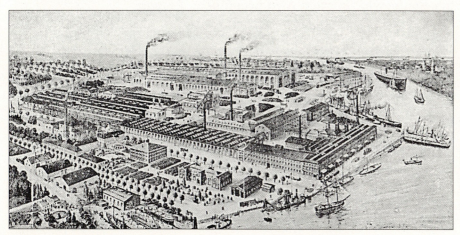

Christian Degn, Schleswig-Holstein eine Landesgeschichte, Neumünster 1994, S.218

M. H. Holler

U. J. Diederichs, Schleswig-Holsteins Weg ins Industriezeitalter, Hamburg 1986, S.16

Das Bild der **Carlshütte in Rendsburg** stammt aus dem Jahr 1908. Holler hat das Unternehmen bereits 1827 gegründet. Es beschäftigt 1841 bereits 250 Arbeiter und Angestellte und ist damit eines der größten im Land.

Holler nimmt die sozialen Probleme wahr, die seine Arbeiter und Angestellten während des Übergangs von der Agrar- zur Industriegesellschaft bedrücken. Und er entwickelt soziale Maßnahmen – übrigens lange vor Bismarck.

> „In den Jahren zwischen 1830 und 1840 wurden von Holler dann auf der Carlshütte eine ganze Reihe von weiteren **Sozialeinrichtungen** geschaffen, die in diesem frühen Zeitraum im deutschen Bereich einzig waren. 1833 wurde eine Krankenversicherung gegründet, die Anteile der Arzt- und Arzneikosten übernahm und in einem gewissen Rahmen auch Lohnfortzahlungen leistete, 1837 kam eine Leihkasse hinzu, die in Notfällen Vorschüsse leistete, und 1841 wurde eine Pensionskasse errichtet, die im Falle von Alter und Invalidität Unterstützungen an die Arbeiter oder deren Witwen zahlte."

Peter Wulf, Marcus Hartwig Holler und die Anfänge der Carlshütte, in: J. Brockstedt (Hrsg.), Frühindustrialisierung in Schleswig-Holstein, Neumünster 1983, S.227-275, S.269

2.4 Auf dem Weg zur Dienstleistungsgesellschaft

Die Veränderungen werden an den beiden folgenden Angaben deutlich:
– Die wirtschaftlichen Überlebensbedingungen für „klassische" Industrieunternehmen werden bei der weltweiten Konkurrenz immer schwieriger. Die **Carlshütte** stellt 1997 endgültig die Produktion ein.
– Die **Verteilung der Erwerbstätigen auf die drei Wirtschaftssektoren** in Schleswig-Holstein (in Prozent, gerundete Zahlen):

	1867	1882	1895	1907	1925	1950	1990	1995
primärer Sektor	50	41	36	34	23	24	5	4
sekundärer Sektor	22	27	29	31	35	34	30	30
tertiärer Sektor	28	32	35	35	42	42	65	66

Das wirtschaftliche Auf und Ab am Beispiel Lübecks:

Die **Lübecker Nachrichten** melden am

13.11.1981
Die „Lübecker Metallhütte" hat Konkurs angemeldet.

25.11.1987
Die „Brauerei zur Walkmühle, H. Lück AG" gibt nach über 100jährigem Bestehen auf.

12.12.1987
Das „Technikzentrum Lübeck (TZL)" hat nach einjährigem Bestehen eine positive Bilanz gezogen. Im TZL arbeiten 17 Unternehmen zusammen.

3 Deutsche und Dänen als Nachbarn

3.1 Schleswig-Holstein wird preußische Provinz

„Nationale Einheit" – diese politische Idee verschärft im 19. Jahrhundert den Konflikt zwischen **Schleswig-Holsteinern** und **Eiderdänen**. Die eine Seite streitet für ein „Dänemark bis zur Eider" – also mit Schleswig und ohne Holstein. Die andere für ein Schleswig-Holstein bis zur Königsau, das Teil eines zukünftigen deutschen Reiches werden soll.

Für die unvereinbaren Forderungen werden **Kriege** geführt. Der Krieg von 1848-51 endet zwar mit einem militärischen Sieg der dänischen Seite, löst aber das nationale Problem nicht. 1864 und 1866 macht dann **Bismarck** sein „Meisterstück":

Schleswig-Holstein wird nach zwei siegreichen Kriegen gegen Dänemark (1864) und Österreich (1866) – bis zur Königsau – preußische Provinz. „Wieder deutsch geworden durch unsere Macht" – so fasst das der Notgeldschein von 1920 zusammen.

Aug. Westphalen, Flensburg Notgeldschein 1920

3.2 Volksabstimmungen 1920 – Schleswig wird geteilt

Die Niederlage des Deutschen Reiches im **Ersten Weltkrieg** bringt die deutsch-dänische Frage wieder auf die Tagesordnung. Die preußische Politik nach 1864 hat den Widerstand der dänisch gesinnten Einwohner gegen ihre Eingliederung eher verstärkt. Im **Versailler Vertrag** wird der Versuch gemacht, den Streit auf der Grundlage des „nationalen Selbstbestimmungsrechts der Völker" zu lösen.

Das **Abstimmungsgebiet** wird in **drei Zonen** eingeteilt. Die Abstimmungen bringen in Zone I „75 % für Dänemark" und in der Zone II „80 % für Deutschland", deutliche Mehrheiten. Die dänische Regierung verzichtet in Zone III auf eine Abstimmung. Dennoch: Mit den Ergebnissen und den Folgen dieser Abstimmungen sind viele Menschen auf dänischer und auf deutscher Seite nicht zufrieden.

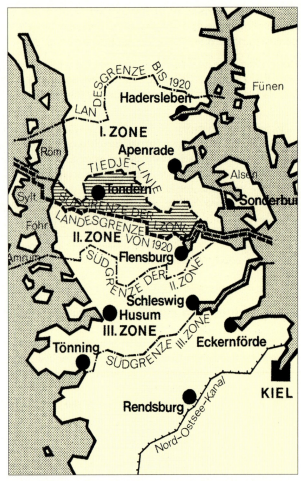

Christian Degn, Schleswig-Holstein eine Landesgeschichte, Neumünster 1994, Seite 267

3.3 Die Besetzung Dänemarks im Zweiten Weltkrieg

Dänemark leistet bei dem deutschen Überfall am 9. April 1940 so gut wie keinen Widerstand. Die deutsche Besatzungspolitik unterscheidet sich (zunächst) von der in allen anderen besetzten Ländern. Die Deutschen lassen Monarchie, Regierung und Behörden im Amt. Sie erreichen eine Politik der Verständigung, Zusammenarbeit und eine relativ friedliche Entwicklung. Deutschland ist ganz besonders an dänischen Agrarprodukten interessiert. Dänemark deckt ab 1941 immerhin 10 bis 15 % des deutschen Gesamtbedarfs an Lebensmitteln.

Ab dem Frühjahr 1943 ändert sich die Situation. Der dänische Widerstand gegen die deutsche Besatzungsmacht nimmt zu. Massenstreiks und Sabotagemaßnahmen auf dänischer Seite bewirken, dass die Deutschen am 29.8.1943 den militärischen Ausnahmezustand ausrufen. Der Erfolg des „Volksstreiks" verstärkt das Selbstbewusstsein der Dänen und erhöht zugleich die Bereitschaft der Deutschen, rücksichtsloser vorzugehen. Der von Hitler befohlene „Gegenterror" fordert 127 Opfer. Es gibt Verhaftungen und Standgerichte, Deportationen nach Deutschland und Einlieferungen in das **Konzentrationslager** Buchenwald.

3.4 Signal für eine bessere Zukunft – die Bonn-Kopenhagener-Erklärungen vom 29.3.1955

Im Chaos der Nachkriegsjahre gibt es Versuche, Schleswig von Holstein zu trennen, um es in Dänemark einzugliedern. Sie ebben bereits 1948 erfolglos ab.

Erst zehn Jahre nach Kriegsende führen dann die Bonn-Kopenhagener-Erklärungen einen großen Schritt im friedlichen Zusammenleben der Bevölkerung beiderseits der deutsch-dänischen Grenze weiter: Minderheiten dürfen nicht benachteiligt werden.

In der deutschen Erklärung heißt es – ähnlich in der dänischen: „Die Angehörigen der Minderheiten genießen wie alle Staatsbürger die im Grundgesetz der Bundesrepublik Deutschland vom 23. Mai 1949 garantierten Rechte."

Die jeweilige Minderheit jenseits der 1920 festgelegten Grenze genießt für ihre politischen und kulturellen Aktivitäten Schutz. Beispiele:
- Der SSW (Südschleswigscher Wählerverband) ist im schleswig-holsteinischen Landtag vertreten.
- Dänische Schulen erhalten Zuschüsse in Höhe der Durchschnittskosten für die deutschen SchülerInnen. Weiterführende Schulen haben das Examensrecht.

Die Kieler Nachrichten berichten am 10.2.1995:

„Die Grenze, die damals nach dem Selbstbestimmungsrecht gezogen wurde, hat sich bewährt", erklärt Siegfried Matlock, Chefredakteur der deutschsprachigen Zeitung „Nordschleswiger" und Leiter des Kopenhagener Sekretariats der deutschen Minderheit. Der Sprecher von etwa 15.000 Deutschen mit dänischer Staatsangehörigkeit erinnert aber auch an die vorausgegangene „Periode aus Blut, Schweiß und Tränen – meist auf dänischer Seite". Heute sei die Grenze und der gesicherte Status der **Minderheiten** auf beiden Seiten so vorbildlich, dass sie viele Politiker aus heutigen Konfliktregionen, vor allem aus Osteuropa, anlocke."

Gedenkstätten

Beiderseits der deutsch-dänischen Grenze bestehen drei Gedenkstätten, die an die Ereignisse während des Nationalsozialismus in den Jahren 1944-45 erinnern. Hunderte unschuldiger Menschen werden Opfer politischer Verfolgung.

Fröslev-Lager

Lejrvej 83, DK-6330 Padborg
Gefangenenlager aus dem 2. Weltkrieg. Dokumentation des täglichen Lebens der Gefangenen während der deutschen Besetzung 1944-45.

KZ-Gedenkstätte Ladelund

25926 Ladelund
Ehemalige Außenstelle des Konzentrationslagers Neuengamme bei Hamburg; hier werden 1944 mehr als 300 Menschen ermordet. Der größte Teil der Opfer stammt aus der holländischen Gemeinde Putten. Nach 1945 bilden sich nach kirchlichen Kontakten zwischen Putten und Ladelung vielfältige und enge Beziehungen.

KZ-Gedenkstätte Schwesing

25813 Schwesing bei Husum
2.500 Menschen aus 14 Ländern werden in diesem Außenkommando des KZ Neuengamme gefangen gehalten. Mehr als 300 sterben infolge von Zwangsarbeit, Unterernährung und Misshandlung.

Quelle: Die Ministerin für Wissenschaft, Forschung und Kultur des Landes Schleswig-Holstein, Amt Landesmuseumsdirektor, Sønderjyllands Amt, Museumsrådet.

4 Schleswig-Holstein und der Nationalsozialismus

4.1 Aufstieg der NSDAP

Im „Gau Nordmark", so nennen die Nationalsozialisten ihre Gebietsorganisation, gelten für die Wahlerfolge der NSDAP und ihre Ursachen einige Besonderheiten (s. Seite 117-119).

> „Nirgendwo anders waren die Nationalsozialisten in den letzten Jahren der Weimarer Republik so erfolgreich wie hoch im Norden, in Schleswig-Holstein."
>
> „Nur hier stimmten bei den **Reichstagswahlen** im Juli 1932 über die Hälfte der Wähler für die Hitler-Partei: 51 Prozent. Im Reichsdurchschnitt waren es deutlich weniger: 37 Prozent." …
>
> „Wie konnte das geschehen? Ausgerechnet hier?"

Rudolf Riezler, „Auch bei uns lebte die Sehnsucht nach dem Führer …", in: G. Paul (u.a.), Geschichtsumschlungen, Sozial- und kulturgeschichtliches Lesebuch Schleswig-Holstein 1848-1948, Bonn 1996, S.200-209, S.200

NSDAP-Ergebnisse in Schleswig-Holstein 1932 I

- ländliche Gebiete: 63,8 %
- Städte: 44,8 %
- in den Kreisen
    - Schleswig   69,8 %
    - Flensburg-Land   69,7 %
    - Husum   68,2 %
    - Norderdithmarschen 68,0 %
    - Rendsburg   65,3 %

NSDAP-Ergebnisse bei den Reichstagswahlen

	Schleswig-Holstein	Reich
1928	4,0 %	3,0 %
1930	27,0 %	18,3 %
1932 I	51,0 %	37,3 %
1932 II	45,7 %	33,1 %

Gauleiter Lohse stellt Programm und Werbung der **NSDAP** in Schleswig-Holstein auf die Bauern, die Landbevölkerung und weniger auf die Arbeiter in den Städten ein. Die Partei nutzt die Wirtschaftskrise, die in Schleswig-Holstein bereits 1927 in der Landwirtschaft beginnt und durch die Krise in der Industrie 1929 noch verstärkt wird. Sie wettert gegen „die ungerechte und unnatürliche Grenze von 1920 mit Dänemark", verdächtigt die Sozialdemokratie des „bewiesenen Verrats" (die DNVP hatte der NSDAP hier bereits vorgearbeitet). Und sie liefert mit einem radikalen **Antisemitismus** einfache Antworten, die trotz eines jüdischen Bevölkerungsanteils von nur 0,2 % nicht unwirksam bleiben.

Preise und Kosten

Die Preise und Kosten entwickeln sich in der **Landwirtschaft** sehr ungünstig. Die Veredlungsbetriebe (Viehzucht) in der Marsch sind davon ganz besonders betroffen.

Wenn man die Preise im Jahr 1913, dem letzten Friedensjahr vor dem Ersten Weltkrieg, mit 100 ansetzt, so steigen bis zum Jahr 1931 die Preise für industrielle Fertigwaren um 27,2 % und für pflanzliche Nahrungsmittel um 17,6 %. Die Preise für Viehzeugnisse bleiben relativ stabil, minus 0,8 %. Die Schlachtviehpreise sind aber um 28,2 % gefallen. Gleichzeitig verdoppelt sich die Zinsbelastung der landwirtschaftlichen Betriebe.

Zwangsversteigerungen land- und forstwirtschaftlicher Grundstücke

	1923	1924	1925	1926	1927	1928	1929	1930	1931	1932
Zahl	-	1	16	45	33	76	89	95	143	202
Fläche in ha	-	8	210	919	1232	1390	1913	3458	3144	4267

4.2 NS-Landwirtschaftspolitik nach 1933

Das Plakat zur Reichstagswahl am 5. März 1933 ist nach nur vier Wochen Regierungszeit ein erster von unzähligen „Erfolgsberichten".

Die Agrarschutzpolitik wird fortgeführt:
- Die „Verordnung über Preise für Getreide" vom 29.9.1933 garantiert den Bauern gute Erzeugerpreise.
- Mit dem „Reichserbhofgesetz" ebenfalls vom 29.9.1933 wird der landwirtschaftliche Familienbesitz garantiert und der Bauernstand politisch und gesellschaftlich aufgewertet.

Die Erträge der landwirtschaftlichen Betriebe steigen. Landwirt zu sein, lohnt sich ökonomisch wieder. Aber: Gleichzeitig geben regionale Wirtschaftsverbände nun dem Bauern genau vor, was er produzieren und abliefern muss. Er verliert also an Selbständigkeit.

Hier zeigt sich, dass die Landwirtschaftspolitik Mittel ist, um das Ziel „Selbstversorgung bei allen wichtigen Nahrungsmitteln" und „Unabhängigkeit von Importen oder **Autarkie**" zu erreichen.

> *Goebbels am 17.1.1936 auf dem Berliner Gautag:*
>
> „ ... Man muss sich einmal vorstellen, wie weit wir schon vorangekommen sind, wenn man bedenkt, dass wir vor unserer Machtübernahme im Jahre für 2 $^1/_2$ Milliarden Lebensmittel einführten und jetzt dafür nur noch eine Milliarde gebrauchen. Diese überschießenden 1 $^1/_2$ Milliarden an Devisen können wir für Rohstoffe zur Ankurbelung des **Aufrüstungsprozesses** verwenden. Das ist doch etwas! ...".

Für den Bauern: Zwangsversteigerungen landwirtschaftlicher Grundstücke, des beweglich. Betriebsvermögens, einschließl. Hausrats des Landwirts, dürfen bis zum 31. Oktober 1933 nicht durchgeführt werden. Da Deutschland seinen Fleischbedarf aus eigener Produktion decken kann, ist Zollschutz verfügt gegen die überflüssige Einfuhr. Wenn der Bauer seine Produkte verkaufen kann, dann kann er auch seinen großen Bedarf an industriellen Erzeugnissen einkaufen. Die Industrie wird also eine Produktionsbelebung erfahren und der Arbeiter erhält Brot. Ferner:

Auszug aus NSDAP-Wahlplakat

Vollständige Autarkie ist weder 1936 noch 1939 bei Kriegsbeginn gegeben. Die Selbstversorgung ist bei Brotgetreide, Kartoffeln und Zucker erreicht, bei Gemüse, Fleisch und Eiern besteht eine geringe und bei Fett („Fettlücke" = 43 %) eine große Unterversorgung. Die Defizite werden im Zweiten Weltkrieg zum Teil auf Kosten der von Deutschland besetzten Länder und deren Bevölkerung gedeckt.

4.3 „Bewältigung" der Vergangenheit nach 1945

Der Versuch, eine Diktatur „vor Gericht" zu stellen, ist schwierig und verläuft oft unbefriedigend. Die Verfahren in der Bundesrepublik Deutschland gegen ehemalige Machthaber der DDR nach 1989 oder gegen den führenden Nationalsozialisten in Schleswig-Holstein sind Beispiele.

> *Hinrich Lohse (1896-1964)*
>
> Lohse ist als NSDAP-Gauleiter (seit 1925) und als Oberpräsident (seit 1933) Inhaber des höchsten Partei- und Staatsamtes in der Provinz Schleswig-Holstein.
> Im Zweiten Weltkrieg ist er ab 1941 als Reichskommissar im Reichskommissariat Ostland (baltische Staaten und Weißrußland) auch für den Holocaust mitverantwortlich. 1948 wird er zu 10 Jahren Haft verurteilt, 1951 aber vorzeitig entlassen. Er lebt bis zu seinem Tode als Rentner – mit einer Teilrente eines Oberpräsidenten (25 %) – in seinem Geburtsort in Mühlenbarbek bei Itzehoe.

5 Schleswig-Holstein nach dem Zweiten Weltkrieg

5.1 Schleswig-Holstein – „Flüchtlingsland Nr. 1"

Die Bevölkerungszahl steigt in Schleswig-Holstein durch Flüchtlinge und Heimatvertriebene, durch Ausgebombte und entlassene Soldaten von 1.589.000 (1939) auf 2.740.000 (1948). Das Land ist nicht in der Lage, so vielen Menschen Wohnraum, Arbeit und Nahrung zu geben.

In Kiel hat der totale Krieg die totale Zerstörung zur Folge: Ein Drittel der 21.700 Wohngebäude sind durch die Bombardierung völlig zerstört, 40 % erheblich beschädigt. Fünf Millionen Kubikmeter Trümmer bedecken die Stadt.

> *Die Welt meldet am 26.12.1946 aus dem Kreis Segeberg:*
>
> „Der erste Zustrom im Kreis Segeberg kam Anfang 1945, als bei der Evakuierung Ostpreußens der Kreis das „planmäßige Ziel" zahlreicher Trecks wurde. Die zweite Belastung kam bei der Zusammendrängung der deutschen Restarmeen in Schleswig-Holstein, der dann als sehr starke Belastung das Entlassungslager Segeberg folgte. Über 300.000 deutsche Soldaten wurden in Segeberg entlassen. Von ihnen verblieben viele, die im Osten beheimatet waren, in den Landgemeinden des Kreises. Damals stieg die Bevölkerungszahl von 53.000 auf 97.000 an. Es war eine Steigerung um 87 v. H. Dann lief die Aktion „Schwalbe" an, die den Abtransport von 323.000 Menschen aus den Gebieten jenseits der Oder-Neiße-Linie nach Schleswig-Holstein vorsah. Im Kreis Segeberg stieg nun der Zuwachs gegenüber 1939 um 122 Prozent."

> *Der Spiegel schreibt am 29.3.1947:*
>
> „Im Juni 1946 erhielten die deutschen Normalverbraucher in der britischen Zone 1050, in der amerikanischen 1270 und in der französischen Zone sogar nur 880 Kalorien. Nach einer Völkerbundberechnung benötigt ein nicht arbeitender Mensch täglich 2.400 Kalorien."

So sah es nach dem **Zweiten Weltkrieg** nicht nur in Kiel aus.

5.2 Die britische Besatzungsmacht

Auf der **Potsdamer Konferenz** (s. Seite 152-154) beschließen die Siegermächte unter anderem:
- Zerstörung der deutschen Kriegsindustrie und
- Aufbau des politischen Lebens in Deutschland auf demokratischer Grundlage.

Zunächst geht es in allen **Besatzungszonen** aber um Maßnahmen für das Überleben der Bevölkerung.

> [...] Während der letzten sechs Monate wurden mehr als 50 % des Brot- und Mehlverbrauchs der britischen Zone durch Einfuhr in die Zone gedeckt. [...]
>
> [...] Während derselben Zeitspanne wurde die Lebensmittelzuteilung in England gekürzt.

Plakat-Auszug

> Die **Demontage der Rüstungsindustrie** kostet allein in Kiel 40.000 Arbeitsplätze. „Insgesamt wurden in Kiel acht Schlüssel-Betriebe demontiert. Mehr als 16.000 Maschinen und fast 40.000 Tonnen Arbeitsgeräte schafften die Briten über die Grenze. Die Demontageverluste veranschlagte die deutsche Seite auf über 42 Milliarden DM."

Kieler Nachrichten, Sonderdruck, 8.5.1995, S.13

10. März 1949, 16:15 Uhr: Mit einer gewaltigen Detonation begann die Zerstörung der Germania-Werft

Die **Demokratisierung** wird von Engländern, Amerikanern und Franzosen u.a. dadurch gefördert, dass sie an ausgewählte und politisch unbelastete Personen insgesamt 161 Lizenzen für die Herausgabe von Zeitungen vergeben. Viele der heute bekannten Zeitungen sind so 1946 gegründet worden. In Schleswig-Holstein zum Beispiel die „Lübecker Nachrichten" und die „Kieler Nachrichten".

Die Ernährungslage
Sind Ihnen folgende Tatsachen bekannt

- Während der letzten sechs Monate wurden mehr als 50 % des Brot- und Mehlverbrauchs der britischen Zone durch Einfuhr in die Zone gedeckt.
- 500.000 Tonnen Nahrungsmittel wurden während dieser sechs Monate in die britische Zone importiert.
- Keine Nahrungsmittel wurden aus der Zone exportiert und fast der gesamte Nahrungsmittelbedarf der britischen Besatzungstruppen wurde durch Einfuhr gedeckt.
- Während derselben Zeitspanne wurde die Lebensmittelzuteilung in England gekürzt.
- Der Krieg hat eine Nahrungsmittelknappheit in der ganzen Welt verursacht und andere Länder, besonders Indien, stehen vor der Hungersnot.
- 93 % der Nahrungsmittel für die verschleppten Personen in Deutschland werden jetzt eingeführt, obwohl die deutsche Bevölkerung die Verantwortung für die Ernährung dieser schwerbetroffenen Menschen trägt.
- Der deutsche Beitrag für die Ernährung dieser Menschen beträgt demnach nur 7 % und besteht nur aus frischem Gemüse.
- Eine unmittelbare Besserung der Lage ist nicht zu erwarten, da eine Erhöhung der deutschen Lebensmittelzuteilung nur mit einer Vergrößerung der Hungersgefahr in den alliierten und in den früher von Deutschland besetzten Ländern erkauft werden könnte.
- Jeder einzelne Deutsche in der britischen Zone muß deshalb zunächst alles tun, um die Nahrungsmittelerzeugung zu steigern und eine gerechte Verteilung sicherzustellen.
- Sobald die gegenwärtige Welternährungskrise überwunden ist, werden Schritte unternommen, um die Ernährungslage auch in der britischen Zone zu bessern.

Herausgegeben von den britischen Militärbehörden

Printed by PRINTING & DISTRIBUTION UNIT, Control Commission for Germany (B.E.)

6 Schleswig-Holstein – mehr Demokratie wagen

6.1 Krisen und Reformen

*„Die schleswig-holsteinische **Landesverfassung** ist ... gewiss die damit modernste aller deutschen Verfassungen."*

A. v. Mutius, Landesverfassung, in: Eine politische Landeskunde, Kiel 1992, S. 37

Zwei Krisen beschäftigen Ende der 80er Jahre den schleswig-holsteinischen **Landtag:** Erstens die Barschel/Pfeiffer-Affäre, die als Krise der Regierung gesehen wird. Und die eigene: Der Landtag selbst verliert auch aus seiner Sicht immer mehr an politischer Bedeutung. Die Gesetze werden vorwiegend in Brüssel und Bonn gemacht und in Kiel nur noch ausgeführt. Der Landtag beauftragt deshalb 1988 eine Kommission, nach Lösungen für die folgenden Fragen zu suchen:
– Wie kann die **Landesregierung** wirksamer kontrolliert werden?
– Wie kann die Stellung des Landtags gestärkt werden? Und nicht zuletzt:
– Wie können Bürgerinnen und Bürger stärker an den politischen Entscheidungen beteiligt werden?

6.2 Mehr Rechte für den Landtag

*„Die bahnbrechende **Gemeindeordnung**, seit April 1990 in Kraft, gibt den Wählern mehr Rechte als irgendwo sonst in Deutschland ..."*.

Ulrich Stock, in: Die Zeit, 19. 4. 1991, S. 13

Der Landtag hat die Aufgaben: politische Willensbildung, Gesetzgebung, Kontrolle von Regierung und Verwaltung und Behandlung öffentlicher Angelegenheiten. Um diese Aufgaben erfüllen zu können, hat die Landesregierung gegenüber dem Landtag **umfassende Informationspflichten** und der Landtag selbst **weitreichende Kontrollrechte.** Der damalige Innenminister Bull brachte die Machtverschiebung so auf den Punkt: „Schleswig-Holstein geht mit dieser Verfassungsänderung von der „Ministerpräsidenten-Verfassung" zur „Parlaments-Verfassung" über."

6.3 Mehr Rechte für den Bürger

Mit „16" wählen

Schleswig-Holstein ist 1997, ein Jahr nach Niedersachsen, erst das zweite Bundesland, in dem zukünftig auch 16- und 17-Jährige bei **Kommunalwahlen,** Bürgerbegehren, Bürgerentscheiden und Direktwahlen der hauptamtlichen Bürgermeister und Landräte mitbestimmen können. Die Änderung des Kommunalwahlrechts durch den Landtag ist nicht unumstritten.

Für die Herabsetzung des Wahlalters stimmten im Februar neben der Koalition aus SPD und Grünen auch der SSW. CDU und F.D.P. hingegen meldeten Vorbehalte an, sehen einen Fehlschlag programmiert und lehnten die Novelle ab.

Deutlich verhaltener hatte sich zuvor das ‚Jugendparlament' geäußert, das alljährlich auf Einladung des Kieler Landtags an der Förde zusammentritt. Zweimal hatte sich diese Runde mit der Absenkung des Wahlalters befasst, zweimal ihre Skepsis mit einem Nein unterstrichen und damit offenbar die Stimmungslage beim Nachwuchs getroffen.

Die Opposition dagegen warnte davor, die Kommunalpolitik zu einer politischen Spielwiese zu machen, Es sei zwar unbestritten, dass einzelne Jugendliche auch mit 16 Jahren zu politischen Entscheidungen befähigt seien, urteilte der CDU-Abgeordnete Klaus Schlie, „in der Breite" aber werde eine ganze Generation „überfordert".

Kaum anders die F.D.P., deren Fraktionsvorsitzender Wolfgang Kubicki, es „nicht plausibel" fand, dass 16-Jährige zwar mit 16 wählen dürften, aber noch nicht voll geschäftsfähig seien. Fatale Folgen könne die Trennung von Wahlrecht und Volljährigkeit für Jugendliche haben, leuchtete Kubicki, von Haus aus Anwalt und Strafverteidiger, aus: So werde die Rechtfertigungsgrundlage für Jugendschutz und Jugendstrafrecht unterhöhlt. Ohnehin vermutete der Liberale hinter der Senkung des Wahlalters den Versuch der rot/grünen Koalition, „lediglich auf einfache Weise neue Wähler zu gewinnen".

Peter Höver, Bald auch Kinder an die Wahlurnen? in: Parlament, 7./14. März 1997, S. 12

6.4 Bürger gestalten Politik unmittelbar

So war's bisher: Gewählte Volksvertreter entscheiden für das Volk. Die Wahlberechtigten haben nach jeweils vier Jahren nur die Möglichkeit, mit ihren Stimmzetteln die Arbeit und die Entscheidungen ihrer Vertreter zu bewerten. Das ist die repräsentative Demokratie.

Durch die Reform kommt Folgendes dazu: **Bürgerbegehren** und **Bürgerentscheid** in Gemeinde und Kreis, **Volksbegehren** und **Volksentscheid** im Lande geben den Wahlberechtigten die Möglichkeit, jederzeit unmittelbar/direkt einzugreifen. Das ist die unmittelbare oder direkte Demokratie.

Beispiel „Kurmittelhaus – Bad Segeberg":

Die Gemeindevertretung von Bad Segeberg beschließt am 2. Juni 1997 mit der eindeutigen Mehrheit von 20 : 3 Stimmen die Verträge zum Bau eines Kurmittelhauses. Ein Bürgerbegehren gegen das geplante Kurmittelhaus wird von mehr als den geforderten 10 % Bürgerinnen und Bürger unterstützt. Es wird vom Kreis daraufhin am 7. Juli 1997 für zulässig erklärt. Nun kommt es am 31. August 1997 zum Bürgerentscheid, an dem sich weit über 25 % (Mindestteilnahme) beteiligen. Die Mehrheit ist eindeutig: Das geplante Kurmittelhaus wird nicht gebaut.

BEKANNTMACHUNG
Bürgerentscheid zum Kurmittelhaus am 31. August 1997

Information des Magistrats der Stadt Bad Segeberg

Bürgerinnen und Bürger entscheiden!

Am Sonntag, dem 31. August 1997, findet in Bad Segeberg ein Bürgerentscheid statt. In der Zeit von 08.00 bis 18.00 Uhr sind die 12 im Stadtgebiet eingerichteten Wahllokale geöffnet. Zur Entscheidung aufgerufen sind alle wahlberechtigten Bürgerinnen und Bürger der Stadt. Dabei steht folgende, durch ein Bürgerbegehren eingebrachte Frage zur Abstimmung:

„Sind Sie gegen das Kurmittelhaus mit Kurnebenanlagen, also gegen jegliche Beteiligung der Stadt an diesem Projekt, gegen die Endfassung der Verträge und gegen das Einbringen des Grundstückes Gasberg?"

Bürgerbegehren und Bürgerentscheide „ … sind jetzt häufiger als Sturmfluten", so die Zeit (19. 4. 1991) nach einer einjährigen Erfahrung mit diesem neuen politischen Instrument in Schleswig-Holstein. In diesem Jahr gab es insgesamt 23 Bürgerbegehren und 5 Bürgerentscheide.

Auf Landesebene ist es viel schwieriger, die Bedingungen zu erfüllen (auch wenn die Hürden prozentual etwas niedriger angesetzt sind). Der Volksentscheid über „Wird der Bußtag wieder Feiertag?" ist der erste in Schleswig-Holstein.

MEINUNG

Vorsicht vor dem „Bumerang"
Von W. GLOMBIK

Der Souverän darf mitreden. Die Bad Segeberger werden bald freudig zur Wahlurne schreiten. Doch der Bürgerentscheid könnte zum Bumerang werden.

Es darf nicht passieren, dass künftig politische Vertreter und Investoren davor zurückschrecken, sich in Bad Segeberg überhaupt noch zu engagieren.

Schon jetzt hat es den Anschein, als wenn unsere gewählten Stadtvertreter kaum noch Stadtpolitik wirklich mitgestalten.

Die Stadtvertretung als unverbindlichen Debattierclub: Wollen wir das wirklich? Volksabstimmungen sind was Schönes – sie dürfen nur nicht zur schönen Gewohnheit werden. Sonst blockieren sie alles.

Lübecker Nachrichten 16. 8. 1997, S. 15

7 Schleswig-Holstein – Zukunft in Deutschland und Europa

7.1 Der Norden unter einem Hut?

Politik und Wirtschaft streiten um Neugliederung der Länder

Der Norden unter einem Hut?

Von UTE LEVISEN

Allein der Name verheißt Großes: Nordstaat. Gemeint ist die Fusion norddeutscher Länder. Sie soll Schluss machen mit der deutschen Kleinstaaterei. Utopia wäre eine treffender Bezeichnung, denn noch ist die wirtschaftspolitische Zweckehe der Nordlichter ein immer wiederkehrender Wunschtraum einzelner Landesfürsten.

nach: Lübecker Nachrichten, 3.3.1996, Im Blickpunkt, S. 3

Die „**Nordstaat-Debatte**" ist nicht neu. Sie wird schon seit 1946 geführt.

Kurt Schumacher (SPD-Parteivorsitzender in der britischen Zone) fordert bereits 1946 ein Land „Niederdeutschland" als Gegengewicht gegen das große Land Nordrhein-Westfalen.

Hermann Lüdemann (SPD, erster gewählter Ministerpräsident Schleswig-Holsteins von 1947-49) wirbt für das Land „Unterelbe". Das Land soll aus Schleswig-Holstein, Hamburg und Teilen Niedersachsens gebildet werden. Er geht davon aus, dass das finanzschwache Schleswig-Holstein auf Dauer nicht lebensfähig ist.

Die Antworten darauf, ob die Probleme heute so groß sind, dass der Nordstaat sie besser lösen kann als ein selbständiges Schleswig-Holstein, sind unterschiedlich:
Heide Simonis (SPD, Ministerpräsidentin in Schleswig-Holstein) lehnt den Nordstaat ab und fordert eine verstärkte regionale Zusammenarbeit, um die Probleme in den Griff zu bekommen.
Kurt Jürgensen (Kieler Historiker) beruft sich auf eine Äußerung Wilhelm Käbers (SPD, Landespolitiker) aus dem Jahr 1979: „Heute ist Schleswig-Holstein ein selbstbewusstes Land, dessen Stellung als selbständiges Bundesland nicht mehr in Frage gestellt wird." Jürgensen dazu: „Möge dieses Wort bleibende Bedeutung haben."
Henning Voscherau (SPD, ehemaliger Bürgermeister von Hamburg):
„Doch auf lange Sicht kommen wir gar nicht an einer Neugliederung der Länder vorbei."
Dr. Klaus Asche (Präses der Handelskammer Hamburg):
„Auch eine Kooperation zwischen den Bundesländern kann immer nur die zweitbeste Lösung sein, lediglich ein Übergang auf dem langen Wege zu einer grundlegenden Länderneuordnung."

E. Schmidt-Jortzig (Bundesjustizminister und Professor in Kiel) antwortet auf Fragen der Lübecker Nachrichten:

❓ Wie sähe das ideale Bundesland im Norden aus?

Vor 25 Jahren galt: Hamburg, Bremen, Schleswig-Holstein und Niedersachsen nördlich von Hannover. Heute würde wahrscheinlich Mecklenburg noch dazukommen – ob mit oder ohne Vorpommern. Innerhalb dieses großen, wirtschaftlich und finanziell auf eigenen Beinen stehenden Nordstaates müssten kulturelle Identitäten nicht aufgekündigt werden. Unterhalb der Landesebene wären vielfältige Selbstverwaltungsmöglichkeiten denkbar.

❓ Wieviele Bundesländer würden ausreichen?

Zwischen fünf und neun.

Lübecker Nachrichten (3.3.1996)

7.2 Chancen und Probleme im Ostseeraum

Schleswig-Holstein ist nach Ende des Zweiten Weltkrieges in einer politischen und wirtschaftsgeographischen Randlage. Sie wird erst 1973 durch den Beitritt Dänemarks zur EG in einem ersten wichtigen Schritt verändert: Die Zollgrenze mit Dänemark wird weitgehend aufgehoben. Der Zusammenbruch des Ostblocks, die deutsche Einigung 1989/90 und die Erweiterung der **EU** nach Norden und Osten bringen für Schleswig-Holstein eine grundsätzlich veränderte Situation – neue Chancen, aber auch Probleme.

Erweiterung der EU im Ostseeraum:

– Finnland und Schweden werden 1995 Mitglieder der EU.
– Polen (1994), Lettland (1995), Estland (1995) und Litauen (1995) beantragen die Mitgliedschaft in der EU.

Die Ostseeländer werden für den Außenhandel der Bundesrepublik zunehmend wichtiger:

– Die Einfuhren steigen von 1992 bis 1996 von 61 auf 74 Mrd. DM.
– Die Ausfuhren steigen von 54 auf 76 Mrd. DM.
– Es kommt zu Verschiebungen. Zwar bleibt Schweden für die Bundesrepublik das wichtigste Ausfuhrland; Polen und Russland legen in diesen Jahren in ihrer Bedeutung für Ein- und Ausfuhren beträchtlich zu.

Die **Chancen** ergeben sich daraus, dass der Ostseeraum seit 1990 zunehmend zu einem Wirtschaftsraum ohne Grenzen wird. Der Verkehr von Personen, Waren, Dienstleistungen und Kapital wird frei oder zumindest stark erleichtert. Das Land unterhält in Malmö (Schweden), Gdansk (Polen), Talinn (Estland) und Kaliningrad (Russland) eigene „Schleswig-Holstein-Büros", um wirtschaftliche und kulturelle Kontakte zu fördern. „Kieler-Woche-Gespräche", zu denen Abgeordnete aller Ostseeanliegerstaaten nach Kiel eingeladen werden, sollen die Kooperation im politischen Bereich vertiefen.

Probleme entstehen ganz besonders aus dem stark zunehmenden Verkehr von Personen und Waren. **Schleswig-Holstein ist Transitland.**

Problem: Ausbau der Bahn

Wird Schleswig-Holstein zum Nadelöhr für Güterzüge auf dem Weg vom Nordkap nach Sizilien?
Mit dieser Frage beschäftigte sich der Landtag im Dezember in einer aktuellen Stunde, die von SPD, Grünen und SSW beantragt worden war. Eine klare Antwort gibt es noch nicht. Redner aller Fraktionen erinnerten an Engpässe im Streckennetz und an falsche Weichenstellungen der Bahn AG. Dennoch gibt es Licht am Ende des Tunnels.

Problem: Bau der A 20

Drei Streitpunkte werden trotz aller umfangreichen Experten-Gutachten seit 1991 bis heute gegensätzlich diskutiert:
1. **Streitpunkt:**
   „Bauwürdigkeit". Ist das Verkehrsaufkommen so groß, dass die A 20 benötigt wird? Sind die Verkehrsgutachten richtig, die von 1991 bis 2010 von einer Verdoppelung des Kraftfahrzeugverkehrs ausgehen?
2. **Streitpunkt:**
   „Auswirkungen auf den Naturhaushalt". Gibt es keine umweltverträglicheren Verkehrskonzepte?
3. **Streitpunkt:**
   „Verkehrs- und wirtschaftspolitische Bedeutung". Ist die Erschließung Mecklenburg-Vorpommerns, Polens und der baltischen Länder mit dem Bau dieser Autobahn möglich? Sind die erforderlichen Anschluss-Autobahnen noch bezahlbar?

Landtag 1/97, S.6

Schleswig-Holstein – Geschichte und Politik

Brücke zwischen Mittel- und Nordeuropa

Die geographische Lage des Landes macht die Brückenfunktion deutlich. Politische Konflikte zum Beispiel zwischen Deutschen und Dänen oder der Ost-West-Konflikt sorgen für kaum überwindbare Schlagbäume und Grenzen. Sie bringen das Land in eine Randlage. Im Mittelalter und in der Gegenwart im vereinten Europa verlieren Grenzen ihre trennende Funktion. Das Land wird zur „Brücke".

Wirtschaft

Zwei Drittel der Erwerbstätigen arbeiten inzwischen im Dienstleistungsbereich. Die wirtschaftlichen Chancen des Landes liegen im Ostseeraum.

Deutsche und Dänen

Die konfliktreiche Geschichte zwischen den beiden Völkern ist nach den Bonn-Kopenhagener-Erklärungen von 1955 auf einem guten Weg. Die Minderheitenpolitik gilt als Modell für Europa.

Nationalsozialismus

Der Aufstieg des Nationalsozialismus erfolgt in Schleswig-Holstein früher als im übrigen Deutschland. Die ökonomischen Probleme der Landwirtschaft - ab 1927 - sind die wesentliche Ursache.

Demokratie

Die Beteiligung und Mitwirkung der Bürger wird in den Kommunen und im Land durch Bürgerbegehren, Bürgerentscheid und Volksbegehren und Volksentscheid verstärkt.

Nordstaat

Die Diskussion über die Selbständigkeit des Landes wird bereits seit 50 Jahren geführt. Sie wird im zusammenwachsenden Europa zusätzlich aktuell.

Zur Wiederholung

1. Brückenfunktion des Landes. Beschreiben Sie die Beziehung zwischen geographischen und politischen Bedingungen.
2. Nennen Sie Beispiele für die drei Wirtschaftsbereiche.
   Erläutern Sie die Bedeutung der drei Sektoren für das Land.
3. Warum war der Nationalsozialismus in Schleswig-Holstein so erfolgreich?
4. Erklären Sie die Begriffe Bürgerbegehren, Bürgerentscheid und Volksbegehren und Volksentscheid.

Weiterführende Aufgaben

1. Die deutsch-dänische Minderheitenpolitik ist ein „Modell für Europa". Nennen Sie einen aktuellen Minderheitenkonflikt in Europa. Sammeln Sie Materialien. Beschreiben Sie den Konflikt.
2. Sind Bürger bereit und fähig, in der Kommunalpolitik mitzuwirken? (Methodenvorschlag: Erkundung)
3. Soll Schleswig-Holstein ein selbständiges Bundesland bleiben? (Methodenvorschlag: Pro- und Kontra-Diskussion)
4. Schleswig-Holstein im Jahr 2020 (Methodenvorschlag: Zukunftswerkstatt)
5. Nationalsozialismus in unserer Gemeinde (Methodenvorschlag: Erkundung – Zeitzeugen, Zeitungsarchiv)

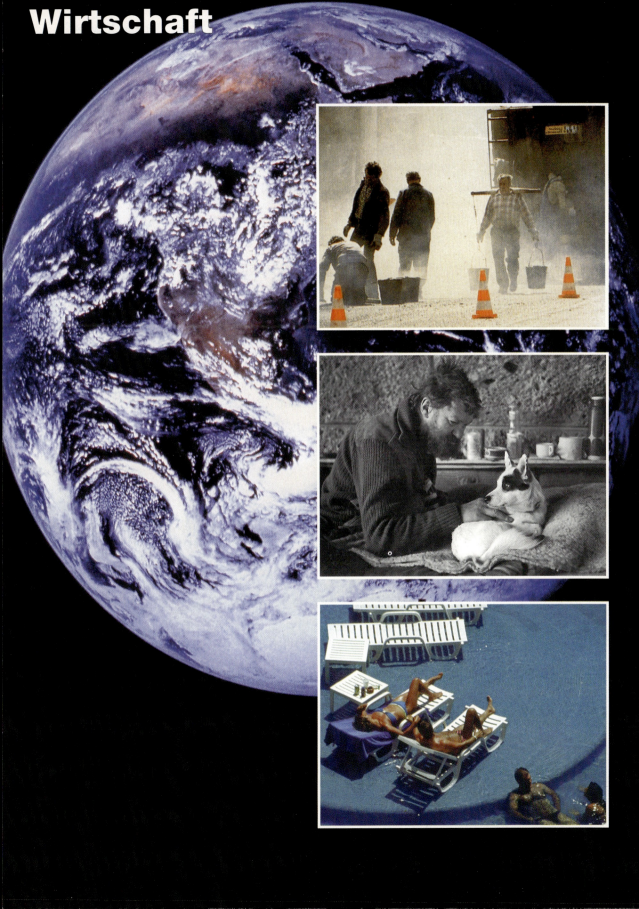

Wirtschaft

1 Geht den Deutschen bald die Arbeit aus?

Wirtschaft – was geht mich das an?

Preis
Arbeitsvertrag
Lohn + Gehalt
Kaufvertrag
Markt
Oligopol
Steuern
Nachfrage
Angebot

Schon durch den Kauf einer Getränkedose wird jeder von uns – ob er will oder nicht – mit ins Wirtschaftsgeschehen einbezogen. Der Kauf erfolgt in einem Geschäft (Markt). Dort wird der Handel durch einen Kaufvertrag abgeschlossen. Der vereinbarte Preis ist zu bezahlen und die Ware ist auszuhändigen. Um Geld für solche und ähnliche Käufe zu haben, müssen die meisten Menschen arbeiten. Arbeit ist der zentrale Begriff für dieses Kapitel. An ihm soll möglichst viel beispielhaft erläutert werden. Zuerst auf nationaler und später auf internationaler Ebene.

Der **Arbeit** oder besser dem **Arbeitsplatz** wird in den nächsten Jahrzehnten eine entscheidende Rolle zukommen. Deshalb ist die Frage interessant, wie lange in Deutschland noch Arbeitsplätze zur Verfügung stehen. Dazu führte der Stern ein Interview mit dem Soziologen Ulrich Beck.

STERN: Herr Beck, geht den Deutschen bald die Arbeit aus?

Beck: Wir sind viel fleißiger, als wir eigentlich dürften. Immer weniger Menschen produzieren immer mehr und immer billiger. Die Produktivität hat sich in den letzten 20 Jahren nahezu verdoppelt. Gleichzeitig hat sich die Menge der Arbeit um zweifünftel verringert. Besonders die **unqualifizierten Jobs** sind reihenweise weggefallen. Andererseits gibt es gerade in diesen Bereichen eine zunehmende Zahl von Arbeitskräften, die um diese einfache Arbeit konkurrieren, darunter besonders viele Langzeitarbeitslose und „Ausländer". Da steckt sozialer Sprengstoff drin.

STERN: Weniger Arbeit, mehr Arbeitskräfte, mehr Arbeitslose. Wie lange hält das eine Gesellschaft aus? Die Weimarer Republik endete bei sechs Millionen Arbeitslosen im Faschismus.

Beck: Man muß diese Erfahrungen im Auge behalten und aufpassen, daß wir nicht in eine **Katastrophe** hineinlaufen. Wer kein Dach über dem Kopf hat, wer keine einigermaßen stabile Lebensperspektive hat, dem wird Demokratie schnell gleichgültig. Erst wenn so etwas wie eine Basissicherheit da ist, steht die Demokratie auf stabilem Fundament in der Bevölkerung. Das war bisher auch der Konsens in der Bundesrepublik Deutschland – und der ist jetzt in Gefahr.

STERN: Was bleibt dann noch übrig von der sozialen Marktwirtschaft, die ja eigentlich, wie es der ehemalige Kanzler Ludwig Erhard sagte, „Wohlstand für alle" bringen sollte?

Beck: Ich sehe die Gefahr, daß die Demokratie erodiert. So wie jetzt schon in den USA. Dort liegt die Wahlbeteiligung bei 49 Prozent. In den **Ghettos der Armen** fehlt jegliche politische Perspektive. Die Gesellschaft ist von Kriminalität gekennzeichnet. Überfälle gehören in den Metropolen zum Alltag. Dagegen haben wir in Berlin, München oder Hamburg paradiesische Verhältnisse – bislang noch.

„Arbeit:

Die körperliche und geistige Tätigkeit von Menschen. Sie lässt sich unterteilen in die
– ausführende Tätigkeit
– dispositive Tätigkeit (Planung, Kontrolle, Leitung)"

„Arbeitsmarkt:

Der Markt, auf dem Arbeitsleistungen angeboten und nachgefragt werden. Der Preis der Arbeitsleistung ist der Lohn."

siehe auch:
berufliche Arbeit, S. 62 soziale Marktwirtschaft und Sozialstaat

Geht den Deutschen bald die Arbeit aus?

STERN: Bringt die Dienstleistungsgesellschaft die ersehnten Jobs?

Beck: Die Hoffnung ist fragwürdig. Wir erleben gerade eine enorme **Rationalisierungswelle** im Dienstleistungsbereich. Banken werden automatisiert, Verwaltungen computerisiert, Sekretärinnen wegrationalisiert. Die Arbeit ganzer Abteilungen kann dank moderner Informationstechnologie heute schon in Singapur oder Indien zu einem Bruchteil der deutschen Arbeitskosten erledigt werden. Und dabei stehen wir erst am Anfang der Globalisierung der Dienstleistungen.

„Deutschland in der Krise – Die Demokratie ist in Gefahr", der Soziologe Ulrich Beck über die Beschäftigungskrise, die Auswirkungen auf die Gesellschaft und den Umbau des Sozialstaates im Stern Nr. .9 vom 20.02.1997, S. 92 f

Worterklärungen

erodiert = zerstören
rationalisieren = straffen, zweckgemäßer gestalten

Ursachen der Arbeitslosigkeit:

– konjunkturelle (z. B. sinkende Nachfrage)
– strukturelle (z. B. Produktionsverlagerung)
– saisonale (z. B. Winterzeit im Bauhandwerk)
– friktionelle (z. B. Arbeitsplatzwechsel)

*Hinweis:
siehe auch Seite 71*

Sind wir in der Krise? Ein Blick auf die wirtschaftliche / arbeitsmarktpolitische Lage kann eine Antwort geben.

1.1 Arbeitslosigkeit

Von Arbeitslosigkeit wird gesprochen, wenn ein Teil der arbeitsfähigen Bevölkerung ohne Beschäftigung ist. Die **Arbeitslosenquote** – sie gibt den Anteil der Arbeitslosen zu den abhängigen Erwerbspersonen wieder – beläuft sich in der Bundesrepublik auf ca. 11 % (Okt. 1997). Ein großer Teil von Arbeitslosen (z. B. ABM-Maßnahmen, Arbeitslose, die sich nicht mehr durchs Arbeitsamt vermitteln lassen) sind hierbei nicht erfasst.

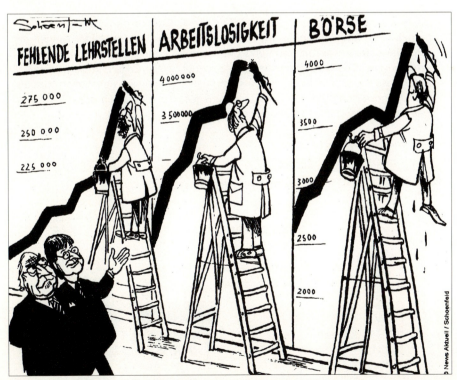

Hintze: „Wir haben zwar Schwierigkeiten – aber es geht überall aufwärts!"   *Karikatur: Cartoon aktutll*

Wirtschaft

Wer arbeiten will, der kriegt auch Arbeit!

1.2 Sind die Deutschen selbst Schuld, daß es hier zu wenige Arbeitsplätze gibt?

Worterklärungen:

paradox = widersinnig
Job-Sharing = Teilung eines Arbeitsplatzes
transferieren = übertragen, umwechseln

Paradox ist die Entwicklung zwischen der **Zunahme von Arbeit** und Arbeitslosigkeit schreibt Karl Otto Hondrich im Zeitungsartikel „Die Mär vom Ende der Arbeit". Für ihn sind die gängigen Erklärungen zur Arbeitslosigkeit zu kurz:

- Die Unternehmer klagen, dass **Arbeit zu teuer** sei. Wenn man sich in der EU die Länder mit den niedrigsten Löhnen (Irland, Spanien) ansieht, so ist dort die Arbeitslosigkeit besonders hoch und nicht in Höchstlohnländern wie Japan und die Schweiz.

- Es wird behauptet, dass die Arbeit ihren Wert / ihre Attraktivität verloren hätte. Herr Hondrich widerspricht dieser Behauptung, da Arbeit von allen gewollt – auch von einem guten Teil der Arbeitslosen – wird und von ihr doch so gut wie alles abhängt.

- Es wird nicht genug gearbeitet. **Nirgendwo wird so wenig pro Woche, pro Jahr oder pro Leben gearbeitet wie in der Bundesrepublik Deutschland.** Er setzt dagegen, dass nirgendwo so intensiv gearbeitet wird. Durch die Arbeitszeitverkürzung wird umso intensiver gearbeitet, da keine neuen Stellen geschaffen worden sind, sondern die Arbeit mit neuer Technologie geleistet wird. Er bezeichnet es als Selbstausbeutung.

- Die Arbeit ist **ungerecht verteilt** und zudem noch schlecht verteilt. Hier hält er dagegen, dass ein Job-Sharing oder eine Umverteilung an unseren Wertvorstellungen scheitert. Wir wollen unsere wertvolle Arbeit nicht teilen und wollen nur die besten oder billigsten Produkte, in denen der geringste Arbeitsaufwand steckt.

- Die neueste Erklärung der Arbeitslosigkeit: Arbeit wird von den alten Industrieländern in die Billiglohnländer transferiert. Dabei werden die Unternehmer als **„vaterlandslose Kapitalisten"** und die auf hohe Löhne bestehenden Gewerkschaften als **„Besitzstandswahrer"** bezeichnet. Diese Erklärung berücksichtigt nicht, dass Arbeitsplätze, die hier verloren gehen, anderswo geschaffen werden. Industriegesellschaften machen mit Industriegesellschaften die besten Geschäfte, weil dadurch der höchste Zuwachs erwartet wird.

vergleiche: Die Zeit Nr. 41 vom 04.10.1996

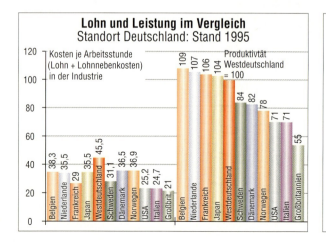

Am siebten Tage sollst Du ruhen

Zur Diskussion um die Sonntagsarbeit

2 Welche Beziehung besteht zwischen Arbeitslosigkeit und Konjunktur?

Arbeitslosigkeit für den einzelnen Menschen kann unterschiedliche Konsequenzen für jeden haben. Welche Auswirkungen haben Millionen von Arbeitslosen auf die Wirtschaft der Bundesrepublik? Um auf diese Frage eingehen zu können, ist es notwendig, zunächst allgemeine Grundsätze über die Konjunktur zu erfahren.

> *Konjunktur*
>
> Der Wirtschaftsablauf hat sowohl stärkere als auch schwächere Phasen, d.h. Abschnitte des Wachstums als auch rückläufige Wirtschaftstätigkeit. Diese Auf und Ab der Wirtschaft werden als mittelfristig rhythmisch wiederkehrende Schwankungen des Wirtschaftsablaufs (Wellenbewegungen) bezeichnet. Sie lassen sich in vier Phasen unterteilen: **Aufschwung** (Expansion), **Hochkonjunktur** (Boom), **Abschwung** (Rezession) und **Tiefstand** (Depression) unterteilen. Diese vier Phasen bilden den Konjunkturzyklus.

Konjunktur der Bundesländer

reale Veränderung des BIP 1996 zu 1995 in %

Land	%
Baden-Württemberg	+ 1,6
Bayern	+ 2,0
Berlin (West)	- 1,1
Berlin (Ost)	+ 0,7
Brandenburg	+ 3,1
Bremen	+ 0,8
Hamburg	+ 1,6
Hessen	+ 2,4
Mecklenburg-Vorpommern	+ 1,7
Niedersachsen	+ 1,5
Nordrhein-Westfalen	+ 0,7
Rheinland-Pfalz	- 0,2
Saarland	+ 0,2
Sachsen-Anhalt	± 0,0
Schleswig-Holstein	+ 1,3
Thüringen	+ 3,0

Bezogen auf das Wirtschaftswachstum hatten die ostdeutschen Bundesländer 1996 die Nase vorn. Aber in diesem Jahr droht eine deutliche Abschwächung.

Quelle VGR

Dieses bedeutet graphisch umgesetzt folgendes Bild:

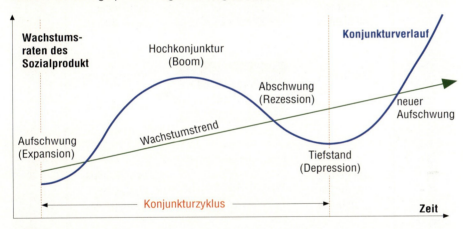

Betrachtet man den wirtschaftlichen Verlauf über einige Jahre in der Bundesrepublik Deutschland, so hat er folgendes Aussehen:

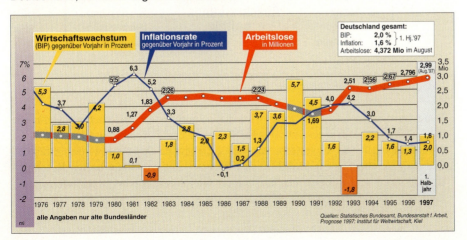

Konjunktur aus Bonner Sicht

Aus dem Jahreswirtschaftsbericht 1997 der Bundesregierung

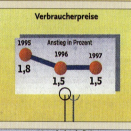

1997 geschätzt

Grafik:
Rheinpfalz-Spie/Globus 3918

2.1 Was unternimmt der Staat zur Belebung beziehungsweise zum Dämpfen der Konjunktur?

Die Bundesregierung kann Einfluss auf den **Wirtschaftsverlauf** nehmen. Sie ist dazu nicht verpflichtet und auch nicht immer mit den getroffenen Maßnahmen erfolgreich. Einige Regierungen sind der Meinung, dass sich der Markt größtenteils selbst reguliert und der Staat nur begrenzt einzugreifen hat.

> Wolfgang Schäuble, CDU-Politiker, schrieb zum weltweiten Konkurrenzkampf um Industriestandorte: „Deswegen müssen wir die Investitionsbedingungen verbessern, Planungs- und Genehmigungsverfahren verkürzen, die Staatsausgaben senken und dadurch den Spielraum für niedrige Steuern und Abgaben schaffen. In unserem Sozialsystem müssen wir mehr auf Eigenvorsorge und Selbstverantwortung setzen. Anders werden wir die Lohnnebenkosten nicht in den Griff bekommen."

aus: Stern Nr. 31/1996

Andere Möglichkeiten, die die Regierung z. B. als Instrumente zur Verfügung hat:

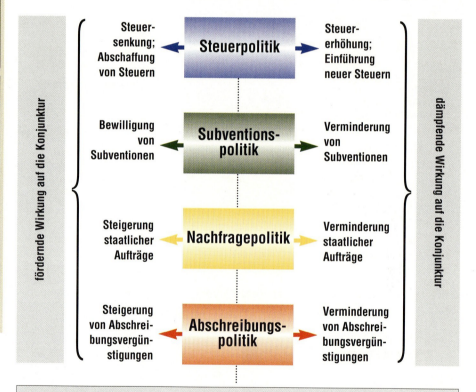

> ***Stabilitäts- und Wachstumgesetz §1***
>
> Bund und Länder haben bei ihren wirtschafts- und finanzpolitischen Maßnahmen die Erfordernisse des gesamtwirtschaftlichen Gleichgewichts zu beachten. Die Maßnahmen sind so zu treffen, dass sie im Rahmen der marktwirtschaftlichen Ordnung gleichzeitig zur **Stabilität des Preisniveaus,** zu einem **hohen Beschäftigungsstand** und **außenwirtschaftlichem Gleichgewicht bei steigendem und angemessenem Wirtschaftswachstum** beitragen.

aus: Gesetz zur Förderung der Stabilität und des Wachstums der Wirtschaft (StWG) vom 08.06.1967

2.2 Stabilitätsgesetz – stabil und zauberhaft?

Was passiert, wenn der Staat konsequent nach dem Stabilitätsgesetz handeln würde? Die vier angegebenen Ziele des Stabilitätsgesetzes zu erreichen, ist für den Staat schon ein Zauberkunststück. Deshalb wird es auch als **„Magisches Viereck"** bezeichnet. Angenommen, ein hoher Beschäftigungsstand soll erzielt werden, dann kann eine Folge sein, dass die Stabilität des Geldes nicht mehr gewährleistet werden kann. Der Grund liegt in der Tatsache begründet, dass bei geringer Arbeitslosigkeit viele Menschen Geld verdienen und somit viel Geld im Umlauf ist. Das Geld könnte an Wert verlieren (siehe auch: Angebot und Nachfrage).

Ziel	schwer oder gar nicht vereinbar mit
1 →	2
2 →	1; 6
3 →	1; 6

Zu diesen vier Zielen kommen eigentlich noch zwei weitere hinzu, die nicht im Gesetz festgeschrieben sind:
– Umweltschutz
– gerechte Einkommens- und Vermögensverteilung

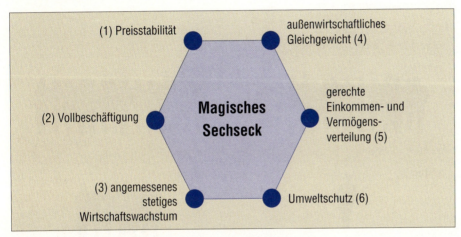

Die vier Ziele des „Magischen Vierecks" wären erreicht, wenn
– die **Arbeitslosenquote** unter 2% ist
– die **Inflation** bis zu 2% beträgt
– das **Wirtschaftswachstum** bei 3% liegt
– der **Devisenaustausch** im Verhältnis ausgeglichen ist.

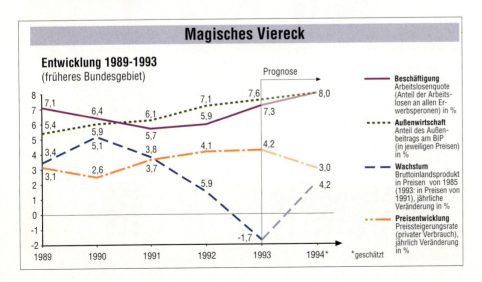

„Einfacher volkswirtschaftlicher Kreislauf"

— Geldkreislauf
— Güterkreislauf

Es wird ein Güter- und ein Geldkreislauf unterschieden. Der Haushalt bietet als Gut z. B. seine Arbeit an und das Unternehmen Konsumwaren. Der Haushalt bezieht Lohn oder Gehalt vom Unternehmen und bezahlt hiervon die Ausgaben für Konsumgüter.

Dieses Modell geht davon aus, dass sämtliches Geld wieder ausgegeben wird (also kein Sparen stattfindet), und dass der Staat und das Ausland nicht berücksichtigt werden.

3 Markt und Macht – wie reagieren Anbieter und Nachfrager?

Der Staat kann als **Nachfrager** (z.B. Bau von Straßen, Schulen etc./Nachfragepolitik) auftreten, um gegebenenfalls die Konjunktur anzukurbeln. Neben dem Staat fragen die privaten Haushalte, die Unternehmen und das Ausland nach. Sie sind die wichtigsten Nachfragekomponenten (siehe: **einfacher volkswirtschaftlicher Kreislauf**).

Diese Nachfrager treffen auf dem **Markt** auf die **Anbieter**. Ihre Zielvorstellungen sind aus wirtschaftlicher Sicht gegensätzlich. Die Anbieter wollen für ihr Produkt einen möglichst hohen Preis erzielen. Die Nachfrager hingegen wollen möglichst wenig bezahlen. Wer bei diesem „Spiel" (Wettbewerb) gewinnt, hängt entscheidend von der Macht (Stellung) des einzelnen Marktpartners ab.

Die Anzahl der Marktpartner spielt dabei eine bedeutende Rolle. Es werden folgende **Marktformen** unterschieden:

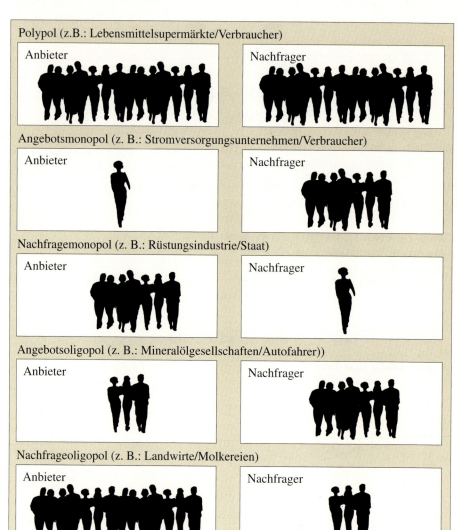

*poly (griech.) = viel, mono (griech.) = allein/einer, oli (griech.) = einige/wenige

4 Wie kommt ein Preis auf einem Markt zustande?

Im vorherigen Abschnitt wurde deutlich, dass die Macht der Marktteilnehmer von ihrer Anzahl abhängig ist. Dabei kann auch der Staat auf unterschiedlichste Art und Weise Einfluss nehmen, z. B. Kontrolle von marktbeherrschenden Unternehmen durch das Kartellamt oder Festlegen von Preisgrenzen beim EG-Agrarmarkt.

Grundsätzlich gilt, dass der **Preis** sich am Markt durch Angebot und Nachfrage bildet. Dabei kann man fest halten:
- steigt das **Angebot** (bei gleichbleibender Nachfrage) bzw. sinkt die Nachfrage (bei gleichbleibendem Angebot), so fällt der Preis.
- steigt die **Nachfrage** (bei gleichbleibenden Angebot), bzw. sinkt das Angebot (bei gleichbleibender Nachfrage), so steigt der Preis.

Das wirtschaftliche Denkmodell der **vollkommenen Konkurrenz** geht davon aus, dass kein Anbieter bzw. kein Nachfrager den Preis beeinflussen oder diktieren kann. Dadurch sollen Grundsätzlichkeiten bei der Preisbildung dargestellt werden. Eine solche Marktsituation (siehe Graphik) trifft man zum Teil an den Börsen an. Dort ist der Markt durchschaubar (transparent), die Käufer und Verkäufer können sofort auf Veränderungen der Nachfrage oder des Angebots reagieren.

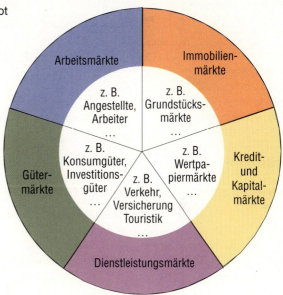

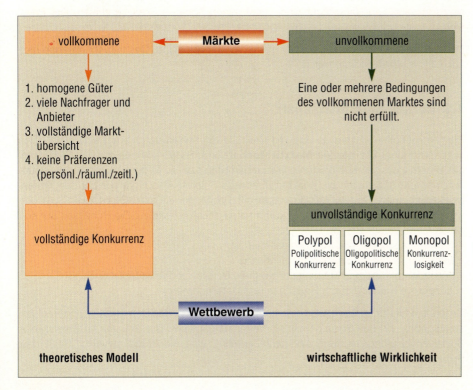

„Sei nicht so genußsüchtig! In Notzeiten schmeckt der Hummer auch mal mit Nudeln!"

Wirtschaft

Nachfragekurve

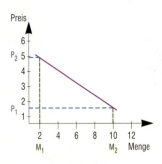

- die Nachfrage sinkt, wenn der Preis steigt
- die Nachfrage steigt, wenn der Preis fällt

Angebotskurve

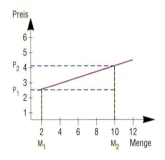

- das Angebot steigt, wenn der Preis steigt
- das Angebot verringert sich, wenn der Preis fällt

4.1 Wie bildet sich ein Preis bei vollständiger Konkurrenz?

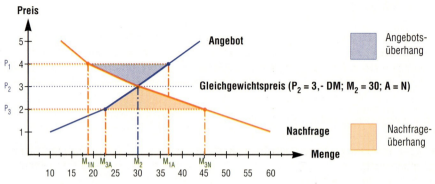

Angebotsüberhang (= Käufermarkt)

Ein Angebotsüberhang besteht, wenn das Angebot größer als die Nachfrage ist.

Bei großer Warenfülle und hohen Preisen verhalten sich die Nachfrager abwartend. Die Anbieter bemerken den schleppenden Absatz und sind bereit, mit dem Preis nachzugeben. Der Preis fällt.

Da die Käufer sich in einer besseren Marktposition befinden, spricht man hier auch von einem Käufermarkt.

Nachfrageüberhang (= Verkäufermarkt)

Ein Nachfrageüberhang besteht, wenn die Nachfrage größer als das Angebot ist.

Ein fließender Absatz bei Warenknappheit gibt den Anbietern den Anlass, höhere Preise zu fordern. Die Nachfrager sind bereit, einen höheren Preis zu zahlen. Der Preis steigt.

Die Verkäufer befinden sich in einer besseren Marktposition. Deshalb spricht man hier auch von einem Verkäufermarkt.

4.2 Soziale Marktwirtschaft

Die theoretischen Aussagen über die Preisbildung treffen bei uns auf eine reale Wirtschaftsordnung: Die **soziale Marktwirtschaft** (vgl. S.242-244). Durch das Eingreifen des Staates, um den Konjunkturverlauf zu dämpfen bzw. zu fördern, wurde bereits deutlich, daß der Markt sich nicht selbst überlassen bleibt. Also nicht wie bei der **„freien Marktwirtschaft"**, bei der der Grundsatz gilt: Der Markt reguliert sich im freien Spiel der wirtschaftlichen Kräfte. Dem Staat kommt eine passive Rolle zu. Die Prinzipien der sozialen Marktwirtschaft:
- Markt-, Leistungs- und Wettbewerbsprinzip
- Eigentumsrecht mit sozialer Verpflichtung
- Marktdemokratie und Freiheitsprinzip (freie Berufs- und Arbeitsplatzwahl etc.)
- dezentrale Planung durch Haushalte und Unternehmen.

Grundlage hierfür bilden die Grundrechtsbestimmungen, das Demokratie- und Rechtsstaatsgebot und das Sozialprinzip als Verfassungspflicht. Die Grenzen im Bereich der Sozialversicherung/-beiträge sind wohl erreicht, was die Frage aufwirft: „Reißt das Soziale Netz?" (s. Seite 244)

5 Was „verträgt" die soziale Marktwirtschaft? – Vertragsarten

Angebot und Nachfrage treffen auf Märkten zusammen. Von dem Verhalten der Anbieter und Nachfrager wird der Preis beeinflußt. Dies gilt auch für den Arbeitsmarkt, der zur Zeit nicht genügend Arbeitsplätze aufweist. Der Arbeitsplatz stellt also ein knappes Gut dar. Wenn jemand einen Arbeitsplatz bekommen hat, wird in der Regel ein **Vertrag** abgeschlossen, ein Arbeitsvertrag. Der Vertragsinhalt wird von anderen Verträgen, den Tarifverträgen, beeinflusst (siehe Seite 74-78). Grundsätzlich werden Verträge unterschiedlichster Art auf den unterschiedlichen Märkten geschlossen.

Verträge (= mehrseitige Rechtsgeschäfte) kommen durch zwei sich deckende Willenserklärungen zustande. Die erste wird als Antrag bezeichnet, die zweite als Annahme.

Vertragsart	Vertragsinhalt	Beispiel
Dienst-/Arbeitsvertrag	Leistung von Diensten gegen Bezahlung	Abschluss eines Arbeitsvertrages. Der Arbeitgeber zahlt für die zu leistende Arbeit Lohn oder Gehalt.
Kaufvertrag	Verkauf von Sache und Rechten gegen Entgelt	Ein Einzelhändler verkauft einem Kunden ein Fernsehgerät.
Mietvertrag	Überlassung einer Sache gegen Entgelt	Ein Vermieter gewährt einem Mieter gegen Bezahlung des Mietpreises den Gebrauch einer Wohnung.
Pachtvertrag	Überlassung einer Sache und Rechten zum Gebrauch und zur Nutzung (Fruchtgenuss) gegen Zahlung eines Zinses	Eine Familie pachtet einen Kleingarten. Die geernteten Früchte gehören den Pächtern.
Leihvertrag	Unentgeltliche Überlassung von Sachen	Ein Nachbar leiht sich eine Heckenschere und gibt nach Gebrauch wieder zurück.
Werkvertrag	Herstellung eines Werkes gegen Entgelt	Eine Werkstatt baut ein Autoradio ein. Das Radio brachte der Kunde mit.
Werklieferungsvertrag	Der Unternehmer verpflichtet sich das Werk aus einem von ihm zu beschaffenden Stoff gegen Bezahlung herzustellen.	Eine Werkstatt baut ein Autoradio ein. Das Radio wurde von der Werkstatt besorgt.
Darlehensvertrag	Überlassung von Geld oder anderen vertretbaren Sachen gegen spätere Rückgabe	Eine Bank gewährt einem Kunden einen Kredit über 15.000 DM. Er zahlt diesen Kredit bis zu einem vereinbarten Tag zurück.
Schenkung	Unentgeltliche Zuwendung an eine andere Person	Eine Frau schenkt ihrem Freund ein Ölbild.

Rechtsfähigkeit

Die Rechtsfähigkeit einer Person, d. h. Träger von Rechten und Pflichten zu sein, beginnt mit der Geburt und endet mit dem Tod (bei juristischen Personen, z. B. AG, KG, beginnt sie mit der Gründung und endet mit der Auflösung).

Geschäftsfähigkeit

Bei der Geschäftsfähigkeit, d. h. als Person Rechtsgeschäfte (z. B. einen Vertrag) rechtswirksam abzuschließen, wird unterschieden in:
– *unbeschränkte Geschäftsfähigkeit*
  Personen über 18 Jahre können uneingeschränkt Rechtsgeschäfte abschließen
– *beschränkte Geschäftsfähigkeit*
  gilt bei Personen, die über sieben Jahre, aber unter 18 Jahre alt sind und für Personen, die entmündigt wurden. Sie benötigen, bis auf bestimmte Ausnahmen, die Zustimmung der Erziehungsberechtigten, um Rechtsgeschäfte zu tätigen.
– *Geschäftsunfähigkeit*
  Bei Kindern unter sieben Jahren und dauernd geistig Gestörten bzw. wegen Geisteskrankheit Entmündigten ist eine Willenserklärung nichtig.

6 Welches Unternehmen ist mein Vertragspartner? – Unternehmensformen –

Unternehmen haben unterschiedliche Rechtsformen. Dies ist wichtig zu wissen, wenn ich einen Arbeitsvertrag oder auch einen Kaufvertrag abschließe. Von Bedeutung ist es auch, wenn man sich selbständig machen möchte und dadurch auch die Konjunktur ankurbeln will.

Erläuterungen:

OHG: Die OHG ist die vertragliche Vereinigung von zwei oder mehr Personen zum Betrieb eines Handelsgewerbes unter gemeinschaftlicher Firma mit unbeschränkter Haftung aller Gesellschafter.

KG: Die KG ist die vertragliche Vereinigung von zwei oder mehr Personen zum Betrieb eines Handelsgewerbes unter gemeinschaftlicher Firma, wobei den Gläubigern gegenüber mindestens ein Gesellschafter unbeschränkt und mindestens ein Gesellschafter beschränkt haftet.

Stille Ges.: Die stille Gesellschaft ist die vertragliche Vereinigung eines Kaufmanns (natürliche oder juristische Person) mit einem Kapitalgeber (natürliche oder juristische Person), dessen Einlage in das Vermögen des Kaufmanns übergeht.

BGB-Ges.: Die Gesellschaft des bürgerlichen Rechts ist die vertragliche Vereinigung von Personen, die sich verpflichten, die Erreichung eines gemeinsamen Zieles in der durch den Vertrag bestimmten Weise zu fördern, insbesondere die vereinbarten Beiträge zu leisten. (Keine Firma !)

AG: Die AG ist eine Handelsgesellschaft mit eigener Rechtspersönlichkeit (juristische Person), deren Gesellschafter (Aktionäre) mit Einlagen auf das in Aktien zerlegte Grundkapital (mindestens DM 100.000.-) beteiligt sind, ohne persönlich für die Verbindlichkeiten der Gesellschaft zu haften.

KGaA: Die KGaA ist eine Gesellschaft mit eigener Rechtspersönlichkeit, bei der mindestens ein Gesellschafter (Vollhafter) den Geschäftsgläubigern unbeschränkt haftet und die übrigen (Kommanditisten) mit ihren Einlagen, die das in Aktien zerlegte Grundkapital ausmachen. Die Rechtsform der KGaA kommt nur noch selten vor.

GmbH: Die GmbH ist eine Handelsgesellschaft mit eigener Rechtspersönlichkeit, deren Gesellschafter mit Stammeinlagen auf das in Geschäftsteile zerlegte Stammkapital (mindestens DM 50.000.-) beteiligt sind, ohne persönlich für die Verbindlichkeiten der Gesellschaft zu haften.

GmbH & Co.KG: Die GmbH & Co.KG ist eine Kommanditgesellschaft, bei der eine Gesellschaft mit beschränkter Haftung Vollhafter ist.

eG: Eine Genossenschaft ist eine Gesellschaft mit nicht geschlossener Mitgliederzahl. Sie soll den Erwerb oder die Wirtschaft ihrer Mitglieder mittels gemeinschaftlichen Geschäftsbetriebes fördern, ohne dass diese persönlich für die Verbindlichkeiten der Genossenschaft haften.

7 Arbeit bzw. Arbeitslosigkeit – nur ein nationales Problem? – Globalisierung

Die Bundesregierung selbst schreibt: „Deutschland steht mitten in einem tiefgreifenden wirtschaftlichen und sozialen Wandel. Zunehmend globalisierte Märkte und internationalisierte Produktion, ein weltweiter Standortwettbewerb zwischen Ländern und Regionen um Investoren und Arbeitsplätze, …" (Politik für mehr Wachstum und Beschäftigung, Stand November 1996).

Der amerikanische Wirtschaftswissenschaftler fasst es so zusammen: „Zum ersten Mal in der Geschichte der Menschheit steht uns eine globale Wirtschaft zur Verfügung, in der alles überall jederzeit produziert und verkauft werden kann."

Dadurch gibt es einen weltweiten Wettbewerb. Für die Unternehmer sind Standorte vergleichbar geworden („Warum in Deutschland produzieren?"). Die Staaten/Regierungen sind erpressbar geworden. Der ehemalige Generalsekretär der UNO formulierte es wie folgt:

> „Die politischen Führer besitzen doch in so vielen Bereichen nicht mehr die wirkliche Souveränität der Entscheidung. Sie haben aber die Vorstellung, dass sie die zentralen Fragen noch selbst regeln könnten. Ich sage, sie haben nur die Illusion, die Einbildung, dass es so sei."

aus: Die Globalisierungsfalle, Martin, H.-P/Schumann, H., Rowohlt Verlag, Reinbek bei Hamburg, 1996, S. 255

Es gibt keine einheitliche Definition für den Begriff der Globalisierung. Die Schwierigkeit liegt darin begründet, dass der Begriff sowohl einen Zustand als auch einen Prozeß bezeichnen soll.
Der Prozess der Globalisierung ist nichts anderes als die Zunahme der Vernetzung dieser Welt.

vgl. Friedrichs, Jürgen, Globalisierung – Begriff und grundlegende Annahmen, in: Aus Politik und Zeitgeschichte (Beilage zur Wochenzeitung Das Parlament), B 33-34/97, vom 08.08.1997

Definition der OECD (Organisation für Zusammenarbeit und Entwicklung):

„Prozess, durch den Märkte und Produktion in verschiedenen Ländern immer mehr voneinander abhängig werden – dank der Dynamik des Handels mit Gütern und Dienstleistungen und durch die Bewegungen von Kapital und Technologie."

aus: Zeitpunkte Nr. 1/97, S. 6

> „Globalisierung bedeutet, dass immer mehr Menschen in die weltweite Arbeitsteilung einbezogen werden. Dies treibt den Fortschritt von Technik und Produktivität an und verschärft den Strukturwandel."

aus: Zeitpunkte Nr.1/97, S. 6

Wie Großunternehmen ihre neue, globalisierte Struktur aufbauen wird am Beispiel von Siemens deutlich:

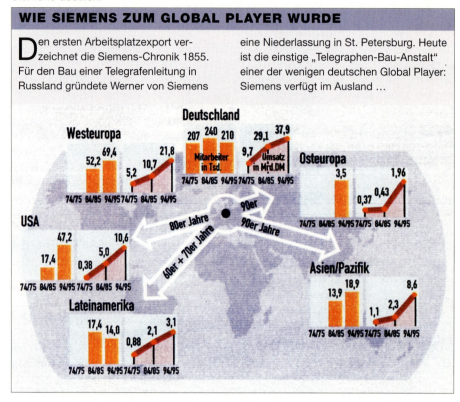

WIE SIEMENS ZUM GLOBAL PLAYER WURDE

Den ersten Arbeitsplatzexport verzeichnet die Siemens-Chronik 1855. Für den Bau einer Telegrafenleitung in Russland gründete Werner von Siemens eine Niederlassung in St. Petersburg. Heute ist die einstige „Telegraphen-Bau-Anstalt" einer der wenigen deutschen Global Player: Siemens verfügt im Ausland …

Sollte diese Entwicklung anhalten und diese gilt nicht nur für den produzierenden und dienstleistenden Bereich, sondern verstärkt für den finanzpolitischen Sektor, dann könnte folgende Aussage Realität werden:

> „20 Prozent der arbeitsfähigen Bevölkerung würden im kommenden Jahrhundert ausreichen, um die Weltwirtschaft in Schwung zu halten. ‚Mehr Arbeitskraft wird nicht gebraucht', meint Magnat Washington SyCip. Ein Fünftel aller Arbeitssuchenden werde genügen, um alle Waren zu produzieren und die hochwertigen Dienstleistungen zu erbringen, die sich die Weltgesellschaft leisten könnte. Diese 20 Prozent werden damit aktiv am Leben, Verdienen und Konsumieren teilnehmen – egal, in welchem Land. Das eine oder andere Prozent, so räumen die Diskutanten ein, mag noch hinzukommen, etwa durch wohlhabende Erben.
>
> Doch sonst? 80 Prozent der Arbeitswilligen ohne Job? ‚Sicher', sagt der US-Autor Jeremy Rifkin, Verfasser des Buches ‚Das Ende der Arbeit', ‚die unteren 80 Prozent werden gewaltige Probleme bekommen.' Sun-Manager Gage legt noch einmal nach und beruft sich auf seinen Firmenchef Scott McNealy: Die Frage sei künftig, ‚to have lunch or to be lunch', zu essen haben oder gefressen zu werden."

aus: Die Globalisierungsfalle, Martin, H.-P/Schumann, H., Rowohlt Verlag, Reinbek bei Hamburg, 1996, S. 12

Ein Berater des ehemaligen US-Präsidenten Jimmy Carter brachte den Ausdruck „Tittytainment" ins Spiel. Er meinte aus der Kombination Unterhaltung und ausreichender Ernährung könnte man die frustrierte Weltbevölkerung dann bei Laune halten.

Arbeit bzw. Arbeitslosigkeit – nur ein nationales Problem? – Globalisierung

Wie wird sich die Zukunft gestalten? Wird es mehr Plan- als Marktwirtschaft geben? Oder eine reine Marktwirtschaft? Werden wir die Sicherung der sozialen Marktwirtschaft betreiben? Oder eine neue Marktform finden? Über die Krise der Arbeit und über neue Beschäftigungsmodelle führte Erika Martens (Journalistin, Die Zeit) ein Gespräch mit dem amerikanischen Philosophen Fritjof Bergmann.

ZEIT: In Deutschland hat jeder achte Erwerbstätige keinen Job mehr, fast 4,7 Millionen Menschen. In den Vereinigten Staaten ist die Arbeitslosenquote nur halb so hoch. Was machen die Deutschen falsch?

Bergmann: Ganz so gut, wie die Zahlen vermuten lassen, steht es in Amerika nicht, denn die Berechnung der Arbeitslosenquote ist anders als hierzulande. Außerdem nimmt die Armut rapide zu, auch bei denen, die einen Job haben.

ZEIT: Bitte ein Beispiel.

Bergmann: Die Automatisierung von Banken, Versicherungen und Büros steht doch erst am Anfang. …

ZEIT: Wir befinden uns als am Beginn einer Arbeitsmarktrevolution, bei der unser ganzes Job-System zur Disposition steht?

Bergmann: Absolut. Und dagegen kann ein Wirtschaftswachstum wenig ausrichten. Das Erwerbsarbeitssystem, wie wir es heute kennen, gibt es ja ohnehin erst seit 200 Jahren. Im Agrarsystem, das davor bestand, galt das Prinzip der Selbstversorgung* sehr viel stärker.

ZEIT: Wollen Sie die Menschen wieder zu Bauern und Selbstversorgern machen?

Bergmann: Natürlich nicht. In die Detroit machen wir in einer Reihe von Betrieben zusammen mit fortschrittlichen Unternehmern Projekte mit der „Neuen Arbeit", so wie ich sie mir vorstelle. Das Ziel ist, die Arbeit in drei Einheiten zu teilen. Zwei tage der Woche wird regulär gearbeitet, zwei Tage widmet man dem high-tech self providing, als der Selbstversorgung auf hohem technischen Niveau, und an zwei Tagen tun die Leute das, was sie immer schon wirklich wollten.

…

ZEIT: Wie sehen die (Arbeitsformen) konkret aus?

Bergmann: Bei der Eigenarbeit zum Beispiel bauen die Menschen in Detroit unter Anleitung mit modernster Technik und ökologischen Materialien achtzehn bis zwanzig Stockwerke hohe Häuser, in denen sie später wohnen können. So erreichen wir, daß die Wohnkosten um die Hälfte sinken.

… Unser Ziel ist es, mit wenig Arbeitseinsatz siebzig bis achtzig Prozent der Dinge, die man zum Leben braucht, selbst herzustellen.

ZEIT: Aber damit machen Sie doch viele andere Leute in Baufirmen, Kleiderfabriken und Schuhfirmen arbeitslos.

Bergmann: In der Tat. Aber wir sind der Meinung, dass die Näherin der Konfektionsfirma nicht den schönsten Beruf ausübt, wenn sie tagtäglich immer nur Stoffbahnen zusammennäht. … Neue Arbeit heißt: eine Vielfalt von Arbeit, die phantasievoller und kreativer ist, die persönlicher und sinnvoller ist.

ZEIT: Damit sind wir beim dritten Teil Ihres Konzeptes, der Arbeit, die man wirklich will und die oft mit dem eigentlichen Beruf nichts zu tun hat.

Bergmann: Viele Menschen haben Begabungen, die brachliegen. Man spricht vom verborgenen Gold in den Köpfen der Mitarbeiter. Das wollen wir heben. …

…

ZEIT: Und wie soll der Staat, der in ihrem System erheblich weniger Steuern kassiert, künftig Straßen, Schulen und sozialen Wohnungsbau finanzieren?

Bergmann: Zum einen sinken die Ausgaben des Staates durch die Eigenarbeit. Zum anderen müßten die großen Konzerne, die immer mehr rationalisieren, mehr Steuern zahlen oder das durch Entlassungen eingesparte Geld für Projekte zur Verfügung stellen, in denen die Menschen anderen Tätigkeiten nachgehen können.

Fortsetzung auf folgender Seite

Worterklärungen

rapide = schnell

Disposition = zur Verfügung stellen

Agrarsystem = Aufbau der Landwirtschaft

high-tech self providing = sich auf hohem Niveau selbst versorgen

* siehe auch Kapital Gesellschaft im Wandel

Wirtschaft

*„Ich denke nie an die Zukunft.
Die kommt sowieso schnell genug."*

Albert Einstein

ZEIT: Mit all dem stellen Sie unser Gesellschaftssystem total auf den Kopf. Wollen Sie zurück zu den guten, alten Zeiten, in denen jeder für sich selbst sorge und der Staat sich um das Wohl seiner Bürger nur wenig kümmerte?

Bergmann: Nein. Der Staat wird ohnehin immer ohnmächtiger. Das pfeifen die Spatzen von den Dächern. In der globalisierten Welt werden die Konzerne wichtiger. Und da macht es mir schon Sorge, daß die deutschen sich auf den Staat so sehr verlassen.

aus: DIE ZEIT Nr. 11 vom 07.03.1997, „Das Gold in den Köpfen heben", S. 27

Kreativität, Investitionen, Forschung und Bildung sind gefordert, um in diesem neuen weltweiten Markt bestehen zu können. Eine Senkung der Ausgaben für Ausbildung und Forschung birgt die Gefahr in sich, dass die Chancen für die Zukunft verspielt werden. Grundsatz „Was Hänschen nicht lernt, lernt Hans nimmer mehr" gehört der Vergangenheit. Nur ein lebenslanges Lernen kann einen Platz im globalisierten Wettbewerb sichern.

Zusammenfassung Wirtschaft

Arbeit
Glaubt man den Ausführungen zur Globalisierung, so werden immer weniger Arbeitskräfte benötigt. D. h. die Arbeitslosenquote wird immer weiter steigen.

Konjunktur
Indikator für Konjunktur ist das Bruttoinlandsprodukt (die Summe aller produzierten Güter und Dienstleistungen innerhalb der Grenzen unserer Volkswirtschaft). Dieses Wirtschaftswachstum wird als Konjunktur bezeichnet.

Freie Marktwirtschaft
Im Mittelpunkt der freien Marktwirtschaft steht das freie Spiel der wirtschaftlichen Kräfte. Der Staat garantiert Berufs-, Vertrags- und Gewerbefreiheit sowie die Freizügigkeit und das Privateigentum. Der Staat produziert nicht selbst.

Soziale Marktwirtschaft
Der Staat greift in den Wirtschaftskreislauf ein, wenn es das Interesse der Allgemeinheit fordert. Die sozialen Missstände versucht er abzuwenden (Art. 20 Grundgesetz). Zur Zeit stößt die soziale Sicherung an ihre Grenzen.

Preisbildung
Die Macht der einzelnen Marktpartner (Anbieter und Nachfrager) ist ein entscheidender Faktor für den Preisbildungsprozeß.

Marktarten
Monopol – das gesamte Angebot oder die gesamte Nachfrage auf dem Markt für ein Gut befindet sich in einer Hand.
Oligopol – einige wenige Anbieter oder Nachfrager beherrschen den Markt.
Polypol – viele Konkurrenten stehen miteinander im Wettbewerb.

Globalisierung
Zunahme der wirtschaftlichen Vernetzung auf dieser Welt. Mit dem Begriff wird sowohl einen Zustand als auch einen Prozeß bezeichnet.

Zur Wiederholung
1. Erläutern Sie die Ursachen und die Auswirkungen (für die Volkswirtschaft) der Arbeitslosigkeit.
2. Nehmen Sie Stellung zur Aussage: „Wer arbeiten will, der findet auch Arbeit."
3. Erläutern Sie anhand einer Graphik den Preisbildungsprozeß auf einem vollkommenen Markt.
4. Welche Möglichkeiten hat der Staat, auf die Konjunktur einzuwirken?
5. Erklären Sie anhand von Beispielen den Begriff der Globalisierung.

Weiterführende Aufgaben
1. Sammeln Sie aus verschiedenen Zeitungen/Zeitschriften Artikel zum Thema Konjunktur. Stellen Sie fest, welche Wirtschaftsprognosen für die Bundesrepublik Deutschland getroffen werden.
2. Untersuchen Sie die parteipolitischen Programme zu Aussagen, die getroffen werden, um sich der Globalisierung zu stellen.

Stichwortverzeichnis

A

Abbé, Ernst, S. 36
Abkommen von Lomé, S. 348
Abrüstung, S. 220
Abschreckung, S. 219
Absolutismus, S. 19
Adenauer, Konrad, S. 227
AG, S. 380
Agrarpolitik, S. 306
Agrarreform, S. 307
AKP-Staaten, S. 316, 348
Aktiengesellschaften, S. 30
Aktives Wahlrecht, S. 266
Allgemeine Erklärung der Menschenrechte, S. 94
Alliierter Kontrollrat, S. 153
amnesty international (ai), S. 100
Analphabetentum, S. 327
Angebot, S. 377
Angebotskurve, 378
Antisemitismus, S. 360
Arbeit, S. 62 ff., S. 370
Arbeiter- und Soldatenräte, S. 113
Arbeiteraufstand, S. 168 f.
Arbeiterbildungsvereine, S. 35
Arbeitgeberverbände, S. 36
Arbeitsamt, S. 68
Arbeitsförderungsgesetz, S. 68
Arbeitslosenstatistik, S. 72
Arbeitslosigkeit, in der DDR, S. 211f.
Arbeitslosigkeit, S. 71 ff., 371
Arbeitsorganisation, S. 67
Arbeitsplatz, S. 370
Arbeitsproduktivität, S. 39
Arbeitsvertrag, S. 379
Arbeitszeitgesetz, S. 89
Arbeitszeitverkürzung, S. 77
Arbeitszufriedenheit, S. 63
ARD, S. 252
Armut, S. 41
Asylrecht, S. 108, 330
Audio-visuelle Berufe, S. 65
Aufklärung, S. 24
Aufrüstung, S. 361
Aufteilung Deutschlands, S. 151 ff.
Auslandsverschuldung, S. 332
Auschwitz, S. 136 f.
Aussperrung, S. 75
Autarkie, S. 361

B

Balkan, S. 225
Basisinnovation, S. 29, 45
Bauernbefreiung, S. 25
BDM, S. 130
Beitritt der DDR, S. 195
Beratungsrechte, S. 88
Berlin, S. 165
Berlin-Abkommen, S. 173
Berlin-Ultimatum, S. 170 ff.
Berufliche Mobilität, S. 68
Berufsarmeen, S. 233
Berufsbilder, S. 65
Berufsbildungsgesetz, S. 11, 89
Berufsfelder, S. 11
Berufsgrundschuljahr, S. 11
Berufsschule, S. 10 ff.
Berufssoldaten, S. 233
Besatzungsmacht, S. 363
Besatzungspolitik, S. 156 ff
Besatzungsstatut, S. 161
Besatzungszonen, S. 152, S. 363
Beschwerderecht, S. 87
Betrieb, S. 80
Betriebsklima, S. 83
Betriebsvereinbarung, S. 88
Betriebsverfassungsgesetz, S. 86
Bevölkerungswachstum, S. 24, 325
BGB-Ges., S. 380
Bilder und Karikaturen, S. VIII
Bildschirmarbeitsplätze, S. 50
Bildungsfreistellungsgesetz, S. 69
Bismark, S. 358
Bizone, S. 160
Blauhelme, S. 223
Bleicher, Willi, S. 140
Blockade, S. 160 f.
Blockparteien, S. 181
Blutschutzgesetz, S. 135
Bodenreform, S. 162
Bohley, Bärbel, S. 186
Bonhoeffer, Dietrich, S. 140
Bonn-Kopenhagener-Erklärung, S. 359
Bosnien-Herzegowina, S. 225
Brandt, Willi, S. 173 ff., 339
Brandverordnung, S. 123
Brecht, Bertolt, S. 169
Brot für die Welt, S. 345
Brüning, Heinrich, S. 117
Bruttosozialprodukt, S. 39
Bruttowertschöpfung, S. 356
Bundeskabinett, S. 293
Bundeskanzler, S. 287, 294
Bundesminister, S. 294
Bundespräsident, S. 287, 298
Bundesrat, S. 290
Bundesregierung, S. 293
Bundesstaat, S. 242, 290
Bundestag, S. 286
Bundestagswahlen, Ergebnisse der, S. 269
Bundesverfassungsgericht, S. 105ff, 260, 296
Bundesversammlung, S. 299
Bündnis für Arbeit, S. 73
Bürgerbeauftragte, S. 283
Bürgerbegehren, S. 281, S.365
Bürgerentscheid, S. 365
Bürgerinitiativen, S. 279
Bürgerrechte, S. 106
Bürgerverein, S. 281

C

Chancengleichheit, S. 243
Chruschtschow, Nikita, S. 170
Churchill, Winston, S. 153
Computer, S. 45
Computerintegrierte Produktion (CIM), S. 49

D

Dänemark, S.358
Dampfmaschine, S. 23, 29
Darlehensvertrag, S. 379
Darwin, Charles, S. 134
Datenautobahnen, S. 47
Datenmissbrauch, S. 52
Datenschutz, S. 52
Datenschutzbeauftragter, S. 52
Dawes-Plan, S. 116

DDR, S. 178 ff.
DDR-Verfassung, S. 182
Debatte, S. 288
Delp, Alfred, S. 140
Demokratie jetzt, S. 188, 192
Demokratie, repräsentative, S. 256
Demokratie, S. 242
Demokratiedefizit, S. 310
Demokratischer Zentralismus, S. 179
Demokratisierung, S. 363
Demonstrationen, S. 281
Demontage, S. 157 f., 363
Deportation, S. 135
Deutsch-polnischer Vertrag, S. 173, 209
Deutsch-sowjetischer Vertrag, S. 173, 209
Deutsche Arbeiterfront, S. 125
Deutsche Welthungerhilfe, S. 344
Deutscher Bund, S. 26
Deutscher Volksrat, S. 163
Deutscher Zollverein, S. 25, 26
Dienstpflicht, allgemeine, S. 237
Dienstvertrag, S. 379
Dolchstoßlegende, S. 114
Dritte Welt, S. 321
Duales System, S. 10

E

Ebert, Friedrich, S. 113
ECU, S. 314, 315
eG, S. 380
Einheitsliste der Nationalen Front, S. 163
Einigungsprozess, S. 198 ff.
Einigungsvertrag, S. 202 f.
Einschaltquoten, S. 253
Einspruchsgesetze, S. 292
Eisenbahnen, S. 30
Eiserne Front, S. 119
Emission, S. 56
Engels, Friedrich, S. 178
Entnazifizierung, S. 156 f.
Entsenderichtlinie, S. 313
Entspannungsbemühungen, S. 218
Entspannungspolitik, S. 172 ff., 219
Entwicklungshilfe, S. 341
Entwicklungsländer, S. 321
Entwicklungspolitik, S. 343
Entwicklungsstrategie, S. 342
Erhard, Ludwig, S. 161
Erkundung, S. II
Ermächtigungsgesetz, S. 123 ff.
Erste Welt, S. 321
Erwiderung, flexible, S. 219
EU, S. 367
EU-Bildschirm-Richtlinie, S. 50
EU-Bürgerberater, S. 317
Euro, S. 314
Euro-Betriebsrat, S. 313
Europäische Atomgemeinschaft, S. 304
Europäische Komission, S. 308
Europäische Menschenrechtskonvention, S. 96
Europäische Sozialcharta, S. 98
Europäische Union, Reform der, S. 310
Europäische Union, S. 314
Europäische Verteidigungsgemeinschaft (EVG), S. 227
Europäische Wirtschaftsgemeinschaft, S. 304
Europäischer Binnenmarkt, S. 311
Europäischer Gerichtshof, S. 317
Europäischer Wirtschaftsraum, S. 311
Europäisches Haus, S. 187, 209
Europäisches Parlament, S. 308
Europarat, S. 96, 303
Europawahl, S. 309
Euroskeptiker, S. 317
Exekutive, S. 285, 293
Exportabhängigkeit, S. 334
Exportwirtschaft, S. 334

F

Fabrik, S. 32
Fachausschüsse, S. 288
Fachhochschulreife, S. 13
Fachschulen S. 12 f.
Fachschulreife, S. 13
Familie, S. 34
Fernhandel, S. 21
Fertigungsinseln, S. 67
Flüchtlinge, S. 362
Flüchtlingsbewegung, S. 330
Flüchtlingskommissariat der Vereinten Nationen (UNHCR)
Flüchtlingsstrom, S. 170 f.
Föderalismus, S. 290
Fonds „Deutsche Einheit", S. 200, 206
Fraktionen, S. 286
Fraktionsdisziplin, S. 287
Fraktionswechsel, S. 287
Frankfurter Dokumente, S. 161
Frauenquoten, S. 317
Freie Marktwirtschaft, S. 378
Freies Mandat, S. 286
Freihandelszone, S. 305
Freiheitlich-demokratische Grundordnung, S. 242
Freikorps, S. 118
Freiwilligenarmee, S. 233
Freizeitausgaben, S. 39
Freizeitwirtschaft, S. 65
Frieden, positiver, S. 215
Frieden, sozialer, S. 243
Friedensforschung, S. 215
Friedensmissionen der UNO, S. 223
Friedensvertrag von Versailles, S. 114
Friedensvertrag, S. 209
Führerkult, S. 121
Führerprinzip, S. 121
Führung, innere, S. 232

G

Gandhi, Mahatma, S. 216
Gemeindeordnung, S. 281, 364
Gemeinsamer Markt, S. 305
Generalsekretär, S. 180
Gerechtigkeit, soziale, S. 243
Geschäftsfähigkeit, S. 379
Gesellschaftsordnung, ständische, S. 19
Gesetzgebung, konkurrierende, S. 291
Gesetzgebung, S. 288
Gestapo, S. 133
Gesundheitliche Gefährdungen, S. 51
Gesundheitsversorgung, S. 330
Gewaltbereitschaft, S. 102
Gewaltenteilung, S. 285
Gewaltverbindung, S. 182
Gewerbefreiheit, S. 25
Gewerkschaftsbewegung, S. 36

Gewissensgründe, S. 235
Glasnost, S. 187
Gleichschaltung, S. 125
Globalisierung, S. 381
GmbH, GmbH & Co. Kg, S. 380
Goebbels, Joseph, S. 128, 361
Goerdeler, Karl-Friedrich, S. 141
Golfkrieg, S. 230
Gorbatschow, Michail, S. 187
Göring, Hermann, S. 136
Grosser, Alfred, S. 149
Grotewohl, Otto, S. 163
Grundbedürfnisse, S. 341
Grundgesetz, S. 104f, 161 f., 241
Grundlagenvertrag, S. 173 f.
Grundrechte, S. 105
Grundversorgung, S. 252, 254
Gysi, Gregor, S. 192

H

Habeas-Corpus-Akte, S. 95
Haithabu, S. 354
Hamonisierung, S. 312
Handelshemmnisse, S. 306, 312
Handwerksordnung, S. 11
Hanse, S. 355
Harzburger Front, S. 119
Haushaltsfamilie, große, S. 19
Herrschaftskontrolle, S. 265
Herrschaftslegitimation, S. 265
Herzog, Dr. Roman S. 298

Heß, Rudolf, S. 157
Heuss, Theodor, S. 162
Heydrich, Reinhard, S. 136
Hilfe zur Selbsthilfe, S. 342
Himmler, Heinrich, S. 133
Hindenburg, Paul von, S. 114, 122, 126
Hitler, Adolf, S. 121 ff.
Hitler-Jugend, S. 127, 129 ff.
Honecker, Erich, S. 180, 186, 188, 196, 225
Höß, Rudolf, S. 137

I

Industrialisierungsphase, zweite, S. 30
Industrieroboter, S. 49
Industriestädte, S. 34
INF, S. 220
Inflation, S. 116
Information, S. 248
Informationelle Selbstbestimmung, S. 52
Informationen, S. 45
Infrastruktur, S. 25
Integration, S. 302
Internationaler Währungsfonds (IWF), S.
Internet, S. 47
Interrollenkonflikt, S. 82
ISDN, S. 46

J

Judenverfolgung, S. 135 ff.
Judikative, S. 285
Jugend- und Auszubildendenvertretung, S. 88
Jugendarbeitsschutzgesetz, S. 89

K

Kaufvertrag, S. 379
Käufermarkt, S. 378
Kalter Krieg, S. 165 ff.
Kampfeinsätze, S. 230
Kant, Immanuel, S. 95
Kanzlerdemokratie, S. 295
Kapitalisten, S. 178
Kapitulation, S. 149, 151,
Kennedy, John F. , S. 170,
Ketteler, Bischof Freiherr von, S. 36
KG, S. 379
KGaA, S. 380
Kinderreichtum, S. 326
Kindersterblichkeit, S. 325
King, Martin Luther, S. 215
Klassengesellschaft, S. 34
Klassenlose Gesellschaft, S. 179
Kleinfamilie, S. 34
Klimaerwärmung, S. 56
Klimagipfel, S. 56
Koalition, S. 286
Kogge, S. 355
Kohl, Helmut, S. 189, 193, 195, 200, 294, 339
Kolonialzeit, S. 333
Kolonien, S. 333
Kommunalverfassung, S. 281
Kommunalwahl, rechts, S. 364
Konferenz für Umwelt und Entwicklung, S. 348
Konflikte im Betrieb, S. 81
Konfliktfähigkeit, S. 278
Konjunktur, S. 371
Konjunkturzyklus, S. 371
Konstruktives Misstrauensvotum, S. 289, 295
Konvergenzkriterien, S. 315
Konzentrationslager, S. 132, 137, 359
Konzentrationsprozess, S. 250

Kooperation, S. 222
Kreisauer Kreis, S. 141
Krenz, Egon, S. 188
Kriegsdienstverweigerer, Anerkennungsverfahren für, S. 235
Kriegsdienstverweigerung, Grundrecht auf, S. 234
Kroatien, S. 225
Krupp, Alfred, S. 36
KSZE, S. 96, 209, 220
Kuba-Krise, S. 172
Kündigungsschutzgesetz, S. 89
KVAE, S. 220

L

Lafontaine, Oskar, S. 200
Landesdatenschutzgesetz, S. 52
Landesregierung, S. 364
Landesverfassung, S. 364
Landtag, S. 364
Landtagswahlen, S. 271
Landwirtschaft, S. 360
lean production, S. 67
Lebenslanges Lernen, S. 66
Lebensstandard, S. 39, 62
Leber, Julius, S. 140
Legislative, S. 285
Leibeigenschaft, S. 19
Lenin, Wladimir Iljitsch, S. 179
Leihvertrag, S. 379
Leserbrief, S. 282
Leuschner, Wilhelm, S. 140
Listen der Parteien, S. 268
Locarno, Vertrag von, S. 116
Locke, John, S. 95
Lohnnebenkosten, S. 244
Lübeck, S. 354
Lohse, Hinrich, S. 361
Luftbrücke, S. 166 f.

M

Maiziere, Lothar de, S. 193, 195
Magisches Viereck, S. 375
Manipulationstechniken, S. 249
Manufakturen, S. 20 f.
Marktform, S.
Marktordnungen, S. 307
Marktwirtschaft, S. 187
Marx, Karl, S. 34, 178
Marxismus-Leninismus, S. 179 f.
Massenflucht, S. 188
Massenmedien, S. 247
Massenorganisationen, S. 181
Massenproduktion, maschinelle, S. 24, 32
Mauerbau, S. 170 ff.
Medienkonzentration, S. 253
Mehrheitswahlrecht, relatives und absolutes, S. 267
Mehrheitswahlsystem, S. 267
Mehrwertsteuersätze, S, 312
Meinungsumfrage, S. XII
Meinungs- und Willensbildung, S. 246 f.
Meinungsvielfalt, S. 245
Menschenwürde, S. 104 f.
Menschliche Erweiterungen, S. 174
Mietvertrag, S. 379
Mietbelastungen, S. 42
Mikroelektronik, S. 44
Militärdiktaturen, S. 100
Minderheiten, S. 359
Ministerrat, S. 308
Misereror, S. 345
Mitbestimmungsrechte, S. 87 f.
Mitgliederzahlen, S. 261
Mitwirkungsrechte, S. 87 f.
Mobbing, S. 84
Modem, S. 47
Modetation, S. X
Modrow, Hans, S. 192
Moltke, Graf von, S. 141
Momper, Walter, S. 189
Monokulturen, S. 333
Monopol, S. 376
Montagsdemonstrationen, S. 188
Montanunion, S. 304
Montesquieu, Charles de, S. 285
Müllvermeidung, S. 59
Multimedia, S. 44
Musterfabrik, S. 28

N

Nachfragekurve, S. 378
Nachfrage, S. 377
Nachrichtenagenturen, S. 249
NAFTA, S. 316
Nahrungsmittel- überschüsse, S. 350
Nationale Front, S. 181
Nationalsozialismus, S. 111
Nationalsozialistische Erziehung, S. 127 ff.
NATO, S. 217
Neonazistische Gruppen, S. 144
Neue Weltwirtschafts- ordnung, S. 349
Neues Forum, S. 188, 192
Nicht-Wähler, S. 272
Niemeyer-Verfahren, S. 268
Niemöller, Martin, S. 140
Nordstaat, S. 366
Normenkontrolle, S. 296
Not, soziale, S. 33
Notverordnungsrecht, S. 115
NRO, S. 345
NS- Terror, S. 132 ff.
NS-Prozesse, S. 138
NSDAP, S. 121 ff., 360
Null-Fehler-Prinzip, S. 67
Nürnberger Gesetze, S. 135
Nürnberger Prozess, S. 156 f.
Nyerere, Julius, S. 334, 337

O

öffentlich-rechtliche Rund- funkanstalten, S. 252
Öko-Audit-Verordnung, S. 58
Ökologie, S. 55
Ökologischer Marschallplan, S. 54
Ökologisches Gleich- gewicht, S. 55
Ökonomie, S. 57
Ökosystem, S. 55
Oligopol, S. 376
Opposition, Kontrolle durch, S. 289
Opposition, S. 286, 289
Oppositionsbewegung in der DDR, S. 187
Ossi, S. 203
Ost-West-Gegensatz, S. 153
Ost-West-Konflikt, S. 165 ff., 217, 218
Ostintegration, S. 164
Ostsee, S. 367
Ostverträge, S. 174
OSZE, S. 96, 224
Otto, Nikolaus August, S. 30
Out of area-Einsätze, S. 230
Ozonloch, S. 56
Ozonschicht, S. 56

P

Pachtvertrag, S. 379
Papen, Franz von, S. 122
Pariser Verträge, S. 227
Parlamentarischer Rat, S. 161
Parteien, Aufbau der, S. 258
Parteien, Finanzierung der, S. 259
Parteien, S. 256
Parteien, Verfassungs- auftrag der, S. 257
Parteienverbot, S. 260
Parteimitglieder, S. 276
Parteiprogramme, S. 262
Partnerschaft für den Frieden, S. 222
Passierscheinabkommen, S. 172
Passives Wahlrecht, S. 266
Paulskirchen-Verfassung, S. 104
PDS, S. 192
Perestroika, S. 187
Petition, S. 105, 282
Petitionsausschuss, S. 282
Pieck, Wilhelm, S. 163
Planspiel, S. IV
Planwirtschaft, S. 183
Plenum, S. 288
Pluralismus, S. 245
Politbüro, S. 180
Politik der Stärke, S. 227
Politikverdrossenheit, S. 261
Politisch Verfolgte, S. 101
Polypol, S. 376
Potsdamer Konferenz, S. 153
Präsidialregierung, S. 122
Primat der Politik, S. 228
Printmedien, S. 250
Privatsender, S. 253
Pro- und Kontra, S. XVIII

Produktionsmittel, S. 178
Proletarier, S. 178
Propaganda, S. 127

Q

Qualifizierte Mehrheit, S. 308

R

Rassenlehre, S. 133 f.
Räterepublik, S. 113
Rationalisierung, S. 51, 371
Rechtsfähigkeit, S. 379
Rechtsradikalismus, S. 143 ff.
Rechtssprechung, Organe der, S. 297
Rechtsstaat, S. 102, 107, 242
Recycling, S. 59
Regenwälder, S. 348
Referate, S. XVI
Regimekritiker, S. 187
Reichsbanner, S. 119
Reichsbürgergesetz, S. 135
Reichskanzler, S. 115
Reichskulturkammer, S. 125
Reichspogromnacht, S. 135
Reichspräsident, S. 115
Reichstagsbrand, S: 123 f.
Reichstagswahlen, S. 360
Reichswehr, S. 118
Rentenmark, S. 116
Reparationen, S. 114, 116, 157 f.
Republikaner, S. 114 f.
Reuter, Ernst, S. 167
Revolution in der DDR, S. 186 ff.
Rheinland-Pfalz, – Gründung, S. 158

Rheinland-Pfalz, – Landtagswahlen, S. 158
Rheinland-Pfalz, – Volksabstimmung, S. 158
Richtlinienkompetenz, S. 294
Röhm, Ernst, S. 133
Rohstoffpreise, S. 333
Rollenspiel, S. XX
Rollenträger, S. 80
Ruanda, S. 323
Runder Tisch, S. 192
Rundfunkgebühren, S. 252
Rüstungskonversion, S. 221
Rwanda, S. 323

S

SA, S. 122
SALT, S. 220
Satelliten-Fernsehen, S. 251
Säuberungen, ethnische, S. 225
Scheidemann, Philipp, S. 114
Schenkung, S. 379
Schiffstechnik, S. 355
Schleicher, General von, S. 122
Schlichtungsverfahren, S. 76
Schlussakte von Helsinki, S. 220
Schlüsselqualifikationen, S. 66
Scholl, Hans und Sophie, S. 141
Schuldenerlass, S. 337
Schuldenkrise, S. 332, 336
Schülervertretung, S. 14 f.
Schulform, S. 12
Schulgesetz, S. 14
Schumacher, Kurt, S. 162

Schwarzmarkt, S. 159
Schwellenländer, S. 335
SD, S. 133
SED, S. 158, 178 ff.
Serbien, S. 225
Sitzverteilung, S. 309
Slowenien, S. 225
Soldatengesetz, S. 228
Sowjetische Besatzungszone, S. 162 f.
Sozialabgaben, S. 244
Sozialdumping, S. 313
Sozialeinrichtungen, S. 357
Soziale Frage, S. 35
Soziale Marktwirtschaft, S. 161, 370, 378
Soziales System, S. 80
Sozialhilfe, S. 41
Sozialistengesetz, S. 36
Sozialistische Arbeiterpartei Deutschlands, S. 35
Sozialistischer Wettbewerb, S 183 f.
Sozialleistungen, S. 244
Sozialstaat, S. 242
Sozialstruktur, S. 38
Sozialunion, S. 199 ff., 313
Sozialversicherung, S. 244
Sozialversicherungsgesetze, S. 36
Spranger, Carl-Dieter, S. 338
SS, S. 133
Staatenbund, S. 290
Staatsbürger in Uniform, S. 228, 232
Staatsgebiet, S. 240
Staatsgewalt, S. 240
Staatssicherheit, S. 195 f
Staatsvertrag, S. 199, 253
Staatsvolk, S. 240
Stabilitätsgesetz, S. 374 f.
Stahlhelm, S. 119
Stalin, Josef, S. 153
Stammwähler, S. 272
START, S. 220
Stasi, S. 196 f.

Stasi-Gesetz, S. 196
Status, S. 82
Stauffenberg, Graf Schenk von, S. 141
Stein, Reichsfreiherr vom und zum, S. 25
Stille Ges., S. 380
Stimmzettel, S. 270
Stoph, Willi, S. 172, 174
Streik, S. 75
Stresemann, Gustav, S. 116
Strukturanpassungsprogramme, S. 336
Strukturelle Krise, S. 73
Subventionen, S. 183
Szenario, S. 380

T

Tag der deutschen Einheit, S. 169, 202
Tarifautonomie, S. 75
Tarifverträge, S. 74, 77
Technologie, S. 29
Technologien, angepasste, S. 341
Telearbeit, S. 51
Terre des hommes, S. 344
Tito, S. 225
Transfair, S. 349
Transitabkommen, S. 174
Treibhauseffekt, S. 56
Treuhandanstalt, S. 205 f.
Trinkwasserverbrauch, S. 59
Transitland, S. 367
Trizone, S. 160
Truman, Harry, S. 153
Truppenabbau, S. 221

U

Überhangmandate, S. 269
Übersiedler, S. 188, 193

Stichwortverzeichnis

Unternehmensform, S. 380
Umweltmanagement, S. 58
Umweltprobleme in der DDR, S. 204 f.
Umweltschutz, S. 58 f.
UNESCO, S. 327
UNO, S. 95, 223
Urabstimmung, S. 75

V

Verbände, Einflussnahme der, S. 278
Verbände, multinationale, S. 230
Verbände, S. 276
Verbraucherberatung, S. 40
Vereine, S. 276
Vereinigung, S. 191 ff.
Vereinigungsfreiheit, S. 75
Vereinte Nationen, S. 94
Verfassung, S. 241
Verfassungsbeschwerde, S. 282 ff.
Verfassungsgebende Nationalversammlung, S. 113
Verflechtung der Medien, S. 253
Vergeltung, massive, S. 219
Verhältniswahlrecht, personalisiertes, S. 268
Verhältniswahlrecht, S. 115
Verhältniswahlsystem, S. 268
Verkaufsmarkt, S. 378
Verkehrspolitik, S. 277
Verkehrsvertrag, S. 174

Verlagswesen, S. 20
Vermittlungsausschuss, S. 292
Vermummungsverbot, S. 281
Vernetzung, S. 46
Vernichtungslager, S. 138
Verpackungsverordnung, S. 59
Versailler Vertrag, S. 114
Verteidigungsaufgaben, S. 227
Vertrag von Maastricht, S. 314
Vertrauensfrage, S. 295
Vertreibung, S. 154
Verwaltungsgericht, S. 108
Vier Freiheiten, S. 311
Viermächte-Status, S. 165
Vierte Gewalt, S. 248
Vierte Welt, S. 321
Völkerrechtliche Anerkennung, S. 174
Volksabstimmung, S. 358
Volksbegehren, S. 364
Volksentscheid, S. 364
Volksgerichtshof, S. 125
Volkskammer, S. 181
Volkskammerwahl, S. 194 f.
Volkskongress, S. 163
Volksparteien, S. 272
Vokswirtschaftlicher Kreislauf, S. 376
Vollkommene Konkurrenz, S. 377

W

Wachstumsgesetz, S. 374
Wahlakt, S. 270
Wahlbeteiligung, S. 261

Wahlen, S. 265
Wählerverhalten, S. 272
Wahlgrundsätze, S. 266
Wahlkampf, S. 273
Wahlkampfkostenerstattung, S. 259
Wahlkreis, S. 267
Währungsreform, S. 160, 166
Währungsunion, S. 199
Wannsee-Konferenz, S. 136
Warschauer Pakt, S. 217
Watt, James, S. 23
Wechselwähler, S. 272
Wehrbeauftragte, S. 232
Wehrpflicht, allgemeine, S. 232
Weimarer Koalition, S. 114
Weimarer Reichsverfassung, S. 115
Weimarer Verfassung, S. 104
Weiße Rose, S. 141
Weiterbildung, S. 68
Weizsäcker, Richard von, S. 149, 189, 339
Weltbank, S. 336
Weltsozialgipfel, S. 98
Weltwirtschaftskrise, S. 117
Werklieferungsvertrag, S. 379
Werkverkauf, S. 379
Wessi, S. 203
Westgrenze Polens, S. 153, 214
Westintegration, S. 162, 227
Wettrüsten, S. 219
Widerstand, gewaltloser, S. 216
Widerstand, S. 139 ff.

Widerstandsrecht, S. 242
Wiederbewaffnung, S. 227
Wikinger, S. 354
Wiedervereinigung, S. 162
Wirklichkeit, virtuelle, S. 44
Wirtschaftsbereiche, S. 356
Wirtschaftspläne, S. 183
Wirtschaftsrat, S. 161
Wirtschaftsverslauf, S. 374
Wirtschaftswachstum, S. 335
Wohlstandsgesellschaft, S. 38

Y

Young-Plan, S. 116

Z

ZDF, S. 252
Zentralkomitee, S. 180
Zentralstaat, S. 290
Zivildienstleistende, S. 235
Zollunion, S. 305
Zukunftswerkstatt, S.
Zuckmayer, Carl, S. 148
Zünfte, S. 20
Zustimmungsgesetze, S. 292
Zwangsversteigerung, S. 360
Zwei-plus-vier-Vertrag, S. 209
Zweidrittelgesellschaft, S. 145
Zweite Welt, S. 231
Zweiter Weltkrieg, S. 359, 362
Zweitstimmen, S. 269

Bildquellenverzeichnis

action press, S. 189 (2)
Aktion Modernes Handwerk, S. 48, 369
Archiv der Sozialen Demokratie, S. 140
Archiv für Kunst und Geschichte, S. 17 (2), 19 (2), 21, 23, 24, 25, 28, 30, 33, 35, 36, 95, 216, 285, 333
Archiv Gerstenberg, S. 113, 127
argus Fotoarchiv, S. 326
associated press, S. 191, 201
Au, Peter von, S. 10
Bachmeier, Werner, S. 9, 74, 79 (2)
Bavaria Bildagentur, S. 55 (3), 301
Bildarchiv Preußischer Kulturbesitz, S. 122, 126, 128, 165
Brot für die Welt, S. 345
Bundesbildstelle, S. 107, 116, 141 (2), 150, 161, 172, 173, 177, 193, 209, 239, 241 (4), 262, 265, 286, 293, 294, 296, 297, 298, 210, 339
Bundesministerium der Verteidigung, S. 213, 223, 231
Bundesministerium für wirtschaftliche Zusammenarbeit und Entwicklung, S. 328 (2), 342 (5)
Bundesverband der Deutschen Industrie, S. XX
Bundestagsgruppe PDS, S. 263
Bündnis 90/ Die Grünen, S. 263, 283
CCC, S. 40, 43, 53, 110, 112, 186, 199, 203, 206 (2), 209, 211, 216, 221, 229, 233, 235, 265, 272, 289, 290, 291, 305 (2), 316, 332 (2), 335
Das Fotoarchiv/ Thomas Stephan, S. 350
Deutsche Presse-Agentur, S. 94, 143, 154, 186, 189, 191, 200, 215, 239, 277, 306, 307, 321, 330, 340
F.D.P., S. 263
Fördergesellschaft Windenergie e.V., S. 353
Fotopresent, S. 236
Gesamtdeutsches Institut, S. 147, 162
Hoechst AG, S. 80
IBM, S. 68
Informationszentrum Berlin, S. 141
Jürgens Ost und Europa-Photo, S. 186
Keystone GmbH, S. 32, 54, 93, 102, 171, 191, 193, 194, 199, 213, 319, 325, 327
Kieser Archiv, S. XIX, 17, 61, 79, 98, 104, 124, 125, 178, 179, 216, 241, 384 (3)
KUKA, S. 62, 384
Landesbildstelle Berlin, S. 147, 168

Landesbildstelle Berlin / Henry Ries, S. 167
Langewiesche-Brandt KG Verlag, „Anschläge. Politische Plakate in Deutschland 1900 – 1980", S. 114
Leitner, Edo, S. 132, 136 (2), 151
Meissner, Ursula, S. 93, 97, 323, 319, 324
MEV, S. 64, 239, 301, 319 (2), 366, 369 (2)
Misereor-Medienproduktion und Vertriebsgesellschaft mbH, Aachen, S. 345
Opel AG, S. 67
Pielert, S. 310, 311
Reiss-Museum Mannheim, S. 18
Richter & Fink, S.12, 13, 50, 80 (4), 81 (2), 83, 86 (2), 91, 97, 245
Sämmer, Stefan F., S. 280 (2)
Schneider, Brigitte, S. 222
Schneider, Nils, S. 353
Seifert, Titelseite, 9 (2), 17, 247, 274
SPD, S. 262
Spiegel, S. 143
Spies, Manfred, S. 216
Staatskanzlei Rheinland-Pfalz, S. 271
Stadtarchiv Kiel, S. 362 (3), 363
Stadtarchiv Mainz, S. 148
Stadtarchiv Stuttgart, S. 160
Steiger, Ivan, S. 279
Steinert, Michael, S. 231
Süddeutscher Rundfunk, S. 248
Süddeutscher Verlag, S. 38, 39, 44, 48, 56, 61, 71, 93, 111 (2), 123, 126, 128, 129 (2), 130 (2), 132, 133, 135 (2), 153, 156, 159, 162 (2), 167, 169, 171, 180, 187, 213, 243, 283, 303, 337
Ullstein Bilderdienst, S. 111, 137, 151
vario-press, S. 321
Wirtschaftsministerium Rheinland-Pfalz, S. 271
ZENIT, S. 143

Leider konnten nicht alle Rechteinhaber ermittelt werden. Bitte melden Sie sich deshalb im Verlag, wenn wir Abbildungen von Ihnen in diesem Schulbuch veröffentlicht haben.